SISTE ORD

om

kapitalisme, sosialisme, velferdsstat, ytringsfrihet, islam, klimapolitikk, USAs forfall, mm.

Av samme forfatter:

Filosofi: en innføring
(Kontekst forlag 1991)

Fornuft, egoisme, kapitalisme: essays om Ayn Rand
(Kontekst forlag 2003)

Forteljingas pedagogikk: folkediktning før og no
(Sammen med Lis K. Andersen og Johan Einar Bjerkem,
Gyldendal norsk forlag 2003)

Frihet, likhet, brorskap: kapitalismen i teori og praksis
(Kontekst forlag 2004)

Krig, fred, religion og politikk
(Kontekst forlag 2015)

*Saysiansk økonomi
eller en introduksjon til politisk økonomi basert på teoriene til
Jean-Baptiste Say*
(Kolofon forlag 2017)

Vegard Martinsen er også bidragsyter til disse bøkene:

Når fremtiden nekter å vente
(Red. Torbjørn Røe Isaksen, Unge Høyre 2002)

Vivo: lærerens bok
(Red. Elen Egeland mfl., Gyldendal 2010)

Grunnlov og frihet: turtelduer eller erkefiender?
(Red. Jørn K. Baltzersen, Kolofon forlag 2017)

SISTE ORD

om

kapitalisme, sosialisme, velferdsstat, ytringsfrihet, islam, klimapolitikk, USAs forfall, mm.

av

Vegard Martinsen

Kontekst forlag 2021

SISTE ORD om kapitalisme, sosialisme, velferdsstat, ytringsfrihet, islam, klimapolitikk, USAs forfall, mm.

Kontekst forlag

Oslo

ISBN 978-82-91106-06-9

Innhold

Forord

I perioden jeg var leder i Det Liberale Folkepartiet – partiet for individuell frihet, fra 2002 til 2017, skrev jeg på partiets nettside (www.stemDLF.no) nyhetskommentarer som analyserte aktuelle politiske saker med utgangspunkt i partiets konsekvent liberalistiske ideologi. Jeg skrev også noen lengre artikler for partiets tidsskrift LIBERAL.

I 2017 ble partiet lagt ned, og fra 2018 skrev jeg samme type kommentarer som ble publisert på nettsiden til den nydannede foreningen Gullstandard (www.gullstandard.no), en forening basert på samme ideologi som DLF var bygget på.

I denne boken er samlet et utvalg artikler som først ble publisert på Gullstandards nettside (og noen få som er blitt publisert andre steder, og en som ikke ennå er publisert), og grunnen til at vi har valgt å publisere et utvalg av disse artiklene i bokform er at mange av dem fortjener å bli plassert i et mer varig, permanent og robust hjem enn en nettside kan tilby, slik at de derved kan nå frem til et enda større publikum.

Alle artiklene analyserer og kommenterer altså aktuelle hendelser og trender, og hver artikkel er ment som et supplement til fremstillingene man finner i mainstreampressen. De inneholder allikevel betraktninger og vurderinger som ikke er avhengige av den konkrete saken som var utgangspunkt for artikkelen. Man bør også huske på at både journalistikken og historieskrivingen innen mainstreammedia er sterkt vinklet i samsvar med rådende ideologiske holdninger, og at det da ofte er en rekke relevante fakta som enten ignoreres eller nedvurderes. Artiklene i denne boken er altså ment å supplere den fremstilling som man finner hos journalister, kommentatorer og historikere som opererer innenfor mainstream. Siden artiklene her i utgangspunktet var ment å stå alene er det uunngåelig at det blir noe overlapping mellom artiklene når de gjengis samlet i en bok som dette.

I all hovedsak er artiklene i denne boken identiske med det som ble publisert på nett, men noen av artiklene er nennsomt redigert for å gjøre innholdet enda mer presist.

I denne boken er artiklene i det store og hele ordnet etter tema. De første artiklene tar for seg mer grunnleggende ideer, og deretter

kommer artikler som omhandler temaer som norsk politikk, ytrings-
frihet, klimapolitikk, velferdsstat og sosialisme, islam og USAs forfall.

$ $ $

Jeg har vært med i det organiserte liberalist-miljøet i Norge siden 1982,
og der har jeg møtt mange meningsfeller som jeg har lært mye av. I de
siste årene har jeg hatt stort utbytte av samtaler med og innspill fra Per
Arne Karlsen, Martin Johansen, Eirik Aaserød og Hong Phuc Ho
Chung, og jeg er meget takknemlig for alt jeg har lært av og mottatt fra
dem. Den person jeg har lært aller mest av er allikevel min kjære Inger,
og min takknemlighet overfor henne er grenseløs.

Alle feil som allikevel måtte finnes i denne boken er allikevel
kun ene og alene mitt eget ansvar.

Hvorfor laissez-faire?

Publisert på Gullstandard 3. august 2020

Laissez-faire-kapitalisme er den politiske implikasjonen av full individuell frihet. Laissez-faire-kapitalisme er et samfunnssystem som bygger på det prinsipp at eiendomsretten skal respekteres fullt ut, dvs. at næringslivet skal være fritt, og at det da skal være frihandel både mellom borgerne i landet og mellom borgere i eget land og borgere i andre ikke-fiendtlige land. Staten skal da kun drive politi, rettsapparat og militært forsvar; alt annet (helsevesen, skoler, pensjons- og trygdeordninger, infrastruktur, mm.) skal drives av private. Det skal altså ikke være noen reguleringer av økonomien, det skal ikke være noen konsesjons- eller løyve-ordninger, det skal ikke være noen pris- og lønnskontroll, det skal ikke være noen statlige avgifter, det skal ikke være noen (statlige) støtteordninger, og finansieringen av statens legitime oppgaver skal skje frivillig. Hver enkelt betaler for det han bruker; det er da ikke slik som i dag at alle betaler en sum inn til det offentlige og så skal byråkratene fordele disse innkomne midlene på goder til alle i befolkningen i samsvar med føringer vedtatt av politikerne. Det er da stor forskjell på dette systemet og dagens system, velferdsstaten, som alle land i Vesten har. Velferdsstaten innebærer statlig styring på et stort antall områder, en rekke offentlige tilbud og støtteordninger, samt voksende skatter og avgifter og økende statsgjeld.

Kun kapitalismen kan gi samfunn som over tid er stabile, harmoniske, fredelige og velstående, mens alle andre systemer, og da også velferdsstaten, vil føre til kriser, uro og etter hvert til økende fattigdom.

Men hvorfor er det så galt med reguleringer og støtteordninger – er det ikke slik at disse tiltakene retter opp skjevheter og feil som blir resultatet av en ren markedsøkonomi? Nei, det er ikke slik. Alle statlige tvangsinngrep (skatter, avgifter, reguleringer, støtteordninger) har negative resultater på sikt. I de følgende oppsummeres noen av de viktigste argumentene som begrunner hvorfor laissez-faire-kapitalisme er et godt system, i motsetning til f.eks. velferdsstaten.

Staten skal være regelgiver og dommer – er det da riktig at den også er aktør/spiller? I velferdsstaten er det altså staten som driver store deler av økonomien, og det kan hende at man må gå rettens vei i en konflikt med en aktør på noen av disse statlige områdene (i saker om pensjon, trygd, helsetilbud, skolens tilbud, ansettelsesforhold, mm.). Da har man staten både som motpart og som dommer. Det er et beklagelig, men velkjent, faktum at dersom man saksøker staten så kjemper man i motbakke. Slik bør det ikke være, men det må være slik i en økonomi hvor staten er en stor aktør.

Prismekanismen koordinerer produksjon, investering, sparing, forbruk. I kapitalismen dannes prisene i det frie marked etter frivillige avtaler mellom selger og kjøper, og produksjon og forbruk vil da bli kontinuerlig tilpasset hverandre i samsvar med prismekanismen, dvs. i samsvar med loven om tilbud og etterspørsel. I en regulert økonomi er det derimot statlige pålegg som enten gjør prisene til kjøper for høye (pga. skatter og avgifter) eller for lave (fordi de er subsidiert). Dette fører til skjevheter mellom produksjon og forbruk, dette fordi det da i en periode blir for liten produksjon på noen områder og for stor produksjon på andre, og til at det i en periode er for stort forbruk på noen områder og for lite på andre. («For stort» og «for lite» regnes i forhold til hva folk ville ha foretrukket dersom de i alt kunne velge frivillig uten statlig tvangsinnblanding.) Resultatet er da overproduksjon på noen områder og ventelister/køer/mangler/svartebørs på andre områder. Iblant er det også slik at staten betaler for lagring av den overproduksjon som de statlige støtteordningene har ført til.

Rent miljø, gode lønninger, gode arbeidsforhold, gode produkter er virkelige goder. Man kan dog ikke oppnå slike ting ved statlige pålegg, slik de fleste i dag tror. Disse godene er alltid resultat av mer effektiv produksjon, og dette er igjen et resultat av akkumulert kapital. (Kapital er maskiner, kunnskap, metoder, etc. som brukes i produksjonen. Jo mer akkumulert kapital det er i et samfunn, jo høyere er produksjonen og dermed velstanden i samfunnet.) Dersom staten bestemmer (f.eks. ved lov) at visse tilbud skal ha en bestemt kvalitet eller standard (f.eks. lover om minstelønn, bestemmelser om kvalitet på produkter) vil dette muligens kunne ha de ønskede effekter i en kort periode, men de skaper

12

større problemer andre steder i økonomien. På sikt er slike statlige bestemmelser ødeleggende for alle.

I et samfunn hvor det offentlige tilbyr en rekke viktige tjenester (skole, helse, pensjoner) brytes den essensielle forbindelsen mellom den som betaler for en vare/tjeneste og den som mottar den. Den som tilbyr vil som regel primært forsøke å tilfredsstille den som betaler og ikke den som mottar. Det vi sier her betyr ikke at de mange som i dag er ansatt i det offentlige (som f.eks. som leger, sykepleiere, lærere, brannmenn, bibliotekarer, veiarbeidere, renholdere, etc.) gjør en dårlig jobb, det betyr kun at det i dagens system finnes incentiver som ikke er optimale for brukeren, og at det i endel tilfeller kan skje at brukeren da ikke får førsteprioritet. Vi illustrerer dette kun med et kjent hjertesukk som kom fra en lærer ifbm. en av de utallige (og stort sett resultatløse) anti-mobbe-kampanjene som den offentlige skolen er blitt utsatt for de siste årene: «Det er blitt viktigere å rapportere til departementet om tilfeller av mobbing enn å stoppe mobbingen».

Den dynamikken man får ved konkurranse mellom ulike aktører får man ikke når staten nærmest har monopol på store arenaer. I dagens system driver staten en rekke svært viktige tilbud (bla. pensjonsordningene, skolen, og helsevesenet). Dette er reellt sett statlige monopoler (det finnes private alternativer, men de er svært små, og den som benytter seg av disse tilbudene må reellt sett betale dobbelt: han må betale for det offentlige tilbudet gjennom skatter og avgifter, og han må betale for det private tilbudet av det han har igjen etter at skatten er betalt). Det er også vanskelig å tilpasse statlige ordninger til endrede omstendigheter, noe det finnes mange eksempler på: lengre levealder gjør at pensjonsalderen burde heves, det er mye gammelt utstyr i skolen, det skjer en forgubbing av lærerstanden, etc. Jo mer regulert økonomien er, jo vanskeligere er det å innføre endringer på disse områdene. På kort sikt går mange slike ting i bølger, men den langsiktige utviklingen i en styrt økonomi er negativ.

Hvis staten skal støtte eller regulere intellektuelle aktiviteter – aviser, kunst, forlag, skole, forskning, radio/TV – vil dette etter hvert føre til en ensretting av disse områdene; mangfoldet vil

13

forsvinne; beslutningstagere vil da i stadig mindre grad slippe til kritikere av staten og av de dominerende meningene og holdningene – det er jo staten som deler ut pengene de lever av, eller som gir de tillatelser og løyver som gjør at de fortsatt kan drive sin virksomhet.

Ny teknologi forbys eller begrenses fordi de ikke passer inn i gamle reguleringer: Uber – en kombinasjon av mobiltelefoni, internett og GPS som gjør drosjetilbudet langt mer effektivt for både kunder og sjåfører – er et typisk eksempel, og ble først forbudt i Norge fordi systemet ikke passet inn i gjeldende reguleringer av arbeidslivet. Det er også en stor og tidskrevende prosess å endre gamle reguleringer, og de blir raskt foreldet. Alt dette gjør økonomien tregere, dvs. at nødvendige omstillinger utsettes og blir mer smertefulle når de må skje.

I en styrt økonomi må byråkratiet vokse og vokse. Byråkratiet er det apparat som i en styrt økonomi gjør den jobben prismekanismen gjør i en fri økonomi. Byråkratiet er uproduktivt, det skaper ikke verdier, det flytter på verdier andre har skapt. I en regulert økonomi vil man derfor få en voksende gruppe av langtidsutdannede mennesker – byråkrater – som ikke utfører en produktiv innsats, de styrer med støtteordningene: de bestemmer hvem skal få støtte og hvor mye, og hvordan de gjeldende reguleringene må endres for å rette opp alle de utslag som ble helt annerledes enn intensjonen var da reglene ble laget. Byråkratene utformer altså også de rammer som næringslivet må følge i sin produktive virksomhet.

Støtteordninger innebærer at staten tar penger fra hver enkelt, men gir noe av disse pengene tilbake til de som oppfyller visse krav som staten har fastsatt. I en styrt økonomi er det da ikke de produktive som belønnes, de som belønnes er de som klarer å skaffe seg store poster på statsbudsjettet. Støtteordninger fører også til at foreldede bedrifter, teknologier og bosetningsmønstre bevares. Byråkratiet er altså det apparat som styrer alle disse støtteordningene. Produksjonen og dermed velstanden ville ha blitt større dersom byråkratene hadde hatt produktive jobber.

14

Støtteordninger tar fra de produktive og gir til de mindre produktive. Dette er å belønne de som er mindre produktive og å straffe de som er mer produktive. Dette er skadelig på sikt. Et system med store overføringer, som velferdsstaten er, skaper uro, fordi enkelte grupper kan mene at andre grupper motter en ufortjent stor andel av felleskaken.

Kan et system være godt dersom det blir skadelidende når folket velger feil politikere? Det snakkes i regulerte økonomier stadig om at dersom folket velger feil ved valg blir det en katastrofe. Ferske eksempler på dette er valgseire til Ny Demokrati, Sverigedemokratene, Trump, Brexit. (Påstandene om kommende katastrofer er dog som regel overdrevne.)

Under kapitalismen skal politikerne kun styre den statlige administrasjon, og i all hovedsak kun lage nye lover dersom det er nødvendig for å presisere hvordan eiendomsretten skal gjelde på nye områder. Politisk uenighet vil da kun forekomme i spørsmål av typen om hvorvidt copyright skal gjelde i 20 år eller 30 år. Alle fløyer kan da leve med det som blir resultatet. Områder som infrastruktur, helsevesen, skole, forskning, pensjons- og trygdeordninger er viktige. Er det riktig at disse feltene skal ledes av politikere, dvs. folk som i beste fall er gode til å drive valgkamp?

(Vi skyter inn her at USA opprinnelig var nokså kapitalistisk; det var denne modellen som ble beskrevet i de grunnleggende dokumentene, og landet var i betydelig grad kapitalistisk i perioden fra 1865 til 1929. Terminologien ble da etablert; presidenten styrer en administrasjon, ikke en regjering. Man snakker da f.eks. om Roosevelt-administrasjonen, ikke om Roosevelt-regjeringen, selv om USA har vært en velferdsstat, og presidentene har ledet regjeringer, fra Franklin D. Roosevelts tid.)

I en styrt økonomi må mengden lover vokse og vokse og vokse… Dette er et velkjent faktum. Vi siterer fra regjeringens nettside: «Endringer i lover og forskrifter fra 1. januar 2020. Ved inngangen til det nye året *trer en rekke nye lover og forskrifter i kraft* [uthevet her]. På denne siden finner du en oversikt over noen av de viktigste regelendringene….».

Jo flere lover det er, jo mindre respekt får de. Dette dyrker frem kriminalitet og korrupsjon. I alle velferdsstater er kriminaliteten voksende. (Dette er den langsiktige trenden, men den kan være annerledes i kortere perioder.)

I velferdsstaten må politikerne love mer og mer for å bli valgt, og offentlig gjeld vil øke. Valgløfter finansieres av økende skatter, avgifter og gjeld. Så og si alle velferdsstater har en voksende skattebyrde, og en voksende gjeld som i dag utgjør fra ca ca 60 % til ca 140 % av BNP. All gjeld blir skatter og avgifter i fremtiden. Stater som utsteder egne penger og som forbyr konkurranse om penger, slik alle stater i dag gjør, kan også dekke gjeld ved inflasjon. Den norske kronen har tapt 97 % av sin verdi siden 30-tallet. Inflasjon som følge av statlig pengetrykking er reellt sett en overføring av verdier fra de som har lånt bort penger til de som har lånt penger: låntagerne kan jo betale tilbake sin gjeld med penger som er mindre verd.

Vi siterer fra en nettside drevet av Finansdepartementet om kommende problemer i norsk økonomi:

«Selv om vi sparer, er ikke fondet [Oljepengene, Statens Pensjonsfond utland] på langt nær stort nok til å dekke framtidige alderspensjoner. Verdien av allerede opparbeidede rettigheter til framtidige utbetalinger av alderspensjoner fra folketrygden anslås til nesten 8 000 milliarder kroner ved utgangen av 2017. I tillegg kommer forpliktelser i Statens Pensjonskasse, som utgjorde om lag 800 milliarder kroner ved utgangen av 2016, samt statens forpliktelser til uføre- og etterlattepensjoner i folketrygden. Sett under ett er disse pensjonsforpliktelsene langt større enn den samlede kapitalen i Statens pensjonsfond og den øvrige statlige nettoformuen».

Denne nettsiden er nå (2021) tatt ned; den skal åpenbart oppdateres med enda dystrere fremtidsutsikter. Dette var situasjonen før Corona. Etter de enorme utgiftene Corona-tiltakene har ført med seg har den reelle statlige gjelden økt ytterligere.

16

Hva med kommunene?

> «Ved utgangen av år 2000 hadde norske kommunar ei skuld på vel 150 milliardar kroner, i 2017 var den same gjelda på 600 milliardar. Kommunane har hatt ein særs stor inntektsvekst etter at staten fekk Oljefondet. … I 2017 var det same talet 531 milliardar. Då skulle ein tru at kommunane valde å gå med store overskot på drifta for slik å spara opp pengar til investeringar i staden for å betale renter. Men nei. I 2000 var den samla kommunale gjelda på 67 prosent av inntektene, i 2017 heile 113 prosent. Norske kommunar har altså skuld som langt overgår inntektene» (Kilde Dag og Tid 16/8-19).

Vi nevner også her at valgløfter er lite verd, og at «politikerforakt» er et utbredt fenomen.

Hvis staten skal ta på seg gode oppgaver er det ingen grense for hva den kan finansiere og blande seg opp i. Staten støtter trossamfunn, og det siste pr juli 2020 er at veganere nå søker statsstøtte som trossamfunn. Noen politikere er imot dette; det er jo kun «seriøse» trossamfunn som skal få støtte. Men da må staten bestemme hvilke religioner som er «seriøse» …

En «seriøs» trosretning/religion som i dag mottar støtte er en som oppfordrer til krig mot de som ikke støtter religionen, og som krever dødsstraff for blasfemi, for frafall fra religionen og for homofili. Alle politikere i de store partiene synes åpenbart at dette er slik det bør være – eller kanskje de ikke våger å protesterer fordi det kan utfordre store velgergrupper.

Entreprenører vil ikke fylle ut skjemaer eller sitte i kø for å vente på at søknader om løyver blir innvilget. Uttrykket «brain drain» blir brukt for å forklare hvordan dyktige mennesker forlater regulerte økonomier og drar til mindre regulerte og friere økonomier. Disse menneskene kan også flykte innenfor sitt eget land ved å rømme fra regulerte sektorer og over i mindre regulerte sektorer, eller, hvis reguleringene blir for store overalt og fluktmulighetene blir eliminert, vil de flykte inn i jobber som krever lite av dem, og da er de mindre produktive. Slik vil velstanden forfalle og fattigdommen øke, noe man tydelig ser i alle sosialistiske økonomier.

Skatteplanlegging innebærer at personer med mye penger bruker store ressurser på å redusere sin store skattebyrde mest mulig (en ufri økonomi må ha en stadig økende skattebyrde). Dette innebærer at dyktige folk bruker mye tid og krefter på en aktivitet som er fullstendig uproduktiv.

«Too big to fail» I en stor, regulert økonomi vil det også være store bedrifter (med stor omsetning, mange ansatte) hvor eierne tjener store penger. Men i krisetider (som er resultat av statlige reguleringer eller raske endringer i disse) kan det hende at slike selskaper vil gå konkurs. Det som da har skjedd i mange tilfeller er at myndighetene har vurdert firmaet som «too big to fail» og bevilget enorme beløp for å hindre selskapet i å gå overende; da redder man jo et stort antall arbeidsplasser. Men det som skjer i slike tilfeller er at i gode tider har eierne fått store inntekter, men i dårlig tider må skattebetalerne dekke enorme tap. Slike ting kan dog kun skje i en økonomi hvor staten skal støtte bedrifter; under kapitalismen er det ingen slike støtteordninger, og det er heller ingen endringer i rammebetingelsene: eiendomsretten og avtalefriheten gjelder fullt ut hele tiden.

I kapitalismen belønnes altså de produktive, i en styrt økonomi belønnes de som kan sno seg i den stadig mer tettvokste jungelen av støtteordninger.

$ $ $

Dette var noen få av de mange argumentene som sier at kun laissez-faire-kapitalisme kan gi stabile samfunn preget av fred, harmoni og velstand.

Hva med motargumentene? Vil ikke full frihet føre til monopoler, beinhard konkurranse, økede forskjeller, rovdrift på naturen? At frihet føre til monopoler er feil; monopoler finnes bare der hvor staten forbyr konkurranse. Forskjeller vil det være; og dette er resultat av at noen ønsker å jobbe mye og andre ønsker å jobbe mindre. Dette er ikke et

18

onde. Hva med rovdrift på naturen? Under kapitalismen vil eiendomsretten gjelde, og private tar bedre vare på sine eiendommer enn staten gjør. Allerede Aristoteles innså dette: «... det som eies i fellesskap blir tatt dårlig vare på. Hver enkelt tenker mest på det han selv eier ... og ignorerer det som han forventer at andre skal gjøre ...» (*Politikken*, bok 2). Dette prinsippet er også i samsvar med bred erfaring.

Laissez-faire er det eneste system som sikrer individuell frihet og som sikrer akkumulering av kapital, og er da det eneste system som kan sikre stabil, harmonisk velstand over tid. Alle andre systemer innebærer en voksende initiering av tvang, og vil derfor ødelegge all velstand.

Hvorfor kan ikke staten gjøre mer?

Staten er den organisasjon som har rett til lovlig bruk av tvang innenfor sitt geografiske område, og kan da bruke tvang for å arrestere kriminelle, for å slå tilbake militære angrep, etc. Private har kun rett til å benytte tvang og vold i akutte nødssituasjoner for nødvendig selvforsvar. (Etter at et slikt angrep er stanset skal konflikten bringes inn for det statlige rettsapparatet.) Det å lovlig kunne benytte tvang er en oppgave som er essensielt forskjellig fra alle andre oppgaver, og den organisasjon som har rett til dette bør ikke utføre andre oppgaver. I kapitalismen er statens oppgaver altså begrenset til å drive politi, rettsapparat og det militære. Under andre systemer skal den organisasjonen som har som oppgave å benytte lovlig tvang også utføre en rekke andre oppgaver. Dette må ha skadelige konsekvenser på sikt.

Hvorfor har vi velferdsstat?

Velferdsstaten innebærer at man skal ha rett til å motta visse goder (tilbud innen utdannelse, helse, trygder, sosialhjelp, mm.). Tilbudene finansieres via skatter og avgifter som man har en plikt til å betale. Velferdsstaten forutsetter da at alle har en plikt til å hjelpe og bistå andre. Dette er et etisk grunnsyn som heter altruisme: altruismen sier at det som er moralsk er å gi avkall på goder til fordel for andre. Så lenge dette etiske grunnsynet dominerer i befolkningen vil man ha velferdsstat. Man kan også si at velferdsstaten har stor oppslutning fordi folk flest baserer seg på ønsketenkning og ikke på rasjonell analyse av fakta: folk flest vil ha samfunn preget av fred, harmoni og velstand, men ser ikke at velferdsstaten er i konflikt med disse verdiene.

$ $ $

Vi avslutter med noen sentrale definisjoner som det kan være nyttig å kjenne til:

Frihet (politisk sett) er retten for individer til å bestemme over seg og sitt, dvs. retten til å bestemme over sin kropp, sin eiendom og sin inntekt.

Demokrati er en styreform hvor flertallet bestemmer. Demokratiet har da ingen sammenheng med frihet; dersom flertallet er imot frihet i et opprinnelig fritt samfunn vil friheten forsvinne.

Sosialøkonomi er det fag hvor man studerer koordineringen av produksjon, handel og forbruk i et samfunn med arbeidsdeling.

$ $ $

Det ovenstående er bare en kort oppsummering av noen av argumentene for full individuell frihet, sett fra en politisk synsvinkel. En dyp og bred begrunnelse for det vi har skissert over er å finne i verkene til Ayn Rand og Jean-Baptiste Say, og hos deres elever.

Velferdsstaten: det umulige ideal

Publisert på Gullstandard 29. juli 2019

Som samfunnsmodell har velferdsstaten praktisk talt universell oppslutning; f.eks. er alle norske partier unntatt ett (Liberalistene) sterke tilhengere av den. Og hvis man ikke tenker godt etter kan det se ut som om velferdsstaten er en god modell: den innebærer at staten skal sikre alle borgere tilgang til det som regnes som nødvendige tjenester som barnehager og skole, helsetilbud, pensjoner og trygder, mm., dvs. at også de som ikke selv kan betale for tjenester på disse områdene skal ha tilgang til dem. I tillegg til denne type tilbud kommer statlige ordninger som sikrer at det finnes alt fra infrastruktur og forskning, parker og uberørt natur, fritids- og kulturtilbud, osv. Staten betaler helt eller delvis for alt dette, men man må ikke glemme at dersom staten betaler for noe så er det egentlig skattebetalerne som tvinges til å betale for det. I tillegg til de statlige tilbudene finnes det i velferdsstaten omfattende reguleringer av alt som skjer i næringslivet; det finnes bestemmelser om lønn og om arbeidstid, enkelte typer bedrifter må ha tillatelse fra staten for å kunne operere, det finnes regler om når butikker kan holde åpent og når de kan selge øl, det finnes bestemmelser om typer utdannelse som kreves i bestemte yrker, mm.

Alt dette betales altså ved at alle borgere betaler en andel av det de tjener i skatter og avgifter til det offentlige. Dette er ordnet slik at de som har mest betaler mer enn de andre, skatten er altså progressiv. Det er også slik at enkelte typer egenbetaling for tilbud som det offentlige leverer er lavere for de med små inntekter.

Men iblant kommer man over uttrykk av typen «vi må slå ring om velferdsstaten», noe som er litt pussig siden alle store partier, og alle andre store aktører som aviser, NGOer, intellektuelle, etc., er tilhengere av velferdsstaten, og ingen store aktører er imot den.

Bekjempe fattigdom

En av grunnene til at velferdsstaten har mange tilhengere er at mange tror at den eneste måte å bekjempe fattigdom på er å ha statlige tiltak og reguleringer som har som mål å hjelpe dem. Det er derfor det finnes slike ting som bestemmelser om minstelønn, som innebærer at det er forbudt å betale en lavere lønn enn det som staten har bestemt må til for at man skal få en rimelig materiell levestandard; gratis tilbud fra det offentlige mht. skole, helse, og trygder/pensjoner. Sannheten er at selv om slike tilbud kan ha en god effekt på kort sikt vil de alltid være ødeleggende for alle på lang sikt: incentivene i et slikt system, både for de som er mottakere av ordningene, de som forvalter ordningene (byråkratene), og de som skaper ordningene (politikerne), er slik at de reelt sett straffer de mest produktive og belønner de som er mindre produktive eller de som ikke er produktive i det hele tatt. Et slikt system vil derfor på sikt ødelegge velstanden siden produksjon ikke bare er en uunngåelig forutsetning for velstand, produksjon ER velstand.

Det er denne utviklingen – et forfall i velstand – vi nå ser tydelig tegn på i alle velferdsstater: i land som Hellas, Sverige, Tyskland, og USA er problemene mest tydelige. I disse landene ser man økende skatter, økende statsgjeld, økende kriminalitet, synkende kvalitet på de offentlige tilbud innen helse, skole og pensjoner, synkende kunnskapsnivå hos de som går ut av skoleverket både etter korte og lange «utdannelser», innskrenkninger i ytringsfriheten, og for mange en synkende levestandard. Alt dette er uunngåelige følger av de ordninger som er innført og som altså er integrerte bestanddeler av velferdsstaten. (La oss skyte inn at problemene som finnes i velferdsstatene ikke er de samme i alle land; ulike land har valgt noe ulike løyper, og derfor er ikke alle kommet like langt mot avgrunnen: Sverige er kanskje lengst frem mht. økende kriminalitet, mens Hellas er lengst frem mht. statsgjeld og arbeidsløshet blant unge. La oss også nevne at enkelte påstår at problemene i f.eks. England, Tyskland og Sverige skyldes innvandring. Dette er helt feil; innvandringen har bare fremskyndet problemene.

Velferdsstaten, som man kan si er innført for å hjelpe de svake til en bedre levestandard, vil altså over tid redusere levestandarden for alle – og ikke bare det, den vil føre til kolossale problemer som rammer de aller fleste: utbredt fattigdom, stor kriminalitet, endog sult.

Det er et godt formål å ville hjelpe de minst produktive til en bedre levestandard, men den eneste måten å gjøre dette på er å sørge for at velstanden i samfunnet som helhet øker. Dette kan kun skje ved akkumulering av kapital. Slik akkumulering av kapital gjør alle mer produktive, og derfor vil velstanden stige, og over tid vil dette komme

22

alle til gode. Slik kapitalakkumulering er kun mulig i et samfunn hvor det er full respekt for eiendomsretten og full frihandel – dvs. slik velstandsøkning, som vil være kontinuerlig over tid, er kun mulig i et fullstendig kapitalistisk samfunn, dvs. et samfunn hvor statens eneste oppgave er å sikre borgernes frihet, og hvor alt ellers er fritt. Dette betyr at staten skal drive politiet, rettsapparatet og det militære, og at næringslivet er fritt og uregulert. Staten skal da altså ikke drive skoler eller helsetilbud eller pensjons- og trygdesystemer.

Frihet og velstand
Man ser jo også klart av historien at jo friere et land er, jo større er velstanden, og man ser at dersom et land begynner å regulere økonomien og å innføre statlige gratistilbud til befolkningen, da øker fattigdommen. (Det aller siste eksempelet på dette er Venezuela.) Hvorfor er det slik at statlige gratistilbud etter noen tid fører til økt fattigdom? Fordi statlige gratistilbud nødvendigvis innebærer at motivasjonen for å jobbe produktivt blir redusert: slike gratistilbud fungerer reelt slik at staten tar penger fra de produktive og gir til de mindre produktive. De som jobber produktivt får da lavere nettolønn pga. økende skatter og avgifter, og de som ikke jobber så produktivt kan leve helt eller delvis på statlige støtteordninger eller i en statlig jobb med lave krav til produktiv innsats. At produktiviteten da synker burde ikke overraske noen.

Nedenfor er en liten liste over noen av de mange argumentene mot velferdsstaten, dvs. argumenter som viser at velferdsstaten er et uegnet system dersom målet er et samfunn preget av fred, harmoni og velstand.

Velferdsstaten styres av valgte politikere. De som blir valgt er da de som er dyktige til å drive valgkamp. Det er ikke nødvendigvis noen sammenheng mellom det å være dyktig til å drive valgkamp og å drive skoler, sykehus og trygde- og pensjonsordninger.

For å bli valgt må politikerne stadig love mer og mer. Disse løftene koster penger, og derfor må statens utgifter i en velferdsstat hele tiden øke. Det er i hovedsak tre måter staten kan skaffe penger for å dekke disse utgiftene: den kan øke skatter og avgifter, den kan ta opp lån, og den kan gjøre det ved å gjøre pengene mindre verd (inflasjon).

23

Utgifter, gjeld, inflasjon

I alle velferdsstater har skattenivået økt jevnlig, alle velferdsstater har enorm gjeld, og alle har opplevd kolossal inflasjon. I Norge har statens utgifter økt slik de siste årene (tabellen viser statsbudsjettets utgifter):

2005: 655 mrd kr,
2008: 848 mrd kr,
2019: 1377 mrd kr.

(Selv om man korrigerer disse tallene for befolkningsvekst, økonomisk vekst og inflasjon, viser de en sterk økning).

Alle velferdsstater har stor statsgjeld, dog ikke Norge. Men dersom man ta hensyn til fremtidige pensjonsforpliktelser viser det seg at også Norge har gjeld. Det følgende er fra en side som Finansdepartementet står bak: «Selv om vi sparer, er ikke fondet [oljefondet] på langt nær stort nok til å dekke framtidige alders-pensjoner. Verdien av allerede opparbeidede rettigheter til fram-tidige utbetalinger av alderspensjoner fra folketrygden anslås til nesten 8 000 milliarder kroner ved utgangen av 2017. I tillegg kommer forpliktelser i Statens pensjonskasse, som utgjorde om lag 800 milliarder kroner ved utgangen av 2016, samt statens forpliktelser til uføre- og etterlattepensjoner i folketrygden. Sett under ett er disse pensjonsforpliktelsene langt større enn den samlede kapitalen i Statens pensjonsfond og den øvrige statlige nettoformuen.» (kilde ungokonomi).

Inflasjon: Kronen i 2019 er verd kun 3 % av den verdien den hadde før annen verdenskrig, dvs. den har hatt en verdi-reduksjon på 97 %. Inflasjon er skadelig på en rekke måter: den gjør det mindre attraktivt å spare fordi de oppsparte midlene stadig synker i verdi og derfor har den også det resultat at bankene får mindre midler å låne ut. Inflasjon gjør det også mer fristende å låne siden inflasjonen sørger for at det over tid blir lettere å betale tilbake det man har lånt siden pengene altså synker i verdi. Dette påvirker igjen rentenivået. Kombinasjonen av disse to effektene gjør at låne- og spare-markedet blir skjevt. Inflasjon gjør også at langtidsplanleggingen i økonomien blir vanskeligere siden aktørene ikke kan være sikre på hva pengene er verd om fem eller ti år, noe som fører til at aktiviteten i økonomien blir mer kortsiktig.

24

(Nå mener mange av de økonomer som slutter opp om de siste tiårs populære økonomiske teorier at staten må finjustere inflasjon og rentenivå for å holde arbeidsløsheten lav, men dette er en forestilling som er bygget på gale økonomiske teorier.) Prismekanismen (= markedsmekanismen) allokerer ressurser i samsvar med alle de involvertes frivillige valg; prismekanismen er summen av alle de involvertes frivillige valg og preferanser. I en regulert økonomi er denne mekanismen satt ut av spill, og da blir resultatet totalt sett mindre optimalt.

Byråkrati

Når prismekanismen settes ut av spill, noe som gjøres med statlige reguleringer, må det innføres en annen ordning for å allokere ressurser. Det organ, om man kan kalle det det, som allokerer ressurser i en regulert økonomi er byråkratiet. Byråkratiet består av intelligente, arbeidsomme, langtidsutdannede mennesker som altså utfører et arbeid som ikke bare er helt uproduktivt, det reduserer produktiviteten. Hadde disse menneskene hatt produktive jobber ville de kunnet bidratt til verdiskapningen og da gjort den samlede verdiskapningen større.

At det finnes offentlige organer og instanser som skal ta viktige avgjørelser som kan angå mange menneskers liv på positive og/eller negative måter åpner for korrupsjon, dvs. at tjenestemenn bestikkes av personer som har saker til behandling og som ønsker et bestemt vedtak. Korrupsjon viser seg også i at venner og slektninger av personer med viktige posisjoner i politikken eller i byråkratiet iblant blir ansatt etter prosedyrer som ikke helt er i samsvar med intensjonene bak det omfattende og detaljerte regelverket som selvsagt finnes.

Eksempel: «Ikke bare viser det seg at direktørens forlover og jaktkamerat ble ansatt i foretaket, etter at [byrådsleder Raymond] Johansen selv signerte både innstillingen, jobbtilbudet og kontrakten. "Direktørens stab" fant også plass til direktørens datter, etter tips fra sjefen selv om at hun kunne være en passende kandidat. Ved hele seks anledninger fikk datteren stillinger ingen andre hadde muligheten til å søke på, fordi stillingen aldri ble utlyst. Som om det ikke skulle være nok å innlemme forloveren og datteren i foretaket, ble også datterens samboer, direktørens svigersønn, en del av familien. Ved flere anledninger fikk han engasjementer i foretaket. Det var datteren som tipset HR-direktøren om kjærestens jakt på arbeid» (kilde document).

I en regulert økonomi vil det alltid oppstå uventede negative resultater av reguleringene. I en velferdsstat er løsningen på slike problemer alltid å innføre flere nye reguleringer, eller å presisere gjeldende reguleringer. Derfor vil lovverket alltid bli mer omfattende og mer komplisert, det vil utarbeides flere forskrifter og rundskriv som presiserer hva lovverket egentlig sier, og det vil bli stadig flere byråkrater. Dette gjør det stadig mer komplisert å drive næringsvirksomhet, og mindre bedrifter med få ressurser vil få problemer med å overleve.

De produktive liker som regel ikke å forholde seg til unødvendige lover og regler, og de vil derfor søke seg over til bransjer som er mindre regulerte, eller til land som er mindre regulerte. Dette velkjente fenomenet kalles «brain drain», og er med på å redusere produktiviteten.

Lover og ulover
Vi skyter inn her at ikke alle lover er unødvendige; de lover som beskytter eiendomsretten og den enkeltes frihet er nødvendige. De lover som krenker frihet er skadelige, og kan med rette betegnes som ulover, og vi slutter oss til følgende fra Frostatingsloven: «med lov skal landet bygges, og ikke med ulov ødes».

I en velferdsstat vil skattesystemet ble mer og mer komplisert, og mange av de som har betydelige inntekter vil derfor drive omfattende skatteplanlegging for å redusere sin skattebyrde. Svært mye ressurser går med til dette, et arbeid som er et stort gode for de som holder på med det (de får jo beholde mer av de pengene de har tjent), men som er fullstendig uproduktivt.

Ellers lovlydige mennesker vil også bli fristet til å begå ulovligheter – for å redusere sin skattebyrde eller for å utnytte statlige støtteordninger som egentlig ikke omfatter dem. Den svenske økonomen Gunnar Myrdal, som ble tildelt Nobelprisen i økonomi i 1974, oppsummerte i 1978 denne utviklingen slik:

«Den svenska hederligheten har varit en stolthet för mig och min generation. Nu har jag en förnimmelse av att vi genom dåliga lagar håller på att bli ett folk av fiffare. Av alla ofullkomligheter i vår inkomstbeskattning är för mig den allra allvarligaste att den direkt inbjuder till skatteflykt och skattefusk».

Det blir også stadig mer juks med de stadig mer omfattende støtteordningene. Eksempel: Oslo katolske bispedømme ble dømt for bedrageri i en sak om medlemsjuks. Bispedømmet ble ilagt en foretaksbot på 2 millioner kroner. De anket, men fikk ikke medhold i ønsket om å oppheve Kulturdepartementets vedtak om tilbakebetaling av 40 millioner kroner i statstilskudd.

Svart arbeid
Høye skatter og omfattende regelverk for alle bedrifter og praktisk talt all produktiv virksomhet gjør at noen vil unnslippe dette ved å jobbe svart. Svart arbeid ansees med rette som et stort problem, men den løsningen som alle tror på – flere kontroller, flere godkjennelsesordninger – vil bare gjøre problemet større. Det som er den reelle løsningen er å redusere skatter og avgifter og å fjerne reguleringer.

Vanligvis sparer man for å ha litt i bakhånd dersom man skulle komme i en vanskelig økonomisk situasjon. I velferdsstaten er dette ikke nødvendig; kommer man i en vanskelig økonomisk situasjon får man hjelp fra det offentlige. Dette reduserer sparingen i samfunnet, noe som reduserer den mengde kapital bankene kan låne ut. Dette ressurser kapitalakkumulasjonen, og siden kapitalakkumulasjon er eneste vei til økende velstand reduserer dette velstandsveksten.

Ordninger som statlig subsidierte lån til utdanningssøkende fører til slike ting som at det bli for mange akademikere. Ja, mange vil sette pris på å ha en lang utdannelse, men hvis man ser dette fra et perspektiv som handler om en god utnyttelse av de samlede ressurser i et samfunn, så er dette ikke en optimal ressursutnyttelse. Mange av disse langtidsutdannede vil heller ikke få et produktivt arbeid som er i samsvar med den utdannelsen de har tatt.

I et fritt samfunn blir de belønnet som tilfredsstiller andres ønsker og behov. I en velferdsstat belønnes de som best klarer å sno seg i og utnytte jungelen av statlige reguleringer og støtteordninger.

I en velferdsstat er staten en tung aktør i viktige områder som skole, helse, trygder, og pensjoner. Men staten har også en legitim oppgave som innebærer at den skal være regelgiver/lovgiver og dommer. Dersom man får problemer i forhold til en av disse viktige områdene og må gå rettens vei for å løse dem, vil man ha staten både som motpart og som dommer.

Manglede vedlikehold

I en velferdsstat har det offentlige tatt på seg en rekke konkrete oppgaver., f.eks. å drive skoler, svømmehaller, museer, sykehus. Disse må jevnlig vedlikeholdes, men det virker som om politikerne ikke er så opptatt av å bevilge penger til slikt vedlikehold, og derfor er det på disse områdene et kolossalt forfall med et stort behov for midler til vedlikehold. Dette etterslepet, som det kalles, er enormt:

«Stort etterslep på vedlikehold ved vann- og avløpsanlegg. Vedlikeholdsetterslepet ved norske vann- og avløpsanlegg beregnes til 390 milliarder kroner (kilde kommunalrapport).

«Vi liker å sole oss i glansen av titler som «Verdens rikeste land» og «Verdens beste land å bo i», så hvordan har det seg at vi er et av de dårligste landene i Europa når det kommer til vedlikehold av offentlig eiendom?» (kilde ifi).

«– Norske tog trenger 25 nye tog i året så langt vi kan se. Nå haster det å komme i gang med ny stor togkontrakt, sier direktør Øystein Risan i Norske tog, som eier og forvalter tog for utleie til persontogoperatører i Norge. – Det er kritisk. Vi er utsolgt, vi har ikke mer å gå på. Gamle tog betyr lavere pålitelighet. Det vil si mer forsinkelser og innstillinger, sier Risan til NRK. Han sier han trenger 3 milliarder kroner årlig til å investere i nye tog» (kilde dn).

De tingene vi har nevnt burde tale sitt tydelig språk: velferdsstaten er et umulig ideal.

https://www.ungokonomi.no/samfunnsokonomi/oljeformue/statens-pensjonsfond/

https://www.document.no/2018/10/04/ny-skandale-i-oslo-kommune-denne-gang-med-raymonds-bror/

https://kommunal-rapport.no/2019/06/stort-vedlikeholdsetterslep-ved-norske-vann-og-avlopsanlegg

https://www.ifi.no/etterslep-til-ettertanke

https://www.dn.no/samferdsel/oystein-risan/jon-georg-dale/nsb/etterslep-i-vedlikehold-kan-fore-til-togkrise-for-norske-passasjerer/2-1-582670

https://www.nrk.no/nordland/vil-bekjempe-uonsket-deltid-1.11786958

https://resett.no/2019/07/27/svensk-politi-kapitulerer-i-kampen-mot-bilbrannene-oppfordrer-allmuen-til-a-spane-for-seg/

https://www.nrk.no/ytring/du-gjor-meg-sjuk_-nav_-1.12476805

https://www.ha-halden.no/nyheter/jeg-odelegges-av-byrakratene-pa-nav/s/1-2906373-6721659

https://www.hegnar.no/Nyheter/Politikk/2017/03/Saa-mye-koster-en-innvandrer?fb_comment_id=1744818262198649_1744835618863580

https://www.nettavisen.no/nyheter/familie-kastes-ut-av-bolig-fordi-flyktninger-ma-ha-huset/3423230252.html

Velferdsstaten: et system som graver sin egen grav
Publisert på Gullstandard 23. august 2018

«-Skatteunndragelser truer velferdsstaten» forteller Dagsavisen på sin forside i går 22/8-18. (Nå bruker riktignok Dagsavisen «velferdssamfunnet» og ikke «velferdsstaten», et poeng vi kommer tilbake til nedenfor). Ingressen sier videre: «Advarer mot skatte-svikere. Skatteunndragelser truer velferdssamfunnet, advarer Øko-krim. ...». Vi siterer fra artikkelen:

> «Det avdekkes stadig oftere mistanke om skattesvik begått av norske statsborgere ... Det er nå også en trend at næringsinntekter i små og mellomstore virksomheter kanaliseres til utenlandske konto, og ikke oppgis til beskatning i Norge. Skatte- og avgiftskriminaliteten er fortsatt den største trusselen innen tradisjonell økonomisk kriminalitet. ...
> [S]katteunndragelsene truer det norske velferdssamfunnet, ikke bare fordi et visst antall milliarder unndras i dag, men også fordi dette er et selvproduserende problem. Hvis man ser at noen slipper unna med skatteunndragelser, vil flere gjøre det samme og også gjøre det mer. ...-Poenget med skatt er at alle skal være med. Det er grovt urimelig hvis noen skal kunne benytte seg av velferdsgoder og tilbud som er betalt av skattebetalerne, uten å bidra selv ... – Vi risikerer en negativ spiral i form av stadig større skatteunndragelser, hvis det ikke tas tak i dette ...
> Omfanget av unndratt skatt og avgifter er anslått av Samfunnsøkonomisk analyse til å være mellom 28 milliarder og 60 milliarder kroner i året innen arbeidslivskriminalitet. Dette inkluderer svart arbeid, men ikke for eksempel penger som er unndratt beskatningen via skatteparadiser. Det anslåtte beløpet er penger som skulle vært beskattet, ikke skatten som skulle vært betalt ...

Samtidig som rike tyr til ulovlige midler for å bli enda rikere, øker antallet fattige. Det går fram av rapporter fra både NAV og Statistisk sentralbyrå. Snart hver tiende nordmann har vedvarende lav inntekt. Antallet fattige barn har økt med 34.000 det siste tiåret og har nå passert 100.000. ...».

Dagsavisens poeng er at velferdsstaten trenger stadig større inntekter. Inntektene kommer fra skatter og avgifter, men siden staten hele tiden må ha større inntekter, må skatter og avgifter hele tiden øke. Dette reduserer viljen til å betaler disse skattene og avgiftene – incentivene i velferdsstaten er altså slik at de nødvendigvis gjør det vanskeligere å drive velferdsstaten. (Det er ikke bare høyere skatter og avgifter som reduserer viljen til å følge reglene, også et stadig mer komplisert regelverk og et stadig mer omfattende skjemavelde gjør at villigheten og evnen til å følge reglene blir mindre.)

Vi siterer fra noe vi skrev på DLFs nettside i 2012:

...argumentrekken mot velferdsstaten er meget lang. Her er noen få argumenter: Mye penger forsvinner nødvendigvis i administrasjon; de som leder ulike felter er politikere som i beste fall er dyktige til å drive valgkamp og ikke til å drive skolen, sykehusene, pensjonsordningen, infrastrukturen, osv.; prioriteringene blir i samsvar med politikernes ønsker og ikke i samsvar med det som hver enkelt ønsker og kan gi uttrykk for gjennom sin verdiskapning; små pressgrupper kan presse sine ønsker igjennom på helhetens bekostning; for å få stemmer må politikerne love mer og mer og da ender man opp med økende skatter og avgifter og etter hvert med voksende lån og gjeld og til slutt en gjeldskrise; samfunnet vil få flere og flere lover, det vil bli mer og mer byråkratisert; velferdsstaten belønner de som kan sno seg i jungelen av støtteordninger og straffer de som driver verdiskapning; pga. de økende skattene og den økende byråkratiseringen vil respekten for lov og rett synke og flere vil bli skjøvet ut i den svarte økonomien; kriminaliteten vil vokse; pga. den økende byråkratiseringen og de økende skattene vil entreprenørånden forsvinne og man ender opp med stadig flere offentlig ansatte og stadig flere på trygd (så lenge det varer) …».

Velferdstaten er da i sin natur slik at den bokstavelig talt graver sin egen grav. Velferdsstaten må bryte sammen. Den kan ikke gi stabile samfunn preget av harmoni og velstand. Den må føre til en alles kamp mot alle, til strid mellom de ulike pressgruppene, til at de aller fleste forsøker å grafse til seg en større del av felleskaken, osv. Siden det pga. økende skatter og flere reguleringer blir vanskeligere å drive produktiv virksomhet, vil velstanden etter hvert gå ned – det er nemlig produksjon som er en forutsetning for velstand. Dette er et faktum selv om det er få politikere og økonomer som virkelig innser dette og tar den fulle konsekvens av dette faktum.

Den eneste veien til økende velstand er akkumulering av kapital. Jo mer kapital som er akkumulert i en økonomi, jo større blir produksjonen, og jo høyere blir velstanden. Det er altså kun en eneste vei til velstand og det er akkumulering av kapital (dette poenget er så viktig at vi gjentar det to ganger).

Dersom man har et høyt skattenivå vil akkumuleringen av kapital blir mindre, og da først svekkes og så uteblir velstandsøkningen. Hvis man tror at den eneste måte å redusere fattigdom på er å ta fra de rike og gi til de fattige, har man forstått lite av hvordan en økonomi fungerer – en slik politikk er å «kill the goose that lays the golden egg». En slik politikk, som forøvrig alle velferdsstater er basert på, fører nødvendigvis til de problemer som artikkelen i Dagsavisen påpeker.

Dagsavisens artikkel bruker ordet «velferdssamfunn», men de på venstresiden later som om de ikke ser forskjell på «velstandssamfunn» og «velferdsstat». I en velferdsstat finnes det en rekke offentlig tilbud som er subsidiert eller mer eller mindre gratis: skole, helsevesen, infrastruktur, kultur, mmm. Hvis vi antar at velferdssamfunn er et samfunn med høy velstand (noe som inkluderer ordninger for de som ikke kan klare seg selv), så tror de på venstresiden at kun en velferdsstat kan gi velstandssamfunn mens vi og enhver som har innsikt i hvordan en økonomi fungerer, vet at kun en fri økonomi kan gi samfunn med høy velstand: som sagt, kun produksjon kan gi velstand, i et samfunn med voksende skattenivå vil som nevnt produksjonen hemmes, mens i et fritt samfunn uten noen statlig innblanding i og regulering av økonomien (dvs. helt uten tvungne skatter og avgifter og reguleringer) vil velstanden stige for alle.

Vi kunne sagt mye mer om dette og det har vi også gjort, bla. på DLFs nettside og i DLFs program, men la oss sitere fra en artikkel på resett.no om den velferdsstaten som er kommet nærmest stupet, Hellas:

«… at Hellas kollapset høsten 2009 var et resultat av høyt gjeldsnivå. … For høy gjeld ble løst med mer gjeld. Hellas overlevde kun takket være likviditetstilskudd samt subsidierte renter og utsettelse av avdrag. … Realiteten er at Hellas sitter i gjeldsfengsel på livstid. Hellas har ingen muligheter til å overleve med dagens gjeldsnivå, som er nærmere 500 milliarder euro. Det er umulig å vokse seg ut av denne situasjonen. Denne gjeldsbyrden ligger som en klam hånd over Hellas».

Denne type problemer vil komme til alle velferdsstater – incentivene er slik at denne utviklingen er uunngåelig. Det som har skjedd i Hellas er en uunngåelig utvikling i enhver velferdsstat.

Vi gjentar hovedpoenget: kun en fri økonomi kan gi stabile samfunn preget av harmoni og velstand. Velferdsstaten må føre til stagnasjon, så redusert velstand og så økende fattigdom. Og for å ha sagt det: Den eneste måten å bekjempe den svarte økonomien på er å redusere skatter og avgifter og å fjerne alle reguleringer. Alle de store politiske partiene vil gå motsatt vei; de vil fortsette å øke skatter og avgifter og innføre flere reguleringer – og selvfølgelig intensivere kontrollapparatet som passer på at reglene følges. Men dette vil bare føre enda flere ressurser inn i uproduktive aktiviteter, og gjøre problemene enda større. Dette vil igjen føre til at enda flere flykter inn i den svarte økonomien. Med andre ord: velferdsstaten er et system som graver sin egen grav.

https://www.dagsavisen.no/innenriks/advarer-mot-skattesvikere-1.1190046

http://stemdlf.no/node/5285/

http://stemdlf.no/node/5519/

https://resett.no/2018/08/21/gratulasjonene-fra-brussel-er-intet-annet-enn-meningslos-propaganda/

Er folket en fare for demokratiet?
Publisert på Gullstandard 14. oktober 2019

Ja, det er enkelte som påstår at folket er en fare for demokratiet. En av de siste som har hevdet dette er den svenske politikeren Hanna Wagenius, som er utdannet jurist og som har vært leder for det svenske Senterpartiets ungdomsforbund. I en kronikk som har fått den talende overskriften «Skippa folkomröstningar för demokratins skull», skriver hun:

> «Folkomröstningar är inte alltid bra för demokratin. När de används i komplexa frågor, eller frågor där alla alternativ inte ens existerar ännu, kan de tvärtom skada förtroendet för folkstyret. Låt oss slippa dem framöver.»

Videre fra kronikken:

> «Det här med folkomröstningar har legat tämligen högt upp i det allmänna medvetandet sedan Storbritannien röstade för att lämna EU i en sådan i slutet av juni 2016 – eftersom utträdet ännu inte är färdigt, så här drygt tre år senare. Brexitomröstningen är ett typexempel på hur en felanvänd folkomröstning kan förstöra – inte bara för ett land eller en union, utan framför allt för demokratin.»

Men hun er ingen enslig svale: opp igjennom årene er det kommet en rekke innvendinger mot demokratiet, og det vanligste argumentet kan oppsummeres slik: «folk vil ha flere tilbud fra det offentlige, og de vil ha lavere skatter – og dette går ikke».

Nylig kom en norsk kommentator med en ny vri på argumentet mot folks innflydelse på politikken. Her fra en artikkel som kommenterer utspillet :

> «… journalist og kommentator Hilde Øvrebekk tar til orde for nye regler for å hindre nyetableringer av typen Folkeaksjonen Nei til mer Bompenger (FNB) og det nye Industripartiet. "Det er

ikke nok å ha bare én sak som trumfer alle andre i partiprogrammet. Verden er ikke så enkel at den handler bare om bompenger, oljeindustri eller vindmøller. Partier må være i stand til å se helheten, og å ha en plan for den økonomiske politikken som sørger for at vi klarer oss også i framtiden", skriver hun …. "Det er selvsagt et demokratisk problem hvis vi fratar nordmenn retten til å stifte et nytt parti. Flere partier skaper mangfold. Men vi bør kunne diskutere om det bør stilles strengere krav til partiene som stiller til valg"» (sitert fra en artikkel på Resett).

Så, noen vil begrense den innflydelse folket har på politikken gjennom folkeavstemninger, og noen vil hindre etablering av nye partier dersom de ikke har et program som er godkjent av, vel, staten – som styres av de etablerte partiene … Det er verd å merke seg at alle slike forslag kommer i demokratiets navn og gir seg ut for å styrke demokratiet. Er ikke dette litt merkelig? Demokrati innebærer jo nettopp at folket skal styre.

SNL definerer demokrati slik:

«Demokrati, også kalt folkestyre, er en styreform der folket, forstått som landets voksne innbyggere, velger representanter som utformer lovene og tar viktige politiske beslutninger. I et demokrati kan innbyggerne også selv delta i utformingen av de politiske vedtakene.»

Så, i et demokrati er det slik at folket bestemmer, enten indirekte ved at det velger representanter til en nasjonalforsamling som så bestemmer, eller direkte ved at folket bestemmer i en folkeavstemning. (Et problem her er at i dagens demokratier er folkeavstemninger som regel ment kun å være rådgivende og altså ikke bindende, men vi lar dette problemet ligge.) Det er også et viktig element at alle borgere skal kunne kan delta i den politiske prosess ved å stille til valg, f.eks. via et parti.

Men som de sitatene vi gjenga mer enn antyder: når folke-avstemninger anvendes i komplekse spørsmål som folk flest ikke er i stand til å forstå eller har tid til å sette seg inn i, eller når det dannes partier som er mest opptatt av én sak uten å være i stand til å se helheten og som ikke har en plan for den økonomiske politikken som skal sørge for at vi klarer oss også i framtiden, så er dette visstnok ifølge enkelte skadelig for demokratiet.

Disse kommentatorene, og mange med dem, har altså reellt sett det syn at folkets innflydelse er en fare for demokratiet. Det de egentlig ønsker er at folkets innflydelse må reduseres – og dette må til for å redde demokratiet. Her er det opplagt noe som skurrer.

Det er mye man kan si til dette. Disse kommentarene mener åpenbart at partiene – de etablerte partiene – i motsetning til folk flest har innsikt i komplekse spørsmål og er opptatt av helhetsløsninger som, som det heter, skal sørge for at vi skal klare oss godt i fremtiden.

Men de store problemene som finnes i alle vestlige land – en enorm statsgjeld, og store problemer innen områder som helsevesen, eldreomsorg, skole, trygdevesen, arbeidsløshet, kriminalitet, etc. – tyder ikke på at de etablerte partienes har et velbegrunnet helhetssyn; hadde de hatt et velbegrunnet helhetssyn ville disse landene ikke hatt disse problemene. (Ikke alle vestlige land har problemer på de samme områdene, men alle har store problemer på flere av disse områdene).

Det burde være opplagt at partiene, som har styrt i alle vestlige i mer enn 70 år, ikke har ført en politikk som har sørget for at vi vil klare oss godt. Mitt syn er at det ikke er noen ting som tyder på at partiene, dvs. de etablerte partiene, har gjort en god jobb på disse viktige områdene. Så hva er da det egentlige problemet?

Demokrati – representativt demokrati – innebærer at folket velger de som skal styre. Kandidatene må, for å bli valgt, love mer og mer: «Stem på oss så skal vi gi dere bedre skole/bedre samferdsel/bedre helsevesen/bedre veier/bedre eldreomsorg/mer kultur/billigere kaffe/ bedre vær, mmm.». Dette er den type valgflesk vi blir tilbudt i hver eneste valgkamp.

Alt det politikerne og partiene lover koster penger, og staten tar inn penger via skatter og avgifter. Skattene og avgiftene vil derfor måtte øke. Men det som tas inn på denne måten er ikke nok, og det tas derfor opp lån, noe både staten og kommunene gjør. Her er to eksempler fra Norge. Først om statens gjeld fra Nettavisen ifbm. fremleggelsen av det siste statsbudsjettet:

> «Nederst i en tabell på side 50 i Nasjonalbudsjettet, slapp
> regjeringen mandag en liten bombe: I løpet av ett år har
> Folketrygden økt sine forpliktelser til alderspensjon med 366

milliarder kroner. Det betyr at staten hver eneste dag får økt sine pensjonsforpliktelser med over én milliard kroner. Dette kommer i tillegg til den kraftige økningen i uføretrygd. Folketrygdens totale forpliktelser til alderspensjon vil ved nyttår være 9088 milliarder kroner.» (Nettavisen, 8/10-19.)

Til sammenligning: statsbudsjettet for 2020 har utgifter på ca 1415 mrd kr. (Disse opplysningene er altså en «bombe» for Nettavisens redaksjon. Dette sier en god del om hvor velorienterte vanlige journalister er.)

Om Oslo kommunes gjeld, også fra Nettavisen:

> «Oslos gjeld eksploderer: Dette kan bli farlig. Oslo-byrådet får fortsette i fire nye år og starter nå sin andre periode med å legge frem et ambisiøst budsjett. De neste årene skal det investeres mye både i samferdsel og bygg. Det skal investeres i skoler, sykehjem og kjøp av kommunale boliger for titalls milliarder kroner de neste fire årene. På samferdselsiden starter de store investeringene i Fornebubanen, et prosjekt der kostnadsanslaget er nesten firedoblet siden 2013. Oslo kommunes økonomiplan gir framskrivninger for de fire neste årene, det vil si frem til 2023. I denne perioden vil gjelden øke kraftig. De neste fire årene vil Oslo-gjelden øke med hele 28,5 milliarder kroner, fra litt under 34,4 milliarder ved utgangen av 2019 til godt over 63,8 milliarder ved utgangen av 2023.» (Nettavisen, 26/9-19.)

Til sammenligning: Oslo kommunes budsjett for 2020 har utgifter på 77 mrd kr.

Denne gjelden vil komme som økede skatter og avgifter i fremtiden, samtidig som at offentlige tilbud vil bli kraftig redusert både i omfang og kvalitet – slik sparing må til for å kunne betjene gjelden. Men folk flest stemmer altså for en slik politikk, og såkalt ansvarlige partier utøver den. Men de kommentatorene vi siterte mener at det er et stort problem at folket har for stor innflydelse, og at makten må samles hos etablerte partier som visstnok er i stand til å se helheten. Men de problemene vi nevnte tyder ikke på de etablerte partiene og deres

40

politikere, dvs. personer som fra tidlig i livet har valgt å bruke sitt yrkesliv på å bli valgt og på å styre oss, er i stand til å gjøre dette på en god måte.

Så hvis vi oppsummerer: noen vil redusere folkets innflydelse på politikken og øke etablerte partiers makt fordi kun etablerte partier har mulighet til å drive en politikk basert på helhetstenkning og langsiktighet. Men vi har gitt eksempler på at etablerte partier i alle vestlige land IKKE har basert sin politikk på helhetstenkning og langsiktighet, de har basert sin politikk i stor grad på stemmefiske: «vi sier det vi må vi si for å bli valgt, og vi bryr oss ikke om om det vi gjør er ødeleggende på lang sikt» – hvis disse politikerne da i det hele tatt forstår hva de langsiktige konsekvensene av deres politikk er.

Hva er da egentlig problemet? Og hva er løsningen?

Problemet er at de aller fleste tror at dersom de betaler litt i skatter og avgifter til det offentlige så vil de til gjengjeld få gratis (eller nesten gratis/sterkt subsidiert) fra det offentlige alt de trenger av tilbud innen skole, helse, pensjoner, kultur, infrastruktur, trygder, eldreomsorg, forskning, mmm. Men et slikt system kan ikke fungere i det lange løp. Et slikt system vil nødvendigvis føre til de problemer som alle land i Vesten nå har og som i årene fremover vil bli større, og som vi kort nevnte over: det er problemer innen helsevesen, eldreomsorg, skole, trygdevesen, arbeidsløshet, kriminalitet, mm. (Et system hvor det offentlige tar seg av en rekke oppgaver finansiert ved skatter, avgifter og låneopptak kalles «velferdsstat»).

Poenget er ikke at folket har for stor innflydelse på politikken, poenget er at en den organiseringen som alle vestlige land har, og som praktisk talt alle er tilhengere av, ikke er et bærekraftig system. Problemet er ikke demokratiet, problemet er velferdsstaten. Ja, disse henger sammen, men demokrati er en styringsmetode, mens velferdsstaten er en organisering som er et utslag av fundamentale verdier som dominerer i befolkningen

Grunnen til at en velferdsstat ikke er bærekraftig er, kort oppsummert, at i den brytes den essensielle koblingen mellom produksjon og forbruk. Denne koblingen brytes ved at staten har ordninger som overfører verdier fra de produktive til de mindre produktive. Dette innebærer at incentivene i velferdsstaten er slik at de straffer gode egenskaper og belønner dårlige egenskaper. Sagt på en

41

annen måte og med en litt annen vektlegging: alle samfunnssystemer belønner visse egenskaper, og i en velferdsstat belønnes de som kan sno seg i den stadige voksende jungelen av reguleringer og støtteordninger. Og la oss presisere en ting til: i en velferdsstat opplæres alle til å tro at de kan skyve en betydelig del av sine kostnader ved å leve over på andre (i og med at staten dekker store deler av kostnadene ved utdannelse, helseforsikring, pensjonsforsikring, kultur, bruk av infrastruktur, eldreomsorg, mmm.). Med andre ord: velferdsstaten belønner de mindre produktive, straffer de produktive, og dyrker frem en generell ansvarsløshet.

Alternativet til dette systemet (velferdsstaten) er et system hvor hver enkelt tar seg av seg og sine ved å dekke sine egne utgifter med egen inntekt, og hvor staten kun tar seg av sine legitime oppgaver. Statens legitime oppgave er å beskytte borgernes frihet, og dette gjør den ved å kun drive politi, rettsapparat og det militære. I et slikt system er det ingen tvungen skatt, ingen tvungne avgifter, ingen reguleringer, ingen overføringer, og ingen gratis-tilbud fra det offentlige, og det er heller ingen reguleringer av handel, hverken nasjonalt eller internasjonalt. I et slikt system er det da ingen jungel av statlige støtteordninger man kan sno seg i. Incentivene i dette systemet er at de som belønnes er de som produserer noe som andre er villige til å kjøpe. Dette systemet, et helt fritt og uregulert system hvor eiendomsretten gjelder fullt ut, kalles kapitalisme, eller laissez-faire-kapitalisme. I kapitalismen er det da ikke slik at staten deler ut goder til befolkningen, og det er da ingen politikere som må ta opp gjeld på statens vegne for å finansiere sine valgløfter.

I dette systemet har man full individuell frihet, ethvert individ har rett til å handle akkurat slik det ønsker så lenge det ikke initierer tvang mot andre. Heller ikke staten har rett til å initiere tvang mot den enkelte borger. Dette systemet er da ikke et demokrati siden demokrati innebærer at flertallet kan bestemme alt mulig – og det er dette som er den opprinnelige betydningen av ordet «demokrati»: ubegrenset flertallsstyre. Dette systemet er en konstitusjonell republikk, og en slik har i sin grunnlov sterke begrensninger på hva statens oppgaver skal være.

De amerikanske grunnlovsfedrene var sterkt kritiske til demokrati, og de etablerte USA som en konstitusjonell republikk, hvor statens makt var sterkt begrenset. (I demokratier ledes staten av en regjering som altså regjerer/styrer, mens i USA ledes statsapparatet av en administrasjon: USA har ikke regjeringer). Ønsket fra grunnlovsfedrene var at USA skulle være og skulle forbli fritt. Men det som bestemmer utviklingen, uansett formaliteter og hva lovens bokstav måtte si, er grunnleggende holdninger blant folk flest. En av grunnlovsfedrene, Benjamin Franklin, advarte mot utviklingen bort fra frihet og over til demokrati ved å si noe sånt som «Vi har nå et fritt samfunn, en republikk, og vi får håpe at vi klarer å beholde det slik». (En historiker oppsummerte dette slik: «...upon exiting the Constitutional Convention Benjamin Franklin was approached by a group of citizens asking what sort of government the delegates had created. His answer was: «A republic, if you can keep it». The brevity of that response should not cause us to under-value its essential meaning: ... republics are not merely founded upon the consent of the people, they are also absolutely dependent upon the active and informed involvement of the people for their continued good health [i.e. continued freedom]...». USA har etter dette beveget seg lang bort fra sine opprinnelige frihetsidealer, og har siden tidlig i det tyvende århundre vært en velferdsstat. Og ja, USAs statsgjeld er i denne perioden blitt enorm.

Tilbake til hovedsaken: det er store problemer i alle demokratier, og sitatene vi gjenga innledningsvis bekrefter dette. Men de vi siterte mener at løsningen ligger i å redusere folkets innflydelse på politikken, og de vil gjøre dette for å redde demokratiet. For det første er dette selvmotsigende. I et demokrati har folket innflydelse – å redusere eller innskrenke folkets innflydelse er da anti-demokratisk. Når noen skriver at de vil redusere folkets innflydelse i demokratiets navn vet de enten ikke hva demokrati innebærer, eller de forsøker å lure sine lesere.

For det annet: Ja, det er kolossale problemer i alle velferdsstater, men disse kommer av at staten har tatt på seg oppgaver som ligger utenfor dens legitime oppgaver, og som fører til at 1) politikere må love mer og mer for å bli valgt, og 2) innbyggerne tror at de bare kan bruke med og mer av offentlige tilbud fordi disse tilbudene er jo (mer eller mindre) gratis – i en velferdsstat er den essensielle koblingen mellom produksjon og forbruk da brutt, og dette er på sikt ødeleggende fordi produksjonen da ikke vil holde tritt med forbruket. (Ja, Says lov, den viktigste lov innen sosialøkonomien, innebærer da at for andre er det motsatt, noen må da ha større produksjon enn forbruk. De som har større produksjon enn forbruk er de som har gitt lån; men en eller annen gang i fremtiden vil de ha tilbake det de har lånt ut …).

Ja, problemene er der, men de kommer ikke av at folket har for mye å si, de kommer av at man har en samfunnsmodell som innebærer at staten har tatt på seg alle mulige oppgaver, og at alle borgere har rett til å motta en rekke goder fra staten. Modellen heter velferdsstat, og den styres av folket gjennom demokratiske valg.

Men så lenge folk flest tror at dette er et godt system vil vi ha denne modellen – selv om den ikke er bærekraftig. Dvs. vi vil ha den inntil den bryter sammen, med store negative konsekvenser for alle. De som kritiserer demokratiet har visse poenger, men problemet er et de aldri nevner: problemene skyldes velferdsstaten.

Det bærekraftige alternativet til velferdstaten er full individuell frihet, dvs. laissez-faire-kapitalisme, et system hvor eiendomsretten gjelder fullt ut og hvor det ikke er noen reguleringer eller overføringer eller tilbud fra staten (bortsett fra at den beskytter borgernes frihet). Et slikt system er ikke et demokrati, det er en republikk.

Vi avslutter med følgende: det er ikke slik at folket er en fare for demokratiet. Sannheten er at demokratiet, et system hvor et flertall skal kunne bestemme absolutt alt, er en fare for folket.

https://resett.no/2019/10/10/svensk-politiker-mener-folkeavstemninger-er-en-trussel-for-demokratiet/

https://resett.no/2019/10/10/avis-kommentator-vil-ha-regler-for-a-hindre-ensakspartier-a-stille-til-valg/

https://www.nettavisen.no/okonomi/slar-alarm-om-oljefondet-oljeinntektene-vil-ikke-vaere-store-nok/3423857943.html

https://www.nettavisen.no/okonomi/oslos-gjeld-eksploderer-dette-kan-bli-farlig/3423851811.html

«Høyresiden» og «venstresiden» korrekt definert
Publisert på Gullstandard 1. november 2018

Den store saken i norsk politikk de siste ukene har vært KrFs mulige sideskifte – fra den borgerlige/konservative/blå siden og over til den røde venstresiden. Vi hare sett utallige artikler i avisene som har redegjort for omstendighetene omkring KrFs veivalg: lederen Knut Arild Hareide ønsker at KrF skal samarbeide med Ap og SV i regjering, selv om partiet tidligere klart har vært solid forankret på borgerlig side.

VG brakte nylig følgende overskrift: «Sjokkmåling for høyresiden: KrF-velgere vil ha Støre-regjering». En kommentator på Resett skriver følgende: «Høyresiden i KrF må kjempe og finne en lederkandidat, ellers vinner Hareide».

Det virker som om en vanlige forståelse av disse begrepene («venstresiden» og «høyresiden») innebærer at venstresiden utgjøres av partier som Ap, SV, MDG, Rødt, mens partier som FrP, Høyre og KrF utgjør høyresiden. Sp skiftet for noen år siden over til venstresiden, mens Venstre er det også i denne saken umulig å vite hvor man har.

Hvis man skal vite hva man snakker om må de begreper man bruker være korrekt definert: Som Ayn Rand sa det:

> «A definition is a statement that identifies the nature of the units subsumed under a concept. … The purpose of a definition is to distinguish a concept from all other concepts and thus to keep its units differentiated from all other existents. … A definition must identify the nature of the units, i.e., the essential characteristics without which the units would not be the kind of existents they are. … Definitions are the guardians of rationality, the first line of defense against the chaos of mental disintegration» (kilde aynrandlexicon).

Med andre ord: Skal man vite hva man snakker om må man bruke riktige begreper, og for å kunne bruke riktige begreper må de være definert på en korrekt måte; dvs. de må være definert slik at de identifiserer de essensielle egenskaper ved det som defineres. (Å definere «mennesket» som «et to-bent dyr» eller som «et dyr som har tommel» eller «et dyr som har språk» er feil fordi den første ikke bare gjelder mennesker og den andre ikke identifiserer essensielle egenskaper; den korrekte definisjonen av «menneske» er den som Aristoteles ga: «et rasjonelt dyr».) Det vi skal gjøre her er å gi korrekte definisjoner av begrepene «venstresiden» og «høyresiden».

La oss først se på en vanlig (Wikipedias) definisjon eller beskrivelse av «venstresiden»:

> «Venstresiden er en fløy i politikken der de tilhørende partiene eller personer har visse politiske fellestrekk. Fellestrekket mellom ideologier på venstre-siden er et mål om høyere grad av sosial likhet og egalitarianisme mellom innbyggerne i et samfunn … Felles for venstresiden er kampen for klasseutjevning, rettferdig fordeling nasjonalt og internasjonalt og at dette skal skje ved å ha en aktiv og sterk stat som forvalter mange velferdstjenester og tar aktivt del i næringslivet.»

Dette er en rimelig grei og dekkende forklaring selv om den som en definisjon er for lang og inneholder elementer som ikke nødvendigvis må være med og som derfor bør utelates. Vi foreslår derfor følgende definisjon, som vi vil si er i samsvar med essensen i Wikipedias definisjon:

> «venstresiden består av de aktører (partier, organisasjoner, personer) som vil øke statens* makt, dvs. som vil ha høyere skatter og avgifter, ha flere statlige reguleringer, og flere statlige støtteordninger og tilbud som gis mer eller mindre gratis[†] til befolkningen».

---

* Når vi skriver «staten» inkluderer vi i dette også andre fellesskap som man er tvunget til å være med i så som kommuner og fylkeskommuner.

[†] Med «gratis tilbud» mener vi tilbud som ikke betales av brukeren når han benytter dem, men er betalt av borgerne gjennom alle typer skatter og avgifter.

46

Vi vil tro at ingen vil ha innsigelser mot denne definisjonen; vi kan ikke se annet enn at den dekker politikken til de aktører som tradisjonelt blir plassert på venstresiden.

Som nevnt inkluderer Wikipedias definisjon flere elementer enn de vi har tatt med i vår definisjon («sosial likhet og egalitarianisme ... kampen for klasseutjevning, rettferdig fordeling både nasjonalt og internasjonalt»), men disse elementene er såpass kompliserte både mht. hva de betyr og hvordan de skal gjennomføres at de ikke hører hjemme i en definisjon av «venstresiden». Hva betyr egentlig «sosial likhet»? Hvordan skal «kampen for klasseutjevning» skje – med vold og tvang eller på en frivillig/fredelig måte – og hva er en «klasse»? Hva er betyr «rettferdig» i uttrykket «rettferdig fordeling» – og hva er det som skal fordeles? (Tradisjonelt betyr «rettferdighet» å behandle individer slik de gjør seg fortjent til ved egne, valgte handlinger, men betydningen her er åpenbart en helt annen.) Disse momentene kan tas med i et partiprogram, hvor det også er plass til å forklare hva som menes med disse uttrykkene, men i en definisjon av en fløy som omfatter flere politiske partier med ulike strategier og mål, hører de ikke hjemme.

De elementene som er med i vår definisjon identifiserer grunnlaget for det som Wikipedia benytter for å beskrive venstresiden: det som omtales som klasseutjevning og rettferdig fordeling skjer via gratis offentlige tilbud, velferdstjenester og progressive skatter; og ønsket om en aktiv og sterk stat som tar aktivt del i næringslivet skjer i hovedsak via reguleringer, men også ved statlig eierskap. Så vår definisjon dekker det som Wikipedia tar med, men vår definisjon er mer fundamental.

Vi vil tro at den definisjonen vi gir er ukontroversiell. I hvert fall inntil vi gir en tilsvarende definisjon av «høyresiden».

Høyresiden skal være venstresidens motpol. Den skal da ha motsatte standpunkter enn de som venstresiden har. Venstresiden vil øke statens aktivitetsområde – og da skulle dens alternativ gå inn for å redusere statens aktivitetsområde.

Vi vil derfor definere «høyresiden» slik:

«høyresiden består av de aktører (partier, organisasjoner, personer) som vil redusere statens makt, dvs. som vil ha lavere skatter og avgifter, ha færre statlige reguleringer, og færre statlige støtteordninger og tilbud».

Før vi går videre vil vi nevne de ekstreme på begge sider. De ekstreme på venstresiden, dvs. de som ligger lengst til venstre, vil at staten skal drive praktisk 100 % av alle oppgaver – slik som var målet i de kommunistiske diktaturene som en rekke partier på venstresiden hyllet (det tydeligste eksempel på dette var Sovjetunionen). Men et parti kan befinne seg på venstresiden selv om det ikke ønsker at staten skal bli så omfattende. Tilsvarende, på høyresiden vi de mest ekstreme gå inn for at staten kun skal ta seg av de legitime statlige oppgavene, det vil at staten kun skal beskytte borgernes frihet (ved å drive politi, rettsapparat og militært forsvar), og intet annet. Men partier som er mindre ekstreme enn dette vil også kunne bli plassert på høyresiden.

Disse begrepene er da definert ut i fra den situasjon som eksisterer. Hvis vi benytter statens andel av BNP som et mål på statens størrelse og aktivitetsområde, og antar at denne andelen utgjør 50 %, vil partier som ønsker at den skal være 60 % eller 80 % eller 100 % plasseres på venstresiden, og partier som ønsker at den skal være 30 % eller 10 % plasseres på på høyresiden. Men dersom staten har en andel av BNP på 80 %, vil et parti som ønsker at andelen skal være 60 %, plasseres på høyresiden.

La oss se på den definisjon av «høyresiden» som Wikipedia gir:

«Høyresiden er en vid samlebetegnelse for politiske partier, ideologier og sympatier som anser sosial lagdeling eller sosial ulikhet som uunngåelig, normalt eller ønskelig. Høyresiden er typisk opptatt av individuell frihet og konservatisme, bevaringen av tradisjonelle institusjoner og verdier.»

Bortsett fra på ett punkt er dette galt. Høyresiden legger stor vekt på individuell frihet, men forståelsen av dette svært viktige prinsippet er i beste fall svak, og stort sett ikke-eksisterende blant mainstream-aktører. (For ordens skyld tar vi med den korrekte definisjonen av «individuell frihet» her, en definisjon som ikke er å finne i noe manistream-

48

oppslagsverk: «Individuell frihet er retten for individer til å bestemme over seg og sitt, dvs. over sin kropp, sin eiendom og sin inntekt».)

Å si som Wikipedia at høyresiden anser sosial lagdeling eller sosial ulikhet som uunngåelig, normalt eller ønskelig, er helt feil. Dette er ting som venstresiden er imot, men derfor å si at høyresiden er for, blir galt. Sannheten er at de på høyresiden ikke er opptatt av dette i det hele tatt! Høyresiden er ikke tilhengere av sosial lagdeling eller sosial ulikhet, sannheten er at høyresiden er for (større) individuell frihet! Og er man tilhenger av individuell frihet godtar med det som blir resultatet av individers frie valg: hvis noen velger å jobbe mye og å tjene penger så blir de rike, hvis noen velger å jobbe mindre og å prioritere fritid, blir de mindre rike: og høyresiden vil i motsetning til venstresiden si at dette ikke er noe problem i det hele tatt!

Det er riktig at høyresiden tradisjonelt er blitt koblet opp mot konservatisme, men vi er ikke helt med på at dette er korrekt. Begrepet «konservativ» er i pressen brukt i stort omfang i en rekke sammenhenger, bla. blir det benyttet for å beskrive preste-regimet i Iran, og det ble benyttet om de gammelkommunister i Sovjetunionen som var motstandere av de reformer som ble gjennomført under Gorbatsjov (og som endte med kommunist-regimets fall). En som er konservativ er da bare en som ønsker at utviklingen skal gå sakte fordi raske omveltninger skaper store problemer. Begrepet «konservativ» sier da ikke noe som hvilken vei utviklingen skal gå. Når både gammel-kommunister og tilhengere av islamistisk diktatur med en viss rett kan beskrives som konservative, blir det feil å uten videre å plassere denne holdningen på en politisk fløy: konservative vil at viktige endringer i samfunnet skal skje sakte – retningen utviklingen skal gå i er for dem av mindre interesse, og det er retningen som bestemmer fløytilhørighet.

I Norge i dag blir partier som FrP og Høyre plassert på høyresiden. Men går disse inn for en politikk som vil redusere statens makt?, vil de ha lavere skatter og avgifter?, færre statlige reguleringer og færre statlige støtteordninger og tilbud? Hvis man skal basere seg på disse partienes retorikk så kan de på enkelte områder plasseres på høyresiden. Men det er ikke ord som gjelder, det som gjelder er handling.

For å gjøre det enkelt kan man benytte statens utgifter som et mål på statens omfang. Da Stoltenberg II-regjeringen bestående av Ap og SV tiltrådte i 2005, var statsbudsjettets utgifter på ca 600 mrd kr, da denne regjeringen gikk av var utgiftene på 1200 mrd kr; og selv om man korrigerer for inflasjon, befolkningsøkning og vekst i BNP så er dette en meget sterk økning i statens omfang. Stoltenberg II-regjeringen gikk av i 2013, og ble erstattet av en blåblå regjering bestående av Høyre og FrP (senere ble regjeringen utvidet med Venstre).

Hvordan er det gått med den statlige pengebruken under statsminister Solbergs blåblå regjering – har den fortsatt å øke eller er den blitt redusert? Nedenfor er en tabell som viser årstall og statsbudsjettets utgifter i milliarder kr for noen av de siste årene:

2007: 712,0
2010: 907,0
2015: 1161,2
2016: 1216,6
2017: 1275,6
2018: 1300,2

At pengebruken øker under den venstreorienertere rødgrønne regjeringen er i fullt samsvar med vår definisjon av venstresiden. Men dersom utgiftsveksten bare fortsatte i omtrent samme tempo under en blåblå regjering så sier dette kun at denne regjeringen fører en politikk som ikke er høyreorientert, den fører en politikk som er venstreorientert. Hadde denne regjeringen ført en høyreorientert politikk ville statens utgifter ha blitt redusert. Vi kunne også tatt med at den blåblå regjeringen har intensivert en rekke typer reguleringer på en rekke områder, og derved innskrenket ytterligere den individuelle frihet som den virkelige høyresiden legger avgjørende vekt på. Men i rettferdighetens navn må vi også nevne at noen skattesatser er satt ned og at enkelte reguleringer er blitt opphevet (og den har gjort noe mer enn å fjerne forbudene mot lakrispiper og Segway).

Med andre ord: FrP og Høyre befinner seg på venstresiden. Nå er det helt vanlig i alle mainstreamfora å si at disse partiene befinner seg på høyresiden. Men en slik plassering av disse partiene i det politiske landskap er ikke holdbar.

Vi skal se litt nærmere på dette. Vi antar som et utgangspunkt at de venstreorienterte vil føre en politikk som bringer samfunnet nærmere

50

sosialismen, hvor staten dirigerer praktisk talt all aktivitet unntatt den som er rent personlig. De venstreorienterte gjør dette ikke ved å nasjonalisere/eksproprierte alle bedrifter/produksjonsmidler, slik de gikk inn for for noen tiår siden; nå vil de bevege samfunnet i samme retning ved å utstede stadig mer omfattende reguleringer av all næringsvirksomhet: det finnes reguleringer i ulike former om hva som skal produseres, hvem som skal kunne ansettes, hvilke lønninger som skal gis (dette kan skje ved at enkelte fagforeninger får særfordeler av staten). Videre, det er krav som produkter må oppfylle for at de skal kunne bli solgt, osv. På enkelte områder må man ha konsesjon av staten for i det hele tatt å kunne starte opp (sykehus, TV-stasjoner), og hvis man prøver å starte opp noe på visse områder kan byråkratiet legger store hindringer i veien for det man har planlagt, selv om det formelt sett ikke er forbudt. Staten kan legge krav på alt fra kjønns-sammensetningen i visse typer bedrifters styrer (Høyre var en ivrig tilhenger av dette), og den kan detaljregulere utslipp av såkalte klimagasser. Når de venstre-orienterte ønsker å føre en politikk som innebærer mer av alt dette, har opposisjonen stort sett kun gått inn for en mildere, mer forsiktig og saktere utvikling i den samme retningen.

Hvis man definerer venstresiden som de som vil bevege samfunnet nærmere sosialismen, blir det helt feil å definere høyresiden som de som i praksis bare ønsker at denne utviklingen skal foregå i et noe saktere tempo. Men det er slik partier som Høyre og FrP fungerer i dag. Med den definisjon vi har gitt blir det feil å plassere partier som Høyre og FrP på høyresiden, men det blir riktig å kalle dem konservative.

Vårt syn er at venstresiden har ett overordnet mål: å øke statens makt på flere og flere områder. Men det er også blitt hevdet at venstresiden er opptatt av de svake og vil hjelpe dem, og at den er for ytringsfrihet, kvinners rettigheter, homofiles rettigheter. Men det siste tiår har klart vist at venstresiden har alliert seg med islam, og ikke motarbeider islams økende innflydelse i Vesten. Som kjent har kvinner en mindreverdig stilling i islam, homofil praksis er forbudt i islam og blasfemi er forbudt i islam. Praktisk talt alle betydelige aktører på venstresiden har valgt å reellt sett støtte de holdninger islam har på disse områdene, heller enn å bekjempe islam og å forsvare likestilling, homofiles rettigheter og ytringsfrihet. Men dersom man innser at

51

venstresiden har ett overordnet ønske: å samle mer makt hos staten, så er venstresidens standpunkter mht. islam en opplagt implikasjon av venstresidens grunnpremiss: individuell frihet for den enkelte betyr svært lite, å øke statens makt for å bestemme over og dirigere individer, betyr alt.

Men kan man ikke si at venstresiden ønsker å heve levestandarden til de svake og de fattige? Venstresidens propaganda har i perioder lagt vekk på dette, men dersom man vet noe om det siste hundreårs historie vet man at det som reduserer og avskaffer fattigdom er kapitalisme/markedsøkonomi, dvs. respekt for eiendomsretten og et uregulert, fritt marked, og man vet at de regimer som har lagt kursen sterkt til venstre med omfattende statlig regulering av næringslivet, har endt som økonomiske katastrofer (det forhåpentligvis siste eksempel er Venezuela, hvor politikken til venstresidens helt Hugo Chavez har ført til at det tidligere rimelig velstående landet er blitt lutfattig, og millioner av mennesker flykter til nabolandene fordi det er praktisk talt ingen ting å få kjøpt i Venezuela). Å påstå at venstresiden er opptatt av å redusere fattigdom er en ren løgn.

Vi vil si at venstresidens ideologi har ett formål: å gi reellt sett tomme løfter til naive mennesker for at velgerne skal gi makt til en elite. Resultatet av venstresidens politikk er alltid økt fattigdom, og dette skjer fordi statlige reguleringer demper produksjonen, og produksjon er en forutsetning for velstand.

Men hva med høyresiden? Slik vi har definert den er det i Norge bare ett parti som befinner seg på høyresiden, og det er Liberalistene. Sier dette at vår definisjon er for snever? Bør man av den grunn benytte en annen definisjon, en som gjør høyresiden noe større? F.eks. har Resetts redaktør Helge Lurås i en overskrift gitt følgende beskrivelse: «Uenigheten mellom venstre- og høyresiden dreier seg om islam…». Artikkelen blir ikke merkbart bedre enn tittelen når Lurås sier at

> «Heretter vil jeg for enkelthets skyld kalle den siden som da ikke er høyresiden for venstresiden, selv om venstre og høyre i dag i liten grad har med økonomiske klasser å gjøre. Det har kanskje mer med hvor selvstendig og autonom man er. De mer kollektivistisk orienterte er (fortsatt) på venstresiden, mens individualistene samler seg på høyresiden.»

Kanskje han med dette mener at det eneste som skiller partiene (de som er på Stortinget eller er favorisert av NRK) er holdningen til islam og til innvandring, og at det da er rimelig å lage et skille med utgangspunkt i dette: de som er positive til islam og innvandring er på venstresiden, og at de som er kritiske til islam og innvandring er på høyresiden.

Dette er i hvert fall et syn på høyresiden som er utbredt. Det klareste eksempel på dette er omtalen av det svenske partiet Sverigedemokratene: dette partiet er kritisk til islam og til innvandring, men er ellers et tvers igjennom vaskeekte sosialdemokratisk parti. Partiet blir praktisk talt alltid beskrevet som høyreorientert, men det eneste punkt hvor det skiller seg ut fra de andre svenske partiene i Riksdagen er at det som nevnt er kritisk til innvandring og islam.

Men å lage et skille kun på dette punktet er å si at alle andre spørsmål – skal staten drive (eller finansiere) praktisk talt alt av skoler, sykehus, pensjonsordninger, trygdeordninger, infrastruktur, og regulere alt annet – ikke er et spørsmål som det kan være politisk uenighet om. Å si at skille mellom høyre og venstre kun går på islam/innvandring er å si at venstresiden har fått gjennomslag på alle andre områder, og at det på disse områdene ikke lenger finnes noen opposisjon/noe alternativ.

Det er mulig at enkelte vil mener dette, men etter vårt syn er det feil. Dette er å fornekte at det finnes et politisk alternativ til det venstresiden mener.

La oss også ta med at høyresiden, slik vi har definert den, er positiv til innvandring, og støtter full religionsfrihet. Den ytterliggående høyresiden vil da ikke godta noen innskrenkninger i individuell frihet, og da heller ikke de ønsker om innskrenkninger som kommer fra enkelte muslimer; høyresiden er ikke bare for full bevegelsesfrihet, men er også for likestilling mellom menn og kvinner, for full likestilling for homofile, og for full ytringsfrihet (inkludert retten til å bedrive blasfemi).

Vi har definert høyresiden og venstresiden ut i fra om de vil redusere eller øke statens makt, dvs. ut i fra om de vil øke eller redusere individers frihet: høyresiden vil øke den, venstresiden vil redusere den. Men man kan gå dypere inn i dette materialet; det som ligger til grunn for disse ulike synspunktene er et syn på forholdet mellom det enkelte menneske og de mennesker det omgås med; skal utgangspunktet være individet eller skal det være gruppen – er det individualisme eller kollektivisme som er det riktige utgangspunkt? Her vil vi bare kort si at siden det er individer som tenker og handler, er det individualisme som er det korrekte utgangspunkt. Kollektivisme innebærer alltid at det enkelte individ ved tvang må underordne seg mennesker som primært et ute etter makt, og regimer basert på kollektivistiske ideer har alltid ført til undertrykkelse, nød og fattigdom. Alle kollektivistiske ideologier: nasjonalisme, fascisme, sosialisme, nasjonalsosialisme/nazisme, etc., befinner seg da klart på venstresiden.

Partier som Høyre og FrP, og nettaviser som Resett og Document, bør da aldri beskrives som eller omtales som høyreorienterte eller som tilhørende høyresiden, men det er korrekt å omtale dem som konservative. Aktører som Alliansen og Ekte Nyheter er nasjonalister. Ingen av disse befinner seg på høyresiden, de er alle på venstresiden. I Norge er det kun én aktør av en viss størrelse på høyresiden, og det er partiet Liberalistene!

Helt til slutt: Knut Arild Hareides ønske om et sideskifte for KrF, fra å støtte en regjering med FrP og Høyre til å støtte en regjering med SV og Ap, er ikke et skifte fra høyresiden til venstresiden, det er kun en mikroskopisk kursjustering som ikke innebærer noen merkbar endring av politikken som vil bli ført.

https://www.regjeringen.no/contentassets/
0e41c00a921245f282ba5781c1ad812f/
faktaark_statens_inntekter_utgifter.pdf

https://www.regjeringen.no/contentassets/
62bcdd722d344cd0ac6b5361471f825c/faktaark_inntekter_utgifter.pdf
https://www.regjeringen.no/contentassets/
1cde615891ca463783b967ab25b20417/faktaark3.pdf

https://www.regjeringen.no/contentassets/
a015e18875584077958794791 2d57429/faktaark2015_inntekter.pdf

https://www.statsbudsjettet.no/Statsbudsjettet-2010/Satsinger/?pid=38787#hopp

https://www.regjeringen.no/no/tema/okonomi-og-budsjett/statsbudsjettet/tidligere-statsbudsjetter/id450436/

https://www.statsbudsjettet.no/Upload/Statsbudsjett_2007/dokumenter/pdf/gulbok.pdf

https://www.vg.no/nyheter/innenriks/i/On9vrw/sjokkmaaling-for-hoeyresiden-krf-velgere-vil-ha-stoere-regjering

https://resett.no/2018/10/24/hoyresiden-i-krf-ma-kjempe-og-finne-en-lederkandidat-ellers-vinner-hareide/

https://resett.no/2017/10/05/uenigheten-mellom-venstre-og-hoyresiden-dreier-seg-om-islam-sa-hvem-har-rett/

http://aynrandlexicon.com/lexicon/definitions.html

https://no.wikipedia.org/wiki/Venstresiden

De konservative, høyresiden og venstresiden – i politikken og i pressen

Publisert på Gullstandard 16. februar 2018

Det var enkelte som hadde forhåpninger om en kursomlegging da vi fikk en konservativ regjering etter valget i 2013. Regjeringen, som besto av Høyre og FrP (og som nylig er supplert med Venstre), ble endog kalt «blåblå» for å understreke at nå skulle en annen kurs følges, nå var det ikke lenger de rødgrønne som regjerte!

Men de ble raskt skuffet, kursen fortsatte i det store og hele på samme vis: statens utgifter økte i omtrent samme tempo som under den forrige regjeringen (statens utgifter er det som staten bruker, og det er en grei indikasjon på skatte- og avgiftsnivået), en rekke offentlige tiltak ble styrket og det kom ingen merkbare dereguleringer og privatiseringer. Selv om regjeringspartiene hadde lovet avbyråkratisering og skattelettelser, skjedde ingen ting av dette i merkbar grad.

Det finnes mengdevis av eksempler som kan bekrefte dette. Vi gjengir to sitater fra Aftenposten: «Avgiftene har økt med rundt 6,6 milliarder kroner under Frp-leder Siv Jensens tid som finansminister» (14/2-18).

> «Det var i fjor [2016] totalt 1018 flere ansatte i direktoratene og departementene enn det var i 2013. Det utgjør en vekst på 4,9 prosent, som er større enn befolkningsveksten i samme periode. Samtidig har det vært en nedgang i antall sysselsatte i privat sektor. Nær en tredjedel av alle yrkesaktive i Norge jobber nå i offentlig sektor. Regjeringen påpeker at veksten i antall statlige ansatte skyldes en satsing på helse, politi, utdanning og samferdsel. Men tallene viser at andelen sentrale byråkrater vokser raskere enn de som jobber «på gulvet» under direktoratene: I de såkalte «ytre etatene», som blant annet utgjør politiet, Nav og Statens vegvesen, er veksten på 2,75 prosent» (3/5-17).

Vanligvis opererer man i politikken med en høyre-til-venstre-skala, og man kan da lure på om hvor denne konservative regjeringen hører hjemme på denne skalaen – er det på høyresiden eller er det på venstresiden?

FrP var opprinnelig et parti som ville ha «sterk nedsettelse av skatter, avgifter og offentlige inngrep», et standpunkt som alle vil si klart hører til på høyresiden. Men partiet ville også ha begrensninger på innvandringen, et standpunkt som hører til på venstresiden. Partiets utvikling viser tydelig at det er den venstreorienterte del av partiet som har fått gjennomslag i partiets politikk og profil; hele FrPs program hører nå til på venstresiden (med enkelte bagatellmessig unntak).

Men før vi går videre, la oss klart definere begrepene «høyresiden» og «venstresiden»? Høyresiden står i kontrast til venstresiden, og venstresiden består av partier og grupper som vil øke statens makt over den enkelte: de vil ha høyere skatter og avgifter, de vil ha flere reguleringer, de vil nasjonalisere og ekspropriere, de vil svekke eiendomsrettens betydning, og de vil utvide mengden av «gratis»-tilbud og støtteordninger fra det offentlige på stadig flere områder. Høyresiden derimot vil styrke det enkelte individs råderett over seg og sitt, den vil redusere skatter og avgifter, den vil privatisere og deregulere, den vil overføre offentlige eiendommer til privat eierskap, den vil overlate tilbud som er offentlige til det frie marked (den har som mål at staten kun skal ta seg av de legitime statlige oppgavene politi, rettsapparat og det militære). Høyresiden står for individuell frihet, venstresiden står for statlig styring, regulering og kontroll!

(Nå vil enkelte hevde at man kan definere «høyresiden» annerledes; noen vil si at høyresiden består av ideologier og bevegelser som legger vekt på nasjonen, på tradisjoner, på den religionen som dominerer i landet. Men en slik definisjon er basert på ikke-essensielle egenskaper ved det som skal defineres, og da vil den kunne omfatte helt ulike bevegelser i forskjellige kulturer. Definisjoner basert på ikke-essensielle egenskaper er ugyldige.)

At Rødt, SV og Ap står på venstresiden er ut i fra dette helt opplagt. Men de blåblå har ikke fulgt det som kreves av partier på høyresiden, så man må da enkelt kunne konkludere at FrP og Høyre befinner seg på venstresiden av den politiske skala. (Hvilke partier befinner seg da på høyresiden i Norge idag? Vi hadde DLF, som ble lagt ned ved årsskiftet 2016/17, og vi har Liberalistene.)

58

Man la oss se på et på andre saker som er ganske avslørende. Nylig gikk nesten alle partier på Stortinget inn for å utvide verneplikten (dette var fra 2015; det var visstnok bare KrF som var imot). Altså, både Høyre og FrP støttet et standpunkt som typisk hører til på venstresiden – høyresiden er imot tvungen verneplikt. Og mht. innvandring så vil den sittende regjering forsøke å begrense den. Dette er også et standpunkt som hører hjemme på venstresiden, høyresiden er for individuell frihet, og dette innebærer fri innvandring. (La oss også ha sagt at dagens innvandring i stor grad består av å gi opphold til flyktninger, asylsøkere, gi tillatelse til familiegjenforening, etc.)

Nå kan man si at fri innvandring ikke er forenlig med en velferdsstat – en ordning som innebærer at man har rett til å bli forsørget og utdannet på skattebetalernes bekostning dersom man har lovlig opphold i landet og ikke kan eller vil forsørge seg selv. Høyresiden er da imot velferdsstaten da den ikke er forenlig med individuell frihet og derfor ikke er bærekraftig. De blåblå er sterke tilhengere av velferdsstaten, de vil forsøke å redusere innvandringen for å redusere de problemer som blir tydeligere og tydeligere i velferdsstaten.

(At de som står enda lenger til venstre enn det blåblå, både vil ha velferdsstat og en relativt stor innvandring av den typen mange land i Vest-Europa har praktisert de siste årene, viser bare enda en gang at de ikke har en spesielt velutviklet virkelighetskontakt.) Så valget mellom blåblå og rødgrønne er et valg mellom to ganske identiske grupper som begge står på venstresiden. Vi finner det da mer riktig å omtale Høyre og FrP som konservative og ikke som høyreorienterte.

Man la oss gå litt videre: MSM (Aftenposten, Dagsavisen, VG, Dagbladet Dagsrevyen/NRK, TV2, Klassekampen, Ny Tid, etc.) tilhører klart venstresiden. De er heller ikke primært nyhets-organer, de er propagandaredskaper for et nokså sterkt venstreorientert samfunnssyn. Med aktuelle saker som utgangspunkt publiserer de artikler som har som formål ikke å informere, men å propagandere. Alternative stemmer slipper sjelden eller aldri til i disse organene. Tragisk nok overlever denne pressen i hovedsak på enorme beløp den mottar i statsstøtte, eller de overlever fordi de er beskyttet mot konkurranse.

Men takket være et fortsatt fritt Internett er det kommet noen alternative stemmer som er mer åpne for alternative standpunkter. Vi

59

tenker på kommentarsider som rights.no, document.no og resett.no. Vi finner det ikke helt korrekt å omtale dem som aviser (eller nettaviser), men det at vi beskriver dem slik betyr ikke at vi på noen måte nedvurderer dem; vi er takknemlige for at de finnes fordi de bringer informasjon og synspunkter som man ikke finner i MSM.

Men vårt poeng er følgende: står de på høyresiden? rights.no er nettsiden til Human Rights Service, hvor Hege Storhaug er primus motor. Storhaug er en av de få feminister som tar feminisme på alvor. Hun er opptatt av den enorme kvinneundertrykkelse som finnes i islamske miljøer. Dette er en viktig sak, og vi har stor respekt for hennes innsats på dette feltet (selv om hun som alle andre iblant trår litt feil). Storhaug tilhører venstresiden, bla. har hun eksplisitt sagt at hun anser velferdsstaten som en god samfunnsmodell (se f.eks. hennes bok *Men størst av alt er friheten*). Vårt inntrykk er at HRS vil begrense innvandringen, forby hijab, etc. Dette er standpunkter som hører til på venstresiden. Mao. rights.no hører til på venstresiden.

Document.no fremmer også berettiget kritikk av islam, men er også imot innvandring fra land hvor islam står sterkt. Ellers er det tydelig at document.no støtter opp om velferdsstaten, og er eksplisitt kritisk til all liberalisme. Mao. document.no tilhører venstresiden.

Det som er forskjellen på disse og MSM er i hovedsak at de inneholder omfattende kritikk av islam. Men å kritisere islam, og å være skeptisk til islam er bare sunn fornuft, det er ingen grunn til å stemple noen som høyreorienterte bare fordi de er kritiske til en religion som oppfordrer sine tilhengere til å «drepe de vantro hvor de enn måtte finne dem», som forfekter utbredt kvinneundertrykkelse, som har dødsstraff for homofili, for blasfemi og for frafall fra islam. At mange på venstresiden later som om disse faktaene ikke eksisterer, og beskylder de som setter fokus på dem for å være rasister, bekrefter bare enda en gang venstresidens nærmest totale virkelighetsfornektelse.

Hva så med Resett? Vi har sett en større bredde i de synspunkter som publiseres der enn noe annet sted, og det er bra. De har også publisert nyheter som MSM har ønsket å holde skjult, og det er også bra. Men er det høyreorientert? Det er ikke så lett å svare på dette. Resett publiserer ofte gode kommentarer fra en rekke skribenter med ulike synspunkter, og igjen, det er noe vi setter pris på.

Men har de publisert noen som er høyreorienterte? Vi kommer litt tilbake til dette, men la oss først si at det ser ut som om Resett er kritisk til og vil begrense innvandringen. Dette er som vi har nevnt et standpunkt som hører til på venstresiden. Vi har heller ikke sett noe som tydelig viser at Resett er skeptisk til velferdsstaten. Men det er kanskje slik at det ikke passer redaksjonen å gi uttrykk for standpunkter på slike saker.

Det finnes dog en kilde som kan gi en indikasjon på hvor Resett befinner seg på den politiske skala. Resett har publisert en del video-intervjuer. De er forbilledlig laget, i motsetning til de vi ser på TV2 og på NRK; her er det en rolig intervjuer som stiller saklige spørsmål og som lar intervjuobjektene snakke ut. Det er slik det skal gjøres. Men hvem er blitt intervjuet?

Vi kan nevne akademikeren Bjørn Nistad, som er Putins fremste forsvarer i Norge, gammelkommunisten Pål Steigan (planlagt), den venstreorienterte islam-kritikeren Walidf al Kubaisi, og Dagbladets John O. Egeland (og noen flere). Men Resett har ikke benyttet noen intervjuobjekter som er å finne på høyresiden.

Vi nevner en ting til fra Resett. Typisk for Resetts vinkling er er en artikkel med tittelen «Det statlige overforbruket må ned». En høyreorientert skribent hadde skrevet «Det statlige forbruket må ned» – det må ned til kun å finansiere de legitime statlige oppgave som er politi, rettsapparat og det militære. (Vi vil også skyte inn at Resett nylig har publisert en artikkel om et tema som ligger nær denne artikkelens tema: «Vi har utviklet to venstresider, og kvittet oss med høyresiden». Vi leste denne artikkelen dog først etter at denne artikkelen her på Gullstandard ble skrevet.)

For å oppsummere: Partier som Høyre og FrP hører ikke til på høyresiden; de hører til på venstresiden. Alternative nyhetskilder på nett hører heller ikke til på høyresiden, men de innser at velferdsstat og stor innvandring ikke er forenlige, og de velger da ikke det høyreorientertere standpunktet å bygge ned velferdsstaten, de velger det frihetsfiendtlige standpunktet: de vil begrense innvandringen.

https://www.aftenposten.no/norge/i/6n3roW/6_6-milliarder-i-okte-avgifter-med-Frp-i-regjering

https://www.aftenposten.no/norge/politikk/i/0R960/I-opposisjon-varslet-Frp-krig-mot-byrakratiet-Na-har-staten-over-1000-flere-byrakrater

https://resett.no/2018/02/14/vi-har-utviklet-to-venstresider-og-kvittet-oss-med-hoyresiden/

https://resett.no/2018/02/15/det-statlige-overforbruket-ma-ned/

Appendiks: Hva mener vi som liberalister bør gjøres med det problem som terrorisme utført av islamister er? Vi siterer fra en artikkel vi tidligere har publisert på DLFs nettside (http://stemdlf.no/node/5771):

> … Politikere er de som er valgt til å lede staten, dvs. de skal benytte dette apparatet – politiet, etterretningen og det militære – for å sikre borgernes frihet og trygghet. Dette skal de gjøre ved å uskadeliggjøre de som krenker friheten.I dette tilfelle – vi snakker om terror utført av militante muslimer – er det stater som Iran og Saudi-Arabia, det er organisasjoner som IS/ISIL (og en rekke andre som har samme misjon som IS: alQaida, BokoHaram, Hamas, Hizbolla, PLO, mmm.) Alle disse er direkte støttespillere til terrorangrep, de yter støtte på en eller flere områder: militært, økonomisk, organisatorisk, ideologisk.

> Det som skjer er at disse gruppene fører krig mot Vesten, en krig som ikke føres på den måten som var vanlig inntil for noen tiår siden (hvor krigen begynte med en krigserklæring og/eller en invasjon av uniformerte soldater og/eller blokader til havs og bombing fra fly, etc.), det som skjer nå er at større eller mindre grupper som befinner seg i Vesten angriper tilfeldige sivile i de store byene med våpen

(kniver, økser, geværer) eller med sivile transportmidler (fly, biler).

De som reellt sett skjer er at Vesten er under angrep. Og Vestens ledere later som om dette ikke er en del av en krig, og at vi bare skal ignorere angrepene og ikke yte den type motstand som er nødvendig for å få slutt på angrepene.

Hva bør da Vestens ledere gjøre? Når det forekommer angrep på politet (og sykebiler, brannbiler, etc.) må politiet bruke de midler som er nødvendige for å stanse angrepene, og dette inkluderer bruk av skarpe skudd. Personer som dømmes for vold må ilegges lange fengselsstraffer (om London-terroristen: «London Terror Suspect Had Long History of Violence»).

Mht. terror må alle miljøer hvor planlegging av terror kan forekomme, overvåkes. Videre må grupper som står bak terrorangrep (ISIS, mfl.) nedkjempes militært. De regimer som på en rekke ulike vis – ideologisk, økonomisk, militært – støtter terror mot Vesten, f.eks. Iran og Saudi-Arabia, må også fjernes. De vestlige land burde hatt en militærallianse som hadde som oppgave å forsvare Vesten og som kunne tatt på seg et slikt oppdrag. Dessverre har ikke de vestlige land noen slik militærallianse i dag (NATO er en vits). Grunnen til at den politikk vi nettopp har skissert ikke gjennomføres er at Vesten ikke har den moralske styrke som man må ha for å forsvare seg – og å forsvare seg betyr å eliminere de som angriper (slik Vesten gjorde overfor regimene i Tyskland og Japan i WW2). En klar politimessig/militær seier over islamistiske krefter av den typen vi nettopp nevnte er den eneste vei til å eliminere problemene med terror utført av islamister.

Men vil dette føre til at antall angrep utført av uorganiserte enkeltterrorister (som bare tar en bil eller en øks og angriper tilfeldige sivile) opphører?

Vårt svar på dette er Ja. Slike angrep vil ikke opphøre umiddelbart, men antallet vil synke og til slutt vil problemet nærmest opphøre. Hvorfor? Grunnen til at enkeltterrorister nå tar til våpen er at de vil alliere seg med «the winning side»: Vesten er under angrep, Vesten svarer ikke, Vesten går fra skanse til skanse. Vesten nedkjempes, Vesten taper – islamistene er nå «the winning side». Men dersom islamistiske regimer og grupper elimineres ved at de nedkjempes militært, vil islamistene være «the losing side» – og det er ikke attraktivt å slutte seg til den siden som taper. En historisk parallell: det var nok endel nasjonalsosialister igjen i Tyskland sommeren 1945, men de var ikke høye i hatten og de hadde antagelig problemer med å rekruttere nye folk. Hvorfor? Fordi de hadde tapt den krigen de hadde satt i gang, og de hadde tapt den så klinkende klart at det var ingen tvil om at de hadde tapt. Skal man eliminere trusselen fra islamister må islamistiske grupperinger bringes i samme situasjon som nasjonalsosialismen var sommeren 1945: den var knust, nasjonalsosialismen var død, og det er det den bør være. Vesten bør sørge for at islamismen kommer i en tilsvarende tilstand, og dette kan kun skje ved at alle islamistiske regimer og grupper påføres et knusende militært nederlag.

...

Hva vil det si å være høyreorientert, og er NRK høyreorientert?

Publisert på Gullstandard 30 november 2020

Det har vært et meget utbredt syn at arbeidere, ansatte, de som jobber på gølvet, de hører politisk sett hjemme på venstresiden/sosialist-siden av den politiske akse. Dette kan man f.eks. også se i at partier som bekjenner seg til venstresiden forsøker å alliere seg med arbeidsfolk ved å ta navn som Arbeiderpartiet eller Arbeidenes Kommunistparti.

Tilsvarende, folk som vanligvis ikke klassifiseres som arbeidere – funksjonærer, bedriftsledere, bedriftseiere, folk med formuer – regnes som tilhørende den andre politiske siden; den konservative eller borgerlige siden. Dette ser man også i utbredt språkbruk: regjeringskoalisjoner med deltagelse fra Høyre og partier som FrP og KrF beskrives som borgerlige eller konservative. Ofte plasseres dagens borgerlige/konservative på høyresiden, men etter vårt syn er dette en feil klassifisering. Vi har diskutert dette svært utførlig i en artikkel som er å finne på side 45 i denne boken, og sier ikke mer om dette her; det vi skal se på her er to andre poenger.

«Pengemakta og venstresiden hånd i hånd» var nylig en overskrift på document.no, og det så ut som om skribenten var over-rasket over denne alliansen – det vanlige syn er jo at venstresiden står imot den såkalte «pengemakta»; venstresidens oppgave, slik den ser det selv, er jo å «temme pengemakta», venstresidens oppgave er jo ifølge tradisjonelle oppfatninger å bruke statlig tvang og kontroll for å redusere det de oppfatter som pengemaktens innflydelse. At disse to allierer seg kommer da for mange som en overraskelse.

Som antydet over tas det ofte for gitt at folk i høye stillinger, ledere i næringslivet, etc. står imot venstresiden. Iblant kan man faktisk se at noen tillegger enkelte aktører et politisk syn bare ut i fra hvilken stilling eller posisjon de har.

Dette så vi tydelig i en debattartikkel i Dagbladet, skrevet av Magnus E. Marsdal, leder for den venstreorienterte Manifest Tanke-smie, hvor Marsdal forsøkte å begrunne at NRK ikke er venstre-orientert, slik de fleste erkjenner, men tvert imot er høyreorientert! Artikkelens ingress var som følger: «Mens Civita kaller NRK "venstredreid", får høyreblokkens politikere delta i sendingene 50 prosent oftere enn de rødgrønne». Manifest setter da likhetstegn mellom det å være borgerlig/konservativ og det å være høyreorientert. Dette er en terminologi som som antydet over er feil, og i fortsettelsen benytter vi «konservativ» eller «borgerlig» der hvor den konservative/borgerlige fløyen blir beskrevet som «høyreorientert».

Marsdal hevder at representanter fra den borgerlige siden langt oftere deltar i NRKs sendinger enn representanter fra venstresiden: «Den kraftige ubalansen kunne kanskje bortforklares med at regjeringspartier er mer i mediene. Men når vi også teller med såkalte eksperter og kommentatorer, samt store aktører som LO og NHO, blir den borgerlige overvekten i NRK bare enda tyngre».

Det ser ut som om Marsdal her sier at «såkalte eksperter og kommentatorer, samt store aktører som LO og NHO» tilhører den borgerlige siden.

Marsdal: «Vi finner samme type kritikk som [den borgerlige] siden retter mot NRK, i Danmark og Tyskland. I britiske The Guardian kommenterer Owen Jones [som er en kjent venstreorientert forfatter og journalist] hvordan haukene på høyresiden konsekvent kritiserer BBC for å være et sosialistreir, selv om sannheten er at BBC er fullpakket med [konservative] folk – særlig i de mektige posisjonene».

Marsdal sier altså at BBC ikke er venstreorientert fordi «de mektige posisjonene i BBC er fullpakket med [konservative] folk».

Marsdal: «Det er ikke røde partikaniner fra A-pressa som okkuperer kommentatorstolene i NRKs nyhets- og debattflater. Der sitter helst representanter for Schibsted-avisene VG og Aftenposten, gjerne flankert av Dagens Næringsliv.»

Så, det at kommentatorer i NRK er «representanter for Schibsted-avisene VG og Aftenposten, …[og] Dagens Næringsliv» skulle, slik Marsdal ser det, automatisk sikre at deres standpunkter hører til på den borgerlige siden.

Videre: «Disse sentrum/høyre-medienes stemmer får ustanselig fortelle NRKs publikum hva som er ekspertnøytralt å tenke om norsk politikk. Slik de kommersielle bankenes økonomer forteller oss, bankens kunder, hva som er ekspertnøytralt å mene om norsk økonomi. NHO leverer ekspertkommentarer om hva Brexit egentlig handler om».

Så det at kommentatorer er ansatt i bankvesenet eller i NHO er ifølge Marsdal åpenbart en tilstrekkelig begrunnelse for å hevde at de tilhører den borgerlige/konservative siden.

For ikke å gjengi Marsdal på en skjev måte kan vi ikke unnlate å ta med denne åpenbart sarkastiske setningen fra hans innlegg: «Civita og Minerva gir nøytrale kommentarer om valget i USA». Ja, folk fra Civita og Minerva er iblant invitert til NRK for å kommentere valg i USA, men de aller fleste som sogner til partiet Høyre (inkludert de i Minerva og Civita) støttet jo ikke de konservative kandidatene ved presidentvalgene i USA hverken i 2016 og i 2020, de støttet de venstreorienterte kandidatene.

Tilbake til artikkelen på document.no. Vi tar med litt mer fra artikkelen enn det vi siterte over: «Pengemakta og venstresiden hånd i hånd. Joe Bidens kandidatur er et merkelig fenomen: [den er basert på] en allianse mellom Big Tech, Big Pharma, Wall Street og Demokratene. Venstresiden, som alltid har klaget over pengenes makt, er plutselig i seng med oligark-kapitalister».

Skribenten er overrasket over at «pengemakta» og partiet Demokratene er blitt allierte. Demokratene er som kjent blitt sterkt venstreorientert. (Dvs., det er i all hovedsak ledelsen, i motsetning til medlemmer og velgere, som er blitt mer venstreorienterte; denne type utvikling kan man forøvrig se i de aller fleste partier).

Med «pengemakta» menes antagelig den makt som ledere i store selskaper har. Men ledelsen i disse selskapene består av mennesker, og disse har meninger og verdier akkurat som alle andre, og i sitt virke som ledere i store selskaper kommer disse meningene og verdiene til uttrykk i de handlingene og de foretar og beslutningene de fatter – akkurat som hos alle andre mennesker. Det er altså ikke slik at de som er ledere i store selskaper får bestemte meninger bare fordi de er ledere i store selskaper. De som er ledere i store selskaper vil ofte ha lang utdannelse, og de vil da som regel ha de meningene og de verdiene som de har fått innpodet under sin lange utdannelse. At hele undervisningssystemet i mange tiår har propagandert for venstreorienterte ideer er opplagt og velkjent og udiskutabelt – og at bedriftsledere da er blitt like venstre-orienterte som alle andre er et faktum som ikke burde komme overraskende på noen.

Og siden lederne i mange store selskaper er venstreorienterte er det altså ikke overraskende at de – og selskapene de leder – allierer seg med venstreorienterte partier. (Det kan også være slik at lederne tar disse venstreorienterte standpunktene for å holde seg inne med de politiske lederne; i en økonomi med omfattende reguleringer må næringslivsfolk holde seg inne med de politikere og byråkrater som regulerer, dette for å hindre at politiske vedtak i alt for stor grad ødelegger deres bedrifter og virksomheter. Vi tror dog at dette kun i liten grad er årsaken til at så mange ledere for store firmaer i dag både gir uttrykk for venstreorienterte holdninger, og fatter beslutninger i samsvar med venstreorienterte prinsipper.)

Men hvor kommer iden om at folk som sogner til «pengemakta» burde ha konservative/borgerlige meninger fra? De kommer fra en forestilling om at det er økonomiske forhold som bestemmer den enkeltes tenkning, og dermed den enkeltes verdier. Og hvem er det som i dag tydeligst oppfattes som talsmann for dette synet? Vi siterer fra Wikipedia:

> «For Marx, consciousness is a reflection of the political economy. A person's thoughts tend to be shaped by his or her political and economic circumstances. He famously wrote, "It is not the consciousness of men that determines their being, but, on the contrary, *their social being that determines their consciousness*".» [Robert Sullivan, Visiting Assistant Professor of English, Brown University, comments:] «Perhaps *Marx's greatest contribution to modern thought* … is his comprehensive investigation into the role of Ideology, or *how social being determines consciousness,* which results in certain (for the most part unconscious) *belief and value systems depending on the particular economic infrastructure pertaining at the time.* From a Marxian point of view all cultural artifacts– religious systems, philosophical positions, ethical values– are, naturally enough, products of consciousness and as such are subject to these ideological pressures» (link til Wikipedia nedenfor, alle uthevelser her).

Så, det syn at folk som er en del av «pengemakta» automatisk hører til på den borgerlige/konservative siden er et uttrykk for en marxistisk grunnholdning. At denne grunnholdningen er feil vil vi ikke si mye om her, vi bare konstaterer at siden mennesket har fri vilje så er det marxistiske synet feil; de verdier den enkelte har er valgt av vedkommende selv; de er ikke et automatisk resultat av vedkommendes sosiale eller økonomiske omstendigheter. (Ja, mange er konforme, noe som som regel skyldes mangel på mental ambisjon og nysgjerrighet, men vi vil ikke gå ikke på dette her.)

En kort oppsummering: Mardal begrunner at NRK ikke er venstreorientert ved å henvise til at mange av kommentatorene er ansatt i banker, i NHO, i store firmaer, o.l.. Han går ikke inn på hvilke meninger de gir uttrykk for: siden de er ansatte i store bedrifter er de altså ifølge Marsdal automatisk konservative/borgerlige. Man kan legge merke til at Marsdal i sin artikkel overhode ikke nevner noen standpunkter som skulle høre til på høyresiden: slik han ser det er det tilstrekkelig å henvise til hvor de som opptrer på NRK er ansatt eller hvilke partier de er medlem av – dvs. det er tilstrekkelig å henvise til deres «social being», fordi «social being determines consciousness».

Premisset som Marsdal benytte er marxistisk, og det er faktisk den samme marxistiske grunnidé som ligger til grunn for den overraskelse som skribenten på document.no gir uttrykk for.

Dette bare bekrefter hvor dominerende venstreorienterte ideer er i kulturen i dag – selv folk i det nasjonalkonservative document.no tar marxistiske premisser for gitt.

NRK høyreorientert?
Vi vil også si noe om påstanden om at NRK er høyrevridd. Først vil vi bare konstatere at NRK står i en spesiell stilling fordi den er en statlig kanal (i dag ikke lenger et statseid monopol, i dag er den kun i all hovedsak finansiert av staten). Etter vårt syn burde staten ikke drive eller støtte noen radiokanaler eller TV-kanaler eller aviser. Vi mener altså at NRK bør nedlegges, at alle statlige hindringer for etablering av og drift av radio- og TV-kanaler må fjernes, og at all pressestøtte til alle presseorganer må fjernes. De innsparte midler bør brukes til å lette skattetrykket på befolkningen. En privat kanal (TV, radio, avis) kan selvsagt ha den vinkling på sine saker som dens eiere ønsker, og om de

er venstreorienterte kan de som ikke vil støtte utbredelsen av slike synspunkter bare la være å betale for dem. Men NRK er vi alle tvunget til å betale for via skatteseddelen, så den står i en særstilling.

Men nå til påstanden om at NRK er høyrevridd. Å påstå at NRK ikke er venstrevridd er absurd. Vi skal ikke begrunne dette i stor detalj, vi skal i første omgang bare gjøre dette klart ved å stille noe spørsmål: Hvor ofte blir MIFF (Med Israel for Fred) invitert til debatter om «konflikten i Midt-Østen»? Hvor ofte blir Klimarealistene invitert til debatter om klima og påstandene om menneskeskapt global oppvarming? Hvor ofte ble Trump-sympatisører invitert til debatter om presidentvalget i USA på like fot med folk som var åpenbare tilhenger av Hillary Clinton eller Joe Biden? (NB: Ved å si dette sier vi ikke at vi er Trump-sympatisører; vi sier bare at vi er tilhengere av objektiv journalistikk.) Hvor ofte blir SIAN invitert til debatter om islam? Hvor ofte er redaktører for borgerlige/konservative presseorganer som Resett og document invitert til debatter i NRK, slik andre redaktører fra en rekke ulike presseorganer blir?

NRKs nærmest totale utestengning av standpunkter som ikke deles av sosialister på disse områdene viser tydelig at NRK er venstreorientert. Ja, Lars Thorsen og Helge Lurås og Hans Rustad og Hege Storhaug og Morten Jødal har vært på NRK, men langt fra så ofte som den allmenne oppslutningen om deres standpunkter skulle tilsi. For flere eksempler henviser vi til artikler vi tidligere har skrevet og som vi linker til nedenfor. Et enormt antall artikler i pressen vil gi det samme bildet som det vi skisserer her. De aktørene vi nevnte over tilhører den nasjonalkonservative siden og er dagens eneste opposisjon med noen tyngde. De standpunkter de nasjonalkonservative står for er sterkt mislikt av de venstreorienterte, og det er derfor de så og si aldri blir invitert til NRK som kommentatorer eller debattanter. (Det blir dog ikke helt korrekt å plassere klimarealister blant de nasjonalkonservative; klimarealister forsøker bare å korrigere den utbredte Lysenko-videnskap som finnes innen etablert klimaforskning: Lysenko-videnskap er definert som politisk frembrakt pseudovitenskap, og i dette tilfellet støtter denne pseudo-videnskapen, som mye av dagens klimaforskning er, opp om venstresidens politiske mål om overføring av mer makt til staten.)

Det er ikke slik at NRK er høyrevridd; høyreorienterte stemmer slipper aldri til i NRK. Nedenfor gjengir vi et lite knippe standpunkter som ville ha blitt lagt frem dersom høyreorienterte aktører hadde sluppet til på NRK med synspunkter om aktuelle saker:

Hva med Nav, som som kjent har enorme problemer? De høyreorienterte ville ha sagt at en bedre løsning enn å videreføre et statlig Nav er å privatisere og deregulere alle deler av Nav og gjøre dem om til private og uregulerte forsikringsselskaper hvor kunder selv med egne penger betaler for den type forsikringer de ønsker uten at pengene går veien om staten. Hva med kriminaliteten, et område hvor det som kjent er enorme problemer? De høyreorienterte ville ha sagt at en bedre løsning enn å fortsette dagens kurs er å dekriminalisere alle forbrytelser uten offer, en kurs som inkluderer å legalisere narkotika, smugling, svart arbeid, mm., og å innføre strenge straffer for reell kriminalitet. Hva med innvandring, et område hvor det som kjent er enorme problemer? De høyreorienterte ville ha sagt at en bedre løsning enn dagens er å ha fri innvandring, og å avvikle alle statlige støtteordninger.

Hva med islam, et område hvor det som kjent er enorme utfordringer? De høyreorienterte ville ha sagt at de fleste muslimer er fredelige, men at noen muslimer er voldelige og begrunner volden med henvisninger til islam. De høyreorienterte vil også si at de som med autoritet innen islamske miljøer oppfordrer til krig og terror mot Vesten må settes i fengsel, samtidig som det må arbeides for å knuse voldelige islamistiske grupper (Boko Haram, alQaida, Hamas, mmfl.), og å benytte alle midler for å fjerne islamistiske regimer (f.eks. i Iran og i Saudi-Arabia).

Hva med skolen, et område hvor det som kjent er enorme utfordringer (mobbing, frafall, vold, synkende kvalitet)? De høyreorienterte ville ha sagt at en bedre løsning enn å videreføre dagens kurs er å avvikle all offentlig innblanding i skolen og å la den styre seg selv, f.eks. ved at hver enkelt skole i første omgang styres av et råd valgt av foreldrene til elevene ved skolen, og at de går over til å bli finansiert av direkte betaling fra foreldrene og at pengene ikke går den svært fordyrende omveien om staten.

Dette er noe av det man ville høre dersom høyreorienterte aktører hadde kommet til orde på NRK. Når hørte man sist noe slik på NRK? Det ferskeste eksempel av et visst omfang jeg kan huske var

Milton Friedmans TV-serie *Free to Choose*, som i nedklippet versjon ble vist på NRK omkring 1980.

Standpunkter i alle kategorier av den type som kort er skissert over er aldri å høre i programmer på NRK; det man får fra NRK er kun diskusjoner om bittesmå detaljer som alle ligger helt innenfor de venstreorienterte modellene. Det er en opplagt sannhet at NRK er venstrevridd.

Nå kan man si at de høyreorienterte standpunktene vi gjenga over har så liten oppslutning at NRK godt kan la være å invitere de som har slike standpunkter, og det er et greit argument. Men det er mange som deler de standpunktene som vi plasserte under kategorien nasjonalkonservative, og aktører som forfekter dise synspunktene blir heller ikke invitert til NRK (i samsvar med den oppslutningen de har). Vi kan ikke se noen annen forklaring enn at NRK er sterkt venstreorientert, og at de som har standpunkter som ikke er i samsvar med et venstreorientert syn på alle viktige punkter, de blir nærmest totalt utestengt fra NRK.

Svarene på spørsmålet i overskriften er da at å være høyre-orientert er å gå inn for større individuell frihet, at NRK er sterkt venstreorientert, og at grunnen til at mange tror at de som sitter i ledende stillinger eller har mye penger er høyreorienterte kommer av at de bygger på feilaktige marxistiske premisser.

https://en.wikipedia.org/wiki/Political_consciousness

https://www.document.no/2020/11/23/pengemakta-og-venstresiden-hand-i-hand/

https://www.dagbladet.no/meninger/nrk-kompasset-er-kaputt/72864907

https://www.an.no/debatt/vitenskap/klima/politisk-frembrakt-pseudovitenskap/o/5-4-923323

https://www.gullstandard.no/2019/04/05/trakassering-av-nrk/

https://www.gullstandard.no/2018/06/06/dagsrevyen-og-en-noytral-presse/

https://www.gullstandard.no/2018/04/01/hamas-angriper-israel-medier-i-vesten-fungerer-som-hamaspropagandaavdeling/

Førte høyrebølgen til at de fattige ble fattigere?
Publisert på Gullstandard 20. november 2020

Det har vært vanlig for skribenter i mainstreammedia å hevde at i de siste tiårene er de fattige blitt fattigere, spesielt i USA, og at dette skyldes den høyredreiningen som skjedde i politikken under 80-tallets høyrebølge.

Høyrebølgen innebar visstnok en kraftig omlegging av politikken i en mer frimarkedsvennlig retning, og besto av skattelettelser, løfter om reduksjoner i offentlige budsjetter/utgifter, privatiseringer, dereguleringer og større frihandel. Denne politikken begynte mot slutten av 70-tallet, og fortsatte inn på 90-tallet.

En av grunnene til at politikere med en slik høyreorientert agenda fikk oppslutning var den krisen som tidligere tiårs politikk resulterte i på 70-tallet. Alle land i Vesten hadde ført en venstreorientert politikk, en politikk som hadde full oppslutning fra alle store partier, og som gikk ut på at det skulle være «samfunnsmessig styring og kontroll» på et voksende antall områder. Nærmest hele økonomien, og viktige oppgaver som skole, forskning, helsevesen, radio- og TV-sendinger, trygde- og pensjonssystemer, infrastruktur, utstedelse av penger, mm., skulle drives eller reguleres av staten.

Krisen på 70-tallet

70-tallets krise besto av sterk inflasjon, stor arbeidsløshet, økende byråkrati, og en omfattende stagnasjon, en tilstand som den kenyesianske teorien denne politikken bygget på hevdet ikke var mulig. USAs president Jimmy Carter (president 1977-81) beskrev den begredelige tilstanden man var kommet i i en tale som er blitt kjent som «the malaise speech». En kommentator skriver i presens om denne talen:

> «President Jimmy Carter is scheduled to address the nation [on Independence Day, 1979]. But when he cancels last minute and disappears from the public eye, rumors spread of a health problem or, even worse, that he's left the country. After 10 days, he reemerges with a speech — to

address the energy crisis, unemployment, inflation and
something else a bit more nebulous: " … The threat is
nearly invisible in ordinary ways. It is a crisis of
confidence. It is a crisis that strikes at the very heart and
soul and spirit of our national will. We can see this crisis in
the growing doubt about the meaning of our own lives and
in the loss of a unity of purpose for our nation"».

Carter hevdet altså at krisen var forårsaket av mangel på «confidence»,
ikke av en venstreorientert økonomisk politikk. Alternativet til den
venstreorienterte kursen som var fulgt siden annen verdenskrig, dvs. i
mer enn 30 år, var å legge om politikken i en mer markedsvennlig
retning, og også Carter slo inn på denne kursen. Men velgerne ville ha
nye politikere! Carter ble ikke gjenvalgt.

Høyrebølgen
Blant hovedpunktene i høyrebølgen var sammenbruddet i
kommunistdiktaturene i Øst-Europa, en omlegging til et noe større
innslag av markedsøkonomi i Kina, en økning av verdens-omspennende
frihandel (ofte kalt globalisering), tildelingene av Nobelprisen i
økonomi til frimarkedstilhengere som Milton Friedman og Friedrich
von Hayek (hhv. 1976 og 1974), valget av Ronald Reagan til president i
USA i 1980, og valget av Margareth Thatcher som statsminister i
Storbritannia i 1979.

Men nå hevdes det at denne omleggingen til mer
markedsøkonomi og frihandel førte til at de fattige ble fattigere. Vi
konsentrerer oss i fortsettelsen kun om USA, om det som skjedde i
resten av verden henviser vi til Johan Norbergs artikkel og
dokumentarfilm om økt globalisering linket til nedenfor. Vi siterer kun
følgende fra Norberg:

«The World Bank has just [October 2018] released its latest
numbers, and according to them, the proportion of the
world population in extreme poverty, i.e. who consume less
than $1.90 a day, adjusted for local prices, declined from
36 percent in 1990 to 10 percent in 2015. Even though
world population increased by more than two billion

76

people, the number of extremely poor was reduced by almost 1.2 billion. It means that in the now much-despised era of globalization, almost 130,000 people rose out of poverty every day. Every one of those 130,000 represents another individual who gct closcr to a dccent life with basic education, access to health care and opportunities in life. This is the greatest achievement in human history.»

Et typisk eksempel på påstanden om at de fattige er blitt fattigere finner vi i en kronikk i Aftenposten nylig. (Kronikkens tema er et annet, og vi tar ikke opp dette her, påstanden om at de fattigere er blitt fattigere bare nevnes i forbifarten som et opplagt og ukontroversielt faktum.)

> «Nesten femti år med nyliberal nedbygging av offentlige ordninger og juridisk rammeverk har preget USA. I de første tiårene etter annen verdenskrig fremsto landet som en relativt progressiv nasjon, preget av bred politisk oppslutning om stedvise reformer med henblikk på skape større sosial rettferdighet. Det samme samfunnet er i dag avløst av et hyperindividualistisk risikosamfunn der «the winner takes it all». Om du er fattig eller farget, befinner du deg ganske enkelt ikke i … et samfunn med enorme muligheter. Du befinner deg ofte under betingelser som med europeiske øyne, kan være vanskelige å fatte….».

Kronikken er skrevet av professor i filosofi Espen Hammer, og han nevner at han skriver på en bok om dette temaet. Link nedenfor.

Han påstår altså at det har vært i USA de siste 50 år en nedbygging av offentlige ordninger og juridisk rammeverk, at USA nå er et hyperindividualistisk risikosamfunn der «the winner takes it all», og at om man er fattig eller farget, befinner man seg ganske enkelt ikke i et samfunn med enorme muligheter.

Hammers poenger
La oss se på disse poengene etter tur. Hammer påstår at det har vært en nedbygging av offentlige ordninger. (Det er uklart om han mener at

færre får støtte, eller at det er færre ordninger; kanskje han gjør dette klart i boken han skriver om temaet.)

Antall som mottar statlig hjelp har dog gått opp (i perioden frem til 2016; det er liten grunn til å tro at det er kommet store endringer etter 2016; Hammer snakker om «femti år med nedbygging», så det er liten grunn til å tro at all nedbygging han snakker om kom etter 2016.) Høyrebølgen var kraftig i perioden ca 1980-1995, og etter dette kom en ny venstrebølge, hvor styring igjen ble populært. Hvis vi holder oss til USA så var dette under ledere som Bill Clinton, George Bush jr (som gikk til valg med slagordet «compassionate conservatism»), og Barack Obama.

Demokratene Clinton og Obama var opplagt venstreorienterte, så vi tar med ett eksempel som viser at også Republikaneren Bush sto for en venstreorientert politikk. I 2002 satte myndighetene et mål om at den andelen av befolkningen som eide sine egen boliger skulle økes fra 65 % til 70 %. Dette var reellt sett et pålegg til bankene om å innvilge flere søknader om lån til bolig, også fra søkere som bankene vurderte som lite kredittverdige. Bush uttalte at han ville bruke «the mighty muscle of the federal government» for å sørge for at flere kunne eie sine egne boliger, og dette skjedde ved at staten garanterte for slike lite kredittverdige lånesøkere.

Men hvordan har støtteordningene utviklet seg i de siste tiårene? Er de skåret ned slik Hammer påstår?

> «According to the most recent data from the U.S. Census Bureau, 152.9 million out of 308.9 million total Americans received some form of government entitlement benefit in the third quarter of 2012. That is 49.5% of the population, and given underestimation and existing growth rates, we may be at the 50% mark already. For comparison, in the third quarter of 1983, only 29.6% of Americans received government entitlement benefits such as   Social Security, Medicare/Medicaid, Supplemental Nutrition Assistance Program (SNAP), Federal Supplemental Security Income (SSI), and various means-tested entitlements.» (kilde Moneytips).

Altså: i 2012 var det ca 50 % av befolkingen som mottok en form for statstøtte, i 1983 var det kun 30 % som mottok slik støtte. Dette tyder ikke på at det har foregått en nedbygging av statlige støtteordninger slik Hammer påstår.

Blir det færre ordninger? Det er riktig at reformen fra 1996 (the Personal Responsibility and Work Opportunity Reconciliation Act»), førte til at flere kom inn i arbeid og bort fra ordninger med sosialhjelp, etc. men:

> «The dire predictions of welfare reform's critics have not come to pass. Poverty rates actually declined in the years immediately following the passage of welfare reform, as did poverty for important subcategories such as African-Americans and children. Since 2000, poverty rates have crept back up, and spiked during the recession, but still remain in line with pre-reform levels. There is some evidence that those in deep poverty, that is those at half of the federal poverty level or below, may not have fared as well, but it depends which measure is used. Overall, welfare reform does not appear to have thrown large numbers of Americans into poverty. But if welfare reform was not the disaster that its critics feared, neither was it the unalloyed triumph that its supporters claimed. … Despite reform, welfare spending has continued to climb. After all, welfare reform reformed a program, not a system»
> (kilde Cato).

Så, reformen i 1996 har ikke ført til at det ble flere fattige.

> «The federal government funds more than 100 separate anti-poverty programs, more than 70 of which provide benefits to individuals. Welfare reform may have reduced the growth in AFDC/TANF benefits, but that merely shifted spending to other programs, from Medicaid, to food stamps to housing and so on. Today [2016], federal and state

governments spend nearly $1 trillion on antipoverty
programs. Yet, even if poverty rates haven't spiked as
critics feared, neither have we lifted many people out of
poverty. That's a great deal of money for pretty mediocre
results» (kilde Cato).

Det var altså 100 «separate federal anti–poverty programs» (i 2016) –
da er det kanskje en god ide å redusere antallet noe. Man kan lese
Hammer slik at han mener at det er få eller ingen slike programmer
igjen, men siden det fortsatt er mer enn 100 programmer igjen så er det
lite som tyder på at det har skjedd en betydelig nedbygging.

Disse programmene er finansiert ikke bare av skatter og avgifter,
men også av låneopptak, dvs. gjeld. Under presidentene Bush jr, Obama
og Trump har USAs gjeld vokst nærmest eksplosivt, men økende
statsgjeld er ikke resultat av en høyreorientert politikk, tvert imot.

Det er ikke godt å si hva Hammer mener med «juridisk
rammeverk» (som han mener er nedbygget), men antallet lover blir
stadig flere:

«No one knows how many laws there are in the United
States. Apparently, no one can count that high. They've
been accumulating, of course, for more than 200 years.
When federal laws were first codified in 1927, they fit into
a single volume. By the 1980s, there were 50 volumes of
more than 23,000 pages. And today? Online sources say
that no one knows. The Internal Revenue Code alone,
first codified in 1874, contains more than 3.4 million words
and, if printed 60 lines to the page, is more than 7,500
pages long. There are about 20,000 laws just governing
the use and ownership of guns. New laws mean new
crimes. From the start of 2000 through 2007, Congress had
created at least 452 new crimes, so that at that time the total
number of Federal crimes exceeded 4,450» (kilde Kowal).

Dette er tall fra 2013; det er ingen grunn til å tro at antall lover er blitt
redusert de siste syv årene.

Og mht. deregulering av finans og bank: «[in] the US federal institutions in Washington, DC, … we find 12,113 individuals working full time to regulate the financial markets» (Johan Norberg i 2008). At mer enn 12000 personer jobber med regulering av finans og bank i 2008 tyder ikke på at det har vært noen omfattende deregulering, slik en høyrebølge ville ha medført.

Tenker Hammer på lover som er ment å beskytte arbeidstagere (mot uverdige arbeidsforhold, mot dårlige lønninger, mot lange arbeids-dager, etc.) så er slike lover skadelige for arbeidstagerne. Det slike lover gjør er å stenge arbeidsvillige folk ute fra arbeidsmarkedet. Ja, de som jobber bør ha gode lønninger og gode arbeidsforhold, men det er kun en eneste måte å oppnå dette på: økt velstand. Økt velstand er igjen et resultat av akkumulert kapital, og dette er igjen et resultat av en fri økonomi hvor eiendomsretten respekteres. Dersom staten bestemmer arbeidsforhold, lønninger, etc. så er dette skadelig for alle på sikt. (Mer om dette er å finne enhver god innføringsbok i sosialøkonomi.) Hvis det har vært en omfattende deregulering her så har dette vært et gode for arbeidstagerne.

Hammer påstår at man i USA nå har et hyper-individualistisk risikosamfunn der «the winner takes it all». Det er vanskelig å se at dette kan være korrekt. Hele det offentlige skoleapparatet, hele akademia, hele underholdningsindustrien, mesteparten av pressen, hele apparatet av NGOer, hele Big Tech, er alle sterkt venstreorienterte og har vært slik i noen tiår. En påstand om at en slik tilstand kan vare ved i et samfunn hvor hyperindividualistiske ideer dominerer er bare merkelig.

Venstreorientert kurs
Denne sterkt dominerende venstreorienteringen er også tydelig å se i utviklingen blant studenter de siste årene. En rekke andre fenomener tyder også på en sterk venstrekurs: kravene om innskrenkinger av ytringsfrihet som innebærer at konservative talere ikke får adgang til å holde foredrag på universitetsområde, kjent som «deplatforming»; krav om «safe spaces» hvor utsagn som av enkelte kan oppfattes som krenkende ikke er tillatt; krav om «trigger warnings» når noen er i ferd med å si noe som noen kan oppfatte som krenkende overfor en eller annen minoritet; bred støtte til voldelige sosialistorganisasjoner som

Antifa og BLM; angrep på og krav om å redusere bevilgningene til politiet; krav om at personer som støtter et tradisjonelt syn på kjønnsroller må få sparken ikke bare fra universiteter, men også fra private selskaper; påstander om at det er er diskriminerende dersom en baker har lov til å nekte å bake en kake til et bryllup mellom homofile. Vi kan også ta med følgende: «…college students plan to vote in 2020 —and they heavily prefer Biden over Trump» (kilde cnbc), noe som tyder på at de i langt større grad sogner til sosialistsiden heller enn til den nasjonalistiske/konservative siden som dagens Republikanske parti representerer. Det er altså vanskelig å finne belegg for Hammers påstand om at USA er blitt et hyperindividualistisk samfunn. Og at USA i dag er slik at the «winner takes it all» – å beskrive et samfunn med enormt omfattende kvoteringsordninger, ordninger hvor egentlig irrelevante kriterier som kjønn, legning, rase, etc. spiller en viktig rolle i en rekke sammenhenger (ansettelser, forfremmelser, mm.), står ikke til troende. Det er vanskelig å se at Hammer har rett. Det skal bli interessant å se hvordan han forsøker å begrunner dette i sin kommende bok om dette.

Det er ikke godt å være fattig, men de fleste som regnes som fattige i USA har en leilighet, en bil, air-conditioning, etc. Og de sulter ikke. Mange av dem har også tilgang til vaskemaskin, oppvaskmaskin, kabel TV, internett, kjøleskap, etc., og disse produktene er blitt billigere de siste årene (målt i gjennomsnittlige arbeidstimer), samtidig som kvaliteten er gått kraftig opp. Blant ting som er blitt til dels mye dyrere for alle er helsetjenester og høyere utdanning, men dette kommer av at disse bransjene er sterkt regulert av det offentlige. (Data om dette er å finne i Brook/Watkins *Equal is Unfair*). Ja, de har ofte vanskelig for å komme i jobb, og de er ofte rammet av kriminalitet, og de er oftere kriminelle. Det som enklest ville ha ført til kraftige forbedringer her er deregulering av arbeidslivet (mer fleksible ansettelses-forhold, mer fleksible lønninger) slik at det ble lettere å ansette folk og å kvitte seg med nyansatte dersom de viser seg uegnet for den jobben de fikk. Viktig er også legalisering av narkotika, som vil føre til at den reelle kriminaliteten som forbudet fører med seg, vil forsvinne. Innføring av strenge straffer for reell kriminalitet er også viktig, samt en gradvis nedbygging av alle offentlige støtteordninger, ordninger som er slik at arbeidsføre folk i for stor grad velger å leve på trygd heller enn å jobbe, noe som låser dem inn i fattigdomsfellen: det er jobber, ikke trygder, som er den eneste veien ut av fattigdom.

Hammer impliserer at det var bedre før: «I de første tiårene etter annen verdenskrig fremsto landet som en relativt progressiv nasjon, preget av bred politisk oppslutning om stedvise reformer med henblikk på skape større sosial rettferdighet».

Hammer ser ut til å mene at president Johnsons «War on Poverty», som ble iverksatt midt på 60-tallet, var en god ting. Sannheten er den motsatte. Den førte til at staten i stadig større grad begynte å betale folk for å være fattige, og det som skjedde da var at andelen fattig da sluttet å synke, slik den hadde gjort inntil denne krigen mot fattigdommen startet. (Mer om dette er å finne i Charles Murrays klassiker *Losing Ground*.)

Idealet «sosial rettferdighet» er kun skadelig. Dette idealet forutsetter utjamning, og består i at staten tar penger fra de som jobber produktivt og gir til de som jobber mindre produktivt. En slik politikk demotiverer all innsats, og har økonomisk forfall med voksende fattig-dom som resultat.

Hammer sier at i de første tiårene etter annen verdenskrig fremsto landet som en relativt progressiv nasjon. Ja, det var en tid hvor det var langt færre å reguleringer og støtteordninger, og lavere skatter og avgifter; det var altså en periode hvor økonomien var langt friere enn den er nå, og da var det naturlig nok en jevn velstandsøkning. Dette var altså en periode hvor de reformer Hammer ønsker flere av, ennå ikke var innført i betydelig grad, og det var derfor tidene var bedre.

Kort oppsummert: Hammer påpeker reelle problemer, men løsningen (for å oppnå større velstand og reduksjon av fattigdom) er ikke flere reguleringer og overføringer, slik Hammer ser ut til å ønske, løsningen er mer individuell frihet, mer markedsøkonomi, større respekt for eiendomsretten.

Ble de fattige fattigere?
Tilbake til spørsmålet i tittelen: er de fattige blitt fattigere de siste årene? Nei, de er også blitt mer velstående, men de er ikke blitt så velstående som de burde. Den økonomiske fremgangen har ikke vært så stor som den burde og kunne være. Grunnen til dette er at økonomien er blitt mer regulert og mer rigid, og derfor er det blitt vanskeligere å bli

rikere for de som ikke er rike. Regjeringer har brukt enorme beløp på slik ting som «bailouts» av store firmaer (etter finanskrisen), klimatiltak, etc., og disse pengene er fullstendig bortkastet – og de som betaler dette er folk flest. Tapet av disse pengene har gitt folk flest en langt lavere velstandsøkning enn de ellers ville ha fått. Alle stater har vokst i omfang (dette gjelder i alle land), noe som krever flere statlige ansatte, flere byråkrater, og større skatteinntekter (eller økt gjeld, som er fremtidige skatter). Og skatteinntektene kommer altså i stor grad fra vanlige folk.

En høyredreining innebærer at staten minker i omfang, og dette har opplagt ikke skjedd. Ja, det var noe høyreorientert retorikk i høyrebølgen, men den virkelige høyredreiningen var svært liten. Men de små skritt til høyre på noen områder førte til en sterk vekstperiode som varte til litt etter år 2000. Venstreorientert politikk kom igjen i førersetet med Clinton og Bush jr. og deres etterfølgere, og det første tydelige tegn på effekten av dette var finanskrisen i 2008.

Med Biden som president vil venstredreiningen forsette i enda større grad, og tingene vil bli verre og verre i årene fremover, Og det er de minst rike som vil lide mest under dette – slik det alltid skjer der hvor venstreorienterte ideer får prege politikken.

*Hammers kronikk var et svar på en kronikk hvor Terje Tvedt hevdet at det var helt usannsynlig at det vil komme til en borgerkrig i USA. Hammers kronikk argumenterer mot Tvedt og mener at USA «ikke kan friskmeldes», dvs. at borgerkrig er mulig. I akkurat dette spørsmålet heller vi til å være enig med Hammer.

Hammers kronikk: https://www.aftenposten.no/meninger/kronikk/i/PRR7Ez/nei-usa-kan-ikke-friskmeldes

Carters «malaise speech»: https://www.npr.org/templates/story/story.php?storyId=106508243&t=1605599401602r

Money-tips: https://www.moneytips.com/dependency-on-government-growing

http://www.kowal.com/?q=How-Many-Federal-Laws-Are-There%3F

Johan Norberg: https://thehill.com/opinion/finance/408546-globalizations-greatest-triumph-the-death-of-extreme-poverty

https://www.cato.org/publications/commentary/regulators-cannot-avert-next-crisis

https://www.cnbc.com/2020/08/24/71percent-of-college-students-plan-to-voteand-they-prefer-biden-over-trump.html

https://taxfoundation.org/summary-latest-federal-income-tax-data-2018-update/

Murray, Charles: *Losing Ground:American Social Policy, 1950-1980*, Basic Books 2015

Brook, Watkins: *Equal is Unfair*, St. Martin's Press 2016

Agenda 2030
Publisert på Gullstandard 11. mai 2020

I de siste årene er det blitt vanlig at ledende politikere bærer på jakkeslaget en pins med sitt lands flagg. Så vidt vi husker begynte dette i USA etter 11. september 2001; etter terrorangrepet som skjedde den dagen begynte amerikanske politikere, og en rekke andre personer som opptrådte foran et publikum, å bruke en pins med det amerikanske flagget, dette for å vise støtte til USA. Bruken av en slik flagg-pins spredte seg så til en rekke andre land, og så sent som i går 10/5-20 så vi en svensk statsråd bruke en pins med det svenske flagget på TV (i programmet Agenda på SVT2). Men av en eller annen grunn har en slik pins-bruk ikke kommet til Norge: vi kan ikke huske noen gang å ha sett norske politikere med en pins med et norsk flagg på jakkeslaget. Men nå har noe skjedd. I de siste ukene har vi altfor mange ganger sett ledende norske politikere på TV, og disse har båret en pins ikke med det norske flagget, men en pins som viser en slags krans med ulikefarvede segmenter. De innvidde vet at dette er logoen til noe som kalles «Agenda 2030», et FN-program som skal fremme det som påstås å være en «bærekraftig utvikling». Politikerne bærer åpenbart dette merket for å vise sin støtte til Agenda 2030. Noen har protestert mot dette og mener at politikerne heller burde bruke en pins med det norske flagget; og etter at debatten om Agenda2030-pinsen tok av har enkelte FrP-politikere begynt å bruke en pins med det norske flagget.

Men først: Hva er Agenda 2030? I sitatet som umiddelbart følger sier regjeringen at den støtter dette programmet, og deretter gjengir vi hovedpunktene i programmet med våre kommentarer.

2030-agendaen med bærekraftsmålene utgjør den politiske over-bygningen for regjeringens arbeid nasjonalt og internasjonalt. I 2015 ble 2030-agendaen med de 17 bærekraftsmålene vedtatt av alle FNs medlemsland. Bærekraftsmålene ser miljø, økonomi og sosial utvikling i sammenheng. Et sentralt prinsipp i 2030-agendaen er at ingen skal utelates. De mest sårbare og marginaliserte menneskene og gruppene i verden skal inkluderes i utviklingen. Bærekraftsmålene krever felles innsats fra myndigheter, sivilsamfunn, privat sektor og akademia i alle land. (Kilde regjeringen.no)

Med formuleringer som «ingen skal utelates» og at alle skal «inkluderes i utviklingen» ser man hva dette egentlig er: dette er grunnlaget for innføringen av en verdensomspennende velferdsstat.

En velferdsstat er et system som innebærer at alle borgere skal ha rett til å få en rekke tilbud mer eller mindre gratis fra det offentlige: utdannelse, helsehjelp, pensjoner og trygder, bolig, mm., og at dette skal finansieres med skatter og avgifter. Videre skal all produktiv virksomhet reguleres av det offentlige.

Dette systemet er innført i en rekke land, de første skritt ble i enkelte land tatt allerede fra slutten av 1800-tallet, mens andre land var noe senere ute. Etter noen tid har dette systemet i alle land resultert i perioder med økonomiske kriser, inflasjon, arbeidsløshet, og slike ting som synkende kvalitet i skolen (elevene oppnår dårligere resultater), køer i helsevesenet, et stadig mer omfattende og detaljert lovverk som gir regler på flere og flere områder (noe som fører til mer kriminalitet fordi det svekker respekten for lov og rett), pensjonssystemer som er konkurs, og en enorm og voksende statsgjeld. Systemet fører også nødvendigvis til et voksende byråkrati; byråkratiet er det apparat som utreder, planlegger, styrer og administrerer de velferdstilbud som det offentlige står for. Byråkratiet er helt uproduktivt; det skaper ikke verdier, det fordeler verdier som er skapt av de produktive. Byråkratiet er et apparat som på en meget kostbar og ineffektiv måte utfører den oppgaven som markedsmekanismen utfører langt mer effektivt og billigere i en fri, uregulert økonomi.

I en velferdsstat er en slik negativ utvikling uunngåelig, og den vil ikke skje i en fri økonomi; i en regulert økonomi vil kommunikasjonen mellom produsenter og forbrukere, som i et fritt marked skjer via den meget effektive markedsmekanismen, skje via offentlige reguleringer, og dette er nødvendigvis en svært treg styringsmekanisme. Kvaliteten på tilbudene fra det offentlige vil synke fordi i statlige virksomheter vil innovasjon og nytenkning ikke ha det frie spillerom som finnes i en fri økonomi, og i en økonomi med store offentlige sektorer (f.eks. innen skole, helse, forskning, kultur, pensjoner og trygder) vil de positive effektene av konkurranse og effektivisering ikke kunne komme til uttrykk i like stor grad som under frihet.

I et slikt system må den offentlige gjelden nødvendigvis øke fordi politikerene må love mer og mer for å bli valgt, dvs. de må love flere eller bedre offentlige tilbud: «stem på oss så skal vi bruke mer penger på skole, på pensjoner, på eldreomsorg, på helsevesenet, på kultur, på miljø, etc.». Dette finansieres av økede skatter, men når dette ikke strekker til tas det opp lån, og denne gjelden må betales av fremtidens skattebetalere.

Enhver burde kunne forstå at et slikt system ikke kan fungere i det lange løp – men det ser ikke ut til at de enorme og voksende problemer som alle velferdsstater har skremmer politikerne; nå vil de altså også innføre denne modellen internasjonalt, åpenbart under ledelse av FN.

La oss se på de 17 konkrete punktene som inngår i Agenda 2030. Noen mål er selvsagt gode.

Mål 1: Utrydde alle former for fattigdom i hele verden.
Mål 2: Utrydde sult, oppnå matsikkerhet og bedre ernæring, og fremme bærekraftig landbruk
Mål 3: Sikre god helse og fremme livskvalitet for alle, uansett alder
Mål 4: Sikre inkluderende, rettferdig og god utdanning og fremme muligheter for livslang læring for alle
Mål 6: Sikre bærekraftig vannforvaltning og tilgang til vann og gode sanitærforhold for alle
Mål 7: Sikre tilgang til pålitelig, bærekraftig og moderne energi til en overkommelig pris
Mål 8: Fremme varig, inkluderende og bærekraftig økonomisk vekst, full sysselsetting og anstendig arbeid for alle
Mål 9: Bygge robust infrastruktur, fremme inkluderende og bærekraftig industrialisering og bidra til innovasjon

Disse målene er gode, men er alle uttrykk for og implikasjoner av ett grunnleggende forhold: bedre velstand. Alle disse målene vil oppnås dersom samfunnet opplever en utvikling i retning av bedre velstand. Men det er kun én vei til større velstand, og det er økning av produktiviteten i samfunnet. Dette er igjen et resultat av akkumulering av kapital, og dette forutsetter igjen respekt for eiendomsretten. Og dette igjen forutsetter at det i samfunnet anses som moralsk høyverdig å skape et godt liv for seg og sine ved produktivt arbeid. Med andre ord: voksende velstand (stabilt over tid) kan kun skje i et samfunn med en fri økonomi, dvs. kun i et samfunn hvor det ikke er noen statlig innblanding i økonomien, og hvor det er full frihandel både i landet og med andre land. Og for å gjenta det ekstremt viktige hovedpoenget: akkumulering av kapital (stabilt over tid) skjer kun dersom det er respekt for eiendomsretten, og dette igjen forutsetter at det anses som moralsk høyverdig å skape et godt liv for seg og sine ved produktivt arbeid. I dag er det ikke slik i noe land: i land med en stor offentlig sektor, med en mengde offentlige «gratis»tilbud, med reguleringer og overføringer og høy skatt, er det liten respekt for eiendomsretten. (Vi kommer tilbake til dette poenget nedenfor.)

Etter alt å dømme har FN en annen oppskrift enn respekt for eiendomsretten for å oppnå disse målene; FNs oppskrift går nok ut på å oppnå dette gjennom høye skatter og avgifter, og en rekke gratistilbud fra det offentlige. Men en slik ordning betyr reellt sett at man tar penger fra de som jobber produktivt og gir til de som ikke jobber produktivt eller til de som ikke jobber. Siden velstand er et resultat av produksjon vil dette over tid svekke motivasjonen til å jobbe produktivt, og denne politikken vil ødelegge velstanden for alle.

Vi skrev at «dette igjen forutsetter at det anses som moralsk høyverdig å skape et godt liv for seg og sine ved produktivt arbeid». Man kan spørre om det er noen som er eksplisitt uenige i dette. Ja, det er noen som ikke anser det som moralsk høyverdig å skape et godt liv ved produktivt arbeid, f.eks. de som sogner til miljøbevegelsen, de som er tilhengere av likhet/egalitarianisme, og mange religiøse grupper. Det er også mange som deler dette synet fordi de misliker andres suksess. Disse gruppene står svært sterkt i dag, og de preger sterkt politikken i alle land i Vesten.

Mål 5: Oppnå likestilling og styrke jenters og kvinners stilling.

Dette er et godt mål, men er umulig å oppfylle så lenge islam står sterkt, og så lenge de dominerende kreftene i et samfunn (partier, presse, akademia, intellektuelle) ikke våger å utfordre islam. I Vesten i dag er det så ille at de få som våger å utfordre islam av presumptivt seriøse aktører blir beskyldt for å være rasister og/eller det som enda verre er.

Mål 10: Redusere ulikhet i og mellom land

I en fri økonomi vil alle over tid få bedre velstand. Som nevnt er det akkumulert kapital som gir velstand, og de land som tidligst fikk en fri økonomi (som altså innebærer respekt for eiendomsretten) vil være mer velstående enn andre land som fikk en fri økonomi med på et senere tidspunkt.

Dersom FN vil oppnå redusert ulikhet med overføringer og reguleringer vil de nok oppnå likhet, men det som vil skje er at velstanden reduseres både i det land som kapitalen fjernes fra og i de land som kapitalen overføres til. Grunnen til at dette vil skje er at i de land som midlene overføres fra vil det bli mindre lønnsomt å jobbe pga. økende skatter og avgifter og stadig flere reguleringer, og folk vil jobbe mindre. I de land som midlene overføres til vil det bli lettere å få penger uten å jobbe (via ulike støtteordninger), og motivasjonen for å jobbe produktivt vil bli mindre. Jo lenger slike overføringer pågår jo raskere vil alle land bli fattigere.

Mål 11: Gjøre byer og bosettinger inkluderende, trygge, motstands-dyktige og bærekraftige

Et viktig element for å oppnå dette er å sørge for at de som begår reell kriminalitet får lange fengselsstraffer, men det er i dag svært få som støtter en slik politikk. Det er intet som tyder på FN slutter opp om vårt syn her.

Mål 12: Sikre bærekraftige forbruks- og produksjonsmønstre

Sikres ved en fri økonomi med full respekt for eiendomsretten. Full respekt for eiendomsretten innebærer at politikere ikke kan tilgodese sine foretrukne pressgrupper, slik de kan gjøre og gjør i alle regulerte økonomier.

Mål 13: Handle umiddelbart for å stoppe klimaendringene og bekjempe konsekvensene av dem

Klimaendringer er et naturlig fenomen, og der de måtte ha negative konsekvenser vil disse minimaliseres ved individuell frihet, dvs. ved at individer frivillig, dvs. uten statlige hindringer, kan tilpasse seg de endringer som måtte skje.

Mål 14: Bevare og bruke hav og marine ressurser på en måte som fremmer bærekraftig utvikling

Dersom dette betyr at hav og marine ressurser ikke skal være gjenstand for privat utforsking og entreprenørvirksomhet, vil produktiviteten på disse områdene bli svært lav, og enorme ressurser vil bli liggende uutnyttet. Dersom de blir utnyttet vil de være til gode for mennesker over hele verden, forutsatt respekt for eiendomsretten og frihandel.

*Mål 15: Beskytte, gjenopprette og fremme bærekraftig bruk av økosystemer, sikre bærekraftig skogforvaltning, bekjempe ørken-spredning, stanse og reversere landforringelse samt stanse tap av artsmangfol*d

Kun privat eiendomsrett kan sikre dette.

*Mål 16: Fremme fredelige og inkluderende samfunn med sikte på bærekraftig utvikling, sørge for tilgang til rettsvern for alle og bygge velfungerende, ansvarlige og inkluderende institusjoner på alle nivå*er

Kun privat eiendomsrett kan sikre dette.

Mål 17: Styrke gjennomføringsmidlene og fornye globale partnerskap for bærekraftig utvikling

Kun privat eiendomsrett kan sikre dette.

Agenda2030 ser ut til å handle om å innføre for hele verden et system som ikke fungerer i noe land, et system som ikke kan fungere dersom målet er å skape samfunn preget av fred, harmoni og velstand. Agenda2030 er intet annet enn en oppskrift på en katastrofe.

Men hvorfor går da så mange inn for den? Dette skjer fordi målene som inngår i Agenda 2030 er opplagte implikasjoner av grunnleggende verdier som dominerer i alle land over hele verden (de dominerer dog ikke like sterkt i alle land). Disse verdiene er kollektivisme, altruisme, egalitarianisme, utjamning, at man ikke skal han ansvar for seg selv men skal ha ansvar for alle andre, og det syn at statlig styring er et gode. At disse verdiene dominerer innebærer at de motsatte verdiene – individualisme, rasjonell egoisme, ansvar for egne valg, frihet, kapitalisme, markedsøkonomi og frihandel – ansees er umoralske.

Debatt!

Agenda 2030 har vært lite diskutert i norsk presse; det ser ut som om alle som slipper til i mediene støtter opp om det dette programmet går inn for. Et typisk innlegg som støtter opp om Agenda2030 ble publisert i Aftenposten 10/5, og vi siterer fra dette innlegget:

> «Som et av verdens beste land å bo i har Norge et spesielt ansvar overfor den fremtidige generasjonen. FN-pinsen, med bærekraftsmålene avbildet på seg, symboliserer handling og samarbeid for en bedre verden. Tusen hjertelig takk, kjære folkevalgte i Norge, for at dere tar dette seriøst. … Man kan selvfølgelig nærmere diskutere og være uenig om hvordan man skal jobbe for å nå bærekraftsmålene, men symbolikken bak pinsen gjør meg optimistisk for fremtiden.» (Kilde Aftenposten).

Som det også kommer frem i innlegget vi nettopp siterte fra har pins-bruken fått stor oppmerksomhet de siste dagene. Dette er fra et typisk eksempel på et oppslag om pins-bruken:

> «FN-pins setter sinnene i kok: – Hva er galt med det norske flagget? … Det ble steile fronter etter redaktør Vebjørn Selbekk i avisen Dagen gikk ut mot at stadige flere statsråder dukker opp med FN-pins på jakkeslaget midt i

koronakrisen. – Jeg skjønner ikke hvorfor norsk elite på død og liv skal bære FN-pinsen på jakkeslaget. Hva er galt med det norske flagget, skrev Selbekk … Umiddelbart kom det kontant svar fra samferdselsminister Knut Arild Hareide (KrF): -Selbekk vet utmerket godt at nålen symboliserer FNs bærekraftsmål, som er hele verdens arbeidsplan for å bekjempe fattigdom, utrydde forskjeller og bremse klimaendringene. Slike populistiske utsagn Selbekk kommer med – gjør ikke annet enn å skape mistenkeliggjøring og avsporing! … ». (kilde Nettavisen).

Enda et eksempel:

«Jeg ville gått med FN-pins og det norske flagget samtidig … Å jobbe for sin egen nasjon, samtidig som de jobber for solidaritet med de fattigste i verden. For vi vinner alle hvis fattigdommen blir mindre. Det er jo også det "å hjelpe i nærområdet" innebærer» (kilde Resett).

Enda et eksempel, dette fra Nettavisens redaktør Gunnar Stavrum. Stavrum er en av de noe mer edruelige kommentatorene i norsk presse, men denne gangen går han helt bananas:

«Norge først-gjengen bør ta skrittet helt ut og sette Kim Il Sung på jakkeslaget sitt. Nord-Koreas avdøde hersker Kim Il Sung er det klare ideologiske forbildet for dem som vil stenge grensene og sette Norge først. "- Nå bør regjeringen og politikere kaste FN-pinsen og få seg et norsk flagg. I disse dager må en ha fullt fokus på Norges ve og vel"», heter det i et innlegg som er delt på Facebook-siden til Fremskrittspartiets Jon E. Helgheim. Og oppfordringen er tatt til følge. I Stortinget i går kappes Frp-representantene i å vandre rundt med norske flagg. Nå er det nasjonalisme som gjelder, og åpenbart et grensevern som skal berge oss fra økonomisk pest og helsemessig pandemi….». (kilde Nettavisen).

Det er altså i all hovedsak pinsen, og forslaget om å bruke det norske flagget heller enn Agands2030-pinsen, som vekker harme og debatt, ikke det som Agenda2030 står for; det Agenda2030 står for er alle enige i, dvs. alle unntatt oss tilhengere av individuell frihet. Dette bare bekrefter vårt poeng om at de ideene som ligger til grunn for Agenda2030 er så utbredte og allment akseptert at ingen (av de som slipper til i det store mediene) erklærer seg uenige i dem.

FN

Navnet «Agenda2030» innebærer at målene i stor grad skal være gjennomført innen 2030, dvs. i løpet av ti år fra nå. La oss se på et par av artiklene fra originalprogrammet:

45. We acknowledge also the essential role of national parliaments through their enactment of legislation and adoption of budgets and their role in ensuring accountability for the effective implementation of our commitments. Governments and public institutions will also work closely on implementation with regional and local authorities, sub-regional institutions, international institutions, academia, philanthropic organizations, volunteer groups and others.

47. Our Governments have the primary responsibility for follow-up and review, at the national, regional and global levels, in relation to the progress made in implementing the Goals and targets over the coming fifteen years. To support accountability to our citizens, we will provide for systematic follow-up and review at the various levels, as set out in this Agenda and the Addis Ababa Action Agenda. The High Level Political Forum under the auspices of the General Assembly and the Economic and Social Council will have the central role in overseeing follow-up and review at the global level. (Kilde sustainable-development).

Disse punktene i programmet sier at de enkelte lands styrende organer skal vedta lover som innebærer at ønskelisten i Agenda2030 blir gjennomført innen 2030. Som sagt, vi har ikke sett noen opposisjon til det som programmet går inn for i mainstreammiljøer, så det blir nok ingen problemer med å få Stortinget til å vedta alle de lover som innebærer at programmet gjennomføres. (Vi vil tro at det samme i det store og hele vil gjelde i alle andre land.)

Det organ som står bak er altså FN. FN er et internasjonalt organ som ble dannet etter annen verdenskrig for å løse konflikter mellom land for slik å hindre kriger i å bryte ut. På dette området har FN vært svært lite vellykket. FN tok også etter hvert på seg en rekke andre oppgaver (gjennom underliggende organer som UNICEF, WHO, FAO, UNDP) og har på disse områdene også vært svært lite effektivt. Det aller mest kritikkverdige er at i FN betraktes alle land som likeverdige, dvs. at siviliserte demokratier og barbariske diktaturer er likeverdige, noe som som bla. har ført til absurditeter som at barbariske diktaturer leder organer som arbeider for å styrke menneskerettigheter. Det er også velkjent at FN er et oppblåst og gjennomkorrupt byråkrati. Allikevel er det dette organet som skal lede all verdens regjeringer i et arbeid for å gjøre hele verden om til en velferdsstat. Som man sier med typisk engelsk understatement når man står overfor en fullstendig absurd plan: «What could possibly go wrong?»

I Norge handler den eneste diskusjonen relatert til dette om bruken av en pins som innebærer støtte til programmet, det er ingen diskusjon om selve programmet, der er det full oppslutning.

Men som sagt: vi slutter ikke opp om dette programmet: tvert imot, vi innser at det er meget skadelig. Vi er derfor sterkt imot! Velferdsstaten vil nok føre til mer likhet, men dette er en likhet i stadig større fattigdom. Vi vil det annerledes, vil vil ha samfunn preget av fred, harmoni og velstand, og hvor hver enkelt skal kunne skape sin fremtid ved egen innsats og ved produktivt arbeid, og dette kan kun skje fullt ut under full individuell frihet. Vi er heller ikke bare imot Agenda2030, vi er for utmelding av FN! Vi er for full individuell frihet. Vi vil at hvert individ skal ha full rett til å bestemme over seg og sitt, dvs. hver enkelt skal ha full rett til å bestemme over sin kropp, sin eiendom og sin inntekt! En implikasjon av dette er en fri økonomi med full frihandel. Kun på en slik basis vil det være mulig å skape gode samfunn preget av fred, harmoni og velstand.

https://www.regjeringen.no/no/tema/utenrikssaker/
utviklingssamarbeid/bkm_agenda2030/id2510974/

https://www.aftenposten.no/meninger/sid/i/mR2pGg/
symbolpolitikken-gjoer-meg-haapefull-stefan-lynes-plessas

https://www.nettavisen.no/okonomi/fn-pins-setter-sinnene-i-kok-
hva-er-galt-med-det-norske-flagget/s/12-95-3423963217

https://resett.no/2020/05/05/jeg-ville-gatt-med-fn-pins-og-det-
norske-flagget-samtidig/

https://www.nettavisen.no/okonomi/norge-forst-gjengen-bor-ta-
skrittet-helt-ut-og-sette-kim-il-sung-pa-jakkeslaget-sitt/
3423964195.html

https://sustainabledevelopment.un.org/post2015/
transformingourworld

Faller opplysningstidens verdier?
Publisert på Gullstandard 16. januar 2019

Vi i Vesten lever i en turbulent tid. Mange vil si at vi har hatt det godt lenge, men enhver som kan noe økonomi innser at vi lever på lånte penger og lånt tid. Det pågår nå et folkelig opprør mot makt-eliten i flere land i Vest-Europa: voldelige demonstrasjoner i form av grupper som «Gule Vester», politikere og partier som er utenfor det gode selskap får betydelig oppslutning (Sverigedemokratene i Sverige, Lega Nord i Italia, Geert Wilders` parti i Nederland, UKIP i Storbrittania, og hvis vi tar med USA: Trump). Videre, vanlige nyhetsformidlere som aviser og radio/TV har vist seg svært upålitelige, og alternativer av blandet kvalitet har dukket opp, makteliten bagatelliserer eller ignorerer faren fra islam og lager et stort problem ut av ikke-problemet «menneskeskapte klimaendringer». Videre blir den individuelle friheten i Europa ytterligere innskrenket på alle bauger og kanter via et utall reguleringer, både nasjonale og overnasjonale (fra EU). Ytringsfriheten innskrenkes, og store private aktører setter heller ikke mangfold mht. meninger spesielt høyt. En andel av innvandrere til Vest-Europa og USA har vist seg å være langt mer kriminelle enn andre innvandrere og den opprinnelige befolkningen, og rettsapparatet har ikke vært i stand til å håndtere denne kriminaliteten.

Dette skyldes dels manglende kapasitet både hos politi, hos domstolene og i fengslene. Mange forbrytere blir derfor ikke tatt, mange av de som blir tatt blir ikke dømt, og blir de dømt er straffene som regel svært korte, soningsforholdene er ofte ganske behagelige og virker ikke avskrekkende. En annen viktig grunn til at rettsapparatet er overbelastet er at en rekke forhold som burde vært lovlige er gjort ulovlige gjennom et økende antall ulover, og derfor må rettsapparatet bruke ressurser på dem. (Lover beskytter den enkeltes frihet, ulover krenker den enkeltes frihet. Det burde ikke finnes noen ulover fordi de over tid er ødeleggende for frihet og velstand.) Det er ikke slik en rettsstat fungerer.

Vi kunne og burde ha harmoniske og fredelige samfunn med voksende velstand og synkende kriminalitet, men dessverre har vi det motsatte, vi lever i samfunn som forfaller på svært mange områder –

men ikke på alle: innen teknologi gjøres det fortsatt fremskritt, og dette gjør hverdagen bedre for de aller fleste: det er enkelt og billig å reise, underholdningsteknologi i form av høyt utviklede TVer, smarttelefoner, dataspill, mm. blir tilgjengelige for flere, avansert teknologi i helsetilbudet gjør at en rekke typer behandlinger kommer flere til gode, etc.

Men hva er grunnlaget? Hva er fundamentet? Det er ideer som styrer, det er fundamentale filosofiske ideer som legger en basis for alt – både for mennesker og for kulturer. Rasjonelle ideer gir et grunnlag for riktige valg, valg som fører til gode resultater: de personer som følger rasjonelle ideer har større sannsynlighet for å få gode, produktive og lykkelige liv enn de som følger irrasjonelle ideer, og kulturer hvor rasjonelle ideer dominerer vil bli preget av fred, harmoni og velstand, mens kulturer preget av irrasjonelle ideer preges av fattigdom, strid og uro. Det er dog ikke slik at rasjonalitet automatisk gir lykke; selv om et individ følger rasjonelle ideer er det ikke sikkert at det får et godt liv, det kan rammes av hendelser som ligger utenfor den sfære som bestemmes av egne valg: selv om man velger rasjonelt kan man bli rammet av ulykker, kriminalitet, sykdom og andre forhold som kan prege livet på en negativ måte.

Rasjonalitet

Hva er så disse rasjonelle verdiene? La oss innledningsvis definere «rasjonell»: å være rasjonell er å være virkelighetsorientert og logisk. Den som er rasjonell tar utgangspunkt i fakta, dvs. han tar utgangspunkt i det som kan observeres, og når han utleder fra dette følger han logikkens lover. (Vi sier ikke at alle fakta kan observeres, vi sier at rasjonalitet innebærer at det som observeres er startpunktet for alle typer resonnementer. Vi nevner også at omtalen her er svært kort; det vi kort berører her er et av de store temaene innen filosofi.)

Blant rasjonelle ideer og verdier finner vi følgende: individualisme, rasjonalitet, rasjonell egoisme, individuell frihet, begrenset stat, markedsøkonomi, frihandel, rettsstat, ytringsfrihet. Disse ideene kalles opplysningstidens verdier, det var disse ideene som førte til renessansen, opplysningstiden og den tidlige kapitalisme, og det var disse ideene som gjorde at Vesten ble sivilisert og velstående.

De fleste vil innse at disse ideene ikke står sterkt i Vesten i dag; det er ingen betydelige aktører som forsvarer alle disse, selv om enkelte av dem får en viss verbal støtte. Få opponerer mot rettsstat og ytringsfrihet, selv om den reelle støtten egentlig er veldig liten.

La oss kort se på rasjonalitet først: rasjonalitet innebærer som sagt at man baserer seg på fakta og logiske resonnementer, dvs. at når man skal vurdere noe tar man utgangspunkt i fakta, alle relevante fakta, og vurderer dem i samsvar med det som logikkens lover pålegger.

Her sviktes det grovt i dag. Hvis vi holder oss til det man kan lese i pressen og som derved dominerer kulturen, ser man at fakta ignoreres mht. til islam, fakta ignoreres mht. påstandene om klimakrise, religioner preger i betydelig grad kulturen selv om de ikke er annet enn et sett med ideer og normer som har som forutsetning at fantasi og oppspinn er gitt status som fakta. Fakta ignoreres av de som beskylder de som kritiserer dagens innvandringspolitikk, eller kritiserer islam, for å være rasister (eller lide av sykdommen «islamofobi»!). Fakta ignoreres også på viktige områder som kriminalitet og innvandring. Sosialismen har også betydelig oppslutning selv om den uten unntak har ført til fattigdom, nød og elendighet overalt hvor den er blitt innført. I mer enn hundre år har sosialismen skapt fattigdom, elendighet og undertrykkelse, og alle store aktører – pressen, skolen, kultureliten – lyver om dette; f.eks. er det ingen store aktører som kobler den pågående krisen i Venezuela til den sosialistiske politikken som ble ført der under først Chavez og deretter under hans arving Maduro.

Individualisme
Men også på de andre områdene står de rasjonelle ideer svakt. I stedet for individualisme er det kollektivisme som dominerer. Individualisme innebærer at det enkelte individ er den primære sosiale enhet og at samfunn skal organiseres i samsvar med dette. Grunnen til at individualisme er et riktig utgangspunkt er at det er individer som tenker og handler, og kun individualisme innebærer at tenkeevnen av den enkelte kan brukes til det som er dens formål: å veilede handling for den som tenker. I dag er de kollektivismen som dominerer; de fleste mener at en eller annen gruppe er det primære – og gruppen kan være nasjonen (nordmenn, europeere) eller en eller annen etnisk eller religiøs gruppe. Under kollektivismen kreves det at den enkelte innordner seg

101

det gruppens talsmenn mener er riktig. Kollektivismen innebærer at noen må bestemme over gruppen, og maktmennesker synes dette er en god ide. Også individer som foretrekker å ledes fremfor å tenke selv synes kollektivisme er en fin ide!

Rasjonell egoisme

Rasjonell egoisme innebærer at det som er moralsk er at den enkelte gjør sitt beste for å skape seg et godt liv ved produktiv arbeid og frivillig handel med andre. Enhver har da rett til å gjøre alt han mener er riktig såfremt han ikke initierer tvang mot andre mennesker. Men dette syn har ingen oppslutning i dag, den etikk som dominerer heter altruisme. Altruismen sier at det som er moralsk er å gi avkall på egne verdier til fordel for andre. Det er denne etikken som er totalt dominerende i dag: praktisk talt alle forventer og godtar å betale stadig mer i skatter og avgifter til det offentlige, alle forventes å følge stadig flere reguleringer som staten pålegger oss, alle forventes å bidra til de som måtte trenge noe – alle land i Vesten tar inn og henter inn store mengder personer fra andre deler av verden, og de kommer inn i et samfunn hvor de har rett til å bli forsørget av de som opprinnelig bor i landet (vi skyter inn her at vi ikke har noe imot at de kommer, det vi er imot er at de skal ha rett til å bli forsørget på skattebetalernes bekostning). Altruisme viser seg også i holdningen til kriminelle, de blir idømt milde straffer selv om de har stjålet, overfalt, begått hærverk eller drept – budskapet er at det er synd på de kriminelle, og selv om de gang på gang har begått grusomme forbrytelser vil de alltid få en sjanse til. Resultatet er at vanlige folk som blir ofre for forbrytelser får en sterkt redusert livskvalitet, mens forbryteren gjør grusomme ting om igjen og om igjen og derved rammer stadig flere mennesker. Altruismen sier at slik skal det være! Og legg merke til følgende meget illustrerende ord: det heter «kriminalomsorg», ikke «straff». Dette sier at det den kriminelle fortjener er ikke straff, det han fortjener er omsorg. Det er lite som illustrerer altruismens posisjon bedre enn dette.

Staten

Staten bør være regelgiver (dvs. den bør vedta lover) og dommer, og kun ha denne begrensede rollen; staten skal ikke være aktør i økonomien. Men i de siste tiår (i hovedsak etter 1945, men dette begynte for mer enn 100 år siden) har staten tatt på seg flere og flere oppgaver. Staten driver (i Vesten) infrastruktur, skoler, helsevesen, forskning, pensjons- og trygdeordninger, mmm. I tillegg blir det som ikke direkte drives av staten utsatte for en stadig mer omfattende mengde reguleringer. Ideen om en begrenset stat og et fritt, dvs. uregulert, næringsliv, forsvares ikke av noen store aktører i dag.

Med andre ord: markedsøkonomien finnes ikke, økonomien blir mer og mer regulert for hver dag. All internasjonal handel er gjennomregulert av et villniss av avtaler som er umulig både å forstå fullt ut og å komme seg ut av (ett ferskt eksempel er Brexit, hvor forskjellen på den fremforhandlede avtalen om UKs utmelding av EU og et fortsatt medlemskap på de fleste områder er mikroskopisk).

Og ytringsfriheten blir stadig innskrenket. Islamistiske terrorister drepte for noen år siden alle i redaksjonen på satire-magasinet Charlie Hedbo, og både før og spesielt etter dette terror-angrepet er det kommet en omfattende selvsensur. Det er også kommet forbud mot en rekke typer ytringer. Og også private aktører som facebook, google og amazon fjerner videoer og nettsider og varer fra sine utvalg for ikke å støte visse grupper, og det er ikke sjelden muslimer, eller personer som taler på vegne av muslimer, som tar opp slike ting og krever innskrenkninger av ytringsfriheten.

Så, de rasjonelle ideer står svakt. Men velstand forutsetter rasjonelle ideer, velstand forutsetter produksjon og produksjon forutsetter stabile rammebetingelser. Og stabile rammebetingelser forutsetter prinsippfasthet og langsiktighet, og langsiktighet forutsetter rasjonalitet.

Men blant store aktører er det altså ingen forståelse for disse ideene, det er ingen som forklarer dem, det er ingen som forsvarer dem. Da vil deres posisjon svekkes, og da vil resultatet av dem – samfunn preget av fred harmoni og velstand – også bli borte.

Med andre ord; utsiktene fremover er ikke lyse. Ja, det pågår et folkelig opprør, men det er et lite opprør – og opprøret retter seg ikke mot de gale dominerende ideene, opprøret retter seg kun mot enkelte utslag av dagens politikk uten at opprørerne stiller spørsmålstegn ved grunnlaget for dagens politikk.

Disse opprørene går bare til angrep på visse implikasjoner av dagens dominerende irrasjonelle ideer, de går ikke til angrep på de

103

fundamentale ideene som er årsak til problemene. Og derfor er dette opprøret kun et slag i luften.

«Gule vester» og Brexit og Trump og SD og Resett og Lega Nord er bare tegn på at mange er misfornøyde, men det er ingen ting som tyder på at disse opprørske kreftene har noen som helst innsikt i hva problemet er og hva som må gjøres for at Vesten skal komme på rett kurs. (Resett publiserer dog ting som MSM forsøker å legge lokk over, og det er bra.) Ingen av disse står for noe av det som virkelig må til for at Vesten skal komme på rett kurs. Disse aktørene er da praktisk talt like ille som alle andre som tilhører mainstream. Disse kreftene er ikke noe alternativ!

Faller opplysningstidens ideer faller Vesten, og da forsvinner også både frihet og velstand, og samfunnene vil da ikke lenger være fredelige og velstående.

Douglas Murray i Oslo
Publisert på Gullstandard 1. september 2018

Vi vil så sterkt vi kan anbefale alle å se igjennom det foredraget (link nedenfor) som den engelske journalisten og forfatteren Douglas Murray holdt i Oslo 30. august etter invitasjon fra document.no. Murray har i mange år vært en kjent, kunnskapsrik og velartikulert kritiker av den innvandringspolitikk som alle land i Vest-Europa har ført de siste tiår. For et par år siden utga han boken *The Strange Death of Europe*, hvor han setter fingeren på en rekke problemer som andre i mainstream-media fortier eller fornekter.

Foredraget var ikke bare et sammendrag av boken; det var bokens tema spisset og gjenfortalt med andre vinklinger, og med eksempler som var hentet fra tiden etter at boken kom ut. Han begynner med å si at det er vanskelig å bygge noe godt, men at det som er bygget opp er lett å ødelegge. Og med det gode mener han har Vest-Europas kultur og velferdsstater, og det som ødelegger er den innvandringspolitikken som landene i Vest-Europa har ført de siste tiår.

Som sagt, vi anbefaler alle se igjennom foredraget, og også å se igjennom spørreperioden – spørreperioden henfalt ikke til en mengde innlegg med stor lenge og lav kvalitet, slik de ofte gjør, det var mange svært gode spørsmål.

Vi vil si at vi slutter opp om mye av det som Murray sa, men vil fokusere på et par ting hvor vi mener han tar feil eller ikke går dypt nok.

Men først kort om noen av hans punkter: han sier at det kan komme en vesentlig omlegging av politikken i Frankrike etter en rekke grusomme terrorhandlinger med mer enn 200 drepte de siste par år. Vi tror han er for optimistisk på dette punktet. Det er allerede et stort antall nye franskmenn – personer med opphav utenfor Frankrike, ofte fra tidligere kolonier – som har en problematisk bakgrunn. For å si det slik: en strammere innvandringspolitikk vil ikke kunne redusere problemene i de kommende år, problemet er allerede innenfor landets grenser.

Han sier at Vest-Europa godt kan fungere som en livbåt for flyktinger fra konflikt-områder, men antallet må begrenses. Men er det riktig å betrakte land som livbåter? Kun land som er velferdsstater, hvor alle med lovlig, varig opphold har rett til å bli forsørget, utdannet og tatt vare på på skattebetalernes regning, kan betraktes som livbåter. Hvis de som kom måtte jobbe for å forsørge seg selv, ville de ikke være en byrde, og livbåtmetaforen ville ikke passe. De som kom ville da jobbe og dermed være med på å øke velstanden i landet de kom til. Da vil det heller ikke være nødvendig med begrensing i antall. Problemet er altså velferdsstaten, men Murray utfordrer ikke denne i det hele tatt.

Han legger etter vår syn alt for liten vekt på at det er islam som er problemet (for å presisere: de fleste muslimer er fredelige, anstendige mennesker, men noen av dem er jihadister, og jihadismen har sin begrunnelse i islam). De terrorangrep som skjer er praktisk talt alle utført av jihadister i Allahs navn. Murray fikk et kritisk spørsmål om dette etter foredraget, men han mente at han ikke undervurderte betydningen av islam. Etter vårt syn gjør han det – de terrorangrep som skjer (bilbranner, å kjøre biler i full fart på fortau fylt av fotgjengere, selvmordsbombere på konserter, drap på prester og satiretegnere, voldtekter, tafsing på kvinner, etc.), er en del av en lav-intensitet-krig som utføres av jihadister mot Vesten. Det er dette som er problemet, ikke innvandring.

Han fikk spørsmål om hvorfor venstresiden kjemper for muslimske kvinners rett til å bruke hijab og er imot forbud mot bruk av hijab i det offentlige rom, men aldri tar opp kampen for at islam skal tillate blasfemi og homofiles rettigheter. Murray hadde ikke noe godt svar på dette, men svaret er at venstresidens politikk og ideologi aldri har handlet om å virkelig hjelpe «de svake», venstresidens ideologi har alltid handlet om å legitimere makt, og «de svake» er bare brukt som påskudd, som en gruppe som maktkåte mennesker kan skyve foran seg og benytte for å legitimere sin makt. Sosialismen og islam er da ideologiske tvillinger – og det er derfor de på venstresiden er så velvillig innstilt til islam.

Murray la betydelig vekt på at de politikere som sto for denne politikken da den begynte ikke hadde den minste peiling på hva de gjorde – de hadde overhode ikke tenkt på hva konsekvensene av en stor innvandring av i første omgang unge menn, kunne bli på sikt. Å slippe inn til Europas velferdsstater et kolossalt antall først gjestearbeidere, og deretter flyktinger og asylsøkere fra land som har en helt fremmed kultur enn den i stor grad rasjonelle og individualistiske kulturen vi

106

hadde i Europa, det måtte gå galt. Det var forøvrig denne i betydelig grad individualistiske og rasjonelle kulturen som skapte Europas storhet.

Etter hvert ble denne kulturen svekket, og i det tyvende århundre fikk vi kommunismen og nazismen, og senere en mildere versjon av disse i sosialdemokratiet, som alle store partier i Europa slutter opp om. (Vi vil skyte inn at kommunismen først fikk gjennomslag i Russland, som ikke kan omtales som et typisk europeisk land, men regimet i Sovjetunionen satset betydelige ressurser på å bygge opp kommunistiske partier og presseorganer, og et nettverk av påvirkningsagenter i akademia, i byråkratiet, i kulturlivet, etc., i Vest-Europa, og disse aktørene fikk betydelig oppslutning og innflydelse.)

Alt tyder på at Murray, som andre konservative, slutter opp om velferdsstaten. De vil ikke da innse at velferdsstaten ikke er bærekraftig – det var jo mangelen på arbeidskraft som ble brukt som en slags begrunnelse for å ta inn den første bølgen av innvandrere: gjestearbeiderne. «Velferdsstatene mangler arbeidskraft», het det – noe som ikke sier annet enn at velferdsstatene ikke var i stand til å organisere sitt arbeidsmarked slik at alle fikk jobb og at det man trengte ble produsert. (For å illustrere dette med et par konkrete eksempler: subsidierte studielån førte til at det ble for mange akademikere som praktisk talt alle ble ansatt eller lønnet av det offentlige via et stadig høyere skattetrykk på de produktive; generøse støtteordninger til personer som ikke var i arbeid førte til at mange i den opprinnelige befolkningen heller gikk ledige enn å jobbe; statlig beskyttede fagforeningers lønnskrav førte til at enkelte i den egne befolkningen priset seg ut av markedet, etc.). Reguleringene skapte huller i arbeidsmarkedet, mens folk fra fattige land kunne tjene det som i deres opprinnelige miljø med all rett ble betraktet som store penger, flokket til Vest-Europa for å jobbe. Etter hvert ble de og deres barn kjent med støtteordningene i velferdsstaten, og alle vet hvordan dette gikk selv om viktige aktører i mainstream forsøker å tåkelegge det (se link nedenfor).

Men det er slik offentlige reguleringer og offentlig innblanding alltid virker: de skaper skjevheter som ikke vil finnes i et fritt marked.

Murray ser altså ikke at velferdsstaten er problemet, og han ser heller ikke at velferdsstaten og den kolossale ettergivenhet som svært mange viser overfor islam har samme opphav og fundament: altruisme.

Med andre ord: Murrays tilnærming til problemet var den som man kan vente seg fra en konservativ kommentator.

Til tross for dette er de mye å hente i Murray foredrag, og vi vil gjenta vår anbefaling om å se igjennom det.

For ordens skyld gjentar vi hva vårt syn på hvordan dette problemet skal løses (vi har publisert dette tidligere). Vi linker også nedenfor til et foredrag vi holdt om islam i 2003, «Islam: den ellevte landeplage».

Hva bør Vesten gjøre? (fra Gullstandard 17/8-18)

Det som reellt sett skjer er at Vesten er under angrep. Og Vestens ledere later som om dette ikke er en del av en krig, og at vi bare skal ignorere angrepene og ikke yte den type motstand som er nødvendig for å få slutt på angrepene.

Hva bør da Vestens ledere gjøre? Når det forekommer angrep på politiet (og sykebiler, brannbiler, etc.) må politiet bruke de midler som er nødvendige for å stanse angrepene, og dette inkluderer bruk av skarpe skudd. Personer som dømmes for vold må ilegges lange fengselsstraffer…

Mht. terror må alle miljøer hvor planlegging av terror kan forekomme, overvåkes. Videre må grupper som står bak terrorangrep (ISIS, mfl.) nedkjempes militært. De regimer som på en rekke ulike vis – ideologisk, økonomisk, militært – støtter terror mot Vesten, f.eks. Iran og Saudi-Arabia, må også fjernes. De vestlige land burde hatt en militær-allianse som hadde som oppgave å forsvare Vesten og som kunne tatt på seg et slikt oppdrag. Dessverre har ikke de vestlige land noen slik militær-allianse i dag (NATO er en vits). Grunnen til at den politikk vi nettopp har skissert ikke gjennomføres er at Vesten ikke har den moralske styrke som man må ha for å forsvare seg – og å forsvare seg betyr å eliminere de som angriper (slik Vesten gjorde overfor regimene i Tyskland og Japan i WW2). En klar politimessig/militær seier over islamistiske krefter av den typen vi nettopp nevnte er den eneste vei til å eliminere problemene med terror utført av islamister.

Men vil dette føre til at antall angrep utført av uorganiserte enkeltterrorister (som bare tar en bil eller en øks og angriper tilfeldige sivile) opphører? Vårt svar på dette er Ja. Slike angrep vil ikke opphøre

108

umiddelbart, men antallet vil synke og til slutt vil problemet nærmest opphøre. Hvorfor? Grunnen til at enkelt-terrorister nå tar til våpen er at de vil alliere seg med «the winning side»: Vesten er under angrep, Vesten svarer ikke, Vesten går fra skanse til skanse, Vesten nedkjempes, Vesten taper – islamistene er nå «the winning side». Men dersom islamistiske regimer og grupper elimineres ved at de nedkjempes militært, vil islamistene være «the losing side» – og det er ikke attraktivt å slutte seg til den siden som taper. En historisk parallell: det var nok fortsatt endel nazister igjen i Tyskland sommeren 1945, men de var ikke høye i hatten og de hadde antagelig problemer med å rekruttere nye folk. Hvorfor? Fordi de hadde tapt den krigen de hadde satt i gang, og de hadde tapt den så klinkende klart at det var ingen tvil om at de hadde tapt. Skal man eliminere trusselen fra islamister må islamistiske grupperinger bringes i samme situasjon som nazismen var sommeren 1945: den var knust, nazismen var død, og det er det den bør være. Vesten bør sørge for at islamismen kommer i en tilsvarende tilstand, og dette kan kun skje ved at alle islamistiske regimer og grupper påføres et knusende militært nederlag.

Men våre politikere vil ikke gå denne veien, de vil bare at vi skal finne oss i de angrep som kommer, og at vi ikke skal gjøre noe som helst for å bringe dem til opphør. (De tiltak de foreslår – dialog, u-hjelp, etc. – har ingen effekt.) Hvis denne politikken forsetter vil vi bare oppleve at antall angrep bare øker og øker og øker, og at vi alle i stadig større grad vil leve under sharia – det er dette som er islamistenes mål.

Vi tar med et par avsluttende poenger: det er egentlig feil å bare klandre politikerne for det som skjer. Politikerne gjør det folk flest vil at de skal gjøre – det er sant som det heter at «et folk får de politikerne det fortjener». Med andre ord: folk flest støtter den ettergivende holdningen politikerne har fordi de selv har akkurat de samme holdningene.

https://www.document.no/2018/08/30/foredrag-med-douglas-murray/

http://vegardmartinsen.com/islamdenellevtelandeplage.htm

https://www.gullstandard.no/2018/08/17/handhilsing-som-problem/

Begår Vesten selvmord?

Publisert på Gullstandard 13. november 2018

Mange er urolige pga. den utvikling som finner sted i Vesten, en utvikling som har pågått noen tiår. I et foredrag nylig sa den franske forfatteren Michel Houllenbeq at

> «Det ble laget en BBC-dokumentar om meg av en som ville kalle den *Suicide of the West*. Jeg tror BBC fant tittelen for voldsom, for de endte med å forandre den, men det syntes jeg var synd. Jeg mener at «Vestens selvmord» er en bra oppsummering av bøkene mine. Likevel overrasket jeg meg selv da jeg var uenig i tittelen på Éric Zemmours nest siste bok, *Le Suicide français*. For i Frankrikes nyere historie er det noe som ikke har med selvmord å gjøre, men snarere med mord. Og den skyldige i dette mordet er ikke vanskelig å oppdage: Det er Den europeiske union. Og de medskyldige i Frankrike er tallrike» (kilde document.no, link nedenfor).

Kommentatoren Douglas Murray ga sin siste bok tittelen *Europas underlige død*, men legger tydelig opp til at årsaken til denne mulige døden ligger i Europa selv. Hva er problemene, hva er årsaken, og hva er løsningen? Det er dette vi kort skal kommentere i denne artikkelen.

Europa, primært Vest-Europa, er preget av et stort antall problemer. Blant de største er at alle landene har en enorm statsgjeld (også Norge har en enorm gjeld dersom man ikke utelater statens pensjonsforpliktelser), gjelden er gjerne fra 60 – 80 % av BNP for mange land til ca 150 % av BNP for enkelte land. Wikipedia sier at gjelden er 180 % for Hellas, 66 % for Tyskland, 97 % for Spania. (En tabell over en rekke lands gjeld er å finne på linken nedenfor.) Gjelden øker dels fordi politikerne har innført varige ordninger som over tid blir langt dyrere enn de hadde tenkt seg da ordningene ble innført, og fordi velgerne stadig krever flere og bedre «gratis»-tilbud fra det offentlige, tilbud som politikerne må love å gi for å få stemmer ved valg. Disse tilbudene finansieres ved skatter, avgifter og låneopptak, og siden lånefinansiering er mindre synlig i dag enn økede skatter og avgifter, er dette et middel som det er lett for politikerne å ty til. Renten er av staten bestemt til å være svært lav, noe som gjør sparing nærmest til et tapsprosjekt – men som gjør det noen mindre problematisk for regjeringene å betale renter på statsgjelden. Den økonomiske veksten er lav. Byråkratiet er voksende, med stadig flere uproduktive mennesker ansatt i meningsløse stillinger i det offentlige eller i ansettelsesforhold som er finansiert av det offentlige, f.eks i EU, FN, etc., og i et stadig økende antall NGOer. Skattebyrden er også økende, og tilbud innen den offentlige skolen og i det offentlige helsevesen er langt fra så gode som de burde være, og er på enkelte områder i forfall. Pensjonssystemene er konkurs, men vil fungere i noen år til pga. de store låneopptakene. Vi vil også nevne at enorme ressurser brukes på å løse et fullstendig ikke-eksisterende problem: den såkalte klimakrisen.

Kriminaliteten, og spesielt grov kriminalitet, er sterkt økende, og rammer stadig flere vanlige mennesker. (For å si det litt enkelt: for ikke lenge siden var det slik at gangstere og kriminelle drepte hverandre, men nå er det i større grad slik at tilfeldige vanlige mennesker blir rammet av til dels grov kriminalitet). Vesten blir også stadig utsatt for terrorangrep, og det er praktisk talt alltid militante muslimer som står bak, og de har islam som begrunnelse for terroren.

Det er også i de siste årene kommet en rekke muslimske innvandrere til Europa, og mange av disse er ikke villige til å respektere den betydelige grad av frihet som fantes i Europa; de vil f.eks. ikke godta ytringsfrihet – som inkluderer retten til å bedrive blasfemi.

Et annet poeng er at andelen av de innvandrere som er kommet til Vest-Europa og som er i jobb er langt lavere enn andelen i den opprinnelige befolkningen, men dette varier sterkt etter hva som er innvandrernes opprinnelsesland. Uansett har alle som befinner seg lovlig i velferdsstatene i Vest-Europa med permanent opphold rett til å bli huset, forsørget og utdannet på skattebetalerne bekostning.

En annen utvikling som har skjedd er forfallet i den politiske debatt; det som har skjedd er at venstresiden i stadig større grad viser sitt sanne ansikt, og i stadig mindre grad er villig til å føre saklige diskusjoner med de som har andre meninger enn de selv: det er ikke langt fra sannheten å si at de beskylder de som har et annet grunnleggende syn enn det de selv har for å være fascister og rasister – selv om det disse går inn for kun er å begrense innvandringen. Man har

112

stadig sett at amerikanske presidenter som Bush og Trump blitt sammenlignet med Hitler, noe som bare er helt vanvittige beskyldninger. Venstresiden gjør sin stemme hørt i overveldende grad ikke bare i politikken, men også på arenaer som pressen, akademia og kulturlivet er det så og si bare venstreorienterte stemmer som slipper til. Og kvaliteten på det som de venstreorienterte sier, blir mindre og mindre saklig og består i stadig større grad av grove personangrep.

Som et klinkende klart eksempel på denne utviklingen tar vi med følgende fra en artikkel hentet fra venstresidens flaggskip, den britiske avisen The Guardian, som i en årrekke ufortjent har vært ansett som en seriøs avis. Artikkelens tema er at så mange hvite amerikanske kvinner stemmer på det republikanske partiet:

> «What is wrong with white women? Why do half of them so consistently vote for Republicans, even as the Republican party morphs into a monstrously ugly organization that is increasingly indistinguishable from a hate group? The most likely answer seems to be that white women vote for Republicans for the same reason that white men do: because they are racist. Trump, with his raucous rallies and his bloviating, combative style, has offered his supporters an opportunity to savor the pleasures of being cruel. It is likely that the white women who voted for him in 2016, and who will vote for him again in 2020, find this racist sadism gratifying. It is fun for them. But there is something else at play, something more complicated, in white women's relationship to white patriarchy. White women's identity places them in a curious position at the intersection of two vectors of privilege and oppression: they are granted structural power by their race, but excluded from it by their sex. In a political system where racism and sexism are both so deeply ingrained, white women must choose to be loyal to either the more powerful aspect of their identity, their race, or to the less powerful, their sex.»

(Dette tullballet er i 2018 altså av aktører på venstresiden ansett som en seriøs politisk analyse. De som vil få bekreftet at dette virkelig ble publisert i The Guardian kan besøke linken nedenfor.)

Men det er flere problemer i Europa: Det er også en utbredt ettergivenhet overfor reell kriminalitet; grove forbrytelser medfører ofte milde straffer (etter drap sitter man i mange land i Europa i fengsel i kun 6 – 12 år), mens slike ting som skatteunndragelse medfører lange straffer. Svært strengt straffes mye av det som har med salg av narkotika å gjøre, mens dette er noe som ikke burde vært ulovlig i det hele tatt.

Tilstanden i Vesten er altså ganske ille. Det er vanskelig å trekke ut det område som er verst, men vi vil tro at det som Murray, Houllenbeq, samt redaksjonene i Resett og Document (for å her holde oss til eksempler fra norsk presse) vil legge størst vekt på er forholdet til islam. Som nevnt er det kommet en rekke muslimer til Europa, og de preger samfunnene i betydelig grad. Ikke bare at vi ser kvinner med hijab og burka i de store byene, det finnes områder hvor enkelte muslimer i betydelig grad praktiserer sharia overfor alle som oppholder seg der og hvor politet ikke våger å gå inn (såkalte no-go-soner), myndighetene er villige til å innskrenke ytringsfriheten for at muslimer ikke skal krenkes av det som tidligere var lovlige og ukontroversielle ytringer. I Norge ble redaktør Vebjørn Selbekk presset av statsminister Stoltenberg og utenriksminister Støre til å be om unnskylding for å ha publisert noen karikaturtegninger som muslimer mente var krenkende. For tre år siden ble tolv ansatte i det franske satire-magasinet Charlie Hedbo drept av muslimske terrorister fordi de hadde publisert krenkende materiale. Etter slike hendelser kom det færre ytringer av denne typen.

Et annet illevarslende trekk er samarbeidet mellom politiske myndigheter/regjeringer og aktører som facebook og google med et formål om å begrense opposisjonelle stemmers mulighet til å nå et publikum; dette tiltaket omtales som et ønske om å begrense det som kalles «hatefulle ytringer». Men alle faktaopplysninger og menings-ytringer bør være tillatt; den eneste type ytringer som ikke skal være tillatt er kun reelle trusler, det å røpe hemmeligheter man har kontraktsforpliktet seg til å holde, og militære hemmeligheter. Det eneste som ideelt sett skal være forbudt er initiering av tvang overfor andre mennesker.

Vi kunne nevnt en rekke eksempler av denne type, men nevner kun en til: det ser ut til at regjeringen i England ikke vil ta inn i landet en kristen kvinne som er beskyldt for blasfemi i Pakistan. Regjeringens begrunnelse er visstnok at de ikke vil oppildne muslimer som allerede er i England. En annonsert støttedemonstrasjon i Norge for denne kvinnen er blitt avlyst pga. trusler. Vi siterer fra document.no:

> «Etter at Pakistans høyesterett nylig frifant Asia Bibi for anklagen om blasfemi, har en rekke politikere i Vesten tatt til orde for at den stakkars kvinnen, som i ni år hadde vært dødsdømt for en bagatell – nei: for ingenting – skal få asyl i deres respektive land. Oppgaven kompliseres av at Bibi er blitt ilagt utreiseforbud fra Pakistan. Hennes liv er åpenbart i fare. Frifinnelsen ansporet også frihetselskende krefter i Norge som Ex-Muslims of Norway (EX-MN) og Sekulær Allianse til å arrangere en demonstrasjon til støtte for Asia Bibi i Oslo den 17. november».

Det som skjer er at Vesten er ettergivende overfor islam pga. trusler og vold fra enkelte muslimer. Denne ettergivenheten preger politikken i de fleste land i Vest-Europa. Hvem er det som er ettergivende? I første rekke står politikerne; det er de som bestemmer hvilke lover som skal gjelde, det er de som bestemmer hvordan politiet skal prioritere sine oppgaver, og det er de som bestemmer hvilke midler politet skal benytte. Men man må ikke se bort fra det viktige faktum at politikerne er valgt av folket, og at de ikke kan føre en politikk som i betydelig grad avviker fra det folk flest ønsker.

Vi tar et ferskt eksempel: For noen uker siden var det valg i Sverige. Alle partiene (de som har mulighet til å komme inn i Riksdagen) er stort sett enige om absolutt alt – unntatt på to nært sammenhengende punkter hvor ett parti skiller seg ut: Sverige-demokratene (SD) har et annet syn enn de andre på spørsmålet om innvandring og islam. SD ville ha en betydelig endring av politikken på disse to områdene, de andre vil fortsette samme kurs som er blitt ført de siste tiårene.

Valgresultatet ble at SD fikk ca 20 %, de andre fikk ca 80 %. Med andre ord: ca 80 % av svenskene støtter den politikk som er blitt ført på disse områdene de siste tiårene, og vil at den i hovedtrekk skal fortsette. Det er altså ikke slik at politkerne fører en annen politikk enn det folk flest vil ha. Å gi politkerne alene skylden for utviklingen er derfor feil, folk flest har like stor skyld som politkerne for den utvikling som har skjedd og fortsatt skjer.

Vi kan til en viss grad være enige i at Vesten er i ferd med å begå selvmord. Men hva er den fundamentale årsak?

Vårt syn er at det er fundamentale filosofiske ideer som bestemmer et samfunns og en kulturs (og et individs) utvikling: dersom visse ideer dominerer går det én vei, dersom andre ideer dominerer går det en annen vei. Grunnen til at Vesten fikk renessanse og opplysningstid var at rasjonelle ideer kom til å dominere kulturen fra slutten av middelalderen. Disse ideene – rasjonalitet, individualisme, sekularitet, troen på at det var moralsk å skaffe seg et godt liv i denne verden (egoisme) – førte til kapitalismen og ga en kolossal velstandsøkning. Men i vår tid er disse ideene på vikende front, og det er mer irrasjonelle ideer som har begynt å bli stadig mer dominerende. Den etikken som disse ideene innebærer finner man oppsummert i Bergprekenen, hvor Jesus gir uttrykk for et etisk ideal som er ukontroversielt i alle mainstream-miljøer i Vesten i dag:

> «Men jeg sier dere: Sett dere ikke til motverge mot den som gjør ondt mot dere. Om noen slår deg på høyre kinn, så vend også det andre til. Vil noen saksøke deg og ta skjorten din, så la ham få kappen også. Om noen tvinger deg til å følge med én mil, så gå to med ham. Gi til den som ber deg, og vend ikke ryggen til den som vil låne av deg. Dere har hørt det er sagt: «Du skal elske din neste og hate din fiende». Men jeg sier dere: Elsk deres fiender, velsign dem som forbanner dere, gjør godt mot dem som hater dere, og be for dem som mishandler dere og forfølger dere.»

Dette etiske idealet heter altruisme (selv om denne betegnelsen ikke fantes på Jesu tid), og dette idealet er som sagt et ukontroversielt etisk ideal i dag.

Poenget er ikke at folk flest følger dette helt og fullt, poenget er at de forsøker å følge det til en viss grad. Og i samsvar med ordtaket «actions speak louder than words» er det slik at folk i ord er mer velvillige overfor dette idealet enn de er i handling – og dette betyr at de i valg gir sin stemme til en mer altruistisk politikk enn de er villige til å følge i sine egne liv.

Det er altså slik at folk flest støtter en politikk som i betydelig grad er altruistisk, selv om de i sine handlinger i sine egne liv er mindre altruistiske enn den politikken de støtter.

Den altruisme som dominerer, og Jesus formulerer så elegant i sitatet gjengitt over, er altså et udiskutabelt etisk ideal i Vesten i dag. Og vi vil si at det er fordi dette idealet dominerer at Vesten er i forfall.

For å leve et godt liv må man betrakte dette livet som verdifullt, som høyverdig, og man må skape verdier som gjør livet bedre. Man må også kjempe imot de som forsøker å ødelegge for en selv. Men dette er altså det stikk motsatte av det Jesus anbefaler. Jesus sier dette ikke bare i sitatet gjengitt over, men en rekke andre steder: «Det er vanskeligere for en rik mann å komme til himmelen enn for en kamel å gå igjennom et nåløye», «selg alt du eier og gi til de fattige», etc.

Altruismen kan ikke gi gode liv og opprettholde velstand, altruismen er en etikk som er direkte ødeleggende. Jo mer man forsøker å følge den, jo verre går det. Grunnen til at det går så dårlig for Vesten er at politikken i stor grad følger altruisme som etisk ideal. Den eneste filosof som har vært inne på dette er Ayn Rand. Hun skriver:

> «What is the moral code of altruism? The basic principle of altruism is that man has no right to exist for his own sake, that service to others is the only justification of his existence, and that self-sacrifice is his highest moral duty, virtue and value. Do not confuse altruism with kindness, good will or respect for the rights of others. These are not primaries, but consequences, which, in fact, altruism makes impossible. The irreducible primary of altruism, the basic absolute, is self-sacrifice—which means; self-immolation, self-abnegation, self-denial, self-destruction—which means: the self as a standard of evil, the selfless as a standard of the good …. The social system based on and

consonant with the altruist morality—with the code of self-sacrifice—is socialism, in all or any of its variants: fascism, Nazism, communism [and the welfare state]. All of them treat man as a sacrificial animal to be immolated for the benefit of the group, the tribe, the society, the state. Soviet Russia is the ultimate result, the final product, the full, consistent embodiment of the altruist morality in practice; it represents the only way that that morality can ever be practiced. … Altruism holds death as its ultimate goal and standard of value.»

Rand sier at jo mer man følger altruismen, jo mer ødelegger man for seg selv. Og derved, jo mer utbredt altruismen er i en kultur, jo raskere vil kulturen forfalle og gå til grunne.

Man kan da altså si at Vesten er i ferd med å begå selvmord, og årsaken er at den etikken som dominerer innebærer selvoppofrelse og da nødvendigvis må føre til forfall og til slutt til død. Hvis Vesten dør er det altruismen som er dødsårsaken.

Hva er da løsningen? Hva er det som kan redde Vesten? Det som kan redde Vesten er at de ideer som kom til å dominere i renessansen og opplysningstiden – rasjonalitet, individualisme, individuell frihet, rasjonell egoisme, kapitalisme, sekularitet – igjen blir dominerende verdier i kulturen. Den eneste filosof som har forfektet dette i full dybde og bredde er altså Ayn Rand.

Det eneste som kan redde Vesten, det eneste som kan hindre Vesten i å begå selvmord er at de ødeleggende ideer som dominerer – idealer som kollektivisme, irrasjonalitet, ufrihet, statlig styring, selvoppofrelse/altruisme – blir erstattet av de rasjonelle ideer vi nevnte over. Det er ingen annen løsning.

Hva betyr dette i praktisk politikk? Det betyr at ingen skal ha rett til å bli forsørget på skattebetalernes bekostning, dvs. ingen velferdsstat. Det innebærer et totalt skille mellom stat og økonomi, dvs. ingen statlige reguleringer av økonomien – det innebærer laissez-faire-kapitalisme. Det innebærer ingen ettergivenhet overfor kriminalitet, dvs. det er strenge straffer for reell kriminalitet. Det innebærer ingen toleranse for sharia-elementer hverken i samfunn eller i lovverk, og det innebærer at politet må rydde opp i no-go-sonene med de midler som er

118

nødvendige. Regimene i Iran og Saudi-Arabia, regimer som økonomisk, militære og ikke minst ideologisk støtter terrorangrep på Vesten, må elimineres.

Kort sagt må den individuell frihet styrkes, og vi må forsvare oss med de midler som er nødvendige for å eliminere de trusler som finnes. Dette er dog ikke mulig uten at rasjonell egoisme er blitt den dominerende etikken i kulturen. Dessverre ser det ut til at det er et stykke igjen før vi kommer dit og imens er altså Vesten i ferd med å begå selvmord ….

https://www.document.no/2018/11/10/for-farlig-a-stotte-asia-bibi-i-oslo/

https://www.document.no/2018/11/10/tale-ved-overrekkelse-av-spengler-prisen-i-brussel-den-19-oktober-2018/

https://resett.no/2018/11/13/innvandrere-grovt-overrepresenterte-blant-gjengvoldtektsmenn-i-tyskland/

https://en.wikipedia.org/wiki/List_of_countries_by_public_debt

http://aynrandlexicon.com/lexicon/altruism.html

https://www.theguardian.com/commentisfree/2018/nov/09/white-women-vote-republican-why

Hva er det med FrP?

Publisert på Gullstandard 31. januar 2019

VGs Hans Petter Sjøli stiller dette spørsmålet i en artikkel i VG i går, og det er et spørsmål som det er god grunn til å stille. Som han sier: «Det vil være helt feil å påstå at det ikke skjer mye rart i mange norske partier for tiden. Men Frp er likevel i en egen rarhetsliga», og han tenker på de mange rare saker som dukker opp der: «For hver Ulf Leirstein-skandale, dukker det opp en Mazyar Keshvari, og før var ikke Per Sandberg ute av politikken av ymse årsaker, før Helge André Njåstad plutselig opplyste allmennheten om at han trakk seg fra alle partiverv – «frivillig» og av «hensyn til familien». Bakgrunnen er «sleske sexskandaler, ... diplomatiske ømfintligheter, ... reiseregnings- svindel og ... slumsete omgang med sensitivt #metoo-materiale ...».

Sjøli er såvidt inne på svaret når han skriver følgende: «Frp er en arena for en type kultur som har vært på vikende front i flere tiår. En særdeles liberal kultur, vil noen si, mens andre kanskje vil bruke noe mindre positivt ladde ord. «Harry», kanskje, men i dagens anti-elitære klima er jo det uttrykket i ferd med å bli en hedersbetegnelse. Frp-ere flest er nok ikke så mye mer umoralske enn andre, men de er kanskje noe mer, tja, ufiltrerte. Som på bygda i hine hårde dager, går Frp-erne rett på sak og bryr seg ikke så altfor hardt mye om de uskrevne reglene for sosial omgang som gjelder for oss andre.»

(Før vi går videre vil jeg si at jeg var medlem i FrP fra 1988 til 1991, jeg var vararepresentant til Stortinget i perioden 1989-93, og jeg var ansatt av FrPs Stortingsgruppe som rådgiver i perioden 1989-1991.)

Det er fire grunner til at FrP er annerledes enn de andre partiene, og det er her man finner svar på Sjølis spørsmål: 1) FrP er det eneste opposisjonspartiet, 2) FrP er det eneste folkelige partiet, 3) FrP er et uideologisk parti, og 4) FrP er, bortsett fra små partier som Rødt og MDG, det yngste partiet (vi snakker her om partier som er representert på Stortinget).

Alle partiene på Stortinget fra Høyre til SV og Rødt er enige om det meste: forskjellene mellom dem er bare mindre nyanser. Men FrP har andre synspunkter på det meste hvor de andre stort sett er helt enige: klima, innvandring, islam, privatisering, skattelettelser, deregulering, utenrikspolitikk, u-hjelp, etc. Forskjellen mellom FrP og de andre partiene var så markant at Høyres tidligere leder Kåre Willoch ikke engang ville klassifisere FrP som et borgerlig parti.

Ja, FrP er med i regjering og har gitt avkall på alle egne standpunkter for å sitte i regjering, og dette kommer av at partiet er fullstendig uideologisk. FrP var et klart ideologisk parti på slutten av 80-tallet, i hvert fall hvis man tillegger partiet de standpunkter, holdninger og prinsipper som kom til uttrykk i partiets program og det som partiets fremtredende tillitsmenn sa i intervjuer og i avisinnlegg: partiet var da et klart liberalistisk parti. I perioden 1985-89 hadde FrP to mann på Stortinget, ved valget i 1989 fikk de inn 22 representanter. Dette var høyrebølgens tiår, og FrP red den som ingen andre. Partiets formann, Carl I. Hagen, var superdyktig, men han var dessverre også fullstendig prinsippløs. Hagen hadde som FrPs fremste mål at partiet skulle bli stort, og han trodde at han kunne oppnå dette ved å bryte koblingen mellom partiet og liberalismen, og dette bruddet skjedde i perioden 1989-1994 (det formelle bruddet skjedde på landsmøtet på Bolkesjø i 1994). Etter dette var FrP bare en skygge av seg selv, partiet ble mer opptatt av å jakte på velgere enn å fronte riktige standpunkter, men partiet fortsatte å vokse selv om det også iblant fikk nedturer på meningsmålinger og i valg.

Poenget her er at dette skiftet fra et ideologisk liberalistisk parti til et uideologisk parti som var åpent for alle som ikke passet inn i de andre partiene, førte til at personer med en rekke ulike standpunkter kom inn i partiet. Partiet gikk fra å gi uttrykk for liberalistiske standpunkter til å bli en slags målbærer for meninger som hadde en viss oppslutning i folket, nærmest uansett hvor disse meningene befant seg på det politisk spektrum. Dette førte til at partiet tiltrakk seg personer med en rekke forskjellige standpunkter, dette var personer som ville være med i politikken, men som ikke kunne finne seg til rette i noen av de andre partiene – det som bandt disse personene sammen i FrP var ikke standpunkter og ideologi, det som bandt dem sammen var at de ville være i opposisjon til de etablerte partiene og til mainstream generelt.

Men partiet ble også til en viss grad oppfattet som å være tilhengere av frihet, men uten noen ideologi er det uklart hva «frihet» betyr. Mange av de som kom inn i partiet må ha hatt oppfatninger av «frihet» som var helt annerledes enn en liberalistisk oppfatning tilsier. Den liberalistiske forståelse av «frihet» er at det er retten til å disponere over seg og sitt, dvs. retten til å bestemme over det man selv eier, mens en uideologisk forståelse er at «frihet» er retten til å gjøre hva man måtte ønske, hva som måtte falle en inn uten noen form for moralskc eller juridiske bindinger.

At FrP har så annerledes standpunkter enn de andre partiene har medført at en ikke ubetydelig andel av befolkningen føler at FrP er deres parti – eller i hvert fall at de ikke har villet alliere seg med noen av de andre partiene: Høyre er partiet for de fine og for næringslivsfolk, Sp er for bønder, KrF er for kristne, Ap er for offentlig ansatte og fagforeningspamper, Venstre er for lærere og for folk som ikke klarer å bestemme seg, SV og Rødt er for folk som fortsatt, etter 100 år med katastrofer og fiaskoer, tror at sosialismen kan skape gode samfunn, og MDG er for folk som tror at bilen er et luksusleketøy og at klimaproblemene er reelle og at Norge, som utgjør mindre enn 1 % av verdensøkonomien, kan gjøre noe med det ikke-eksisterende problemet global oppvarming. Ingen vanlige folk vil føle seg godt hjemme i noen av disse partiene.

Men FrP er annerledes. FrP har slagordet «For folk flest», og det stemmer i betydelig grad. At FrP har denne profilen betyr at partiet har tiltrukket seg flere vanlige folk enn de andre partene, og derfor er det et større mangfold både blant medlemmer og tillitsvalgte enn de andre partiene har. Dette innebærer igjen at det er et større mangfold blant synderne i FrP enn det er i de andre partiene.

Hvis man har sett på TV programmer som «Norsk Rednecks» eller «Ullared» (som riktignok fremstiller svensker, men det er grunn til å tro at de som fremstilles der også er representative for mange nordmenn) er det lett å komme til den konklusjon at disse folkene ligger nærmere FrP enn noe annet parti.

FrP er et ungt parti, det ble dannet som ALP tidlig på 70-tallet, og siden det er svært uideologisk har det ingen enhetlig kultur og historie; noe som gjør at de som kommer inn i partiet ikke har en tradisjon de kan slutte seg til og få veiledning av. Grunnen til at enda yngre partier som Rødt og MDG ikke har denne type problemer er at de er sterkt ideologiske. Nesten samtlige av problemene som har vært i de store partiene kan plasseres i #MeToo-kategorien (Giske i Ap, Skei

123

Grande i Venstre, Tonning Riise i Høyre, Byrkjeflot i Rødt; også MDG og KrF har hatt slike saker.)

Sjøli nevner enkelte ting ved FrPs historie, men han kunne nevnt flere: Kun FrPere har vært på Stortingets talerstol i alkoholpåvirket tilstand, kun i FrPs vil forsamlingen brøle ut i latter når det under kongens skål under landsmøtemiddagen oppfordres til å skåle for Kong Haakon VII, kun FrP kan sende til en viktig debatt en kjent rallykjører som ender opp med å klabbe til en motdebattant (rallykjøreren var dog medlem av FrP), kun i FrP kan et lokallag legge sitt landsmøte til Strømstad i Sverige for at delegatene skal kunne harryhandle på turen, kun i FrP kan en fremtredende folkevalgt bli tatt for å forsøke å smugle noen flasker svensk øl inn i Norge, kun i FrP vil lederen gi uttrykk for skuffelse over at han ikke ble valgt til Stortingspresident, kun i FrP kan en tidligere statsråd ha et godt forhold til skrekkregimet i Iran, osv. osv.

For å oppsummere: FrP er et folkelig, uideologisk og prinsippløst opposisjonsparti som tiltrekker seg folk som hverken har ideologi, prinsipper eller tradisjon for hvordan man oppfører seg. Det er da ikke overraskende at partiet har tiltrukket seg den type folk som Sjølie nevner, folk som ikke ser normale grenser for rett og galt, og som ikke forstår at alt galt man gjør høyst sannsynlig blir avslørt og at en slik avsløring vil være skadelig både for en selv og for partiet.

https://www.vg.no/nyheter/meninger/i/Eo1JWo/hva-er-det-med-frp

«Sorteringssamfunnet»
Publisert på Gullstandard 25. mai 2020

I inneværende uke skal Stortinget debattere og evt. vedta en liberalisering av Bioteknologiloven. Dagbladet oppsummerer: «Sammen har Sosialistisk Venstreparti, Fremskrittspartiet og Arbeiderpartiet flertall på Stortinget, og de vil nå liberalisere bioteknologiloven på en rekke punkter – mot regjeringens vilje.»

Noen av de sakene som skal opp beskrives som vanskelige: «SV har vært under hardt press fra Frp og Ap, med sprikende synspunkter internt, om endringer bioteknologiloven. De tre partiene kan sikre flertall sammen, men SV har tidligere ikke gått like langt som de andre. De har dermed stått på vippen i en rekke saker. Nå har partiet landet i de vanskelige sakene. De går inn for blant annet altruistisk eggdonasjon, tidlig ultralyd, og assistert befruktning for enslige» (VG 17/4-20).

Regjeringspartiet KrF er imot disse endringene, og vi siterer fra KrFs nettside:

KrF mener bioteknologiloven først og fremst må ivareta barns rett til å kjenne sitt opphav. Barns beste og menneskets egenverdi må settes først. Det kan ikke være slik at fordi bioteknologien er tilgjengelig, bør vi bruke den til alle formål. KrF mener etikken skal styre teknikken, og ikke motsatt.

-Dette er jo etisk vanskelige spørsmål som fortjener en langt bedre behandling enn dette. Det disse tre partiene nå prøver på er å kaste seg rundt for å få viljen sin, heller enn å faktisk lytte. Jeg har nesten ikke sett noe lignende i min tid på Stortinget, og at de velger å gjøre dette på denne måten i en så krevende sak synes jeg er urovekkende, sier [KrFs Stortingsrepresentant Geir Jørgen] Bekkevold. ...

Bekkevold er veldig bekymret for om de endringene de tre partiene nå går inn for kan lede mot et sorteringssamfunn.

-Jeg vil ikke at dette skal bli startskuddet for et sorteringssamfunn hvor staten tilrettelegger for at vi kan drive omfattende leting etter

potensielle sykdommer og diagnoser hos det ufødte liv. Jeg er redd dette kan føre til et samfunn som prøver å sile ut mennesker etter egenskaper, sier han.

*– Dette er en skremmende utvikling. I Danmark ser vi at det knapt blir født barn med Downs syndrom etter at det ble innført en omfattende screening av kvinner. I Norge hører vi til stadighet om familier som blir møtt med at det nærmest forventes at de tar abort når de har fått beskjed om at barnet kan ha en kromosomfeil. Jeg må understreke kan, fordi feilmarginene er så store at det og er relativt stor mulighet for at disse kromosomfeilene ikke stemmer, sier han. Bekkevold understreker at han ønsker et samfunn som har plass til alle mennesker. -Jeg vil ha et samfunn som har plass til alle, helt uavhengig av egenskaper. Alle mennesker bør være like velkomne, og jeg synes noen av disse tendensene vi ser er veldig tris*t.

Arbeiderpartiet og FrP har tidligere varslet at de radikalt vil endre hvordan vi bruker bioteknologi i Norge. Nå har også SV varslet at de vil være med på store endringer av loven, gjennom blant annet å tillate eggdonasjon, assistert befruktning for enslige og mer omfattende sykdomstesting av ufødt liv. Bekkevold reagerer sterkt:

-Skal staten virkelig tilrettelegge for at stadig flere barn blir til uten å ha tilgang til sitt biologiske opphav? Vi vet lite om hvilke konsekvenser dette kan ha for barna. For mange barn vil dette kunne være helt uproblematisk, men som for adoptivbarn, så kan man ikke se bort ifra at det kan være vanskelig for barn ikke å vite eller ha tilgang til sitt biologisk opphav, sier han.» (Fra KrFs nettside).

KrF er det partiet som sterkest og mest prinsipielt har gått imot de endringene i Bioteknologiloven som er foreslått, og som åpenbart ligger an til å få et flertall med støtte fra FrP, SV og Ap. Vi siterer igjen oppsummeringen fra KrFs nettside: KrF er imot at «eggdonasjon, assistert befruktning for enslige og mer omfattende sykdomstesting av ufødt liv» skal bli tillatt. Begrunnelsen er at KrF er imot at stadig flere barn skal komme til verden uten at de kjenner sin biologiske far, og at de ikke ønsker det de kaller et «sorteringssamfunn», noe som for KrF

126

betyr et samfunn hvor det fødes langt færre barn med f.eks. Downs syndrom (Bekkevold henviser til skrekkeksempelet Danmark, hvor det «knapt blir født barn med Downs syndrom etter at det ble innført en omfattende screening av [gravide] kvinner»).

Det er to hovedpoenger her. Poenget om at barn kan ha godt av å kjenne sitt «biologiske opphav» er godt, men spørsmålet er om dette skal trumfe retten for en kvinne til å bli kunstig befruktet på betingelser hun selv bestemmer.

Vårt inntrykk er at de fleste kvinner ønsker å få barn, men at noen av disse ikke kan få barn på naturlig vis. Noen av disse ønsker da å få kunstig befruktning, og dette på en måte som kan innebære at barnet ikke kan få vite hvem den biologiske faren er. En kvinne som ønsker å gå igjennom denne prosessen må ha et sterkt ønske om å få barn, og vi kan ikke se at det finnes gode nok grunner til å nekte henne dette. Vi synes at KrFs standpunkt her er godt og velbegrunnet, men vi synes allikevel ikke at det er sterkt nok til at det innebærer at man kan nekte en kvinne å få utført en kunstig befruktning på de betingelser hun selv ønsker.

Men når det gjelder KrFs ønske om å forby foster-diagnostikk, synes vi ikke at KrFs syn er godt. I dag har vi pga. utviklingen innen medisinsk teknologi muligheter til å skaffe viktig informasjon om et foster, informasjon som kan fortelle mye om egenskaper det kommende barnet vil ha. I praksis blir denne informasjonen brukt slik at noen gravide kvinner velger å ikke bære barnet frem fordi det barnet de vil få er slik at det f.eks. vil kreve spesielt mye omsorg og pleie. At kvinnen da har rett til å få et slikt foster abortert synes vi er en god ting.

Det er kvinnen selv som (sammen med den blivende faren) har ansvar for barnet, og dersom kvinnen får informasjon og fatter en beslutning om at det barnet de venter vil kreve langt mer omsorg og pleie enn de er i stand til å håndtere, så har de etter vårt syn all rett til å avslutte dette svangerskapet.

KrF vil altså nekte kvinner denne muligheten. KrF vi altså bruke statlig tvang for å hindre en gravid kvinne i å fatte et valg som vil gjøre hennes liv bedre enn det ellers vil bli. KrF vil bruke statlig tvang for å gjøre livet vanskeligere for en kvinne som er kommet i en svært vanskelig situasjon. Dette er noe som KrF vurderer som moralsk høyverdig. Det er ikke overraskende at KrF har dette standpunktet,

KrFs etiske basis er kristendommen, og den står for en etikk som forfekter selvoppofrelse/altruisme, og en slik etikk er ikke en oppskrift på et lykkelig liv, tvert imot er dette en oppskrift på forsakelse og lidelse. Men de kristne betrakter dette som et moralsk gode.

Vår etiske ideal er det stikk motsatte. Vårt etiske ideal er rasjonell egoisme, en etikk som sier at man bør gjøre sitt beste for å leve et godt, lykkelig liv.

Rasjonell egoisme innebærer at hvert enkelt individ har all rett til å leve sitt liv slik det ønsker så lenge det ikke initierer tvang mot andre mennesker. Denne etikken innebærer den enkeltes rett til å bestemme over sin egen kropp, og da inkluderer denne etikken kvinners rett til selvbestemt abort. Å nekte en kvinne retten til selvbestemt abort er reellt sett å tvinge en gravid kvinne til å bære frem og føde og ta seg et barn hun ikke ønsker. Dette kan ødelegge en kvinnes liv – men er altså ifølge den moralen KrF står for høyverdig. Ifølge den etikken vi står for er dette helt forkastelig.

Forskjellen mellom vår etikk og den etikk KrF står for kan oppsummeres i denne formuleringen fra artikkelen sitert over: «Det kan ikke være slik at fordi bioteknologien er tilgjengelig, bør vi bruke den til alle formål». Vårt syn ar at det som er tilgjengelig, og som virkelig kan gjøre enkeltmenneskers liv bedre, bør brukes.

Man kan også si litt om det begrep KrF bruker: «sorterings-samfunn». Det bruken av dette begrepet tyder på er at deres utgangspunkt er samfunnet som helhet, og ikke de individer som samfunnet består av. De vil ha et bestemt type samfunn, og vil tvinge hvert enkelt medlem av dette samfunnet til å leve langt dårligere liv for at deres mål for samfunnet som helhet skal oppfylles. KrFs utgangspunkt her er kollektivisme; det syn at gruppen er det primære og at hvert enkelt medlem i gruppen bare må underordne seg det gruppen (via dens ledere) bestemmer.

I motsetning til KrF har vi et individualistisk utgangspunkt: individualismen innebærer at individene er det primære, og at hvert individ har rett til å leve slik det ønsker så lenge det ikke krenker andre individers tilsvarende rett, dvs. så lenge de ikke initierer tvang mot andre.

Vi regner med at den kommende avstemning i Stortinget fører til at bioteknologiloven liberaliseres, alt tyder på det. FrP, Ap og SV er for.

128

KrF er vel det eneste partiet som er imot. Høyre og Venstre vil nok stemme imot liberaliseringen fordi de sitter i regjering med KrF og har inngått en hestehandel for å holde regjeringen samlet.

En artikkel i Aftenposten forteller at

> «SV ber liberale Høyre- og Venstre-representanter stemme etter egen samvittighet om eggdonasjon, assistert befruktning for enslige og tidlig ultralyd … Men det er lite opprør å spore i Høyre og Venstre. Venstres parlamentariske leder, Terje Breivik, skriver i en SMS til Aftenposten: «Me røystar i samsvar med regjerings-erklæringen». Høyres parlamentariske leder Trond Helleland har ikke besvart Aftenpostens henvendelse.» (Aftenposten 23/5-20).

Det er altså viktigere for Høyre og Venstre å sitte i regjering enn å hindre at kvinner blir tvunget til å bære frem barn de ikke ønsker. Ingen overraskelse der. Men som sagt, alt tyder på at dette forslaget går igjennom, og bra er det.

https://www.vg.no/nyheter/innenriks/i/LAEE71/sv-sikrer-flertall-for-eggdonasjon-og-assistert-befruktning-for-enslige

https://www.aftenposten.no/norge/politikk/i/VbmeeV/ber-venstre-og-hoeyre-trosse-egen-regjering-i-slaget-om-ny-bioteknologilov?

https://krf.no/nyheter/nyheter-fra-krf/bioteknologibehandling-gar-pa-demokratiet-los/

Borgerlønn
Publisert på DLFs nettside 28. april 2017

«Borgerlønn» er et begrep som i de siste tiårene har beveget seg stadig nærmere politikkens mainstream. Elementer i Venstre har lenge gått inn for borgerlønn (men som alle vet er det også noen i Venstre som har et annet syn: Nettavisen i 2013: «Nylig hadde Venstre landsmøte på Fornebu. Blant sakene som ble tatt opp var borgerlønn et av temaene som ble debattert. Borgerlønn er en sak Venstre har stått inne for over lengre tid, men nå trekker de det ut av programmet.»)

Det siste vi har sett i mainstreampressen om dette er en kommentar på document.no, hvor de trekker frem at den konservative Charles Murray gikk inn for dette på et møte i Civita for et par dager siden: «[NN] foreslo nettopp det Murray tar til orde for. En universal basic income, dvs borgerlønn».

Det er to formål med en slik ordning: dels skal den sikre alle som ikke kan eller vil jobbe en grei inntekt, og dels skal den erstatte det stadig mer kompliserte villniss av en uendelig mengde støtte- og tilskuddsordninger.

Vi har to ting å si til dette. For det første er det slik at ethvert forsøk på å forenkle statlige regelverk for støtte- og tilskuddsordninger alltid ender opp med at regelverket blir enda mer komplisert. Det finnes utallige eksempler på dette, og dette gjelder for alle statlige regelverk. Med andre ord: enhver som har en smule erfaring og vet hvordan politiske prosesser foregår vil innse at dersom borgerlønn blir innført, vil den komme i tillegg til de aller fleste av de allerede eksisterende støtte- og tilskuddsordninger. Så den forenkling tilhengerne av borgerlønn ønsker, den kommer ikke til å skje.

Det andre poenget er viktigere: hva er lønn? Lønn er noe man mottar når man har utført en jobb. Et typisk eksempel: Per eier et hus. Han ønsker å få det malt. Kari sier at hun er villig til å male huset, men hun skal ha 1000 kr. Per sier Ok. Kari maler huset, og hun får av Per 1000 kr. Denne betalingen er da den lønnen Kari får for å ha utført jobben. Altså: lønn er noe man får når man har utført en jobb, og man får lønnen av den man har utført jobben for.

Men mht. borgerlønn så er det ikke betaling for en utført jobb. Og da er det ikke lønn, da er det noe man får uten å ha utført en jobb: da er det trygd. Ønsket om å innføre «borgerlønn» er altså et ønske om å gjøre alle borgere til trygdemottagere med en gang, like godt først som sist.

Alt tyder på at de som støtter en slik ordning – å innføre «borgerlønn» – ikke er kjent med forskjellen mellom lønn og trygd. Videre er det all grunn til å tro at de ikke vet hva penger er eller hvor de kommer fra. Det er også all grunn til å tro at de heller ikke vet hva produktivt arbeid er.

Den økonomen som er klarest og tydeligst på slike punkter – produksjon, penger – er den franske Jean-Baptiste Say. Han er naturlig nok da nærmest helt ukjent i dag. Vi vil også minne om at alle penger – eller la oss si kjøpekraft – som staten deler ut, er tatt med tvang fra personer som virkelig har bedrevet produktivt arbeid. De eneste penger staten har er de som er tatt fra de produktive i befolkningen. Jo mer staten tar fra disse, jo mindre produktive blir de. Og jo mindre produksjonen er, jo lavere blir velstanden, dvs. jo mindre blir det å kjøpe for pengene.

Vi avslutter med å si at borgerlønn egentlig er borgertrygd, en ordning som gjør alle til trygdemottagere med en gang – og det er jo i samsvar med slagordet for de politikere som gjør lite annet enn å innføre trygde- og støtteordninger: «alle skal med».

http://www.dagbladet.no/kultur/borgerlonn-til-alle/60153459

https://www.nettavisen.no/vurderte-a-gi-nordmenn-600-milliarder/s/12-95-3608289

https://www.document.no/2017/04/27/gar-det-liberales-reaksjon-pa-trump-i-fascistisk-retning/

Er problemet udugelige politikere?

Publisert på Gullstandard 16. desember 2019

At Norge og alle andre land i Vesten har betydelige problemer er opplagt for enhver, også for de som kun følger med i mainstream-media (de store avisene, NRK, TV2), som som regel i hovedsak kun fungerer som et propagandaapparat for de dominerende sosialdemokratiske og sosialistiske prinsipper, og som derfor i liten grad formidler fundamental kritikk av tingenes tilstand.

For bare å nevne noen få av de merkelappene som vanligvis settes på disse problemene: voksende byråkrati, stigende skatter og avgifter inkl. bompenger, økende kriminalitet inkl. bilbranner, innvandring, forfall i skolen, vold i skolen, vold på pleiehjem, protester mot utbygging av energikilder (folkeopprør mot vindmøller, motstand mot utbygging av vannkraft, motstand mot atomkraft, motstand mot høye strømpriser), skandalene i Nav, voksende gjeld.

Enkelte andre land har enda større problemer enn Norge, f.eks. Sverige, Hellas og USA, men også vi i landet som av FN stadig kåres til verdens beste land å bo i har betydelige problemer. Men hvorfor? Hva eller hvem har skylden for disse problemene? Folk flest er anstendige, velvillige mennesker som gjør en god jobb og som vil ha fredelige, velstående og harmoniske samfunn – hvorfor går det da så galt? Et stort antall mennesker mener de har diagnostisert årsaken til problemene: politikerne er udugelige! Denne oppfatningen er svært utbredt.

Dersom man googler «udugelige politikere» får man innpå 60 000 treff, og noen av dem lyder slik:

> «Hvor lenge skal udugelige og hensynsløse politikere fredes?»

> «Bruker penger som fulle sjømenn? Eller som udugelige politikere?»

> «Idealistiske ildsjeler saboteres av udugelige politikere»

«Er vi for dumme for demokratiet?» [Her sies det at også velgerne er dumme, dvs. udugelige.]

«Aksjonerte mot bompenger: – Vi protesterer mot de udugelige politikerne».

Det er lett å finne mange flere eksempler på utsagn som legger skylden for problemene på politikernes udugelighet. Sier man at problemene skyldes udugelige politikere sier man også at løsningen er å stemme inn dyktige politikere. Men det er jo dette man forsøker ved hvert eneste valg, og en rekke ganger har man oppnådd et skifte – det sittende regjeringsparti (eller koalisjon) er blitt skiftet ut med opposisjonen, men selvsagt uten at det er blitt merkbare forbedringer, som regel har utviklingen fortsatt i den samme negative retningen som før valget. (Det finnes dog enkelte meget sjeldne unntak fra dette: Reagan og Thatcher klarte å legge om kursen i sine respektive land slik at virkelige forbedringer ble oppnådd, men dette er praktisk talt de eneste eksemplene som finnes fra nyere tid på at ny-innvalgte politikere har klart å legge om kursen slik at reelle forbedringer ble oppnådd. Etter at disse to gikk fra borde fortsatte utviklingen i den samme negative utviklingen som pågikk da de kom til makten. Disse to hadde altså ingen innflydelse på lang sikt.)

Udugelige politikere er ikke problemet
Vårt syn på dette er annerledes. Vårt syn er at problemene ikke skyldes udugelige politikere. Ja, noen få politikere er virkelig udugelige, men det er ikke disse som er årsaken til de store problemene, problemene skyldes helt andre ting. Det at så mange tror at problemene skyldes udugelige politikere betyr at de ikke har noen som helst forståelse for og innsikt i hva det virkelige problemet er, og så lenge denne tilstanden varer ved vil det ikke kunne komme noen forbedringer. Og da vil den negative utviklingen bare fortsette. Vi har sagt dette tidligere, men siden ingen andre sier dette så sier vi gjerne dette en gang til. (En variant av påstanden om at politikerne er udugelige er at de er korrupte, eller er deltagere i en konspirasjon ledet av frimurerne eller bilderbergerne eller Soros – men alle disse teoriene er like lite holdbare som at problemene skyldes udugelige politikere.)

134

Problemet er samfunnsmodellen

Problemet ligger i måten samfunnet er organisert på. Problemet er at den samfunnsmodellen vi, og alle andre land i Vesten, har, ikke kan fungere i det lange løp, dvs. den er ikke i stand til å skape gode, fredelige, harmoniske, stabile og velstående samfunn som forblir slik over tid. Den modellen vi har heter velferdsstat, og den kan ikke skape gode samfunn. Det kan i en kort periode se ut som om denne modellen kan skape gode samfunn, men over tid vil denne modellen i stadig sterkere grad ødelegge alle de elementer som skaper gode samfunn. Det vi vil se først er at de får redusert og så fallende økonomisk vekst, de vil få større byråkrati, skolene vil forfalle, det vil bli mer kriminalitet, produktive mennesker vil i større grad rømme til andre land, flere vil havne på trygd, offentlige budsjetter vil få stadig større underskudd, offentlig gjeld vil øke …… akkurat som vi i dag ser i alle velferdsstater. Sverige var over hele verden ansett som velferdsstatens utstillingsvindu, og den sterkt negative utviklingen der de siste årene er velkjent, selv for de som kun følger mainstream-medier. Men det er slik utviklingen må bli i en velferdsstat.

Velferdsstaten innebærer at staten på en rekke viktige områder skal gi alle i landet (de som har lovlig, permanent opphold) mer eller mindre gratis tilbud på alle viktige områder – f.eks. innen skole, helse, infrastruktur, forskning, kultur – og at dette skal finansieres ikke ved direkte betaling fra brukerne eller ved frivillige donasjoner, men ved skatter og avgifter tatt fra befolkningen ved tvang. Skattene er også progressive slik at de som er mest produktive og tjener mest, betaler mest. På demokratisk vis skal så alle de offentlige tilbudene, og skatte- og avgiftstrykket, styres av valgte politikere. Det er altså denne modellen som heter velferdsstat, og den har universell oppslutning – alle store partier og alle store organisasjoner og alle aviser og alle kommentatorer i de store mediene er varme tilhengere av denne modellen. Også noe mer opposisjonelle nettaviser som Resett, document.no og HRS støtter varmt opp om denne modellen. Den eneste kommentatoren som er noe kritisk er Dag og Tids Jon Hustad; se hans bok *Farvel Norge - velferdsstatens fremtidige kollaps*.

Denne modellen er i sin natur slik at politikerne må love mer for å bli valgt, dvs. de må gå inn for flere tilbud til befolkningen for å bli valgt («Stem på oss så skal dere få …») , eller forbedringer av allerede eksisterende tilbud («Vi vil gå inn for bedre skole, bedre eldreomsorg, bedre veier, bedre miljø, etc.»). Dette må føre til at skatte- og avgiftsnivået vil øke siden slike reformer koster, eller til at den offentlige gjelden vil øke. (Alle land i Vesten har stor og voksende gjeld, også Norge – dersom man regner med de statlige pensjons-forpliktelsene.) Siden skattesystemet og de offentlige tilbudene blir mer og mer omfattende og dermed mer og mer kompliserte, vil byråkratiet vokse og bli enda mer tungrodd – dette til tross for at politikerne ved hvert valg lover at byråkratiet skal effektiviseres og reduseres.

Forøvrig, alle vet at politikeres løfter er lite verd, uttrykket «valgflesk» hentes frem ved hvert valg. Alle vet også at denne utviklingen skjer og at det ikke kommer noen reelle forbedringer, men allikevel har modellen som ligger til grunn for dette, og som altså nødvendigvis fører til denne utviklingen, full oppslutning.

Videre, velferdsstaten har omfattende og en stadig voksende mengde støtteordninger, og disse finansieres altså ved skatter på de produktive. Implikasjonen av dette er at man kan tjene penger også ved å tilfredsstille de som forvalter støtteordningene, og altså ikke ved å tilfredsstille de som kjøper ting med egne penger, slik det skjer i et fritt marked.

Det burde være opplagt at velferdsstaten ikke kan fungere, dvs. at den ikke kan gi gode samfunn over tid. Men den har som sagt til tross for dette universell oppfatning.

Hvorfor kan ikke reell avbyråkratisering skje? Fordi alle tror at løsningen på enhver problem er med statlig innblanding og flere reguleringer; det skjer aldri at noen i mainstream ber om at mengden støtteordninger skal reduseres og at statlig innblanding – og derved skatter og avgifter – skal reduseres.

Det er altså her problemet ligger. Velferdsstaten må altså føre til den negative utviklingen vi ser, utviklingen er altså ikke resultat av at politikerne er udugelige. Ingen politikere kan få en velferdsstat til å gi gode resultater over tid. For å få gode samfunn må man ha en helt annen modell.

Velferdsstatens premisser

Velferdsstaten har altså full oppslutning. Hvorfor? For å finne svaret på dette må man gå til de premisser, de verdier, som ligger til grunn for velferdsstaten, og som velferdstaten er den politiske implikasjonen av. Så lenge disse verdiene har oppslutning vil velferdsstaten ha oppslutning, og for å komme over på en annen modell som er bærekraftig, må man ha andre verdier. Sagt på en annen måte: den modellen man har og alltid vil ha i et samfunn er en implikasjon av de grunnleggende verdier som dominerer i befolkningen. Skal man over på en annen modell, må de verdier og prinsipper som ligger til grunn for velferdsstaten erstattes av andre verdier, de må erstattes av verdier som impliserer en annen politisk modell.

Hvilke verdier er det snakk om? De verdier som betraktes som goder og som dominerer i alle vestlige samfunn i dag, og som utgjør en basis for velferdsstaten, er kollektivisme, altruisme, og initiering av tvang.

Kollektivismen ser man klart og tydelig i slagord som at «fellesskap fungerer» eller «fellesnytten foran egennytten», og det kollektivismen sier er at gruppen har forrang foran individet: kollektivismen innebærer at det enkelte individ må rette seg etter det gruppen finner det for godt å bestemme. Ja, fellesskap fungerer, men det enkelt individ bør selv kunne velge hvilke fellesskap det skal være med i; det er galt å tvinge noen til å være med i grupper vedkommende selv ikke ønsker å være med i. En slik holdning er dog i strid med det som kommer til utrykk i slagordet «alle skal med enten de vil eller ikke».

Kontrasten mellom individualisme og kollektivisme ser man tydelig i følgende: under individualismen har det enkelte individ rett til å gjøre hva det ønsker så lenge det ikke initierer av tvang mot andre. Hva andre i gruppen, eller et flertall i gruppen, måtte mene, spiller da ingen rolle. Individet trenger da ikke tillatelse, eller løyve, fra gruppen, dvs. fra dens ledere, for å handle. Under kollektivismen er det gruppen, og altså ikke individet, som er det primære, og den enkelte må da rette seg etter det gruppen bestemmer. I dag er kollektivismen enerådende overalt unntatt på de meste intime og personlige områder – man kan eie sin egen tannbørste og man kan velge sin egen partner*, men skal man drive en bedrift eller selge noe eller ansette noen i sitt firma må man i stor grad følge lover og regler som gruppens representanter og ledere har bestemt.

Altruismen sier at det som er moralsk høyverdig er å gi avkall på egne verdier til fordel for andre (slik Jesus oppfordrer til i Bergprekenen). Når denne etikken dominerer vil det forventes at enhver (og vi bruker dagens situasjon som eksempel) bare må betale økede skatter og avgifter for å dekke behov hos enhver person eller gruppe – endog utvalgte grupper i fremmede land! – som klarer å fremstille seg som så svakt at han (eller de eller det) trenger statlig støtte. Det er dette som er grunnen til at i velferdsstaten vil stadig flere leve på statlige støtteordninger uten reelle krav til produktiv verdiskapning. Det bare forventes at de som produserer og tjener penger skal betale de skatter og avgifter som må til for å finansiere disse ordningene, og at fremtidens skattebetalere bare skal betale den gjelden dagens politikerne tar opp for å finansiere sine valgløfter/statlige tilbud som dagens befolkning nyter godt av. En implikasjon av altruismen er ansvarsløshet; dersom altruismen står sterkt i kulturen vil stadig flere velge å plasseres seg ikke på den siden som blir tvunget til å bidra, men på den siden som mottar. Vi bruker igjen Jesus, som i dag av praktisk talt alle er betraktet som et etisk ideal, som eksempel: «Sett dere ikke imot den som gjør ondt mot dere. Om noen slår deg på høyre kinn, så vend også det andre til. Vil noen saksøke deg og ta skjorten din, la ham få kappen også. Tvinger noen deg til å følge med en mil, så gå to med ham.»

Dette er lite annet enn en oppfordring til ansvarsløshet og kriminalitet, og samfunn hvor dette utsagnet er betraktet som et etisk ideal vil få mer ansvarsløshet og mer kriminalitet – man kan jo leve på andre enten lovlig (ved å utnytte Navs ordninger selv om man egentlig ikke oppfyller kravene som er satt) eller ulovlig (ved å være kriminell: ifølge altruismen skal jo kriminalitet straffes mildt eller ikke i det hele tatt). At en slik etikk da også setter ideen om tilgivelse høyt er bare noe man kan forvente.

---

* I svært kollektivistiske kulturer kan man ikke velge sin livspartner selv, den velges av den gruppen man tilhører, ofte familien.

Tvang

Tvang innebærer at noen med vold (eller med reelle trusler om vold) hindres i å utføre handlinger han ønsker å utføre eller pålegges å utføre handlinger han ikke ønsker å utføre. Tvang er kun riktig å bruke for å hindre noen i å initiere tvang og for å sette dømte kriminelle i fengsel, men i dag er statlig tvang ansett som et gode, og brukes i meget stort omfang. All skatt, all toll, og alle reguleringer av næringslivet er initiering av tvang, og anses i dag av praktisk talt alle som et nødvendig gode. Men all initiering av tvang er skadelig og reduserer verdiskapning og velstand.

Alle disse grunnleggende verdiene er forutsetninger for velferdsstaten, og disse medfører incentiver som gjør at folk oppfører seg slik at et samfunn ikke kan være bærekraftig – disse incentivene er så og si direkte oppfordrer til å utnytte støtteordninger heller enn å være produktiv, til å være kriminell heller enn å være lovlydig, til å gi stadig større andeler av det man tjener ved å jobbe til folk som ikke jobber produktivt, etc.

Verdiskapning forutsetter frihet

For at et samfunn skal være bærekraftig må man ha verdiskapning. Da må det finnes incentiver som fremmer verdiskapning. Da må de som produserer få beholde det de produserer og ikke bli fratatt stadig mer av det de tjener ved stadig økende skatter og avgifter. De som produserer må ha frihet til å handle, og ikke ikke bli bastet og bundet av stadig flere reguleringer og byråkratiske ordninger. Dette er implikasjoner av en etikk som heter rasjonell egoisme (rasjonell egoisme sier at man skal handle slik at man selv virkelig tjener på det på lang sikt). Alle må også vite at de ikke har noen rett til å bli forsørget på andres (dvs. skattebetalernes) bekostning – og de få som ikke kan klare seg selv, og som ikke har forsikringsordning eller venner og familie som kan hjelpe, må basere seg på frivillig veldedighet. I et slikt system er statens eneste oppgave å beskytte alles frihet, og staten skal da ikke drive hverken skoler eller helsevesen eller trygde- og pensjonsordninger eller noe annet bortsett fra politi, rettsapparat og det militære.

For å få til dette må man ha en sikker eiendomsrett, man må ha rett til å beholde det man tjener, man må ha sikkerhet for at kriminelle ikke få herje nærmest fritt (dvs. de som begår reell kriminalitet må idømmes lange fengselsstraffer).

Dvs. de verdier som må ligge til grunn, dvs. de verdier som må dominere i befolkningen, for at man skal kunne få et bærekraftig samfunn er individualisme – alle skal ha rett til å gjøre hva de ønsker så lenger de ikke initierer tvang mot andre. Dette er en forutsetning for en fri, uregulert økonomi, og det er kun dette som kan gi armslag til entreprenører og andre produktive mennesker. Et aspekt av dette er at eiendomsretten må respekteres, noe som vil føre til at alle reguleringer må fjernes. Videre må alle offentlige støtteordninger elimineres, og dette vil føre til at det apparat som er oppnevnt til å håndtere dem, må fjernes, og alle byråkrater vil da kunne komme over i produktivt, verdiskapende arbeid. I tillegg må altså kriminelle straffes strengt, dvs. de må behandles slik de gjør seg fortjent til ved egne valg, dvs. de må behandles rettferdig.

De verdier vi kort har omtalt her – individualisme, frihet, rasjonell egoisme, rettferdighet – står altså i skarp kontrast til de verdier som dominerer i dag: kollektivisme, altruisme, tvang, tilgivelse. Det samfunnssystem som disse verdiene impliserer er full individuell frihet, dvs. kapitalisme eller laissez faire kapitalisme. Frihet er retten for individer til å bestemme over seg og sitt, dvs. til å bestemme over sin kropp, sin eiendom og sin inntekt.

For å oppsummere: velferdsstaten er et system som ikke kan fungere, dvs. det kan ikke over tid gi gode samfunn. Grunnen er at de verdier som ligger til grunn for velferdsstaten ikke fremmer produktivt arbeid og verdiskapning, de fremmer ikke respekt for andre mennesker, de gir makt til politikere – og derved fører det til redusert økonomisk vekst, til økende skattetrykk, til mer byråkrati, til voksende gjeld, til mer kriminalitet.

For å komme over på en bærekraftig modell, en som kan sikre samfunn med voksende velstand, må andre verdier dominere i samfunnet: individualisme, frihet, rettferdighet. Men disse verdiene inngår som integrerte deler i en helhetlig filosofi som i tillegg til dette inneholder verdier som rasjonalitet, integritet, uavhengighet, produktivitet. Denne filosofien er utviklet av Ayn Rand, og finnes lett tilgjengelig fremstilt i hennes romaner og essays, og i mer akademiske verker skrevet av flere av hennes elever.

140

Dersom de verdier som dominerer i dag får fortsette å dominere vil de føre til stadig mer forfall og ødeleggelse. Å tro at problemene skyldes udugelige politikere viser at man ikke har den minste forståelse for hva den virkelig årsaken til dette forfallet er, den virkelige årsaken er at samfunnet domineres av verdier som er lite annet enn en oppskrift på å ødelegge alt som virkelig er godt for mennesker.

https://www.sfm.no/lenge-udugelige-hensynslose-politikere-fredes/

https://www.tb.no/meninger/fastlandsforbindelsen/okonomi/bruker-penger-som-fulle-sjomenn-eller-som-udugelige-politikere/o/5-76-808813

https://www.bt.no/btmeninger/i/Abb0A/idealistiske-ildsjeler-saboteres-av-udugelige-politikere

https://agendamagasin.no/anmeldelser/er-vi-for-dumme-for-demokratiet/

https://www.av-avis.no/nyheter/i/On9A7b/aksjonerte-mot-bompenger-vi-protesterer-mot-de-udugelige-politikerne

Demokrati, frihet og kultur –

en kommentar til Torbjørn Røe Isaksens kronikk*
Publisert på Gullstandard 13. august 2018

Med utgangspunkt i en konferanse med i hovedsak konservative politikere i København nylig diskuterer Torbjørn Røe Isaksen problemer i demokratiet i kronikken «Farvel, demokrati?» (Aftenposten 9/8-18). Kronikken inneholder enkelte gode poenger, men det er også en rekke punkter som burde ha vært med, men som ikke er der, eller som ikke er vektlagt sterkt nok. F.eks. er ordet «frihet» ikke nevnt i kronikken (dog er «ytringsfrihet» nevnt), frihet er retten for individer til å bestemme over seg og sitt.

Vi vil nevne noen av Isaksens poenger; først et noe spesielt, men viktig eksempel som få eller ingen er villige til å ta lærdom av: mange konservative politikere hadde for ca 15 års tid siden det syn «at demokratiet kunne og måtte vinne frem. ... Ikke minst preget det begrunnelsen for invasjonen av Irak i 2003 ... Fasiten har vi i dag. Amerikanerne ble møtt som frigjørere. Først. Men så kollapset landet i anarki og vold. Det liberale demokratiet hadde universelle ambisjoner, men var ikke dermed universelt i den betydning at alle ønsket det velkommen».

Hvis vi trekker en parallell til annen verdenskrig vet vi at Tyskland og Japan var okkupert i en årrekke etter at krigen var avsluttet. Dette skjedde for å sikre at enhver manifestasjon av de ideologiene som var opphavet til krigen i disse to landene, ble fjernet helt fra kulturen. Men etter at USA hadde vunnet krigen i Irak trakk den nyvalgte president Obama de amerikanske styrkene ut av Irak uten at de frihetsfiendtlige kreftene var knust – Obama ignorerte lærdommen fra Tyskland og Japan, en lærdom som det var nødvendig å ta til etterretning for å gjøre Irak til et stabilt og sivilisert land. Dersom USA og de allierte hadde trukket seg ut av Tyskland og Japan høsten 1945, etter at krigen var vunnet, hadde den tyske nasjonalsosialismen og den selvoppofrende keiser-dyrkingen i Japan kunnet blomstret opp igjen,

---

* Takk til Even Obrestad Hægstad som tipset meg om denne kronikken.

landene ville igjen ha blitt diktaturer, og da ville disse landene ikke fått den utvikling de fikk, en utvikling som gjorde begge land til økonomiske stormakter med stor velstandsvekst for innbyggerne. Så stor var Obama-administrasjonens tillit til at det ville gå bra i Irak at visepresident Joe Biden uttalte at Obamas Irak-politilkk ville bli ansett som en av president Obama store suksesser. I virkeligheten førte tilbaketrekningen til at militant islam igjen vokste frem og ble an maktfaktor, at Irak ble kastet ut i en omfattende borgerkrig, og at terroristgruppen Islamsk Stat (IS) vokste frem.

Poenget er at frihet forutsetter at visse verdier dominerer i kulturen – et land kan ikke bli fritt før landets kultur er preget av disse verdiene. Demokrati innebærer bare at flertallet skal bestemme, og de verdier som da dominerer i et land eller i en befolkning blir da de verdier som staten styres etter. Vi så dette tydelig da det ble arrangert valg på Gaza etter at Israel trakk seg ut: terroristorganisasjonen Hamas vant valget. Ledere i Vesten, som selv representerte demokratier og som hadde kommet med oppfordringer om innføring av demokrati, så med en viss uro på dette, og forurettede Hamas-folk uttalte at «Dere ba oss innføre demokrati, vi har innført demokrati og dere er allikevel ikke fornøyd? "Democracy = hypocracy!"».

Demokrati er da opplagt ikke løsningen. Isaksen innser dette når han sier at land kan ha demokrati uten økonomisk velstand og vekst, og land kan ha økonomisk vekst og velstand uten demokrati.

La oss før vi oppklarer denne sammenhengen nevne et punkt hvor Isaksen slipper katta ut av sekken. Han skriver faktisk følgende: «Den demokratiske infrastrukturen [forutsetter] blant annet uavhengige institusjoner som universiteter, pressen eller frivillige organisasjoner. Et liberalt demokrati må ha en eller annen form for uavhengig og kritisk presse for å sikre at noen ser makthaverne i kortene.»

Isaksens poeng her er godt og viktig, men kan pressen, universitetene, forskningsmiljøene og frivillige organisasjoner være uavhengige når de i mange tilfeller er nær 100 % finansiert av staten? Dette gir ingen uavhengighet, tvert imot, det fører til at staten blir enda mektigere og at reell opposisjon får enda større vanskeligheter med å slippe til. Også konservative politikere mener at slik skal det være, dvs. at staten skal regulere og støtte alle mulige virksomheter og bedrifter (og ikke bare via Innovasjon Norge), noe som også gjør uavhengighet av staten vanskelig.

Det Isaksen og andre konservative burde ha vært tilhengere av er ikke demokrati, de burde ha vært tilhengere av individuell frihet. Demokrati betyr bare at flertallet bestemmer, mens frihet er retten for individer til å bestemme over seg og sitt, frihet er altså retten for individer til å bestemme over sin kropp, sin eiendom og sin inntekt.

Det som gir velstandsvekst er da ikke demokrati, det som gir vekst er respekt for eiendomsretten, noe som innebærer få (eller helst ingen) reguleringer av næringslivet. Vekst krever også en noenlunde stabil pengeverdi, dvs. det må ikke være inflasjon.

Regimer som styrer landet slik at disse kravene i stor grad er oppfylt kan altså få økonomisk vekst, selv om det ikke avholdes valg, selv om det ikke finnes ytringsfrihet, selv om det ikke finnes politisk frihet, selv om den personlige friheten er liten (et eksempel er Chile under militærdiktatoren Pinochet). Likeledes, dersom et demokratisk valgt regime fører en politikk som ikke respekterer eiendomsretten og har stor inflasjon, vil landets borgere ikke oppleve velstandsvekst (et eksempel er Venezuela under Chavez/Maduros sosialistiske politikk).

Nå kan man si at Isaksen så vidt er inne på dette siden han hele tiden snakker om «liberalt demokrati», ikke «demokrati». Han skriver:

> «Samtidig kan det lett skape et overfladisk inntrykk av hva et liberalt demokrati faktisk er. Det er ikke simpelthen det samme som et demokrati som sådant, men et bestemt sett med politiske institusjoner kombinert med en bestemt politisk kultur. Flertallsmakten er åpenbart et viktig trekk også i et liberalt demokrati. Demokratier må ha frie valg, rettferdige valgregler og allmenn stemmerett. Men i flertallsmakten lurer det også en fare. Flertallets vilje slik den manifesterer seg gjennom politisk makt, behøver slett ikke være liberal og tolerant.»

Isaksen sier altså at det ikke er tilstrekkelig med demokrati, man må også ha politiske institusjoner kombinert med en bestemt politisk kultur. Han går ikke inn på hva denne kulturen må bestå av, men det kan jeg gjøre: Det eneste som kan gi stabil velstandsvekst over tid er altså full individuell frihet, og dette forutsetter at rasjonelle verdier dominerer i kulturen. Blant disse verdiene er individualisme, rasjonalitet, sekularitet, skille stat/religion, rettsstat, begrenset statsmakt, frihandel, stabile penger. Disse verdiene bygger igjen på det syn at det er moralsk høyverdig å arbeide for å tjene penger og skape et godt liv for seg og sine.

Dersom det som betraktes som moralsk høyverdig er å kjempe og dø for Allah, eller å ofre seg for menneskeheten eller befolkningen eller økosystemet, eller å gi 70 % av det man tjener til det offentlige, vil det aldri vokse frem et fredelig samfunn preget av harmoni og velstand. Det er også slik at dersom disse rasjonelle verdiene har dominert i et samfunn – slik de gjorde i Vesten i lang tid – men så svekkes og etter hvert forsvinner, vil vi få den forvitringen Isaksen korrekt skisserer.

Isaksen beskriver reelle problemer, men det han antyder som løsning vil bare gjøre vondt verre. Det eneste som kan bringe Vesten – og alle andre land – på rett kjøl, er større individuell frihet (slik vi definerte dette ovenfor). Men dessverre er det slik at i alle land i Vesten blir friheten stadig mindre, og også de konservative partiene er med på å redusere friheten. At dette skjer også i Norge ser vi tydelig i den politikken som den sittende konservative regjeringen har fulgt siden den tiltrådte i 2013, den følger i akkurat samme spor som den rødgrønne regjeringen la opp til i årene før: statens årlige utgifter har økt (2006: 669 mrd kr, 2010: 907 mrd kr, 2015 1199 mrd kr, 2018: 1325 mrd kr – ca en dobling siden 2006), mengden reguleringer har økt, skjemaveldet er blitt enda mer komplisert, inflasjonen, dvs. reduksjonen i pengeverdien, siden 2006 har vært på ca 25 % (målt i KPI), etc.

Dette er ikke veien å gå dersom man vil ha en fremtid i velstand og vekst. Tvert imot. Det som trengs er mer individuell frihet, ikke mer demokrati. Isaksen burde ha skrevet «Farvel demokrati – velkommen frihet!»[*]

https://www.aftenposten.no/meninger/kronikk/i/vmjz2B/farvel-demokrati-torbjoern-roee-isaksen

---

[*] Dette innlegget ble sendt til Aftenposten, men det ble umiddelbart refusert.

146

Rune Slagstad og byråkratiet

Publisert på Gullstandard 16. juni 2019

For noen dager siden publiserte Aftenposten en kronikk om helsebyråkratiet. Den var skrevet av mannen som regnes som kanskje Norges aller fremste intellektuelle, Rune Slagstad. At Slagstad har en slik posisjon kan man lett lese ut av SNLs artikkel om ham:

> «Rune Slagstad, norsk samfunnsforsker; magister i sosiologi 1975, dr. philos. 1986. Han var forlagsredaktør i Pax Forlag 1971–78 og medredaktør av Pax Leksikon 1978–81, forsknings-stipendiat i sosiologi 1978–80, forsker ved Historisk institutt, Universitetet i Oslo 1980–83, hovedkonsulent for Universitetsforlaget 1983–85, sjefredaktør sst. 1986–89, professor II i rettsteori ved Universitetet i Oslo 1989–92, professor i statsvitenskap sst. 1992. … Han har ellers vært redaktør av tidsskriftene Kontrast og Nytt Norsk Tidsskrift, og har hatt tillitsverv i Sosialistisk Venstreparti».

Kronikken er skrevet i en tone som virkelig bekrefter at han fortjener den posisjonen han har i Norges intellektuelle liv. Kronikkens tema er dog ikke helsebyråkratiet generelt, det Slagstad tar for seg er det han kaller «Spillet om Ullevål sykehus» (som er tittelen på kronikken). Vi gjengir noen få korte utdrag:

> «"Toppledelsen tar ikke hensyn til faglige råd". Dette har vært en tilbakevendende begrunnelse fra rekken av fremragende fagpersoner som har forlatt lederstillinger ved landets fremste sykehus. "Jeg har vært leder ved sykehus i ti år og har ikke sett maken til dette", sa for eksempel Haldor Slettebø da han trakk seg som seksjonssjef ved Rikshospitalets nevrokirurgiske klinikk, "en slags sovjetstat – mer gemyttlig, mindre voldelig, men effektivt" … "Mål og retning må eies av de ansatte. Det er slående å se

hvordan de sykehusene som lykkes best, er kjennetegnet nettopp av dette, at ledelse og ansatte trekker i samme retning. Det håper jeg kan spre seg", fremholdt Jonas Gahr Støre da han var helseminister. Klokt sagt! Det harmonerer bare ganske dårlig med hans [i ettertid] vedvarende, uforbeholdne støtte til OUS-ledelsen.»

Slagstad beskriver så under mellomtittelen «Økonomisk ønsketenkning» en rekke dyre og mer eller mindre totalt urealistiske planer for sammenslåinger, utvidelser, flytting og nyetableringer på sykehuset:

«En viktig premiss for 2008-vedtaket var at OUS-fusjonen skulle være selvbærende og … gi en årlig effektiviseringsgevinst på 800-900 millioner kroner. Hatlen [Siri Hatlen, OUS' første direktør] gjennomskuet den økonomiske ønsketenkningen og beskrev OUS-fusjonen som stadig mer risikopreget. HSØ måtte, fremholdt hun i 2011, bidra med nødvendige økonomiske ressurser (17,5 milliarder kroner). Hvis ikke, ville ikke fusjonen kunne realiseres. …Hatlen talte for døve ører og endte med å si opp. Et par år senere var gevinstrealiseringsmaskinen OUS' kortsiktige akkumulerte gjeld 3 milliarder kroner. … Det første Hatlens etterfølger, Bjørn Erikstein, gjorde, var å skrote hennes Ullevål-plan. Først ett år senere fortalte han offentligheten hvorfor: Han hadde i fire-fem år båret på en privat drøm om "å legge Ringveien i tunnel ved Rikshospitalet og samle hele OUS på Gaustad"» …

«I 2016 vedtok HSØ med helseministerens bifall å realisere Eriksteins reviderte Gaustad-drøm: fusjonere Ullevål og Rikshospitalet på Gaustad. Prisen for OUS-prosjektet var nå økt til 50 milliarder kroner.»

«Erikstein har vært så opptatt av å få realisert sin fusjonsdrøm at han ikke på noe tidspunkt har villet utrede et forstyrrende Ullevål-alternativ. Også Holte-rapporten og dens dokumentasjon vil han (og hans formelle

148

oppdragsgiver) helst overse. Derfor har HSØ nå lansert en "belysning", som konkluderer med at Ullevål-alternativet vil bli 13 milliarder dyrere og ta syv år lenger å realisere ... Dette ganske egenartede Ullevål-alternativet bygger imidlertid på en helt ny forutsetning, nemlig at hele Rikshospitalet flyttes til Ullevål. Med dette har HSØ, som Holte bemerker, "konstruert et Ullevål-alternativ ingen vil ha, for så å avskrive det som for dyrt"».

«Eneveldige helsebyråkrater» er den siste mellomtittelen i kronikken, og Slagstad avslutter kronikken slik:

«OUS-prosjektet, Norges største enkeltprosjekt noensinne, er drevet frem av et helsebyråkratisk miljø med liten sans for det åpne, faglig begrunnede ordskifte, kombinert med en bemerkelsesverdig læringsresistens. Det har i realiteten aldri blitt behandlet av Stortinget, som isteden har fungert som et sandpåstrøingsorgan. Da fusjonsplanen passerte Stortinget vinteren 2008, var politikerne – slik Jan Bøhler, den gang Aps fremste helsepolitiske talsperson, har bekreftet – ingenlunde klar over rekkevidden av sin tilslutning. Helsebyråkratene har ikke handlet mot politikernes vilje, for politikerne har ikke hatt noen betydningsfull egenvilje. Politikerne har abdisert, og fagfolkene er blitt marginalisert. Vi har fått en ny, helsebyråkratisk maktelite som unndrar seg demokratisk styring og kontroll.

Vi snakker om "ansiktsløse byråkrater", sa opposisjonspolitikeren [og nåværende helseminister] Høie (Stortinget 14. juni 2011), "når viktige politiske beslutninger om sykehusstruktur og innhold i sykehus fattes av foretak innenfor et system som folk rett og slett ikke kjenner seg igjen i, fordi beslutninger om viktige funksjoner i deres lokalsamfunn ikke lenger fattes av folkevalgte, men av byråkrater og foretaksstyrer".

Høie ville ta makten fra "de ansiktsløse byråkrater". Men etter at han ble helseminister, er også Høie blitt rammet av "slow-virus"-sykdommen "byråkratitis", som ifølge medisinprofessor Olav Hilmar Iversen arter seg slik: "Når en byråkrat gjør en feil og fortsetter å gjøre den, blir feilen regjeringens nye politikk."

Vi har fått en ny, helsebyråkratisk maktelite som unndrar seg demokratisk styring og kontroll. Disse mer eller mindre eneveldige helsebyråkratene finnes etter hvert både her og der. Men størst blant dem er imperiebyggeren på Gaustad.»

Kronikken er åpen for kommentarer på Aftenpostens nettside, og en av de kommentarene som redaksjonen har sluppet igjennom lyder slik: «Dette er så treffende at det gjør fysisk vondt å lese». Den som har avgitt denne kommentaren oppgir å være OUS-arbeider.

For å gi en meget kort oppsummering: ideen om å ruste opp Ullevål Sykehus er ifølge Slagstad drevet frem av et helsebyråkratisk miljø med liten sans for det åpne, faglig begrunnede ordskifte, et miljø som har en bemerkelsesverdig læringsresistens. Politikerne har nærmest ingen innflydelse og fungerer som sandpåstrøere, politikere skifter mening når de skifter posisjon, politikerne har gitt opp, og fagfolk er blitt marginalisert. Det er oppstått en ny, helsebyråkratisk maktelite som unndrar seg demokratisk styring og kontroll. Og dessuten koster alt dette enorme summer, og planene er iblant – ofte? – resultat av de involverte byråkratenes maktbehov eller ønske om prestisje.

At slike ting skjer og må skje i velferdsstaten burde være velkjent, men det som er vårt hovedpoeng er at det ser ut som om Slagstad er overrasket over dette. En mann med hans posisjon og bakgrunn burde vite at det han beskriver er et opplagt resultat av det som skjer når politikerne blir tildelt mer og mer makt, noe som er et resultat av velferdsstatens indre logikk og dynamikk. Det som skjer er at det er byråkratiet som reellt sett får makt, og dette byråkratiet vil nødvendigvis vokse og vokse og vokse (et ferskt eksempel: både Høyre og FrP lovet å redusere byråkratiet dersom de fikk regjeringsmakt, men etter at de kom i regjering for seks år siden har byråkratiet bare fortsatt å vokse: «I opposisjon varslet Frp "krig mot byråkratiet". Nå har staten over 1000 flere byråkrater. Fellesskapet må nå bruke rundt en halv milliard kroner mer i året på å lønne Frp- og Høyre-regjeringens byråkrativekst» (kilde: Aftenposten 3/5-17).

Byråkratiet er det styringsapparat en stat må benytte på de områder hvor den setter markedsmekanismen ut av spill. Dersom man betrakter en økonomi fra et fugleperspektiv vil man se at den må ha en mekanisme som fordeler ressurser. Markedsmekanismen er en slik fordelingsmekanisme: den fordeler ressurser slik at det er den som produserer ressursene som får disponere dem. Denne mekanismen er effektiv og rettferdig, og krever bare at staten respekterer og beskytter eiendomsretten, kontraktsfriheten og all frivillig handel. Prismekanismen, som er et uttrykk for summen av alle involvertes frivillige valg, preferanser og etterspørsel, vil da sørge for at alle produserte ressurser fordeles på en måte som er den mest effektive sum av alle de involvertes verdivurderinger. (Vi skyter inn at vi bruker «rettferdig» i ordets egentlige betydning: «rettferdighet innebærer at den enkelte får det han gjør seg fortjent til. I dag brukes «rettferdig» ofte synonymt med «lik fordeling», en bruk som er et forsøk på å fremme egalitarianismen under en mer akseptabel merkelapp.)

Markedsmekanismen forutsetter fri prisdannelse. Men dersom staten vil sette denne mekanismen til side og vil ha en annen fordeling enn den som markedsmekanismen medfører ved å gjøre en rekke tilbud «gratis», dvs, finansiert via skatter og avgifter, vil man måtte innføre en annen mekanisme, et apparat, som fordeler ressurser på en måte som staten/politikerne, og fundamentalt sett, velgerne, ønsker. Og det er byråkratiet som er dette apparatet. Grunnen til at mange foretrekker at ressursene fordeles etter politiske valg, og ikke i samsvar med den enkeltes produktive innsats, er at en fordeling etter den enkeltes produktive innsats medfører forskjeller; dette fordi noen er mer produktive enn andre.

Dersom man oppretter et byråkrati vil dette nødvendigvis bli større og større. Det vil i stadig større grad få flere og flere oppgaver og flere hensyn å ta, og vil da ikke bli i stand til å gjøre det som var velgernes intensjon da de (velgerne) valgte de politikerne som ga de regler som byråkratiet skal arbeide etter. Det som nødvendigvis vil skje er at byråkratiet vil vokse, prosessene det er involvert i vil ta lenger og lenger tid, føringer vil i betydelig grad bli influert av enkelte sterke personers personlige preferanser, det vil sinke all fremgang, det vil koste mer og mer, og politikerne vil i stadig større grad kun fungere som sandpåstrøere.

At disse tingene nødvendigvis vil skje er velkjent fra sosialøkonomisk teori; den mest kjente økonomen som har undersøkt dette er James Buchanan, som for dette arbeidet ble tildelt Nobelprisen i økonomi i 1986. (Vi anbefaler ham med sterke forbehold; vi gir altså med dette ikke noen full tilslutning til Buchanans teorier. Vi er uenige med mye av det som er hans idémessige fundament, men vi nevner ham fordi han som mottager av Nobels minnepris i økonomi har fått en vis anerkjennelse i mainstream-kretser, og en person som fremtredende intellektuelle da burde kjenne til.)

Men det vi vil poengtere her er altså at dette fenomenet – hva som nødvendigvis vil skje i et byråkrati – som nevnt ser ut til å komme som et total overraskelse på en av Norges aller fremste intellektuelle, Rune Slagstad.

Muligens har Slagstad, og de utallige andre langtids-utdannede som deler hans synspunkter og som slipper til i den allmenne debatt, lest noen av de økonomer og filosofer som mener at markeds-mekanismen er et bedre, mer effektivt og rettferdig styringssystem enn et byråkrati – men det er lite som tyder på at de har tatt til seg det disse tenkerne sier.

Hadde de gjort det, hadde de tatt til seg det som Buchanan sier om incentiver i byråkratiet (og blant politikere), ville politikken ha vært en helt annen, og da kunne borgerne nydt godt av et langt bedre og billigere tilbud, og de ville ha blitt spart de enorme kostnader og den reduksjon i tilbud, både mht. omfang og kvalitet, som byråkratiske ordninger alltid fører med seg.

https://www.aftenposten.no/meninger/kronikk/i/JopjOJ/Spillet-om-Ulleval-sykehus–Rune-Slagstad

https://snl.no/Rune_Slagstad

Kristin Clemet og markedsøkonomien
Publisert på Gullstandard 27. juli 2020

Civitas Kristin Clemet har mange gode poenger i sin kronikk 18/7 (link nedenfor) om hvorfor vi ikke bør bytte ut dagens økonomiske system, markedsøkonomien, slik enkelte krever. Hun skriver, helt korrekt, at «en velfungerende markedsøkonomi ... er et fellesgode som er gull verdt», at «i en desentralisert markedsøkonomi kan de som vil, lage de produktene og tjenestene som de tror at folk ønsker og trenger, mens forbrukerne kan kjøpe dem. Prisene er signaler som forteller om det bør produseres mer eller mindre», og at økonomisk vekst er et gode som «oppstår ... ved at flere arbeider, og ved at vi ... gjør arbeids-oppgavene ... på en smartere ... måte». Men på enkelte punkter treffer hennes vurderinger ikke helt blinken, for å si det slik.

Hun sier «...at økonomien er "fri", betyr ikke minst mulig reguleringer – det betyr best mulig reguleringer. Man kan for eksempel ikke score høyt på slike rangeringer hvis man ikke har en rettsstat, privat eiendomsrett ... ».

Her blander Clemet sammen ting som ikke hører sammen. Eiendomsrett og rettsstat er goder, men de er ikke reguleringer. En regulering er en statlig (eller kommunal) pålagt begrensning av en eiers rett til fritt å disponere sin eiendom. En typisk eksempel som bekrefter dette finner man på Oslo kommunes nettside: «Regulerings-bestemmelsene gir konkrete føringer for hva som kan gjøres på en eiendom». Clemet snakker om reguleringer som er «best mulig». Men det er jo alltid delte meninger om hva som er god bruk av en eiendom (eller penger): det kan være forskjell på hva eieren mener er best bruk av hans eiendom og hva ulike pressgrupper og politikere måtte mene. Når Clemet sier at en fri økonomi har «best mulig reguleringer» så tar hun feil hvis hun snakker om en fri økonomi, men når man som Clemet gjør snakket om en «fri» økonomi så kan man mene hva som helst. I en fri økonomi er det full respekt for eiendomsretten, og det er ingen reguleringer. Individuell frihet er kun mulig dersom eiendomsretten respekteres fullt ut.

Hun skriver at «det er en elementær innsikt at markedet må reguleres for å hindre at noen får varige privilegier eller monopolmakt».

Her tar Clemet feil. Privilegier er statlig gitte fordeler, og slike finnes ikke i en fri økonomi. At noen bli rike ved eget arbeid er ikke et privilegium, det er et fortjent gode. At en fri økonomi fører til monopoler er også feil: monopoler finnes bare der hvor statlige reguleringer forbyr konkurranse.

Clemet: «...markedet må korrigeres der det fører til at det investeres for lite eller for mye». Også private kan foreta ukloke investeringer, men de som da har investert slik taper egne penger. Når staten ved politikerne investerer er det skattebetalernes penger de risikerer, og når Clemet her antyder at politikerne foretar klokere investeringer enn private, så er det noe overraskende. Listen over ukloke investeringer staten har foretatt er svært lang, og regningen til skattebetalerne er enorm.

Hun skriver også at i en «fri» [Clemets anførselstegn] økonomi er det et «effektivt byråkrati». Men byråkratiet er det statlige (eller kommunale) apparat som på en meget ineffektiv og kostbar måte gjør den jobben som markedsmekanismen (tilpasning av tilbud og etterspørsel i samsvar med prismekanismens signaler) utfører i en fri økonomi. I en fri økonomi er det intet byråkrati (selv om det finnes et apparat som administrerer de legitime statlige oppgavene, men en administrasjon er ikke det samme som et byråkrati). I en regulert økonomi må byråkratiet, som er fullstendig uproduktivt (det produserer ikke verdier, det bare flytter på verdier produsert av andre), bare vokse og vokse, noe den sittende regjeringen til sin overraskelse har måttet konstatere.

Clemet har noen gode poenger, men det hun forsøker å si at en regulert økonomi er en fri økonomi, og det er fullstendig feil.*

Clemtes kronikk er å finne her:
https://www.aftenposten.no/meninger/kommentar/i/e8b1A9/vi-boer-ikke-bytte-ut-det-oekonomiske-systemet-vi-boer-forbedre-det-k

https://www.oslo.kommune.no/plan-bygg-og-eiendom/planforslag-og-planendring/hva-er-en-reguleringsplan/#gref

---

* Dette innlegget ble sendt til Aftenposten, men det ble umiddelbart refusert.

Kjønnsinkongruens – politiske implikasjoner
Publisert på Gullstandard 15. februar 2021

Kjønnsinkongruens er et reellt fenomen, men spørsmålet er hvilke politiske implikasjoner det har: hvilke implikasjoner det bør ha, og hvilke det har i dagens samfunn.

For å vite hva vi snakker om; la oss gi en definisjon: «Kjønnsinkongruens er mangel på samsvar mellom det kjønn kjønnsorganene tilsier og ens egen oppfatning om hvilket kjønn man har. Om man for eksempel har penis, men føler seg som kvinne, er det et eksempel på kjønnsinkongruens. Ofte kan man si at den subjektive kjønnsopplevelsen eller kjønnsidentiteten ikke samsvarer med det kjønn vedkommende fikk tildelt ved fødselen». (Dette er hentet fra Store Norske Leksikon, SNL.)

I utgangspunktet er dette en grei definisjon så vi vil i fortsettelsen basere oss på den. Vi vil dog henlede opperksomhet på formuleringen «ens egen oppfatning» - dvs. kjønn er definert som noe som følger av «egen oppfatning», og da altså ikke av biologiske fakta som kromosomer eller kjønnsorganer. Vi vil også bemerke formuleringen «det kjønn vedkommende fikk **tildelt** [uthevet her] ved fødselen» – når ordet «tildelt» benyttes kan det implisere at det er noen som tildeler, men faktum er at for velskapte barn er kjønn medfødt. Kanskje leksikonredaktøren har valgt å bruke «tildelt» for å unngå å skrive at kjønn er medfødt.

Som kjent har den inntil nå vanlige oppfatningen vært at kjønn følger kromosomer og kjønnsorganer: den som er født med mannlige kjønnsorganer er mann, den som er født med kvinnelige kjønnsorganer er kvinne. Om kromosomer baserte man seg på følgende faktum (her hentet fra SNL): «Kjønnskromosomer ... bestemmer kjønnet. Kvinnen har to like kromosomer, såkalte X-kromosomer, i sitt kjønns-kromosompar, mens mannen har to ulike kromosomer, et X-kromosom og et Y-kromosom. X-kromosomet omtales som det kvinnelige kjønns-kromosom og Y-kromosomet som det mannlige. Eggceller og sædceller har halvt kromosomtall (23) i forhold til kroppscellene, som har 23 par kromosomer. Eggcellene inneholder alltid et X-kromosom, mens den ene halvparten av sædcellene inneholder et X-kromosom og den andre halvparten et Y-kromosom. Ved sammensmeltingen av eggcelle og sædcelle kommer det alltid et X-kromosom fra eggcellen, mens det fra sædcellen enten kommer et X- eller et Y-kromosom. I det første tilfellet oppstår et kvinnelig individ, i det andre et mannlig. Sjansen er like stor for de to muligheter.»

Så, kromosom-teorien, som er et biologisk faktum, sier altså at den som har XX-kromosomer er kvinne, og at den som har XY-kromosomer er mann. Så, man kan spørre: hvordan passer dette med fenomenet kjønnsinkongruens? Så vidt vi kan se passer dette ikke i det hele tatt. Den som ønsker å fremstå med et annet kjønn enn det vedkommende er født til gjør opprør mot biologiske fakta.

Men la oss si med en gang: et slikt opprør er ikke nødvendigvis helt galt. Et menneske vil i meget stor grad kunne bli preget av psykologiske forhold tidlig i sitt liv, og dette, samme med den personlighet som et barn utvikler i sin tidlige livsfase, vil kunne føre til at personen som ung voksen vil ha en personlighet som ikke finner seg til rette, hverken i sin familie, i sitt miljø, i sitt samfunn eller i sin kropp. Hver enkelt person må velge hvordan det skal tenke, hvordan det skal handle, og det må kontinuerlig velge seg en vei videre i sitt liv. Det å gjøre opprør på et eller flere punkter kan for vedkommende være det beste valget – hva som er rett valg for den enkelte kan det være vanskelig eller umulig for andre å vite, og den enkelte bør selv ha full frihet til å velge sin vei videre i livet.

Vi vil legge stor vekt på følgende faktum: det er ikke nødvendigvis noe galt i å velge opprør. Dette kan være det beste alternativ vedkommende har på det det har opplevd eller er blitt utsatt for under oppveksten. (Vi vil dog presisere at vi ikke godtar valg som innebærer kriminalitet, dvs. valg som innebærer initiering av tvang mot andre.)

Vi oppsummerer denne innledningen med å si at det å skifte kjønn til et annet enn det man er født til ut i fra kromosomer og organer, kan være legitimt. Men dette er noe som svært sjelden forekommer; alle som er velskapt er født som enten gutt eller jente, og de aller aller fleste finner seg godt til rette med det. Men en svært liten andel finner seg etter hvert ikke til rette i den kroppen de er født med, og ønsker et skifte. Å ønske og å foreta et slik skifte er for disse få et helt legitimt valg. De som ønsker å foreta et slikt valg – å skifte kjønn – bør på alle vis møtes med full respekt og følsomhet.

Men det er i fortsettelsen fra dette utgangspunktet at problemene har dukket opp, og de dukker opp på en rekke ulike områder: pronomenbruk, lovverk, idrettskonkurranser, kvotering, operasjoner. Vi skal se på disse etter tur.

«Kjønn er opplevd kjønn»

At det kjønn man har ikke er det kjønn man er født med, men er det man opplever at man har, er offisiell politikk i en rekke land, også i Norge. Dette prinsippet er nedfelt i de såkalte Yogyakarta-prinsippene, og norsk UD erklærer bla. følgende (link nedenfor): «Norge støtter også de såkalte Yogyakarta-prinsippene som tar for seg en rekke menneskerettigheter og hvordan disse bør gjennomføres overfor seksuelle minoriteter». Samme sted erklærer UD at **«kjønnsidentitet viser til personers dyptfølte indre opplevelse av eget kjønn»** [uthevet her], dvs. den kjønnsidentitet en person har er den som vedkommende føler at vedkommende har.

Yogyakarta-prinsippene ble vedtatt av «eksperter» under en konferanse i Yogyakarta, Indonesia, i 2008, og et stort antall regjeringer sluttet seg til disse prinsippene uten noen debatt, hverken internt eller eksternt; innholdet ble i toneangivende miljøer ansett som så opplagt korrekt at ingen var av den oppfatning at temaet fortjente noen diskusjon. En kommentator skriver: «Yogyakarta-prinsippene er ... en detaljert manual for hvordan kjønnsaktivister mener stater skal implementere den radikale kjønnsteoriens syn på kjønn, kjønnsidentitet og seksuell orientering i sine respektive lands lovgivning» (Kilde Samlivsrevolusjonen).

Skal dette prinsippet – at kjønn er opplevd og ikke medfødt – virkelig gjennomføres vil det innebære en rekke forandringer på de punktene vi nevnte over. Vi kommenterer ikke dette punktet ytterligere her, men vi gir en overordnet kommentar til slutt.

«Hen»

Vanligvis blir gutter/menn omtalt som «han», og jenter/kvinner omtales som «hun». Denne pronomenbruken forutsetter at en person er enten gutt eller jente. Men en reform er på vei, også i Norge: «Det rødgrønne byrådet i Oslo ønsker å bruke pronomenet "hen" i det kommunale språket og sender nå spørsmålet ut på kommunal høring, skriver VG. - Vi ønsker å skape norsk kommunal språkhistorie. Mangfoldet må få utvikle seg i takt med toleransen og respekten for det som er annerledes, sier byråd Tone Tellevik Dahl (Ap) overfor VG» (Kilde Kommunal Rapport).

Dette bygger på en forståelse av at kjønn er noe man normalt ikke er født med, men at det normale er å velge sitt kjønn når barnet kommer i en alder hvor kjønn blir noe man blir opptatt av. Denne forståelsen innebærer at dersom man omtaler et barn som er født med penis som «gutt» eller «han», så presser man barnet inn en mannsrolle, og tilsvarende for kvinner. For å unngå dette presset, for å ikke presse barn inn i noen kjønnsrolle, for å la det selv velge om det skal bli mann eller kvinne, så skal alle barn behandles likt uansett hvordan de er utstyrt nedentil, og uansett hvilke kromosomer det er født med.

Dette er et vanvittig holdning. De aller alle fleste som er født som gutter vil fungere godt som gutter, og tilsvarende for jenter. Kjønn er medfødt, men noen få vil utover i livet ikke finne seg til rette i den kroppen de er født med. Dette vil som regel vise seg i tenårene, og å late som om kjønn er valgt fordi en meget liten andel tenåringer ikke finner seg til rette i den kroppen de er født, det er meningsløst.

Dette er å basere en politikk for alle på noen bitte få unntak, og det vil også skape forvirring hos mange av de som finner seg til rette i den kroppen de har. Problemer mht. kjønn oppstår som regel i tenårene, og å bruke «hen» fra et barn er født og fremover vil skape forvirring om dette i årene før barn begynner å bli opptatt av kjønn. Så, her har vi en reform som har som formål å gjøre en ting lettere for noen få, samtidig som den vil kunne skape betydelige problemer for de aller aller fleste.

Lovverk
Et utvalg vurderer nå endringer i barneloven, og vi siterer fra Nettavisen: «I en utredning om den nye barneloven foreslås det å bytte ut ordet "mor" med "fødeforelder". Utvalget har fått et ambisiøst oppdrag i tillegg til å oppdatere loven: Å fjerne ord som far, mor, kvinne og mann fra barneloven for å gjøre den kjønnsnøytral. Barneloven er viktig for familier over hele landet, og bestemmer alt fra rett til samvær, foreldreansvar til økonomisk ansvar for unger som
158

kommer til verden. I utredningen har utvalget kommet frem til at terminologien må drastisk endres, og at loven ikke lenger gjør bruk av ordene "mor", "far" og "medmor" og heller ikke bruker ordene "kvinne" og "mann"» (link nedenfor).

Dette er fullstendig meningsløst. Barn fødes av en kvinne som ved fødselen blir en mor. En mor er en kvinne som er befruktet direkte eller indirekte av en mann og som har født et barn, og denne mannen er barnets biologiske far. En lovtekst om barns forhold som ikke skal bruke ord som «mor», «far», «mann» og «kvinne» er bare enda et forsøk på å presse en feilaktig teori ned over virkeligheten.

De som står bak en slik reformer – å bruke «hen», å ikke bruke «mor» og «far» – er tilhengere av likhet, ikke bare på områder som ulikhet i inntekt eller mht. viktige tilbud (f.eks. innen skole og helse), men de vil også forsøke å utviske reelle biologiske forskjeller – eller i hvert fall å fjerne begreper som er dannet på basis av reelle forskjeller – og å skifte disse begrepene ut med begreper som tilslører at denne reelle forskjellen finnes.

Selvsagt kan private benytte de ord og begreper de vil; dersom en person ønsker å omtale alle som «hen» så har han eller hun all rett til det, men det blir galt dersom staten skal tvinge noen til å benytte slik språkbruk. I lovtekster bør staten basere seg på det som er allmen språkbruk, og i allmen bruk forekommer «mor» og «far», ikke «fødeforelder». Dersom staten forsøker å tvinge igjennom radikale teorier ved å benytte denne radikale teoriens terminologi i en lovtekst – når dette ikke er i samsvar med alminnelig språkbruk – er det intet annet enn maktmisbruk.

Kvotering

Som kjent foregår det kvotering på en rekke områder: personer fra minoritetsgrupper blir kvotert inn på studieplasser og inn i jobber de egentlig ikke er kvalifisert til – og dette bare fordi de tilhører en bestemt minoritet. I mange år er kvinner blitt kvotert inn i en rekke posisjoner. Men hvordan skal dette bli dersom kjønn ikke er noe man er født med, men noe man velger. Kan da en mann som søker på en jobb hvor det i utlysningen står noe sånt som at «kvinner oppfordres til å søke» eller at «en kvinnelig søker vil bli foretrukket» bare si at han føler seg som kvinne og så bli kvotert inn? Det ser ut som om Yogyakarta-prinsippene innebærer dette.

(At vi er imot all statlig kvotering, bortsett fra på områder hvor det er relevant – visse oppgaver innen politiet og det militære bør forbeholdes menn – er et punkt som vi lar ligge i denne omgang. Private kan selvsagt kvotere akkurat som de måtte ønske.)

Idrett

En av de første tingene president Biden gjorde etter at han ble innsatt var å pålegge etterlevelse av en høyesterettsdom som innebærer at menn som føler seg som kvinner skal kunne konkurrere i idrettskonkurranser som kvinner.

«Joe Biden's first day in office delivered an incremental victory for transgender athletes seeking to participate as their identified gender in high school and college sports. Among the flurry of executive orders signed on Wednesday, Biden called on all federal agencies to enforce a US supreme court decision from last year that expanded the definition of sex discrimination to include discrimination based on sexual orientation as well as gender identity – with language that explicitly referenced the arena of high school and college sports.» (kilde The Guardian).

Så, menn som sier at de føler seg som kvinner kan altså delta i konkurranser som tidligere var forbeholdt kvinner. Menn er større og sterkere enn kvinner, så nå kan menn som ikke lykkes i konkurranse med andre menn si at de føler seg som kvinner og bli vinnere og få medaljer og stipender ved å konkurrere mot kvinner. Ja, de må kanskje passere en hormontest, men de vil allikevel stort sett ha de samme fysiske forutsetningene som menn har.

Dette vil i praksis ødelegge all kvinneidrett: kvinner (dvs. de som er født som kvinner og som har den fysikk som kvinner som regel har) vil ikke kunne konkurrere med menn som sier at de føler som som kvinner; disse mennene er høyere, sterkere, hurtigere, mer utholdende, etc.

(Vi henter eksempler fra hele Vesten, og grunnen er at den samme utviklingen skjer i alle land i Vesten. Neste eksempel er fra England.)

Straff

«Male rapist identify as a woman and goes to a female prison». Vi kom over denne overskriften på engelsk TV for noen dager siden. (10/2: «Good Morning Britain», kl 0653). Kommentarer er overflødige.

Toaletter

En mann som sier at han føler seg som en kvinne og har behov for et toalettbesøk - skal han bruke herretoalettet eller dametoalettet? Hvis «han» skal ha rett til å kunne benytte dametoalettet kan dette åpne for at unge damer og småjenter også i forbindelse med et toalettbesøk kan bli utsatt for både blikk og det som enda verre er fra perverse menn som egentlig ikke forteller sannheten når de sier at de føler seg som kvinner.

Å åpne for at menn som sier at de føler seg som kvinner skal kunne benytte dametoaletter kan bli ubehagelig for jenter og kvinner.

Operasjoner

Mange unge har fått foretatt operasjoner for å skifte kjønn, og antallet er stigende. CBSNEWS forteller:

> «- A small but growing number of teens and even younger children who think they were born the wrong sex are getting support from parents and from doctors who give them sex-changing treatments, according to reports in the medical journal Pediatrics. It's an issue that raises ethical questions, and some experts urge caution in treating children with puberty-blocking drugs and hormones.An 8-year-old second-grader in Los Angeles is a typical patient. Born a girl, the child announced at 18 months, "I a boy" and has stuck with that belief. The family was shocked but now refers to the child as a boy and is watching for the first signs of puberty to begin treatment, his mother told The Associated Press.» (lenke nedenfor).

TV2 forteller om Norge:

> «Eksplosiv økning av norske barn som vil skifte kjønn. De siste fire årene har antall henvisninger til kjønnsskifte tredoblet seg i

161

Norge og stadig flere barn og unge får dette innvilget. – Vi ser både i Norden og verden at det har vært en eksplosiv økning de siste fem-seks årene. Vi ser absolutt en sterk økning, særlig blant de eldste unge i vår gruppe fra 14 til 18 år, sier Anne Wæhre, overlege ved seksjon for psykomatikk og CL-barnepsykiatri ved Oslo Universitetssykehus til TV 2. **I 2016 ble totalt 331 personer henvist til den Nasjonale behandlingstjenesten for transseksualisme (NBTS), og 148 av dem var barn. I 2013 var det til sammenligning 134 henviste hvor rundt 45 av dem var under 18»** (artikkelen er fra 2017, lenke nedenfor).

At en god del unge mennesker er noe forvirret om sin kjønnsidentitet er noe man kan forvente; slik er det å være tenåring. Men i en tid hvor mange autoritetsmiljøer hevder at kjønn ikke er medfødt, men at det er valgt, vil antagelig antallet som føler seg fremmed i sin egen kropp øke.

Man må også huske på at å gjennomgå en slik kjønnsskifte-operasjon er et skritt som ikke kan omgjøres; dersom en gutt/mann ønsker å bli kvinne så må han både gå igjennom en operasjon og en hormonbehandling, og dersom han etter noen år skulle angre denne beslutningen så er det i beste fall en vei tilbake som både er vanskelig og som neppe vil føre ham helt dit han ønsker å komme.

J. K. Rowling

Den engelske forfatteren J. K. Rowling (hun som skrev om Harry Potter) har fått kolossalt mye pepper fordi hun ikke har sluttet opp om det toneangivende syn på dette punktet. Enkelte har til og med sagt at de ikke lenger kan anbefale Harry Potter-bøkene pga. Rowlings syn på kjønnsidentitet.

Hva er det så Rowling har sagt? Hun har sagt at kjønn er medfødt, og at at de som vil skifte kjønn bør møtes med full respekt og omtanke. På grunn av dette er hun betraktet som en forræder, hun har jo brutt med de toneangivende synspunkter som venstresiden har. BBC skriver:

> «Two leading Harry Potter fan sites have publicly distanced
> themselves from author JK Rowling over her recent
> comments about transgender people. The Leaky Cauldron
> and Mugglenet sites said they would no longer use photos

of Rowling or link to her own website. Speaking jointly, they said her views on "marginalised people [were] out of step with the message of acceptance and empowerment we find in her books". The stars of the Potter films have also spoken out against Rowling's remarks.

Rowling posted a lengthy blog last month in which she detailed her research and beliefs on transgender issues. She had faced criticism for posting tweets in which she took issue with the phrase "people who menstruate".

In the blog, she said her interest in trans issues stemmed from being a survivor of abuse and having concerns around single-sex spaces. In their statement, the Leaky Cauldron and Mugglenet sites said it was "difficult to speak out against someone whose work we have so long admired".

Yet they said it be "wrong" not to distance themselves from Rowling's "harmful and disproven beliefs about what it means to be a transgender person"» (link nedenfor).

Rowlings syn på denne saken er i all hovedsak identisk med det vi har, og vi lenker til hennes egen artikkel om saken nedenfor.

Vi vil nevne ett poeng til før vi konkluderer: Hvorfor kan man si at Rowling bryter med de toneangivende holdningene? Kan man ikke bare si at det er de mest ekstreme på venstresiden som er uenige med henne? Vel, en rekke regjeringer, inkludert den norske, har sluttet seg til Yogyakarta-prinsippene, byrådet i Oslo foreslår at «hen» skal erstatte «han» og «hun», og et offentlig utvalg vurderer å fjerne ord som «mor» og «far» fra lovverket. Dette viser at det ikke kun er noen ekstreme på venstresiden som vil ha denne politikken, dette viser at denne politikken dominerer i de politiske miljøer (som også inkluderer pressen, byråkratiet og akademia).

Vårt syn
Vi har antydet vårt syn over, men her tar vi med våre konklusjoner: kjønn er medfødt for velskapte barn, men noen få kan i tenårene bli

forvirret om sin identitet. Disse bør etter grundig egenvurdering kunne få gjennomført en kjønnskifteoperasjon etter at de er blitt myndige. Slike operasjoner skal ikke utføres på barn.

Lovverket bør være fullstendig kjønnsnøytralt – unntatt på områder hvor virkeligheten, dvs. biologien – tilsier noe annet. «Mor» og «far» er reelle begreper som betegner uomtvistelige fakta, og bør beholdes i lovverket.

Private bør kunne kvotere så mye de vil og hvem de vil; staten bør ikke kvotere i det hele tatt (unntatt i tilfeller som antydet over).

Ang. bruk av toaletter så kan igjen private (serveringssteder, arbeidsplasser, etc.) organisere dette som de vil, men dersom vi hadde hatt et firma ville vi i utgangspunktet hatt to alternativer, ett for menn og ett for kvinner, hvor kjønn var definert ut på tradisjonell måte. Skulle det bli behov for å tilby slike fasiliteter til menn som føler seg som kvinner ville vi ideelt sett har gjort et ytterligere toalett tilgjengelig, slik at tilbudene ville vært for «damer», «herrer» og «andre». Menn som føler seg som kvinner ville ikke ha hatt adgang til kvinnetoalettet, selv om de har tatt all behandling for å skifte kjønn.

Vi ville ha gjort det samme i idretten: det burde være tre klasser: menn, kvinner, andre. Idretten burde ha være fullt ut privat, dvs. uten noen form for statlig innblanding. Dessverre er det ikke slik i dag; vi så over at president Biden har pålagt idretten å betrakte og behandle menn som føler seg som kvinner som kvinner.

Slik vi ser det vil det være vanskelig for idrettslederne å kjøre en slik linje som vi har antydet (tre klasser), men i en kultur hvor altruisme/selvoppofrelse er det moralske ideal så vil antagelig idrettskvinnene bare måtte finne seg i å la menn som føler seg som kvinner konkurrere i samme klasse som dem. Og som vi sa over: blir dette tillatt vil det ødelegge all konkurranseidrett for kvinner.

Hvorfor skjer dette? Ja, utgangspunktet er som vi har sagt over: noen få finner seg ikke til rette i sin kropp, og de bør møtes med respekt og forståelse, og de bør ha all rett til å skifte kjønn via medikamenter og operasjoner.

Men det som skjer nå er at dette gjøres til en norm som alle skal rett seg etter, og dette selv om det fører til enorme personlige kostnader: kvinner kan ikke være trygge selv under toalettbesøk, kvinneidretten blir ødelagt, langt flere unge blir forvirret om sin kjønnsidentitet, og

164

mange tar operasjoner som de senere vil angre på. Ja, denne holdningen kan være til fordel for noen svært få, men den vil skade mange andre.

Hva ligger bak? Det som ligger bak er venstresidens likhets-ideal, og venstresidens totale mangel på virkelighetskontakt. Likhets-idealet er kun gyldig på ett eneste punkt: likhet for loven. På alle andre punkter er likhetsidealet feil, og en politikk basert på et slikt ideal (likhet på andre punkter enn likhet for loven) vil bare føre til ødeleggelse – noe man forøvrig kan se i alle land der venstresiden (eller i konsekvent form: sosialismen) har fått betydelig gjennomslag.

Tidligere var idealet økonomisk likhet, noe som skulle gjennomføres ved statlige overføringer og gratistilbud fra det offentlige, dette selv om den enkelte i kolossal grad selv velger hvor det vil stå mht. kunnskaper, arbeidsvillighet, iver, kreativitet, interesser, etc., og at disse tingene varierer sterkt fra person til person. Dette innebærer at ens plassering på en skala som måler velstand og velvære i all hovedsak er valgt av den enkelte selv. Til tross for slike fakta vil venstresiden ha likhet. Men nå er venstresidens dominans gått så langt at nå fornekter den enda mer åpenbare fakta: Den benekter at for de aller aller fleste voksne er kjønnsidentitet noe som følger fra det de er født som!

Den viktigste dyden av alle er rasjonalitet. Å være rasjonell er å basere seg på fakta, på alle relevante fakta, og å i alle sine resonnementer å følge logikkens lover. På punkt etter punkt ser man at venstresiden fornekter fakta, og for de som benekter rasjonalitet et det eneste alternativet å basere seg på følelser. Derfor kan de si at dersom en mann *føler* seg som kvinne så er han kvinne – selv om hans organer og kromosomer og kroppsstørrelse tilsier at han er mann.

I Yogyakarta-prinsippene sies det eksplisitt at «kjønnsidentitet viser til personers dyptfølte indre opplevelse av eget kjønn» – man er det kjønn man *føler* at man har. Da er rasjonaliteten forkastet, da er virkelighetskontakten forkastet, og da har man ingen mulighet til å orientere seg i virkelighetens verden. Å fornekte fakta og logikk er som å begi seg inn i et ukjent og vanskelig terreng uten kart og med bind for øynene. Og da må det gå galt – noe det alltid gjør når kursen legges til venstre, og jo lenger venstre kursen legges, jo raskere går det mot avgrunnen.

https://www.regjeringen.no/contentassets/
b7384abb48db487885e216bf53d30a3c/lhbt_veileder.pdf

https://www.samlivsrevolusjonen.no/yogyakarta-prinsippene/

https://www.kommunal-rapport.no/administrasjon/oslo-byradet-vil-
innfore-hen-i-kommunale-dokumenter/19802!/

https://www.cbsnews.com/news/sex-change-treatment-for-kids-on-the-
rise/

https://www.tv2.no/a/9386491/

https://www.bbc.com/news/entertainment-arts-53276007

Rowlings egne ord:

https://www.jkrowling.com/opinions/j-k-rowling-writes-about-her-
reasons-for-speaking-out-on-sex-and-gender-issues/

Den egentlige Nav-skandalen
Publisert på Gullstandard 18. november 2019

Den mye omtalte Nav-skandalen er intet annet enn en kolossal skandale. Men det prinsipielt sett viktigste aspektet ved den har vi ikke sett omtalt eller kommentert noe sted, og derfor vil vi si litt om det her.

En oversikt fra en mainstream-kilde er å finne i artikkelen «Trygdeskandalen: Dette vet vi, og dette vet vi ikke», publisert i Aftenposten 3/11-19. Artikkelen begynner slik:

> «EØS-retten er blitt tolket feil av Nav. Det gjelder retten til å ta med ytelsene sykepenger, pleiepenger og arbeidsavklaringspenger (AAP) til andre EU- og EØS-land, og det gjelder perioden etter 1. juni 2012. Den datoen ble EUs trygdeforordning del av norsk lov. 48 dommer for trygdesvindel, hvor personer kan være uriktig dømt, er blitt identifisert av Riksadvokaten og sendt til Gjenopptakelseskommisjonen. I 36 av sakene har den dømte sonet i fengsel» (link nedenfor).

Det mest umiddelbare ved skandalen er at et stort antall mennesker er blitt fengslet i strid med gjeldende lov og rett. Dette har vært forferdelig for de som er rammet, og dette er behørig omtalt av et stort antall kommentatorer en rekke steder. Vi vil ikke bagatellisere viktigheten av dette, men dette er ikke hovedpunktet for oss.

Før vi går videre må vi nevne det som dette handler om: en rekke personer har mottatt penger fra Nav, og en forutsetning for disse utbetalingene var at mottagerne skulle oppholde seg i Norge i den perioden de mottok disse pengene. De underskrev til og med et dokument hvor de bekreftet at de skulle oppholde seg i Norge. Hjemmelen for dette var en lov vedtatt av Stortinget, en lov som ble vedtatt under den forrige regjeringen, dvs. under den rødgrønne regjeringen ledet av Jens Stoltenberg. Men noen av de som mottok disse pengene reiste allikevel til utlandet og oppholdt seg der i en lengre periode. Det er noen av disse som er blitt idømt fengselsstraffer for trygdesvindel.

Men det første problemet er at det som Stortinget vedtok, og som altså er norsk lov vedtatt av Norges nasjonalforsamling, er i strid med regler vedtatt av EØS, og disse reglene trumfer norsk lov. Dvs. dersom Norges nasjonalforsamling vedtar lover som er i strid med EØS-regler, så er disse lovene ikke gyldige. Det som var utgangspunktet i denne saken var at noen av de som hadde mottatt penger fra Nav hadde brutt norsk lov, men loven var ikke gyldig fordi den var i strid med visse EØS-regler!

Den glimrende kommentatoren Elin Ørjasæter har tatt opp en rekke viktige punkter ved denne saken i en artikkel publisert hos Nett-avisen, og vi gjengir noen av hennes poenger. Ørjasæter bruker innledningsvis seg selv som eksempel, og skriver:

> «jeg har vært langtidssykemeldt flere ganger. Da fikk jeg klar beskjed fra NAV om at det var ulovlig å dra utenlands uten å søke først. Bare de som er for syke til å lese kan gå glipp av den informasjonen. Men de er vel også for syke til å reise noe sted. … Min kreftsyke slektning ønsket å tilbringe tid i feriehuset i Sør-Europa mellom cellegift-behandlingene. Hun søkte NAV om å reise og fikk ja, hver gang. Systemet slik det var, har faktisk fungert fint. NAVs saksbehandlere er rimelige og kan utvise skjønn, i hvert fall de fleste av dem. … Det er grunn til å tro at de fleste av NAVs såkalte ofre, visste at de brøt NAVs regler. Og disse reglene var laget av Stortinget som igjen var valgt av folket, altså oss alle. De som reiste forbrøt seg mot fellesskapet.»

Det som har skapt problemet er som vi nevnte over at EØS-regler er i strid med lover som er vedtatt av Norges lovgivende forsamling. Ørjasæter fortsetter:

> «Men denne saken har større perspektiver enn NAV. Dette handler om EØS-avtalens konsekvenser for norsk lov og rett … Et demokrati innebærer at de som betaler skatt også velger politikerne som vedtar lovene. Slik er det ikke i Norge, fordi EØS-avtalen innebærer at vi må gjøre de fleste av EUs lover til våre egne. Vi som betaler skatt må altså bare bøye oss for hva

franskmenn, spanjoler og rumenere mener, det EU-politikerne mener er best for dem, det blir også norsk rett.»

Ørjasæter kommer inn på bakgrunnen for at Stortinget vedtok en lov som sa at de som mottar slike penger fra Nav ikke kan reise utenlands:

> «Norge har verdens beste folkehelse og likevel verdens høyeste sykefravær. Det er selvfølgelig fordi vi har full lønn under sykdom. Ingen har talt skattebetalernes sak etter at NAV-skandalen sprakk. Men det er faktisk gode grunner til å legge reisebegrensninger på folk som får full lønn uten å jobbe, betalt av fellesskapet. … Vårt høye sykefravær i egen befolkning, kombinert med den åpenbare faren for velferdsturisme, er bakteppet for NAVs strenge kontrollrutiner. Velferdsturisme er at utenlandske statsborgere jobber en kort periode i Norge i den hensikt å få rett til velferdsgoder som kontantstøtte eller sykepenger. Det skal ikke mer enn fire ukers arbeid i Norge til før man blir medlem av norsk folketrygd. I tillegg til reisebegrensninger fra NAV, har arbeidsgiver plikt til oppfølging under sykefravær og NAV har omfattende oppfølging av folk som mottar arbeidsavklaringspenger. De som er i utlandet unndrar seg ofte slik oppfølging. Norske velgere har stemt på partier som ønsker slik oppfølging og kontroll, og som ønsker at brudd skal bli hardt sanksjonert av NAV …. .».

For å oppsummere dette viktige punktet: Det Stortinget vedtok var begrunnet ut i fra et ønske om å hindre at utlendinger skulle kunne jobbe et kort periode i Norge (minimum fire uker), bli erklært syke, reise hjem, og så leve i sitt hjemland på norsk trygd finansiert av norske skattebetalere i lang tid deretter.

Ørjasæter beskriver her det som hun mener er den store skandalen:

> «Det som skjedde 30. oktober 2019 var at vi alle fikk EØS-retten i trynet med et smell. Hva de bestemmer i Stortinget har ingenting å si. Det er dette som er skandalen. At Stortinget i 1994 solgte unna det norske selvstyret til EU ved å få oss inn i

EØS, uten at folket ble spurt gjennom en folkeavstemning.
Norge er et lydrike under EU. Vi må følge de fleste av EUs
forordninger (lover), uten av vi har vært med på å lage dem.
Dersom vi hadde vært EU-medlemmer hadde vi vært med på
beslutningene … Men vi har altså valgt å stå utenfor. EU
lager nye forordninger i ett eneste bankende kjør, som Norge
svelger unna i samme tempo. Uten at vi har jurister som er gode
nok til å forstå konsekvensene, i hvert fall ikke innen
trygderetten….».

Ørjasæter avslutter slik:

«Norge får som fortjent. Vi er en gjeng sløve bavianer. For det
første driver vi aktiv demokratisk selvskading ved EØS-avtalen.
For det andre har vi et NAV som ikke har skjønt at det er EU
som bestemmer trygderetts-utviklingen. Det er utrolig at et
direktorat som forvalter en tredel av statsbudsjettet ikke kan
bedre enn dette. Mine tanker går til de tusenvis av NAV-ansatte
som har gjort jobben sin så godt de kunne, og som i dag omtales
som om de «jakter på» folk. Og som må leve med en
toppledelse som ikke en gang gidder å informere dem før
tidenes rettsskandale sprekker i mediene. Ja, du leste riktig:
NAV-ledelsen hverken informerte eller drøftet saken med de
tillitsvalgte før de holdt sin pressekonferanse 28 oktober…».

Vi vil sterkt anbefale hele Ørjasæter artikkel, som har den treffende
tittelen «Velkommen til galehuset EØS», og vi linker til den nedenfor.
Vi slutter oss til det aller meste av det hun sier, men vil tilføye et punkt
som vi mener er svært viktig.
    Som kjent var det flere som varslet ulike myndigheter om at
praktiseringen av loven (som var hjemmelen som satte disse
trygdemottakerne i fengsel) var feil – men de ble ikke hørt. Her er et
eksempel fra VG:

«John Christian Elden tok opp feiltolkningen av EØS-
regelverket i en NAV-sak som ble behandlet i Høyesterett. – Jeg
fikk beskjed om at det ikke var tema for retten, sier han til VG.

170

… Advokat John Christian Elden forsvarte mannen i 60-årene, som flere ganger hadde reist til Italia mens han mottok arbeidsavklaringspenger (AAP) … Mannen var blitt dømt til 75 dagers ubetinget fengsel i Nedre Telemark tingrett i 2016. Saken ble anket til lagmannsretten, og straffen ble omgjort til samfunnsstraff. Men så anket NAV straffeutmålingen videre til Høyesterett. … Selv om Høyesterett ikke skulle ta stilling til saksbehandlingsfeil, men straffeutmåling, mente Elden at feiltolkningen hadde betydning for om mannen skulle dømmes til fengsel eller samfunnsstraff – slik lagmannsretten mente. – Retten ville ikke diskutere denne problematikken. Jeg fikk beskjed om at det ikke var tema, da ankesaken ikke skulle ta stilling til skyld – bare straff, sier Elden. I disposisjonen viser Elden til en kjennelse i EFTA-domstolen fra 20. mars 2013, som ble brukt til å frikjenne en mann i Agder lagmannsrett. Kjennelsen konkluderte med at Norge ikke kunne stille krav om opphold i Norge til innbyggere som mottar trygdeytelser. Som VG har skrevet tidligere, viser dette at EFTA allerede i 2013 slo fast at norsk trygdelov bryter med EØS-avtalen. Likevel fortsatte Norge å praktisere som før. Høyesterett fikk dommen fra Agder og EFTA-uttalelsen på bordet sitt, sier Elden til VG. – Da jeg stilte spørsmål om retten var sikre på at forholdene var straffbare, fikk jeg beskjed om at det ikke var et tema for Høyesterett. Høyesterett dømte mannen til 75 dagers ubetinget fengsel for grovt uaktsomt trygdebedrageri» (kilde VG).

En annen kommentar innledes slik:

«Med den ene hånden gir politikerne innbyggerne i Norge stadig flere rettigheter. Med den andre fratar de dem muligheten til å kreve sin rett. Før eller siden måtte det gå galt. Et utarmet rettsapparat kan ikke over tid ivareta rollen som en kritisk og uavhengig statsmakt» (kilde itromsø).

Pressen har også fortalt om en del andre som varslet om feil praktisering av lovverket, men heller ikke disse ble hørt før saken sprakk for et par uker siden.

Det som har skjedd er at Stortinget i god tro har vedtatt en lov som var i strid med overordnede EØS-regler, og som derfor ikke var gyldig. Denne loven er blitt praktisert, dvs. håndhevet, av Nav, og et stort antall personer har fått råd basert på denne altså ugyldige loven. Disse har unnlatt å reise utenlands, selv om det hadde vært nyttig for dem (gode grunner til å reise utenlands kan f.eks. være opphold som er begrunnet i helsesituasjonen, eller besøk hos familie og venner). Men noen har altså trosset det de ble pålagt fra Nav, og har reist allikevel. Nav-ansatte har fulgt norsk lov (eller det de trodde var gjeldende norsk lov) og anmeldt noen av disse til politiet, og noen av disse igjen er blitt dømt til fengsel. Noen har varslet om at denne praktiseringen har vært feil, og disse er altså ikke blitt hørt.

Her har vi altså en situasjon hvor hele rettsapparatet – advokater, jurister, politiet, dommere på alle nivåer, og til og med Høyesterett – ikke har kjent til det som var gjeldende lov i Norge! Og dette har pågått gjennom en periode på mange år, og denne feilaktige praksisen har pågått til tross for at enkelte har varslet om at lov-praktiseringen var feil! Det er dette som er den store skandalen her! Og den skandalen er kolossal!

Hva er det dette forteller? Det forteller at mengden gjeldende lover som Ola og Kari må forholde seg til er blitt så stort at det er umulig å ha oversikt over dem – også for folk som har som jobb å følge med på slikt! (Som gjeldende lover inkluderer vi ikke bare lover vedtatt av Stortinget, men også implikasjoner av disse som finnes i forskrifter og rundskriv, og overordnede regler som Norge må følge pga. internasjonale allianser og avtaler, f.eks. regler gitt av EØS.)

Kort sagt: mengden lover, og andre regler som har en tilsvarende autoritet, er blitt et ugjennomtrengelig villniss som selv ikke de med de skarpeste macheter kan skjære seg igjennom.

Dette betyr at vi er i ferd med å nærme oss en tilstand hvor det ber umulig å leve og virke på en naturlig måte uten å bryte lover. Hvorfor er utviklingen slik? Det blir slik fordi vi ikke har en fri økonomi hvor summen av borgernes preferanser mht. produksjon, forbruk, etterspørsel, sparing, etc. avgjør hva som blir produsert og investert (koordineringen av alle disse tingene i et fritt marked skjer gjennom den svært effektive markedsmekanismen). Vi har en regulert økonomi, hvor svært mye (mht. produksjon, forbruk, etterspørsel, sparing), og i stadig større grad, bestemmes av staten gjennom ulike typer reguleringer. Men i et regulert marked oppstår det skjevheter, og alle myndigheter tror at den eneste måte å korrigere slike skjevheter på er å innføre enda flere reguleringer. Derfor vil i en regulert økonomi mengden reguleringer bare øke og øke og øke .....

Dette har en rekke konsekvenser: Det demper økonomisk vekst (for en regulering er intet annet enn en kombinasjon av begrensninger på produksjon og pålegg om å produsere noe som er mindre lønnsomt for aktørene) – og dette er ikke noe annet en redusert velstandsvekst, og en slik går etter hvert over i redusert velstand. Videre, det fører til at dyktige folk trekker seg ut av de mer regulerte bransjer og går over til mindre regulerte bransjer eller flytter fra mindre frie land til mer frie land (kjent som «brain drain»); det fører til at folk med god grunn forstår mindre og mindre av det som er gjeldende lover og regler, og dette igjen fører til redusert respekt for politikere («politikerforakt»). Videre, det fører til omfattende misbruk av støtteordninger; og det fører til mer kriminalitet fordi stadig flere mister respekten for lov og rett fordi de på mer eller mindre nært hold ser stadig flere absurde lover og regler. Og det fører til at det dannes et jevnt voksende fullstendig uproduktivt apparat av intelligente, arbeidsomme, langtidsutdannede mennesker som ikke har annet å gjøre enn å flytte på verdier skapt av andre («byråkrater»). Og jo flere lover og regler som blir vedtatt, jo større blir sannsynligheten for at de blir brutt, og jo større vil belastningen på rettsapparatet bli, og jo vanskeligere vil det bli å håndtere den stadig voksende saksmengden ... Ayn Rand oppsummerte denne utviklingen slik: «One declares so many things to be crimes that it becomes impossible to live without breaking laws».

Kan en slik utvikling og en slik tilstand unngås? Ja, den kan unngås. Dersom man har full markedsøkonomi, dvs. en økonomi hvor eiendomsretten gjelder fullt ut, og hvor det ikke er noen statlige regulering av produksjon, handel, forbruk, sparing eller investering, og hvor alle mellommenneskelige forhold er frivillige, vil alle disse problemene unngås. I et slikt system – for å ta ett eksempel – vil det som Nav gjør i dag (håndterer pensjoner, sykepenger, en rekke ulike

173

trygder, mm.) bli håndtert av flere konkurrerende forsikringsselskaper, og de vil ikke overleve dersom de behandler sine kunder slik som Nav for ofte har behandlet sine brukere. Nav er reellt sett er et statlig monopol, og alle burde vite at statlige monopoler sjelden når til topps når brukere skal kåre hvilke leverandører de er mest tilfreds med. (Vi linker til et par saker om dette nedenfor.)

Dette frie systemet heter kapitalisme, eller laissez faire kapitalisme, og det er stabilt, krisefritt og det er gjennomført moralsk i og med at alle mellommenneskelige forhold er frivillige. I et slikt system er statens eneste oppgave å sikre borgernes frihet, dvs. staten skal drive politi, rettsapparat og det militære – og intet annet. Andre tilbud som det offentlige i dag står for: skole, helsevesen, pensjons- og trygdeordninger, infrastruktur, kultur mm. vil bli levert av private aktører finansiert av brukerne og ikke som i dag finansieres med penger tatt fra borgerne via stadig økende skatter og avgifter. I et slik system kan man kun få rikdom og innflydelse ved å produsere noe som andre er villige til å kjøpe, og det er ikke som i dag hvor man kan bli rik ved å utnytte støtteordninger eller ved å gjøre seg til talsmann for en pressgruppe og så kreve at den fortjener en større andel av felleskaken.

Hvordan det går når staten er både aktør og regelgiver/dommer er denne Nav-skandalen et tydelig eksempel på. I disse sakene var det tre parter: den mistenkte, hans motpart Nav, og dommeren. Dette var egentlig to mot én fordi både Nav og dommerene representere samme aktør: Staten.

Denne konkrete saken blir det nok ryddet opp i, og vil medføre en kolossal ekstrakostnad for skattebetalerne. Men det systemet som var den virkelige årsaken til skandalen – velferdsstaten – vil nok dessverre bestå i en god del år til, og dette fordi ingen ser de sammenhenger som gjorde denne skandalen mulig. Og den virkelige årsaken er altså at et regulert system som velferdsstaten etter hvert blir så komplisert at ingen forstår hva som foregår og hvilke regler som egentlig gjelder. Og da blir antall lovbrytere flere og flere og flere samtidig som skatter og avgifter blir høyere og høyere og antall byråkrater blir større og større og ….

https://www.aftenposten.no/norge/i/K3XG47/trygdeskandalen-dette-vet-vi-og-dette-vet-vi-ikke

https://www.vg.no/nyheter/innenriks/i/QoXwpR/john-christian-elden-tok-opp-nav-feil-med-hoeyesterett-i-2017-ble-ikke-hoert

https://www.itromso.no/meninger/2019/11/01/En-varslet-skandale-20302978.ece

https://www.nettavisen.no/nyheter/velkommen-til-galehuset-eos/3423872838.html

Om misnøye med Nav:

«Etter vel ti år som psykisk sjuk med depresjoner og total energitomhet, er jeg i skrivende stund verre stilt enn noensinne. Og det er din skyld, NAV – og det er ikke første gang. Men nå er begeret fullt».

https://www.nrk.no/ytring/du-gjor-meg-sjuk_-nav_-1.12476805

«-Jeg trodde jeg skulle få hjelp, men i stedet blir jeg sakte, men sikkert ødelagt av byråkratene på NAV …».

https://www.ha-halden.no/nyheter/jeg-odelegges-av-byrakratene-pa-nav/s/1-2906373-6721659

Akademikere mot ytringsfrihet

Publisert på Gullstandard 8. februar 2021

På stadig flere områder merker man at den individuelle friheten blir innskrenket. Et av de viktigste tegn på dette er den pågående inn- snevringen av hva det er lov å si, og innskrenkningene kommer etter ønsker eller krav fra det som inntil få år siden ville ha vært uventet hold. Det som skjer nå er at også fremstående akademikere kaster seg på barrikadene i kampen for å få gjennomført ytterligere inn- skrenkninger i ytringsfriheten.

Graver/Stenset

Et av de siste eksemplene vi har sett er følgende, i et innlegg i Aftenposten hvor Hans Petter Graver og Nils Chr. Stenseth påstår at ytringer som er i strid med «konklusjoner det er bred faglig enighet om» svekker «tilliten til vitenskapen» (Aftenposten 8/12-20).

Dette høres kanskje ikke så farlig ut, men det Graver/Stenseth sier er at forskere som utfordrer konsensus innen et fagområde, eller om et viktig spørsmål, svekker tilliten til videnskapen! Sannheten er den stikk motsatte: alle fag blir drevet fremover etter utfordringer fra annerledes tenkende. Graver/Stenseth tar utgangspunkt i et bestemt fagområde, klima, og klimaet er så ekstremt komplisert å analysere at alle seriøse forskere ønsker velkommen enhver seriøs person som utfordrer det som påstås å være konsensus.

Å si at en videnskapsmann, ved å stille spørsmål ved en opp- fatning som deles av mange, derved svekker tilliten til videnskapen, er lite annet enn å be opposisjonelle om å la være å gi uttrykk for det de måtte mene i kontroversielle videnskapelige spørsmål.

Graver er preses i Det Norske Videnskaps-Akademi, og Nils Chr. Stenseth er professor i filosofi, og de begge vil ha nytte av å gjøre seg kjent med Ibsens *En folkefiende* og Bjørneboes *Semmelweiss,* som begge handler om prinsippfaste og ærlige videnskapsmenn som blir møtt med motstand av sine fagfeller og sine omgivelser fordi deres avsløringer utfordrer maktmennesker, autoriteter og etablert politikk.

Hanne Sophie Greve

«Hat og vold mot medmennesker har intet med ytringsfrihet å gjøre» er tittelen på en kronikk (Aftenposten 26/11-20) av den kjente juristen Hanne Sophie Greve, og ingressen lyder slik: «Misbruk av ytringsfrihet er nær forbundet med forfølgelse av mennesker». Igjen kommer dette med «misbruk» av ytringsfriheten inn som et argument mot ytringsfrihet, og igjen settes ytringer – verbale sådanne – i samme kategori som vold.

Selvsagt har vold ingenting med ytringsfrihet å gjøre, og muligens er det slik at Greve med vilje skriver det slik for å forkludre sin fremstilling for derved å styrke en ellers svært tynn argumentasjon. Kronikken inneholder enkelte gode poenger, bla. dette: «Journalisten Georges Ruggiu drev hetskampanjer over radioen mot tutsiene i Rwanda i 1994. Han oppmuntret hutuer til å utrydde kakerlakkene, til voldtekt og plyndring. Ruggiu formidlet stikkordet – hugg ned de høye trærne – som anga starten på folkemordet. Ruggiu ble dømt av Det internasjonale straffetribunalet for Rwanda for oppvigling til folkemord og forbrytelser mot menneskeheten.»

Vi slutter ikke opp om terminologien «forbrytelser mot menneskeheten», men er enige i at det var riktig å dømme Ruggiu (vår begrunnelse kommer nedenfor). Men Greve skriver også: «Mindre direkte former for hatefull og avhumaniserende tale kan også bane vei for overgrep. Det er straffbart». Dette burde ikke være straffbart, og vi kommer tilbake til begrunnelsen for dette.

Eriksen/Vetlesen

I en kronikk fra 2011 går professorene Thomas Hylland Eriksen og Arne Johan Vetlesen eksplisitt mot ytringsfriheten. Under tittelen «Uakseptable ytringer» sier de bla. følgende: «Hverken ytringsfrihet eller ytringsrett er absolutt i noe eksisterende menneskelig samfunn. Ytringsfriheten er heller ikke overordnet andre rettigheter og hensyn i sentrale menneskerettighetserklæringer. Det råder ingen tvil om at ytringsfrihet er en sentral verdi i et fritt og demokratisk samfunn, og en viktig forutsetning for demokratisk legitimitet. Det betyr imidlertid ikke at den er ubegrenset ...».

Videre fra kronikken: «"Ord er ikke handlinger, og vi må ikke viske ut skillene mellom dem", er det blitt sagt etter 22. juli. På ett nivå er det første utsagnet riktig: ord er ikke synonymt med handlinger. Det er noe annet å si "Nå skal jeg slå deg ihjel" enn rent faktisk å gjøre det. Men samtidig vet vi fra språkteori og filosofi at å tale er å handle i verden, og å handle med det formål å påvirke, bevare, eller endre den på bestemte måter ...».

Videre: «Å insistere på et absolutt skille mellom ord og handlinger er følgelig å fraskrive seg ethvert moralsk ansvar fra den virkeligheten som kan og blir skapt av hatefulle ytringer ... Det påhviler norske redaktører så vel som politikere et tungt ansvar i tiden som kommer for å si at ikke alle ytringer bør tillegges like stor verdi; at det ikke er en menneskerett å ytre seg i offentligheten; og at visse hatefulle ytringer ut ifra juridiske og moralske vurderinger ikke er akseptable» (Aftenposten, 22/8-11).

Ytringsfrihet
Vi har en rekke ganger tidligere presisert følgende: ytringsfriheten innebærer retten til å gi uttrykk for sine meninger (og for upopulære fakta). Den innebærer ingen rett til å offentliggjøre hemmeligheter (militære hemmeligheter, forretningshemmeligheter, hemmeligheter om enkeltpersoners privatliv. o.l.), og *innebærer heller ingen rett til å fremsette reelle trusler*. Men den innebærer full rett til å gi uttrykk for sine meninger uansett hvor upopulære eller krenkende de er, og uansett hvilken form de formuleres i. Prinsippet om at man har rett til å gi uttrykk for sine meninger inkluderer åpenbart også å hevde at noe er fakta, selv om andre har et annet syn, dvs. man har rett til å hevde at noe er et faktum selv om andre måtte mene at dette er feil. Man har f.eks. rett til å hevde at jorden er rund og går i bane rundt solen selv om en rekke autoriteter har et annet syn på dette, man har rett til å hevde at klimaet i all hovedsak styres av solen selv om en rekke autoriteter har et annet syn på dette, og man har rett til å påstå at det som skjer styres av Frimurerne eller av Illuminati eller av Bilderbergerne selv om det ikke finnes bevis for noe slikt.

Georges Ruggius oppfordringer, under en pågående voldelig konflikt, til den ene parten om å drepe medlemmer av den andre gruppen, er helt klart oppfordringer til drap og er da ikke beskyttet av

179

ytringsfriheten. Men dersom man under en krangel som ikke inneholder voldelige elementer sier «Jeg skal drepe deg» til den man krangler med, og det er ingen ting som tyder på at vedkommende vil gjøre alvor av trusselen, er dette et utsagn som opplagt er innenfor de grenser som ytringsfriheten setter.

Hadde akademikerne vi siterte over vært kjent med dette skillet som sier hvor grensen for ytringsfrihet går, ville de klart å lande på rett side av grensen som går mellom ytringer som beskyttes av ytringsfriheten og ytringer som ikke beskyttes av ytringsfriheten. Men det er klinkende klart: ytringer som kan oppfattes som krenkende og som *ikke* innebærer noen reelle trusler er opplagt en type ytringer som ytringsfriheten beskytter. Og det er denne type ytringer som flere av dagens akademikere vil forby.

Vi skal gå litt videre, men før vi kommer med flere eksempler siterer vi følgende klassiske engelskspråklige ordtak: «Sticks and stones may break my bones. But words shall never hurt me». Ordtaket illustrerer det klare skille mellom ord og handling/vold: ord kan såre, men ikke skade – forutsatt at den som blir utsatt for stygge ord eller krenkende uttrykk er en voksen person: barn kan bli såret av stygge ord, men dette er noe alle legger av seg når de blir voksne. Så, problemet med det som omtales som sårende eller krenkende uttrykk er at den som lar seg krenke av bare ord og ord alene er en umoden person.

Loven
Vi siterer fra loven om hatefulle ytringer. «Med bot eller fengsel inntil 3 år straffes den som forsettlig eller grovt uaktsomt offentlig setter frem en diskriminerende eller hatefull ytring. ... Med diskriminerende eller hatefull ytring menes det å true eller forhåne noen, eller fremme hat, forfølgelse eller ringeakt overfor noen på grunn av deres hudfarge eller nasjonale eller etniske opprinnelse, religion eller livssyn, seksuelle orientering …».

Her er et par tilfeller hvor denne loven er brukt: «Kalte somalisk mann "jævla apekatt" – dømt til fengsel», «71-åring dømt for å ha kalt Sumaya "fandens svarte avkom" og "korrupt kakerlakk»"... [Kvinnen ble] dømt til 24 dager betinget fengsel for hatefulle ytringer ....».

Her er et par andre eksempler: Å påstå at «Jøder stammer fra aper og griser», eller å komme med en oppfording om å «drepe de vantro hvor dere enn måtte finne dem» har så vidt vi vet ikke ført til at noen er blitt dømt for å si slike ting, så denne type utsagn er da åpenbart ikke i strid med intensjonen bak loven mot hatefulle ytringer – de kan ikke være i strid med intensjonen i loven siden de ikke har ført til noen dommer selv om de fremsettes nokså regelmessig. (Selvsagt er utsagnene i strid med lovens *bokstav*, men i Norge er det *intensjonen* bak loven som er gjeldende, ikke lovens bokstav, og dette bekrefter at Norge ikke er den rettsstat som mange fortsatt tror at den er.)

Her er også et utsagn som er i strid med lovens bokstav, men som ikke har ført til noen dom: I en Twitter-melding er leserne av den nasjonalkonservative nettavisen Resett beskrevet som «kloakkrotter». Personen bak påstanden er Jon Wessel-Aas, som på Twitter er beskrevet slik: «Advocate at Lund & Co, admitted to the Supreme Court bar. Freedom of Expression, Privacy & Copyright Law. Chair of the Norwegian Bar Association». Så, en advokat med møterett for Høyesterett, som er formann or Advokatforeningen, og har ytringsfrihet som spesialområde, omtaler en stor gruppe lesere som «kloakkrotter» – og blir ikke tiltalt for å ha kommet med en hatefull ytring. Hadde han derimot omtalt dem som «korrupte kakerlakker» så ville han antagelig blitt tiltalt og dømt - eller kanskje ikke.

Hva krenkende utsagn egentlig sier
Før vi forsetter vil vi presisere at vi ikke forsvarer innholdet i «krenkende ytringer», det vi forsvarer er retten til å fremsette dem. Vi forsvarer retten til å kalle noen avkom av aper og griser, kloakkrotter, kakerlakker, tullinger, idioter, etc. Men hva er de slike utsagn sier? Er det slik at den som blir omtalt som en tulling reagerer ved å tenke «Aha, jeg er en tulling! Det visste jeg ikke. Takk for at du sa ifra. Det var snilt av deg å gjøre meg oppmerksom på dette noe beklagelige faktum. Dette gir meg en ny forståelse av hvem jeg egentlig er og hvordan jeg bør leve mitt liv videre. Din konstatering har gjort meg til et bedre og mer innsiktsfullt menneske, og jeg vil heretter leve et nytt og bedre liv fra nå av!! Igjen, tusen takk!»

Vi vil tro at dette ikke vil skje, i hvert fall ikke spesielt ofte. Antagelig vil den som blir utsatt for beskyldningen svare med samme mynt, og da kommer man ikke videre. Eller kanskje vil den som blir utsatt for noe slikt tenke at den som kommer med beskyldningene er en useriøs person som det ikke er verd å lytte til eller bruke tid på.

Vårt syn er at det man bør gjøre er det siste: ikke lytt til folk som fremsetter personangrep: grunnen til at de kommer med slike angrep er som regel at de ikke har noe saklig å komme med.

Man må dog også huske på at ikke alle er i stand til å gi velbegrunnede argumenter for sine synspunkter, kanskje de ikke er i stand til å si noe annet til de som har andre meninger enn de selv har enn å si «din tulling», «dere er kloakkrotter», «dere er rasister». Et forbud mot denne type uttalelser er å forbeholde ytringsfriheten for de som har en akademisk penn, et slikt forbud er å nekte personer med en mer umiddelbar uttrykksmåte, og som kanskje ikke har så mye kunnskaper, å gi uttrykk for sine meninger. Og da forsvinner det viktige prinsippet om at loven skal være lik for alle: ytringsfriheten beskytter også mennesker med lite kunnskaper og kort lunte.

En skjevhet

Men det er også en skjevhet her. De som er dømt for brudd på loven om hatefulle ytringer er i alle hovedsak personer som har sagt stygge ting om muslimer. De som sier stygge ting om andre er sjelden blitt dømt. Man blir dømt for å omtale en person som en «korrupt kakerlakk», men man blir ikke engang tiltalt for å omtale noen som «kloakkrotter».

Så, beskyldninger mot muslimer fører til domfellelser, beskyldninger mot nasjonalkonservative blir bare ignorert.

Dagens dominerende politiske ideologi i dag er sosialismen, og den eneste gruppering av en viss størrelse som opponerer mot enkelte av implikasjonene av denne ideologien, er de nasjonalkonservative. Sosialismen og islam er ideologiske tvillinger (noe vi har utdypet i artikkelen «Som katten rundt den varme grøten…», som er å finne i denne boken), og det som skjer i dag er følgende: verbale angrep på muslimer straffes, mens verbale angrep på nasjonalkonservative ikke blir straffeforfulgt, samtidig som talsmenn for standpunkter som deles av de nasjonalkonservative (f.eks. innen klima, innvandring, islam) skal nektes å komme til orde.

182

Det som skjer er at altså at ytringsmulighetene og ytrings-frihetens innskrenkes av et apparat (staten, pressen, akademia, lovverket, domstolene, etc.) som reellt sett står på sosialismens side, og den innskrenkes for å beskytte sosialister, deres allierte, og deres stand-punkter. Men for de som vil angripe de nasjonalkonservative er det ingen innskrenking; da er det fritt frem å komme med alle typer krenkende og hetsende personangrep.

De nasjonalkonservative (Trump, UKIP/Brexit, Geert Wilders, LePen, det norske partiet Demokratene, Sverigedemokratene, Resett, Document.no, etc.) er det altså fritt frem å hetse og å krenke – og slik «kritikk» bør også være tillatt. Men det er ikke fritt frem å fremsette samme type kritikk mot islams tilhengere og islams allierte – og slik «kritikk» burde også være tillatt.

Vi i Gullstandard står langt fra de nasjonalkonservative, og vårt poeng er IKKE at også de som krenker de nasjonalkonservative skal straffes, vårt poeng er at ytringsfriheten skal gjelde alle, også for de som har foraktelige meninger, og også for de som ikke fører en akademisk penn. Vi slutter oss også til det utsagnet som ofte tillegges opplysningstidstenkeren Voltaire, og som vi her lager en liten vri på: «Jeg forakter det du sier, men vil fullt ut forsvare din rett til å si det».

Dette burde være alles ledestjerne, og spesielt burde aka-demikere følge dette viktige prinsippet. Men når stadig flere akademikere går imot ytringsfrihet avslører det bare deres sosialistiske verdigrunnlag, for, som alle burde vite: sosialismen har ingen respekt for det enkelte menneske og dets rett til å leve sitt liv slik det ønsker i frivillig samkvem med andre, sosialismen er en oppskrift på nød, fattigdom undertrykkelse og elendighet, noe enhver person med virkelighetskontakt innser. Sagt på en annen måte som er relevant her: sosialisme og ytringsfrihet går ikke sammen.

Så, selv ikke akademikere, som burde ha et visst kjennskap til videnskapens og kunstens historie, og som burde vite i hvert fall noe om hva innskrenkninger i ytringsfrihetene har kostet, burde stå på barrikadene for å forsvare ytringsfriheten. Men i stedet gjør de de motsatte. Tragisk.

https://www.aftenposten.no/sport/meninger/i/2d9v6l/kort-sagt-loerdag-2-januar

https://www.aftenposten.no/meninger/kronikk/i/OpK8O/uakseptable-ytringer

https://www.aftenposten.no/meninger/kronikk/i/vAlJrl/hat-og-vold-mot-medmennesker-har-intet-med-ytringsfrihet-aa-gjoere

Mister vi ytringsfriheten?
Publisert på Gullstandard 3. juli 2019

Er vi i ferd med å miste ytringsfriheten – eller har vi allerede mistet den? Man må stille seg dette spørsmålet etter to ferske dommer i det norske «retts»apparatet, og etter en faretruende utvikling hos enkelte private aktører. Først de to dommene:

«Mannen som i lagmannsretten ble dømt for hatefulle ytringer mot samer på nettet, anker ikke til Høyesterett. Den historiske dommen blir dermed stående» (kilde abcnyheter).

«Gulating lagmannsrett har dømt en 70 år gammel kvinne til 14 dagers ubetinget fengsel for kommentarer på Facebook om forfatter Sumaya Jird Ali» (kilde VG).

To personer blir altså dømt til strenge straffer for ting de har sagt i en debatt (om man da kan kalle ordvekslinger på nettet for «debatter»). Dette er dog to spesielle tilfeller; disse to er dømt for å ha kommet med svært ufine og fornærmende karakteristikker av en enkeltperson eller en gruppe.

Vi synes selvsagt at disse karakteristikkene er helt upassende, og mener at de ikke burde ha blitt fremført. Men vi er for ytringsfrihet, og mener at de hører inn under ytringsfriheten. Vi mener mao. at det ikke hører hjemme i en sivilisert rettsstat at man blir straffet for å ha sagt/skrevet slike ting som de to dømte har gjort.

Her er enda et eksempel på at ytringsfriheten er på vikende front. «Politiet stoppet SIAN-demonstrasjon da Koranen ble kastet i bakken. Stopp islamiseringen av Norge (SIAN) demonstrerte i Drammen lørdag. Da taleren kastet Koranen på bakken, reagerte publikum kraftig. Politiet avbrøt aksjonen» (kilde smp).

Politiet stoppet altså en demonstrasjon som burde være helt lovlig – politiet opptrådte her på vegne av de som vil stoppe meningsytringer og beskyttet ikke de som ytret seg. Politet burde ha beskyttet de som kastet boken i bakken – det er ikke i strid med norsk lov å kaste en bok i bakken, men det er et krav i islam at eksemplarer av Koranen skal behandles på en respektfull på måte. Det politiet gjorde her var ikke å følge norsk lov, det de gjorde var å handle på vegne av mobben og på vegne av krav i islam – og de beskyttet altså ikke ytringsfriheten.

Vi definerer ytringsfrihet slik: «Ytringsfrihet er retten til å gi uttrykk for de meningene man måtte ha, uansett hvor upopulære og krenkende de måtte være. Ytringsfrihet inkluderer retten til å være blasfemisk, og retten til å gi uttrykk for oppfatninger som andre måtte anse som vanvittige eller meningsløse eller krenkende». Vi slutter oss til følgende fra Voltaire og George Orwell: «Jeg er uenig i hvert ord du sier, men vil til min dødsdag forsvare din rett til å si det», og «Ytringsfrihet betyr retten til å si det andre ikke vil høre».

Ethvert anstendig menneske er tilhenger av full ytringsfrihet. Ytringsfrihet er en av de store fanesakene fra opplysningstiden. Retten til å kunne gi uttrykk for sine meninger uten å bli kastet i fengsel ble for noen hundre år siden en viktig symbolsak for den økende individualismen og den økende friheten. Under et regime som respekterer ytringsfrihet kan man kritisere de dominerende holdningene og meningene i samfunnet, man kan kritisere presten og kirken, og man kan kritisere kongen og hans menn, og man kan kritisere makthaverne – man kan kort sagt kritisere og latterliggjøre alt og alle uten frykt for å bli straffet og uten frykt for represalier.

I dag er det debatt om ytringsfriheten; ytringsfriheten er under press. Det er to hovedgrunner til dette. For det første vet de aller fleste ikke hva ytringsfriheten består i. Skal f.eks. terrorister og deres støttespillere ha rett til å oppfordre til terror og massedrap? Beskytter ytringsfriheten denne type utsagn? Den andre går på at påstått svake grupper må beskyttes mot hets og fornærmende utsagn.

La oss presisere hva ytringsfrihet er. Ytringsfrihet innebærer retten til å gi uttrykk for de meninger man måtte ønske, inkluderte å opplyse om upopulære fakta. Det er altså *meninger* man fritt kan ytre – ytringsfrihet er ikke retten til uten videre å formidle faktaopplysninger som f.eks. forretningshemmeligheter, forsvarshemmeligheter eller opplysninger om bestemte personers privatliv. Ytringsfrihet inkluderer ingen rett til å rope «det brenner!» i en fullsatt teatersal, og den omfatter heller ikke retten til å komme med reelle oppfordringer til kriminelle handlinger eller å fremsette reelle trusler. Som sagt, ytringsfriheten omfatter retten til å gi uttrykk for de *meningene* man måtte ha – uansett hvor ukloke og krenkende de måtte være.

En av de sakene vi omtalte over handlet om at en same hadde gått rettens vei for å få dømt en person som hadde sagt noe krenkende om samer; samer skal da visstnok være en svak gruppe og dens medlemmer skal da ikke tåle å bli omtalt på ufine måter. For egen del vil vi si at dette er helt på tvers av vår tidligere oppfatning av samer som tøffe folk som tåler en støyt, og som ikke lar seg krenke av idiotisk fyllerør. Vårt poeng her er at alle må tåle å bli omtalt på en nedsettende måte, alle burde ha en mental styrke som gjør at man uten videre avviser tull og tøys som tull og tøys, og ikke flyr til politiet når noen sier noe negative om en selv eller den gruppen man tilhører.

Dessverre ser vi en utvikling som innebærer en innskrenkning av ytringsfriheten i flere land: i England er en rekke personer nektet innreise fordi de er kjent som islamkritikere: Geert Wilders, Pamela Geller og Robert Spencer har alle blitt stoppet på grensen til England. Myndighetenes begrunnelse gikk på at disse personene ville skape uro i England dersom de deltok på møter der, og dermed er den reelle begrunnelsen at myndighetene ikke vil beskytte disse kjente politikernes og skribentenes rett til ytringsfrihet.

Også i USA skjer lignende ting, selv om ytringsfriheten der står sterke enn i noe annet land, dette fordi USA har et tillegg til grunnloven som klinkende klart sier at ytringsfrihet «skal finde sted»: «Congress shall make no law respecting an establishment of religion, or prohibiting the free exercise thereof; or abridging the freedom of speech, or of the press; or the right of the people peaceably to assemble, and to petition the government for a redress of grievances».

Allikevel forekommer det tilfeller der staten griper inn mot personer som har gitt uttrykk for upopulære meninger: en person som hadde laget en (svært dårlig) spillefilm om Muhammed (kalt «Innocence of Muslims») og publiserte den på youtube, ble arrestert ene og alene fordi han hadde laget denne filmen – som kjent er det innen islam forbudt å avbilde Muhammed.

Her fra nrk.no i 2012: «Det hvite hus ba fredag YouTube om å revurdere publiseringen av filmen *Innocence of Muslims*. Oppfordringen ble raskt avvist av nettgiganten Google, som eier YouTube. Selskapet opplyser likevel at det har begrenset tilgangen til videoen i land som India, Indonesia, Egypt og Libya. Årsaken skal ikke være amerikansk press, men lokale lover og regler. Den omstridte videoen er blitt erklært ulovlig i landene hvor YouTube har innført restriksjoner. ...» (kilde nrk).

Mannen ble arrestert pga. denne filmen, men han kunne ikke dømmes pga. den; USA har ikke lover som gjør dette mulig. Men han ble altså arrestert pga. filmen, og president Barack Obama ba youtube om å «revurdere publiseringen av filmen», en formulering som er Orwelliansk nytale for sensur.

Før vi går videre vil vi si at at ytringsfrihet er sivilisasjonens siste skanse. I Vestens velferdsstater er det lite frihet igjen: mengden reguleringer vokser med en eksplosiv fart, offentlige utgifter – som er det reelle målet for skatte- og avgiftstrykket – vokser, kvaliteten på det offentlige tilbudet innen skole, helse, pensjoner, kultur, etc., blir av stadig mer tvilsom art, og det enkelte individs handlingsrom blir stadig mer innskrenket. Mange anstendige mennesker er allikevel lojale mot lover og regler, men det er dog en grense for dette – og den går ved ytringsfriheten. Dersom ytringsfriheten forsvinner vil myndighetene måtte regne med at denne lojaliteten vil blir merkbart redusert.

Sagt på en annen måte: for at et samfunn skal kunne være noenlunde fredelig må folk flest respektere de lovene som finnes. Dette – at folk flest respekterer lovene – er også en forutsetning for velstand; et samfunn hvor lovbrudd forekommer i betydelig grad kan ikke opprettholde et høyt velstandsnivå, dette fordi velstand forutsetter at produksjon og handel bare kan skje under stabile og forutsigbare rammer, noe som ikke er mulig dersom det ofte forekommer lovbrudd.

Dette er grunnen til at det er viktig at lovene er riktige; som det heter: «med lov skal landet bygges og ikke med ulov ødes». Etter vårt syn er skillet mellom lover og ulover mellom de lover som formulerer prinsipper som handler om beskyttelse av individuell frihet og de som krenker individuell frihet. Krenkelser av individuell frihet vil over tid føre til at samfunn bryter sammen, kun samfunn med full individuell vil kunne ha stabilitet og velstand over tid. Ytringsfrihet er et av flere uttrykk for individuell frihet, og alle lover som handler om begrensninger av ytringsfrihet er derfor ulover.

Et eksplisitt eksempel på dette er straffelovens paragraf 185 om «Hatefulle ytringer». Hvor det bla. heter: «Med bot eller fengsel inntil

188

3 år straffes den som forsettlig eller grovt uaktsomt offentlig setter frem en diskriminerende eller hatefull ytring. … Med diskriminerende eller hatefull ytring menes det å true eller forhåne noen, eller fremme hat, forfølgelse eller ringeakt overfor noen på grunn av deres a) hudfarge eller nasjonale eller etniske opprinnelse, b) religion eller livssyn, c) homofile orientering, eller d) nedsatte funksjonsevne.»

Ytringer som rammes av denne loven burde alle vært tillatt. De som står bak loven ønsker primært å ramme de som er kritiske til islam og de som er kritiske til innvandring. Dersom slike hatefulle ytringer er rettet mot andre grupper – dersom f.eks. Resetts lesere omtales som «kloakkrotter» eller dersom en frisør som ønsker å markere motstand mot militant islam og derved blir kalt «nazifrisør» – kommer det ingen reaksjon fra politiet eller fra domstolene.

Videre, lovens formuleringer rammer kun de debattanter (for å kalle dem det) som ikke har en utpreget akademisk debattform. Det er all grunn til å forvente at også personer som har meninger som loven er ment å ramme, men som formulerer seg noe mer sobert, vil være en sannsynlig fremtidig målgruppe for noe som reelt sett er å hindre opposisjonelle stemmer å komme til uttrykk.

Vi skal gå et skritt videre: plattformer som youtube, facebook, google og twitter var i sin barndom åpne for alle, dvs. de lot brukere bruke disse publiseringsplattformene uansett hvilke meninger som kom til uttrykk. (Google er primært et søkeverktøy, og kritikken går på at google bruker søkealgoritmer som vinkler resultatene slik at venstre-orienterte resultater blir prioritert: søker du på f.eks. liberalisme vil google kunne gi en venstreorientert kritikk av liberalismen som første-resultat.) Men i det siste har alle disse forsøkt å stenge ute aktører som gir uttrykk for meninger som mange på venstresiden ikke liker: det som har skjedd er at personer som har brukt disse plattformene til å gi uttrykk for islamkritiske eller nasjonalistiske eller konservative meninger er blitt stengt ute ved at de har fått sine kontoer fjernet. Disse har tidligere brukt kontoer på facebook og google og de andre til å spre sitt budskap, og dersom de blir stengt ute fra disse vil de ikke nå så mange mennesker som de gjorde tidligere. Dette kan for dem føre til langt lavere oppslutning, og til at inntekter blir redusert (inntekter er avhengig av hvor mange lesere som man når).

Nå har enkelte konservative som er blitt stengt ute fra facebook & co tatt til ordre for at staten må komme inn og regulere de fire store (som altså er facebook, youtube, google og twitter). Men dette er farlig: for det første er disse selskapene private, og staten har da ingen rett til å blande seg opp i hvordan de drives: dersom de vil vinkle sine resultater så har de all rett til dette. Disse firmaene burde dog forstå at ved å oppføre seg slik så ødelegger de det som burde være det viktige for enhver virksomhet som driver generell publisering og nyhetsformidling: upartiskhet.

For det annet er det feil å tro at staten vil garantere upartiskhet: som vi har sett er ikke staten idag noen tilhenger eller beskytter av ytringsfriheten. Dersom det kommer statlige reguleringer av firmaer som de fire vi snakker om vil det antagelig føre til to ting: det vil ikke bli lettere å nå et stort publikum med meninger som ikke er i samsvar med de venstreorientertes verdensbilde, og dersom det skulle komme andre aktører som tar opp konkurransen med de fire, vil også disse kunne bli underlagt det nye sensurregime som vil bli innført av de som nå ber om reguleringer av facebook, youtube, google og twitter.

Til slutt vil vi bare bemerke at de siste innskrenkninger i ytringfriheten har skjedd under konservative regjeringer både i Norge, i Tyskland og i England. Så de konservative er ingen alliert i liberalisters kamp for ytringsfriheten. Tvert imot; de konservative er, akkurat som de andre på venstresiden, imot all individuell frihet, inkludert ytrings-friheten.

https://www.abcnyheter.no/nyheter/norge/2019/06/11/195585227/historisk-dom-for-samehets-blir-staende

https://www.aftenposten.no/norge/i/pLVPlG/Kvinne-70-ma-i-fengsel-etter-a-ha-kalt-samfunnsdebattant-for-kakerlakk

https://www.smp.no/ntb/innenriks/2019/06/15/Politiet-stoppet-SIAN-demonstrasjon-da-Koranen-ble-kastet-i-bakken-19267179.ece

https://www.nrk.no/urix/youtube-nekter-a-fjerne-video-1.8323327

Politikerne og pressen
Publisert på Gullstandard 14. desember 2020

En av pressens mange oppgaver er å fungere som en vaktbikkje overfor makthaverne: den skal passe på at de som har makt ikke misbruker den ved å avsløre maktmisbruk der slikt måtte forekomme. Pressen skal stille vanskelige spørsmål til de som sitter med makt slik at eventuelle overgrep og forekomster av maktmisbruk blir avslørt og kjent for publikum – man bruker til og med uttrykket «den fjerde statsmakt» om pressen for å understreke dens viktige rolle.

Wikipedia forklarer: «Den fjerde statsmakt er en betegnelse som brukes i Norge og Danmark om pressen og andre massemedier, særlig om dens rolle som kritiker og overvåker. De andre statsmaktene er den utøvende (i Norge: Kongen (ved regjeringen)), den lovgivende (i Norge: Stortinget) og den dømmende (domstolene).»

Tradisjonelt var idealet at den politiske makt skulle fordeles mellom utøvende, lovgivende og dømmende makt; pressens viktige rolle var å passe på at disse tre aktørene gjorde det de skulle og derved å føre kontroll med de andre maktutøverne. I dag er dessverre de opprinnelige tre statlige maktutøvere i betydelig grad samlet under én paraply, og nå, hvor pressen i stor grad er finansiert av staten, har også mye av pressen reelt sett søkt ly under denne paraplyen og skiftet rolle fra å være en aktør som avslører maktmisbruk til å bli en som beskytter statlig maktmisbruk. Det virker også som om mange politikere og mange journalister synes dette er slik det bør være.

Vårt syn er at alle politikere burde være tilhengere av en helt fri og uavhengig presse, av pressens mulighet til å stille problematiske spørsmål, og av pressens graving i saker som kan være pinlige for politikerne; det er jo dette som holder det viktige og mektige statsapparatet om ikke på rett kurs, så i hvert fall på en kurs som er i samsvar med gjeldende lovverk, og dette kan motvirke maktmisbruk.

I det siste har det kommet en rekke eksempler på at pressen ikke oppfyller denne rollen, noe som vi har kommentert en rekke ganger tidligere: store deler av mainstreampressen fungerer som et mikrofonstativ eller propagandaapparat for staten. Men i det siste har vi også sett noe annet; vi har sett at ledende politikere gir uttrykk for standpunkter som ligger svært nær å ønske direkte sensur av den delen av pressen som ikke fungerer som et propagandaapparat for staten.

Nei, disse politikerne har selvfølgelig ikke sagt rett ut at pressen skal sensureres, men de har gitt uttrykk for at de vil at kritiske spørsmål ikke skal stilles, og at de foretrekker at kritiske presseorganer bare vil forsvinne.

Man kan også legge merke til en navneendring som skjedde for noen få år siden: den statsråd som hadde ansvar for det statlige undervisningsapparatet hadde tittelen undervisningsminister – undervisningsministeren var sjef over undervisningsapparatet. Greit nok. Men nå er denne tittelen skiftet ut, nå heter det kunnskapsminister. Den statsråden som er sjef over undervisningsapparatet er nå minister ikke for undervisning, han er minister for kunnskap, og det å være sjef over kunnskap er noe annet enn å være sjef over et skolesystem. Vi har ikke sett noen andre som har kommentert dette poenget.

Vi gjengir noen få eksempler som belyser politikeres holdning til en fri og uavhengig presse. Tidligere landsmoder Gro Harlem Brundtland uttalte for noen få år siden at «Vi er i ferd med å miste kontroll over hva folk blir fortalt».

Hun mener åpenbart at staten skal kontrollere det som befolkningen får kjennskap til, og at fakta som ledende politikere vil holde skjult, skal holdes tilbake. Eller kan hun mene noe annet? Hun sier ikke at politikerne «ikke lenger *vet* hva folk blir fortalt» eller at politikerne «ikke lenger *har oversikt* over hva folk blir fortalt», hun sier at politikerne ikke lenger har *kontroll* – og å ha kontroll over noe innebærer å ha avgjørende innflydelse eller makt over noe. Ja, «kontroll» kan også bety å bare ha oversikt over noe, og hvis man tolker Brundtland slik så er det hun sa mindre illevarslende, men hvorfor sa hun da ikke at «vi har ikke lenger den fulle oversikt over hva folk blir fortalt»? – og hvorfor skal politikerne ha oversikt over det folk blir fortalt?

Nokså nært opptil Brundtlands hjertesukk ligger Annet Holts oppfordring om at «nå må noen gjøre noe med [den nasjonal-konservative nettavisen] Resett!». Her ser vi altså en tidligere justisminister som oppfordrer noen om å «gjøre noe» med Resett. Tenker hun da på sabotasje eller hærverk eller leserboikott eller er det hun sier en oppfording til annonseboikott – ikke vet vi. Uansett er dette utspillet langt verre enn å bare være helt upassende.

Nåværende helseminister Bent Høie gikk nærmest til angrep på NRKs journalist Fredrik Solvang da han stilte ministeren et kritisk spørsel om Corona-tiltakene, noe statsråden åpenbart oppfattet som fullstendig uakseptabelt. Her er Nettavisens gjengivelse av ord-vekslingen:

> «[Solvang:] -De sier at det er svakt vitenskapelig grunnlag [for et pålegg om å bruke maske for å hindre spredning av Corona-smitte]. Jeg snakket med dem i dag...
> Høie svarer: – Fredrik, du kan ikke skape usikkerhet om dette. Dette er alvorlige spørsmål. Folkehelseinstituttet står bak alle munnbindreglene i Oslo. Punktum, sier Høie.
> – Men de sier at det er svakt vitenskapelig grunnlag, gjentar Solvang.
> – Du må ikke skape inntrykk av at de reglene ikke er anbefalt av Folkehelseinstituttet, sier Høie.
> -Du må ikke late som at forskere i hele verden er enige om munnbind, skyter Solvang inn, før Høie avbryter og gjentar:
> -Det er utrolig viktig at du ikke skaper inntrykk av at Folkehelseinstituttet ikke anbefaler disse tiltakene i Oslo»
> (hentet fra Nettavisen, link nedenfor).

Det siste eksemplet vi skal gjengi er fra nåværende klimaminister Sveinung Rotevatn, en viktigper som er så selvhøytidelig og pompøs at han til og med får Harald Stanghelle til å fremstå som ydmyk. Rotevatn reagerer på en tweet som sier at «Resett kanskje kan forsvinne» med å si at «Ja, det er lov å håpe» (kilde Resett). Her har vi altså en statsråd som ønsker at et kritisk presseorgan skal forsvinne.

Man har følgende tommelfingerregel: den politiker som vil at journalister ikke skal stille kritiske spørsmål eller at kritiske aviser/publikasjoner skal bli borte, han har noe å skjule, han har ikke rent mel i posen.

Det går fra disse få eksemplene tydelig frem at viktige politikere ikke ønsker å ha en fri og granskende presse. Og det er lett å forstå dem, de vet at de ikke har rent mel i posen, de vet at de har noe å skjule.

Det som ligger mer fundamentalt til grunn her er at statlig styring, som alle disse politikerne er sterke tilhengere av, ikke kan foregå i fullt dagslys. Har man statlig styring så skjer det nødvendigvis mange ting i styringsapparatene som ikke tåler dagslys. Noen slike ting kommer av og til frem for en dag og kalles da enten korrupsjon (hvis det er ulovlig) eller hestehandel (hvis det er lovlig). Noen ganger dukker der opp en sak som har elementer av begge disse aspektene, og vi gjengir et ferskt eksempel: I byråd Lan Marie Bergs etat i Oslo kommune har det forekommet mer enn 15000 brudd på arbeidsmiljø-loven, lovbrudd som byråden formelt er ansvarlig for. Men noen partier vil allikevel ikke stemme for et mistillitsforslag mot Berg.

Noen vil kanskje si at lovbruddene i Oslo kommune er bagatellmessige og at det er loven det er noe i veien med og at det derfor ikke bør komme noen konsekvenser, men dersom en tiltalt privatperson skulle bruke dette som et forsvar i en rettssak ville han neppe komme noen vei. Og hvis det er noe i veien med loven må man endre den, man kan ikke ture frem som om loven ikke finnes; det er slike ting som reduserer respekten for lov og rett. Uansett er vi takknemlig for at de journalistene som har kjørt denne saken ikke har brydd seg om den holdning som kommer til uttrykk i politikersitatene vi gjenga ovenfor.

La oss før vi avslutter bare si at det fortsatt forekommer at mainstreampressen i enkelte tilfeller gjør den jobben de bør gjøre. Tre eksempler: Dagbladets avsløring av svindelen som kommunistiske Tjen Folket/SOS Rasisme bedrev var klassisk journalistikk av beste merke, avsløringene av den utbredte kokkelimonken i SV&Aps styring av Oslo-skolen var journalistikk slik den bør være, og Aftenpostens avsløring av NHOs ønsker og kommunikasjonen mellom NHO og regjeringen ifbm. Corona-tiltakene fortjente absolutt å komme for en dag. Linker til disse sakene er å finne nedenfor.

Hvis jeg hadde vært politiker ville jeg   ha ønsker at velgerne – og alle andre – var best mulige informert om aktuelle saker. Men som Mark Twain så treffende sa det; «If you don´t read the newspapers you are un-informed, if you read the newspapers, you are mis-informed».

Siden man vet at mainstreampressen nærmest systematisk feilinformerer sine lesere om en rekke ulike saker – noen eksempler er klima, islam, innvandring, kriminalitet, Israel, Kina, USA – så er den eneste måten å holde seg velorientert på å lese en rekke forskjellige nyhetskilder. Derfor vil vi anbefale alle å lese et utvalg mainstreamorganer, og i tillegg supplere dette med nettaviser som resett.no, rights.no, steigan.no, document.no, breitbart.com, newsmax.com, etc. Men ikke stol fullt ut på noen av dem: gjør ditt beste for å være faktaorientert, og tenk selv!

De politikere som ønsker at noen av aktørene utenfor mainstream skal bli borte, eller som oppfordrer folk til ikke å lese dem, har åpenbart noe å skjule. Slike politikere har ingen troverdighet.

https://www.dagbladet.no/nyheter/flere-domt-til-fengsel-i-sos-rasisme-saken/64045238

https://www.dagbladet.no/nyheter/oppgjor-med-lonnsfesten—horribelt/73011404

https://www.aftenposten.no/norge/i/eKGgml/sms-er-hoeyt-politisk-spill-og-faglige-raad-som-ble-vraket-slik-aapnet

https://www.nettavisen.no/okonomi/fredrik-solvang-fyrer-los-mot-bent-hoie-da-har-han-all-makt-da/s/12-95-3424038482

https://www.dagsavisen.no/oslo/rodt-redder-berg-fra-mistillit-1.1810214#cxrecs_s

https://resett.no/2020/12/08/klimaminister-sveinung-rotevatn-haper-at-resett-forsvinner/

Big Techs «sensur»
Publisert på Gullstandard 1. februar 2021

I de siste ukene er Bic Tech blitt beskyldt for å sensurere meninger de ikke liker, dvs. firmaer med merkenavn som Amazon, Apple, Google, Facebook, Microsoft, Youtube, Twitter, m.fl., (det er disse store firmaene som ofte omtales med samlebetegnelsen Big Tech) har på ulike vis fjernet fra sine plattformer innlegg, videoer, apper og bøker de mener bryter retningslinjene for innhold – men det som egentlig skjer, påstås det, er at de fjerner opposisjonelle stemmer.

To eksempler: kommunikasjonsappen Parler (et slags alternativ til Twitter som mange Trump-tilhengere flyttet til etter at Trump ble utestengt fra Twitter) lå på en server som tilhørte Amazon, og den ble fjernet 18/1 med en begrunnelse som gikk på at en rekke innlegg på Parler oppfordret til vold. Her er et sitat fra en artikkel på npr om Amazons begrunnelse:

> «... Amazon ... quote a number of posts on Parler. ... There are specific calls to violence, calls for a civil war starting on Inauguration Day, urging people to form militias, urging people to "shoot the police," urging people to hang specific public officials. This is just a partial list.»[*]

Vi antar at Parler ikke ønsker å ha slikt innhold på sin plattform, og det er da tydelig at Parler ikke hadde gode nok rutiner for å fjerne slike innlegg. (På disse plattformene er det fritt frem å publisere hva som helst, men støtende innhold skal raskt fjernes i ettertid.) Vi skyter inn en kort presisering av hva ytringsfrihet er: ytringsfrihet er retten til å gi uttrykk for de meninger man måtte ønske, den innebærer ingen rett til å fremsette reelle trusler. Det innhold på Parler som Amazon henviser til her er åpenbart i strid med ytringsfriheten, og Amazon har sitt på det tørre når de valgte å utestenge Parler siden Parler åpenbart ikke er/var i stand til å fjerne slikt innhold rimelig raskt. Men hadde Amazon vært en seriøs aktør ville de ha gjort Parler oppmerksom på denne type innlegg

---

[*] Takk til Per Arne Karlsen som gjorde meg oppmerksom på denne artikkelen.

og bedt Parler fjerne dem innen en rimelig frist. Så vidt vi har sett skjedde ikke dette. Vi vil også nevne at flere aktører som har kritisert Amazons fjerning av Parler ikke har nevnt det som er gjengitt over fra npr, og som skal være Amazons begrunnelse.

Det finnes flere eksempler på det som påstås å være sensur fra Big Tech. Den svenske nasjonalkonservative TV-kanalen Swebb-tv ble nylig stengt ute fra Google: «Dagen före julafton stängde Google den oppositionella svenska Youtube-kanalen Swebb-tv med 65.000 följare. Stängningen föregicks av ett antal åtgärder från Sveriges regjering. Risken består inte i ny lagstiftning som förbjuder oss, utan i att regeringen använder statsunderstödda IT-jättar för att stänga av oss från tjänster som är nödvändiga för att bedriva vår verksamhet.»

Denne uttalelsen har vi hentet fra Youtube, hvor man fortsatt kan finne en rekke videoer fra Swebbtv. Googles begrunnelse gikk på Swebb-tvs publisering av uttalelser om klima, om Corona-epidemien og om innvandring (mer om dette er å finne i artikkelen fra Resett linket til nedenfor).

I sitatet påpekes det en sammenheng mellom myndigheter og private aktører («Stängningen föregicks av ett antal åtgärder från Sveriges regjering»), men vi skal holde oss til det som private aktører gjør uavhengig av hva staten gjør. Vi presiserer også at dersom en regjering (staten) forbyr visse meningsytringer så er det sensur, men dersom en privat aktør nekter å publisere visse meninger så er det ikke sensur; det å nekte å publisere visse meninger ligger under den private aktørens redaksjonelle frihet, og er en implikasjon av eiendomsretten.

Det finnes mange flere eksempler: «Over 78,000 Facebook, Instagram Users Removed for QAnon, 'Militarization' Policy Violations» (Epoch Times).

Vi gjengir ikke flere eksempler; det er åpenbart at en rekke aktører er fjernet fra Big Techs plattformer, at dette har skjedd pga. meningene de har gitt uttrykk for, og vi forstår det slik at ikke alle er fjernet fordi de inneholder trusler, etc. Vi tar for gitt at de er fjernet fordi de som håndhever den redaksjonelle linje i Big Tech ikke ønsker å gi de som har visse meninger mulighet til å spre sitt budskap på sine plattformer: det som skjer er «deplatforming», det som på norsk heter «scenenekt».

En rekke konservative og nasjonalkonservative aktører har altså mistet tilgang til et stort marked. Disse aktørene har flyttet over til andre og mindre plattformer (gab, rumble, mewe, mange flere), men disse er langt mindre enn sine storebrødre i Big Tech, og aktører på disse plattformene får da et langt mindre publikum.

Spørsmålene som reiser seg er da følgende: Hvorfor skjer dette? Er slik scenenekt lovlig? Bør det være lovlig? Kan man stoppe det? Kan noen (staten?) tvinge Big Tech til igjen å gi plass til de nasjonal-konservative?

Vi skyter inn at det (foreløpig) kun er nasjonalkonservative aktører som er rammet, dette fordi de pr i dag utgjør den eneste merkbare opposisjon til de dominerende sosialistiske holdningene. Disse nasjonalkonservative er dog i opposisjon kun på noen få punkter: islam, innvandring, klima, corona/vaksine; på alle andre punkter er de nasjonalkonservative i det store og hele enige med sosialistene.

Den eneste gruppering som er opposisjonell «across the board» er liberalister, men de er så forsvinnende få at ingen bryr seg om dem; hvis ledelsen i Big Tech i det hele tatt er klar over at liberalister finnes så bryr de seg ikke om dem, og de er derfor (foreløpig?) ikke er truet av noen utestengelse.

Vi tar også for gitt at nasjonalsosialister og rasister allerede er utestengt fra Big Tech; dette skjedde for lang tid siden og ingen aktører med et betydelig publikum har savnet dem. Men de nasjonal-konservative, de som nå til en viss grad er utestengt, de har en viss oppslutning, og det er derfor saken om Big Techs påståtte sensur kommer opp nå.

Rasister er allerede utestengt

Vi begynner allikevel den prinsipielle gjennomgangen med eksemplet erklærte rasister. La oss anta at det finnes rasister og at disse utgjør en betydelig gruppe. (Ja, det finnes rasister i Vesten i dag, men de er kun noen bitte få skrullinger uten noen form for innflydelse.) La oss anta et det finnes en organisert gruppe som mener at mennesker med svart hud hører hjemme Afrika, at mennesker med gul hud hører hjemme i Det Fjerne Østen, at mennesker med hvit hud hører hjemme i Europa, etc,. og at mennesker som har «feil» hudfarve i forhold til hvor de befinner seg bør reise tilbake, eller sendes tilbake til sitt opprinnelige område, enten frivillig eller med tvang. (Dette eksemplet bare viser hvor absurd en idé rasisme er. Det vi beskriver var forøvrig den politikken nazismen hadde overfor jøder, en politikk som hadde stor oppslutning i Tyskland på 30-tallet.) For enkelhets skyld vil vi nedenfor kalle denne gruppen KKK. Men vi nevner også at det kan finnes verre utslag av rasisme enn dette. For eksempel kan noen mene at personer som tilhører en annen rase er mindreverdige eller onde og at det derfor ikke er tilstrekkelig å flytte dem, de bør drepes, eller at de er slik utrustet at de kun kan fungere som slaver.

Dersom en gruppe som KKK hadde hatt en side på facebook, solgt sine bøker på Amazon, brukt Twitter til å oppfordre folk som var på «feil» sted å reise hjem eller bli sendt hjem, så er det helt forståelig at Big Tech ville ha stengt denne gruppen ute. Få ville ha protestert på dette. Men poenget er at disse allerede er utestengt!

Det som skjer nå er at noen protesterer når nasjonalkonservative grupper er i ferd med å bli stengt ute. Så, spørsmålet er ikke hvorvidt Big Tech har rett til å stenge noen ute, spørsmålet er hvor grensen for utestengelse skal gå. Og det er her det dukker opp flere interessante problemstillinger.

Det utvidede rasisme-begrep
Nå er det jo slik at nasjonalkonservative grupper blir beskyldt for å være rasister. USAs forrige president (Trump) ble beskyldt for å være rasist fra det øyeblikk han bestemte seg for å stille til presidentvalget, og både folk som tidligere utenriksminister Hillary Clinton og president Joe Biden har beskyldt Trump og mainstream-republikanere for å være rasister. Det samme har skjedd i Norge: nasjonalkonservative nettaviser som Resett og Document blir regelmessig beskyldt for å være rasistiske. Det finns et vell av sitater som bekrefter dette, og vi ser ikke noe behov for å gjengi noe utvalg av slike beskyldinger her, de er enkle å finne. Vi gjengir allikevel et sitat fra en som hevder at rasisme er enda mer utbredt enn bare blant de nasjonalkonservative: «–Det som er blitt veldig tydelig er at for å oppnå makt i Norge i dag så må du enten være rasist, eller du må akseptere rasistisk retorikk på ett eller annet vis. ... sa [regissør Pia Maria] Roll [som er regissør ved et teater som mottar store beløp i offentlig støtte]». (Kilde: Debatten, NRK mars 2019).

For at slike beskyldninger ikke skal fremstå som det rene tankespinn det er må de som fremsetter dem benytte noe vi vil kalle «det utvidede rasisme-begrep».

Rasisme er en idé som sier at en persons moralske karakter er bestemt av hans biologiske opphav. Det finns intet grunnlag for å hevde at en slik oppfatning har noen forankring i fakta. I dag brukes derimot det utvidede rasisme-begrep, og da er det annerledes. SNL skriver bla. dette: «I dag brukes begrepet rasisme også i vid betydning om flere former for etnisk diskriminering som ikke nødvendigvis bygger på forestillingen om "menneskeraser", men som også skjer på basis av andre kjennetegn som nasjonalitet, utseende, kultur eller religion».

Det utvidede rasisme-begrep er slik at dersom man kritiserer ideologien islam så er det et uttrykk for rasisme, dersom man er mot innvandring (eller mot ulovlig innvandring) så er det et uttrykk for rasisme, dersom man hevder at Vestens verdier (individualisme, rasjonalitet, individuell frihet, rasjonell egoisme, fritt næringsliv, sekularitet, skille religion/stat) er overlegne de verdier som som regel har dominert i områder utenfor Vesten (kollektivisme, irrasjonalitet, følelsesdyrking, plikt til å adlyde høvdingen eller sjamanen, ingen individuell frihet, etc.) så er det et uttrykk for rasisme, dersom man hevder at man er imot at staten skal kvotere personer fra minoritets-grupper inn i viktige stillinger så er det et uttrykk for rasisme, etc.

Metoden bak populariteten til det utvidede rasisme-begrep er et klassisk tricks: man setter et ord som konnoterer noe negativt på ting man ikke liker, og dermed sverter man det man ikke liker slik at standpunktet blir vanskeligere å forsvare. Siden venstresiden er så dominerende i alle mainstreamfora og dermed i stor grad bestemmer terminologien som brukes i den allmenne debatt, kan de bare klistre merkelappen «rasisme» på standpunkter de er uenige med, og derved er diskusjonen avsluttet; det er ikke nødvendig å diskutere med rasister!

Ved å beskylde den eneste opposisjon som har en viss oppslutning som rasister kan sosialistene la være å diskutere med de som er uenige med dem om innvandring, islam, asyl-politikk, etc. Og Big Tech kan da også lett stenge dem ute.

Uten moderering?

Å stenge rasistiske grupper/personer/innlegg ute fra de store plattformene på Internett er ikke sensur, det er moderering. Er det mulig å avstå fra moderering? Hva med å ikke ha noen form for moderering? Det finnes konkrete eksempler på hvordan dette kan gå. Mark Weinstein, grunnleggeren av facebook-konkurrenten mewe, skriver dette i Wall Street Journal:

> «Some say companies like mine could avoid these onerous liabilities by having no moderation. Then we'd be classified as a "platform" rather than a "publisher" subject to liability. But any social network or website that did that would be quickly overrun with spam, hate speech, pornography, bullying, doxing and people inciting violence. Not only would this be dangerous, it would make these sites unusable for most people. This has already happened on "anything goes" sites like 8Chan and Secret, whose founder shut the site down disgusted by its content and refunded its investors.» (Link nedenfor.)

Så, et alternativ uten moderering er umulig. Det det handler om i dag er da altså at grensen for utestengelse som Big Tech har satt er slik at legitime, fredelige standpunkter som har stor oppslutning er plassert på den upubliserbare siden av grensen.

Scenenekt

For private aktører er scenenekt en implikasjon av eiendomsretten, og er helt legitimt. Men hvis det offentlige gjør det er det annerledes. Spesielt viktig er her biblioteker, og norske biblioteker har en rekke ganger nektet aktører lokaler de har lovlig krav på å få leie fordi de som ønsker å leie lokaler representerer upopulære meninger (Harry Potter-fans, SIAN). Dette er ikke bare ille, det er uakseptabelt. (Harry Potter-fans har fått problemer etter at J. K. Rowling ikke sluttet 100 % opp om den ekstreme venstresidens syn på transpersoner; Rowling mener at biologiske kjønn er medfødt, noe som gjør at enkelte boikotter hennes bøker om Harry Potter.)

Vi nevner her også at møter her i Norge med enkelte kunstnere med upopulære meninger på enkelte områder (Lars Vilks, Dan Park) er,

202

etter at de har avholdt arrangementer på et bibliotek, blitt møtt med store demonstrasjoner fra venstreorienterte grupper som har krevet at bibliotekets lokaler ikke skal benyttes til denne type arrangementer.

Problemet her er at bibliotekene er offentlige; hadde de være private kunne de selv ha bestemt hvem de skulle leie ut til, og demonstrerende pressgrupper ville ikke hatt noen rett til å bestemme over hva bibliotekene skulle gjøre.

Statlig inngripen
Enkelte nasjonalkonservative ønsker at staten skal gripe inn overfor Big Tech og sørge for at de slipper til de store plattformene som altså eies av Big Tech. En artikkel som går inn for dette har denne overskriften: «Nationalize Facebook, Twitter to Preserve Free Speech» (Kilde realclearpolitics).

Men som vi sa over: spørsmålet er ikke hvorvidt Big Tech skal ha rett til å stenge visse aktører ute fra sine plattformer, spørsmålet er hvor grensen for utestengelse skal gå. Hvis staten skal sette en grense for dette, og tvinge Big Tech å følge den, hva kan vi vente oss da?

Som kjent har topp-politikere som Barack Obama, Hillary Clinton og Joe Biden fremstilt nasjonalkonservative (dvs. Republikanere) som rasister og nazister. Det er all grunn til å tro at en stat som ledes av denne type personer og deres meningsfeller ikke vil tvinge Big Tech til å slippe nasjonalkonservative inn på sine plattformer.

Hva med Norge? Hva har fremtredende politikere sagt om nasjonalkonservative aktører? Statsminister Erna Solberg (H) har gjentatte ganger gått imot ytringsfrihet, og nærmest i klartekst beskyldt Resett og document for å fare med usannheter. Statsråd Abid Raja har beskyldt FrP for å være fascister ved å si at de fremmer «brun propaganda», og fremtredende medlemmer av Stoltenberg-regjeringen (Jonas Gahr Støre, Bjarne Håkon Hansen) presset Vebjørn Selbekk til å be om unnskylding etter at han hadde benyttet seg av sin soleklare rett til ytringsfrihet under karikaturstriden i 2006.

Så, ytringsfriheten og respekten for andres meninger står ikke høyt i de store partene nevnt her: Høyre, Venstre, Arbeiderpartiet. Det er derfor ingen grunn til å tro at statlig inngripen vil flytte grensen for det som kan publiseres på Big Techs plattformer.

Er Big Techs plattformer en «public utility»?

(Vi bruker her det engelske «public utility» siden det ikke finns noe godt norsk ord: med «public utility» her menes en aktør som alle skal ha rett til å bruke. Typiske eksempler er vannverk og e-verk; de leverer vann og strøm til alle husstander og bedrifter, og kan ikke nekte noen å kjøpe deres tjenester.)

Men alle er for at Big Tech skal kunne stenge rasister ute, men e-verk og vannverk kan ikke nekte å levere strøm til noen som kan betale. Det er vel ingen som hevder at dersom KKK har sine møter i et lokale leid under et pseudonym så kan e-verk og vannverk nekte å levere strøm og vann dersom de finner ut at KKK har møter der? Og kan e-verk og vannverk nekte å levere til leilighetene til KKKs medlemmer? Vi har ikke sett noen ta til orde for slike tiltak.

Vårt hovedpoeng her er allikevel at man ikke kan betrakte Big Techs plattformer som en utility; hvis noe her er en «utility» så er det Internett. Og alle mulige eksentriske og voldelige grupper finnes allerede på nettet, antagelig også kloner av KKK. Ingen stenges ute fra Internett.

«Censorship by proxy»

Kan det være slik at i dag utfører Big Tech en slags sensur på vegne av staten, dvs. at staten ikke kan bedrive sensur; i festtaler sier jo alle at de «er for ytringsfrihet, men at den ikke må misbrukes» – kan det være slik at at Big Tech utfører blokkering eller utestengelse av meningsinnhold som de ledende partiene egentlig ønsker å sensurere, men ikke kan sensurere fordi åpen statlig sensur pr idag ennå ikke er salgbart?

Dette er ikke umulig, men et aspekt her må nevnes: Staten/ politikerne kan regulere Big Tech (i stadig større grad enn de allerede gjør), og da er det viktig for ledere i Big Tech å holde seg inne med politikerne. Dette var muligens en medvirkende grunn til at Twitter stengte Trump ute: Twitter ville vise at de er på parti med den innkommende presidenten Joe Biden for å hindre ytterligere skadelige reguleringer.

Slike problemer vil ikke forekomme dersom staten ikke på noe vis skal regulere firmaer og virksomheter; da er det intet behov for private firmaer å tekkes staten eller politikerne.

Oppdatering av kontrakter

Når man opprettet en konto på en av Big Techs plattformer inngikk man en kontrakt. Det er mye man kan si om dette; få leste igjennom dem da man «undertegnet» dem, kontraktene har gjennomgått en rekke (mindre?) endringer etter at kontrakten ble inngått, mm., og noen vil hevde at aktørene i dag reellt sett handler i strid med noe av det som var intensjonen i kontrakten da man undertegnet den.

Noen vil hevde at man kan få et bredere ytringsrom på Big Techs plattformer ved å ta disse kontraktene opp i rettsapparatet; flere av lederne i Big Tech-firmaene har tidligere sagt at de var tilhengere av ytringsfrihet. Men skal dette innbære at de må publisere rasister? Neppe.

Men når dagens kultur er så venstreorientert som den er i dag, med svært liten respekt for den enkeltes frihet, er det liten grunn til å tro at dersom slike kontrakter blir lagt frem i en rettssak vil en kjennelse gå i retning av større handlingsrom for de enkelte og en innskrenkning av Big Techs mulighet til å stenge ute innhold som de fleste i dag betrakter som støtende. Sagt på en annen måte: rettsapparatet vil basere seg på det utvidede rasisme-begrep, og for de som nå er blitt stengt ute vil det være lite å hente ved å ta utestengelsen opp i rettsapparatet.

Oppsummering

Ja, mye tyder på at Big Tech forsøker å begrense nasjonalkonservative stemmers muligheter til å bli hørt. Løsningen er hverken fravær av moderering eller statlig inngripen. Løsningen er en fri, helt uregulert konkurranse mellom ulike aktører på nettet.

En uregulert konkurranse betyr at politikere ikke skal foreta noen form for regulering av aktørene inne Big Tech (og heller ingen andre aktører på nettet, eller i samfunnet generelt). Ingen aktører vil da føle press om å gjennomføre visse beslutninger for å tekkes politikerne og for å påvirke kommende reguleringer til sin fordel.

Det finnes reelle alternativer til de fleste av plattformene innen Big Tech, men pr idag finnes det ingen reelle alternativer til facebook: alt skjer på facebook, det skjer ingenting på mewe: foreløpig er den for liten.

Men slik har det vært mange ganger i historien: enkelte firmaer har vært store og nærmest enerådende i sin nisje, og så går det noen år og så er de utkonkurrert og erstattet av nye, unge, sultne firmaer: IBM er bare ett av mange eksempler. (Noen flere: Barnes and Noble var verdens største bokhandel til Amazon dukket opp, Yahoo var den mest brukte søkemotor inntil Google dukket opp, mm.)

Det finnes allerede i dag tilbud som kan bli gode alternativer til de fleste tjenestene som tilbys av Big Tech. Det man bør gjøre er å benytte alternativene der det er mulig, og så være med å å bygge opp alternativer der Big Tech er svært dominerende: bygg opp en profil på mewe og gjør færre besøk på facebook, osv.

Hva er problemet, og hva er løsningen?

Problemet er at venstreorienterte ideer står sterkt overalt i kulturen, og dette gjelder i alle vestlige land. De venstreorienterte har ingen respekt for mangfold av ideer; de vil ha mangfold på irrelevante områder som kjønn, legning, alder, hudfarve, men de vil ikke ha mangfold der det er viktig; de vil ikke ha et mangfold av ideer i debatten. De venstre- orienterte betrakter seg selv som gode mennesker, som de eneste gode mennesker, og de betrakter alle som har andre meninger som mer eller mindre onde, og de vil ikke diskutere med onde mennesker.

Det finns mengdevis av sitater som bekrefter dette. Vi gjengir bare to: en kjent advokat omtalte de som leser Resett som «kloakkrotter», og Hillary Clinton har omtalt Trump og de nasjonalkonservative på denne måten: «Trump ran for president on a vision of America where whiteness is valued at the expense of everything else. In the White House, he gave white supremacists, members of the extreme right and conspiracy theorists their most powerful platforms yet...».

Når slike holdninger dominerer er det ikke det minste overraskede at Big Tech, som også ledes av folk med denne type meninger, stenger nasjonalkonservative ute. Og det er da heller intet håp om at det bedrer seg så lenge disse venstreorienterte ideene og holdningene dominerer i kulturen.

Løsningen er å få større oppslutning om ideer som står for individuell frihet, ideer som sier og begrunner at individer har rett til frihet, at individer har rett til ytringsfrihet, og at statens eneste oppgave er å forsvare denne friheten. Men det er langt dit. Svært langt. Jo sterkere venstreorienterte ideer står, jo mer ødelegger de, og fra ca år

2000 er de for hvert år blitt mer og mer dominerende i Vesten. At mulighetene til å ytre seg på nettet innskrenkes er bare en av de mange ødeleggende implikasjonene av den voksende dominansen av venstreorienterte ideer.

Om Swebb-TV:
https://www.youtube.com/watch?v=Rr63hsRMsQs

https://resett.no/2021/01/17/google-stengte-ned-swebbtv-for-utsagn-om-skjeggebarn-og-covid-19/

https://www.realclearpolitics.com/articles/2021/01/09/nationalize_facebook_twitter_to_preserve_free_speech.html

https://www.wsj.com/articles/small-sites-need-section-230-to-compete-11611602173?fbclid=IwAR1X-2Gq0fbTV_rmoGEw9mzJwPXKK-dLEKdwR8Jw9tb77Dp9zr3XDSOMG94

https://www.npr.org/2021/01/15/957234803/parler-executive-responds-to-amazon-cutoff-and-defends-approach-to-moderation?t=1611557302840

Om Parler
https://www.spiked-online.com/2021/01/22/the-answer-to-hate-speech-is-more-speech/?fbclid=IwAR2c1AdojPnPsAhKnAWZjm8jMX8xaMXNkxOxIhLnIPjSp72CQDW2JIFyZgs

Trakassering av NRK

Publisert på Gullstandard 5. april 2019

Pressen forteller at ansatte i NRK blir trakassert på sosiale medier: «NRK-ansatte hevder at de blir trakassert av lisensbetalerne» (link til Resett nedenfor), og det er ingen grunn til å tro at dette ikke er korrekt. Før vi går videre vil vi si at vi tar sterk avstand fra denne og alle andre former for trakassering, både på sosiale medier og i den fysiske virkeligheten. Men det vi skal si noe noe om er hvorfor dette kan skje, og hva som kan gjøres for å fjerne dette problemet nærmest 100 %.

Så, NRK-ansatte trakasseres. Hvorfor? NRK er TV-stasjon som formidler alle typer programmer, men som primært gir seg ut for å være en informasjons- og opplysningsinstitusjon. (Se NRKs egen plakat, link nedenfor.)

Alle presseorganer trenger penger for å drives, og dette gjelder også NRK. Men NRK finansieres på en annen måte enn alle andre presseorganer: alle borgere er tvunget til å finansiere NRK, mens det er frivillig om man vil være med å finansiere andre presseorganer – man kan være med å finansiere f.eks. Dagbladet ved å kjøpe Dagbladet eller ved å annonsere der, eller man kan la være å finansiere Dagbladet ved å la være å kjøpe avisen. NRK finansieres i hovedsak via en TV-lisens som alle må betale dersom de har en TV. (Nå skal dette endres, og vi kommer tilbake til endringen nedenfor.) Bildet vi har gitt blir noe komplisert av at mange aviser også mottar statsstøtte, men vi lar dette poenget ligge.)

Så, NRK er en informasjons-kanal som alle er med å finansiere enten de vil eller ikke. Vanligvis kan man vise sin misnøye med et produkt ved å la være å kjøpe det, men mht. NRK er dette umulig; man må kjøpe/betale for NRK enten man er fornøyd med programmene eller ikke. Det er altså ikke mulig å vise sin misnøye med NRKs tilbud på vanlig måte (bortsett fra å ikke ha TV, folk som ikke har TV avkreves ikke lisens).

Å finansiere TV-sendinger med en lisens for hvert TV-apparat var en plausibel ordning da det kun var én TV-kanal, men i dagens mediebilde med hundrevis av kanaler er dette en fullstendig ubrukelig ordning.

Hvordan er så NRKs tilbud? La oss ha sagt at NRK er en ytterst profesjonell TV-produsent, NRK har svært mange ansatte (noen sier at NRK er kraftig overbemannet slik statlige institusjoner som regel er, men også dette poenget lar vi ligge), ansatte som samlet produserer programmer som har høy kvalitet mht. produksjon, etc.

Men hva med innholdet? NRK har som oppgave å informere befolkningen, men blir de som ser på NRK virkelig informert – eller ligger det som NRK produserer nærmere å være propaganda enn informasjon?

Vi vil her bare kort konstatere at det er intet annet enn latterlig å tro at NRK bedriver upartisk, seriøs informasjon; det de bedriver er venstreorientert løgnpropaganda. Vi nevner bare noen få temaer hvor NRK systematisk fordreier sannheten: NRK gir seerne et galt bilde av saksområder som islam, innvandring, kriminalitet, Donald Trump, amerikansk politikk generelt, Midt-Østen og Israel, Venezuela, Cuba, mm.

Dette er heller ingen hemmelighet. Når NRK sender en reportasje som tar for seg noen av disse temaene, er den av NRK vinklet slik at den skal fremme et bestemt politisk syn. Med andre ord: NRK bruker disse temaene for å lage reportasjer som skal fremme et venstreorientert politisk syn. At NRK gjør dette er heller ingen hemmelighet. Her er et lite utvalg konkrete eksempler:

Om klima: «NRK [bedriver] villedende og sjikanerende folke-opplysning» (link til klimarealistene nedenfor).

Om romkvinnesaken: «Dagsrevyen mente opplysninger om barnevoldtekten ville "komplisere saken", og unnlot å fortelle at romkvinnen var dømt for dette.» (link tik VG).

Fortsatt om romkvinnesaken: Dagbladet beskriver Dagsrevyens journalistikk som «grotesk», og fortsetter: «Dagsrevyen brukte åtte minutter på en lørdag til en rørende reportasje. Som de visste var usann og der de bevisst fortiet en voldtekt av en elleve år gammel jente.» (link til Dagbladet).

Under presidentvalgkampen i USA 2016 fungerte NRK som en del av den venstreorienterte kandidaten Hillary Clintons valgkampapparat, og fremstilte Donald Trump på en direkte løgnaktig måte. Dette skjedde i alle sendinger som tok for seg presidentvalgkampen gjennom en periode på flere måneder. Vi er ikke Trump-tilhengere, men vi mener at selv han fortjener å bli omtalt på en rettferdig og objektiv måte, noe NRK åpenbart ikke gjorde da og heller ikke gjør nå. Dette ble til og med innrømmet: Sjef for Kringkastingsrådet Per Edgar Kokkvold uttalte følgende etter at Trump til NRKs store skuffelse ble valgt: «– Det ville være underlig om NRK hadde spilt en helt nøytral rolle i denne presidentvalgkampen. Trump er en person jeg ikke bare vil kalle vulgærianer, men også noe som vel mange med et faglig uttrykk vil kalle psykopat» (link til Resett nedenfor; der man også finner en video som viser at Kokkvold sier dette).

Fra rights.no: «Mer hijabpropaganda fra NRK som mørklegger hat fra muslimsk hold mot Telia. NRK gjør det igjen: propaganderer for hijab, mens de ekstremt hatefulle og også voldelige utsagnene mot Telia, ikke refereres med ett ord.»

For en kort omtale av hvordan NRK lyver om konflikten i Midt-Østen kan vi i første omgang henvise til vår artikkel «Krigen i Midt-Østen: i dag og i fremtiden» som er å finne i dene boken.

NRK må berømmes for å ha laget en stor reportasje om den grusomme terrorhandlingen på New Zealand nylig, da en nasjonalist drepte om lag 50 fredelige muslimer mens de var opptatt i sin fredagsbønn. Dette var en forferdelig handling som fortjente og fikk brede medieoppslag. Men når fredelige kristne forfølges, undertrykkes og endog massakreres av militante muslimer, slik det alt for ofte skjer i land hvor islam står sterkt, da forteller NRK lite eller intet om dette.

Hvis du vil ha flere eksempler vil du antagelig finne noen i NRKs neste nyhetssending.

Så, NRK bedriver venstreorientert løgnpropaganda, og man kan ikke la være å betale for dette. Hvordan skal da folk reagere? Enkelte reagerer da ved å trakassere de som er ansatt i NRK, og dette er som sagt en type reaksjon som vi tar sterk avstand fra, men som med dette utgangspunktet ikke er helt uforståelig.

Den man bør gjøre er å jobbe for å legge ned NRK. Det er ikke en statlig oppgave å drive en TV-stasjon, og dette gjelder selv om den skulle være ytterst saklig og objektiv. Men når det er opplagt at vi nå har en statlig, tvangsfinansiert TV-kanal som bedriver venstreorientert løgnpropaganda, burde det være et folkekrav at den skal legges ned.

Som sagt har NRK blitt finansiert med en lisens som alle som har hatt en TV har måttet betale hvert år. Men nå kommer en endring: FrP, som de siste seks årene har sittet i regjering og har hatt finansministeren, har i alle år lovet å fjerne TV-lisensen, og for noen dager siden kom det triumferende fra FrP: «Fra neste år skal NRK-lisensen fjernes!»

Fra FrPs nettside: «Nå forsvinner NRK-lisensen. – FrP har i alle år kjempet for å fjerne NRK-lisensen. Nå slipper folk å se denne regningen igjen, sier Siv Jensen. Den nye mediemeldingen bringer med seg nyheten om at NRK-lisensen avvikles fra og med nyttår. Finansminister Siv Jensen er fornøyd med at all mediestøtten samles i én plattformuavhengig ordning.»

Dette er for så vidt sant, men det som skjer er at lisensen heretter skal betales over skatteseddelen, og at ordningen utvides slik at de alle fleste må betale enda mer enn de gjorde tidligere! (Den nye ordningen innebærer at det ikke lenger er mulig å slippe å betale dette hvis man ikke har TV; hvor mye man skal betale avhenger av den inntekten man har, og de fleste husstander med to inntekter vil nå måtte betaler mer enn de betalte da de kun betalte for én TV-lisens.)

Nå kan man si til den manglene gjennomføringen av det som må ha vært FrPs opprinnelige intensjon om å fjerne NRK-lisensen at FrP ikke har flertall, og at det ikke er noe mandat for å legge ned NRK, men da bør man sjekke hva FrP opprinnelig gikk inn for: «– Fremskritts-partiet vil fjerne lisensavgiften, omgjøre NRK til aksjeselskap og selge statens aksjer. Finansiering av NRK må skje på samme vilkår som for andre kringkastingsselskaper». Med finansiering på samme måte som «for andre kringkastingsselskaper» kan det ikke menes annet enn at finansieringen skal skje med annonser, reklame og sponsing – slik TV2, TVNorge, og TV3 i all hovedsak er finansiert. Så FrP gikk inn for å fjerne en avgift som ikke burde vært der (TV-lisensen), og endte opp med å erstatte den med en mer omfattende og enda større skatt – skattene øker og skattesystemet blir enda mer komplisert. Nettavisen oppsummerer: «Dobbelt så mange må betale for NRK». Dette er typisk FrP (og Høyre).

Men tilbake til hovedpoenget: NRK bør legges ned, det er galt å ha en statlig propagandakanal tvangsfinansiert av skattebetalerne. Ingen partier går inn for dette, bortsett fra Liberalistene, som ønsker å privatisere NRK, en etter vårt syn alt for mild skjebne enn NRK har gjort seg fortjent til). Ellers bør man så ofte man kan påpeke de usannhetene NRK serverer, noe som ofte gjøres av organer som Resett.no, document.no, rights.no, klimarealistene.com, steigan.no, samnytt.se, miff.no, og frontpagemag.com. Vi har her nevnt flere nettsteder som har ulik kvalitet, og vi går ikke god for innholdet på noen av dem, men ved å lese dem får man tilgang til informasjon som Dagsrevyen og andre mainstreamorganer som TV2-nyhetene, Dagbladet, Aftenposten, Dagsavisen og Klassekampen og VG ofte holder skjult. Og for å gjenta hovedpoenget: av disse er det kun NRK som er nærmest fullfinansiert over skatteseddelen.

NRK er ikke en institusjon som fortjener respekt, men NRKs ansatte fortjener ikke å bli trakassert. Det de fortjener er å bli fristilt slik at de kan få muligheten til å finne seg et nyttig og produktivt arbeid. Hvis de vil drive med venstreorientert løgnpropaganda så har de all rett til dette, men dette må i så fall være finansiert av frivillige bidragsyter, og ikke ved tvang overfor skattebetalerne slik som i dag

https://www.nrk.no/informasjon/nrk-plakaten-1.12253428

https://resett.no/2019/03/09/nrk-ansatte-hevder-at-de-blir-trakassert-av-lisensbetalerne-grande-er-enig/

https://www.rights.no/2019/04/mer-hijabpropaganda-fra-nrk-og-morkelegger-hat-fra-muslimsk-hold-mot-telia/

https://www.klimarealistene.com/2018/10/03/nrks-villedende-og-sjikanerende-folkeopplysning/

https://www.vg.no/nyheter/innenriks/i/Q1QOR/nrk-fikk-hard-medfart-i-romkvinne-saken

https://www.vg.no/nyheter/innenriks/i/K0dqE/derfor-unnlot-nrk-aa-fortelle-om-barnevoldtekt

https://www.dagbladet.no/kultur/dagsrevyens-groteske-journalistikk/63996155

https://resett.no/2018/06/04/dette-nrk-klippet-bor-skremme-vettet-av-alle-som-er-tilhengere-av-en-noytral-presse/

https://www.acl.org.au/greatest-massacre-of-christians-in-syria-dozens-killed-in-islamist-siege#splash-signup

https://www.document.no/2007/06/15/vesten_svikter_de_kristne_som/

https://www.frp.no/aktuelt/2019/03/na-forsvinner-nrklisensen

Dagsrevyen og en «nøytral presse»?

Publisert på Gullstandard 6. juni 2018

Vi er en smule forundret over en artikkel på resett.no. Den har tittelen «Dette NRK-klippet bør skremme vettet av alle som er tilhengere av en nøytral presse», og dens poeng ser ut til å være at NRKs nyhetsformidling ikke er nøytral. Artikkelen er fokusert rundt et klipp fra en pressekonferanse hvor sjefen for kringkastingsrådet, Per Edgar Kokkvold, bla. sier følgende; «– Det ville være underlig om NRK hadde spilt en helt nøytral rolle i denne presidentvalgkampen. ... Trump er en person jeg ikke bare vil kalle vulgærianer, men også noe som vel mange med et faglig uttrykk vil kalle psykopat ... ».

Artikkelen sier videre: «De [NRK] innrømmer at de ikke vil eller skal være nøytrale i sine nyhetsdekninger, og de legger ikke skjul på sin svertekampanje mot politikere de ikke liker. Vaktbikkjene VG, Dagbladet, og ikke minst TV 2 burde arrestert NRK. De holder i stedet munn og er derfor enige i at en kanal finansiert av det norske folk kan drive åpenlys propaganda. Dette er ikke bare sjokkerende, det er skremmende.» Det virker som om artikkelens forfatter ønsker at NRK som nyhetsformidler bør være nøytral.

Det er flere ting man kan si til dette, men vi skal bare ta opp et par av dem. For det første skal ikke aviser og andre nyhetsformidlere (som NRK, TV2, etc.) være nøytrale, de skal, eller bør, være objektive.

At de bør være objektive betyr at de i sine reportasjer bør være faktabaserte, og inkludere i sine reportasjer de fakta som er viktige ut i fra hvor relevante disse fakta er eller burde være for leserne (eller seerne/lytterne). De skal heller ikke utelate fakta som er relevante for en grundig vurdering av alle viktige sider ved en sak. Journalister skal ikke være nøytrale, men de skal altså være objektive, de skal eksempelvis ikke være nøytrale når de (for å bruke et velkjent eksempel fra en ikke så fjern historie) rapporterer om «konflikten» mellom nazister og jøder.

Det er altså ikke slik at aviser skal være nøytrale, de skal være objektive. Det er dog umulig at journalister ikke til en viss grad lar egne synspunkter farve de reportasjene de lager, men dette er ikke i strid med kravet om objektivitet dersom journalisten allikevel gjør sitt beste for å inkludere det som er relevant i sine reportasjer. Objektivitet står dessverre ikke høyt i kurs hos journalistene i gammelmedia; det ser ut som om de oppfatter seg primært ikke som objektive og saklige journalister, det ser ut som om de primært betrakter seg som propagandister for et venstreorientert politisk syn.

Siden journalister til en viss grad alltid lar egne synspunkter farve sine reportasjer, er det svært viktig at man har mange forskjellige aviser med ulike redaksjonelle vinklinger og ståsteder. Den som vil være velorientert bør derfor lese flere forskjellige aviser (og se forskjellige nyhetskanaler på TV).

Temaet for artikkelen på Resett var Dagsrevyen, og det ser ut til at skribenten ønsker at Dagsrevyen skal være nøytral. Å håpe på nøytralitet, eller objektivitet, fra Dagsrevyen er som å håpe å få paven til å ta til fornuften og bli ateist. Dagsrevyen har en lang historie med løgner og forvrengninger i et utall saker av ulike slag. At Dagsrevyen under siste presidentvalgkamp i USA fungerte som en norsk avdeling av Hillary Clintons valgkampapparat er et velkjent og udiskutabelt faktum, og Kokkvold bekreftet dette med stolthet i klippet referert til over. Forøvrig, Kokkvolds uttalelse om Trump er så vanvittig grotesk at han (Kokkvold) burde trekke seg tilbake fra all offentlighet umiddelbart. Men tilbake til Dagsrevyen: det finnes en meget lang rekke saker hvor Dagsrevyen klart ikke bedriver journalistikk, men sprer propaganda, ja, rent ut sagt løgnpropaganda, og formålet er å fremme et sterkt venstreorientert politisk syn.

Det finnes utallige eksempler på dette, men vi nevner bare en slik sak, en sak som Dagbladet i en overskrift omtalte som «Dagsrevyens groteske journalistikk». Ingressen var slik: «Dagsrevyen brukte åtte minutter på en lørdag til en rørende reportasje. Som de visste var usann, og der de bevisst fortiet en voldtekt av en elleve år gammel jente.» Forøvrig, Dagbladet hadde hentet saken fra document.no, og artikkelen i Dagbladet, slik den nå står, inneholder følgende: «(Tilføyelse: Først ute med å skrive om saken var Nina Hjerpset-Østlie på document.no)». Kanskje Dagbladet opprinnelig hadde hentet saken fra document uten kildeangivelse. Saken, som Dagsrevyen forsøkte å fremstille som norske myndigheters umenneskelige behandling av en flyktning/innvandrer, kan leses på linken nedenfor, er verd å lese, og viser med all tydelighet hvor løgnaktig Dagsrevyen kan være.

Et annet, ferskt eksempel på Dagsrevyens løgnaktige propaganda skrev vi om her på Gullstandard for noen uker siden: «Hamas angriper Israel, medier fungerer som Hamas´ propaganda-apparat».

I mai skrev Aftenposten en lederartikkel om «Venezualas tragedie», og i den finner man blant annet følgende: «… det er oppsiktsvekkende at et land som hadde en sterk økonomi, som hadde demokratiske institusjoner som fungerte noenlunde, har klart å gå i oppløsning så raskt. For det er det som har skjedd. Chavez' økonomiske eksperimenter og trinnvise nedbygging av demokratiet ga fart til det som må være en av vår tids raskest ekspanderende menneskeskapte katastrofer». Aftenposten opplyser ikke at Chavez var sosialist, og at han ble hyllet av alle venstreorienterte, også i Norge av blant andre Rødt og SV, da han kom til makten på basis av det programmet som han etter hvert gjennomførte, og som har ført til den bedrøvelige tilstanden landet nå er i.

Men egentlig bør man ikke bli overrasket over dette; journalister flest er sterkt venstreorienterte. Journalisten.no konstaterer: «Norske journalister stemmer fortsatt knallrødt. Hvis norske journalister hadde fått bestemme, ville Ap, SV og Rødt fått 100 av 169 representanter på Stortinget. [FrP vill ikke ha kommet inn på Stortinget]». Med bakgrunn i dette er det ikke overraskende at journalister er en gruppe som nyter svært liten tillit hos folk flest. Journalisten.no skriver: «– Tilliten til medier og journalister er deprimerende lav. Medieforsker mener medier må ta debatt etter funn i ytringsfrihetsundersøkelse …   … en av tre i den norske befolkningen har liten eller ingen tillit til hvordan mediene setter søkelys på sin egen samfunnsrolle …   en av fem har ikke tillit til at mediene er frie og uavhengige av staten …   en av tre mangler tillit til at mediene belyser sakene fra flere sider….».

Man bør virkelig ha en mangfoldig presse, man bør ha mange forskjellige aviser (og radio- og TV-kanaler). Men nå er det noe spesielt at Dagsrevyen reellt sett er statlig og beskyttet mot fri konkurranse – for å konkurrere må man ha tillatelse/konsesjon av staten (noe f.eks. TV2 har).

Videre, avisene i Norge mottar kolossale beløp i statsstøtte. Dette gjorde at de i lang tid var beskyttet mot konkurranse siden det var vanskelig for en ny avis å etablere seg. (Trygve Hegnar forsøkte seg med avisen Blikk en gang på slutten av 70-tallet, men klare ikke å få den til å gå.) Siden alle avisene har den samme politiske linje – de er alle sosialdemokratiske – var det ikke mulig å være velorientert dersom man kun baserte seg på det man kunne lese i papiravisene (og høre på NRK). Heldigvis kom Internett, hvor det er i praksis er gratis å publisere, og dette har ført til at det er dukket opp noen nettaviser som har en litt annen vinkling på sine reportasjer enn den gammelmedia hadde og har. Fremst av disse alternative nyhetskildene er resett.no, document.no og rights.no, men vi må nevne at forskjellen mellom disse og gammelmedia er liten (bortsett fra på noen få derivative punkter).

Takket være disse har vi nå allikevel totalt sett en noe mer mangfoldig presse enn vi hadde bare for noen få år siden. En viktig forskjell som bør nevnes er at disse nye nyhetsformidlerne ikke har statsstøtte, noe gammelmedia som nevnt har i betydelig grad.

Så mht. nøytralitet oppsummerer vi slik: presseorgan skal ikke være nøytrale, men de bør være objektive (slik vi kort har skissert hva dette består i ovenfor). For å være velorientert bør man lese en rekke forskjellige aviser, inkludert de nye avisene som kun finnes på nett.

Og angående Dagsrevyen så har denne nyhetskilden gjennom mange år vist seg å være så løgnaktig og upålitelig at vi ikke kan se at det er noe som helst håp om å få etablert NRK som en pålitelig og seriøs nyhetsformidler. Vårt syn er da som følger: NRKs nyhetsformidling bør legges ned, og resten av NRK bør privatiseres. At NRKs nyhetssendinger, inkludert Dagsrevyen, er statlig, dvs. tvangs-finansiert av skattebetalerne, innebærer at det norske folk er tvunget for å betale for å motta venstreorientert løgnpropaganda, gjør dette til noe som er langt verre enn en grotesk farse.

Vi vil også si at all offentlig pressestøtte bør avvikles, alle aviser – enten de er på papir eller på nett – bør konkurrere på like fot.

https://journalisten.no/storting/norske-journalister-stemmer-fortsatt-knallrodt/281160

https://resett.no/2018/06/04/dette-nrk-klippet-bor-skremme-vettet-av-alle-som-er-tilhengere-av-en-noytral-presse/

https://www.dagbladet.no/kultur/dagsrevyens-groteske-journalistikk/63996155

Pravda-prisen

Publisert på Gullstandard 14. september 2020

Å være journalist er en viktig oppgave. En journalist skal ved å skrive i pressen informere publikum om viktige ting som skjer, han skal skrive saklig om aktuelle forhold slik at publikum, etter å ha lest et journalistisk arbeid, er godt informert om noe viktig som har skjedd.

Men i enhver sak er det mange fakta som kan være relevante, og det journalisten skal gjøre er å sette seg inn i saken, finne ut så mye han kan innenfor de rammer han har, og så velge ut de fakta som er relevante, de som har noe å si for hvorfor det som skjedde virkelig skjedde slik det skjedde. Journalisten må ikke la personlige preferanser og fordommer påvirke det utvalg av fakta han tar med i en artikkel; gjør han dette er det ikke journalistikk han bedriver.

Det er dog allikevel antagelig umulig å sikre at slike personlige forhold ikke på noe vis påvirker det journalisten skriver, men det han da må gjøre er å gjøre sitt beste for at personlige preferanser ikke skal påvirke det han skriver. Det journalister i sin rapportering må gjøre er å være tro mot den saken de skriver om, journalisten må være tro mot objektet – han må være objektiv.

(Det er svært vanlig, men feil, å si at objektivitet er umulig. Dersom journalisten virkelig gjør sitt beste for å ta med alt som er relevant og viktig, og ikke vinkler sin fremstilling i samsvar med egne preferanser eller eget syn eller egne fordommer, så er han objektiv. Ja, to journalister kan da fremstille samme sak på noe forskjellige måter, men hvis begge har fulgt det som kort er skissert over så er begge allikevel objektive selv om altså deres artikler ikke er identiske. Det som er sagt her er bygget på en aristotelisk forståelse av objektivitet. Det syn at objektivitet er umulig bygger på en platonsk forståelse av objektivitet, og Platons syn er, slik vi ser det, feil. Dette er dog ikke stedet for å gå nærmere inn på dette.)

Den fjerde statsmakt

Pressen har som sagt en viktig oppgave, det er ikke uten grunn at den er kalt den fjerde statsmakt (dette er et noe problematisk uttrykk, og vi kommer til det nedenfor). SNL: «Fjerde statsmakt er en uoffisiell betegnelse på pressen som referer til medienes selvpålagte rolle som samfunnsovervåker. Pressen skal avsløre maktmisbruk gjennom den såkalte «vaktbikkje-rollen». Begrepet «den fjerde statsmakt» knytter an til prinsippet om delingen av statsmakten mellom den lovgivende, utøvende og dømmende myndighet, se maktfordelingsprinsippet.»

Pressen skal da også føre en slags kontroll med det som skjer i samfunnet ved å si ifra dersom noe upassende skjer. Dette er problematisk siden en rekke viktige aviser ikke lever av inntekter fra lesere og annonsører, de lever av inntekter fra staten. En fersk artikkel på Nettavisen oppgir disse tallene for pressestøtten i 2019: Klassekampen mottar 42 millioner, Bergensavisen 35 millioner, Vårt Land 33 millioner, Dagsavisen 29 millioner, Nationen 21 millioner og Dagen 15 millioner. I tillegg kommer NRK, som nærmest er helfinansiert av staten, dvs. at skattebetalerne er tvunget til å bla opp for å finansiere NRK: for 2020 mottar NRK av staten ca 5,7 mrd kr. Kanskje man da kan si at disse vaktbikkjene er kjøpt og betalt av den største aktøren de har som oppgave å passe på?

En avis som ikke ser det som sin oppgave å informere sine lesere, men som f.eks. ser det som sin oppgave å propagandere for et bestemt politisk syn, og som gjør dette ved å vinkle sine nyhetsartikler slik at viktige fakta holdes tilbake for leserne, er kanskje en avis, men det den bedriver er da ikke journalistikk. Det finns så vidt vi vet ikke noe ord som betegner en journalist som velger å skrive slike artikler for denne type aviser, men innen medisinen vil en lege som praktiserte sitt yrke på denne måten bli omtalt som en kvakksalver.

Selvsagt kan en avis også publisere kommentarer, og kravet til disse er et helt annet enn til kravet til reportasjer; her kan skribenten gi uttrykk for akkurat det han mener. Det het da også før i tiden at den største synd i pressen er å blande reportasje og kommentarer i samme artikkel. Men i dag er forskjellen på kommentar og reportasje ofte liten: det kan nesten se ut som om alle reportasjer er kommentarer, og basert på et vinklet utvalg av fakta.

Eksempler

Fra norsk presse kan altså man finne et enormt antall eksempler hvor journalisten skriver om en sak, men unnlater å ta med viktige fakta, dette åpenbart for å bruke saken for å fremme et bestemt synspunkt, som regel et politisk syn. Av de utallige slike saker man har sett de siste årene er kanskje NRKs romkvinne-sak den mest åpenbare. Den handlet om de negative virkningene av menneskesmugling.

Denne reportasjen på NRK ble i etterkant strekt kritisert av flere aktører. Vi siterer fra en av de mest kritiske, som kom i Dagbladet: «I reportasjen unnlot NRK-reporter Runar Henriksen Jørstad å fortelle at romkvinnen han intervjuet var dømt for medvirkning til voldtekt av sin den gang 11 år gamle datter.»

Videre: «I stedet for å fortelle om den svært grove barnevoldtekten, ble saken i NRK Lørdagsrevyen fremstilt som en kulturkollisjon mellom norsk rettssystem og sigøynernes tradisjoner, hvor barna måtte reise og jobbe sammen med de voksne. Kvinnen fikk fremstille saken som sigøyneres tradisjonelle måte å leve på – uten å bli konfrontert med det groveste hun faktisk var dømt for: Medvirkning til voldtekt av sin mindreårige datter. I reportasjen sier romkvinnen også at hun ikke har gjort noe galt og at hun tenker på barna sine hver dag. …».

Dagbladet er meget krass si sin vurdering av NRK: «Dagsrevyens groteske journalistikk» var overskriften, og artikkelen begynner slik:

> «Dagsrevyen brukte åtte minutter på en lørdag til en rørende reportasje. *Som de visste var usann*, [alle uthevelser her] og der *de bevisst fortiet* en voldtekt av en elleve år gammel jente.
> ÅTTE MINUTTER MED USANNHETER: Lørdag 12. januar gikk det helt galt for Dagsrevyen. Men de visste hva de gjorde. Lørdag 12. januar brukte Dagsrevyen mer enn åtte minutter på en reportasje om en rumensk kvinne dømt for menneskehandel i Bergen tingrett. Åtte minutter er svært lang tid i Dagsrevyen. En nyhetssending har sjelden så god tid til å presentere alle fakta i en sak. NRK er Norges rikeste mediehus. Ingen har større ressurser. NRK er en statlig eid allmennkringkaster vi alle plikter å betale lisens for. Slik får Dagsrevyen en unik mulighet til å lage god journalistikk og et særlig ansvar for å få det riktig. Men lørdag 12. januar gikk det helt galt. Selv om NRK hadde godt kjennskap til saken de dekket. Selv om det ble reist sterke innvendinger i redaksjonen» (kilde Dagbladet, link nedenfor).

Ironisk nok er journalisten som sto bak denne reportasjen til og med styremedlem i SKUP, Siftelsen for en kritisk og undersøkende presse. SKUP er etablert for å fremme den kritiske og undersøkende journalistikken i Norge. (Kilde: VG).

Dette er kanskje den mest kjente av de mange sakene hvor et viktig nyhetsorgan bevisst velger å feilinformere sine lesere/seere om en viktig sak, og her er poenget at de feilinformerer for å skape sympati for de som oppholder seg i landet ulovlig, åpenbart med et ønske om at staten skal la enda flere komme inn i landet. (Hvorfor det er slik at mange oppholder seg ulovlig i landet blir aldri kommentert i de store mediene, men det er kort fortalt fordi en velferdsstat ikke kan ha fri innvandring; siden alle som oppholder seg lovlig og permanent i en velferdsstat har rett til å få en mengde goder på skattebetalernes bekostning må den lovlige innvandringen begrenses, noe som naturlig nok fører til en betydelig ulovlig innvandring, I et samfunn hvor man ikke har rett på goder fra staten vil det ikke finnes noen menneskesmugling.)

Den vanlige typen feilinformasjon men ser i pressen er sjelden at det gis åpenbare usannheter, dvs. at journalisten forteller noe som er direkte usant. Det som som regel skjer er at viktige fakta forties, eller blir tillagt mindre vekt enn de burde dersom målet var å gi en objektiv fremstilling av et saksområde.

Et ferskere eksempel, også fra NRK, finner vi i et av programmene i serien Folkeopplysningen. NRKs nettside forteller at «[Programleder] Andreas Wahl undersøker … tema[er] hvor det er stort sprik mellom det folk tror og det forskningen kan fortelle oss». Dette høres ut som et prisverdig opplegg for en programserie, og i flere av dem er visstnok vanlige og utbredte myter avslørt som … ja, myter. (Et av de siste programmene i denne serien tar opp resirkulering, og forteller at det som spares av ressurser ved resirkulering av husholdningsavfall i beste fall er ubetydelig, og i verste fall mer ressurskrevende enn å kaste, noe som åpenbart kom som en overraskelse på mange av de som kun lar seg «informere» av aktører i mainstreammedia).

Men helt galt gikk det da programmet skulle undersøke om det virkelig var saklig grunnlag for å hevde at vi står foran en menneskeskapt katastrofe pga. global oppvarming som følge av vår

222

bruk av fossilt brensel. Det som påstås er at den energi som driver våre biler og busser og fly, og som driver våre fabrikker, og som varmer våre hus når det er kaldt, i hovedsak energi fra olje, kull og gass, fører til en global oppvarming som vil ødelegge verden. En slik dommedag er blitt tidfestet en rekke ganger de siste 40 år, men spådommene har aldri slått til.

Klimaproblematikken er blitt diskutert et stor antall ganger i NRK, men de har aldri invitert forskere som hevder at det i all hovedsak er solen som styrer klimaet, og at menneskelig aktivitet (utslipp av CO2 ifbm. forbrenning av fossilt brensel) kun har lite å si.

Men Folkeopplysningen så det som sin oppgave å komme til bunns i dette, og inviterte noen som ikke sluttet opp om klimahysteriet. For muligens første gang i NRKs historie ble altså fagfolk som ikke deler det syn at vi står foran menneskeskapt katastrofe som følge av global oppvarming, invitert til å være med i programmet. Hvordan gikk det? Hele historien er å finne på en lenke til Klimarealistene nedenfor, men her er noen utdrag fra artikkelen skrevet av professor Ole Henrik Ellestad;

> «NRK brøt avtalene med Klimarealistene i Folkeopplysningens klimaprogram 3. oktober. Redaksjonell frihet og klippefrihet prioriterte misbruk av barn, en kaffehandler, en psykolog, en useriøs historieprofessor, noen halvkvedede viser fra forskere og en kurve basert på veldokumentert dataforfalskning av historiske variasjoner. Programmet ble derfor ufint, uten vitenskapelig integritet og uetisk. … Alt i programmet ble lureri for å sikre regien, med Klimarealistene som den forutbestemte "prügelknabe". Løftene og forpliktelsene forsvant i medienes selvbestalte tolkning av redaksjonell frihet med tilhørende 'klippemishandling'. Det er som om myndighetene hadde fått innvilget et av de klassiske TV-aksjonsprogram på sine premisser. Resultatet ble ufint, uten vitenskapelig integritet og uetisk – uverdig et opplysningssamfunn.»

Dvs. budskapet fra de inviterte klimarealistene ble klippet slik at de viktige argumentene ikke kom tydelig frem i programmet.

223

Så, programmet drev ikke folkeopplysning, det bare ga seg ut for presentere seriøs informasjon mens det egentlig bedrev ren løgn-propaganda, i dette tilfellet ved å med utgangspunkt i et nokså omfattende materiale å sile og vinkle og klippe slik at publikum enda en gang fikk det feilaktige bilde som viste det samme som er blitt propagandert nærmest unisont av de store mediene de siste tiårene.

I reportasjer i aviser om klimasaken leser vi ofte følgende: «Det siste året er det varmeste som noen gang er målt» og det skrives slik for å gi inntrykk av at vi er utsatt for – og åpenbart årsak til – en oppvarming som bare blir sterkere og sterkere. Og det er korrekt at de siste årene er blant de varmeste som er målt. Men det de journalistene som formulerer seg slik ikke sier er at målingene kun har pågått i de siste ca 150 år, og at klima er en stor ting som man må se over lengre tidsperioder. Ser man gjennomsnittstemperaturen over de siste 1000 år vil man se at dagens temperaturer ikke er spesielt høye, og ser man over de siste 10 000 år vil man se at de variasjoner vi har hatt de siste 150 eller 1000 år er klart innenfor de naturlige svingninger. Nedenfor linker vi til en graf som viser dette.

Det finnes et stort antall eksempler fra media også de siste årene og ukene og dagene hvor journalisten åpenbart med viten og vilje utelater viktige fakta, fakta som får saken han skriver til å se helt annerledes ut.

Noen ferskere eksempler: Mediene forteller om omfattende opptøyer, plyndring og kriminalitet i mange storbyer i USA (det som utløste dette var drapet på George Floyd i mai i år). Mediene forteller dog ikke at så og si alle disse byene har en politisk ledelse utgått fra det Demokratiske partiet, som er sterkt venstreorientert, og at den politiske ledelse i alle disse byene da har ført en politikk som nærmest opp-muntrer til forfall: høye skatter får de produktive til å flytte, høye trygder og sosialhjelp og gratis offentlige tjenester får uproduktive til å komme, og når slikt kobles sammen med lave straffer for kriminalitet, burde det være opplagt å forstå at resultatet blir som vi nå ser. Vi har aldri sett denne sammenhengen nevnt i noen av de mange reportasjene som mainstreammedia har skrevet om det som skjer i USA (dette skjedde sommeren og høsten 2020).

I praktisk talt alle reportasjer om islam i mainstreammedia unnlater skribentene å omtale enkelte viktige elementer i islam,

224

elementer som gjør at kritikk er mer enn legitimt. Blant de tingene som ikke nevnes er pålegg om at frafall fra islam skal straffes med døden, og det samme gjelder blasfemi og homofili. Islam inneholder pålegg om at dens tilhengere ikke skal ha venner blant de vantro, og man finner også pålegg som sier «drep de vantro hvor dere enn måtte finne dem», og man finner slike ting som «Vi vil kaste redsel i de vantros hjerter fordi de har stilt guder ved siden av Allah; noe Han ikke har åpenbart noen fullmakt for. Deres bolig er Ilden! Og ondt er de urettferdiges hjemsted!». Muslimer pålegges å underkaste seg dette – ordet «islam» betyr da også «underkastelse».

Når mainstreamskribenter forteller om motstand mot islam og så unnlater å nevne slike fakta som vi nettopp gjenga, så blir deres reportasjer rene løgnhistorier; de er ikke journalistikk, de er løgnpropaganda.

Norske medier har ofte rapportert om palestinere protesterer mot Israels okkupasjon – uten å nevne hva palestinerne som regel mener med okkupasjon. Det de som regel mener er noe de kaller «al-Nakba», «den store katastrofen», og dette er opprettelsen av Israel. Disse palestinerne mener at Israels eksistens er en okkupasjon av det de mener er palestinsk/arabisk/islamsk land, og når de vil ha slutt på okkupasjonen mener de at de vil fjerne Israel. Dette har vi ikke noen gang sett omtalt i norske mainstreammedier; dette er da et viktig faktum som journalistene som skriver om dette utelater.

En rekke ganger de siste årene har man sett reportasjer om den forferdelige situasjonen i Venezuela: arbeidsløshet, tomme butikker, sterkt økende fattigdom, sult, inflasjon, folk flykter til nabolandene, etc., men årsaken – den sosialistiske politikken som ble ført under Chavez og Maduro – blir aldri nevnt som årsak.

Det er enkelt å komme med flere eksempler på hvordan mainstreammedia unnlater å inkludere viktige fakta i sine reportasjer, f.eks. de enorme kostnadene som dagens innvandringspolitikk fører med seg (innvandring til kapitalistiske land er et stort gode, innvandring til velferdsstater innebærer som regel enorme kostnader) blir så og si aldri omtalt. Hvor dårlig miljøpolitikk det er å satse på såkalt fornybar energi (sol, vind) blir praktisk talt aldri omtalt i vanlige aviser eller på TV, og dette gjelder også når det er vokst opp en stor folkelig motstand mot vindturbinene, en motstand som er kommet alt for sent til å ha stor effekt. Og det opplyses heller ikke hvor mye strømprisen er gått opp i land som har satset stort på å innføre fornybar energi (Tyskland, Storbrittania).

En ny pris?
Kommunistdiktaturet Sovjetunionen varte fra revolusjonen (eller egentlig kuppet) i oktober 1917 til det brøt sammen i 1991. I denne tiden var det ingen individuell frihet, og det var heller ingen ytringsfrihet. All informasjon som ble formidlet til befolkningen skjedde gjennom offisielle publikasjoner hvor alt innhold var skrevet slik at det støttet opp om statens politikk. All informasjon som kunne skade staten og kommunismen ble fortiet. Viktigst av avisene som fantes var Pravda, som var kommunistpartiet offisielle avis. Viktigst av de andre avisene var Izvestia, som var statsmaktens offisielle avis.

«Pravda» er det russiske ordet for «sannhet», og «izvestia» er det russiske ordet for «nyheter», men siden disse avisene kun fungerte som propagandaorganer for staten og kommunismen, var det lite å finne av saklige nyhetsreportasjer i disse avisene; det het at «man finner ingen sannheter i Pravda, og man finner ingen nyheter i Izvestia». Det fantes dog en liten undergrunnspresse; stensilerte trykksaker med viktig, men forbudt, informasjon ble spredt i noen få eksemplarer i all hemmelighet. Der var forbundet med strenge straffer å være involvert i spredingen av disse trykksakene, som gikk under navnet «samizdat»; ordet «samizdat» betyr noe sånt som selv-publisert. (Vi tillater oss å ta med følgende poeng: dersom den intellektuelle ensretting i et samfunn blir svært stor vil dette ensrette alle vanlige publikasjoner, og det kan da se ut som om selv-publisering er den eneste måte for de virkelig opposisjonelle å få sitt budskap ut.)

Pravda var og er symbolet på en avis eller et presseorgan som fungerer som en propagandakanal for myndighetene, og som riktignok omtaler nyheter, men som alltid vinkler sine fremstillinger og som velger ut hvilke fakta de skal rapportere og hvilke de skal utelate ut i fra hva som passer et bestemt politisk syn, evt. hva som støtter opp om myndighetenes politikk. Nyheter og fakta som ikke støtter opp om ideologien eller politikken blir utelatt.

Journalistene som skrev for Pravda var da egentlig kun propagandaskribenter, de var ikke journalister slik legitime journalister er (og som vi kort beskrev innledningsvis). Det de gjorde var å tilpasse sitt utvalg av fakta ikke til hva som var viktig og relevant, det de gjorde var å tilpasse det de skrev slik at det sluttet opp om og støttet opp om en bestemt politisk ideologi. Det Pravda (og alle andre tillatte nyhets-formidlere i Sovjet) var opptatt av var å dekke over den elendighet og fattigdom som sosialismen førte til, og å dekke over den velstand og frihet som kapitalismen førte til, og man kan med stor rett hevde at dagens journalister tar på seg akkurat den samme oppgaven.

Eksemplene gitt over illustrerer at det mange norske journaliser gjør i dag er omtrent der samme som journalistene som skrev i Pravda gjorde. De feilfremstiller saker for å støtte et bestemt politisk syn. De er – for å gjenta parallellen fra medisinen – ikke i samme kategori som leger, de er å sammenligne med kvakksalvere.

Det burde vært mer oppmerksomhet om dette. En måte som kanskje kan ha denne effekten er å regelmessig dele ut en pris til den journalist som f.eks. sist uke klarest og tydeligst har ignorert viktige fakta i en reportasje han skrev. Og som en hyllest til historiens mest opplagte og velkjente løgnpropagandaorgan kan denne prisen kalles Pravda-prisen! De som mottar en slik Pravda-pris vil da få en type oppmerksomhet som de har gjort seg fortjent til! Vi mener altså at det burde finnes pris som deles ut (f.eks. ukentlig) til sist ukes mest løgnaktige «journalist».

Hvis noen vil benytte dette forslaget så er det bare å ta det. Men de som evt. tar det bør være oppmerksomme på at det vil være krevende å dele ut en slik pris, dette fordi det hele tiden er så mange kandidater som gjør seg verdige til å motta denne prisen. Både de som nominerer kandidater til prisen, og juryen som skal finne den mest verdige vinneren, vil ha et stort arbeid foran seg. Man kanskje det kan føre til at den omfattende usakligheten i norsk presse blir noe mindre.

https://www.dagbladet.no/kultur/dagsrevyens-groteske-journalistikk/ 63996155

https://www.vg.no/nyheter/innenriks/i/K0dqE/derfor-unnlot-nrk-aa-fortelle-om-barnevoldtekt

https://tv.nrk.no/serie/folkeopplysningen

https://www.klimarealistene.com/2018/10/15/folkeopplysningen-nrk-som-folkemanipulator/

Graf, gjennomsnittstemperatur 10 0000 år
https://jonova.s3.amazonaws.com/graphs/lappi/gisp-last-10000-new-a.gif

Tegn i tiden
Publisert på Gullstandard 15. april 2019

Fritt Ords ytringsfrihetspris er nylig tildelt den svenske skoleeleven Greta Thunberg (som deler prisen med Natur og Ungdom) for hennes engasjement i en «usedvanlig tøff samfunnsdebatt [klima- og miljødebatten]… , der aktivister møter motstand av mange slag. Miljø-aktivistene møter hets, trakassering og latterliggjøring i sosiale medier og nettdebatter i tillegg til motstand fra både politikere og nærings-interesser» (dette er fra Fritt Ords begrunnelse for tildelingen).

Fritt Ord setter her tingene fullstendig på hodet! De som hevder de samme synspunkter som Thunberg blir hyllet i alle fora som finnes: hennes meningsfeller dominerer alle fora i mainstream, dvs. de kontrollerer alle redaksjoner i aviser og TV, de er blitt tildelt Nobels fredspris, de er gjennom mange år blitt tildelt enorme økonomiske ressurser, og de har hele FN-apparatet på sin side. De som møter hets og motstand og det som verre er, er ikke de som hevder at vi står foran en menneskeskapt global krise som følge av global oppvarming, de som møter hets og trakassering er de som med overveldende videnskapelig begrunnelse på sin side konstaterer at klimaet i all hovedsak styres av solen.

En slik pris bør gå til personer/organisasjoner som forteller upopulære sannheter. Nå er prisen gått til en person og en organisasjon som forteller populære løgner, løgner som har som formål å øke statlig makt og å redusere individuell frihet enda mer.

Den engelske filosofen sir Roger Scruton mistet nylig sin stilling som rådgiver for myndighetene i Storbritannia, etter å ha kritisert bruken av begrepet «islamofobi». Scruton har korrekt konstatert at begrepet «islamofobi» er laget for å signalisere at det å være kritisk til islam er å sammenligne med en mental sykdom. Regjeringen i Storbrittania vil altså ikke ha knyttet til seg en rådgiver som sier slike ting.

Aktivister på venstresiden har også tatt kontakt med firmaer som annonserer på Resett og reellt sett bedt dem slutte med å annonsere der, noe som er i tråd med tidligere justisminister Anne Holts oppfordring: «nå må noen gjøre noe med Resett!» Vi siterer følgende fra Resetts redaktør Helge Lurås: «… mange mediebyråer og store annonsører boikotter Resett. Det skjer i stor grad fordi aktivister på venstresiden kontakter dem med spørsmål om hvorfor de tillater sine annonser å vises hos oss.»

Det virker som om de på venstresiden ikke setter stor pris på at Resett publiserer nyheter som blir helt eller delvis ignorert av mainstreammedia, og at de heller ikke liker at Resett er en kilde for andre perspektiver på aktuelle saker enn de som finnes i dominerende miljøer. (La oss enda en gang ha sagt at vi ikke deler det folkelig-konservative utgangspunkt som Resett har, men at vi setter pris på at Resett skriver om saker som fortjener oppmerksomhet og som mainstreammedier ignorerer.)

Et eksempel fra USA: Kirstjen Nielsen ledet en periode Department of Homeland Security under president Trump. Hun har nå trukket seg fra denne posisjonen, men venstreorienterte aktivister fortsetter sin kamp mot alt og alle som har vært involvert med Trump – nå forsøker de å hindre henne i å få en jobb etter at hun tjenestegjorde i Trumps administrasjon. Frontpagemag skriver i sin vanlige noe overdrevne stil: «Since the Left won't be able … to put former Trump officials on trial for crimes against humanity, tormenting those individuals until their dying days is the next best thing. The penalty for serving President Donald Trump, the duly elected 45th president, shall be everlasting infamy. The day before Nielsen quit, a bunch of leftist groups signed on to a petition asking corporate America to blacklist senior Trump administration officials, including Nielsen, who played a role in the family separation policy used at the border. "Allowing her to seek refuge in a corporate corner office or a boardroom, university, speaking agency or elsewhere poses a significant reputational risk for those involved", said … Karl Frisch of Restore Public Trust … George Washington University political scientist Henry Farrell started a petition in which he promised not to "associate myself in any way" with any think tank or university department that employs Nielsen.»

Så hva kan man si som oppsummering av disse få eksemplene – og det ville ha vært svært enkelt å finne en rekke flere eksempler som forteller det samme.

Det virker som om som om de på venstresiden er villige til å gå svært langt i å hindre andre perspektiver enn deres egne å komme til uttrykk. Folk som har andre synspunkter skal boikottes, de skal miste jobben, de skal miste verv, og de som deler deres egne synspunkter skal løftes frem selv om det de bygger på er juks og bedrag. Det er noen som tror at venstresidens ideologi handler om å hjelpe de svake, men de som virkelig tror dette er svært naive og har liten kunnskap om hvordan verden fungerer. Sannheten er at jo lenger til venstre den politiske kurs legges i et land, jo verre blir det for alle, og verst går det ut over de svake. Det finnes mer enn hundre års erfaring på dette, og det aller ferskeste eksemplet som enda en gang bekrefter dette er Venezuela.

Men det er slik venstresiden er. Deres ideologi tåler ikke dagslys, og derfor benytter de alle mulige uærlige tricks for å opprettholde løgnen om at det er de som egentlig er tolerante, frisinnede og liberale og tilhengere av mangfold. Sannheten er at de venstreorienterte er maktmennesker som mener at de alene har rett, og at de som har andre meninger må undertrykkes, i første omgang ved at de ikke får anledning til ustraffet å gi uttrykk for sine meninger dersom de ikke er i samsvar med venstresidens egne meninger.

Vi husker tidligere statsminister Gro Harlem Brundtlands fortvilte konstatering fra noen måneder tilbake, etter at alternative medier på Internett begynte å få store besøkstall: «Vi er i ferd med å miste kontroll over hva folk blir fortalt».

Ja, venstresiden vil ha kontroll med «hva folk blir fortalt» av aviser og andre nyhetsmedier. Men takket være et fortsatt noenlunde fritt Internett er venstresiden i ferd med å miste kontroll over hva folk blir fortalt – og derfor arbeides det intenst med å innføre ulike former for statlig eller overstatlig regulering av Internett.

La oss til slutt komme i forkjøpet mht. en mulig innvending mot det ovenstående; Man kan si at de eksemplene vi har gitt kun er enkeltstående tilfeller, at de ikke er representative, at venstresiden egentlig er tilhenger av Maos prinsipp om å «la hundre blomster blomstre», og at de egentlig er tilhengere av mangfold.

Til dette vil vi si to ting: for det første er det ingen prominente personer på venstresiden som har tatt avstand fra det som de eksemplene vi har gjengitt sier. Vi har ikke sett noen på venstresiden si at det er bra at Resett forteller ting som andre medier fortier, vi har ikke sett noen på venstresiden si at det er legitimt å være svært kritisk til islam, vi har ikke sett noen si at i en stab av rådgivere bør en rekke ulike synspunkter være representert, og vi har ikke sett noen si at det ikke er legitimt å forsøke å hindre personer med et annet syn enn det de selv har å få en jobb i samsvar med erfaring og kvalifikasjoner.

For det andre: ja, det er riktig at venstresiden sier at de er for mangfold – men de er kun for mangfold på områder som i de fleste sammenhenger er irrelevante. De vil ha mangfold mht. kjønn, hudfarve, alder, seksuell legning, men de går aldri inn for mangfold der hvor det virkelig teller, de er aldri tilhengere av mangfold mht. ideer og politisk oppfatning, på disse områdene vil de ha en total uniformering!

Dette er i fullt samsvar med det som er venstresidens kjerne: det aktivistene på venstresiden ønsker er makt, og de benytter alle midler for å få makt. Derfor vil de eliminere all reell opposisjon ved å kontrollere det folk blir fortalt, ved å gjøre noe med alternative stemmer, ved å fjerne rådgivere som har vesentlig annerledes meninger, og ved å løfte frem ideologier som legitimerer økt statlig makt selv om de er bygget på juks og bedrag. Det er slik venstresiden er, og det er slik den må være for å opprettholde sin menneskefiendtlige ideologi.

Det disse eksemplene viser, og det ville som sagt vært svært enkelt å finne langt flere eksempler, er at venstresidens ideologi blir stadig mer dominerende, og jo mer dominerende den blir, jo mindre frihet og velstand vil vi ha.

https://www.document.no/2019/04/12/slosing-med-en-pris-og-misbruk-av-et-barn/

https://resett.no/2019/04/11/britisk-filosof-fikk-sparken-etter-kritikk-av-begrepet-islamofobi/

https://www.frontpagemag.com/fpm/273457/hunting-kirstjen-nielsen-matthew-vadum

https://resett.no/2019/04/14/hvis-noen-skulle-vaere-i-tvil-om-sabotasjen-mot-resett/

https://agendamagasin.no/intervjuer/brundtland/

Politiet

Publisert på Gullstandard 28. september 2020

Politiet er i hardt vær for tiden. Vi skal gi en vurdering av årsakene til dette, og som vanlig vil vi her gi en vinkling som ikke er å finne andre steder. Vi skal kommentere det som er skjedd med politiet – eller det som politiet er blitt utsatt for – de siste månedene, og vi skal komme inn på det som er den virkelige årsaken til det som har skjedd. Det som skjer er alvorligst i USA, men i det store og hele skjer det samme i alle land i Vesten. Vi kan ikke hente alle typer eksempler fra alle land, men henter dem i hovedsak fra Skandinavia, USA, Storbrittania og Australia.

Angrep på politiet

Vi kjenner alle til den nylige hendelsen i Los Angeles hvor to politimenn blir skutt på kloss hold mens de sitter i sin tjenestebil. (Hendelsen finnes på video, link til BBC nedenfor.) De to alvorlig skadede politimennene blir sendt til sykehus og utenfor samles det raskt en folkemengde som roper til de alvorlig skadede politimennene «Vi håper dere for helvete dør, jævler!» (noe fritt oversatt til norsk). Hele aksjonen ser ut til å være godt planlagt.

I utgangspunktet høres dette utrolig ut, men det er sant. Og dette er ikke den eneste saken hvor slike ting skjer. I de siste par år har et stort antall politifolk i USA blitt drept på denne måten, dvs. ikke i skuddveksling med kriminelle, men ved at en gjerningsmann bare har skutt politifolk mens de var på jobb under fredelige omstendigheter.

En rekke bystyrer i USA har også redusert budsjettene for politiet i byen, etter oppfordringer om å «defund the police» – med en begrunnelse som går ut på at en betydelig del av politiets innsats går ut på å trakassere svarte, og at en redusert politiinnsats vil føre til redusert kriminalitet.

Den sterkt venstreorienterte politikeren Alexandria Ocasio-Cortez ble spurt om hvordan USA vill se ut med et «defunded police», og på Twitter svarte hun at det ville se ut som fredelig forstad:

> «The good news is that it doesn't actually take a lot of
> information. It looks like a suburb. Affluent white communities

already live in a world where they choose to fund youth, health, housing etc. more than they fund police … When a teenager or preteen does something harmful in a suburb (I say teen bc this is often where lifelong carceral cycles begin for Black and Brown communities), White communities bend over backwards to find alternatives to incarceration for their loved ones to 'protect their future,' like community service or rehab or restorative measures. Why don't we treat Black and Brown people the same way?» (Et skjermbilde av denne tweeten er å finne på en link til marieclaire nedenfor.)

«Ingen røk uten ild» heter det, og det finnes mange tilfeller hvor politifolk har vært altfor hardhendte overfor svarte mistenkte, og at mange svarte er blitt drept av politifolk ifbm. arrestasjoner er sant. Det som utløste denne siste og fortsatt pågående bølgen av protester mot politiet, inkludert dødelige angrep på politifolk, var drapet på George Floyd under en arrestasjon utført av politijenestemannen Derek Chauvin. [Senere viste det seg at omstendighetene omkring Floyds død var mer kompliserte enn pressen først ga inntrykk av.]

Det finnes også tilfeller hvor politiet i USA urettmessig er blitt beskyldt for å ha brukt mer vold/ildkraft enn nødvendig mot svarte (to eksempler på dette er tilfellene Rodney King og Breanna Taylor, men i begge disse tilfellene var politiets maktbruk legitim), og også slike saker har ført til store opptøyer, selv om politiet altså handlet i samsvar med gjeldende regler.

Det hele bildet

Men skal man finne ut hva som skjer kan man ikke basere seg på enkelthendelser, man må se på det store bildet. Og da er spørsmålet: er det slik at amerikanske politifolk mer eller mindre systematisk trakasserer svarte? Er det slik at politifolk i betydelig omfang er rasister? Og svaret på dette er Nei. Heather MacDonald forsker på politiets virksomhet, og hun skriver følgende: «There Is No Epidemic of Fatal Police Shootings Against Unarmed Black Americans» (link nedenfor til Manhattan Institute), og at påstandene om systematisk rasisme fra politiets side er en myte. Overskrift i WSJ: «The Myth of

Systemic Police Racism» (link til WSJ nedenfor). Den som vil lese mer om dette kan google Heather MacDonald og «police racism».

Vi godtar det som er MacDonalds konklusjon: det er rom for forbedringer i politet, men det ligger ingen systematisk rasisme bak politiets virksomhet. Ja, antall svarte er overrepresentert i antall arrestasjoner hvis man sammenligner med befolkningen som helhet, men de er ikke overrepresentert dersom man ser på fordelingen blant kriminelle; det er et sørgelig faktum at svarte er overrepresentert blant kriminelle i USA. (Dette er i stor grad et resultat av den politikken som er blitt ført overfor svarte i hovedsak siden midt på 60-tallet, da venstreorienterte politikere kraftig intensiverte støtteordninger og offentlige gratistilbud til fattige. Siden svarte da var overrepresentert blant fattige ble de også overrepresentert blant de kriminelle. Grunnen er at slike tiltak passiviserer mottagerne, og at tiltakene for ofte har det resultat at mottagerne drives over i kriminalitet. Når dette kobles med et forbud mot narkotika, som får mange til å tro at handel med narko innbærer lettjente penger, og milde straffer for kriminelle, er dette en oppskrift på en katastrofe, en oppskrift som USA har fulgt i mer en 50 år. En annen årsak til at svarte er overrepresentert blant de kriminelle er at de i stor grad er blitt fortalt av hele den kulturelle eliten (presse, akademia, etc.) at deres problemer stort sett skyldes fordommer og rasisme blant hvite, og noen er da ute etter hevn mot hvite.)

Politiet svikter
Men det er ikke bare i USA at politet har problemer. I de siste årene har man sett en rekke avisoverskrifter av følgende type: «I en rekke storbyer i Vest-Europa finnes det no-go-soner hvor politet ikke våger seg inn», «Politet blir jaget av mobb» (den finnes en rekke videoer på youtube som viser slike hendelser), «Ungdommer har ikke lenger respekt for politiet», «Svensk politi trenger politibeskyttelse … » (denne siste påstanden er så absurd og utrolig at vi synes vi må ta med dokumentasjonen, link nedenfor).

Men det er flere typer fakta som er relevante for det vi skal frem til. Før vi henter disse vil vi ha sagt at vi går ut i fra at de fleste politifolk er dyktige og gjør en tilfredstillende jobb, Og selvsagt, politi er absolutt nødvendig for å holde kriminaliteten i sjakk. Ovenfor nevnte vi tilfeller hvor venstreorienterte bystyrer i USA gikk inn for å «defund the police», dvs. å redusere bevilgningene og dermed aktiviteten til politiet i vesentlig grad, og resultatet ble det stikk motsatte av hva de venstreorienterte hadde ventet seg: det skjedde en sterk økning i kriminaliteten. Her er to av mange overskrifter som forteller dette: «Police Wrestle With Surge in Crime in U.S. Cities Amid Defunding Efforts. A violent summer hits some major U.S. cities as police face budget cuts due to the pandemic and efforts to combat police brutality» (WSJ). «Buffalo Considering Defunding Police, Its Murder Rate is Up 71%» (frontpagemag). Men det er mer, og vi minner om at dette handler om årsakene til at politet er utsatt for kritikk, angrep og direkte sabotasje, og til og med drap.

Politiets image
I en rekke store kriminalsaker de siste årene har det vist seg at politiets innsats har vært totalt inkompetent. Sakene vi tenker på er drapene på president Kennedy og Lee Harvey Oswald i november 1963, drapet på statsminister Palme i februar 1986, terrorangrepet i Oslo 22. juli 2011. Ja, disse sakene er spredt mellom forskjellige land, og det er stor avstand mellom dem i tid, men dette er saker som det hele tiden snakkes om i mediene, og disse mediene forteller da om igjen og om igjen hvor utrolig inkompetent politiets innsats var i disse sakene.

Videre, de siste par år er det dukket om en sjanger TV-serier som er blitt svært populær: «true crime». Denne sjangeren har eksistert i litteraturen i mange år, men er nå også blitt populær TV-underholdning. Disse seriene handler som regel om uoppklarte saker, og seeren håper vel at de journalistene som lager seriene har klart å finne nye spor som gjør at gjerningsmannen kan bli tatt, en gjerningsmann som politet ikke har klart å finne.

Også i Norge er det laget slike serier: om Orderud-saken, om Birgitte Tengs-saken, om Marianne-saken, om Nesset-saken, om Wiborg-saken, om Iranzo-saken, om Scandinavian Star-saken. For tiden er det visstnok også i arbeid en serie om Baneheia-saken. Kanskje kommer det også en serie om Bjugn-saken, en sak hvor syv personer, inkludert bygdas lensmann, ble arrestert av politet på basis av fullstendig absurde anklager. Ingen ble dømt i denne saken.

Disse seriene har så og si aldri ført til at sakene er blitt oppklart. Ett unntak fra dette er en av de utallige seriene fra USA, *I'll Be Gone in*

236

the Dark. De som sto bak denne serien, eller rettere, de som sto bak boken den var bygget på, klarte virkelig å finne en draps- og voldtektsmann som over flere tiår hadde drept minst 13 personer og gjennomført mer enn 50 voldtekter. Politiet hadde jaktet på denne mannen i flere tiår uten suksess, og det viste seg da han ble avslørt at han var en – spolier alert – politimann.

Det klareste og sterkeste budskap seeren mottar fra disse TV-seriene er at politiet har vært utrolig inkompetent. (I hvert fall virker det slik i ettertid, men vi minner om at det er lett å være etterpåklok). I flere av de norske seriene får man vite at det som var politiets modus operandi var å finne en sannsynlig gjerningsmann, og så presse ham til å tilstå gjennom utspekulerte og trakasserende forhørsteknikker. Bevismateriale som ikke støttet opp om at denne mistenkte var skyldig ble ignorert, bagatellisert eller lagt bort. Grunnen var et ønske om å få avsluttet saken og triumferende kunne fortelle pressen at «Saken er løst! Den arresterte har tilstått!»

I ettertid er det kommet for en dag at i disse sakene finnes det en rekke falske tilståelser. Ja, politiet innrømmer i dag at det var slik da – at mistenkte ble presset til å tilstå – men at det ikke lenger skjer i dag. Vi håper dette er korrekt, men vårt poeng her er det budskap dagens seere mottar fra disse sakene.

Vi minner også om Liland-saken og Fritz Moen-saken, saker hvor politiet etter betydelig etterforskning mente at disse to var drapsmenn og fikk dem dømt, mens de egentlig var uskyldige. Og vi minner om de mange sakene med påstander om politi-vold, dvs. påstander om at politifolk nærmest for moro skyld banket opp fredelige, men muligens svært irriterende arrestanter. Spesielt var det en sak i Bergen på 70-tallet hvor påstander om politivold florerte i stort omfang. Nå er det mye som tyder på at hele denne saken var et falsum, men det må jo ha vært en grunn til at påstandene kunne fremstå som plausible.

Kunstens oppgave

I tillegg til dette har vi en rekke krimserier på TV, serier hvor det flommet over av korrupte politifolk. Helten er som regel ikke korrupt, men han har kollegaer som er korrupte. Ja, de fleste politifolk er selvsagt ærlige og dyktige, men hvis det finns noen som er … , ja, vi sier det rett ut: når det finnes noen som reelt sett er kriminelle og som bærer politiuniform, så er dette ødeleggende for hele politi-etaten.

Det er slik at folk flest ikke lærer ved å lese seriøs og grundig faglitteratur, de lærer heller ikke spesielt mye på skolen (bortsett fra å kunne lese og skrive og regne; det de lærer om f.eks. historie, samfunnsfag og miljø på skolen er stort sett galt), og det er umulig for en vanlig leser å lære noe ved å lese en eller noen få aviser; skal man lære noe fra avisene må man lese et stort antall aviser som er hentet fra alle sider av et bredt ideologisk spektrum. Men allikevel: folk flest lærer. Hvor kommer da denne lærdommen fra? Den kommer i all hovedsak fra kunsten, nærmere bestemt fra litteraturen. I tidligere tider lærte folk av Homer og Chaucer og Cervantes og Shakespeare og Dickens og Ibsen og Beecher Stowe og Orwell og mange andre (ja, slike forfattere var folkelesning i tidligere tider), men i dag må man regne film og TV-serier som den mest utbredte og tilgjengelige formen for litteratur. Så, det folk kan og forstår (eller tror de kan og forstår) om hvordan verden er og hvordan den fungerer har de i all hovedsak lært fra film og TV-seier. Og som nevnt, krimserier flommer over av korrupte og udugelige politifolk.

Hvorfor er det slik at kunsten i dag gir et så negativt bilde av politiet? Det er fordi den skapes av personer som har et negativt syn på politiets oppgave, og politiets oppgave er fundamentalt sett å beskytte enkeltindividers liv og eiendom.

Politiet i dag

Vi kan også henvise til noen ferske saker som viser hvordan dagens politi utfører sin oppgaver:

> VG: «Her aksjonerer politiet mot ballongselgere. Oslo-politiet brukte deler av nasjonaldagen til å trampe i stykker ulovlig solgte heliumballonger.» [Politikerne, i sin visdom, hadde forbudt bruk av helium i ballonger.]

> Dagbladet: [Den svenske skuespilleren Adam Pålsson har fått traumer etter han ble overfalt av væpnet politi i fjor, og forteller:] -Før ga jeg meg bare helt og tenkte at andre mennesker har kontroll over sikkerheten og så videre, det tar jeg

ansvar for selv i dag. Når jeg ser en politibil har det alltid vært en sikkerhetsfaktor for meg, men nå får jeg puls når jeg ser en politibil. Jeg beklager å si det, men jeg føler jeg ikke kan stole på dem, sier Pålsson i intervjuet, gjengitt av Aftonbladet.»

Vi har en rekke eksempler av denne typen: Etter overskriften «Et inkompetent politi preget av systemisk anti-rasisme og fordommer mot nordmenn» skriver document.no om en sak som begynte at med at

> «… en innvandrerfamilie bråkte mye i en blokkleilighet. … Det generelle bildet var en total mangel på respekt for husordensreglene i borettslaget: bråk, søppel i trappen, hærverk og utrivelig oppførsel. Først og fremst var bråket på nattestid det mest plagsomme. …Han som eide leiligheten, framleiet privat. Det var en stor leilighet på over hundre kvadratmeter. Naboene klaget, og det endte med at de som klaget nærmest ble trakassert av politet og beskyldt for rasisme og hatprat.» (Hele saken er å finne på link nedenfor.)

Her er ett av mange ferske eksempler på at politiet med vold går løs på personer som demonstrerer mot de strenge tiltakene som ble innført ifbm. Corona-viruset:

> «Australia's Violent Enforcement of Lockdowns Sparks Memories of the Eureka Rebellion … ….footage reveals a little of the current scene, with Aussies protesting against draconian lockdowns, and police in riot gear arresting them in large numbers» (link FEE).

Dette eksemplet er fra Australia. Ovenfor henviste vi til tilfeller hvor politiet rømte fra bøller, her ser vi at politet opptrer som bøller overfor fredelige demonstranter. Dette eksempelet er altså fra Australia, men det finnes tilsvarende eksempler fra Storbritannia, Sverige, Norge, Tyskland.

En løgner lyver ikke hver gang han sier noe, en tyv stjeler ikke alt han kommer over – slike folk lyver og stjeler en gang i blant. Men de er allikevel tyver og løgnere, og de kan ikke stoles på. Men hvis noen få politifolk er kriminelle (f.eks. ved å presse frem falske tilståelser, ved å banke opp arrestanter, ved å legge vekk bevis som ikke passer inn i en foretrukken teori om hvem som er gjerningsmann) så er dette ødeleggende for politet som helhet – disse få enkeltpersonenes kriminelle handlinger ødelegger for hele politietaten. Dette skaper mistro og motstand mot politet.

Udugelighet

Før vi kommer til avslutningen vil vi kort si noe om udugeligheten som opplagt finnes også i politiet – men ikke bare der. Udugelighet finnes overalt, men den blir mer utbredt jo større den offentlige sektoren i samfunnet er. Grunnen er at incentivene i en regulert økonomi i mindre grad går ut på tilfredsstille kunder og brukere; i en regulert økonomi går incentivene i større grad ut på tilfredstille de som regulerer og de som bevilger penger, dvs. staten og politikerne. Med andre ord: jo større det offentliges andel av økonomien er, jo mer udugelighet blir det i alle bransjer og sektorer i samfunnet, også i den private sektor (som altså ikke er fri, den er regulert av staten). Dette gjelder også politiet: jo større offentlig sektor er, jo mer udugelighet blir det også der. Men politet er en spesielt viktig etat fordi politifolk har rett til å bruke tvang og vold, og derfor er det viktig at udugeligheten der blir så liten som overhode mulig, og dette kan kun oppnås i størst mulig grad ved at offentlig sektor er så liten som mulig, dvs. at den kun tar seg av de legitime offentlige oppgavene (politi, rettsapparat, det militære).

Så, politet har ofte vist seg udugelig, politifolk er (for) ofte korrupte, de presser frem falske tilståelser, de bruker mye krefter på bagateller heller enn å prioritere viktige saker, og de flykter når de virkelig trengs og overlater områder til hardbarkede kriminelle (i no-go-sonene). Og alt dette skjer mens mange politi-kollegaer på en eller annen måte aksepterer det, og mens politiets ledelse – politidirektør, justisminister, regjering – godtar det!

Dette er uholdbart! Politet – slik det burde fungere – har en ekstremt viktig jobb, og den er å beskytte alle som oppholder seg i landet mot reell kriminalitet.

Men det som har skjedd er at det er blitt en etat som prioriterer uviktige ting, som lar de virkelig kriminelle alt for ofte være i fred, som iblant flykter hals over hode fra kriminelle de burde ha uskadeliggjort, som i enkelte saker planter bevis eller presser frem tilståelser de vet er falske bare for å gi inntrykk av at de har oppklart en viktig sak.

La oss ta med ett poeng til: politimannen som drepte George Floyd, Derek Chauvin, hadde i årene før mottatt innpå 20 klager på sin oppførsel som politimann. Han var allikevel fortsatt i jobben, han var beskyttet av sin fagforening. Det samme gjelder for en rekke andre bøllete politifolk: de blir i jobben fordi fagforeningene beskytter dem.

Ja, politifolk har en farlig og vanskelig jobb, og de må ofte ta viktige og farlige beslutninger på et øyeblikks varsel, beslutninger som kan føre til at personer de er i nærkontakt med kan bli skadet eller drept. Politifolk bør ha et handlingsrom for de beslutninger de tar og de handlinger de utfører uten å risikere å miste jobben. Men å holde småkriminelle George Floyd i et dødelig grep i innpå ti minutter mens han ligger nede på bakken, det er fullstendig uakseptabelt!

På bakgrunn av alt dette burde det være lett å forstå at kritikk mot og angrep på politiet skjer.

Vi støtter selvsagt ikke angrep på politiet. Men politi-etaten må rydde opp. Alt snusk må vekk. Alle politifolk som oppdager snusk hos sine kolleger må melde fra, og etaten selv må ha ordninger som sørger for at slike politifolk bli fjernet. Fagforeninger må ikke beskytte tjenestemenn som reellt sett er kriminelle. Videre burde det være slik at politiet kun beskjeftiget seg med reell kriminalitet, og ikke alt mulig annet som de blir beordret til i dag – reell kriminalitet er initiering av tvang overfor andre, dvs. tyveri, svindel, drap, voldtekt, overfall, innbrudd, hærverk, etc. Men for å komme dit kreves en radikal endring av den politikken som føres, og dette ligger selvsagt utenfor politiets område; politiet må rette seg etter det som folket i valg bestemmer, og som regjeringen som utøvende maktorgan beordrer.

https://www.dagbladet.no/kultur/stoler-ikke-pa-politiet/72870566

https://fee.org/articles/australias-violent-enforcement-of-lockdowns-sparks-memories-of-the-eureka-rebellion/amp?__twitter_impression=true

https://www.document.no/2020/09/27/berits-historie-et-inkompetent-politi-preget-av-systemisk-anti-rasisme-og-fordommer-mot-nordmenn/

https://www.marieclaire.com/politics/a32849383/alexandria-ocasio-cortez-defund-the-police/

https://www.bbc.com/news/world-us-canada-54137838

https://www.manhattan-institute.org/police-black-killings-homicide-rates-race-injustice

Moneyland: Den som graver en grav …
Publisert på Gullstandard 24. februar 2020

I de siste tiår har verden opplevd en kraftig velstandsøkning. Man kan vise dette ved å henvise til noe som alle i Vesten direkte opplever: vi har fått Internett og mobiltelefoner og Netflix og dataspill og hundrevis av TV-kanaler. Mange i Vesten reiser oftere og lenger enn de gjorde tidligere. Ny teknologi har gjort en rekke typer medisiner og sykehusbehandlinger mer effektive. Biler er blitt mer komfortable og sikrere. Alt dette forteller at velstanden er blitt høyere. Årsaken til dette er at det har skjedd en vesentlig produktivitetsøkning.

Dessverre har ikke velstandsøkningen for folk flest blitt så stor som de siste års produktivitetsøkning skulle tilsi, dette fordi mye av produktivitetsøkningen er gått til å ese ut byråkratiet og til å iverksette en rekke meningsløse miljøtiltak (vi sier dog ikke at alle miljøtiltak er meningsløse). Men disse tiltakene har bred folkelig oppslutning, så folket har seg selv å takke for at velstandsutviklingen er betydelig mindre enn den skulle ha vært.

Også utenfor Vesten har det vært en velstandsøkning. En artikkel forteller at de siste tiårs globalisering, dvs. den større utbredelsen av frihandel og markedsøkonomi, har ført til antall mennesker som lever i stor fattigdom er betydelig redusert. Kommentatoren Johan Norberg skriver om dette:

> «It is the greatest story of our time … Mankind is defeating extreme poverty. The World Bank has just released its latest numbers, and according to them, the proportion of the world population in extreme poverty, i.e. who consume less than $1.90 a day, adjusted for local prices, declined from 36 percent in 1990 to 10 percent in 2015. Even though world population increased by more than two billion people, the number of extremely poor was reduced by almost 1.2 billion. It means that in the now much-despised era of globalization, almost 130,000 people rose out of poverty every day.» (Kilde: The Hill).

Men noen hevder at denne liberaliseringen har en stygg bakside. En fersk bok, *Moneyland,* innledes med at forfatterens beskriver sitt besøk til en korrupt politikers private eiendom, en eiendom som ble tilgjengelig for publikum etter at han mistet makten i 2014:

Vulgær superrikdom

«Everyone had known that Viktor Yanukovich [president of Ukraine 2010-2014] was corrupt, but they had never seen the extent of his wealth before. At a time when ordinary Ukrainians' wealth had been stagnant for years, he had accumulated a fortune worth hundreds of millions of dollars, as had his closest friends. He had more money than he could ever have needed, more treasures than he had rooms for. All heads of state have palaces, but normally those palaces belong to the government, not to the individual.

In the rare cases – Donald Trump, say – where the palaces are private property, they tend to have been acquired before the politician entered office. Yanukovich, however, had built his palace while living off a state salary, and that is why the protesters flocked to see his vast log cabin. They marveled at the edifice of the main building, the fountains, the waterfalls, the statues, the exotic pheasants. It was a temple of tastelessness, a cathedral of kitsch, the epitome of excess. Enterprising locals rented bikes to visitors. The site was so large that there was no other way to see the whole place without suffering from exhaustion, and it took the revolutionaries days to explore all of its corners. The garages were an Aladdin's cave of golden goods, some of them maybe priceless. The revolutionaries called the curators of Kiev's National Art Museum to take everything away before it got damaged, to preserve it for the nation, to put it on display.

There were piles of gold-painted candlesticks, walls full of portraits of the president. There were statues of Greek gods, and an intricate oriental pagoda carved from an elephant's tusk.

244

There were icons, dozens of icons, antique rifles and swords, and axes. There was a certificate declaring Yanukovich to be 'hunter of the year', and documents announcing that a star had been named in his honour, and another for his wife. Some of the objects were displayed alongside the business cards of the officials who had presented them to the president. They had been tribute to a ruler: down payments to ensure the givers remained in Yanukovich's favour, and thus that they could continue to run the scams that made them rich.

Ukraine is perhaps the only country on Earth that, after being looted for years by a greed-drunk thug, would put the fruits of his and his cronies' execrable taste on display as immersive conceptual art: objets trouvés that just happened to have been found in the president's garage. None of the people queuing alongside me to enter the museum seemed sure whether to be proud or ashamed of that fact. Inside the museum there was an ancient tome, displayed in a vitrine, with a sign declaring it to have been a present from the tax ministry. It was a copy of the Apostol, the first book ever printed in Ukraine, of which perhaps only 100 copies still exist. Why had the tax ministry decided that this was an appropriate gift for the president? How could the ministry afford it? Why was the tax ministry giving a present like this to the president anyway? Who paid for it? No one knew.

In among a pile of trashy ceramics was an exquisite Picasso vase, provenance unknown. Among the modern icons there was at least one from the fourteenth century, with the flat perspective that has inspired Orthodox devotion for a millennium. On display tables, by a portrait of Yanukovich executed in amber, and another one picked out in the seeds of Ukrainian cereal crops, were nineteenth-century Russian landscapes worth millions of dollars. A cabinet housed a steel hammer and sickle, which had once been a present to Joseph Stalin from the Ukrainian Communist Party. How did it get into Yanukovich's garage? Perhaps the president had had nowhere else to put it?

The crowd carried me through room after room after room; one was full of paintings of women, mostly with no clothes on, standing around in the open air surrounded by fully clothed men. By the end, I lacked the energy to remark on the flayed crocodile stuck to a wall, or to wonder at display cabinets containing 11 rifles, 4 swords, 12 pistols and a spear. Normally, it is my feet that fail first in a museum. This time, it was my brain.» (s. 4-6).

I boken leser man videre at politikeren eide en rekke selskaper: «coal mining companies ... which were [for legal purposes] owned in the Caribbean», «a medicine racket ... run out of Cyprus»; «an illegal arms trade traced back to Scotland»; «a market selling knock-off designer goods ... legally owned in the Seychelles». Alt dette har politikeren kjøpt seg inn i med inntekter han har skaffet fra beskatning av landets befolkning. Forfatteren sier at «the sheer complexity of corruption ... makes me dizzy, like a maths problem too complicated to understand, a sinkhole opening at my feet».

Dette er bare fra de første sidene i boken *Moneyland*. Hva er forfatterens poeng? Hans poeng er at de siste års liberaliseringer har ført til at korrupte politikere og korrupte forretningsfolk er blitt i stand til å skumme fløten av mye av de verdiene som skapes, og at disse verdiene omsatt i penger brukes til å sikre noen få rikfolk og politikere den overdådige og idiotiske luksusen som Yanukovich og mange andre boltrer seg i. Forfatteren mener at med bedre reguleringer og bedre kontroll vil disse pengene ikke bli bruk til lystyachter og luksus-leiligheter og smykker og reiser og opphold i luksusomgivelser og flotte biler og ekstravagante armbåndsur for en korrupt elite, de ville bli brukt til bedre skoler og bedre helsetilbud og bedre lønninger for folk flest.

Bokens fulle tittel er *Moneyland: Why Thieves And Crooks Now Rule The World And How To Take It Back*, og den er skrevet av journalisten Oliver Bullough. Tittelen gjør klart hva boken handler om, men kanskje en annen variant av boktittelen gjør budskapet enda klarere: *Moneyland: Where the Rich go to Escape Our Democracy.*

Før vi går videre nevner vi at boken ikke overraskende er blitt tildelt en rekke utmerkelser, bla. er den blitt kåret som Årets bok av

Sunday Times, Economist, Daily Mail og The Times, og den er vinner av «the Creative Nonfiction prize at the Wales Book of the Year [sic]». (Kilde: Tanum).

Boken er selvsagt også oversatt til norsk, og da er tittelen *Pengeland – hvordan finanseliten og de superrike stjeler fra folket og truer demokratiet*; det ser ut til at forleggere i alle land, og også i Norge, elsker slike bøker.

Så hva er det den handler om? Pengeland er ifølge Norli bokhandels omtale

> «et sted der de rike skjuler sin formue for å slippe skatt og de
> mektige utnytter systemet til å stjele. Det er et land hvor
> gigantiske summer flyttes rundt, utenfor all kontroll. De
> superrike lever globalt og pengene strømmer over grensene, der
> eventuelle kontroll-instanser ikke kan følge etter. Gjennom alle
> historiene i boken fletter forfatter Oliver Bullough inn en rød
> tråd: Når finansinstitusjoner i Europa og USA er blitt sentre for
> hvitvasking, er det noe fundamentalt galt med hvordan
> økonomien fungerer. Skatteparadiser, maltesiske pass,
> korrupsjon, amerikansk hemmelighold, skallselskaper i Panama,
> truster i Jersey, stiftelser i Liechtenstein – når de superrike på
> denne måten kan betale seg fri fra gjeldende lover og regler,
> undergraves demokratiet. *Pengeland* er en rystende fortelling fra
> 2000-tallet om rikdom, makt og hemmelighold.» (fra Norlis
> omtale).

Pengeland
Altså: Pengeland er et land uten grenser, uten landområde, uten flagg, og ligger utenfor all politisk kontroll. Rikfolk kan allikevel helt lovlig plassere sine penger der slik at de unndras så og si all beskatning. Dette skjer som regel ved at firmaer har sitt hovedkontor i et virkelig land med ingen eller svært lav skatt – i et såkalt skatteparadis – og selv om de opererer i andre land med et vanlig skattenivå, blir formuene og profitten disse firmaene skaper umulige å beskatte. Bullough kritiserer ikke bare de som unndrar seg beskatning, han kritiserer også de som spekulerer i ulike valutaer og på denne måten ifølge ham kan ødelegge lands økonomi.

Og her er altså ifølge Bullough og alle som betrakter boken budskap som viktig og godt, hovedpoenget: disse firmaene og deres rike eiere håver inn masse penger og unndrar dem fra beskatning, og dette er ille fordi disse skatteinntektene kunne ha blitt brukt på å heve befolkningenes velstandsnivå! I stedet blir mye av disse pengene brukt til slike ting som vi beskrev innledningsvis, dvs. unyttig og idiotisk luksus for korrupte politikere og rikfolk.

Men la oss gå dypere til verks. Dette handler om å beskatte firmaer og deres rike eieres formuer, og det handler om å bruke disse skatteinntektene til goder for folket. Det handler altså om velferdsstaten og dens finansiering.

Som kjent, velferdsstaten begynte å bli innført for alvor etter annen verdenskrig, og dens vekst skjøt fart etter ca 1960. Dette skjedde i alle land i Vesten. Velferdsstaten innebærer at politikerne lover at det skal bli flere og flere og mer og mer generøse offentlige tilbud (skole og helse, pensjoner og trygder, kultur og infrastruktur, støtteordninger på stadig flere områder, mmm.), folket stemmer på disse politikerne, politikerne får makt og gjennomfører noe av det de har lovet. Slike tilbud koster penger, og da ble naturlig nok også skattenivået høyere og høyere (og den statlige gjelden vil også øke). Denne veksten er uunngåelig fordi politikerne stadig må love mer og mer for å bli valgt, og for å finansiere dette må skatter og avgifter, og etter hvert statlige låneopptak, øke og øke og øke.

Bullough, som ikke uten poeng setter likhetstegn mellom velferdsstat og demokrati, skriver at

«...the core function of democracy [is to] tax the citizens, and use the proceeds for the common good ...» (s. 27) , og at «The Welfare State in Great Britain provides universal healthcare and free education. The innovations were remarkably successful: economic growth in most Western countries were almost uninterrupted throughout the 1950s and 1960s, with massive improvements in public health and infrastructure. All of this did not come cheap, though, and taxes had to be high to pay for it» (s. 33).

Ja, det som beskrives her er sant, men han beskriver ikke det som skjedde etter hvert: skattenivået økte og økte (selv om det var et lite brudd i denne trenden med noen skattereduksjoner under Thatcher), statsgjelden økte, byråkratiet este ut, kvalitetsutviklingen på de offentlige tilbudene både innen skole og helse ble noe ujevn, pensjonssystemene er konkurs, og den økonomiske veksten ble etter hvert vesentlig lavere. Her er representative tall (fra Norge): økonomisk vekst i perioden 1975-2000 var ca 4-5 % per år, i perioden fra 2000 har den ligget på ca 2 %. En mer detaljert fremstilling over den økonomiske vekst i Storbrittania i denne perioden er å finne på Wikipedia. Link nedenfor.

Pussig nok nevner Bullough ikke dette viktige poenget, dvs. at veksten ble mindre etter hvert (noe som kommer av at økonomien i en velferdsstat blir mer og mer regulert og byråkratisert, noe som gjør at alt går tregere), men vi går over til de tre hovedpoengene: skatteunndragelse, spekulasjon, idiotisk pengebruk.

Skatteunndragelse
Bullough kritiserer de som forsøker å unndra seg beskatning. Disse unndragelsene er dog lovlige, men de er i strid med velferdsstatens og demokratiets intensjon. Bullough nevner at på 60-tallet i UK var skattenivået for enkelte som hadde store inntekter på 95 %, men han sier ikke noe om hvorvidt slike skattesatser var urimelig høye (disse satsene ble satt noe ned under Thatcher).

Men er det galt å unndra seg beskatning? Det som skjer er at noen tjener penger, og så opplever de som har tjent disse pengene at en stor andel av dem blir tatt fra dem – er det da overraskende at de som er ofre for dette forsøker å unndra seg eller forsøker å redusere skattebyrden mest mulig? Etter mitt syn burde dette ikke overraske noen.

Det virker som om Bullough tror at den eneste måten å sørge for at en befolkning får en høy levestandard (en høy levestandard inkluderer gode skoler, et godt helsevesen, gode pensjons- og trygdeordninger, rent miljø, gode produkter av alle slag til salgs for rimelige priser, rettferdige og effektivt håndhevede lover, etc.) er å finansiere dette ved å ta fra de rike. Altså mener han at folk flest ikke kan skaffe seg en høy levestandard ved eget arbeid, han mener at en høy levestandard kun kan komme folk flest til gode ved at de rike tvinges til å betale for den. Dette er imidlertid feil.

Velferdsstaten forfaller
Forsøker man å tvinge de rike til å bidra, vil følgende nødvendigvis skje: flere og flere vil bli betraktet som rike og skattenivået vil derfor øke for stadig flere, noe som fører til ulike former for skatteflukt, f.eks. til land med lavere skatt (dette ble vanlig i Storbrittania på 50- og 60-tallet, hvor mange forlot UK og dro til USA, et fenomen som fikk navnet «brain drain») eller inn i den svarte økonomien. Offentlige tilbud vil over tid bli dårligere fordi de reelt sett er offentlige monopoler uten reell konkurranse, og fordi de styres på en måte som i liten grad fremmer innovasjon og effektivisering. Byråkratiet vil vokse, den økonomiske veksten vil bremses opp, den statlige gjelden vil etter hvert bli så stor at den ikke kan håndteres på en måte som unngår enorme problemer. Denne ødeleggende modellen heter velferdsstat, og Bullough tar feil når han tror at dette er den eneste modellen som kan skape velstand for folk flest. Sannheten er at den tvert imot vil ødelegge velstanden for folk flest. Det eneste som kan skape stabil velstandsvekst over tid er akkumulering av kapital, noe som gjør alle mer produktive. Vi kommer tilbake til dette poenget.

Bullough kritiserer valutaspekulanter fordi de kan ødelegge lands økonomier. Men hva er det som skjer ved valutaspekulasjon? Anta at en spekulant sitter med et stort beløp i italienske lire. Så finner han ut at myndighetene (sentralbanken) i Italia vil redusere verdien av liren, f.eks. for å gi inntrykk av økonomien i Italia er bedre enn den egentlig er, eller for å finansiere politikernes valgløfter før et valg, eller for å favorisere landets eksportbedrifter på bekostning av de som importerer. Blir verdien av liren redusert vil spekulanten tape store penger. Han vil derfor forsøke å veksle liren inn i en valuta som ikke vil bli utsatt for slik verdireduksjon. Men hvem er det som handler kritikkverdig her? Mitt syn er at det er den italienske sentralbanken, og politikerne som styrer den, som handler kritikkverdig, ikke spekulanten som selger sine lire for å unngå et stor tap. Alle slike spekulasjoner kunne unngås dersom pengene hadde en stabil verdi. Denne løsningen nevnes ikke av Bullough.

Men Bullough sier følgende på side 47: «If only everyone had listened to Keynes and created an international currency at Bretton Woods ... ». (Under en konferanse i Bretton Woods i 1944 ble en rekke viktige land enige om regler og institusjoner som skulle gjelde for alt økonomisk samkvem mellom disse landene etter krigen.) Sannheten er at det fantes en «international currency», en som ikke kunne manipuleres av noen politikere: denne valutaen var og er gull! Men ingen av representantene ville ha en valuta som var uavhengig av enhvers kontroll og som de ikke kunne styre etter politikernes forgodtbefinnende. Et pengesystem forankret i gull ble derfor ikke valgt på Bretton Woods. Det var allikevel en viss kobling mellom de vestlige lands valutaer og gull etter Bretton Woods, og denne koblingen varte frem til 1971, da president Nixon «lukket gullvinduet», dvs. han opphevet fullt og helt koblingen mellom gull og dollar. Fra 1945 til 1974 var alle vestlige valuter nokså stabile pga. denne forankringen i gull, men fra 1974 fikk alle land i Vesten flere år med betydelig inflasjon, og tilhørende økonomisk krise, noe som alltid vil kunne forekomme når man har valutaer som ikke er forankret i gull.

Skatt
Bullough legger stor vekt på at politikere misbruker skattepenger på fordeler til seg selv og sine familier, og at de bruker enorme beløp på «luksus» (slik vi så Yanukovich gjøre i eksemplet over).

Men her har vi altså et system hvor politikerne bare kan vedta at staten kan ta inn penger (for å si det enkelt) som en viss prosent av hvert enkelts inntekt pluss en viss prosent av hver enkelts formue pluss en viss prosent av hvert firmas overskudd pluss en viss prosent av det folk bruker på dagligvarer og klær pluss en viss prosent av det de bruker på bensin pluss en viss prosent av det de bruket på strøm pluss en viss prosent av det de bruker på tobakk pluss en viss prosent av det de bruker på alkohol pluss en viss prosent av det de bruker av sukkerholdige varer, etc.

At staten skal ta inn disse pengene er vedtatt av i lovs form av landets lovgivende forsamling, og pengene kreves da inn av et apparat (ligningsvesenet) som har full støtte av landets politi og rettsapparat. Videre, det er politikere og byråkrater som bestemmer hva disse pengene skal brukes til. Man burde da ikke bli overrasket over at denne gruppen av politikere og byråkrater tiltrekker seg folk som primært er interessert i å mele sin egen kake uten hensyn til andre, eller at rene kriminelle ønsker å få en eller annen posisjon i dette systemet. Og det er dette Bullough beskriver: dette apparatet, som lovlig kan forsyne seg med stigende andeler av alles verdiskapning, blir i stadig større grad fylt opp av kriminelle. Men ifølge Bullough, og alle som har skrytt boken opp i skyene, er problemet de som forsøker å unndra seg denne stadig tyngede beskatningen, problemet er ikke det systemet som er laget slik at det tiltrekker seg kriminelle! De som vil beskytte seg mot dette stadig økende skattenivået flykter til det som Bullough kaller Pengeland, men det ser ut som om Bullough og hans mange meningsfeller befinner seg i Bakvendtland! Vi vil understreke dette poenget: problemene som Bullough & co er opptatt av oppstår fordi man har et system som er basert på at et stort antall oppgaver skal finansieres med tvungen skatt!

Noen av de problemer som Bullough trekker frem er reelle, men løsningene han foreslår er det stikk motsatte av de reelle løsninger:

Bulloughs løsninger gjør vondt verre
Bullough støtter velferdsstaten, men velferdsstaten er ikke bærekraftig, over tid vil velferdsstaten ødelegge alle gode ting: skole og helsevesen vil forfalle, trygde- og pensjonsordninger vil gå konkurs, utbredt ansvarsløshet fører bla. til alt fra et generelt forfall til mer kriminalitet, etc.

Det er kun én vei til stabil velstandsøkning over tid, og det er akkumulering av kapital. Dette kan kun skje i en økonomi med en sikker eiendomsrett som gjelder fullt ut.

Bullough støtter tvungen skatt for å finansiere velferd, men et slikt system vil kreve større og større utgifter, politikerne vil forsøke å øke inntektene, skatte- og avgiftsnivået vil da øke og øke, og dette vil naturlig nok føre til at flere og flere på ulike vis vil forsøke å redusere sin skattebyrde.

Bullough nevner ikke det som er løsningen på valuta-spekulasjon, som er å sikre at penger har stabil verdi, f.eks. ved en gullstandard, eller ved «free banking».

Bullough vil eliminere skatteparadisene – men det at disse finnes bremser skatteøkningene i vanlige land, og reduserer skatteflukten fra disse landene. Men det beste ville ha vært om alle land var skatteparadiser, dvs. at staten kun sto for sine legitime oppgaver (politi, rettsapparat, det militære) og at alt annet ble drevet av private aktører. Dette er et system hvor hver enkelt sparer og investerer til sin egen pensjon, hvor han forsikrer seg mot sykdom og uførhet, hvor han kjøper skoleplass til sine barn, etc.; dette systemet er sterkt forskjellig fra dagens system hvor alle disse områdene er underlagt statlig tvang og politiske hestehandler, hvor de i større eller mindre grad lider av synkende kvalitet og mer byråkrati, hvor alternativene er svært dyre, og hvor de offentlige standardtilbud finansieres av en skatte- og avgifts-skrue som strammes hardere og hardere.

Tvert imot, det Bullough foreslår som løsning vil bare gjøre problemene enda større. Han vil ha et samfunn hvor de rike tvinges til å betale mer og mer, men resultatet da er at de som skal tvinges til å betale mest bruker sine penger ikke på produktive investeringer som ville ha økt velstanden for alle, men de bruker en betydelig del av sine penger på tullete luksusting – dette fordi slike ting er vanskeligere for myndighetene å beskatte enn en bedrift som produserer ting som folk på en eller annen måte synes er nyttige og derved kjøper.

Bullough er åpenbart tilhenger av demokrati, men ser ikke at demokrati er det samme som flertallsdiktatur, og han nevner heller ikke noen av de utallige problemene som demokratiet fører med seg; ikke engang det velkjente poenget om pressgruppenes krig om felleskaken, blir nevnt. Om forholdet mellom flertallet og det enkelte individ ser det ut til at Bullough overhode ikke har tenkt på hvilken selvbestemmende sfære den enkelte skal ha.

Bokens undertittel sier at boken vil forklare «Why Thieves And Crooks Now Rule The World». Å si at de «rule the world» er over-drevet, men at slike folk disponerer en ikke ubetydelig andel av verdiskapningen, en andel som kunne ha blitt bedre anvendt dersom målet er økt velstand for folk flest, er sant. Men grunnen til at de klarer å bemektige seg en så stor andel av verdiskapningen er at det systemet som Bullough & co ønsker, et system som skal ta fra de rike og gi til de fattige, dvs. det system vi har i dag bortsett fra at de rike ikke skal kunne slippe unna, er et kriminelt system, det er et system som i sin kjerne er kriminelt (selv om det er lovlig). Og at kriminelle kommer til topps i et kriminelt system burde ikke overraske noen.

Den som graver en grav

Et ordtak sier at «den som graver en grav for andre faller selv i den». Dette er ikke noe som alltid skjer, men det skjer iblant; den som forsøker å ramme andre vil ende med å skade seg selv. Bullough og hans utallige meningsfeller ønsker at folk flest skal ha det bra – men de tror at dette kun kan oppnås ved å «ta de rike», dvs. ved å ta penger fra de rike og bruke disse pengene på gode tilbud til alle. Dette vil opplagt skade de rike. Men det som vil skje i et system hvor dette blir normen er at de rike vil forsøke å unnslippe dette på flere måter, og en av dem er å redusere sine investeringer. Dette fører til at velstandsveksten blir mindre, og etter hvert vil velstanden falle. Bullough & co vil ta de rike og slik hjelpe de fattige og de mindre rike, men det systemet det er for vil føre til at alle blir fattigere. De som tror at man kan skape velstående samfunn ved å ta fra de rike opplever at resultatet blir det motsatte: samfunn som er basert på å ta fra de rike vil etter hvert oppleve forfall og økende fattigdom for så og si alle.

https://thehill.com/opinion/finance/408546-globalizations-greatest-triumph-the-death-of-extreme-poverty

https://www.tanum.no/_moneyland-oliver-bullough-9781781257920

https://www.norli.no/pengeland

https://en.wikipedia.org/wiki/Economy_of_the_United_Kingdom

Folket, det er meg, Simen Ekerns bok om de såkalte høyrepopulistene

Publisert på DLFs nettside 10. oktober 2017

Det var med en viss forventning jeg begynte å lese Simen Ekerns bok om «den europeiske høyrepopulismens vekst og fremtid» (dette er bokens undertittel). En av grunnene var at det kan være interessant å se hva en prisbelønnet mainstream journalist/forfatter sier om dette fenomenet, og en annen grunn var at en kommentator i VG (Yngve Kvistad) omtalte boken på følgende måte 19/9: «...Ekern har [i denne boken] gått til kildens utspring, for å låne ord fra en litterær premissleverandør på høyresiden, Ayn Rand». Kvistad sier også at Ekern «med skarpe observasjoner og en spiss penn dissekerer den europeiske høyresiden».

Denne bevegelsen har vokst frem i Europa de siste årene, og den har fått medvind i form av Englands vedtak om Brexit og valget av Donald Trump til president i USA. Sentrale personer i denne bevegelsen er Geert Wilders, leder av Frihetspartiet i Nederland; Marine le Pen, leder av partiet Nasjonal front i Frankrike; Frauke Petry, leder i tyske AfD (Alternativ for Tyskland); og Italias Matteo Salvini, leder i Lega Nord. Dette er, hvis vi måler etter oppslutning, fremtredende politikere i viktige land i Europa, og Ekern har intervjuet dem (og/eller andre som står dem nær, ikke alle var like tilgjengelige for intervju). Ekern har også vært tilstede på partimøter, og har lyttet til foredrag disse og andre politikere i bevegelsen har holdt. Så langt er dette en riktig oppskrift for hvordan en journalist skal arbeide. Men hvordan er resultatet?

Først: hva står denne bevegelsen for? Disse partienes viktigste standpunkter er i hovedsak disse: de er imot Euroen, de er imot Brussel, de er imot globalisering/frihandel/kapitalisme, de er imot islam, og de er imot innvandring. For å utdype dette noe: de vil at et land skal ha sin egen valuta og ikke den felleseuropeiske Euroen (som mange av EUs medlemsland benytter); de vil ikke styres fra Europas hovedstad Brussel, de vil styres fra sine egne nasjonale hovedsteder; de er imot at islam/sharia skal få innflydelse i Europa; og de er imot innvandring, de

255

foretrekker «homogene nasjoner». Vi kommer tilbake til disse tingene i noe større detalj etter hvert. De er alle tilhengere av velferdsstaten, et poeng Ekern ikke finner det verd å nevne.

Mainstreammedia beskriver alle disse partiene og politikerne som «høyrepopulistiske» – det er klart at de som tilhører etablerte miljøer ser på denne bevegelsen med forakt, og at de bruker «høyrepopulisme» som et nedsettende utrykk. La oss presisere disse viktige begrepene: hva er høyresiden, og hva er populisme? Vi skal deretter se på hva denne bevegelsen står for, og hvorfor. Deretter vil vi se på i hvilken grad Ekerns bok er nyttig for å forstå denne bevegelsen.

Populisme

Hva er «populisme»? I SNL finner vi følgende: «Populisme er betegnelsen på en ideologi, strategi eller kommunikasjonsform som appellerer til "folket", som motsetning til "eliten". Populisme er blitt knyttet til både venstreorienterte og høyreorienterte partier, samt sentrums- og bondepartier.» Vi kan da ikke se at det er noe galt i å være populist. At politikere henvender seg til og forsøker å få oppslutning fra folket – i motsetning til eliten – er bare rimelig i et demokrati. Vi synes ikke det er noe kritikkverdig i dette. Med andre ord: I et demokrati er det helt rimelig å forvente at politikere som forsøker å få makt er populister. De som anvender «populisme» på en nedsettende måte tilhører da en elite, en elite som har helt andre synspunkter enn de som dominerer hos folk flest. Uttrykket «populisme» brukes da av en elite som har makt og som vil beholde makten, dette selv om de meninger eliten har er i strid med de meninger folk flest har. Kort sagt, og satt på spissen: de som bruker «populisme» på en nedsettende måte tilhører en slags adel som vil herske over folk flest, og som legger liten vekt på hva folk flest mener.

Høyresiden

Så til begrepet «høyresiden». Høyresiden står i kontrast til venstresiden, og venstresiden består av partier og grupper som vil øke statens makt over den enkelte: de vil ha høyere skatter og avgifter, de vil ha flere reguleringer, de vil nasjonalisere og ekspropriere, de vil svekke eiendomsrettens betydning, og de vil utvide mengden av «gratis»-tilbud og støtteordninger fra det offentlige på stadig flere områder. Høyresiden derimot vil styrke det enkelte individs råderett over seg og sitt, den vil redusere skatter og avgifter, den vil privatisere og deregulere, den vil overføre offentlige eiendommer til privat eierskap, den vil overlate tilbud som er offentlige til det frie marked (den har som mål at staten kun skal ta seg av de legitime statlige oppgavene politi, rettsapparat og det militære).

Nå kan man hevde at man kan definere høyresiden annerledes; enkelte vil si at høyresiden består av ideologier og bevegelser som legger vekt på nasjonen, på tradisjoner, på den religionen som dominerer i landet. Men en slik definisjon er basert på ikke-essensielle egenskaper ved det som skal defineres, og da vil den kunne omfatte helt ulike bevegelser i forskjellige kulturer. Definisjoner basert på ikke-essensielle egenskaper er ugyldige.

Det er klinkende klart at de partiene som omtales i Ekerns bok da ikke tilhører høyresiden. Det er riktig som VGs kommentator skrev at Ayn Rand er en «litterær premissleverandør på høyresiden», men denne populistiske bevegelsen er ikke en del av høyresiden. Og for å konkretisere dette: Rand var for fri innvandring, for frihandel, mot styring både fra Brussel/Berlin/Madrid/Roma, og hun var mot at samfunn skal styres i samsvar noen religion, og hun var imot velferdsstaten, Rand var for full individuell frihet, hun var da tilhenger av kapitalismen. Vi vil tro at VG-kommentatorens kobling av Ayn Rand til denne populistiske bevegelsen kommer av at han ikke er kjent med hva Rand sto for; vi vil ikke påstå at han lyver.

Overfladiskhet
Ekern har snakket med en rekke personer som tilhører denne bevegelsen, og forteller hva de sier og mener. Men det er en pussig ting som vi ikke helt ser poenget med, han legger stor vekt på hvordan disse personene er kledt. Første kapittel begynner slik: «En eldre mann med lang, blå frakk og grå dress tenner en røyk...» (s. 23). Deretter følger det slag i slag, men vi gjengir kun noen få eksempler: under et intervju er Marine le Pen «kledt i en hvit, kortermet kjole ...» (s. 96), Geert Wilders er «designer-dress-smilende» (s. 136), eller kledt i «elegant, smal dress, kritthvit skjorte, nesten alltid slips» (s. 147), på side 164 er Wilders «den elegant kledte nederlenderen», før et møte i Hannover observerer Ekern «en jente med hestehale og grå boblejakke» (s. 175), på møtet

møter han «blikket til en ung mann, kledt i hvit skjorte og blazer» (s. 181), i Italia snakker han med «en blid, kortvokst ung fyr i slutten av tyveårene med hvit cap, hvite Adidas-joggesko, skjorte og en enkel blå jakke» (s. 232). I en møtesal sitter «en dame i leopardbluse og høyhælte, gule sko» (s. 236). På et annet møte ser han menn med «Grå dressbukser. Blanke sko. Dobbeltspent blå blazer med gullknapper ...» (s. 245). «Rundt meg» sier Ekern på side 251, «er det flest unge, velkledde folk. Gutter med blazer og slips, jenter med høye hæler, perler og kjoler», på side 252 snakker han med en mann som er «elegant antrukket i grå bukser og vinrød cardigan». Hvorfor nevner Ekern disse tingene så ofte? Kanskje for å vise at disse populistene er vanlige folk og ikke skinheads; kanskje er det bare et litterært grep for å starte eller komme videre i en fortelling, eller kanskje illustrerer det at Ekern i for stor grad skuer hunder på hårene.

Det substansielle
Men til det substansielle. Vi skal kort se på de fire hovedsakene: Brussel, innvandring, islam, og globalisering/frihandel. Ekern burde ha gått inn på disse poengene, sett på populistenes argumenter og vurdert dem. Etter vårt syn er dette det viktigste ved denne bevegelsen, men Ekern legger ingen vekt på dette. Nå er det den enkleste sak av verden for en anmelder å kritisere en forfatter for ikke å ha skrevet en annen bok enn den han virkelig har skrevet, og Ekern er muligens ikke interessert i disse temaene, men etter vårt syn er disse de viktigste så vi vil omtale dem – uten at dette må oppfattes som en kritikk av Ekerns bok; som sagt, hans fokus kan ha vært et annet.

1) Populistene er misfornøyde med styringen fra Brussel, og vil heller styres fra eget lands hovedstad. Etter vårt syn er det styring – statlig styring av økonomien – som er problemet (styring gir økende skatter, mer byråkrati som fører til arbeidsløshet, redusert vekst, mindre produktivitet, statsgjeld, korrupsjon). En forflytning av styringen fra Europas hovedstad til eget lands hovedstad vil ikke innebære vesentlige endringer i de problemer som styringen fører med seg – å erstatte Brussel med Berlin/Roma/Paris/Amsterdam vil ikke innebære vesentlig endringer av maktforholdene eller politikken, de vil fortsatt ligge hos staten – hvorvidt den ligger i nasjonalstatens hovedstad eller Europas

hovedstad Brussel spiller ingen rolle. Det er kun en fri økonomi som kan gi stabil velstand og vekst over tid. Løsningen på problemene populistene er opptatt av er ikke å flytte styringen fra Brussel. Løsningen er å slippe økonomien fri.

Dessverre forstår ikke populistene dette, de er motstandere av globalisering/frihandel/markedsøkonomi. Ekern gjengir noen sitater som klart bekrefter dette. «Marine Le Pen er allikevel på sitt aller mest effektive da hun snakket om kapitalismens brutalitet» (s. 93), og hun kommer med «sin sterke kapitalisme- og globaliseringskritikk» (s. 95). Le Pen sier også at «landene i Europa har ikke lenger noe hjerte, ingen sjel. Det er bare markeder. Denne økonomien gjør oss til slaver i en kunstig, dyp umenneskelig verden ....» (s. 256). Ekern konstaterer at Le Pen fremmer «den nasjonale proteksjonismen» (s. 84). Klarest er dog dette sitatet som Ekern gjengir på side 91 hvor Le Pen protesterer mot at hun blir beskyldt for å være ekstrem: «Jeg ser ikke hvordan det kan være ekstremt å være mot globaliseringen, mot frihandelen og ultraliberalismen som objektivt sett er i ferd med å ødelegge vår økonomi». Faktum er, i motsetning til det le Pen påstår, at land med frihandel har større vekst og større velstand enn land som fører en proteksjonistisk politikk, dette fordi frihandel innebærer større utnyttelse av komparative fordeler mellom land.

Et fritt marked, hvor eiendomsretten respekteres, hvor alle mellommenneskelige forhold er frivillige, og hvor staten kun skal beskytte alle borgeres frihet, er ifølge populistene et umenneskelig, brutalt slavesamfunn, mens et samfunn med stor grad av statlig tvangsmessig styring og regulering av alle borgeres aktivitet fra myndigheter som holder til ikke i Brussel men i eget lands hovedstad, det skal være langt bedre. Alle erfaring viser dog at økt frihet gir økt velstand, men jo mer styring det er jo mindre blir vekst og etter hvert vil fattigdommen bli større og større (det siste i den lange rekken av eksempler som viser dette er Venezuela).

2) Mange tror at man kan styre økonomien og gjøre forholdene bedre for befolkningen ved statlig manipulering av pengeverdien. I land som benytter Euro har nasjonalstatene gitt avkall på denne muligheten, styringen av Euroen ligger i EU. Mens det var myndighetene i Hellas som styrte verdien av Drakmen, myndighetene i Roma som styrte

259

verdien av Liren, etc., har de nasjonale myndighetene nå ingen innflydelse over verdien av Euroen, styringen av verdien på Euroen ligger i sentrale organer i EU.

Sannheten er at man ikke på sikt kan oppnå noen fordel for noen ved å endre på pengeverdien, det som kan gi stabil økonomisk vekst og dermed økt velstand over tid er at pengene har stabil verdi – og dette er helt uavhengig av om pengene heter Euro eller Gylden eller Lire eller Dollar. Stabil pengeverdi kan kun oppnås ved et fritt bankvesen og en gullstandard (som vil vokse frem under et fritt bankvesen). Å erstatte Euro med eget lands valuta er dermed et feilspor. Populistene forstår ikke dette (og det er også få økonomer som forstår dette), og Ekern kommenterte ikke dette i det hele tatt.

3) Populistene er kritiske til innvandring. For noen av populistene kan det være rent rasistiske grunner til dette; de kan være imot innvandring fordi de ikke liker å se mørkhudede mennesker i gatene i Europas storbyer. Dette er i så fall et argument som er fullstendig primitivt og barbarisk og som ikke fortjener å bli tillagt vekt. Men ingen av de som Ekern har snakket med nevner dette.

Men det kan være andre grunner til motstand mot innvandring: det har vært hevdet at det fører til økt kriminalitet (dvs. at en større andel av innvandrerbefolkningen enn av den innfødte befolkningen er kriminelle). Ekern siterer en populist: «Merkel slapp inn en million mennesker uten å kontrollere dem. Vi så hvordan det gikk. Voldtekter. Overgrep. ...» (s. 140). Ekern burde ha dokumentert dette forholdet og derved bekreftet eller tilbakevist påstandene ved å henvise til seriøs statistikk.

Innvandringen kan føre til økede statlige utgifter fordi de innvandrere som får lovlig opphold vil bli omfattet av og kan nyte godt av kolossale offentlige støtteordninger (gratis skolegang, gratis helsetilbud, sosialhjelp, pensjoner, mm.). Det er velkjent at alle land i Vest-Europa (unntatt Norge) har stor statsgjeld, og hvert år bruker mer penger enn de tar inn i skatter og avgifter. Etter vårt syn burde en bok som dette ha vurdert disse forholdene og gitt leseren noen tall og statistikker som viser hvordan økonomien i de europeiske land vil utvikle seg når man tar inn et stort antall innvandrere som får fulle økonomiske rettigheter uten at de har deltatt i den verdiskapning som ligger bak tilbudene. Ekerns bok inneholder ingen ting om dette.

4) Så til islam. Ekern nevner en rekke terrorangrep utført i Europa mot tilfeldige sivile, utført av muslimer/islamister/jihadister. Populistene er motstandere av islam, men Ekern presiserer forskjellen mellom motstand mot og kritikk av islam og kritikk av muslimer generelt. Ekern legger likevel nærmest ingen vekt på koblingen mellom terror utført av muslimer som hevder å handle på vegne av islam, og islam. Spørsmålet er: er terroristenes grusomme handlinger begrunnet i islam, eller er de utført av personer som bare er voldelige og som benytter islam som påskudd?

Det er opplagt at de fleste muslimer er fredelige, og mange av dem tar klart avstand fra terror. Men dette gjelder ikke alle. Og man kan finne hjemmel for terror i Koranen. Koranen består ifølge islam av Allahs/Guds egne ord, dette i motsetning til f.eks. Bibelen, som påstås å være skrevet av mennesker inspirert av Gud. Bibelen kan da inneholde feil, mens Koranen ikke skal inneholde feil. (En liten presisering: Koranen skal være diktert av Gud gjennom erkeengelen Gabriel til profeten Muhammed.) Koranen inneholder pålegg som disse: «drep de vantro hvor dere enn måtte finne dem», «ha ikke vantro som venner eller allierte», «jødene har fortjent Allahs vrede», «vi vil kaste redsel i de vantros hjerter fordi de har stilt guder ved siden av Allah; noe Han ikke har åpenbart noen fullmakt for. Deres bolig er Ilden! Og ondt er de urettferdiges hjemsted!» etc.

Og så kommer det essensielle poenget: det har alltid, i hele islams historie, vært noen muslimer som har tatt disse påleggene på alvor og som har handlet i samsvar med dem. Det har altså alltid vært noen muslimer som da, for å si det rett ut, har terrorisert og drept andre, både muslimer og ikke-muslimer, fordi de ikke har tatt Allahs pålegg på alvor, fordi de har krenket islam/Allah, fordi de har handlet i strid med islam. Dette har altså pågått i innpå 1400 år, og er ikke et nytt fenomen. En av de siste bøker som dokumenterer dette er Ibn Warraqs *The Islam in Islamic Terrorism.* Her finner man en rekke eksempler på drap og terror av samme type som de som Ekern omtaler og som har skjedd i Europa og USA de siste årene, men som er blitt utført av muslimer i 1400 år. Vi gjengir et par eksempler:

«The Kharjities [survived] ...due to raids in the countryside,
where their philosophy allowed them to pillage and kill non-
Kharijites as enemies. Their islamc roots must not be forgotten,
the Karjities fervently believed that the body politics and society
itself should be based on the Koran and the Koranic principles»
(s. 165-6). Denne gruppen var en «early seventh-century
movement in Islam» (s. 158).

«Violent confrontations erupted between the supporters of Ibn
al-Quashari and those of Abu Jafar. In 1077, ... new disturbances
broke out .... In the following years, incidents multiplied. There
were bloody skirmishes in 1085 between the Sunnis and the
Shias, leaving many dead» (s. 183).

«Wahabbi hostility toward the Shia manifested itself in 1802,
when Wahabbi forces attacked Krabala, a town sacred to the
memory of all Shia since the massacre of al-Husayn b. Ali in
680. [Warraq siterer en historiker som bla. skriver] 12 000
Wahabbis suddenly attacked Imam Husayn .. . old people,
women and children – everybody died at the barbarians´
sword ... Their cruelty could not be satisfied, they did not cease
their murders ... more than 4000 people perished» (s. 229-30).

Ibn Warraqs gir i sin bok et stort antall eksempler som viser at en
betydelig andel muslimer bruker vold og terror mot personer de mener
ikke tar Allahs ord på alvor, og som de betrakter som vantro. Disse
muslimene skyr ingen midler for å følge de oppfordringer som finnes i
Koranen.

Det som er skjedd er at vi har fått et stort antall muslimer inn i
Europa. Og siden islams stilling er styrket vil en ikke ubetydelig andel
av disse muslimene bekjempe de vantro, og det er disse som begår
terror. De gjør dette for å beskytte sin tro, for å bekjempe de som er
imot Allah. Å påstå at vi er utsatt for terror utført av islamister fordi
Vesten har støttet og delvis støtter Israel, eller pga. olje, eller fordi
regimer i Vesten dessverre har støttet undertrykkende regimer i Midt-
Østen, viser bare en svært liten innsikt i islam og islams historie.

Alt tyder på at populistenes forståelse av denne problematikken er nær ikke-eksisterende, og Ekern nevner den heller ikke.

Enkelte gode poenger

Vi kunne sagt en god del mer, og der er enkelte gode poenger i boken, f.eks. nevner Ekern dette viktige poenget, dessverre uten å gå grundigere inn på det (han siterer en fransk populist): «Mine muslimske venner på videregående drakk øl sammen med meg, kanskje ikke akkurat når det var ramadan, men i det store og hele delte vi et slags fransk tilbakelent forhold til religion, uansett hvilken man tilhørte. Etterhvert endret det seg dramatisk. Folk begynte å omtale seg som muslimer, algerere, jøder, hva som helst, og jeg merket at folk gled fra hverandre. Jentene begynte å gå med slør .... » (s. 262). Dette viser at mangel på integrasjon, og samfunn som organiseres slik at de dyrker, fremmer, oppfordrer til og beskytter uvesentlige forskjeller mellom mennesker, kan utløse store problemer.

Som nevnt er det enkelt å kritisere en forfatter for ikke å ha skrevet en annen bok enn den han virkelig har skrevet. Etter vårt syn burde Ekern ha tatt opp de temaer vi kort har berørt ovenfor. Slik boken nå er er den ikke så mye mer enn en katalog som viser populistens standpunkter, personligheter (og til en viss grad, deres klesvaner).

For den som er interessert i en slik ordrik katalog kan boken være nyttig. Men vi vil tro at flere lesere ville hatt nytte av boken dersom den hadde gått grundigere inn på de temaer som vi kort har omtalt her.

Etter vårt syn vil populistene ikke kunne få noen merkbar innflydelse på den politikken som føres. Problemene skyldes velferdsstaten og ettergivenhet overfor kriminalitet, og ingen av de populistiske partiene tar opp disse spørsmålene, tvert imot støtter de de holdningene som er dominerende i alle mainstreammiljøer. Populistene står altså ikke for et idemessig alternativ til mainstream. Noen av disse partiene har fått en viss oppslutning ved valg (etter det nylige valget i Tyskland skrev TV2.no følgende: «Valgdagsmålingen viser også at det høyrepopulistiske partiet Alternativ for Tyskland (AfD) får 13,5 prosent, og blir tredje største parti»), og dette kan føre til en viss reduksjon av innvandringen, men de vil ikke ha noen innflydelse på den gale kursen som alle land i Vesten nå følger. En grundig bok om dette ville ha vært interessant, men vi vil tro at ingen som tilhører mainstream er villig til å skrive eller utgi en slik bok.

Fundamentale endringer må til dersom Vesten skal overleve, men veien som da må legges kan ikke følge den kursen som populistene staker ut. Ekerns bok viser til fulle at disse populistene ikke utgjør noe alternativ til den ødeleggende samfunnsorganisering som alle land i Vesten i dag har.

Ekern, Simen: *Folket, det er meg*, Spartacus 2017

Warraq, Ibn: *The Islam in Islamic Terrorism*, New English Review Press 2017

Person og politikk: et eksempel fra Arbeiderpartiet: Reiulf Steen

Publisert på Gullstandard 4. november 2019

Det er alltid interessant å lese gode biografier. En god biografi forteller historien om et menneskes liv og plasserer dette livet i en kontekst som gjør at biografien ikke bare gjengir hovedtrekkene i personens livsløp, men også tar med vedkommendes bakgrunn, historie, omgivelser, det som påvirket personen og personens påvirkning på sine omgivelser. (Biografier skrives kun om viktige personer, og de har alltid en betydelig påvirkning på sine omgivelser.) Biografier handler da om reelle personers verdier, deres valg, deres konflikter, og om deres håndtering av den type utfordringer som dukker opp i alle menneskers liv.

Man kan si at gode romaner også handler om slike ting, men alt som skjer i en roman er fullstendig oppdiktet av forfatteren. Forfatteren står derfor helt fritt til å ta med det som måtte illustrere det som han vil si med romanen. I en biografi skal ingen ting være oppdiktet, forfatteren skal så godt det er mulig ut i fra tilgjengelig kildemateriale fremstille det essensielle ved personens livsløp på en fair og redelig og objektiv måte. Romaner og biografier er derfor svært forskjellige, men det er også likhetspunkter: i en roman får man fremstilt forfatterens vurderinger og valg i en oppdiktet verden; i en biografi får man fremstilt en reell persons vurderinger og valg i virkelighetens verden.

Leser man en god roman kan man nyte hvordan en oppdiktet person løser de problemer og håndterer de utfordringer som forfatteren stiller ham ovenfor; leser man en biografi kan man få innsikt i hvordan en reell person løser de problemer og håndterer de utfordringer som andre reelle mennesker stilte ham overfor. Fra begge typer bøker kan man hente mye lærdom.

Det finnes et enormt antall gode romaner, og det finnes et kolossalt antall gode biografier, både om historiens mest kjente personer, og om mange mindre kjente personer. Vi vil kort anbefale to av de aller beste biografiene som finnes. Robert Caros fem binds biografi om president Lyndon Johnson er av alle regnet som en av de aller beste biografene som er skrevet, og Arild Stubhaugs biografi om matematikeren Niels Henrik Abel er helt glimrende.

Begge disse biografiene er velskrevne og grundige; de forteller om sine respektive hovedpersoners liv, og setter personens liv og valg i en sammenheng som gjør at leseren får større innsikt i alt fra psykologi og historie til familieliv og karriereutfordringer – mmm. Biografien om Johnson forteller også om USAs historie fra midten av 1800-tallet, dog med hovedvekt på alt som det som hadde med politikk og det politiske spillet å gjøre, mens biografien om Abel også gir et bilde av Norge på den tiden Abel levde.

På bakgrunn av det vi har sagt over skal vi kort kommentere et par punkter om Reiulf Steen, slik de fremkommer i Hans Olav Lahlums nyutgitte og glimrende biografi *Reiulf Steen: historien, triumfene og tragediene*.

Mange av de yngre som leser dette vet kanskje ikke hvem Steen var, men han var en av de viktigste personene i Arbeiderpartiet i perioden fra noe før 1970 og til godt ut på 90-tallet.

Dette er altså ikke en anmeldelse av Lahlums biografi, det er som sagt en kommentar til at par av de punktene som fremkommer i biografien. Disse punktene handler som tittelen på denne kommentaren sier om person og politikk, dvs. om et aspekt ved personen Steen og om hvordan hans parti benyttet ham, og om noen hovedtrekk i den politikken han og partiet sto for i perioden Steen var aktiv.

Steen

Reiulf Steen (1933-2014), var formann i AUF i perioden 1961-63, formann i Arbeiderpartiet fra 1975 til 1981, han var samferdselsminister (1971-72) og handelsminister (1979-81), og norsk ambassadør i Chile (1992-96). Han var formann i Likestillingsrådet fra 1973 til 1976, og han var leder i Helsingforskomiteen gjennom hele 80-tallet. Steen var karismatisk, debattglad, belest, bereist, og han var en meget populær foredragsholder. Han var stort sett svært godt likt og respektert av alle han kom i kontakt med, uansett politisk tilhørighet.

Etter min vurdering er Lahlums biografi svært god. Den er velskrevet, grundig, den er på alle punkter som omhandler Steen fair og rettferdig; og den tar med alt som bør være med i en slik bok.

La meg skyte inn at jeg ikke har noen «inside information» som gjør at jeg kan vurdere det som denne boken forteller ut i fra et svært godt kjennskap til Steens liv og Aps historie i denne perioden. Jeg har kun vært politisk interessert siden slutten på 60- tallet, og jeg leste aviser og fulgte debatter på TV fra da. Jeg leste mye av og om Steen, og jeg så ham i debatter på TV. Jeg hadde også et kort og noe spesielt møte med ham mens han var handelsminister; vi hadde en liten prat og han var veldig hyggelig. Det bilde jeg har av ham ut i fra dette – avislesing, TV, et kort møte – stemmer helt overens med det bilde Lahlum gir av Steen i denne boken. Men i boken finner man en god del viktige detaljer som ingen utenforstående kjente til.

Vi skal som sagt ta for oss to punkter. Steen fikk som man ser over en rekke viktige posisjoner. Hva slags egenskaper må en person ha for å gjøre seg fortjent til slike posisjoner? Vi vil tro at en slik person må være ærlig, pålitelig, redelig, forutsigbar, lojal. Oppfylte Steen disse kravene?

Steens privatliv
Steen var glad i damer, og hadde en rekke forhold. Blant toppene i Ap sirkulerte det lister over hans mange elskerinner, så dette var godt kjent innad i Ap. Nå er det ikke noe galt i å mange slike forhold, men dersom man bedrar en man er gift med, så er dette svært kritikkverdig. Steen hadde en rekke forhold på si´ mens han var gift med sin første kone, og vi vil si at en som gang på gang bedrar sin ektefelle er ikke et godt og anstendig menneske. En som er gift har ved å inngå ekteskap lovet sin ektefelle troskap, og dersom han eller hun bryter dette løftet ved å ha forhold bak ektefellenes rygg, er personen ikke å stole på. (Dersom ektefellen gir tillatelse stiller saken seg helt annerledes.) Steen brøt dette løftet en rekke ganger.

Steen var som nevnt en karismatisk, trivelig og intelligent kjendis med makt og posisjon, og mange damer synes åpenbart at det er spennende å være sammen med en slik mann. Alt tyder på at de aller fleste damene Steen ønsket og fikk et nærmere bekjentskap med, gjorde dette ytterst frivillig. Men i boken fortelles det om noen episoder hvor Steens tilnærmelser var uønskede. Om en ung stortingsrepresentant som senere ble stortingspresident fortelles følgende: Steen «fremsto som ubehagelig og pågående … han hadde lett for å gi omfavnelser og

267

klemmer i møte med venner og kjente. Hun oppfattet det først ikke som problematisk, men merket [etterhvert] at han ved gjentatte anledninger ble mer pågående. Grensen for trakassering ble aldri krysset, men det var en uønsket og gjentakende fysisk tilnærming som gjorde at hun i 1983-85 bokstavelig talt forsøkte å holde ham på armlengdes avstand. Oppførselen var ikke bare upassende for en komiteleder i Stortinget, den sto også fjernt fra den tidligere likestillingsrådsformannens idealer om hvordan man skulle behandle medmennesker av begge kjønn …» (s. 332-333).

Et annet aspekt ved hans personlige liv var hans til tider kolossale alkoholforbruk. Igjen, nå er det ikke nødvendigvis noe galt i dette – og la oss også ha sagt at Steen iblant hadde ryggsmerter, nerveproblemer, og at han hadde en lidelse (unipolar depresjon) som først ble diagnostisert på 90-tallet. Tidlig i livet mistet han også nære slektninger, noe som neppe er bra for den mentale helse. Alkohol kan være et middel for å døyve smerter som har utgangspunkt i slike problemer.

Steens store alkoholbruk førte til at han ved en rekke anledninger ikke kunne utføre oppdrag han hadde påtatt seg, og at han noen ganger opptrådte beruset ved anledninger hvor han skulle representere. Ved en anledning var han så beruset ved ankomst til en festmiddag holdt for en prominent utenlandsk gjest at vertinnen (statsminister Gro Harlem Brundtland) i sterke ordelag kritiserte vaktene som hadde sluppet ham inn. Boken forteller om et stort antall slike episoder.

Vi vil understreke at vårt hovedpoeng ikke er å kritisere Steen for disse tingene (selv om det var kritikkverdig av ham å bli så beruset at han ikke kunne utføre vanlige oppdrag i en jobb han hadde påtatt seg), det som er vårt poeng er at det var sterkt kritikkverdig at ledelsen i Arbeiderpartiet, som svært godt kjente til disse tingene ved Steens livsførsel, allikevel plasserte ham i verv og stillinger som var uforenlig med denne type livsførsel. Ja, Steen var for partiet på mange måter en kolossal ressurs, men det burde ha vært lett for de sentrale i partiet å plassere Steen i en posisjon hvor denne type livsførsel ikke i betydelig grad var skadelig for det land og det parti og de ideer han representerte.

Slik som dette nå er blitt allment kjent fremstår Steen som en hykler, og partiledelsen som plasserte ham i disse viktige posisjonene, fremstår som feige og unnvikende ved at de plasserte ham i posisjoner som var uforenlige med hans livsførsel og verdier. De burde ha gitt ham oppdrag hvor hans livsførsel ikke skapte den type problemer de virkelig skapte. Ja, de lot være å plassere ham i mer utsatte posisjoner som f.eks. utenriksminister og statsminister, allikevel vil vi si at det var uansvarlig å plassere ham i de posisjoner han fikk: alle kjente til at han alt for ofte drakk så mye at han ble fullstendig utilgjengelig selv når han skulle vært på jobb.

En annen ting ved Steens livsførsel som var sterkt kritikkverdig var at han fullstendig forsømte sine fire barn; han hadde praktisk talt ingen kontakt med dem, bortsett fra når journalister skulle ta bilder som var ment å illustrerte Steens lykkelige familieliv. Lahlum sier at Steens kommunikasjon med sine barn «sto til stryk minus» (s. 276). På side 469 siteres en av Steens nære venner som sa at Steen «var alltid mye flinkere til å hjelpe andre enn til å hjelpe seg selv og sine nærmeste». Mitt syn er at dersom man har barn må man prioritere dem foran alt annet så lenge de er små (dvs. opp til de er kommet i tenårene, og hvis det er behov, lenger). Den oppførselen som Steen utviste her er etter mitt syn den aller dårligste og mest kritikkverdige egenskapen en lovlydig person kan ha. Dessverre var dette en alt for vanlig oppførsel for menn på denne tiden uansett hva slags karriere de hadde. Som så mange andre menn av denne typen hadde Steen en meget selvoppofrende ektefelle som i lang tid var lojal mot ham uansett hans oppførsel overfor henne og barna. Lahlum skriver: «Hun utslettet nærmest seg selv for å legge til rette for ham …» (s. 129). Også hun fikk med tiden store alkoholproblemer; alle burde innse at selv-oppofrelse ikke er veien til et godt liv.

Politikken
Steen var aktiv i Ap i en lang periode, og boken gjengir da naturlig nok en rekke standpunkter som Ap har inntatt (eller seriøst vurdert) opp igjennom årene. Vi skal gjengi et lite utvalg eksempler på dette.

Som fersk politiker tok han «gjentatte ganger til orde for å sosialisere hele bank- og kredittsektoren – inkludert forsikrings-selskapene» (s. 47). Han ville også «utvide demokratiet … gjennom å
269

sikre de ansatte innflydelse på viktige avgjørelser i bedriftene» (s. 48). På Aps landsmøte i 1969 gikk han sterkt inn fort et prinsipprogram som inneholdt en formulering om at de ville ha «et samfunn der demokratiet er en realitet i *alle livets forhold* [uthevet her]» (s. 134). Ap sier her eksplisitt at flertallet skal bestemme over alle borgeres anliggender; men under et slik regime er det intet rom for individuell utfoldelse eller frihet – dersom denne utfoldelsen inneholder elementer som et flertall ikke aksepterer. Dette er intet annet enn et tyranni. Et slikt regime blir ikke mindre tyrannisk ved at det har et flertall i ryggen.

Steen innser allikevel at «vår evneløshet blir større og større når det gjelder løsningen av presserende fellesoppgaver» (s. 135), Sant nok, men de løsninger som sosialister og sosialdemokrater vil løse i tvungne fellesskap kan ikke løses på slike arenaer, problemene der vil bare bli større og større – noe som bekreftes av den utvikling vi ser omkring oss hver eneste dag. I et slikt system må politikere love mer og mer for å bli valgt, og velgere vil i stor grad stemme i samsvar med stemningsbølger uten å kjenne til eller være villige til å sette seg inn i fakta. Incentivene i dette systemet vil da ikke være slik at de fremmer innovasjon, produksjon og verdiskapning. (Vi har skrevet mye om dette andre steder og sier ikke mer om dette her.)

Steen og de andre i ledelsen i Ap gikk inn for noe de kalte bankdemokratisering (vedtatt i 1977), som innebar at flertallet av bankenes styrer skulle oppnevnes politisk, samtidig som de ansatte skulle ha 20 % av av styreplassene. Lahlum skriver at den ble «et stort slag i luften da den ble avskaffet etter få år» – den førte ikke til noen endringer i bankenes praksis (s. 236).

Som samferdselsminister «tenkte han høyt om å innføre en høy aldersgrense for sykling og forbud mot rallycrosskonkurranser» (s. 155). Slike forbud ville aldri blitt innført, men at man i det hele tatt tenker slik er uttrykk for en mentalitet som ikke er beundringsverdig. Lahlum forteller at en gutt på ni år skrev til samferdselsminister Steen og var redd han ikke kunne bruke sin sykkel dersom en aldersgrense ble innført. Han fikk et hyggelig og beroligende svar fra statsråden (s. 156). Det var nok mange som ble urolige når de ble kjent med statsrådens uansvarlige høyttenkning. Men en ting de fikk gjennomført var et forbud mot rullebrett: Fra 1978 til 1989 var Norge det eneste land i verden hvor det var forbudt å selge, kjøpe eller stå på rullebrett.

Tidlig på 80-taller mente Steen at man måtte vurdere å innføre «statlig konsesjonsordninger for ny datateknologi». Kommentarer til dette er overflødig, men Lahlum sier tørt at «forslaget vakte en viss oppsikt» (s. 286).

Steen var tidlig på 80-tallet for at det skulle opprettes en ny TV-kanal i tillegg til NRK, men den måtte ikke bli reklamefinansiert: den måtte være «reklamefri og lisensfinansiert» (s. 334) – den måtte altså ifølge Steen være finansiert ved tvang og ikke ved frivillighet.

Interessant er dette poenget: Steen «hadde sett problemet fra starten av sin formannsperiode. Han tok alt i 1974-75 til orde mot unødvendig byråkrati og for skjemasanering. Etter hvert tok han hardere i. "Det må være helt klart at det ikke er snakk om at Staten skal drive noen økt kontroll og detaljregulering av menneskers gjøre og laden. Tvert imot! Det enkelte menneske må i større grad ha frihet til å forme sitt liv i hverdagen og møte på færre byråkratiske stengsler fra det offentlige" uttalte han i et avisintervju våren 1979» (s. 295). Selvmotsigelsen er åpenbar: Steen vil på den ene side at Staten ikke skal drive noen økt kontroll og detaljregulering; på den annen siden vil han forby rullebrett, han vi forby at barn sykler, han vil forby at firmaer tar i bruk data uten konsesjon fra staten, han vil forby private å starte TV-kanaler, han vil forby private å drive bankvirksomhet uten statlig kontroll, etc.

Angående byråkratiet og skjemaveldet så har dette bare vokst og vokst og vokst siden da. Men dette er en utvikling som må skje i velferdsstaten. En slik utvikling er svært skadelig fordi byråkratiet krever stadig mer både av menneskelige og økonomiske ressurser. Byråkratiet er et apparat som ikke bare er helt unyttig, det reduserer produksjonen og dermed reduserer det velstanden. (Byråkratiet er til for å utføre den koordineringen av produksjon og forbruk som markedsmekanismen utfører gratis i en fri og uregulert økonomi. Også dette har vi skrevet utførlig om andre steder, og vi gjentar ikke begrunnelsen for dette her.)

Steen «advarte mot følgene av høyredreiningen av Reagan og Thatcher, og avviste den markedsliberale guruen Milton Friedman som en falsk profet...» (s. 341). På sine eldre dager var Steen med i styret for Attac, en sterkt venstreorientert gruppe som arbeidet for å bekjempe globalisering og frihandel. Attacs syn var at frihandel vil føre til mer fattigdom. Steen var spesielt urolig for konsekvensene av høyrebølgen som rullet over store deler av verden fra ca 1980. Han hadde vært opptatt av slike ideer lenge; allerede omkring 1970 gikk han inn for «et sterkere overnasjonalt fellesskap for å ivareta freden og kontrollere markedskreftene» (s. 162). Steen så ikke at slike overnasjonale fellesskap, dvs. organisasjoner, må bli til et stadig voksende apparat av mer eller mindre avdankede politikere som har et stadig voksende byråkrati under seg, og som derved koster stadig mer penger, penger som tas fra de produktive, og som derved reduserer velstanden. Ett eksempel: EU-parlamentet har 751 delegater, og Kommisjonen har om lag 32 000 ansatte – og alt de gjør er ikke bare uproduktivt, det det gjør er å dempe all verdiskapning, og derfor fører det til redusert velstand. Steen & co vil ikke se at markedskreftene er summen av alle individers frivillige valg mht. kjøp, salg, arbeid, produksjon, investering, sparing, etc., og at alternativet til markedskreftene er statlige direktiver og tvang.

«Den økonomiske nyliberalismen hadde han vært en markant kritiker av da den kom på 1970- og 1980-tallet» (s. 442). Men hva ble resultatet av denne internasjonale høyrebølgen? Den resulterte i en kolossal velstandsøkning og en kraftig reduksjon i fattigdom. Kommentatoren Johan Norberg beskriver dette i et sitat som ikke kan gjengis for ofte:

«Globalization's greatest triumph: the death of extreme poverty. It is the greatest story of our time, and it's one few have heard of. Mankind is defeating extreme poverty.The World Bank has just released its latest numbers, and according to them, the proportion of the world population in extreme poverty, i.e. who consume less than $1.90 a day, adjusted for local prices, declined from 36 percent in 1990 to 10 percent in 2015. Even though world population increased by more than two billion people, the number of extremely poor was reduced by almost 1.2 billion. It means that in the now much-despised era of globalization, almost 130,000 people rose out of poverty every day. Every one of those 130,000 represents another individual who get closer to a decent life with basic education, access to health care and opportunities in life. This is the greatest achievement in human history.» (kilde The Hill).

272

Steen er blitt beskrevet som en virkelighetsfjern drømmer, eller som Kåre Willoch beskrev ham: som en «naiv idealist» (s. 355). Som alle andre venstreorienterte hadde heller ikke Steen noen forståelse av hva som skaper gode samfunn; han bedrev ønsketenkning uten forankring i virkeligheten; han ville styre andre mennesker – selvsagt med deres eget beste som påskudd; og: han ville være snill og hjelpsom mot alle, men forsømte sine egne, noe som forteller at han anså makt og kjendisstatus som viktigere enn å gjøre noe som virkelig monnet der det var behov i hans nærhet. Han lærte ingen ting av de problemer som venstreorienterte ideologier alltid forårsaket når de blir satt ut i live, og han lærte aldri at veien til fred og velstand går gjennom økt individualisme og en friere økonomi.

Beretningen om Reiulf Steens liv illustrerer og bekrefter dette i stort monn.

Lahlum, Hans Olav: *Reiulf Steen: historien, triumfene og tragediene*, Cappelen Damm 2019

https://thehill.com/opinion/finance/408546-globalizations-greatest-triumph-the-death-of-extreme-poverty

Det internasjonale gjennombruddet
Publisert på DLFs nettside 4. desember 2017

Tittelen vi har valgt er ikke spesielt informativ, men det at den er satt i kursiv betyr noe: det er tittelen på en bok, til og med en svært viktig bok som nettopp er kommet ut. Etter vårt syn burde boken ha hatt en tittel som gjorde at den ville vekke oppsikt i bokhandlenes utstillingsvinduer, dette er en bok som virkelig «tør der andre tier» (for å bruke Dagbladets gamle slagord, et slagord de naturlig nok ikke bruker lenger). Boken forteller viktige sannheter om Norges ferske historie, sannheter som man sjelden eller aldri finner i manistream-aviser eller i vanlige historiebøker, og den fortjener derfor er stor leserkrets. Bokens undertittel er «Fra "ettpartistat" til flerkulturell stat», og boken består da av to deler: «Da Norge møtte verden», og «Da verden kom til Norge». Men for å si det så tydelig som mulig: Bokens første del handler om norsk u-hjelp, og bokens andre del handler om etablerte miljøers reaksjon på den muslimske innvandring som har skjedd de siste tiårene.

Fortellingen om disse to temaene er satt i en ramme hvor hovedvekten er lagt på forståelsen av norsk kultur blant ledende politikere, intellektuelle, journalister, NGOer, kirken og kongehuset – av forfatteren meget treffende beskrevet som «det humanitær-politiske kompleks».

Det er mye man kunne si om bokens tema, men vi skal holde oss til noen få punkter som for oss er spesielt viktige.

Boken er skrevet av professor Terje Tvedt, og han har i mange år vært kjent for å si det han mener, uansett hvor upopulært, kontroversielt og politisk ukorrekt det har vært.

U-hjelp
Tvedt sier at han ikke utelukker at u-hjelp kan være nyttig, men det inntrykk man får fra boken er at praktisk talt alle norske u-hjelpsprosjekter, prosjekter som har kostet skattebetalerne flere titalls milliarder kroner, og som Norge har utsatt mer enn 100 land for, i det store og hele har vært meget skadelige. Norske politikere og u-hjelparbeidere har reist til f.eks. Sør-Sudan, med Einar Gerhardsens bok *Tillitsmannen* som sin viktigste manual, og med liten eller ingen

forståelse for lokale kulturer og skikker har de nærmest spredt død og fordervelse blant folk som ut i fra sin historie klarte seg rimelig godt før u-hjelperne meldte sin ankomst. «Bare fra 2005 og til 2016 hadde Norge gitt mer enn seks milliarder kroner [til prosjekter i Sør-Sudan]» (s. 102). De norske u-hjelperne samarbeidet med grupper som viste seg å være upålitelige. SNL oppsummerer situasjonen i dag: «Siden desember 2013 har landet vært rammet av en borgerkrig utløst av en konflikt mellom president Salva Kiir Mayardi og visepresident Riek Machar. I 2017 erklærte FN hungersnød i Sør-Sudan som følge av den pågående borgerkrigen».

Den norske politiker som var mest ansvarlig for Norges innblanding her var Hilde Frafjord Johnson (KrF). Johnson har skrevet tre bøker hvor hun tatt opp sin rolle i Sør-Sudan, og the Economist oppsummerer hennes innsikt slik i en anmeldelse av en av bøkene:. «[the book] mostly shows how badly international actors, including Ms Johnson herself, have misjudged their roles in South Sudan» (s. 103). Men Johnson har hele tiden hevdet i bøker og avisintervjuer at «jeg handlet rett». Tvedts overskrift på kapittelet om Sør-Sudan er «Da Norge skapte en failed state, men toet sine hender». Tvedt gir en rekke eksempler på mislykkede u-hjelpsprosjekter i boken – Sør-Sudan er ikke den eneste fiasko som omtales.

Tvedt nevner den totale politiske enighet om denne politikken: da Børge Brende (H) overtok etter Erik Solheim (SV) som ansvarlig for u-hjelpen sa han at han kunne slutte seg til «hvert eneste ord av det jeg har sett Erik Solheim si om utviklingspolitikk de siste årene» (s. 40).

Tvedt tar også for seg svingdørspolitikken, hvor de enkelte personer går fra posisjon til posisjon, og hvor alle er avhengige av hverandre: «Jonas Gahr Støre ([har hatt viktige roller i] Statsministerens kontor, forskning, generalsekretær Røde Kors, utenriksminister), Jan Egeland (journalist, utenlandssjef Røde Kors, statssekretær, general-sekretær Røde Kors, FN, forskningsdirektør NUPI, generalsekretær Flyktningehjelpen, og listen kan forlenges ....» (s. 266-67).

Muslimsk innvandring og ytringsfrihet

Den største delen av boken handler dog om muslimsk innvandring til Norge, og Tvedt tar for seg i hvor liten grad ledende miljøer (partier, pressen, akademia, byråkratiet, NGOene, kongehuset, kirken) er villige til å innse de problemer som islam innebærer. Tvedt har gått igjennom lederartikler i en rekke viktige aviser (Aftenposten, Klassekampen, Vårt Land og VG), og sier at de praktisk talt ikke inneholder kritikk av islam, men at de svært ofte kritiserer de som kritiserer islam. Vi henter et av Tvedts eksempler fra Klassekampen: «Den 20.5.2006 kritiserte avisen den somalisk-nederlandske islamkritikeren Ayaan Hirsi Ali for hennes dårlige moral, mens avisen noe senere i to lederartikler (20.04.2007 og 9.3.2010) tok den sveitsiske professoren i islamstudier, Tariq Ramadan, eksplisitt i forsvar mot andre muslimers, spesielt norske Walid al-Kubaisis kritikk av ham for å være en hemmelig talsmann for Det muslimsk brorskap i Europa» (s. 193). Dette eksemplet er representativt; pressen forsvarer islamister og kritiserer islamkritikere. Tvedt nevner også at da Aps Martin Kolberg hevdet at det var nødvendig å ta et oppgjør med radikal islamisme, ble han nærmest presset av partiet til å trekke uttalelsen tilbake: «Kolberg endte opp [med] ... å drives ut av det gode selskapet ...» (s. 194).

Tvedt forteller også hvordan politikere som Jonas Gahr Støre, Jens Stoltenberg og Bjarne Håkon Hanssen tok parti for motstandere av ytringsfriheten da de gikk til angrep på redaktør Vebjørn Selbekk fordi han hadde benyttet seg av det som burde være en selvsagt rett til ytringsfrihet ved å publisere noen tegninger som ifølge enkelte muslimer krenket islam.

Tvedt gir en samlet fremstilling av hvordan etablerte medier har sviktet ytringsfriheten, sviktet de som våger å påpeke reell undertrykkelse, de som advarte mot totalitære sider ved islam. Dette er noe man praktisk talt aldri finner i mainstream-miljøer. Bare av den grunn er boken verd å lese.

Tvedt fastslår også at medlemmene av «det humanitær-politiske kompleks» mener at de selv kjenner den virkelige årsaken til at islamister begår terror. Selv om terroristene alltid sier at de gjør dette for å støtte opp om islam og at de gjør dette med eksplisitte begrunnelser fra Koranen, så vet «det humanitær-politiske kompleks» den virkelige grunnen: Terroristene er fremmedgjorte, arbeidsløse, frustrerte, fattige eller rammet av utenforskap. De løsninger «det humanitær-politiske kompleks» da går inn for har da som formål å bekjempe disse problemene. Det er ingen grunn til her å nevne hvem som har rett og hvem som har feil på dette punkt.

Norsk kultur

Boken tar for seg utviklingen av (det som forstås som) norsk kultur. I 1994 uttalte statsminister Gro Harlem Brundtland at det som er typisk norsk «er å være god», og i sin nyttårstale samme år sa hun at OL på Lillehammer ga Norge en fantastisk mulighet til å vise verden «ikke bare gode idrettsprestasjoner, men også norsk gjestfrihet og norsk kultur». Hun var ikke alene om å snakket pent om norsk kultur: VG skrev i 1994 at «Når kulturlivet, ... slåss for å utbre norske verdier i andre land, gjør de det for alle» (s. 227).

Norsk kultur ble da ansett som et gode. Men etter hvert fikk pipen en annen lyd, norsk kultur ble nærmest et «fy-uttrykk» som ikke skulle ha noe positivt eller samlende innhold for de som bor i Norge, nå var det multikultur som gjaldt. Tvedt kommenterer kong Haralds nyttårstale 2016:

> «Kong Haralds Norge var et verdipluralistisk land, hvor multikulturalismen var blitt den nye normaliteten, og hvor alle folkegrupper, uavhengig av etnisk bakgrunn eller religiøs overbevisning, hadde like stor rett til å kreve landet som sitt. Dette radikale skiftet i definisjonen av hva ikke bare statens fundamentale oppgave skulle være, men også hva staten skulle bli, og hvilke "globale" fellesskap den besto av, uttrykte i et langt tidsperspektiv et av de aller mest tydelig bruddene i landets historie. Det var jo ikke bare nasjonalstaten ... som ble plassert på museum ... Ikke noe statsoverhode hadde gått lenger [enn kong Harald] i å hylle multikulturalismen om statens mål og grunnlag, og derfor ble [kongens tale] lagt merke til internasjonalt» (s. 214-15).

Denne nye multikulturalismen er så hellig at fremtredende professorer (Arne Johan Vetlesen, Thomas Hylland Eriksen var blant forfatterne) i en kronikk i Aftenposten 29/11-2011 nærmest krevde at at det skulle bli forbudt å kritisere den! De skrev bla. om dette: «Det er ikke en menneskerett å ytre seg i offentligheten» (s. 314-15). Også intellektuelle går nå inn for at selve grunnpilaren for et sivilisert samfunn, ytringsfriheten, må ofres på multikulturalismen alter.

278

Tvedt viser også at forståelsen av hva en kultur er og hvilken rolle den spiller er svært grunn, også hos folk som er blitt statsråder/kulturministre: «John Travolta har betydd mer for meg enn hardingfela» (Turid Birkeland), «Vær stolt av det norske: Kvikk Lunsj og brunost, Marit Bjørgen og Ole Einar Bjørndalen, Dugnad og grøt. Generasjoner har skapt det typisk norske». Hun hadde referanser til «Ibsen og de andre gamle klassikerne», om den «flotte hovedstaden vår» ... Vi vil bevare det norske. Den norske kulturen... «Så nevnte kulturministeren kirken, «julesanger, juleevangeliet, julegudstjenestene og kirkeklokker som ringer julen inn» (sagt på lille julaften av en bunadkledt Linda Hofstad Helleland). Tidligere hadde en annen kulturminister (Hadia Tajik) sagt at hun «ikke klarte å definere norsk kultur». Etter hvert nevnte hun «stavkirker og langskip» og «pinnekjøtt og kålrabistappe», og at kultur er «noe som stadig forandres». (s. 241).

Tvedt gir følgende definisjon på kultur: «Kultur er hvordan ulike grupper mennesker forstår, fortolker og anvender bestemte perspektiver, og hvordan de gjør det på måter som skiller dem fra andre grupper, og som de forsøker å overføre fra en generasjon til en annen» (s. 246).

Det passer her å gjengi Ayn Rands definisjon av en nasjons kultur:

«A nation's culture is the sum of the intellectual achievements of individual men, which their fellow-citizens have accepted in whole or in part, and which have influenced the nation's way of life. Since a culture is a complex battleground of different ideas and influences, to speak of a "culture" is to speak only of the *dominant* ideas, always allowing for the existence of dissenters and exceptions» (Rand, s. 205).

Vi liberalister vil si at vi er tilhengere av Vestens kultur eller Vestens verdier: individualisme, rasjonalitet, en begrenset stat som skal beskytte borgernes frihet, skille kirke/religion og stat, rettsstat, ytringsfrihet, velstand, markedsøkonomi, frihandel. Dette burde også være de norske verdier.

Rettigheter: virkelige og kunstige

Vi har dog enkelte problemer med boken. Flere steder i boken omtaler Tvedt menneskerettighetene, men han skiller ikke mellom det vi kaller virkelige rettigheter, som beskytter den enkeltes rett til å bestemme over seg og sitt, og kunstige rettigheter, som innebærer at man har rett til å bli forsørget, utdannet, og tatt vare på på skattebetalernes regning – og disse kunstige rettighetene er ikke forenlige med de virkelige rettighetene. (Den vanlige terminologien på dette punktet er å skille mellom positive og negative rettigheter, men disse ordene har skadelige konnotasjoner og bør unngås. Mer om dette er å finne i min artikkel om slike rettigheter i debattboken *Grunnlov og frihet: turtelduer eller erkefiender*, red. J. K. Baltzersen. Link nedenfor)

Menneskerettighetene sies å være en «utvidelse» av teorien om individers rettigheter, først formulert av John Locke (1632-1704). Locke definerte og begrunnet de virkelige rettighetene, mens FN i sin Menneskerettighetserklæring (av 1948) utvidet Lockes teori med en rekke kunstige rettigheter. Noe som er svært overraskende i Tvedts bok er at han snakker om opprinnelsen til rettighetene og nevner folk som Rousseau og Jefferson (Jefferson nedfelte Lockes rettighetsteori i den amerikanske uavhengighetserklæringen), men han nevner ikke Locke! (s. 63). Forøvrig, Rousseau er ikke noen frihetstilhenger, tvert imot: Rousseau hevdet i *En avhandling om kunst og videnskap* (1749) at fornuft, videnskap, teknologi og frihet hadde hatt en negativ innflydelse på menneskets moral. Videnskap, litteratur og kunst er ifølge Rousseau moralens største fiende: de skaper kunstige behov og gjør mennesket til en forbruker. Rousseau hevdet at mennesket bør leve som det opprinnelig levet, som en edel villmann. Vestens rasjonelle sivilisasjon har ifølge Rousseau ødelagt mennesket og er menneskets største fiende. Det første skritt vekk fra den gode naturtilstand kom ifølge Rousseau med innføringen av eiendomsretten. «Den første som gjerdet inn et område og sa "dette er mitt", og fant at andre var dumme nok til å tro på ham, var den som grunnla [den ifølge Rousseau ødeleggende] sivilisasjonen».

Tvedt kritiserer norske politikere som omtaler menneskerettighetene som universelle, dette til tross for at en rekke stater ikke praktiserer dem, og at en union av muslimske land eksplisitt fornekter

280

dem. Tvedt burde ha vært oppmerksom på at norske politikere her snakker normativt og ikke deskriptivt, dvs. de mener at rettighetene burde gjelde overalt, selv om de ikke har universell oppslutning i dag.

Et annet problem er at Tvedt tar velferdsstaten for gitt – velferdsstaten innebærer at alle som har lovlig opphold i landet dermed automatisk har rett til å bli forsørget på skattebetalernes bekostning hvis de av en eller annen grunn ikke kan eller vil forsørge seg selv ved eget arbeid. At dette innebærer at en velferdsstat med en liberal innvandringspolitikk da mottar en rekke personer som ikke arbeider burde enhver forstå. Tvedt diskuterer ikke denne problemstillingen.

Til tross for dette er *Det internasjonale gjennombruddet* en viktig bok som bør leses av flest mulig. Og det ser også ut som om den, til tross for den intetsigende tittelen, selger godt: salget var så stort at forlaget til å begynne med ikke kunne levere nok bøker for å holde tritt med etterspørselen.

Rand, Ayn: *Philosophy, Who Needs It*, Signet 1984
Tvedt, Terje: *Det internasjonale gjennombruddet*, Dreyer 2017
Baltzersen, J. K. (red)*: Grunnlov og frihet: turtelduer eller erkefiender?,* Kolofon forlag 2017

http://grlfrihet.no

Verden vil bedras

Publisert på Gullstandard 17. juli 2019

Uttrykket «Verden vil bedras» ble ifølge SNL skapt for noen hundre år siden, og sannere ord er sjelden sagt. Det er også all grunn til å tro at dette uttrykket godt kunne ha vært tatt i bruk lenge før det oppstod; lurendreiere og svindlere har vel alltid eksistert, og at de har funnet folk som har vært svært lette å lure er også et tragisk faktum.

Uttrykket er som regel brukt i det vi kan kalle små sammenhenger, men passer også dessverre svært godt i enkelte store sammenhenger, og vi skal kort se på noen slike store bedrag, bedrag som er så store at de fører til katastrofale konsekvenser for millioner av mennesker. Felles for alle, både for de små og de store bedrag, er at de som lar seg lure enten ignorerer fakta, fakta de burde ha undersøkt før de tok viktige beslutninger; eller at de later som om produkter av oppspinn og fantasi uten forankring i fakta er virkelig eksisterende fakta; eller at de bare er konforme og følger strømmen.

Man kan lure på hvorfor så mange lar seg lure, og det er mange elementer som må tas hensyn til dersom man skal forsøke å besvare dette spørsmålet: Noe av det man blir fortalt som barn og som man da tror er sant vil ved nærmere undersøkelser vise seg å være usant, men oppfatninger og meninger som er dannet tidlig i livet kan være vanskelig å endre når man blir voksen og skal/må/bør tenke selv. Man kan også tro på noe som ikke er sant fordi mange andre tror på det samme, og da kan det være vanskelig å stå mer eller mindre alene med meninger som praktisk talt alle andre er sterkt uenige i. Karismatiske personer som søker makt kan være dyktige til å få andre til å følge seg nesten bare i kraft av sin personlighet, og de kan bygge opp store tilhengerskarer basert på meninger som reelt sett er lite annet enn tull og tøys. Til grunn for alle disse variantene ligger muligens også ren ønsketenkning, dvs. at man tror at det finnes enkle og behagelige løsninger på vanskelige utfordringer. Vi skal som sagt gå kort igjennom et lite utvalg bedrag som alle er så utbredt at de har hatt, og også i fremtiden antagelig vil ha, kolossale negative konsekvenser for millioner av mennesker, konsekvenser som man kunne ha unngått dersom ikke så mange hadde latt seg bedra.

Religion

Det første bedraget vi skal se på er religion. Det finnes svært mange religioner, og de er ganske forskjellige fra hverandre, men de mest utbredte typene har et innhold som er omtrent slik: det finnes en gud som har skapt verden, denne guden har gitt regler for hvordan mennesker bør leve, disse levereglene er kommet til utvalgte mennesker via åpenbaringer og er deretter skrevet ned i en bok. Levereglene innebærer som oftest at man ikke skal la seg friste av de goder livet har å by på, at man skal ofre seg enten for guden, eller for gudens talsmenn, eller for andre mennesker. De som gjør dette på en måte som guden finner tilfredsstillende vil bli belønnet med et liv i himmelriket etter døden. De som oppfører seg på en måte som guden ikke liker skal straffes ved at de kommer til helvete, et ikke spesielt trivelig sted hvor man vil lide i evig tid. Guden kan altså ifølge religionen gripe inn i historiens gang for å straffe de som handler i strid med hans vilje, men guden kan også blidgjøres med ofre og/eller gode gjerninger.

Religioner som krever at man skal tro på en variant av dette har milliarder av tilhengere, og alle disse menneskene gir med viten og vilje avkall på goder i dette livet fordi de altså tror at de får en belønning etter at de er døde. Men noen slik belønning kommer selvsagt ikke, så det disse menneskene gjør er å leve dårligere liv enn de ellers ville ha kunnet gjøre i tro og håp om å få en belønning som de altså burde forstå ikke vil komme. Vi håper at mange av de troende ikke tar religionen så veldig alvorlig og ikke lever så altruistisk som religionen krever, og at de derfor lever på en måte som gjør at de ikke får sin livskvalitet sterkt redusert, men dessverre er det mange som ofrer alt for å få det de tror er et liv i himmelriket. Men den egentlige belønningen de vil få er altså ingenting.

Nå kan man si at religioner har en positiv effekt selv om det ikke finnes noe himmelrike man kommer til etter at man er død; en religion gir den troende noe å tro på, den gir tilhengerne et fast punkt i tilværelsen, og den gir regler man kan leve etter, noe som klart er bedre enn å ikke ha noen normer å følge. Men det som ville ha gjort ens liv enda bedre er å følge prinsipper som er laget med det formål å sikre at

284

man får et godt liv før døden heller enn å følge prinsipper som er laget med det formål at man skal tilfredsstille en gud som ikke eksisterer. La oss også ha sagt at religiøse bøker, bøker hvor religionen er definert, beskrevet og forklart, til en viss grad kan fungere som god skjønnlitteratur og gi leseren en viss innsikt i fundamentale problemstillinger som angår menneskers liv, slik all annen god skjønnlitteratur kan.

Religioner kan ikke begrunnes rasjonelt, dvs. de kan ikke begrunnes ut i fra fakta og logikk, og den som skal tro på det de forteller må forkaste fornuften og i stedet basere seg på ikke-rasjonelle og dermed på ikke-gyldige veier til kunnskap som ønsketenkning, følelser, tro eller åpenbaringer. Fornuften er en egenskap som alle har (fornuften er definert som evnen til å tenke med basis i observasjon av det som eksisterer og å trekke slutninger i samsvar med logikkens lover). Andre påståtte veier til kunnskap, som f.eks. åpenbaringer, er som regel forbeholdt noen få utvalgte mennesker (som gjerne omtales som «profeter»), og disse får da en sterk autoritet i den organiserte bevegelsen som dannes på basis av religionen. Disse organisasjonene, og personer i dens maktapparat, kan da få sterk makt over et stort antall mennesker, og enkelte kan nok bli trukket til religionen ikke i hovedsak pga. dens trosinnhold, men pga. den makt, posisjon og prestisje som følger med å inneha verv i denne organisasjonen.

Religioner har ført til at et kolossalt antall mennesker har levd dårligere liv enn de ellers hadde kunnet gjøre, og de har ført til enorm undertrykkelse og lidelse for svært mange mennesker: mange religioner har forbud mot blasfemi og homofili, forbud mot skilsmisse, forbud mot abort, pålegg om å ikke la seg friste av jordelivets gleder, mm., og slike forbud kan være skadelige eller i verste fall ødeleggende for mange menneskers liv. At maktapparatet har misbrukt sin makt overfor svake mennesker er også velkjent (se f.eks. sex-skandalene i den katolske kirke). Man vet også at «religionskrig» er et begrep man har kunnet finne anvendelse for så lenge religioner har eksistert, og at mange muslimer tar Koranens oppfordring om å «drepe de vantro hvor dere enn måtte finne dem» på fullt alvor kan man finne bekreftelser på omtrent hver eneste dag.

For å oppsummere dette punktet: dersom du tror på en gud og den religionen han visstnok er overhode for, dersom du følger leveregler som guden eller hans presteskap har gitt slik at det har negative konsekvenser for deg selv, da er du bedratt. Dersom du arbeider for å spre en religion ved å forsøke å skaffe flere tilhengere til en religion, da er du en bedrager – selv om du kanskje ikke vet der selv.

Sosialismen

Det andre bedraget vi skal se på er sosialismen. Man kan si at sosialismen som politisk bevegelse oppsto noe før 1850; *Det Kommunistiske Manifest* ble utgitt i 1848. Bevegelsen oppsto som en reaksjon på at, for å si det enkelt, fabrikkeiere var rike og levde i overflod mens arbeiderne var fattige og knapt hadde det de trengte for å overleve. Også i tidligere tider var det forskjell på fattig og rik, på enkelt sagt adel og leilendinger, men da hadde leilendingene ingen mulighet til å legge grunnlaget for noen protest eller noe opprør. Med kapitalismen ble klassene adel og leilendinger erstattet av grupper som fabrikkeiere og arbeidere, men det er feil å omtale disse som klasser fordi om man var fabrikkeiere eller arbeider var resultat av den enkeltes egne frie valg, mens om man skulle tilhøre adel-klassen eller leilending-klassen var noe man ble født til. Med kapitalismen fulgte en generell velstandsøkning som kom alle til gode, arbeiderne fikk da stadig bedre levestandard, og fikk etter hvert så mye tid og krefter til overs (i forhold til hva de trengte i sitt arbeid) at de kunne begynne å organisere seg slik at de kunne starte en ny bred politisk bevegelse.

Bevegelsen skulle arbeide for en samfunnsorganisering hvor det ikke var noen forskjell i velstand – målet var likhet – og hvor alle hadde det de trengte; slagordet ble at «man skulle arbeide/yte etter evne og forbruke/få etter behov». For å gjennomføre dette fullt ut måtte man ifølge sosialismen ha et klasseløst samfunn, et samfunn som ikke besto av på den ene side private kapitaleiere som var rike og på den annen side arbeidere som ikke eide noe. Dette «klasseløse samfunnet» ble omtalt som et kommunistisk samfunn.

På veien mot dette samfunnet måtte man først ha en overgangsfase fra den eksisterende kapitalismen hvor staten på en eller annen måte overtok de privateide bedriftene, hvor lønninger på en eller annen måte ble utjamnet, etc. Denne midlertidige fasen er den sosialistiske fase, og etter en tid under sosialismen vil det vil ikke lenger være noen klassemotsetninger, behovet for en stat vil forsvinne (behovet for staten skyldtes ifølge sosialismen kun klassemotsetninger, og når klassemotsetningene er avskaffet blir behovet for staten borte), og man vil få det klasseløse kommunistiske samfunnet.

Sosialismen ble en stor bevegelse fra ca 1900, og fikk i det tyvende århundre makten i en rekke land, først i Russland (i oktober 1917) og deretter i en rekke land i Øst-Europa, så i Kina, på Cuba, i Vietnam, og i Venezuela. Sosialistene fikk makten på ulike måter: etter statskupp (som i Russland, som etter kuppet fikk navnet Sovjet-unionen), etter okkupasjon (landene i Øst-Europa ble okkupert av Sovjet etter 1945), etter borgerkrig (som i Kina og Vietnam), eller på demokratisk vis (som i Tyskland i 1933 når nasjonalsosialistene kom til makten), og i Venezuela (i 1999).

Alle disse landene ble raskt preget av politisk ufrihet, noe som ikke er overraskende da alle opposisjonelle ble betraktet som motstandere av arbeidernes rett til et levelig liv. Opposisjonelle ble i svært mange tilfeller dømt til lange opphold i fangeleire eller ble rett og slett henrettet. Næringsfriheten ble stadig innskrenket (unntatt i den korte NEP-perioden i Sovjet), og resultatet ble at all produksjon ble redusert i omfang. De sosialistiske land ble derfor etter hvert preget av stor fattigdom, endog sult. Sosialister i land som ennå ikke var blitt sosialistiske benektet at den elendighet som alltid ble resultatet av sosialismen eksisterte, de beskrev opplysninger om dette som ondsinnede løgner fra sosialismens motstandere, og hyllet de landene som var blitt sosialistiske. Tyranner og diktatorer som Lenin, Stalin, Hitler, Mao, Castro, Ho Chi Minh, Chavez, mfl. ble alle hyllet som store helter av sosialister verden over inntil deres forbrytelser ble så åpenbare at selv de mest tungnemme sosialister måtte erkjenne fakta.

Vi går litt nærmere inn på det hittil siste landet som gikk sosialismens vei, Venezuela. Man kan si at landet ble sosialistisk etter at Chavez ble valg til president i 1999. Problemene begynte nærmest umiddelbart: privat næringsliv ble regulert og/eller overtatt av staten, det ble innført statlige ordninger som ga mer eller mindre gratis skole, helsetilbud, pensjoner og trygder til alle landets borgere, og mange ble ansatt i det offentlige med gode lønninger uten at de fikk noe produktivt å gjøre. Dette ble finansiert av landets store oljeinntekter, men når oljeprisen etter noen år sank oppsto problemer fordi inntektene ble redusert; regimet hadde på vanlig sosialistisk vis ingen mulighet til å tilpasse produksjonslivet til endrede omstendigheter. Landet hadde også en periode en finansminister som ikke trodde at inflasjon kunne oppstå selv om man trykte opp kolossale mengder med pengesedler, og når dette skjedde kom landet opp i en inflasjon på flere tusen prosent. Pr i dag er landet rammet av en enorm krise, butikkene er stort sett tomme, folk sulter og spiser sine katter og hunder, gjennomsnittsvekten for en venezuelaner er gått kraftig ned, ca 10 kg.

> «Venezuelans lose average of 19lb in weight due to nationwide food shortages, study suggests. Soaring inflation means basic items in short supply and unaffordable for many» (kilde independent).

> «The inflation rate hit 130,060% in 2018, according to the new [May 2019] data» (kilde edition cnn).

Norske partier som NKP og AKP (som er opphavet til dagens parti Rødt) fornektet de forbrytelser og den undertrykkelse som foregikk i de sosialistiske land som de altså betraktet nærmest som idealer. NKP var pro-Sovjet og benektet alle grusomheter og all undertrykkelse som foregikk i Sovjet under Lenin og Stalin. AKP var pro-Kina og fornektet forbrytelsene under Mao, og de fornektet også det folkemord som skjedde i Kambodsja under Kinas allierte Pol Pot. Men hverken Rødt eller SV (som oppsto som en slags avlegger av NKP) hadde lært noe av dette og hyllet Chavez da han kom til makten i Venezuela.

Dette er en uttalelse fra SVs landsstyre i 2004 etter et valgresultat som var positivt for Chavez:

> «Til MVR – Movimento Quinta Republica (den femte republikkens bevegelse, det viktigste regjeringspartiet i Venezuela) Kjære kamerater, Sosialistisk Venstreparti har med glede lagt merke til Nei-sidens seier i folkeavstemninga i Venezuela. Vi gratulerer med President Chavez og Den Bolivarianske Revolusjonens fortsatte mandat fra det venezuelanske folk! SV har sterke bånd til venstrekrefter i

Latin-Amerika, og vi håper å kunne styrke båndene også til Venezuela Med hilsen SV».

Rødt kom med følgende uttalelse i 2009:

> «Rødt har gratulert Venezuela og president Chavéz med resultatet av folkeavstemningen 15. februar. Ja-flertallet var en seier for videreføringen av den bolivarske revolusjonen i Venezuela og for den anti-imperialistiske kampen både i hele Latin-Amerika og globalt. Resultatet gir det venezuelanske folket rett til å velge den presidenten de ønsker i det neste valget. Det er folket som får det siste ord. Fiendene av den bolivarske revolusjonen ønsket å eliminere den mest sannsynlige lederen for revolusjonen fra valget i 2012. Klassekampen i Venezuela er voldsom og har internasjonale følger. Partiet Rødt vil gjøre vårt beste for å øke solidariteten med den bolivarske revolusjonen blant folk i Norge» (kilder er å finne etter artikkelen «Venezuela: enda et eksempel på sosialismens sanne ansikt» i denne boken*).

Sosialismen fører til fattigdom, undertrykkelse og ufrihet, og i verste fall til folkemord (noe som skjedde under Lenin, Stalin, Mao og Pol Pot, som altså alle ble hyllet av norske partier). For den som trenger en objektiv oppsummering av hva sosialismen er og har ført til kan vi anbefale Alan Kors´foredrag «Socialism´s Legacy: Lest We Forget», tilgjengelig på youtube (link nedenfor).

For å oppsummere dette punktet: dersom du tror at man kan lage et godt og velstående og harmoniske samfunn basert på sosialistiske prinsipper med en sterk stat som driver det meste og som regulerer all produktiv virksomhet, da er du bedratt. Dersom du arbeider for å spre sosialismen eller dersom du forsøker å skaffe flere tilhengere til denne ideologien, eller dersom du forsøker å få folk til å stemme på slike partier (SV, NKP og Rødt), da er du en bedrager: etter mer enn hundre år med sosialistiske forsøk som alle har endt med nød, fattigdom,

* Takk til Martin Johansen som fant disse sitatene.

undertrykkelse og elendighet, burde du forstå at dette alltid vil bli resultatet.

Klima

Det tredje bedraget er det som miljøbevegelsen står for. Mange som sogner til miljøbevegelsen er genuint opptatt av at vi skal ha rent vann og ren luft og rene omgivelser, og i sitt opphav kan man si at dette var miljøbevegelsens mål. Men den endret seg slik at miljøbevegelsen ble en ren politisk bevegelse som er ute etter politisk makt for enhver pris; det den er ute etter nå er å innskrenke individuell frihet og å overføre makt til staten. Påskuddet er at dette er nødvendig å redde verden fra en miljøkatastrofe. Mange av de som støtter miljøbevegelsen er nok fortsatt opptatt av å hindre reelle miljøproblemer, men lederne i bevegelsen, f.eks. ledere i grønne partier og lederne i et utall miljøorganisasjoner, burde vite nok om fakta til å ta velbegrunnede standpunkter, og de burde da vite at påstandene om at vi står foran en miljøkatastrofe ikke er basert på fakta.

Miljøbevegelsen har i løpet av de siste 30 årene tatt opp en rekke saker – sur nedbør, forurensning, avfallstoffer i mat og luft og vann, tilsetningsstoffer i matvarer, at vi slipper opp for ressurser, at det blir for mye søppel, befolkningseksplosjon, mm., og ofte varslet kommende katastrofer på basis av slike vurderinger.

La oss kort si at alle de katastrofevarslene som miljøbevegelsen har fremmet de siste årene har vist seg å være totalt feil. Alt de har stått for har vist seg å være feil. Alt. Vi skal ikke her gjendrive all den feilinformasjon som miljøbevegelsen har forfektet gjennom de siste tiårene, men det finnes mye seriøs litteratur hvor man kan finne slike gjendrivelser. Her vil vi kun anbefale biolog Morten Jødals glimrende bok *Miljømytene: står vi framfor verdens undergang?* som gjendriver alle saker som miljøbevegelsen har lagt størst vekt på å fremme de siste årene.

Vi vil dog si noen få ord om den saken som miljøbevegelsen i dag legger størst vekt på: den såkalte klimakrisen. Miljøbevegelsen hevder at mennskelig aktivitet (utslipp av CO_2 ved forbrenning av fossilt brensel som bensin, olje og gass) fører til en global oppvarming som også fører til mer uvær (mer regn, flere stormer og tornadoer), til at havnivået stiger, mm., og som vil gjøre kloden nærmest ubeboelig.

290

Alt dette er feil, og at det er feil er dokumentert av forskere i så stort omfang at det eneste en seriøs person kan si er at det finnes ingen merkbar menneskeskapt global oppvarming, og at det ikke finnes noen klimakrise. Det finnes altså ingen temperaturøkning som følge av menneskelig aktivitet, og det forekommer heller ikke mer uvær enn tidligere; isbjørnen er ikke i ferd med å dø ut pga. omfattende issmelting – som det mest annet følger slike ting naturlige svingninger.

Det finnes som sagt enormt mye dokumentasjon på dette, og vi har skrevet om dette tidligere, i en artikkel med tittelen «Klimakrisen».

For noen uker siden kom også dette: «Nitti italienske forskere med kraftfullt opprop mot «klimaalarmismen»», og i oppropet sier de blant annet følgende:

«I de senere tiår er det spredd en feilaktig tese fra FNs klimapanel, om at en oppvarming på ca 0.9 C etter 1850 skal være unormal og skyldes utelukkende menneskeskapte utslipp av fossilt CO_2. Menneskeskapte klimaforandringer er EN IKKE-BEVIST HYPOTESE avledet fra komplekse, feilaktige beregningsmodeller. De er programmert med en UOBSERVERT, OVERDREVEN CO_2-effekt med UREALISTISKE katastrofeprediksjoner.

... .I stor kontrast til IPCC-hypotesen fremkommer et stadig økende antall vitenskapelige publikasjoner som nettopp viser betydelige naturlige variasjoner som modellene ikke kan reprodusere, bl.a. oscillasjoner i klima hvert ca. 60. år I årene 2000–2019 ble det observert en tilnærmet temperaturutflating avbrutt av sporadiske El Niño-/La Niña-variasjoner, som er værfenomener. Ifølge klimapanelet er effekten av CO_2-økning ekstremt usikker med en temperaturøkning på fra 1–5 C ved en CO_2-dobling fra 300 til 600 ppm (0.03 til 0,04 prosent). Denne usikkerheten er enorm. De alarmerende spådommer er derfor feilaktige siden de er basert på beregningsmodeller styrt av forskerne og som motbevises av eksperimentelle data. Klimavariasjonene er langt fra forstått. Den påståtte konsensus er uttrykk for en uvitenskapelig oppfatning, og eksisterer heller

ikke. Det er mange spesialister innen de ulike disipliner –
klimatologer, meteorologer, geologer, geofysikere, astrofysikere
– som gjenfinner betydningsfulle naturlige variasjoner. Tusenvis
av vitenskapsfolk har tidligere uttrykt kritikk av IPCC …».
(kilde resett)

Vi kan også nevne at en rekke norske fagfolk sto bak et opprop mot
klimahysteriet for noen uker siden, og det hadde omtrent det samme
innhold som det italienske oppropet vi henviste til over.

> Påstand: «Menneskeheten står overfor en trussel uten sidestykke
> i historien». [Fagfolk svarer:] Nei, det foreligger ingen
> dokumenterte fysiske, kjemiske eller biologiske bevis eller
> eksperimenter som underbygger dette. Ei heller klimahistorikk.

> Påstand:«Vitenskapen er utvetydig, vi er inne i en sjette
> masseutryddelse, og vi vil rammes av katastrofer om vi ikke
> handler raskt og resolutt». [Fagfolk svarer:] Nei. Hva gjelder
> klimaet, ble det bare i 2018 publisert rundt 500 vitenskapelige
> artikler som knytter klimaendringene hovedsakelig til naturlige
> variasjoner. Det er med andre ord faglig uenighet om
> endringenes opphav. Påstanden om en biologisk
> masseutryddelse støttes ikke av dem som registrerer utdøing av
> arter: Verdens Naturvernunion (IUCN)».

Mer om dette oppropet er å finne i artikkelen «Fagfolk om den påståtte
klimatrusselen» på Gullstandard.
Enhver som har fulgt med i nyhetsbildet de siste årene vet at det
er brukt enorme beløp på å bekjempe den påstått menneskeskapte
globale oppvarmingen – og alt dette er fullstendig bortkastet. Det er i en
rekke land i Vesten innført omfattende subsidieordninger for
energiproduksjon og energiforbruk som ikke involverer brenning av
fossilt brensel, dvs. for alt fra elektriske biler (som totalt sett forurenser
mer enn bensindrevne biler) til energiproduksjon ved bruk av
vindmøller, unnskyld, vindturbiner, som alle vet er upålitelige, svært lite
effektive, og er en katastrofe for miljøet i de områder de blir satt opp.
Alle disse tiltakene er svært skadelige, og enormt kostbare – og har

ingen innvirkning mht. til å redusere den påstått menneskeskapte globale oppvarmingen.

Tilbake til hovedpunktet: det finnes ingen menneskeskapt global oppvarming. Klimaet styres i all hovedsak av solen, dvs. klimaendringer skyldes i all hovedsak variasjon i solens utstrålte energi. Menneskers bidrag gjennom utslipp av CO_2 er ganske nær null.

La oss også ha sagt at dersom miljøbevegelsen får det som den vil så innebærer dette at staten vil detaljstyre alt som har med leting etter, utvinning av, produksjon av, transport av og forbruk av energi å gjøre – noe som innebærer at staten vil kontrollere alt og alle, siden å bruke energi er en forutsetning for all menneskelig aktivitet. Miljøbevegelsens mål er å ha en stat som har full kontroll over alt. Et nylig forslag fra en ikke ubetydelig representant for miljøbevegelsen var at ingen skulle ha lov til å reise med fly mer enn tre ganger i året. (Antagelig vil representanter for staten og for miljøbevegelsen bli unntatt fra et slikt forbud; de må jo fly verden rundt, helst i privatfly virker det som, for å delta på miljøkonferanser.) Det ønsket som ligger bak dette forslaget innebærer statlige kvoter for hvor mye du kan kjøre bil, statlige bestemmelser på hvor stor leilighet du kan ha, statlige regler om hvor ofte du kan kjøpe nye klær – alt som forbrukes er jo produsert ved bruk av energi ….

Som sagt; det finnes intet saklig grunnlag for å påstå at mennesker har en merkbar innvirkning på klimaet. Hvis du tror at mennesker har en sterk påvirkning på de variasjoner i klima som forekommer, da er du bedratt. Dersom du arbeider for å spre det syn at mennesker har en sterk påvirkning på klimaendringer, og dersom du arbeider for å bruke statlig tvang for å reduserer utslipp av CO_2, er du en bedrager – kanskje uten at du vet det selv.

Kunst

Det er vanskelig, men ikke umulig, å si noe om et fjerde tema når man ikke kan gjengi illustrasjoner, men man vil enkelt kunne finne eksempler på verker vi snakker om på linkene nedenfor. Vi skal kort stikke innom enda et område hvor det er mange bedragere: kunst. Dersom du følger disse linkene vil du se eksempler på betydelig kunst skapt av folk som Vermeer, Rembrandt, Caravaggio, Rafael, Michaelangelo, Dali, Hertevig, Munch, mfl.

https://theculturetrip.com/europe/the-netherlands/articles/10-artworks-by-vermeer-you-should-know/

https://vajiramias.com/current-affairs/operation-night-watch/5d24673e1d5def5a82593676/

http://www.nasjonalmuseet.no/no/samlinger_og_forskning/vare_samlinger/kunst/edvard_munch_i_nasjonalmuseet/Skrik%2C+1893.b7C_wljO0f.ips

https://en.wikipedia.org/wiki/Crucifixion_(Corpus_Hypercubus)

https://no.wikipedia.org/wiki/Lars_Hertervig#/media/Fil:Lars_Hertervig_-_The_Tarn_-_Google_Art_Project.jpg

Dersom du følger linkene nedenfor vil du se en annen type verker, skapt av personer som Pollock, Mondrian, Henry Moore, mfl.

https://www.jackson-pollock.org/white-light.jsp

https://www.moma.org/collection/works/78699

https://4.bp.blogspot.com/-1JWK3ix7BJI/WyC6ckO8wcI/AAAAAAAApHk/F4M86qEsJmkBwBEs4-qty6gV-UPIoSJEgCLcBGAs/s1600/20180128_115559.jpg

https://www.moma.org/interactives/exhibitions/2013/soundings/artists/10/works/

https://gagosian.com/artists/henry-moore/

https://www.tate.org.uk/art/artists/piet-mondrian-1651

Ting som er i samme kategori som disse siste kan være pene, de kan være dekorative – men de er ikke kunstverker, de er i beste fall dekorasjoner, i verste fall er de bare skrot.

Et kunstverk skal ha en viss håndverksmessig kvalitet, det skal ha en viss idérikdom, og det skal gi den som opplever det et utgangspunkt for kontemplasjon og ettertanke. Ingen av disse modernistiske verken tilbyr noe slikt. Dersom du tror at verker i denne siste kategorien er kunst, da er du bedratt. Dersom du har skapt slike verker og utgir dem for å være kunstverker, dersom du har vært med på å kjøpe dem inn som kunstverker, dersom du vært med på å gi kunstnerstipend til de som har skapt slike ting, dersom du er ansatt i det statlige kunstapparatet (i et departement eller i et galleri eller i et museum) og plasserer verker av denne siste typen i samme kategori som virkelige kunstverker, da er du en bedrager – kanskje uten at du vet det selv.

Hvordan skal man unngå å bli bedratt?

Skal man unngå å bli bedratt må man basere sine meninger og oppfatninger og vurderinger på fakta og på en rasjonell, logisk vurdering av fakta. Fakta får man tilgang ved observasjon, men selvsagt må man i meget stor grad basere seg på andres observasjoner, noe som innebærer at man må basere seg på lesning. Og her må man sørge for at man leser et bredt utvalg av presse og litteratur. Vi vil så tydelig vi kan si at mainstreampressen er svært upålitelig – mainstreampressen er så skjev i sin dekning av aktuelle hendelser at den kunne ha fått et eget kapittel i en artikkel som denne. Derfor: ikke les bare mainstream-pressen, les også alternative nyhetskilder.

For å oppsummere: for å unngå å bli bedratt: sørg for alltid å sjekke fakta, sørg for å lese et bredt utvalg av kilder, sørg for å ikke la deg lure til å godta fantasi og oppspinn som fakta, og la deg ikke lure av folk som kommer med løfter om at du skal få det godt uten at du selv må sørge for det ved produktivt arbeid, eller av folk som sier at din frihet forårsaker store problemer.

Alan Kors:
https://www.youtube.com/embed/PCrYoYpWuDo?feature=oembed

https://www.independent.co.uk/news/world/americas/venezuela-weight-loss-average-19lb-pounds-food-shortages-economic-crisis-a7595081.html

https://edition.cnn.com/2019/05/29/economy/venezuela-inflation-intl/index.html

https://www.gullstandard.no/2018/12/18/klimakrisen/

https://www.gullstandard.no/2019/06/03/fagfolk-om-den-pastatte-klimatrusselen/

Jødal, Morten: *Miljømytene – står vi framfor verdens undergang?*, Klimarealistene 2017

https://miljomytene.no

Intet nytt under solen: religiøs fanatisme før og nå
Publisert på Gullstandard 26. august 2019

For noen tiår siden kunne man i de store byene i Vesten iblant se personer bærende på plakater med tekster som «Vend om! Enden er nær!». De som slo av en prat med dem møtte en intens person som mer enn villig forklarte at dommedag ville komme meget snart, og de som ikke i sitt levesett fulgte en bestemt hellig skrift ville komme til helvetet hvor de ble straffet til evig tid. Man kunne også få løpesedler som i større detalj forklarte hva som ville komme, og de ivrigste fikk opplysninger om møter hvor man kunne få en enda dypere innføring i budskapet.

Dette var sterkt religiøse personer som var overbevist om at de fleste mennesker omkring dem levde i strid med det de mente var det eneste riktige, og at den guden de trodde eksisterte snart ville gripe inn og straffe dem. Folk flest anså disse som harmløse eksentrikere, smilte bak ryggen på dem, tenkte kanskje at «enhver er salig i sin tro», men tok ikke noe av det de sa på alvor.

Det var ikke mange av disse plakatbærerne, og det var få som delte deres synspunkter. Men i tidligere tider var det ofte svært mange som hadde de samme oppfatninger som disse dommedagsprofetene. Og da var de farlige, og de begikk kolossale ødeleggelser: de ville kjempe for det de anså som det eneste rette, og det rette var et budskap som en gud hadde gitt dem. Budskapet innebar som regel at alt som var i strid med guds ord og kunne lede den enkeltes fokus bort fra gud måtte ødelegges. Dessverre finner man eksempler på dette ikke bare i fjern historie, man finner dem også i nær fortid. Et av de siste betydelige eksemplene på dette var Talibans ødeleggelse av Buddha-statuer i Afghanistan i 2001.

Dagbladet skrev om dette 3/1-01: «- Buddha-statuene er ødelagt. De unike Buddha-statuene i Bamiyan er allerede ødelagt, melder Taliban-regimet i Afghanistan. Statuene er fra år 200. Statuene var enorme, og hugget inn i sandsteinsklippene i Bamiyan i Afghanistan rundt år 200. De to spesielle statuene i Bamiyan er 50 og 35 meter høye. Mesteparten av statuene er allerede sprengt i filler, melder Taliban-regimet i dag … – Våre soldater jobber hardt for å ødelegge det som er igjen. De vil ramle ned snart, sier Talibans informasjonsminister Qudratullah Jamal. … Taliban-regimet vil kvitte seg med alle statuer og kunstskatter som er ikke-islamske.»

Men det er ikke bare muslimer som har utført slike ødeleggelser. I sin bok *The Darkening Age: The Christian Destruction of the Classical World* forteller Catherine Nixey om hvordan kristne for 1600 år siden i stort omfang ødela ikke-kristne kulturminner. Omtalen av boken på amazon.com inneholder bla. dette:

> «In *The Darkening Age*, Catherine Nixey tells the little-known – and deeply shocking – story of how a militant religion deliberately tried to extinguish the teachings of the Classical world, ushering in unquestioning adherence to the 'one true faith'. The Roman Empire had been generous in embracing and absorbing new creeds. But with the coming of Christianity, everything changed. This new faith, despite preaching peace, was violent, ruthless and intolerant. And once it became the religion of empire, its zealous adherents set about the destruction of the old gods. Their altars were upturned, their temples demolished and their statues hacked to pieces. Books, including great works of philosophy and science, were consigned to the pyre. It was an annihilation» (lenke nedenfor).

Og dette var ikke noe som noen få brusehoder fant på på egen hånd, denne ødeleggelsen skjedde etter oppfordringer fra den høyeste autoritet. Vi siterer fra Nixey, som sier at slike ting skjedde etter pålegg fra kirkefaderen Augustin:

> «Augustine evidently assumed his congreants would be taking part in the violence – and implied that they were right to do so: throwing down temples, idols and groves was, he said, no less than clear proof of our not honoring, but rather abhoring, these things [i.e. non-christian books, libraries, statues, temples, etc.] Such destruction, he [Augustine] reminded his flock, was the express commandment of God, In AD 401, Augustine told Christians in Carthage to smash pagan objects because, he said,

that was what God wanted and commanded. It has been said that sixty died in riots inflamed by this burst of oratorical fire. A little earlier a congregation of Augustine`s, eager to sack the temples of Carthage, had started reciting Psalm 83: "Let them be humiliated and be downcast forever", they chanted with grim significance, "Let them perish in disgrace". It is obvious that this violence was not only one`s Christian duty, it was also for many a thouroughly enjoyable way to spend an afternoon» (s.110-111).

Vi har her samfunn hvor en religion dominerer, og mange av de troende utøver vold og begår ødeleggelser av alt som ikke er i samsvar med det religionen og dens autoriteter oppfordrer til.

Det finnes et stor antall eksempler som viser hva som skjedde. Vi tar også med følgende fra SNL:

«Hypatia var en nyplatonsk filosof og Vestens først kjente kvinnelige matematiker og astronom. Hypatia ble født i Alexandria og ledet den filosofiske skole i Alexandria med stor dyktighet. I 415 evt. falt hun som offer for en oppstand som ifølge tradisjonen ble iscenesatt av biskop Kyrillos mot den hedenske filosofi.»

Hva skjer når mennesker med slike overbevisninger får all makt i et samfunn? Et eksempel på dette finner vi i Calvins Geneve.

«John Calvin's Geneva, however, represented the ultimate in repression. The city-state of Geneva, which became known as the Protestant Rome, was also, in effect, a police state, ruled by a Consistory of five pastors and twelve lay elders, with the bloodless figure of the dictator looming over all. In physique, temperament, and conviction, Calvin (1509–1564) was the inverted image of the freewheeling, permissive, high-living popes whose excesses had led to Lutheran apostasy. Frail, thin, short, and lightly bearded, with ruthless, penetrating eyes, he was humorless and short-tempered. The slightest criticism enraged him. Those who questioned his theology he called «pigs», «asses», «riffraff», «dogs», «idiots», and «stinking beasts». One morning he found a poster on his pulpit accusing him of «Gross Hypocrisy». A suspect was arrested. No evidence was produced, but he was tortured day and night for a month till he confessed. Screaming with pain, he was lashed to a wooden stake. Penultimately, his feet were nailed to the wood; ultimately he was decapitated.» (Fra William Manchesters *A World Lit Only by Fire,* s. 190)

Poenget her er at dersom en irrasjonell bevegelse får stor oppslutning, så stor oppslutning at dens tilhengere klarer å få makten i et samfunn, da vil all frihet og all opposisjon forsvinne. Og dette skjer fordi irrasjonalitet ikke bygger på fornuft og dialog og respekt for andres meninger og overbevisninger. Irrasjonalitet må medføre ønsker om å benytte initiering av tvang, og omfattende tvang er intet annet enn tyranni.

Grunnen til at vi skriver om dette er at det nå har dukket opp en ny bevegelse som i betydelig grad er akkurat slik som disse religiøse bevegelser vi har omtalt; den er irrasjonell, den er ikke bygget på fakta, dens tilhengere nekter å diskutere med meningsmotstandere, tilhengerne er til dels voldelige, de betrakter de som er uenige med dem som dypt umoralske, og de vil bruke alle midler, inkludert sabotasje og vold, for å stoppe de som handler i strid med det de mener er det eneste som er rett og riktig. Videre, på samme måte som religioner betrakter den velstand som et onde, og fattigdom som et gode.

Vi tenker selvsagt på miljøbevegelsen, og dens fanesak: påstanden om at menneskelig aktivitet – brenning av fossilt brensel (olje, gass, kull) – forårsaker en sterkt skadelig global oppvarming. Men man må huske at bruk av fossilt brensel er svært nyttig og gir oss mange goder. Fra dette får vi energi, og energi bruker vi til å varme opp (eller kjøle ned) våre hjem og våre arbeidsplasser, til å drive våre fabrikker som produserer det vi bruker, til å drive våre sykehus som helbreder oss når vi blir syke, til å transportere oss til jobb og på ferier, mm.

Påstandene om menneskeskapt global oppvarming er helt uholdbare, og alle spådommer om nært forestående katastrofer som er kommet i de ca 50 årene disse påstandene har fått oppmerksomhet, har slått feil. Dette har allikevel ikke på noe vis dempet iveren hos de som

300

stadig fremmer dem, noe som er en ytterligere bekreftelse på deres irrasjonalitet.

Klimaet varierer naturlig, og det er ingen ting som tilsier at de endringer vi har hatt de siste 150 årene, dvs. i den perioden vi har brukt mye fossilt brensel, er utenom de naturlige svingninger. Ja, det er mulig at våre utslipp av CO_2 har en mindre effekt på klimaet, men i all hovedsak styres klimaet av solen. Fossilt brensel fører som sagt til kolossale goder, og det eneste gode alternativet til fossil energi er atomkraft. Solenergi og vindturbiner, som enkelte i miljøbevegelsen fremholder som alternativer til fossilt brensel, er i hovedsak svært lite effektive og helt upålitelige.

Her er et lite utvalg eksempler på hva folk fra miljøbevegelsen sier og gjør: Gro Harlem Brundtland uttalte at det var grovt umoralsk å tvile på påstandene om at vi har en menneskeskapt global oppvarming. (Det hun sa var følgende i en tale i FN mai 2007: «It is irresponsible, it is reckless and it is deeply immoral to even question the seriousness of the situation»).

Å bruke fly skal visstnok være en sterkt medvirkende årsak til global oppvarming, og miljøbevegelsen har skapt begrepet «flyskam» for å gi folk dårlig samvittighet dersom de flyr. Et medlem av MDG har foreslått at ingen skal få fly mer enn tre ganger per år. Hvor dette forslaget står om noen år kan man bare frykte.

Enkelte som deler miljøbevegelsens mål sender opp droner i nærheten av flyplasser for å redusere flytrafikken. Slike droner er livsfarlige; dersom de kolliderer med et fly kan de føre til at flyet styrter.

Enkelte som deler miljøbevegelsens mål forsøker å blokkere oljeselskapers aktiviteter, noen ved politiske vedtak, andre ved å hindre ansatte i oljeselskaper i å komme på jobb. (Denne typen aktivisme har foreløpig kun skjedd i lite omfang.) Enkelte lar være å få barn fordi personer bruker energi, og bruk av energi «koker kloden» – de mener derfor at verdens befolkning bør reduseres.

Skoleelever streiker for klimaet.

Artister nekter å opptre for eller å motta stipender fra eller delta på arrangementer sponset av oljeselskaper.

Det er oppstått noe som kaller seg «Extinction Rebellion», og den hevder at «We are facing an unprecedented global emergency. Life on Earth is in crisis: scientists agree we have entered a period of abrupt climate breakdown, and we are in the midst of a mass extinction of our own making» (Kilde rebellion earth).

De sier at de vil kun benytte fredelige midler i sin kamp for å redde jorden, men det vil overraske oss dersom dette stemmer.

Enkelte hevder at bruken av olje er like umoralsk som slaveri: «There is no "moral case for fossil fuels", just as there was no "moral case for slavery" in 1860)». (Kilde ourworld).

Som et kanskje enda tydeligere eksempel på bevegelsens irrasjonalitet: 30. august skal det arrangeres en demonstrasjon foran Stortinget som går ut på at demonstrantene skal brøle til politikerne om at de må gjøre noe NÅ for å redde kloden. Vi har hentet dette fra aksjonens nettside:

«Norgeshistoriens viktigste markering, Vår tids viktigste sak. Sammen skaper vi Klimabrølet! Når vi står samlet i et historisk antall med et felles krav om klimahandling i tråd med Paris-avtalen NÅ, rett før valget, har vi stor påvirkningskraft.

Fredag 30. august kl. 15:00-16:30
100.000 mennesker i Oslo (foran Stortinget)
50.000 mennesker i andre byer
Partipolitisk uavhengig!»

«Klimabrølets krav, er at politikerne treffer tiltak slik at vi kan begrense global oppheting til 1,5 grader – i tråd med Parisavtalen. Hvilke tiltak som kreves for å nå dette målet, er politikere, departementer og fagmiljøer, inkludert FNs klimapanel IPCC (Intergovernmental Panel on Climate Change), egnet til å svare på. Våre folkevalgte mangler imidlertid mot og marsjordre, til å iverksette tildels upopulære men helt nødvendige klimatiltak – nå. De er videre redde for å investere i klimatiltak med usikker avkastning.» (kilde klimabrølet).

Mer nedslående info: «Med tidligere NHH-studenter i spissen, planlegger Klimabrølet norgeshistoriens største klimamarkering 30. august» (kilde nhh.no).

På samme måte som innen religiøse bevegelser har fotfolket ingen problemer med sine lederes hykleri og dobbeltmoral. Mens vanlige folk innen bevegelsen kutter ned på sin bilbruk og sine flyturer, fører ledene figurer innen bevegelsen et jetset-liv – ofte betalt av skattebetalerne – hvor de flyr verden rundt, ofte med privatfly, fra den ene klimakonferansen til den andre, og disse avholdes gjerne på luksushoteller i eksotiske storbyer over hele verden.

En annen ting som miljøbevegelsen har gått i bresjen for er innføring av (eller økning av) et kolossalt antall avgifter for så og si all bruk av energi: bensinavgift, bilavgifter, bompenger, flyseteavgift, mm. Disse avgiftene har i de siste årene kostet vanlige folk enorme beløp.

Et annet tegn på miljøbevegelsens irrasjonalitet er dens uvillighet til å diskutere med de som har andre meninger. Vi gir tre eksempler. For noen måneder side utarbeidet 25 norske fagfolk med realfagsbakgrunn et opprop som hevder at menneskets påvirkning på klimaet er ubetydelig og at det ikke er noen fare på ferde. Dette var et svar på et opprop fra 25 samfunnstopper helt uten faglig bakgrunn som hevdet det motsatte. Oppropet fra samfunnstoppene fikk stor plass i Aftenposten, men Aftenposten nektet å ta inn svaret fra de med faglig bakgrunn. Et annet eksempel: når organer som NRK inviterer til debatt om klimaet inviteres kun folk som mener at menneskelig aktivitet fører til global oppvarming; fagfolk med andre meninger blir ikke invitert. Et siste eksempel: Alex Epstein, forfatter av bestselgeren *The Moral Case for Fossil Fuels*, har utfordret en rekke prominente personer i miljøbevegelsen til debatt; han har til og med tilbudt å gi store beløp – USD 100 000 – til veldedige formål valgt av debattmotstanderen dersom de vil stille til debatt mot ham. Ingen har våget å stille opp. Dette gjelder folk som Al Gore, som ble tildelt Nobels Fredspris for sin usanne propaganda om global oppvarming, og Elon Musk, Bill Nye, James Hansen, mfl. (kilde masterresource.org). Epstein debatterte dog med Bill McKibben i 2012; debatten er å finne på youtube.

Det har også skjedd at folk som har inngått avtale med å debattere med har trukket seg: Epstein har opplyst følgende:

«I just learned yesterday morning that the CEO of the Leonardo DiCaprio Foundation, who was supposed to debate me next Tuesday at the 20,000 person Collision Conference, has withdrawn. He gave no explanation to the organizers and certainly did not give me the courtesy of an apology – even though my team has been preparing for this event for weeks» (kilde industrialprogress.org).

Miljøbevegelsen dominerer alle store fora og arenaer. På sin side har den pressen, akademia (for akademikere kan det stoppe karrieren dersom de sier som sant er at det i all hovedsak er solen som styrer klimaet), byråkratiet, politikere, de som utgir seg for å være intellektuelle, folk som har yrkestittelen journalist, kjendiser, rikfolk, kongelige, skoleelever, mm.

Ja, det finnes enkelte edruelige og modige folk som våger å si hva de mener, men de kommet ikke til orde i de store foraene, og de har ingen innflydelse på politikken som føres.

Miljøbevegelsen er nå i ferd med å bli så stor og innflydelsesrik at den kan få de samme samfunnsmessige konsekvenser som de religiøse bevegelser vi tidligere har omtalt. Dens innflydelse vil føre til økt fattigdom (siden velstand er produksjon, og produksjon forutsetter bruk av energi), og til at de som har avvikende meninger vil bli hindret i å si hva de mener. Den kan også føre til bruk av vold mot de som arbeider i energibransjen, og mot de som har avvikende meninger.

De som sogner til miljøbevegelsen er i stor grad den samme mennesketype som de som for noen tiår siden bar plakater med teksten «Vend om!» Men den gang var de få, nå er de mange, så mange at de har avgjørende innflydelse på politikken som føres i alle vestlige land (store land som Kina, Brasil og India bryr seg derimot ikke om påstandene fra klimabevegelsen). Noen få irrasjonale mennesker i et samfunn er harmløse, men blir de mange kan de forårsake store ødeleggelser, og det er noe slikt vi står foran nå. Og da kan man minne om denne kloke uttalelsen fra George Carlin: «Never underestimate the power of stupid people in large groups».

https://www.amazon.co.uk/Darkening-Age-Christian-Destruction-Classical/dp/1509816070/ref=sr_1_1?
crid=2HWHJ9HZX82BB&keywords=nixey+the+darkening+age&qid=
1566543607&s=gateway&sprefix=nixey%2Caps%2C164&sr=8-1

https://rebellion.earth/the-truth/

https://ourworld.unu.edu/en/review-the-moral-case-for-fossil-fuels-really

https://klimabrolet.no

https://www.nhh.no/nhh-bulletin/artikkelarkiv/2019/juli/jobber-for-historiens-storste-klimamarkering/

https://industrialprogress.com/leonardo-dicaprios-ceo-backs-out-of-our-debate/

Massehysteri
Publisert på Gullstandard 27. mai 2019

Massehysteri er slik beskrevet på engelsk Wikipedia:

> «In sociology and psychology, mass hysteria (also known as
> mass psychogenic illness, collective hysteria, group hysteria,
> or collective obsessional behavior) is a phenomenon that
> transmits collective illusions of threats, whether real or
> imaginary, through a population in society as a result of rumors
> and fear (memory acknowledgement). In medicine, the term is
> used to describe the spontaneous manifestation (production of
> chemicals in the body) of the same or similar hysterical
> physical symptoms by more than one person. A common type
> of mass hysteria occurs when a group of people believe they are
> suffering from a similar disease or ailment, sometimes referred
> to as mass psychogenic illness or epidemic hysteria.»

(Vi refererer fra engelsk Wikipedia fordi vi ikke fant noe som var
dekkende hverken på Store Norske Leksikon eller på norsk Wikipedia.)

Wikipedia-artikkelen inneholder en liste over noen kjente og
noen nokså ukjente tilfeller av massehysteri. Mest kjent er antagelig
hekseprosessene i Salem, USA, i 1692-93:

> «In colonial Massachusetts, adolescent girls Abigail Williams,
> Betty Parris, Ann Putnam, Jr., and Elizabeth Hubbard began to
> have fits that were described by a minister as «beyond the power
> of Epileptic Fits or natural disease to effect.» The events
> resulted in the Salem witch trials, a series of hearings which
> resulted in the execution of 20 citizens and the death of five
> other citizens of Salem Village, Massachusetts (present day
> Danvers, Massachusetts) and nearby towns who were accused of
> practicing witchcraft. The episode is one of America's most
> notorious cases of mass hysteria, and it has been used in
> political rhetoric and popular literature as a vivid cautionary tale

about the dangers of isolationism, religious extremism, false accusations and lapses in due process.»

Wikipedia lister opp omkring 40 tilfeller av massehysteri fra 1518 og frem til vår tid, og noen av dem er meget merkelige. Vi gjengir noen få av eksemplene:

Bellevue, Louisiana (1939) – A girl developed a leg twitch at the annual homecoming high school dance. Attacks worsened and spread to friends over the next several weeks.

Mount Pleasant, Mississippi (1976) – School officials suspected drug use after 15 students fell to the ground writhing, but no drugs were found and hysteria is assumed to be the culprit. At one point, one third of the school's 900 students stayed home for fear of being "hexed".

Malaysia (1970s–1980s) – Mass hysteria occurred in Malaysia from the 1970s to the 1980s. It affected school-age girls and young women working in factories. The locals have explained this outbreak as "spirits" having possessed the girls and young women.

Mexico City (2006–2007) – Between October 2006 and June 2007, near Chalco, a working-class suburb of Mexico City, mass hysteria resulted in an outbreak of unusual symptoms suffered by more than 500 adolescent female students at Children's Village School (*Villa de las Ninas*), a Catholic boarding-school. The afflicted students had difficulty walking and were feverish and nauseated, some becoming partially paralyzed.

Vinton, Virginia (2007) – An outbreak of twitching, headaches and dizziness affected at least nine girls and one teacher at William Byrd High School. The episode lasted for months amid other local public health scares.

In August 2019 the BBC reported that schoolgirls at the Ketereh national secondary school (SMK Ketereh) in Kelantan, Malaysia, started screaming, with some claiming to

308

have seen 'a face of pure evil'. Professor Simon Wessely a former president of the Royal College of Psychiatrists, suggested it was a form of 'collective behaviour'. Robert Bartholomew, a medical sociologist, suggested it was due to the stricter implementation of Islamic law in the school. The school responded to the outbreak by cutting down the trees around the school, believing they were home to supernatural spirits.

Massehysteri er altså et fenomen som rammer et stort antall mennesker (men det ser ut om som kvinner av en eller annen grunn er mer utsatt for slikt enn menn), et fenomen som bygger på forestillinger om en overhengende fare, og hvor faren ikke har noen rasjonell begrunnelse, men er resultat av rykter og/eller en utbredt frykt i en befolkning. Wikipedias definisjon holder dog muligheten åpen for at frykten kan være reell, men som regel brukes uttrykket når faren er innbilt.

I dag cr vi rammet av et meget utbredt tilfelle av massehysteri: klimagalskapen. Det ser ut til at et stort antall mennesker virkelig tror at menneskelig aktivitet i avgjørende grad påvirker klimaet slik at vi nå står foran en klimakrise, og at politiske vedtak kan løse problemet.

Det klareste utslag av dette er de siste ukers massemønstringer hvor streikende skoleelever krever av politikere at de skal gjøre noe for å redde kloden. At disse elevene ikke har stor innsikt i de relevante problemstillinger er bare som man kan forvente, men verre er det at politikere og journalister, som burde vite bedre, snakker dem etter munnen og gir inntrykk av at de på et vis går med på de fullstendig meningsløse kravene som fremsettes – kanskje gjør de dette fordi de kan bruke klima som påskudd for å tilrane seg enda mere makt og større inntekter ved å innføre enda flere skatter og avgifter med klima som påskudd.

Wikipedia-artikkelen inneholdt også dette: blant årsakene til utløsningen av massehysteri kan man finne tilfeller av «isolationism, religious extremism, false accusations and lapses in due process». Dette er dekkende for det som nå skjer blant de som nå krevet at politikerne skal hindre kloden i å koke («Kloden koker» var å lese på enkelte av plakatene som skoleelevene bar under demonstrasjonene):

miljøbevegelsen er å sammenligne med en religiøs vekkelsesbevegelse, demonstrantene og de som snakker dem etter munnen bryr seg ikke om videnskapelige fakta, de baserer seg på usannheter og følger da ikke en vanlige videnskaplige metode.

Bare for å ha sagt det enda en gang: klimaet varierer naturlig og menneskets bidrag til klimaendringer er nærmest ikke-eksisterende, og dette er et syn som praktisk talt alle seriøse fagfolk slutter opp om.

Men tilbake til massehysteriet: i mai 2007 skrev vi en nyhets-kommentar med tittelen «Nei til globalt massehysteri» på DLFs nettside, og vi gjengir den her:

«DLF er ikke med på det globale massehysteri vi har sett uttrykt i media de siste dager. Her er noen få korte momenter fra vår begrunnelse:

De fem siste år har alle vært kaldere enn 2001.

I perioden 1945-70 var det sterk økning i utslipp av CO2. I denne perioden sank jordens gjennomsnittstemperatur.

FNs klimapanel IPCC anslår under et scenario at havflaten vil stige 13-38 cm frem til ca 2100. Havflaten steg omtrent like mye de siste ca 150 år.

Klimavariasjoner og skiftende vær er helt naturlige fenomener, og skyldes i stor grad variasjoner i solens utstråling, den effekt solen har på været, og variasjoner i jordens bane omkring solen.

Vi godtar altså ikke påstandene om at det er bevist eller begrunnet at menneskelig aktivitet (som medfører utslipp av klimagasser, i hovedsak CO2) fører til en forsterket drivhuseffekt, dvs. til en global oppvarming.

CO2 er ikke den eneste klimagassen: Den viktigste klimagassen er vanndamp, og den står for ca. 98 prosent av drivhuseffekten. Denne gassen kan vi i liten grad påvirke. Metan er også en viktig drivhusgass; som drivhusgass er den ca 20 ganger mer
310

virksom enn CO2. Av det lille mengden CO2 som er i atmosfæren bidrar naturen selv med mer enn 95%, mens de menneskeskapte utslippene er mindre enn 5%. Dersom man inkluderer vanndamp er det altså ca 0,05 % av drivhusgassene vi kan påvirke. Å avgiftsbelegge CO2 for å bremse global oppvarming er som å skyte mygg med atombomber.

Vi er selvsagt med på at klimaet forandrer seg, og at det har vært en økning av CO2-innholdet i atmosfæren, men vi ser ikke at det er bevist eller begrunnet noen sammenheng mellom økningen og oppvarmingen. Korrelasjon er ikke det samme som bevis for en årsakssammenheng.

Massehysteriet er nå så kolossalt at vi regner med at myndigheter i de fleste land med tverrpolitisk støtte vil komme med tiltak, dvs. avgiftsbelegge transport og industri, og innføre restriksjoner på produksjon. Vi regner som sikkert at disse tiltakene ikke vil ha noen effekt på klimaet, og vi regner som sikkert at de vil ha en negativ effekt på produksjon/velstand. Vi er altså sterkt imot alle disse tiltakene som nå vil bli foreslått og gjennomført.

Hvordan bør vi da forholde oss til klimavariasjonene? La oss anta at vi går inn i en periode med mer CO2 i atmosfæren, med høyere temperaturer, med mer uvær, og med stigende havnivå.

Mer CO2 i atmosfæren er et gode. Jo mer CO2 det er i luften, jo bedre vokser planter. Mer CO2 vil altså føre til at det blir enklere å dyrke mat. Vi anser dette som et gode.

Høyere temperatur er også et gode; de fleste drar til varmere strøk når de kan. Høyere temperaturer vil føre til mildere vintre, noe som fører til at færre fryser og at færre vil fryse i hjel. Høyere temperatur fører også til mindre fyring om vinteren, noe som sparer penger og som reduserer forurensning. Ja, det vil kunne føre til at flere vil plages av varmen (heteslag), men dette må bekjempes med flere air-conditioning-anlegg.

Hvis havflaten stiger, for eksempel ca 30 cm i løpet av ca 100 år, så er ikke dette noe som kommer plutselig, Folk vil ha tid til å omstille seg. De som bor ved kysten og som vil kunne rammes av at havet stiger noen desimeter, bør flytte. Og når de har flere tiår på seg, så burde ikke dette være noe problem.

Mht uvær – hva gjør vi hvis det blir sterkere og hyppigere stormer og orkaner? Det eneste vi kan og bør gjøre med dette er å bygge sterkere hus.

Uansett hva som vil skje så er det full individuell frihet, ren laissez-faire-kapitalisme, som kan minimalisere de problemer som måtte oppstå. Under full frihet kan folk lett flytte, de kan lett få arbeide og tjene penger og få kjøpt seg air-conditioning. Frihet vil også føre til øket produktivitet, noe som spesielt vil medføre at hus vil kunne bli bedre og billigere.

Vi frykter dog at de andre partiene vil bruke de altså ubeviste påstandene om drivhuseffekten til å foreta ytterligere reduksjoner i individenes frihet, og dette vil påføre alle som rammes, dvs. hele verden, stor skade» (sitat slutt fra DLFs nettside).

Vi i Gullstandard slutter opp om det som sies i DLFs artikkel.

https://en.wikipedia.org/wiki/List_of_mass_hysteria_cases

Et ferskt eksempel på massehysteri:

https://www.tv2.no/a/3709990/

Nei til globalt massehysteri

http://www.stemdlf.no/node/2956/

Høyre-Astrup hyller klima-streikende skoleelever

https://www.vg.no/nyheter/innenriks/i/jdk5lo/hoeyre-astrup-hyller-klima-streikende-skoleelever

Den opprinnelige artikkelen inneholdt lenker til tre videoer på YouTube hvor fagfolk fortalte om sine synspunkter på klimaproblemene. Disse videoene er i ettertid blitt slettet av YouTube.

Kent Andersen om klimahysteriet: «J´Accuse»

Publisert på Gullstandard 5. oktober 2020

«J`Accuse» - «jeg anklager» - er som kjent tittelen på et åpent brev skrevet av forfatteren Emile Zola i 1898 etter at den franske offiseren Alfred Dreyfus hadde blitt uskyldig dømt for høyforræderi (spionasje til fordel for Tyskland) i 1894. Zolas engasjement fikk betydelig støtte, saken ble tatt opp igjen og endte nå med frifinnelse i 1906 etter at Zola og de mange som støttet ham fikk gjennomslag for sine korrekte påstander om at dommen mot Dreyfus var et justismord.

«J´Accuse» er etter dette blitt et stående uttrykk for de som anklager etablerte myndigheter for urett, korrupsjon og maktmisbruk. Og det er dette Kent Andersen gjør i sin nye bok *Klima Anitklimaks*. Andersens bok er et rungende «J`Accuse» mot norske myndigheter, norske politikere, norske partier, norske aviser, norske journalister, norske akademikere, norske frivillige organisasjoner – som alle, ifølge Andersen, er aktivt og entusiastisk med på noe som må kalles et kolossalt justismord.

Justismord

Hvilket justismord? Temaet for Andersens bok er klimapolitikken, en politikk han mener er fullstendig uten saklig begrunnelse, og som samtidig påfører norske skattebetalere en utgift på ca 40 mrd kr per år, penger som er fullstendig bortkastet. I tillegg ødelegger denne politikken norsk natur ved utplassering av sterkt miljøødeleggende og totalt unødvendige vindmøller/vindturbiner, turbiner som visstnok skal produsere miljøvennlig energi. En rekke andre tiltak med klima som begrunnelse legger også store begrensninger på norsk økonomi, noe som gjør hver enkelt nordmann fattigere. Det er dog ikke riktig å begrense Andersens anklage til bare norske aktører; alle aktører av samme type som de vi nevnte i alle land i Vest-Europa, og de fleste i USA, rammes like hardt av Andersens anklager.

Andersens hovedpoeng i boken er dog ikke å legge frem vitenskapelige argumenter for den sannhet at klimavariasjoner er helt naturlig: klimaet har alltid variert. I all hovedsak er det solen som styrer klimaet, menneskers påvirkning (i hovedsak ved utslipp av CO_2 ved forbrenning av fossile brennstoffer som olje, gass og kull) er minimal. Vi står heller ifølge Andersen ikke foran, og vi er heller ikke midt oppe i, en klimakrise. Ja, etter at målingene tok til for ca 150 år siden har jordens gjennomsnittstemperatur steget ca 0,8 grader, men dette er klart innenfor de naturlige svingningene, og hvis det er blitt mer CO_2 i atmosfæren så er det et gode, CO_2 er plateføde så jo mer CO_2 det er i atmosfæren jo mer frodig blir planeten. Det er også slik at selv om utslippene av CO_2 fortsetter i nærmest uforminsket takt, slik de har gjort siden den industrielle revolusjon, så har det de siste ca 20 årene ikke vært noen oppvarming.

Andersen formulerer bokens poeng slik på side 21: «Dette er ikke en bok om klimaet ... Det er en bok om menneskelig adferd, om flokkmentalitet, gruppepress, massehysteri, religiøsitet og politisk manipulasjon. ... Klimasaken er et selvbedrag, et blindspor, og er ikke basert på ekte videnskap» (s. 45). Bokens hovedtema er altså hvordan denne ikke-saken har fått så stor oppslutning.

Ikke om klima

Forfatteren tar altså det videnskapelige belegget for det som vi omtalte ovenfor for gitt. Og i en bok som dette er det Ok; alle som er interessert kan lett finne videnskapelig begrunnelser som viser at Andersen har rett. Man finner dog ikke en slik videnskapelig begrunnelse i mainstreammedia, der finner man løgner, usannheter, og fortielser som begrunnelse for det som med all rett kan kalles et klimahysteri, et hysteri som altså alle aktører i mainstream støtter opp om. Det Andersen tar for seg er hvorfor alle aktører i mainstream lyver – eller i det minste fortier sannheten – om dette temaet.

Men før vi kommer dit: man har ofte sett påstander i pressen om at «97 % av alle forskere mener at vi står foran en katastrofal global oppvarming, og at dersom vi ikke gjennomfører drastiske tiltak nå vil kloden snart koke over». De drastiske tiltakene går da ut på å redusere mengden privat bilkjøring og antall flyreiser, og å erstatte vanlig kraftproduksjon (kull, olje) med fornybar energi, i praksis sol-energi og vind-energi, mm.

Mht. påstanden om de 97 % henviser Andersen (s. 67) til en artikkel av Alex Epstein, «'97% Of Climate Scientists Agree' Is 100% Wrong», opprinnelig publisert i Forbes. Andersen oppgir ikke slike linker, han sier at enhver kan finne slike ting ved å google. Dette er etter vårt syn Ok i en bok som dette. Vi, derimot, gir en link til Epsteins viktige artikkel nedenfor.

Som nevnt, Andersens hovedpoeng er hvorfor alle i mainstream så kompakt støtter det syn at kloden vil koke dersom vi fortsetter å bruke vanlige energikilder (kull, olje, gass), og hvorfor de like kompakt støtter slike ting som utplassering av vindmøller i norsk natur når vi – Norge – har nok energi fra vannkraft. Andersen har bakgrunn fra reklamebransjen, og sier at det som er skjedd er en massemanipulasjon, og han, som fagmann på området reklame, er mektig imponert av denne kampanjen.

Maktposisjoner

Boken er stappfull av interessante fakta og vurderinger, fakta og vurderinger som mainstream-organer som regel utelater. Boken er skrevet i en polemisk form med en forsterket utestemme, og det er ikke upassende i en bok som dette. Men slik jeg ser det er det allikevel enkelte punkter hvor forfatteren kunne ha vurdert litt annerledes. Vi skal i det følgende komme inn på noen av disse punktene, først noen hvor Andersen dekker poenget godt, og så noen hvor han med hell kunne ha tatt med litt mer enn han gjør. Til slutt nevner vi et par punkter hvor han etter vårt syn ikke helt treffer blinken. Men vi vil også si at i det store og hele stiller vi oss bak det budskap boken målbærer, og vi håper den får stor innflydelse. Dessverre er det all grunn til å frykte at bøker som dette vil ha liten innflydelse, til det er motstanden for stor: de kreftene Andersen angriper er så godt etablert i alle maktsentre at det skal svært mye til å få endret på dette. For å få endret politikken, som vel er Andersens mål, må man lære opp en ny generasjon, man må gi den nye generasjonen riktige ideer både om global oppvarming og om en rekke andre ting (f.eks. hvordan en økonomi fungerer). Så må man vente på at de som er i denne generasjonen er blitt så voksne at de kan ta over viktige maktposisjoner. Hvis dette kommer til å skje vil de som i dag står for og støtter opp om dagens klimahysteriet bli betraktet på samme måte som de som dømte Dreyfus for 125 år siden: det vil med all rett bli betraktet som korrupte og kriminelle, eller som ikke spesielt oppgående medløpere.

Vi velger i fortsettelsen å beskrive de som hevder at klimaet i all hovedsak styres av solen og at menneskelig aktivitet har liten påvirkning, som klimarealister. De som hevder at menneskelig aktivitet har en betydelig innflydelse på klimaet, og at drastiske politiske tiltak må til (olje, kull og gass må erstattes av fornybar energi som vind og sol) for å forhindre en katastrofe som de siste 30 år har vært rett rundt hjørnet, kan man omtale som klimahysterikere. Andelen klima-hysterikere blant fagfolk er liten, mens blant politikere, journalister og aktivister må så og si alle plasseres i denne gruppen.

Vil vil også si at klimahysterikerne består av to grupper: de som er svindlere, og de som er blitt lurt og som ikke er i stand til å forstå at de er blitt lurt. Noen er med på dette bedraget fordi de derved får jobber (de vil miste jobben i sin forskningsinstitusjon eller i sin avis dersom de forteller sannheten), og penger (f.eks. forskningsmidler) og prestisje (deltagelse i offentlige utvalg og råd, invitasjon til TV-debatter). Etter vårt syn er disse like klanderverdige som de som bevisst svindler publikum og politikere.

Spådommer som feilet
Andersen påpeker det faktum at klimahysterikerne de siste 30 år (ja, dette kom for alvor i gang på slutten av 1980-tallet) gang på gang har kommet med spådommer – om vintre uten snø, om isfrie poler, om gradvis sterkt økende gjennomsnittstemperatur – som alle har vist seg å ikke slå til.

Her er noen av disse spådommene (ikke alle fra boken): Arktis skulle vært isfritt innen 2014; Maldivene og en rekke tropeøyer skulle ligge under vann pga. havstigning som følge av global oppvarming; isbjørnene ble truet av utryddelse fordi de er avhengige av is og hvis isen forsvinner blir de borte, men antall isbjørner er nå ca 30 000, som er fire til fem ganger så mange som det var på 50-tallet. Det skulle bli mer ekstremvær, men FNs klimapanel innrømmet i 2018 at det ikke er flere eller verre stormer og orkaner enn tidligere; høye fjell som Himalaya skulle bli isfrie, noe som ikke skjedde, osv., osv. Ingen av disse spådommene har altså slått til. Og for å ta med et sitat fra Al Gore i 2006: «Jeg tror menneskeheten bare har 10 år igjen til å redde planeten fra å bli en total stekepanne» (s. 111). Al Gores såkalte dokumentarfilm *An Inconvenient Truth* (2006), som heller burde fått navnet *A*

Convenient Lie, inneholder også en rekke spådommer som raskt viste seg å være feil.

Miljøvennlig energi?

Vi vil rette oppmerksomheten mot noen viktige poenger i boken, poenger som sjelden eller aldri nevnes i mainstreammedia, men som fortjener oppmerksomhet.

Vindmøller: i det siste er det plassert ut et enormt antall vindmøller i norsk natur. Lokalbefolkninger protesterer mot dette, men i de fleste tilfeller er det for sent; vedtakene om å etablere slike vindparker ble tatt for mange år siden. Formålet er å produsere energi, i hovedsak for et felles europeisk marked. Andre land har uklokt nok vedtatt å gå bort fra kull, og da er vind det eneste alternativet (atomkraft har i mange år vært *energia non grata,* og slik vil det nok dessverre være i fremtiden). Selv de mest tungnemme forstår at solkraft ikke er veldig effektiv, og derfor er vindkraft det eneste alternativ som er på listen over akseptable kraftkilder. Til tross for at de produserer lite energi, er upålitelige, er stygge, lager plagsom støy og dreper millioner av fugler, bygges de ut over en lav sko i en rekke land i Vesten, og også til havs. Dette skjer etter politiske vedtak og er kun mulig med enorme statlige subsidier: i et fritt marked ville ingen satse på vindkraft så her er det enorme subsidier som smører de ellers nærmest helt ubevegelige vindkrafthjulene. De produsere noe energi, men en energiforsyning må være kontinuerlig, og siden vindmøllene stopper når vinden ikke blåser, må det være et backupsystem, og det må drives av olje og kull – ingen alternativer til dette finnes (bortsett fra atomkraft, men den er som nevnt tabu). På grunnlag av tekniske vurderinger, som er å finne i boken, er det slik at selv med mange og store vindmølleparker må man ha i bakhånd en energiforsyning som kan drive kontinuerlig på omtrent samme nivå som i dag. Og ja, dette systemet må drives av olje eller gass eller kull, og dette er store anlegg som man ikke bare kan skru på hver gang vinden stilner. Andersen vil ikke bli overrasket dersom det viser seg at det er snusk og korrupsjon og kameraderi som ligger bak denne store utbyggingen, og ikke visste vi at en av de ledende i et av firmaene som driver med vindkraft i Norge er bror av vår tidligere mangeårige finansminister og FrP-leder Siv Jensen. Uansett, de som står bak vindmøllene tjener enorme beløp, beløp som kommer til dem fra skattebetalerne pga. kolossale subsidier og støtteordninger.

Andresen sier at formålet med alle de vindmøllene som utplasseres i Norge er å forsyne Tyskland med strøm etter at de i betydelig grad har ødelagt sin egen energiforsyning i et forsøk på en overgang fra klimaskadelig energi til såkalt miljøvennlig energi. Vindkraft er upålitelig og dyr, og ja, strømprisen i Tyskland er blitt enormt høy, og det har den visstnok også blitt her; formålet med nettleien er – satt på spissen – å subsidiere det grønne skiftet i Tyskland. Men som Andersen sier på side 209: «"Det grønne skiftet" er basert på *teknologisk analfabetisme*. De som har vedtatt dette, forstår ikke hva de snakker om». [Uthevelsen er Andersens.]

Kun i Vest-Europa
Andersen sier at det bare er Vest-Europa som fører denne selvmordspolitikken. USA gikk i stor grad ut etter ar Trump ble valgt, og mht. de andre landene ..... land som Brasil, India og Kina gir blaffen i om deres CO2-utslipp øker, og dessuten får de lov (av internasjonale organer) til å slippe ut mye CO2 siden de er U-land, det er kun avanserte I-land som må begrense sine utslipp. En rekke land får også overført penger fra landene i Vest-Europa ved å love å være snille og å redusere sine CO2-utslipp, eller I-landene kjøper kvoter fra U-landene. Ledere i disse landene tar imot disse pengene, men kommer ikke til å gjøre et døyt av det de lovet for å redusere CO2-utslipp; som Andersen sier er disse politikerne «street smart», de er ikke slike godtroende og virkelighetsfjerne fjols som så og si alle politikerne i Vest-Europa er. (Andersen bruker dog ikke order «fjols», han bruke ord som naiv og virkelighetfsjern og omtaler politiske ledere i Vesten som bimboer.)

Det er en rekke gode poenger i boken, og som nevnt over: vi stiller oss bak hovedpoenget i boken, men i fortsettelsen vil vi påpeke noen ting hvor vi hadde vurdert annerledes.

Ikke i boken

Boken nevner ikke Margareth Thatcher. Hun var den første statsleder som tok opp det påståtte problemet «menneskeskapt global oppvarming». I en tale til The World Climate Conference i Geneve 1990 sammenlignet hun trusselen fra global oppvarming med farene som kunne oppstå i etterkant av Iraks da nylige invasjon av Kuwait (en invasjon som utløste de to Golf-krigene). Noen hevdet at det lå noe mer bak Thatchers uttalelse, de hevdet at ledere i Vesten ville gjøre seg mindre avhengig av olje fra Midt-Østen for å svekke disse landenes økonomiske og derved deres ideologiske innflydelse, dvs. de ville svekke disse landenes støtte til spredning av islam. Derfor hevdet de at olje er miljøfarlig (fordi bruken av den fører til global oppvarming), og dette skulle samtidig føre til en intensivering av forskningen på alternative energikilder.

Mitt syn er at Thatcher var en viktig pådriver for det massehysteriet som fulgte. Vil vil dog nevne at Thatcher senere kom på bedre tanker. I sine memoarer (*Statecraft*, 2003) gikk hun tilbake på de synspunkter hun hadde gitt uttrykk for i denne talen.

Er Al Gore ansvarlig?

Andersen mener at Gore er den enkeltperson som er mest ansvarlig for at klimahysteriet er blitt så sterkt. Vi vil nok si at Andersen til en viss grad overdriver Gores rolle, men vi går ikke nærmere inn på dette her enn å si at klimahysteriet begynte noe før 1990, mens Gore ikke ble en hovedaktør på dette område før inn på 2000-tallet.

Mange husker vel en spådom fra den bestselgende dommedagsprofeten dr. Paul Ehrlichs bok *The Population Bomb* (1971), hvor hovedtemaet var den visstnok forestående befolknings-eksplosjonen (som overraskende nok var en spådom som ikke gikk i oppfyllelse):

> «At the moment we cannot predict what the overall climatic results will be of our using the atmosphere as a garbage dump. We do know that very small changes in either direction in the average temperature of the Earth could be very serious. With a few degrees of cooling, a new ice age might be upon us, with rapid and drastic effects on the agricultural productivity of the

temperate regions. With a few degrees of heating, the polar ice caps would melt, perhaps raising ocean levels 250 feet. Gondola to the Empire State Building, anyone?»

Ehrlich spådde altså at havene ville stige flere titalls meter. Ehrlich fikk en god del oppmerksomhet lenge før Gore trådte inn i manesjen. (Link til Ehrlichs bok nedenfor. Sitatet er fra side 39.)

Andersen legger altså hovedskylden for massehysteriet på Al Gore: «Klimasaken er ikke startet eller drevet av videnskapen. Den er startet og drevet av Al Gore», (s. 98.) Gore var Bill Clintons visepresident i perioden 1993-2001, stilte som George W. Bush´s motkandidat ved presidentvalget i 2000, og tapte. I hele sitt voksne liv har han kjempet mot global oppvarming, helt fra han var student under oseanografen Roger Revelle (1909-1991). Revelle mente at vi sto foran et problem mht. menneskeskapt global oppvarming, men han mente også at Gore overdrev farene, og advarte mot overdrivelsene. Andersen skriver at uten Al Gore ville det ikke ha vært noen klimakampanje. Jeg vil nok si at dette er feil, men at Gore, som tidligere visepresident, Nobelprisvinner, Oscarvinner, jetsetter og mangemillionær, har hatt stor betydning er det umulig å være uenig i.

Hvorfor støtter så mange opp om klimahysteriet? Andersen sier at det som ligger bak er en mesterlig reklamekampanje; som reklamemann høres han nesten stolt ut når han beskriver hvor mye folk som på en utspekulert måte praktiserer hans fag kan oppnå.

Mer fundamentalt
Men jeg vil nok si at at det ligger noe mer og dypere bak. Kort oppsummert: de som er unge voksne i dag har i alle fora de har vært utsatt for – barnehave, skole, TV, presse, universitet, underholdning – blitt fortalt at vi står foran dette enorme problemet: kloden koker pga. vår egentlig unødvendige bruk av olje og gass. Det er noe som heter førsteinntrykket sitter, og når altså så og si alle har fått et førsteinntrykk som sier at kloden koker, så fører dette til at de aller fleste sitter igjen med den faste overbevisningen at kloden koker. På slike mennesker vil fakta og logiske argumenter som sier at sannheten er en annen, ikke ha noen som helst effekt.

Når dette kobles sammen med det faktum at alle slutter opp om en moralteori som sier at selvoppofrelse er det eneste rette, så er veien kort til å godta høyere strømregninger, redusert bilbruk, flyskam, kjøttskam, og at man helst bør sykle til jobben også i byer som ikke er like flate som Købehavn og Amsterdam. Andersen berører dette poenget såvidt der hvor han sammenligner oppslutningen om klimahysteriet med en religiøs bevegelse, men han burde etter mitt syn gjort mer ut av dette ekstremt viktige poenget.

Inkompetente politikere?
Andersen klager over at politikerne er så kolossalt inkompetente: de kan ikke realfag; de kan ikke engang bruke en lommekalkulator, og derfor sier han at «den eneste reformen Norge egentlig trenger er en kompetansereform hos politikerne ... [politikerne] kan ingen ting om teknologi. De er inkompetente og løper sitt eget ærend...» (s. 281); et sted (s. 312) bruker han ordet «bimbokrati» om den politiske ledelse i Norge.

Ja jo, men skal man kreve «kunnskap om teknologi» av politikerne? De skal jo bygge sine beslutninger på det fagfolkene i departementer og forskningsinstitusjoner forteller dem. Problemet her er at fagfolkene feilinformerer politikerne. Og hvorfor skjer dette? Fagfolkene vet hvilke råd politikerne vil ha, og siden fagfolkene er avhengige av bevilgninger fra de samme politikerne er det da lett for fagfolk å gi de råd de vet at politikerne vil høre, dvs. råd som sier at politikere er viktige og at de må få mer makt. Samtidig kan da forskerne si at det trengs mer forskning fordi en stor fare står rett foran døren, og krisen kommer meget snart hvis ikke politkerne viser at de tar de viktige beslutningene nå! Andersen formulerer dette slik: «Problemet er at altfor, mange får økonomisk støtte for å bekrefte klimadogmene» (s. 50). Vi vil si at dette må bli resultatet når staten begynner å gi støtte til forskning, dvs. ved å i det hele tatt å finansiere universiteter og forskningsinstitusjoner. Andersen nevner ikke dette poenget.

Andersen sier at reklame = manipulasjon og lureri: «som reklamemann har jeg sikkert vært med på å lure andre» (s. 56). Jeg kan ikke si meg helt enig i dette. Reklame er kommunikasjon mellom de som produserer og de som forbruker, og omhandler ikke bare biler og tyggegummi og hårpleieprodukter, de omfatter også politikken. Politisk reklame inneholder et budskap fra politikere/partier til velgerne. Ja, reklamen overdriver som regel produktets egenskaper og kvaliteter. Men dette er noe alle vet og alle tar seg ad notam. Det var f.eks. ingen som tok bokstavelig påstanden i en gammel reklame om at «Ni av ti filmstjerner vasker seg med Lux». Allikevel, etter at Farris kjørte en reklamekampanje som sa at «verdens fineste maskineri [menneske-kroppen] går best på naturlig mineralvann», steg visstnok salget av Farris til enorme høyder. Jeg vil allikevel ikke kalle dette manipulasjon, alle forstår at dette er overdrivelser. Reklame kan utløse betydelige endringer i folks adferd, men neppe på svært fundamentale områder. Reklame appellerer til noe som allerede finnes hos mottagerne; den kan ikke endre folks adferd på en grunnleggende måte. Uansett hvor fristende en reklame får en gressklipper til å virke vil få som bor i blokk og ikke har en have kjøpe en slik; uansett hvor fristende en duggfrisk øl ser ut på reklameplakat vil ingen avholdsfolk kjøpe den til seg selv; reklame for Troika kan få sjokoladeelskere til å skifte over til denne sjokoladen eller til å prøve den, men den kan neppe få folk som ikke liker sjokolade til å begynne å spise Troika. Osv.

Grunnleggende verdier
Så, mitt syn om hvorfor troen på menneskeskapt global oppvarming er så utbredt skiller seg noe fra Andersens. Mitt syn er at det er et resultat av grunnleggere holdninger innen etikk som så og si alle deler, og at alle er blitt foret med dette synet om menneskeskapt global oppvarming siden de var bitte små. Når Andersen sier at overbevisning om at det finnes en menneskeskapt global oppvarming skyldes en reklamekampanje så kan det være en semantisk uenighet, men jeg tror uenigheten ligger dypere enn det.

Til slutt, etter å på nesten hver eneste side å ha klaget over hvor udugelig og inkompetente politikerne er finner leseren dette på side 164: «Strømproduksjon [er] en betydelig maktfaktor, og bør derfor være under statlig kontroll...» (s. 164), og på side 293 kommer han med dette ønsket/kravet: «Staten skal eie og ha ansvar for at kraftnettet fungerer og vedlikeholdes i Norge».

Så, Andersen, som altså mener at politikerne er kolossalt inkompetente, mener at en så viktig ting som strømproduksjon allikevel skal være under disse dumme politikernes kontroll. Hm.

Andersen mener at problemet med politikerne er at de er inkompetente, barnløse, ikke har livserfaring eller erfaring fra en vanlig produktiv, jobb, lar seg kjøpe/friste av kjendisstatus og makt. Mange deler dette synet, og tror at problemene løses dersom vi får dyktige politikere. Vi deler ikke dette synet.

Vårt syn er at den utviklingen som har vært – en stadig større stat som tar på seg mer og mer, stadig høyere skatter og avgifter, stadig flere reguleringer, voksende offentlig gjeld, etc. – er et nødvendig resultat av den utviklingen som må skje i en velferdsstat. (Vi har i stor detalj gitt uttrykk for vårt syn på hvorfor dette skjer andre steder, og gjør ikke det her). Så, forskjellen på vårt syn og Andersens syn er at hans løsning er at dagens elendige politikere må skiftes ut med gode politikere, og at det skjer noe, men ikke betydelig, deregulering (han vil f.eks. fortsatt ha statlig «prisgaranti på strøm» (s. 307)) og at det kommer noen skatte- og avgiftslettelser. Vi, derimot, mener derimot at dersom det er noe styring av økonomien vil dette nødvendigvis over tid føre til mer styring og til større skatter og flere reguleringer, og da vil utviklingen nødvendigvis bli som den er blitt i Vesten.

Andersen vil ha en bedre styrt velferdsstat, vi vil ha full individuell frihet, dvs. kapitalisme.

Konklusjon
«Klimasaken er selvbedrag, et blindspor, og er ikke basert på ekte videnskap. Den er basert på gruppepress, masseagitasjon, moralistisk konsensus og normal menneskelig dumskap, og den utnytter ren bestillingsforskning for å legitimere seg selv, ikke ulikt hvordan de religiøse kreasjonistene gjør. De ekstremt kostbare «klimatiltakene» blir solgt som fremgang, men henger ikke på greip, hverken logisk, matematisk, økonomisk eller faktuelt, og mangler fullstendig suksessempiri» (s. 46). «Klimakrisen er hjernespinn» (s. 126). «Klimakrisen er en politisk ideologi med klare religiøse trekk» (s. 161). Sant nok.

Vil Andersen ha like stort hell med sitt «J`Accuse» som Zola hadde? Neppe. Den motstanden Andersen har er enormt mye større enn den Zola hadde. Dessverre.

Alex Epsteins artikkel

https://www.forbes.com/sites/alexepstein/2015/01/06/97-of-climate-scientists-agree-is-100-wrong/?
fbclid=IwAR0SGcdq00fUwOBzsM2DN0os1Cgu1v6-
HNO3bfM8ZQJeCEcgiXqMeKsT21E#7736b19f3f9f

Feil i *An Inconvenient Truth*

https://wattsupwiththat.com/2019/08/15/gore-says-his-global-warming-predictions-have-come-true-can-he-prove-it/

Ehrlich, Paul: *The Population Bomb*, Ballentine 1971

http://pinguet.free.fr/ehrlich68.pdf

Andersen, Kent: *Klima Antiklimaks*, Document 2020

Bonusfamilien
Publisert på Gullstandard 19. mars 2018

Det er to essensielle aspekter ved et kunstverk: det skal være underholdende, og det skal gi den som opplever det større innsikt i «the human condition»/menneskets lodd/hvordan det er å være menneske. Det skal med andre ord både være velsmakende og næringsrikt. Dette betyr ikke at dersom et verk svikter på et av disse områdene så er det verdiløst; hvis det svikter på et av dem er verket da enten ren underholdning eller må plasseres i kategorien lærebok/foredrag/skole-fjernsyn/instruksjonsmanual, e.l. Som jeg leste i en anmeldelse av en meget populær LP for en del år siden: «it wasn´t nutritious, but it sure was tasty». Det er ingen ting galt med hverken ren underholdning eller med lærebøker, men produkter innen disse kategoriene er da ikke kunstverker.

Hvorvidt et verk er stort, kunstnerisk sett, avhenger av hvor godt det oppfyller begge disse aspektene. Mye leste forfattere som William Shakespeare, Fjodor Dostojevskij, Leo Tolstoj, Edmond Rostand, Victor Hugo, Charles Dickens, Jane Austen, Henrik Ibsen, Boris Pasternak, Anthony Trollope, George Orwell, Aleksander Solsjenitsyn, Ayn Rand og Bob Dylan oppfyller klart begge disse kriteriene i stort monn, og det gjør også en rekke kunstnere innen andre kunstarter i tillegg til litteratur: maleri, skulptur, musikk, film, dans, arkitektur. Et verk konkretiserer et syn på verden og menneskets plass i det, det har et budskap, og et verks storhet er uavhengig av hva temaet er, og også om verkets opphavsmann har andre synspunkter, verdier og meninger enn de den som opplever verket har (et eksempel: selv om man er ateist må man innse at Bob Dylans religiøse sanger er stor kunst). Når man nyter et kunstverk blir man da både underholdt, og man får, dersom man åpner seg for det, styrket sin forståelse av og innsikt i mennesket og dets plass i verden. (La oss også her ha sagt at et verk kan være underholdende selv om det tema det tar opp er tragisk eller urovekkende.)

Denne artikkelen er en kommentar om den svenske TV-serien *Bonusfamilien*, som nå går i sesong 2 på NRK. La oss først forklare navnet, bonusfamilie. Hvis vi går noen tiår tilbake i tid ble barn ofte lest eventyr for av de voksne (dette var lenge før TVen fantes i alle hjem og enda lenger før Internett og dataspillene kom), og i enkelte av disse eventyrene forekom en skikkelse kalt «den onde stemor»: en mann mistet sin hustru; han giftet seg på nytt med en kvinne som hadde barn fra før, men ingen mann, og den nye hustruen måtte da ta seg av barn som ikke var hennes egne. Eventyrene fortalte at stemoren da ikke tok seg av sine nye barn i samme grad som hun tok seg av sine egne barn, at de barna som måtte passes på ikke av sin egen mor, men av sin fars nye hustru, følte seg tilsidesatt – og hun ble betraktet som «den onde stemor». Vi er dog overbevist om at dette i virkeligheten forekom i liten grad, og at eventyrene var sterkt overdrevne – men det at de fantes viser at dette må ha vært et reellt problem av et visst omfang. (Og selvsagt, det forekom antagelig like ofte at stefaren ikke tok seg like godt av sin nye hustrus barn som han tok seg av sine egne barn, men det er uttrykket «den onde stemor» som er blitt sittende, «den onde stefar» er langt mindre utbredt.)

Fra forskning.no:

> «Å komme inn i en etablert familie er langt fra enkelt, og for noen overskrider det enhver form for jobbintervju. Og selv om man kanskje bare vil være snill og god, ender det ikke sjeldent opp med det motsatte. Man ser seg selv i speilet – og ser den onde stemoren».

Poenget er at det er nå i vår tid så mange barn som vokser opp med stefedre og stemødre at det ikke lenger kunne være politisk korrekt å benytte uttrykk som «den onde stemor», og man fant derfor på et nytt ord: barn som man må ta seg av fordi de er ens partners biologiske barn skal nå ansees som en fordel, et pluss, en bonus: de kalles nå bonusbarn! Og eventyr og fortellinger om «den onde stemoren» bare forsvant.

Hvis vi går noen tiår tilbake regner vi med at slike ting – at ens ektefelle døde og at den gjenværende giftet seg på nytt – forekom relativt sjelden. Men i dag er utviklingen blitt slik at det er langt vanligere at man skifter partner og at begge har barn fra før. Begge parter i et parforhold lever da i en familie hvor begge har stebarn: det kan f.eks. være en mann og en kvinne som har ett barn sammen, og så

328

har hver av dem ett eller to barn fra tidligere forhold med andre partnere. Eksempel: Lisa og Patrik har et barn sammen, men begge har barn fra tidligere forhold; Lisa har Eddie og Bianca med sin tidligere mann Martin (og kanskje er Lisa egentlig ikke sikker på hvem som er Biancas far), og Patrik har sønnen William med sin tidligere hustru Katja.

Siden barn nå som regel skal tilbringe like mye tid hos far som hos mor etter et samlivsbrudd, må den nye familien koordinere alt det en familie skal gjøre med et stort antall aktører (for å bruke dette meget upersonlige ordet om personer som er så nært hverandre i slekt som det er mulig å komme: mellom foreldre og barn).

Foreldrene må forholde seg til sine barns – og sine bonusbarns – vekst og utvikling, noe som begynner med en gang de blir født og som gradvis blir mer og mer utfordrende og krevende for både barn og foreldre inntil de i slutten av tenårene forlater hjemmet. Foreldrene må forholde seg til sine barns venner og de komplikasjoner vennskaps-forhold mellom barn nødvendigvis medfører (barn er i vekst og prøver ut ting de ikke forstår rekkevidden av), de må forholde seg til sykdommer som barn uunngåelig rammes av, problemer i barnehaven, problemer på skolen, koordinering av fritidsaktiviteter, barnas første forsøk på å skaffe seg kjæreste, valg av utdannelse. Når barnet oppdager at det har fri vilje og kan bestemme selv over sine valg går de gjerne gjennom en trassalder, og velger å gjøre det motsatte av det foreldrene ønsker at de skal gjøre. Når denne trassalderen starter, og hvor lenge den varer, varierer sterkt; den starter ofte når barnet er to år og varer ett år eller to, men den kan vare i ti til femten år eller lenger.

Kort sagt: å oppdra barn er en kolossal jobb, en jobb som krever mye energi, tid, tålmodighet og styrke, og som iblant strekker ens krefter til bristepunktet og noen ganger lenger enn det. Å forvente at man tar seg av sine bonusbarn i like stor grad som man tar seg av sine egne biologiske barn er kanskje da noe optimistisk, og dette gjelder selv om man gjør sitt beste for å ta seg av sine bonusbarn med like stor omsorg og kjærlighet som man tar seg av sine egne.

TV-serien *Bonusfamilien*, og vi bør ha sagt før vi går videre at dette er en komiserie, tar opp alle de problemer som kan tenkes å dukke opp i en bonusfamilie. Det eksempel vi ga over (om Lisa og Patrik) er tatt fra serien, og seriens første episode begynner med at de to etter å ha

329

vært sammen kun noen måneder har store utfordringer i forholdet og har en time for ekteskapsrådgivning (ekteskapsrådgiverne er også et par, og også de har betydelige samlivsproblemer, viser det seg), og Lisa foreslår at hele den utvidede bonusfamilien – alle ekser og barn og deres nye partnere og de av deres foreldre som bor i nærheten – skal feire jul sammen. Patrik svarer da: «Mener du at vi skal starte tredje verdenskrig hjemme hos oss?»

Så det er tydelig store utfordringer i forholdet. Personene som er involvert er sterkt forskjellige, noe som åpenbart fører til gnisninger: Patriks ti år gamle sønn med Katja, William, er et skolelys, mens Lisas sønn med Martin, den svært lettantennelige og hissige Eddie, har lærevansker og finner seg ikke helt til rette på skolen. Forskjellen mellom dem kommer klart til uttrykk i det de ønsker seg til jul: Eddie ønsker seg dataspillet «Kill Nazi Zombies 4», William ønsker seg seg reisesjakk. Disse to skal da annenhver uke bo sammen som brødre. Katja forsøker å finne en ny kjæreste, men å finne en som hennes sønn William liker viser seg å være vanskelig. Også Lisas eks Martin forsøker å finne seg en ny kjæreste, men han er en klodrian, og gode råd fra hans velmenende, men firkantede kollega Sebastian – naturlig nok kalt «Subtila Sebbe» – er til liten hjelp. 16-årige Bianca begynner å få interesse for gutter, og gutta viser sterk interesse for henne, noe som gir mor, far og stefar visse utfordringer.

Det som er mest problematisk er at barna må forholde seg til å bo en uke hos den ene av foreldrene, en uke hos den andre, at de må forholde seg til sin foreldrenes nye partnere – å finne en ny som passer for begge viser seg vanskelig, akkurat som man kan forvente.

Dette er som sagt en komiserie for TV, og forfatterne pøser da på med et vell av eksempler på komplikasjoner som kan oppstå i en slik storfamilie: Eddie viser seg å ha nøtteallergi, og det har Lisa glemt å fortelle Patrik – eller kanskje Patrik har glemt at Lisa har fortalt det, noe som i et selskap gir Eddie en reaksjon som Patrik ikke vet hva er og som fører til at Eddie nesten dør i ambulansen på vei til sykehuset. Lisas lite fleksible lesbiske søster er en busybody som blander seg opp i en masse ting hun ikke har noe med å gjøre og skaper bare problemer. Eddie og William går på samme skole hvor Patrik (som altså er Williams far og Eddies stefar) er lærer, og noen av foreldrene i den klassen Eddie går vil ha ham ut av klassen fordi han lager bråk i timene,

330

noe som Patrik forsøker å forhindre med tvilsomme metoder. Filip, skolens sosiallærer og venn og kollega av Patrik, en typisk fjompenisse av en lektor, er skitt lei av alt som har med skole og undervisning og elever å gjøre, men på bunnen er han selvsagt snill og meget glad i barn.

Barna tar del i en rekke fritidsaktiviteter etter skoletid, og de må kjøres til og hentes fra disse aktivitetene, og de må også kjøres til barnehave og skole, og siden foreldrene er i jobb kan det alltid dukke opp noe som gjør at den som skal hente blir forhindret. Da må en annen trå til, og dette kan alltid skape komplikasjoner med glemsomhet, forsinkelser, motorstopp, tom tank på bilen, utladet mobil, etc.

Etter bruddet med Lisa måtte Martin flytte hjem til sin mor Birgitta og hennes nye samboer Gugga – etter å ha vært gift i 40 år kom hun ut av skapet som lesbisk. Patriks eks, Katja, forsøker også å finne en ny partner. Hennes sønn liker en av beilerne, Henrik, men Katja synes han er kjedelig, så det blir ikke noe mellom dem. William er som antydet en lesehest, og foreldrene forsøker å få ham til å bli interessert i en eller annen type fysisk aktivitet, og de melder ham på et karatekurs. Karateinstruktøren Branco viser seg å være rett mann for Katja, Branco er en tuff kille med sjarm i bøtter og spann, og damene faller som fluer. Katja er dog skeptisk til å være en av de utallige damene i Brancos harem, og etter en kveld når det har dukket opp komplikasjoner med en av Brancos ekser og hans datter og Katja alene må ta seg av datteren og hennes mor, er det nok – Katja bestemmer seg for å avslutte forholdet til Branco. Når hun går til karateklubben for å si ifra til Branco at det er over, sier han «OK. Men det er mange her som har fått lus så du må sjekke om William også har fått lus». Men det er ikke William som har fått lus …

På en måte er seriens innholdet tragisk. Det må være en stor belastning for barn å vokse opp under slike forhold. Barn trenger trygge og stabile rammer, de trenger voksne i sin nærhet, voksne som de kan stole på, voksne som alltid er der og som alltid har tid til dem, voksne som de kan stille spørsmål til og som de vet vil ta seg tid til å gi et skikkelig svar. For et barn å måtte forholde seg til et mylder av voksne omkring seg, og å ikke ha kontinuerlig tilgang til egen far og egen mor, må i enkelte tilfeller by på store problemer; at foreldrene går fra hverandre er noe av det som barn frykter mest.

Dette poenget er meget forsiktig formulert på utdannings-forskning.no:

> «Små barn er avhengige av en eller noen få trygge relasjoner for å komme i gang med sin emosjonelle utvikling. Den tidlige og nødvendige relasjonsutviklingen mellom barnet og omsorgspersonene danner grobunnen for den kognitive utviklingen hos barnet og grunnlaget for senere relasjoner. Positive barndomsopplevelser er derfor viktige forutsetninger for å skape empatiske, ansvarlige og kreative voksne. Pianta (1999) skriver at relasjoner er viktige gjennom hele livsløpet, og at relasjoner har innvirkning både på læring, trygghet og utvikling i barnets tidlige år. Det er flere ting som tyder på at foreldrenes skilsmisse kan ha negativ innvirkning på barns tilknytningsfølelse.»

Serien setter fokus på de problemer som voksnes stadige partnerskifter fører til for både dem selv og spesielt deres barn. Å dyrke frem en stabil og kjærlig og harmonisk familie krever som regel en innsats, og mye tyder på at mange i Vesten i dag ikke er villige til å gjøre den jobben som trengs, de vil heller skille seg og finne en ny partner enn å legge ned det arbeid og yte den innsats som trengs for å bevare en god familie.

Det er også slik at det ser ut til at personene i serien i liten grad tenker igjennom sine valg før de gjennomfører dem; det virker som om de handler uten å tenke. De virker derfor helt uforberedt på mange av de komplikasjoner som kan oppstå. Det er også slik at seriens handling er lagt til en moderne velferdsstat, og velferdsstaten er en organisering som systematisk nedvurderer den enkeltes ansvar for egne handlinger.

Nå er det ikke vårt syn at man skal holde ut en partner man vantrives med uansett hvor plagsomt det er, vårt syn er at man bør tenke seg nøye om før man etablerer et forhold og skaffer seg barn. Nå er det også slik at mange barn er såpass robuste at de klarer å håndtere at foreldrene skilles og inngår nye forhold, men noen klarer det ikke på en god nok måte. Vi vil ikke bli overrasket dersom tall skulle vise, etter at antall bonusfamilier stadig øker, at flere barn får problemer på skolen, at de får psykiske problemer, at de i større grad driver med mobbing/blir mobbet siden den institusjon hvor man kan ta opp problemer som dukker opp og hvor man skal få en grundig opplæring i folkeskikk og tusen andre ting skal skje – familien – ikke fungerer godt, ja, eller i mange tilfeller er i oppløsning.

Etter vårt syn er serien briljant laget. Skuespillerne er glimrende, og de er rette for sine roller. De som spiller hovedrollene Patrik og Lisa, deres ekser Katja og Martin, deres barn William, Eddie og Bianca, kollegaene Sebbe og Filip, karatelæreren Branco og alle andre er så gode som de kan bli. Serien er svært godt skrevet og regissert. Vi nevner forfatterne: Felix Herngren, Moa Herngren, Clara Herngren og Calle Marthin, og regissørene: Felix Herngren, Emma Bucht, Martin Persson. Alle andre navn er å finne i wikipedia-artikkelen om serien vi linker til nedenfor.

Nå er det slik at serien ikke gir svar, den bare påpeker problemene. Og det er ikke noe galt i det. Alle husker Henrik Ibsens «Jeg spørger kun, mitt kall er ei at svare!». Noen verker er slik at de bare påpeker problemer og lar den som opplever verket selv komme frem til svarene. Andre verker er slik at de også gir kunstnerens svar, men det er ikke noe fasitsvar som sier at den ene vinklingen av et kunstverk er riktig og den andre vinklingen er gal. I vår subjektivistiske tid blir verker hvor kunstneren gir svar nærmest automatisk betraktet som mindreverdige, noe som er en feilslutning. Det er også feil å vurdere et verks kvalitet ut i fra om man er enig med svarene eller ikke, dette er også et uttrykk for ren subjektivisme. Et verks kvalitet avhenger av i hovedsak to ting: er det underholdende, og gir det den som opplever verket større innsikt i menneskelige utfordringer. For denne serien er svaret et klart Ja på begge spørsmål. Men går serien like dypt som f.eks. Tolstojs *Anna Karenina*, som også handler om problemer i en familie, så er svaret Nei. Den første linje i romanen *Anna Karenina* er velkjent: «Alle lykkelige familier ligner hverandre, hver ulykkelige familie er ulykkelig på sine egen måte». Men selv om serien ikke er like dyp som *Anna Karenina* eller Dostojevskijs *Brødrene Karamazov* eller Austens *Northanger Abbey*, så er den god og verdifull. Hvilke problemstillinger som måtte oppstå i en familie er også avhengig av den historiske kontekst; de problemer som finnes hos familiene Karenin og Karamazov er nok noe annerledes enn de som finnes i en bonusfamilie i en velferdsstat.

Som sagt serien er glimrende, den går nå i sesong 2 på NRK. Det skal også lages en sesong 3. [Pr 2021 er serien tilgjengelig på Netflix.]

https://forskning.no/barn-og-ungdom-kjonn-og-samfunn-samliv-seksualitet-sosiale-relasjoner-sosiologi/2008/02/den-onde

https://sv.wikipedia.org/wiki/Bonusfamiljen

https://www.svt.se/bonusfamiljen/

https://utdanningsforskning.no/artikler/sma-barn-og-samlivsbrudd-symptomer-og-tiltak/

Sverige – en «failed state»?
Publisert på Gullstandard 25. januar 2018

«Sverige mister kontroll over gjengkriminalitet. Bare noen titalls mil unna nordmenn flest finnes et land der 131 er skutt til døde i gjengkriger de siste syv årene.»

Dette er begynnelsen på en artikkel i Nettavisen i går, og fortsettelsen er om mulig enda mer illevarslende:

> «[Antall drap] i Sverige er over 100 …. i året, og rundt 30 prosent av drapene er med skytevåpen. Andelen av drap med skytevåpen har økt 50 prosent de siste tiårene,viser offisiell statistikk. Og antallet drap med skytevåpen er altså vesentlig høyere enn i Norge. En naturlig tolkning fra tallene til Aftonbladet er at gjengkriminaliteten er mye av forklaringen på forskjellen. Det mest skremmende med tallene er at svenske politi i flere år har slått alarm, mens det politiske systemet ikke makter å finne løsninger.»

Denne artikkelen peker på en utvikling vi har sett i Sverige de siste årene, og det finnes en rekke andre artikler som forteller om en tilsvarende utvikling på andre områder. Her er noen få eksempler:

> «Internasjonale ligaer herjer temmelig fritt i Sverige. De kommer til Sverige for å stjele og så selge varene utomlands. Problemet kommer bare til å øke, sier svensk politi» (document.no 2/11-17).

Den enorme økningen i kriminaliteten har ført til at mange politifolk slutter:

> «Fördubbling av antalet poliser som säger upp sig. De senaste årens omorganisation tycks slita hårt på polismyndigheten. I Region Öst ökar nu antalet poliser som hittar en ny karriär kraftigt. Idag ska rikspolischefen träffa inrikesministern och

förklara hur polisens kris ska lösas…Fler än någonsin slutar …»
(SVT Nyheter 20/1-17).

«Rapporten fra Brottsförebyggande rådets (BRÅ) Nasjonale
Tryggehetsundersøkelse viser at hver tredje svenske kvinne, 31
prosent, føler seg ganske eller veldig utrygg når hun beveger
seg i sitt eget boligområde på kveldstid. Det er en økning på 6
prosentpoeng i løpet av tre år. 12 prosent av kvinnene opplyser
at redselen har ført til at de ikke lenger går ut om kvelden.
Tallene fra BRÅ viser at redselen ikke er ubegrunnet, da antallet
seksualforbrytelser har økt kraftig. 1,7 prosent av befolkningen
– 3 prosent av kvinnene – oppgir at de har blitt utsatt for en
seksualforbrytelse i 2015, mot 1 prosent i 2014. Av disse faller
29 prosent i kategorien grove («forsøk på eller fullbyrdet
seksuell tvang eller voldtekt»). Dette tilsvarer 140 000
seksualforbrytelser av denne alvorlighetsgraden i 2015, mot 97
000 i 2014» (Rights.no 11/1-17).

«Sverige har besluttet sig for at bryde sammen. Sveriges
indvandringspolitik er af en anden verden, og konsekvenserne
udebliver da heller ikke. Den seneste PISA-undersøgelse [som
vurderer skoleelevers kunnskapsnivå] er netop blevet
offentliggjort. Den viser, at svenske grundskoler siden år 2000
er faldet konstant i læsning, i 2003, i 2006, i 2009 og særligt
denne gang i 2012. Der er nedgang i alle de tre discipliner, som
måles i PISA» (document.no 8/12-13).

Mange hevder at svensk økonomi går godt, men statsgjelden er stor og
økende (se linker nedenfor), noe som ikke er bærekraftig slik
økonomien styres i dag. Fra Dagens Næringsliv 29/3-17:

«Også den svenske sentralbanksjefen Stefan Ingves mener at
Sveriges økonomi går veldig bra, men det er særlig én ting han
ikke er fornøyd med, skriver Affärsvärlden. Det er den
galopperende gjeldsutviklingen. – Vi har en stor hodepine i
svensk økonomi. For at vi skal bli i stand til å klare dette må vi
håndtere husholdningenes gjeld. For det første er det både

336

ubehagelig og forstyrrende å se at vi har en så kollektivt manglende evne til å håndtere dette på en god måte. En slik utvikling slutter som regel ikke lykkelig, sa Ingves på seminaret Bank & Finans i Stockholm ifølge Affärsvärlden. Mandag kom nye tall som viste at årstakten på utlånsveksten i Sverige var 7,2 prosent i februar. ...» (lenke nedenfor).

Hva er det som skjer? Og hvorfor skjer det?

Sverige er det land hvor velferdsstaten ble innført med størst iver, konsekvens og oppslutning. Sverige ble ansett som verdens mest vellykkede land, og var beundret over store deler av verden. Det svenske samfunnet ble av svenske politikere kalt «Folkhemmet», og alle var fornøyde, alle støttet (og støtter fortsatt) velferdsstaten. På 70-tallet gikk det en vits som sa at når en svenske dør og kommer til Himmelriket, vil hans levestandard gå ned.

Velferdsstaten er en organisering som innbærer mye reguleringer av næringslivet, høye skatter og avgifter (på det verste var det svenske skattenivået slik at mange betalte mer enn 70 % i skatt), en mengde offentlige støtteordninger og gratistilbud (skole, barnehaver, trygder, pensjoner, kultur, infrastruktur, etc.), og milde straffer for kriminelle (på 70-tallet ble en drapsmann som hadde drept to personer og såret et titalls andre med maskinpistol dømt til fengsel i syv år; han slapp ut etter tre og et halvt – dette var typisk for straffenivået på den tiden, men straffene er noe strengere i dag). Milde straffer fører til økt kriminalitet.

Disse tilbudene har en felles forankring i mer fundamentale ideer (bla. kollektivisme, en mistro til individuell frihet og individuelt ansvar, og liten tro på muligheten for den enkelte til å skape seg et godt liv ved egen innsats), og disse tilbudene henger intimt sammen: den som er konsekvent støtter alle (dvs. han støtter høye skatter, store offentlige tilbud, mye reguleringer, lave straffer).

I perioden før velferdsstaten ble innført hadde Sverige en ganske fri økonomi og lite statlig innblanding i økonomien, og dette resulterte naturlig nok i en sterk velstandsøkning. Denne økningen ble bremset opp når velferdstaten ble innført. (Mer info om Sverges utvikling på dette området er å finne i min bok *Saysiansk økonomi*, kapittel 13).

Den organisering vi beskrev over (mye reguleringer, høye skatter, offentlige gratistilbud, lave straffer) betraktes av de fleste som en ideell måte å organisere samfunnet på. Men den er slik at den belønner og dermed dyrker frem dårlige egenskaper og straffer gode egenskaper. De som best trives i et slikt system er folk som er lite produktive, som ikke er spesielt ansvarlige, som begår kriminalitet. De som straffes i et slikt system er de produktive, de ærlige, de samvittighetsfulle, de ansvarlige. Et samfunn organisert på denne måten vil derfor føre til forfall på alle områder, og det er nettopp denne utviklingen vi ser i Sverige nå; vi ser økning i kriminalitet, vi ser forfall i skolen, vi ser gjeldsoppbygging.

La oss også ha sagt at vi tror at de fleste svensker fortsatt har det bra, og at de verste problemene foreløpig kun finnes i enkelte områder.

Noen vil hevde at det er den store innvandringen som har skjedd til Sverige de siste årene som er årsaken til problemene, men sannheten at dette kun har forsterket og fremskyndet problemene, den har ikke forårsaket dem: disse problemene ville bare ha kommet på et senere tidspunkt dersom den store innvandringen ikke hadde funnet sted.

Er Sverige da en «failed state»? Først, hva er en «failed state». En stats eneste legitime oppgave er å beskytte og sikre borgeres frihet, dvs. sikre at borgerne kan omgås og handle frivillig og i trygghet med hverandre. Hvis samfunnet utvikler seg slik at den ikke lenger klarer dette, hvis kriminaliteten øker sterkt og en betydelig andel av befolkningen ikke føler seg trygge og samfunnet utvikler seg mot lovløshet, kaos og anarki, kan man si at en stat er blitt en «failed state». Men Sverige er ikke der ennå. Langt ifra. Men den beveger seg i den retningen, og det må en kraftig kursomlegging til for at en slik endring skal skje.

Hvilken kursomlegging? For at en samfunnsorganisering skal kunne virke, dvs. føre til fredelige, harmoniske og velstående samfunn, må det være full individuell frihet. Det må ha fritt næringsliv, ingen offentlige «gratisgoder» (de gratisgoder som finnes er ikke gratis, de finansieres ved skatter og avgifter, dvs. ved tvang). «Gratisgoder» gjør at stadig flere i en periode kan klare seg uten å jobbe. Videre, det må ikke være noen   tvungne skatter (skatter er når de innføres først lave, men de må etterhvert øke, og høye skatter fører til skattesvindel og skatteflukt, og så til reduksjon i produksjon). Videre, kun rettighets-

338

krenkende handlinger må være forbudte, mao. alt som har med narkotika å gjøre må være tillatt (for voksne); forbud mot narkotika dyrker frem reell kriminalitet i et stadig voksende omfang.

Det er kun en omlegging i denne retningen som kan sikre at Sverige (og alle andre velferdsstater) kan unngå å bli «failed states».

https://www.nettavisen.no/meninger/gunnarstavrum/sverige-mister-kontroll-over-gjengkriminalitet/3423409117.html

https://www.document.no/2017/11/02/politiet-sverige-er-et-smorgasbord-for-kriminelle/

https://www.document.no/2013/12/08/sveriges-kurs-mod-bunden/

https://www.rights.no/2017/01/sverige-voldsom-okning-i-seksualforbrytelser/

Sveriges sammenbrudd
Publisert på Gullstandard 30. desember 2019

Sverige har i løpet av et par generasjoner gått fra å være ansett som verdens aller beste land til å bli Vestens verste land, og noen har ikke helt uten rett beskrevet dagens Sverige som noe nær en «failed state». Utviklingen er styrt av politikerne, men som det ganske korrekt heter, et folk får de politikere det fortjener. Politikken som føres i et land er alltid en praktisk implikasjon av de grunnleggende verdier og prinsipper som dominerer i befolkningen og som de fleste slutter opp om, dvs. at de politiske implikasjonene av de ideene som folket slutter opp om er den politikken som er blitt ført. Mao., svenskene er selv skyld i den utviklingen som har skjedd. Sagt enda tydeligere: svenskene selv har ansvaret for at Sverige er gått fra å være ansett som verdens beste land til å bli et land med en kolossal kriminalitet, og med enklaver som er rene anarkier, dvs. hvor ulike ikke-statlige grupper praktiserer sin egen justis (med tilstrekkelig oppslutning fra den lokale befolkningen til at dette er mulig), og at disse gruppene reellt sett har konkurrert ut det svenske politiet mht. håndhevelse av hva som er gjeldende lov og rett i området.

Vi skal om litt skissere en forklaring på hvorfor det er gått slik, men først vil vi si litt om grunnen til at det ble mulig for Sverige å bli betraktet som verdens beste land, og deretter gjengir vi et lite utvalg sitater om utbredte holdninger blant svensker, og om hvordan tilstanden er.

Sverige før velferdsstaten
Sverige hadde i en lang periode en ganske fri økonomi (lave skatter, få reguleringer, få gratistilbud fra staten) samtidig som rasjonelle verdier sto relativt sterkt i kulturen, og dette førte til en enorm velstandsvekst.

I perioden 1850-1950 ble inntekten per capita åttedoblet mens befolkningen ble doblet, barnedødeligheten falt fra 15 % til 2 %, forventet levealder økte med ca 30 år, gjennomsnittlig arbeidsuke gikk ned fra 70 timer til 43 timer, industriarbeideres reallønn økte med 567 %. Etter annen verdenskrig ble velferdsstaten innført for alvor, med stigende skattetrykk, flere offentlige tilbud, flere reguleringer av næringslivet, etc. Dette skjøt ytterligere fart utover 70- og 80-tallet, hvor skattetrykket steg til i gjennomsnitt 50 til 75 %, med 88 % som høyeste marginalskatt for ansatte. Det var da det alvorlige skiftet i utviklingen kom: Fra 1950 til 1990 ble det opprettet 1 200 000 nye jobber i offentlig sektor, mens antallet jobber i privat sektor ble redusert med 40 000. I perioden 1975 – 2000 økte antall jobber i Sverige med 2,2 % (til sammenligning: økningen i antall jobber i USA var 57 %). (kilde Svanberg, link nedenfor)

En rekke glimrende firmaer gjorde Sverige til en beundret industrimakt: Volvo, Scandia Vabis, IKEA, Ericsson, Electrolux, m.fl., og disse seilte videre på den suksessen som var oppnådd i Sveriges noenlunde frie periode, dette fortsatte også etter at friheten ble mer og mer innskrenket fra ca 1970.

Velferdsstaten kommer
Sverige ble tidlig i denne perioden ansett som verdens beste land, med en rekke offentlige gratistilbud til alle innen barnehave, skole, helse, og pensjon. Men det så kanskje bedre ut enn det egentlig var – her forteller en innflytter om sine inntrykk:

«I moved to Sweden with my 3 children predominantly for financial reasons, as my Swedish husband earned more, and my work was quite flexible. At first I loved what I saw – free education, beautiful and abundant nature – even in the cities, well designed communities with plenty of free facilities, many free community activities and a strong commitment to sustainability. However after living here a few years I began to notice that some things are very wrong and Sweden is not the paradise it appears to be at first glance. …. Whilst at first I believed the free schools, childcare and medical services were a great family friendly policy, on closer interaction in the system I realized this is a system of control and incompetence which is not leading to positive outcomes. Firstly, everyone is expected to take their children to daycare and go to work. There is no freedom of choice to look after your children, homeschool or rear your children according to your beliefs and values. Children are informed about endless rights, and have no obligations to

342

behave in a respectful manner. Parents are powerless, teachers are powerless and getting an education in a Swedish school is a debacle ... » (kilde quora).

Allikevel, «Sverige [har] høyest andel fattige i Norden» (kilde document.no).

Kriminalitet
Kriminaliteten er blitt enorm. Sverige har i mange år hatt en svært mild kriminalpolitikk, med svært lave straffer for selv alvorlig kriminalitet. En drapsmann slipper ofte ut etter å ha sittet inne i kun seks år, og for ungdom under 18 er man svært uvillige til å bruke fengselsstraff i det hele tatt.

«... Trots det sätts inte ungdomar i fängelse innan de är 18 år» heter det i en informasjon-brosjyre utgitt av en skole i Stockholm (kilde asogrundskola). Kriminelle under 18 år blir i stedet for fengselstraff innbudt til samtaler, terapi og pizza med politiet.

Slike ting er blitt nesten vanlige:

«En julfest i en villa i Västerås angreps tidigt på lördagsmorgonen av beväpnade rånare. 20 festdeltagare blev rånade. – Det är vilda västern här i Sverige. Man blir rädd, säger en granne i villaområdet till Expressen. – Jag har aldrig hört talas om något liknande, säger Daniel Wikdahl, presstalesperson på polisen» (kilde expressen).

«Under de senaste åtta åren har 38 personer skjutits ihjäl inom gängmiljön i Malmö. Men bara sex av ärendena har klarats upp, enligt siffror från polisen – Det är förkastligt, och vi måste bli bättre, säger polisens gängexpert Gunnar Appelgren» (kilde aftonbladet).

Antall voldtekter, drap, eksplosjoner, tyverier, etc, er i Sverige de siste årene nådd slike høyder at mange deler av Sverige er mindre trygge enn områder i primitive U-land, og det fortelles at det i enkelte store byer finnes områder hvor hverken politi, brannmenn, leger, eller annet

343

utrykningspersonell våger å gå inn i. Også i enkelte skoler er det mye vold, både mellom elever og fra elever overfor lærere. Et resultat: «Stadig flere svenske politifolk sier opp, dobbelt så mange sammenlignet med for fem år siden. I svensk presse skrives det om "poliskrisen" og ressurssituasjonen er prekær, ifølge politifolk selv» (kilde aftenposten).

> «Amnesty International: Sweden has the highest incidence of reported rapes in Europe but the lowest conviction rate, and worsening levels of violence against women, despite its good reputation for gender equality. A study commissioned by the European Union found that Sweden has the highest incidence of reported rapes in Europe. And an Amnesty International report on rape in the Nordic Countries was highly critical of Sweden for an abysmally low conviction rate for rape cases» (kilde greennet).

> «When three explosions took place in one night across different parts of Stockholm last month, it came as a shock to residents. There had been blasts in other city suburbs, but never on their doorstep. Swedish police are dealing with unprecedented levels of attacks, targeting city centre locations too. The bomb squad was called to deal with 97 explosions in the first nine months of this year» (kilde bbc).

> «En mann ble torsdag kveld skutt i Uppsala. Senere samme kveld fikk politiet melding om skyting i Kristianstad i Skåne. -Vi fikk flere telefoner om at det var avfyrt skudd i Eriksberg. Vi dro dit med flere patruljer og fant en mann med skuddskader. Han ble kjørt til sykehus med ambulanse, sier pressetalsperson Tobias Ahlén i politiet i Uppsala» (kilde resett).

Hvis man leter i alternativpressen finner man et stort antall oppslag som disse: «Asylsøkende voldtektsmann på frifot i Sverige tross utvisning og fengselsdom», «Mann drept under ran på restaurant i Sverige», «Regjeringen i Sverige anklages for å skjule innvandrerkriminalitet», «Sverige: Skole tvinger barna til å spise vegetarmat, barna nekter»,

344

«Stort jihadistmiljø i Sverige, men tabu å forske på det», «Politiet: Sverige er et "smörgåsbord" for kriminelle», «Invandrare får gratis körkortsutbildning på arabiska – äldreboenden läggs ned», «"Love Pins" introduced at Swedish ER [Emergency Room, dvs. legevakt] to combat violence against hospital employees». Etc.

Men en artikkel i Wikipedia setter kriminaliteten i Sverige i en større og muligens mer nøktern kontekst, link nedenfor. Vi siterer allikevel følgende:

> «Figures from the 2013 Swedish Crime Survey (SCS) show that exposure to crime decreased from 2005 to 2013. Since 2014 there has been an increase in exposure to some categories of crimes, including fraud, some property crime and sexual offences according to the 2016 SCS. Crimes falling under threats, harassment, assault and robbery continued to climb through 2018. The increase in reports of sexual offenses is, in part, due to campaigns to encourage reporting, combined with changes to the laws that broadened the legal definition the definition of rape».

Imidlertid har kriminaliteten økt etter 2018.

Mye av denne kriminaliteten begås av innvandrere, og mange har gitt innvandringen skylden for utviklingen. Sverige er det land i Europa som har tatt imot flest innvandrere: Pr idag er om lag 30 % av befolkningen i Sverige av utenlandsk opprinnelse, og «Sverige har klart flest innvandrere, særlig flyktninger, både i absolutte tall og i forhold til folketallet» (kilde ssb). Vi kommer tilbake til dette poenget.

Svenske verdier – finnes de?

Svenske politikere er ofte ikke spesielt positive til Sverige og svenske verdier. Her er et sitat fra Mona Sahlin (som bla. har vært leder for Socialdemokraterna, Sveriges største parti):

> «Jag har ofta fått den frågan men jag kan inte komma på vad svensk kultur är. Jag tror att det är lite det som gör många svenskar så avundsjuka på invandrargrupper. Ni har en kultur, en identitet, en historia, någonting som binder ihop er. Och vad

345

har vi? Vi har midsommarafton och sådana 'töntiga' saker»
(kilde svd).

Tilsvarende har den konservative Frederik Reinfeldt, som var
statsminister i perioden 2006-14, reellt sett sagt at Sverige i større grad
tilhører innvandrerne enn det tilhører innfødte svensker:

> «Är det här ett land som ägs av dem som har bott här i tre eller
> fyra generationer eller är Sverige vad människor som kommer
> hit mitt i livet gör det till att vara och utvecklar det till? För mig
> är det självklart att det ska vara det senare och att det är ett
> starkare och bättre samhälle om det får vara öppet. – Vad är
> Sverige för land? Ägs det här landet av dem som bott här i fyra
> generationer eller de som hittat på någon gräns?» (kilde
> youtube).

Vi kunne ha funnet langt flere sitater som ytterligere bekrefter det som
vi har belagt ovenfor, men dette er ikke poenget i denne kommentaren,
vårt poeng er hvorfor det er blitt slik, og det kommer vi til om litt.

Flere eksempler
Den politikken som er blitt ført har hatt bred støtte i befolkningen. Det
eneste store partiet som har et annet syn på noen få spørsmål er
Sverigedemokratene; de er kritiske til innvandringen og til islam, men
mener på alle andre punkter akkurat det samme som alle de andre store
partiene. De fikk ca 20 % oppslutning i sist valg. Dvs. at ca 80 % av
befolkningen støtter den politiske kurs som er blitt ført de siste tiårene,
inkludert disse partienes syn på innvandring og på islam.

Sverige er et av de landene hvor påstanden om en kommende
krise pga. menneskeskapt global oppvarming har størst oppslutning.
Denne feilaktige oppfatningen har så stor oppslutning at svenskene har
skapt begrepet «flyskam» – man bør skamme seg for å fly fordi man da
er med på å slippe ut mye CO_2, en gass som påstås å føre til kriseaktige
tilstander over hele verden pga. oppvarmingen som den påstås å bidra
til. Men svenskene driver ikke bare prat: de har de siste månedene har
de redusert sine flyturer i betydelig grad:

346

«For tredje måned på rad raser antallet som flyr innenlands i Sverige. Tall ... viser at innenriks flytrafikk i september [2019] var ned med 5 prosent, sammenlignet mot samme periode i fjor. ... Bare i august var innenriks flytrafikk i Sverige ned hele 10 prosent, mot samme periode i fjor. Også i juli, som er årets viktigste flymåned, falt flytrafikken med 11 prosent sammenliknet med juli 2018. Flyeksperten Elnæs setter det uvanlige store fallet i sammenheng med svenskenes utbredte flyskam, altså skam eller uvilje mot å fly på utslippene som flyreiser medfører. [Årsaken er dog neppe flyskam alene:] svensk økonomi er litt på hell. I tillegg så har flypassasjeravgiften slått inn og gjort flybillettene dyrere ...» (kilde Nettavisen).

Men dette er i samsvar med et annet politisk prinsipp i Sverige:

«Klimatmålen ska styra alla politiska beslut. Nu presenteras regeringens klimatpolitiska handlingsplan. Den innehåller 132 åtgärder och innebär att klimatfrågan ska genomsyra alla politikområden. – Med klimathandlingsplanen säger vi att all politik är klimatpolitik, säger Isabella Lövin (MP) till Expressen» (kilde expressen).

Skolen mangler lærere:

«De kommande fem åren måste skolor och förskolor rekrytera 77 000 heltidstjänster – drygt lika många som det totala antalet lärare i den kommunala grundskolan idag. – Det är inte möjligt, och det är en insikt som man måste ta till sig, säger Fredrik Svensson på UKÄ» (kilde skolvarlden).

Kjønnsdebatt:

«Kjønnsdebatten raser i Sverige, hvor såkalt kjønnsløs oppdragelse er blitt mer og mer populær. Å bruke hen som pronomen for barna sine er ikke lenger uvanlig i Sverige, men noen tar det et hakk lenger. Barnefaren Linus sier til svensk TV4 at han ikke forteller folk hvilket kjønn barna har, melder svensk TV4, ifølge TV2.no. Barna får heller ikke kalle ham pappa, men må si foreldre til ham» (kilde Dagbladet).

«Kirkemøtet i Svenska kyrkan har vedtatt å innføre en ny kirkehåndbok ... Flere av tekstene i den nye boken fører til at man innfører et kjønnsnøytralt gudsbegrep. Nådehilsenen i gudstjenestens innledning skal utvides med de to alternativene der "Faderen" endres til det mer kjønnsnøytrale Gud. ... » (kilde dagen).

Vi kunne ha gitt flere eksempler, men vi stopper her og går inn på årsaken til at alt dette har skjedd – nettopp i Sverige. (Alle andre velferdsstater i Nordvest-Europa har akkurat de samme problemene, inkludert Norge, Danmark, Storbrittania, Tyskland, Frankrike – for å nevne noen, men problemene i Sverige er tydeligere og forekommer i større omfang enn i de andre landene.)

Hvorfor?
Så spørsmålet er: hvorfor er Sverige blitt så ille? Hvorfor ligger Sverige først i løypa som leder til velferdsstatens sammenbrudd? (Man kan si at land som Hellas og andre land i Syd-Europa også ligger dårlig an, men den historiske og kulturelle bakgrunn i dette området er annerledes, og årsaker og virkninger er derfor noe annerledes enn i Sverige. En annen grunn til at vi er mer opptatt av Sverige er at vårt naboland ofte viser oss hvordan vi her i Norge vil ha det om noen år .... For mange år siden fantes det her i Norge et ordtak som lød slik: «Ingen reformer innføres i Norge før de først har vist seg å være en fiasko i Sverige».

Men: hvorfor Sverige? Vårt syn er at det er fundamentale filosofiske ideer som bestemmer historiens gang. Ideer blir forfektet av en filosof (eller flere), de kommer så inn i kulturen via universitetene, via skolen, via pressen, via kulturlivet generelt, og blir så de de meningene som alle har og som de altså har hentet fra skolen og avisene og bøkene de leste. Det finnes enkelte individer som finner sin egen vei og som har egne meninger som avviker fra de som er vanlig, men de aller fleste er konforme og deler de oppfatninger som folk flest har.

348

Denne prosessen hvor ideene går fra filosofen og ut i kulturen kan ta svært lang tid; den kan ta ett hundre år eller to hundre år – eller mer.

Den som er mest innflydelsesrik her er den franske filosofen Jean Jacques Rousseau (1712-1778). Jeg siterer det jeg skrev om hans innflydelse i min bok *Frihet, likhet, brorskap:*

«Rousseau hevdet i *En avhandling om kunst og videnskap* (1749) at fornuft, videnskap, teknologi og frihet hadde hatt en negativ innflydelse på menneskets moral. Videnskap, litteratur og kunst er ifølge Rousseau moralens største fiende: de skaper kunstige behov og gjør mennesket til en forbruker. Rousseau hevdet at mennesket bør leve som det opprinnelig levet, som en edel villmann. Uttrykket "tilbake til naturen" kommer fra denne holdningen. Sivilisasjonen – Vestens rasjonelle sivilisasjon – har ifølge Rousseau ødelagt mennesket og er menneskets største fiende. Det første skritt vekk fra den gode naturtilstand kom ifølge Rousseau med innføringen av eiendomsretten. «Den første som gjerdet inne et område og sa "dette er mitt", og fant at andre var dumme nok til å tro på ham, var den som grunnla [den ifølge Rousseau ødeleggende] sivilisasjonen». Rousseau var tilhenger av en totalitær styreform: all makt bør samles i hendene til én person, Lovgiveren. Hvert individ er først og fremst en del av Staten, og Staten har rett til å uskadeliggjøre enhver som ikke innpasser seg. Rousseau støttet sensur av upassende meninger, og han ønsket at Staten skal kontrollere hele det økonomiske og sosiale liv. Staten skal også bekjempe luksus og bykultur. Rousseaus forslag til den troskapsed som han ønsket at staten Korsika skulle kreve av sine innbyggere illustrerer dette: "Jeg gir meg selv, min kropp, min vilje og alle mine krefter til den korsikanske nasjon, og gir den full disposisjonsrett over meg og alle som avhenger av meg".

Rousseau mente at kapitalismen – individuell frihet – er umoralsk fordi den belønner overfladiske egenskaper som kreativitet, utholdenhet og arbeidsomhet, og fordi den fører til sosiale forskjeller. Det viktige er ifølge Rousseau intensjon, ikke handlinger eller handlingers konsekvenser. Rousseau hevdet også at rettigheter ikke er gitt ut ifra menneskets natur, rettigheter gis til folket ved politiske vedtak etter de styrendes forgodtbefinnende. Som man kan se av Rousseaus ideer er det ikke overraskende at de førte til terror og diktatur. Det skulle være lett å konstatere at Rousseau ikke var noen renessansetenker, tvert imot. Han var den første betydelige tenker som forfektet ideer som innebar et brudd med renessansen og opplysningstiden. Senere tenkere fulgte tradisjonen fra Rousseau, de viktigste var Kant, Hegel og Marx, som alle var sterkt influert av Rousseaus ...» (s. 374-375).

Som det går frem av dette kan man med stor rett si at Rousseau er opphavsmann både til den moderne sosialismen og til miljøbevegelsen, og man kan lett se at den svenske modellen (etter den nokså frie perioden frem til etter annen verdenskrig) i stor grad er en implikasjon av Rousseaus ideer.

Vi må også ta med at sosialismen er lite annet enn en sekularisert kristendom, og den har tatt opp i seg en rekke sentrale kristne verdier: gi til de som ber deg om noe, rikdom og velstand er ikke et høyverdige moralske goder («det er vanskelig for en rik mann å komme inn i himmelen», «samle eder ikke skatter på jorden»), tilgivelse er moralsk høyverdig, betal din skatt med glede eller i hvert fall uten å protestere («gi Gud det Guds er og Caesar det Caesars er»), adlyd autoritetene («den Gud har gitt et embede har han også gitt forstand»). Etc.

Den franske revolusjon (1789), inspirert av Rousseaus ideer, endte i terror og militærdiktatur (under Napoleon), mens den amerikanske revolusjon (1776), inspirert av i stor grad individualistiske og rasjonelle tenkere som engelskmannen John Locke og amerikaneren Thomas Jefferson, førte til stor grad av individuell frihet, kapitalisme og velstandsøkning.

Rousseaus ideer fikk etter hvert stor innflydelse i hele Vesten (via Kant, Hegel og Marx), men det er en spesiell grunn til at de fikk svært stor innflydelse i Sverige.

Fransk general blir svensk konge

I 1818 ble Karl Johan konge av Sverige, og han var tidligere fransk general, under Napoleon. Når han ble konge av Sverige ble han og hans *entourage* et viktig samlingspunkt for den svenske eliten, og den fikk dermed en sterk innsprøytning av fransk kultur og franske verdier (inkludert slike ting som at franske omgangsformer ble innført, franske ord ble tatt opp i det svenske språket, etc.) og som antydet: den viktigste premissleverandør her var Rousseau. Ved at svenskene valgte en franskmann til konge, ble svensk kultur i stadig større grad infisert av verdier som i en sterk form ble formulert av Rousseau.

Andre land i Nordvest-Europa ble ikke i samme grad infisert av Rousseaus ideer; man kan til og med si at ikke en gang Frankrike var like sterkt preget av Rousseau som Sverige var det etter 1945. Hvorfor ble Sverige mer infisert av Rousseau enn selv hans hjemland Frankrike? Alle land i Vesten ble som nevnt infisert av Rousseau, men Sverige ble det i enda større grad enn de andre. Hvorfor?

En betydelig årsak til dette var at Sverige var nøytralt under annen verdenskrig. Alle andre land i Nordvest-Europa var da alliert med USA og Storbrittania, noe som betydde at elitene i disse landene i Nordvest-Europa hadde et nært samarbeid med elitene i Storbrittania og USA. Det var ikke bare toppfolk innen militærapparatet i disse landene som samarbeidet under krigen, også akademikere og politikere og intellektuelle og forfattere og forskere og pressefolk og studenter fra landene i Nordvest-Europa hadde et nært samarbeide med sine motparter i USA og Storbrittania. Disse ble da influert av personer fra USA og Storbrittania (disse landene hadde størst innflydelse fordi de var sterkest og sørget for den militære seier som kom i 1945). Eliten i USA og Storbrittania var mer påvirket av individualistiske og frihetlige og pro-kapitalistiske ideer enn de fra Nordvest-Europa, og disse ideene stammet fra tenkere som engelskmannen John Locke og amerikaneren Thomas Jefferson. Det var disse folkene som, etter å ha mottatt impulser fra USA og Storbrittania på sine respektive arenaer, preget kulturen i sine egne land etter krigen, og dette medførte at landene i Nordvest-Europa fikk en motgift mot Rousseaus ideer. Dette svekket Rousseaus innflydelse og forsinket disse ideenes ytterligere gjennomslag. Siden den franske motstandsbevegelsen, og deler av det franske militæret, kjempet sammen med USA og Storbrittania, ble også deler av den franske eliten påvirket av eliten i USA og Storbrittania, og dette svekket noe Rousseaus innflydelse i Frankrike. Men Sverige var nøytralt under annen verdenskrig, og ble ikke utsatt for denne påvirkningen! Dette er, slik vi ser det, en svært viktig grunn til at Sverige i dag er så ille ute.

Ja, ideers gjennomslag i kulturen kan ta lang tid. Rousseaus - og Kants og Hegels og Marx´ ideer – begynte å få betydelig innflydelse på samfunn i Vesten først etter annen verdenskrigs avslutning, om lag 150 år etter at Rousseau døde. Men før dette hadde de hatt stor innflydelse i akademia og i alt intellektuelt liv.

La oss avslutte med følgende poeng som slik vi ser det støtter opp om det vi sier over. Tyskland før og under annen verdenskrig var det mest sosialistiske land i Europa (utenom Russland/Sovjet). Sosialismen stammer i stor grad som nevnt fra franskmannen Rousseau. Hvordan var da forholdet mellom Tyskland og Frankrike under annen verdenskrig? Halvparten av Frankrike var okkupert av Tyskland, mens den andre halvdelen ble styrt av en fransk regjering, Vichy-regjeringen, som hadde et nært og vennlig samarbeid med nasjonalsosialistene i Tyskland. Vi lar SNL fortelle:

> «Vichy-regjeringen var den franske regjeringen fra 1940 til 1944, under andre verdenskrig. Vichy-regjeringen styrte den delen av Frankrike som ikke var okkupert av Tyskland. Fordi hovedstaden Paris var okkupert, holdt regjeringen til i Vichy. I mai 1940 begynte tyskerne angrepet på Frankrike, og 22. juni ble Frankrike nødt til å undertegne en avtale om våpenhvile. Etter våpenhvilen la nasjonalforsamlingen ned den tredje republikk og gav marskalk Philippe Pétain all makt til å danne en ny regjering og nye institusjoner i Vichy. Vichy-regjeringen ble anerkjent internasjonalt som det legitime styret i Frankrike. Det hadde kontroll over den uokkuperte sørlige delen av Frankrike (frie sonen) og det franske koloniale imperiet. Vichy-regjeringen er kjent for sitt tette politiske, økonomiske og ideologiske samarbeidet med Tyskland. *Det ledet en sterk nasjonalistisk «nasjonal revolusjon» basert på slagordene «arbeid, familie, fedreland»*. [Uthevet her] Samarbeidet med Tyskland gjaldt også for bekjempelse av motstanden mot tysk

352

okkupasjon og deportasjonen av jøder til konsentrasjonsleirer.
… I ettertid er Vichy-regjeringen husket som høydepunktet for
den franske kollaborasjonen med Tyskland under andre
verdenskrig. Den har også etterlatt flere politiske tiltak som
fortsatt eksisterer i dagens Frankrike, som ID-kortet og
minstelønn.»

Innvandring?

Noen sier at problemene i Sverige skyldes innvandringen, og at de
problemene som finnes ville ha vært unngått dersom innvandringen
hadde vært minimal. Slik vi ser det er dette feil. Problemene skyldes
ettergivenhet overfor kriminalitet, som innebærer svært milde straffer
for kriminelle, og velferdsstaten, som innebærer at alle som har lovlig
permanent opphold har rett til å bli forsørget på skattebetalernes
regning. Det er dette som er årsaken til problemene. Men man bør legge
merke til at premissene for sosialismen, og dens noe mildere variant
velferdsstaten, er akkurat de samme premissene som ligger til grunn for
ettergivenhet overfor kriminalitet, og at alle har plikt til å være med på å
forsørge de som ikke kan eller ikke vil jobbe for å forsørge seg selv. Så
den innvandringspolitikk som alle velferdsstater fører er kun en
implikasjon av de ideer og idealer som ligger til grunn for
velferdsstaten (blant disse finner vi kollektivisme, altruisme/
selvoppofrelse, tilgivelse som ideal, etc.)

Objektivistfilosofen John Ridpath kom en gang med følgende
oppsummering av ideers viktighet: «Bad ideas kill».

De menneskefiendtlige ideene som stammer fra Rousseau er
som vi tydelig ser i ferd med å ødelegge den sivilisasjonen som fantes i
Sverige. Og de andre landene i Vesten ligger ikke langt etter i løypa.

https://www.quora.com/What-are-some-bad-things-about-Sweden

https://www.document.no/2014/03/16/sverige-hoyest-andel-fattige-i-norden/

https://asogrundskola.stockholm.se/sites/default/files/so_7e_brott-och-straff_texthafte.pdf

https://www.expressen.se/nyheter/bevapnade-ranare-tog-sig-in-pa-hemmafest

https://www.aftonbladet.se/nyheter/a/naljgQ/bara-6-av-38-gangmord-har-klarats-upp-i-malmo

https://www.aftenposten.no/verden/i/dV19q/svensk-politi-er-i-krise-antallet-problemomraader-oeker-mens-antallet-politifolk-gaar-ned

https://www.greennet.org.uk/network/news/sweden-has-worst-rape-conviction-record-europe

https://www.bbc.com/news/world-europe-50339977

https://resett.no/2019/12/19/siste-minst-en-drept-i-angrep-mot-sikkerhetstjenesten-i-moskva/

https://en.wikipedia.org/wiki/Crime_in_Sweden

https://www.ssb.no/befolkning/artikler-og-publikasjoner/innvandrere-i-norge-sverige-og-danmark

https://www.svd.se/hur-svensk-kultur-reducerades-till-gnall

https://www.youtube.com/watch?v=yTtht2r-L34

https://www.nettavisen.no/okonomi/sjokktall-for-svensk-flytrafikk-dette-er-veldig-uvanlig/s/12-95-3423857662

https://www.expressen.se/nyheter/klimat/regeringens-plan-alla-ministrar-ar-klimatministrar/

https://skolvarlden.se/artiklar/nya-siffror-lararbristen-okar-alltmer

https://www.dagbladet.no/tema/forteller-ikke-barna-hvilket-kjonn-de-har/63339357

https://www.dagen.no/Nyheter/2017-11-23/Svenskene-innfører-kjønnsnøytral-Gud-549422.html

Videoer

«Welcome to Sweden»
https://www.youtube.com/watch?v=3KSJY0c8QWw&feature=emb_logo

«Svenskdansk krim»
https://www.youtube.com/watch?v=B-92fMR_I20

«Våren på STV»
https://youtu.be/WW-1GiVWABo

«Emil»
https://www.youtube.com/watch?v=GuLsm7AKjbQ

Svanberg, Carl: «What about Sweden?»

https://estore.aynrand.org/products/what-about-sweden-mp3-download?_pos=1&_sid=168a6a196&_ss=r

Avslørende om venstresidens
totalitære og diktatoriske sjel
Publisert på Gullstandard 18. mars 2019

Alle aktører som vanligvis blir plassert langt til venstre på den politiske skala har hatt perioder hvor de har hyllet eller støttet diktatoriske eller tyranniske regimer. Arbeiderpartiet hadde på 1920-tallet en periode hvor det var alliert med kommunistregimet i Sovjetunionen, mens i praktisk talt hele sin levetid var NKP knyttet til det samme regimet. AKP var enda mer ekstremt; det var tilsvarende knyttet til kommunistregimet i Kina, og hyllet ikke bare Kinas tyrann Mao, men også andre diktatorer og massemordere som Castro, Enhver Hoxa og Pol Pot, mens AKPs arvtager Rødt støttet Chavez i Venezuela. (Dette siste eksempelet er helt ferskt. Chavez satt ved makten fra 1999 til sin død i 2013, og gjorde lite annet enn å innskrenke alle friheter i Venezuela. Som følge av dette er landet i dag lutfattig. Under hele denne perioden støttet Rødt helhjertet Chavez′ stadig mer undertrykkende regime.)

Tidligere er dette området – norsk venstresides omfavnelse av diktatorer, massemordere og tyranner – lite omtalt av historikere; de eneste verker vi kjenner til som har tatt opp dette i noen bredde er Bård Larsen i boken *Idealistene* (utgitt av Civita i 2011), og den helt nyutkomne *Revolusjonens barn: politiske utopiers makt i Norge: Venstresiden mellom demokrati og diktatur 1911-2018*, som denne artikkelen er en omtale av. (Man kan dog si at ferske verker som Kaj Skagens *Norge vårt Norge* (2018) og Terje Tvedts *Det Internasjonale Gjennombruddet* (2017) berører disse temaene.) Sverige var også her tidligere ute enn Norge. Parlamentarikeren Per Ahlmark ga allerede i 1994 ut boken *Vänstern och tyranniet*, hvor Ahlmark avslører hvordan den svenske venstresiden nærmest konsekvent har tatt side for tyranniske regimer og mot individuell frihet. Mange har ventet på en tilsvarende bok om den norske venstresiden, og i stor grad oppfyller *Revolusjonens barn* dette ønsket.

Hvorfor er ikke dette kommet før nå? Hvorfor er det så få som har ønsket å avsløre venstresidens historie? At partiene selv ikke har hatt noe sterkt ønske om å eksponere sin ikke bare pinlige, men nesten kriminelle fortid, er i stor grad er helt forståelig. At historikere og andre akademikere for det meste har latt dette eksplosive temaet ligge er også forståelig; de aller fleste av dem hører til på venstresiden.

Men nå begynner det å løsne, og av de nevnte verker er nok *Revolusjonens barn* den mest ambisiøse. Den er skrevet av fire faghistorikere som hver tar for seg sitt avgrensede tema: Torgrim Titlestad tar for seg venstresidens historie i første halvdel av det tyvende århundre, og Frode Fanebust tar for seg perioden fra annen verdenskrig og frem til 2018. Disse to delene er nokså grundige og omfattende, og dekker godt det som skjedde på venstresiden både i dens forhold til andre land (USA, Sovjetunionen, Kina, Albania, Kambodsja), og det som skjedde av maktspill internt på venstresiden. Vi nevner kort noen temaer: Aps tilknytning til Sovjet og senere brudd med Moskva; NKPs lojalitet til Moskva, som gikk så langt at partiet nærmest 100 % ble drevet fra Moskva både ideologisk og økonomisk; avskallingen i Ap som førte til dannelsen av SF; SFs ungdoms-organisasjon SUF som ble til SUF (ml) og som utviklet seg til AKP(ml); AKPs lojalitet til Kina og Mao og holdningen til til Pol Pots massemord i Kambodsja (ga de støtte til massemordet eller bare fornektet de det som skjedde?); samarbeidet mellom EU-motstandere som førte til først samarbeidet mellom SF, deler av AP og NKP i Sosialistisk Valgforbund som senere ble til Sosialistisk Venstreparti; samarbeidet mellom AKP-folk og enkelte andre i Rød Valgallianse som utviklet seg til partiet Rødt, osv.

Det er ikke mye her som kommer overraskende på en som har vært en ivrig avisleser de siste 50 år, men det er fint at dette materialet nå er samlet i en lett tilgjengelig bok.

Før vi går videre vil vi bare anbefale boken til alle som er interessert i norsk politisk historie, og i det som egentlig er venstresidens ideologi og hva venstresiden egentlig står for. Det venstresiden egentlig står for er noe helt annet enn det glansbilde som mange forbinder med de ord som venstresiden utallige talsmenn bruker: samhold, fellesskap, solidaritet, «fellesnytten foran egennytten».

De delene som er skrevet av Fanebust og Titlestad er grundige og gode, og trekker linjen helt frem til vår tid. Vi kommer inn på noen temaer fra disse noe lenger ned. Det er også to andre historikere som er involvert i boken; Stephane Courtois og Antonio Elorza. Kapitlene disse to har skrevet er tynne. Courtois´ kapittel skal ta for seg venstresidens historiske bakgrunn; hans kapittel heter da også «Bakteppe». På 19 sider tar han for seg den russiske revolusjon – som egentlig var to revolusjoner, én i februar og én i oktober. Den som skjedde i oktober var egentlig et kupp hvor kommunistene avsatte det demokratisk valgte regimet som fikk makten etter den første revolusjonen. (AKP-miljøets forlag, Oktober, er navngitt som en hyllest til dette antidemokratiske kuppet.) Videre, Courtois tar for seg den franske revolusjon, og temaet «sosialismen oppstår». Pussig nok nevner Courtois ikke Rousseaus innflydelse på den franske revolusjon og den terroren som fulgte.

Rousseaus ideer dominerte fransk intellektuelt liv fra ca 1760. Hans grunnsyn var at følelser sto over fornuft og logikk, og i politikken mente han at mennesket opprinnelig eksisterte i en tilstand av fredelig likestilling, og at lykken forsvant pga. innføringen av eiendomsrett, sivilisasjon og bruken av redskaper og maskiner. I motsetning til John Lockes vekt på individers rettigheter la Rousseau vekt på kollektivets betydning. Sammen danner alle mennesker i et samfunn ifølge Rousseau en nærmest organisk enhet, og politikken skal føres på basis av en generell vilje, en almenvilje, som uttrykker det felles gode. Men hva som er det felles gode er ikke det fellesskapet ønsker, det er en elite som skal bestemme hva som er best og som skal gjennomføres ut i fra det eliten selv måtte mene at alle egentlig burde foretrekke.

Revolusjonshelter som Robespierre og Saint-Just betraktet seg som prinsipielle egalitære republikanere, og deres fremste inspirator var Rousseau. Ifølge Robespierre ble manglene i enkeltpersoner rettet opp ved å opprettholde det felles gode som han konseptualiserte som folks kollektive vilje; en ide som var avledet av Rousseaus forestilling om almenviljen.

Rousseaus forslag til den troskapsed som han ønsket at staten Korsika skulle kreve av sine innbyggere illustrerer dette:

> «Jeg gir meg selv, min kropp, min vilje og alle mine krefter til
> den korsikanske nasjon, og gir den full disposisjonsrett over
> meg og alle som avhenger av meg».

At dette raskt førte til et terrorvelde burde ikke være overraskende i det hele tatt. Som kontrast, Lockes individualistiske frihetsteori om individers ukrenkelige rettigheter, som var grunnlaget for dannelsen av

359

USA, førte til at USA raskt ble det mest frie og velstående land i historien. Som sagt, det er overraskende at Courtois´ ikke en gang nevner Rousseau: han fikk jo stor betydning ikke bare for den franske revolusjon, man også for venstresidens ideologi.

Den andre utlendingen som er medforfatter av boken, Antonio Elorza, har skrevet et etterord på ca ti sider. Et av hans hovedpoenger ser ut til å være å etablere en forskjell mellom diktaturer som er totalitære og diktaturer som er totalistiske – tittelen på dette etterordet er da også «Totalitarisme og totalisme». Forskjellen ser ut til å være at under totalitarismen er det forbudt å opponere mot diktaturet, mens under totalisme må man fremstå som en ivrig tilhenger av regimet og vise dette ved å delta på møter og parader, lytte til diktatorens timelange taler, etc. For meg ser det ut som om totalisme er et diktaturs første fase, en fase som varer så lenge de som innførte diktaturet tror at det vil resultere i gull og grønne skoger som de lovet at det ville gjøre. Etter hvert innser alle at dette ikke vil skje, alle blir mer resignerte, gir mer eller mindre blaffen i alt, og nøyer seg med å kreve at det ikke skal være noen åpen opposisjon. I sitt kapittel inkluderer dog Elorza islam som et eksempel på totalitarisme, noe som er positivt.

Vi går nå over til å kommentere noen av de viktige prinsipielle punktene i boken. Som nevnt var Arbeiderpartiet tidlig på 1900-tallet et kommunistparti, og Titlestad gjengir følgende vedtak fra 1921:

> «Arbeiderpartiet skal utvikle et rent kommunistparti, som ikke bare i sine programerklæringer, men i hele sitt arbeid skal følge den kommunistiske taktikk og la alle sine aksjoner befruktes av denne» (s. 66).

Og hva innebar en slik taktikk? I Russland/Sovjet skjedde følgende: «Bolsjevikpartiet, som hevdet å representere arbeideres og bønders interesser, begynte … fra 1918 å skyte og deporteres titusener av bønder som motsatte seg at deres avlinger ble frarøvet dem av statsmakten» (s. 35).

Etter hvert la Ap bort den kommunistiske kursen, men den ble tatt over av andre partier som fortsatte på den kursen Ap var på omkring 1920; Ap brøt organisatorisk med Moskva i 1923 (s. 76). LO fortsatte sitt nære samarbeid med kommunistregimet i Moskva, og fikk store økonomiske bidrag til ut på 30-tallet.

Andre partier hadde et godt forhold til kommunistregimene. Fremtredende AKP-folk var stolte av å ha besøkt Mao og Pol Pot, og toppfolk i SV besøkte Øst-Tyskland så sent som på 80-tallet. Boken tar også for seg temaer som sjølproletariseringa AKP satte i verk, utfrysing av de som ikke marsjerte i takt, overtagelse og kupping av ellers tverrpolitiske grupper, mmm.

Et av de mest interessante fenomenene som er omtalt i boken, et stort tema som egentlig fortjener en egen bok, er arbeiderbevegelsens forsøk på å bygge opp et parallellsamfunn i Norge. Arbeiderfolkene ønsket ifølge sine ledere ikke å menge seg med borgerskapet, og dannet sine egne foreninger og lag på en rekke områder: de hadde egne idrettsforeninger, egne sangforeninger, egne teatergrupper, en egen butikkjede, egne avholdsforeninger, og til og med et eget sjakkforbund (som var en underavdeling av Arbeidernes Idrettsforbund). De venstreorienterte ville heller ikke feire 17. mai: 17. mai ble fremstilt som «de fete grossereres beruselsesdag, [hvor] overklassens barn hengir seg til løyer, [og] de voksne til drikk og utsvevelser» (det var Aps fremste mann tidlig på 1900-tallet, Martin Tranmæl, som slik beskrev feiringen av nasjonaldagen (s. 135). Boken siterer en historiker som forteller at «Ord som "nasjonal" og "fedreland" var ikke gangbar mynt annet enn som angrepspunkter mot det borgerlige samfunn» (s. 136). Venstresiden var heller ikke så begeistret for det militære, som de så på som borgerskapets undertrykkelsesapparat.

Alt dette var sterkt medvirkende årsaker til at nasjonalfølelsen sto svakt blant de som sognet til arbeiderbevegelsen, og til at det militære forsvar var i så dårlig forfatning da tyskerne angrep i 1940. Det var krigen og okkupasjonen som igjen vekket nasjonalfølelsen, og forsøket på å danne et eget parallellsamfunn opphørte i det første tiår etter 1945.

Det er mye mer man kunne referere fra Titlestads interessante fremstilling av perioden frem til 1940, men vi hopper nå over til etterkrigstiden. Fanebust gjør grundig rede for det meste som skjedde på venstresiden, og han legger ikke skjul på noe. Han legger stor vekt på Einar Gerhardsens dyktighet som praktisk politiker, og også Håkon Lies ansvar for å lede Ap trygt inn i USAs favn som medlem av NATO.

361

Han forteller om studentopprør, Vietnamkrigens betydning for de venstreradikale, og om venstresidens tomhet etter Sovjets sammenbrudd og Kinas svik; lederne i Kina forkastet Mao og innførte en langt friere økonomi, en nyorientering som raskt ga en betydelig velstandsvekst i Kina.

De venstreorienterte gikk da over til en tilsynelatende ny politikk. De skulle ikke lenger kjempe for statlig overtagelse av næringslivet, nå skulle de bare regulere mer, utjamne mer, og innføre flere offentlig gratistilbud. Det kom inn to nye ideologier/bevegelser: islam og miljøbevegelsen. Store deler av de som tidligere var doktrinære sosialister kastet seg på miljøbevegelsen og brukte dennes idé – vår frihet er i ferd med å ødelegge jorden og kun statlige reguleringer og inngrep kan redde oss – som påskudd for ytterligere statlige reguleringer og innskrenkelse av frihet, som er det samme som venstresiden alltid har gått inn for.

Videre, i samsvar med forstillingen om at «min fiendes fiende er min venn» ble venstresiden alliert med islam. Venstresiden hevdet at de var imot imperialisme og kolonialisme, og siden islam kjempet imot vestlig innflydelse i områder hvor islam tidligere sto sterkt, så det ut som om islam og venstresiden hadde samme fiende: individualisme, individuell frihet, den enkeltes rett til å leve sitt liv slik han eller hun selv ønsker.

Selv om venstresiden hevdet at den sto for kvinners rettigheter, homofiles rettigheter, og ytringsfrihet, og islam var sterkt imot dette (islam mener at kvinner er underordet, og at homofile handlinger og blasfemi skal straffes med døden), så omfavnet venstresiden islam som om de var nære slektninger som ikke hadde sett hverandre på mer enn 1000 år. Hva venstresiden da egentlig står for burde med dette være klinkende klart.

Sosialismen og islam viste seg å være nærmest identiske tvillinger selv om de kom til verden på ulike tidspunkter. Islam ble født i en irrasjonell tid og ble en religion, sosialismen ble født inn i en tid hvor rasjonaliteten sto noe sterkere og ble da markedsført som en rasjonell teori («videnskapelig sosialisme»). Men begge ideologiene har som mål å gi tvangsmakt til noen få og å undertrykke folk flest. Begge ideologiene tiltrekker seg maktmennesker og resulterer i fattigdom,

362

undertrykkelse, nød og elendighet overalt hvor de blir innført. Fanebust er svært god på forholdet mellom venstresiden og islam, men legger alt for liten vekt på venstresidens forhold til miljøbevegelsen.

Selv om jeg uforbeholdent vil anbefale boken, er det enkelte punkter jeg er kritisk til, og hvor boken kunne gått dypere inn i problemstillingene.

Boken setter opp som alternativer demokrati vs. diktatur. Men det er ikke noen fundamental forskjell på disse to: i et diktatur er det et lite mindretall som bestemmer, mens i et demokrati er det flertallet som bestemmer. For den som blir bestemt over og som hindres i å gjøre det han vil (av fredelige handlinger), spiller det mindre rolle om de som hindrer ham har et flertall bak seg eller ikke. Ja, man kan si at i et demokrati er det frie valg og ytringsfrihet, men som alle vet: det er så liten forskjell mellom de partiene som blir valgt til å lede at få merker forskjellen om man få en ny regjering, og mht. ytringsfrihet så blir denne stadig begrenset mer og mer i Vestens demokratier. Demokrati og diktatur er da ikke essensielt sett forskjellige; de er to alen av samme stykke. Alternativet er full individuell frihet, hvor hver enkelt har rett til å utføre alle handlinger som ikke innebærer initiering av tvang mot andre. Frihet er retten for den enkelte til å bestemme over sin kropp, sin eiendom og sin inntekt.

Alternativene demokrati vs. frihet bygger på de mer grunnleggende alternativene kollektivisme vs. individualisme. Kollektivismen sier at gruppen er det primære og at hver enkelt må rette seg etter det gruppen, dvs. dens ledere – politikerne – måtte bestemme. Individualismen sier at individet er den primære enhet, og at ethvert individ skal ha rett til å handle slik det selv finner riktig så lenge det ikke initierer tvang mot andre. Etter mitt syn er individualisme det riktige grunnsyn fordi det er individer som tenker og handler (jeg har diskutert denne problemstillingen utførlig i et kapittel i min bok *Krig, fred, religion og politikk*). Kun individualisme fører til frihet, men kollektivisme fører til tvang og diktatur (og demokrati er bare en sminket variant av diktatur). Sagt på en anne måte: kommunisme, sosialisme, nasjonalsosialisme (nazisme) og fascisme er alle venstreorienterte ideologier.

Et viktig element i de venstreorienterte visjon er å skape «det nye mennesket». «Arbeidet for å skape det nye mennesket … er en sentral del av kampen for å skape det sosialistiske samfunnet» (s. 83).

Det er lite som viser venstresidens ønsketenkning og manglende virkelighetskontakt så klart og tydelig som akkurat dette ønsket. Det man bør gjøre er å finne ut hvordan mennesket er, og så skape en etikk og en politisk teori som gjør at mennesket kan skape seg et godt liv og organisere samfunn slik at dette blir mulig. Dvs. man ser på virkeligheten først, og lager så teori, filosofi, etikk, og politikk ut i fra dette. Men det venstresiden gjør er å fantasere frem en etikk og en politikk, og så skal de lage et nytt menneske som passer til denne fantasimodellen. At dette fører til massemord på de som ikke kan eller vil tilpasse seg de venstreorientertes fantasifoster burde ikke overraske noen; venstresiden har ingen respekt for de enkelte menneske og dets ønsker om selv å skape seg et godt liv ved produktiv innsats og fredelig sameksistens; det venstresiden tenker er på denne måten: «tilpass deg vår modell eller så dreper vi deg!» De mer moderate på venstresiden går dog ikke så langt; de setter bare avvikerne i fengsel.

Hva er da venstresiden, og hva er høyresiden? Jeg har skrevet utførlig om dette et annen sted (i en artikkel som er inkludert i denne boken), og vil her bare gi en kort skisse med utgangspunkt i det som sies i denne boken. Venstresiden består ifølge forfatterne av partier som Rødt, NKP, SV og Ap (og deres tidligere versjoner), samt aviser som Klassekampen, og de som sogner til disse miljøene. Boken gir ingen formell definisjon av begrepene «høyresiden» og «venstresiden», men man leser følgende på side 7-8: «Heller enn å snakke om bevegelser på den ytre høyre- og venstresiden som totale motsetninger, er det på høy tid å erkjenne at kommunisme og fascisme er ideologiske søskenbarn i en familie om også huser islamismen. Disse ideologiene forenes i sin totale forakt for individet … ».

Ja, kommunisme og fascisme og nasjonalsosialisme og islamisme er alle totalitære bevegelser som ikke har noen respekt for det enkelte individ. Men da burde forfatterne ha sett at motsetningen til de nevnte bevegelsene da må være en tankeretning som innebærer full respekt for det enkelte individ.

Den korrekte måte å definere venstresiden og høyresiden blir da slik: venstresiden består av de aktører (partier, organisasjoner, personer) som vil øke statens makt, dvs. som vil ha høyere skatter og avgifter, ha flere statlige reguleringer, og flere statlige støtteordninger og tilbud som gis mer eller mindre gratis, dvs. skattefinansiert, til befolkningen. Høyresiden består av de aktører (partier, organisasjoner, personer) som vil redusere statens makt, dvs. som vil ha lavere skatter og avgifter, ha færre statlige reguleringer, og færre statlige støtteordninger og tilbud.

Det virker som om bokens forfattere plasserer partier som Høyre og FrP på høyresiden. Men kan en slik oppfatning være korrekt? Vi har nå hatt en regjering med disse to partiene som de tyngste aktører siden valget i 2013, og hva har skjedd? Her er noen av de tingene som regjeringen har innført (eller vil innføre): den har utvidet verneplikten, den har redusert kvinners rett til selvbestemt abort, den har innskrenket ytringsfriheten, den har økt skatter og avgifter, den har intensivert reguleringene av næringslivet og forbudt nye tjenester som Uber, den vil innskrenke retten til aktiv dødshjelp, og den fjerner muligheten for tollfri import (grensen for tollfri import var i mange år 200 kr, så ble den økt til 350 kr, og nå skal denne grensen fjernes helt). Dette er ikke en høyreorientert politikk. Dette er ikke en politikk som gjør den enkeltes frihet større.

La oss før vi avslutter nevne en pussig trykkfeil. Nå skal man normalt ikke legge vekt på trykkfeil i en slik bok; man bør være klar over at korrekturlesing er en avansert kunst og at små forlag (boken er utgitt på Omnibus) ikke har like store ressurser som f.eks. Gyldendal kan sette inn på dette området. I denne boken er det en og annen trykkfeil, men det er én trykkfeil som burde ha blitt oppdaget; den opplyser at terrorangrepet mot USA i september 2001 skjedde 9. september (s. 249). Ja, datoen for dette angrepet omtales som 911 – men dette er 11. september.

Helt til slutt. Til tross for de innvendinger vi har anbefaler vi boken på det varmeste. Boken har samlet en rekke opplysninger og en rekke gode vurderinger som bør være og nå endelig er lett tilgjengelige for alle. At vi synes at forfatterne burde ha gått dypere på enkelte grunnleggende problemstillinger endrer ikke på dette.

Da boken ble lansert arrangerte document.no et møte hvor de to norske forfatterne snakket om bokens temaer, og vi vil også anbefale alle å se videoopptaket av dette møtet (link nedenfor).

Stéphane Courtois, Torgrim Titlestad, Frode Fanebust, Antonio Elorza:
   Revolusjonens barn. Politiske utopiers makt i Norge:
   Venstresiden mellom demokrati og diktatur 1911–2018,
   Omnibus 2019

https://www.document.no/2019/03/08/video-av-motet-7-mars-den-norske-venstresidens-totalitaere-aspekter/

Kommunismen fyller 100 år

Publisert på DLFs nettside 9. november 2017

Hvis vi setter kommunistenes kupp i Russland i november 1917 som kommunismens begynnelse, fyller kommunismen i disse dager 100 år. Enkelte hevder fortsatt at kommunistenes overtagelse av makten i Russland var en revolusjon, men det var et kupp. F.eks. skriver Russland-eksperten Odd Gunnar Skagestad følgende i sin ferske bok *Fra Lenin til Putin*: «Oktoberrevolusjonen, som ble gjennomført 7. november 1917, var i realiteten et statskupp .... Det var et kupp som skulle utløse en langvarig, grusom borgerkrig og over 70 år et totalitært partidiktatur» (s. 24).

Hvor mange menneskeliv kostet denne ideologien Russland? Skagestad forteller at det nå er en ukontroversiell sannhet i Russland at antallet som mistet livet pga. kommunismen var 66 millioner. Han siterer lederen av en kommisjon som undersøkte dette: «Vi bor i et land hvor staten i løpet av de siste 100 årene har tatt livet av 66 millioner av landets egne innbyggere...» (s. 58).

Som man kan vente blir denne ideologien hyllet i alle typer mainstream-fora: det er utstillinger, det skrives artikler, etc., og det kritiske innhold i disse foraene er nærmest ikke-eksisterende. Bla. har New York Times publisert en serie artikler hvor de hyller den optimisme, idealisme og moralske visjon som lå bak kommunismen (linker nedenfor). Hvorfor hylles denne ideologien? Det korte svaret er at den dominerende etikken holder selvoppofrelse som sitt høyest ideal: elsk dine fiender, sett dere ikke imot den som gjør ondt mot dere, lidelse har verdi seg selv – dette er en etikk som alle maktmennesker naturlig nok gjør sitt beste for å få oppslutning om, og denne etikken står sterkt i alle land i Vesten i dag.

Vi vil ikke skrive noe selv om denne ekstremt ondskapsfulle ideologien og dens grusomme historie, vi overlater ordet til Alan Charles Kors, som i et foredrag ga følgende korrekte beskrivelse av kommunismen:

«No cause, ever, in the history of all mankind, has produced more cold-blooded tyrants, more slaughtered innocents, and more orphans than socialism with power. It surpassed, exponentially, all other systems of production in turning out the dead. The bodies are all around us. And here is the problem: No one talks about them. No one honors them. No one does penance for them. No one has committed suicide for having been an apologist for those who did this to them. No one prays for them. No one is hunted down to account for them. It is exactly what Solzhenitsyn foresaw in *The Gulag Archipelago*: "No, no one would have to answer. No one would be looked into." Until that happens, there is no "after socialism"».

Hele foredraget kan sees på video her:
https://www.youtube.com/embed/PCrYoYpWuDo?feature=oembed

https://resett.no/2017/10/28/dagsavisens-forvrengning-av-historien/

https://www.nytimes.com/2017/07/24/opinion/make-it-so-star-trek-and-its-debt-to-revolutionary-socialism.html

https://www.nytimes.com/2017/05/13/opinion/sunday/thanks-to-mom-the-marxist-revolutionary.html

https://www.nytimes.com/2017/04/29/opinion/sunday/when-communism-inspired-americans.html

Skagestad, Odd Gunnar: *Fra Lenin til Putin: Hundre år som rystet verden*, Frekk forlag 2017

Også frivillig sosialisme resulterer i fattigdom
Publisert på Gullstandard 19. desember 2019

Russland innførte sosialismen etter et kupp i oktober 1917 (kuppet skjedde i den urolige situasjonen som oppstod etter den ytterst legitime revolusjonen i februar samme år da tsaren ble avsatt), og etter dette er den blitt innført på ulike måter i en rekke land – ved kupp, etter revolusjon, etter borgerkrig, etter valg. Den har alltid ført til fattigdom, elendighet, undertrykkelse, men den har allikevel ikke bare beholdt, men til og med økt sin oppslutning, spesielt blant unge, uerfarne og kunnskapsløse mennesker, i land som ikke har innført sosialismen fullt og helt. (Velferdsstaten er en modell som innebærer en gradvis innføring av full sosialisme.)

Ifølge SNL er sosialismen «en betegnelse på et knippe politiske teorier og ideologier som går ut på at økonomisk ulikhet bør bekjempes, og at målet for samfunnsutviklingen bør være etableringen av et klasseløst eller egalitært fellesskap.»

Mange som ikke har opplevd resultatene av sosialismen på kroppen, og som heller ikke er villige til eller i stand til å lære at historiens entydige budskap er at denne ideologien har feilet hver eneste gang den er blitt forsøkt, anser åpenbart fortsatt sosialismens mål som et ideal.

Vi tar for gitt at sosialister flest ønsker at samfunn skal være velstående, og at alle skal ha tilgang til alt de måtte trenge: « …til enhver etter behov», som det heter i sosialismens grunnleggende credo. Grunnen til at sosialismen allikevel alltid ender i fattigdom er at i denne ideologien finnes det ingen incentiver for produksjon, og velstand ikke bare forutsetter, men er produksjon.

Noen sosialister ser ut til å være villige til å innføre sin ideologi med vold, mens noen vil at det skal skje fredelig, f.eks. gjennom valg. Men noen ønsker ikke å vente, og etablerer derfor frivillige sosialistiske samfunn. Det finnes en rekke slike eksempler fra de siste 150 år, men mest kjent er antagelig de israelske kibbutzene.

«Kibbutz, kollektivsamfunn i Israel, hovedsakelig basert på jordbruk, men også kombinert med industri og fiske. Kibbutzene er utviklet på grunnlag av de tidligere små pionerkollektivene i Palestina, kevuza, som spilte en hovedrolle i den sionistiske koloniseringen. De bygde opprinnelig på sosialistiske tanker om eiendomsfellesskap og full likhet (uten pengehusholdning) … Den første kibbutz ble opprettet i Deganya 1909, og fra 1920-årene ble kibbutz-bevegelsen sentral i arbeidet med å bygge en jødisk stat. Det foregikk en betydelig utbygging av kibbutzim etter opprettelsen av Israel i 1948, og rundt 1990 var det 270 kibbutzim med om lag 125 000 innbyggere. Senere er tallene gått noe tilbake. I 1993 stod kibbutzene for om lag 40 % av den israelske jordbruksproduksjonen» (SNL).

Men hvordan er det gått med disse kibbutzene? En artikkel i The Spectator, skrevet av Johan Norberg, forteller om dette. Tittelen er «The rise – and disastrous fall – of the kibbutz», og den forteller blant annet følgende:

«Early versions of these communes were created by Zionist pioneers in the early 20th century, and they became popular after the foundation of the state of Israel. By 1950, 65,000 people lived in 'kibbutzim'–more than 5 per cent of the population. And they remained popular until the 1980s.

The aims of the kibbutz–the forging of a collectivist mindset and the rearing of generations prepared to work for socialism and Zionism–are well-known. But what's less known is the fate of the project: it turned out to be a complete, unalloyed disaster.

Joshua Muravchik, who has documented the rise and fall of the kibbutz, explains that the first sign of trouble in paradise was the revolt against collective child-rearing. To break the tyranny of the bourgeois family unit, children were raised in separate houses, where they lived and slept. Some enjoyed it, but others have described the terror of being ripped from their parents, left

370

to the mercy of gangs of other children. Family ties were seen as the nemesis of perfect collectivism....

There was another powerful force that kibbutz utopians had not taken into consideration: women's preference for choosing their own outfits. In a traditional kibbutz, clothes were deemed to be collective property. Dirty clothes were handed to a central laundry, and clean ones were handed out in exchange–but no tabs were kept on whose were whose. Women hated it and demanded cash allowances to buy their own clothes. As the pioneers warned, this opened up a Pandora's Box of savage individualism. If you could own clothes, why not toiletries or furniture or even individual refrigerators?

There were other problems too. What happens when you can't fire a slacker or reward someone productive? A scholar of kibbutz education, Yuval Dror, realised: 'People like me who started as socialists concluded that you can work hard and get nothing while others don't work hard. It is so unfair.' Another kibbutz veteran concluded that his community was turning into a 'paradise for parasites.'

The most talented and the hardest-working began to leave. This exodus was a devastating blow to the movement. The kibbutzniks thought that the first generation would be the most wayward, having been raised in a world tainted by selfishness and markets, but they believed that things would get easier as successive generations were raised within the system. As the pioneer Yosef Bussel wrote, there was a prevailing hope that 'what we cannot achieve today will be achieved by comrades who have grown up in the new environment of the kvutza [group].'

But instead, these young comrades found they wanted more from life and decided they didn't want to be exploited in the name of solidarity. As a result, in the 1970s, the majority of kibbutz-raised kids started leaving....

In the 1990s, kibbutzim began employing outside managers and assigning wages according to skill levels. In a telling answer to the essay question 'Under socialism, who will take out the garbage?,' they started hiring unskilled labour. Eventually, most kibbutzim privatized themselves, by giving each member entitlement to their dwellings and an individual share in their factory or land….

So in the kibbutz, as in everywhere with socialism, the problem was not that brutal means corrupted beautiful ends. It was that those ends were not compatible with human nature in the first place.»

Så sosialismen feiler alltid. Hvorfor? Vi skal ikke gå nøye inn på dette her, det har vi gjort en rekke ganger andre steder, men vi skal bare helt til slutt gjengi artikkelens undertittel: «Socialism is incompatible with human nature».

Vi avslutter med et kort skisse av hva «human nature» har med politikk å gjøre: mennesket må handle for å overleve og for å leve godt, og for å overleve må det tenke. Tenkning kan ikke skje (fullt ut) under tvang, og politiske systemer som baserer seg på tvang kan derfor ikke fungere i det lange løp, de må ende i forfall og fattigdom og elendighet. Både sosialistiske samfunn (inkludert de som kjører den innledningsvis utvannede varianten velferdsstat) og demokratiske samfunn må derfor forfalle – og at de gjør det kan enhver se i og med at alle sosialistiske samfunn er endt i totale fiaskoer. At alle velferdsstatene går samme vei kan enhver enkelt slutte seg til ved å følge med i de daglige nyhetsreportasjer. Den eneste samfunnssystem som lar det enkelte menneske handle i samsvar med sin tenkning, uten at det på noe vis blir hindret av initiering av tvang fra statens side, er et system som fult respekterer den enkeltes frihet, dvs. laissez-faire-kapitalisme. Dette tema er grundig behandlet andre steder, og en relativt elementær innføring er å finne i DLF stortingsvalgprogram (link nedenfor).

Men hva med frivillige sosialistiske samfunn? At de forfaller er hovedpoenget i artikkelen fra The Spectator. Men må de forfalle? Som nevnt i definisjonen fra SNL, sosialismens mål er egalitære samfunn uten ulikhet. I et slik samfunn kan alle følge strømmen, og jobbe like mye og like bra som alle andre, og man vil ifølge tilhengerne av et slik samfunn yte etter evne og få etter behov. Men egalitarianismen både forutsetter og dyrker frem konformitet.

Siden konformitet pr. def. passer for mange, så er det alltid noen som dette ikke passer for: videnskapmenn og oppfinnere, kunstnere og entreprenører. Disse er alle mer eller mindre eksentriske, og vil ikke kunne fungere i samfunn hvor konformitet er den grunnleggende sosiale verdi. Mer fundamentalt: det er slike folk som må tenke grundig og dypt og fullt og helt for å kunne legemliggjøre sine visjoner. Det er slike folk som blir stoppet i sin tenkning dersom de ikke har frihet, det er slike folk som kun kan fungere under frihet. I vanlige sosialistiske samfunn blir de stoppet av staten, i frivillige samfunn som har egalitarianisme som høy verdi vil de bli stoppet av konformitetspresset som hersker omkring dem. Det er slike folk som driver kulturer og samfunn fremover: videnskapmenn finner nye sannheter, gjerne under motstand fra forrige generasjons etablerte sannhetsforvaltere og museumsvoktere; oppfinnere gjør nye videnskapelige oppdagelser om til praktisk anvendelige produkter, gjerne under motstand mot de som i stor grad synes at gammelt er bra fordi det er gammelt; kunstnerne lager verker som gjør nye ideer og prinsipper og verdier tilgjengelige for almenheten i nye verker, gjerne under motstand fra gamle kunstnere og kritikere; entreprenørene gjør nye produkter tilgjengelige for salg (eller gjør gamle produkter tilgjengelige på nye og bedre måter), gjerne under motstand fra etablere produsenter og selgere.

I en kultur hvor konformitet er den høyeste sosiale verdi, og et ideal som alle forventes å følge, vil ingen som hører til i disse kategoriene kunne trives og blomstre og skape. Og uten slike aktører vil samfunn på alle vis bli fattigere. Så selv ikke frivillige sosialistiske samfunn kan fungere; den eneste type samfunn som kan fungere, dvs. det eneste som kan skape velstående samfunn preget av fred og harmoni og vekst er en stor oppslutning om rasjonelle verdier; implikasjonen av disse verdiene er individuell frihet. Men under frihet kan enhver som ønsker det selvsagt etablere frivillige grupper eller samfunn som følger ideer f.eks. som «yte etter evne, få etter behov», Vi vil dog bli svært overrasket dersom de over tid ikke vil følge akkurat samme vei som kibbutzene.

Norbergs artikkel: https://www.spectator.co.uk/2019/11/the-rise-and-disastrous-fall-of-the-kibbutz/

http://stemdlf.no/stortingsprogram/

Venezuela: enda et eksempel på sosialismens sanne ansikt
Publisert på Gullstandard 3. april 2018

De nyheter som kommer fra Venezuela – og som manisteammedia naturlig nok ikke omtaler i det omfang som man kan forvente av en seriøs presse – viser at tilstanden for befolkningen er svært ille. På youtube kan man finne et stort antall videoer med reportasjer som viser noe av det som skjer, og vi siterer fra noen av overskriftene:

> «Food has become so scarce in Venezuela after the economy collapsed that people are getting desperate».

> «New Video Shows People … Eating Out Of Trash In Venezuela».

> «Socialist nightmare: Venezuelans now eating dogs, cats and pigeons to survive».

Vi siterer fra en artikkel på https://danieljmitchell.wordpress.com om enkelte andre forhold i Venezuela. Her er noen utdrag:

> « …huge protests rocking Venezuela… President Nicolás Maduro has responded with an iron fist. More than 50 people have been killed, 1,000 injured, and 2,700 arrested, and that last figure doesn't include the country's more than 180 long-term political prisoners. …economic and humanitarian crisis. It is hard to overstate the severity of the suffering of the 31 million people of this once-rich country».

> «Every day, Venezuelans of all stripes pour into the streets protesting the loss of their freedom and their constitutional rights by a tyrannical regime that condemns them to scarcity, illness, malnutrition and outright hunger …There has been terrible economic and social destruction. Across 15 years, a trillion dollars' worth of oil income has been squandered and 80 percent of Venezuelans have fallen into poverty».

Dette utviklingen begynte for alvor etter at sosialisten Hugo Chavez bli valgt til president (innsatt 1999). Han satte i gang et omfattende program som innebar kolossale offentlige subsidier og støtteordninger: matvarer ble subsidiert, det var omfattende prisregulering, det offentlige satset store midler på skoletilbud, helsevesen, etc. Dette ble finansiert av inntektene fra høye oljepriser (Venezuela har enorme olje-forekomster), men da oljeprisen sank fra omkring 2014 forsøkte myndighetene å finansiere utgiftene bla. ved å trykke penger. Dette resulterte i en inflasjon på 1000 %, at konsumprisindeksen steg fra ca 100 til 2196, og at BNP per capita sank fra 2019 til 1355 i landets valuta (denne utviklingen skjedde fra 2012 til 2017). Kriminaliteten steg også enormt i denne perioden.

La oss skyte inn at pålitelig statistikk for den økonomiske situasjonen i Venezuela er vanskelig å få tak i; Bloomberg sier følgende: «Reliable economic data is as rare as toilet paper and insulin in the Bolivarian Republic». Og finansministeren mener visstnok at man bare kan trykke opp penger uten at det fører til inflasjon; inflasjon skyldes ifølge ham kun kapitalisters spekulasjon.

Denne utviklingen viser den totalt meningsløse politikk som Chavez og hans etterfølger Maudro sto/står for, og viser hva sosial-ismen fører til i praksis: fattigdom, nød og elendighet.

Hvorfor går det slik? Sosialismen innbærer at staten tar kontroll over økonomien, at borgerne «skal få etter behov og og yte etter evne» – en fiks idé som i praksis betyr at staten tar penger fra de som jobber og gir til de som ikke jobber. Siden det er arbeid som skaper velstand fører dette nødvendigvis til at velstanden først synker og så blir borte. Det er dette som har skjedd i Venezuela. Støtteordningene og gratis-tilbudene fra det offentlige innbærer at de produktive trekker sin innsats ut av økonomien, og at de som ikke trives så godt med å arbeide i stor grad foretrekker å jobbe mindre eller ikke i det hele tatt.

Grunnen til at disse forferdelige ting skjer er altså at landet ble sosialistisk. Sosialisme er en samfunnsorganisering som innebærer massive statlige reguleringer av (eller statlig overtagelse av) nærings-livet. Dette betyr reellt sett statlig eie av all produktiv virksomhet, statlig dirigering av priser og lønninger, ingen fri etablering av nye virksomheter, ingen fri presse, etc.

376

En slik organisering dreper praktisk talt alt initiativ og all produktiv virksomhet, den eliminerer praktisk talt all produksjon, og siden produksjon er det som reduserer og etter hvert eliminerer fattigdom, vil land som nærmer seg sosialismen bli mer og mer fattige.

Mange støttet innføringen av sosialismen i Venezuela, ikke bare befolkningen, som stemte på Chavez som lovet dem gull og grønne skoger nærmest gratis, men også norske partier støttet Chavez´program, spesielt var SV og Rødt ivrige støttespillere. Her er noen sitater fra disse to partiene som viser hva de mente. (SV har fjernet disse støtte-erklæringene fra sine nettsider, men de finnes i Internettarkivet, og det er der vi har hentet dem fra*).

Dette er en uttalelse fra SVs landsstyre i 2004:

«Til MVR – Movimento Quinta Republica (den femte republikkens bevegelse, det viktigste regjeringspartiet i Venezuela) Kjære kamerater, Sosialistisk Venstreparti har med glede lagt merke til Nei-sidens seier i folkeavstemninga i Venezuela. Vi gratulerer med President Chavez og Den Bolivarianske Revolusjonens fortsatte mandat fra det venezuelanske folk! SV har sterke bånd til venstrekrefter i Latin-Amerika, og vi håper å kunne styrke båndene også til Venezuela Med hilsen SV. (Saksbehandler: Astrid Thomassen)».

Her er SU i 2006:

«Men om utviklinga ikke har gjort Venezuela til et sosialistisk land, har den maktet å vise verden at det finnes et alternativ til den nyliberalistiske verdensordenen. Med folkelig organisering og motstand kan man styrke og utvide demokratiet nedenfra, og kjempe mot fattigdom og urettferdighet. At det venezuelanske folket nå blant annet kan være med på å bestemme hva landets enorme oljeinntekter skal brukes på, er et resultat av folkets egen kamp. Vi i SU støtter demokratiseringa i Venezuela, og

---

* Takk til Martin Johansen som fant dette materialet på http://web.archive.org/

krever at også Norge skal ta initiativ til utvidet demokrati, blant annet gjennom deltakende budsjettering».

SV-leder Audun Lysbakken uttalte følgende i desember 2006:

«Presidentvalget i Venezuela i går ble en knusende seier for Hugo Chavez og venstresiden. Landets fattige har nok en gang samlet seg rundt sin kandidat i et valg som vil kunne forsterke og fordype den sosiale endringsprosessen chavistene kaller Den bolivarianske revolusjon. Hendelsene i Venezuela er av global betydning, og Hugo Chavez står i spissen for en stadig voksende bevegelse av progressive krefter i sør som søker en moderne og demokratisk form for sosialisme for vårt århundre. Valgseieren er nok et bevis på at regjeringen i Venezuela leverer resultater som forbedrer livene til landets fattige flertall. … jeg er ikke enig med Chavez i alt han gjør. Men regjeringens innsats for å bekjempe fattigdommen, og den utvidelsen og fordypningen av demokratiet vi ser i Venezuela, er nok til å støtte ham mot hans mange fiender. Det finnes nok av dem som ønsker å fjerne den folkevalgte regjeringen i landet.»

Også Rødt så naturlig nok med positive øyne på det som skjer i Venezuela, men i motsetning til SV har de pr april 2018 ikke slettet sine støtteerklæringer fra sin nettside. Her er en uttalelse fra februar 2009:

«Rødt har gratulert Venezuela og president Chavéz med resultatet av folkeavstemningen 15 februar. Ja-flertallet var en seier for videreføringen av den bolivarske revolusjonen i Venezuela og for den anti-imperialistiske kampen både i hele Latin-Amerika og globalt. Ja-flertallet var en seier for videreføringen av den bolivarske revolusjonen i Venezuela og for den anti-imperialistiske kampen både i hele Latin-Amerika og globalt. Resultatet gir det venezuelanske folket rett til å velge den presidenten de ønsker i det neste valget. Det er folket som får det siste ord. Fiendene av den bolivarske revolusjonen ønsket å eliminere den mest sannsynlige lederen for revolusjonen fra valget i 2012. Klassekampen i Venezuela er voldsom og har internasjonale følger. Partiet Rødt vil gjøre vårt beste for å øke solidariteten med den bolivarske revolusjonen blant folk i Norge.»

Nå kan man si at det SV og Rødt gir uttrykk for er holdningen til Chavez og hans politikk, og ikke til hans etterfølger Maduro; man kan si at Chavez var dyktig og førte en riktig politikk, mens etterfølgeren er udugelig, tyrannisk og korrupt. Til dette er å si to ting: for det første: Chavez laget da et system som gjorde det mulig for Maduro å skaffe seg nærmest eneveldig makt, og for det annet: Chavez la ikke vekt på å styrke den produktive sektor i landet, i det store og hele organiserte han landets økonomi slik at store oljeinntekter nærmest ene og alene skulle dekke hele befolkingens behov. Befolkningen kunne da spise seg mett, bo godt, og ha tilgang på skoletilbud og helsevesen uten at den enkelte selv måtte yte en produktiv innsats.

Men det som skaper velstand er produksjon, og det eneste nyttige politikerene kan gjøre er å gjøre det enkelt å produsere, det eneste de bør gjøre – i tillegg til å sikre borgernes frihet ved å ha politi, et rettsapparat og et militært forsvar – det er å fjerne hindringer for produksjon. Det betyr at de må sikre eiendomsretten, og sørge for at alle mellommenneskelige forhold, inkludert produksjon og handel, skjer frivillig mellom aktørene. Videre bør de innse at det vil redusere produksjonen og dermed velstanden dersom staten tar fra de som jobber og gir til de som ikke jobber.

Men for å forstå dette må man forstå sosialøkonomi. Dessverre er dette faget i dagens akademia i ekstremt stor grad dominert av teorier og teoretikere som i liten grad forstår hva som må til for å skape velstand. Den beste innføringen i dette ekstremt viktige faget er Henry Hazlitts *Economics in One Lesson*. Dersom man er interessert i en mer grundig innføring anbefaler vi Jean-Baptiste Says *A Treatise on Political Economy: or the Production, Distribution and Consumption of Wealth*. En kortere introduksjon til Says teorier på norsk (men med et stort antall sitater fra Say selv på engelsk) er min bok *Saysiansk økonomi*.

Kun riktige økonomiske teorier, implementert i et lands kultur og dets lover, kan sikre fred, frihet og velstand. Hva som skjer når man går motsatt vei av den som Say anbefaler kan vi se rett foran våre øyne i det grusomme som skjer i det sosialistiske Venezuela. Men for å få tilgang til dette materiale må man bevege seg utenfor det som mainstreammedia finner det nødvendig å omtale.

https://www.youtube.com/watch?v=i1SVMLUSWso&t=30s

https://www.youtube.com/watch?v=jU-aYEnLIwo&t=92s

https://www.youtube.com/watch?v=THPe3D69vJ0&t=164s

https://danieljmitchell.wordpress.com/2017/12/19/six-months-and-28-examples-of-venezuelan-horror/

https://www.youtube.com/watch?v=S1gUR8wM5vA&t=348s

https://www.youtube.com/watch?v=4U0JzDMRGgs

https://www.bloomberg.com/view/articles/2017-02-13/how-to-solve-the-riddle-of-venezuela-s-economy

https://web.archive.org/web/20160210031838/http://www.audunlysbakken.no/en-dypt-splittet-nasjon/

https://web.archive.org/web/20071127151017/https://www.sv.no/partiet/landsstyret/uttalelser/dbaFile63974.html

https://web.archive.org/web/20060506130126/http://www.su.no/venezuela/default.asp?id=4464

https://roedt.no/nyheter/2009/02/rødt-gratulerer-venezuela/

http://jeanbaptistesay.no

Oppskrift på en katastrofe: sosialistiske Venezuela

Publisert på Gullstandard 6. august 2018

«Inflasjonen kommer til å nå 1 million prosent i løpet av 2018 … » forteller Aftenposten i dag. Dette skjer i et land som for noen få år siden fikk et regime som var alle sosialisters ønskedrøm – lederen for omleggingen, Hugo Chavez, ble hyllet av Rødt og SV og av andre med samme ståsted over hele verden. (Noen av disse har fjernet sine hyllester av Chavez fra sine nettsider – men sosialister har jo alltid levd av og på løgn og historieforfalskning, så dette er ikke overraskende.)

Dagens artikkel i Aftenposten gir en oppsummering av hva som har skjedd (selvsagt uten å navngi den sosialistiske politikken som årsak, men dette er som man kan forvente fra Aftenposten, som for lenge siden forlot sin profil som avisen som ga leserne «solid bakgrunn for egne meninger»).

Vi siterer fra denne artikkelen og skyter inn noen kommentarer:

«Det er kanskje det tydeligste symbolet på hvor dyp krisen i Venezuela er – sedlene har en verdi på linje med papir. Inflasjonen kommer til å nå 1 million prosent i løpet av 2018 … -Dette vil være den verste inflasjonen noen gang på den vestlige halvkule, sier Antulio Rosales ved senter for Utvikling og Miljø ved Universitetet i Oslo.»

Vi skyter inn her at Venezuelas tidligere økonomi-tsar Luis Salas mente at inflasjon ikke hadde noe med pengepolitikk å gjøre: «Essays written by Salas describe scarcity and spiraling prices as the result of exploitation by businesses rather than government policy» (kilde Reuters, link nedenfor).

Videre fra Aftenposten:

«Venezuela har store påviste oljereserver, omkring 300 milliarder fat, noe som mest sannsynlig er de største oljereservene i verden. Tidlig på 60-tallet sto Venezuela for produksjonen av mer enn 10 prosent av råoljen i verden. De hadde et bruttonasjonalprodukt høyere enn nabolandene Brasil og Colombia ... I 1976 ble oljeindustrien nasjonalisert siden den gang har oljeeksport stått for en overveldende andel av Venezuelas inntekter. ...

Under Hugo Chavés ridde Venezuela på en historisk høy oljepris. Dette gjorde at regjeringen begynte å bruke penger over en lav sko. De brukte penger på alt, de bøttet ut penger i alle bauer og kanter .. . Velferdsprogrammer ble satt i gang og offentlige ansettelser gikk i taket. Nær tre millioner flere fikk jobb i staten på kort tid. ...

Venezuela importerte på 2000-tallet stadig flere produkter – biler, alkohol, båter, klær og mye mer. Regjeringen ville heller ha enorm mengde import utenfra, enn å støtte en lokal innenlandsproduksjon som ville danne en klasse med næringslivsfolk. ...

Venezuela har siden 2003 under Chavés gjennomført priskontroller og satt faste priser på varer. Like etter innføringen ble Nestlé beordret av regjeringen til å selge en av sine produkter til en fjerdedel av prisen de tidligere hadde blitt solgt for ... Dette ville gjort produksjonen ulønnsom og de stengte produksjonen i landet. Mange slike historier fulgte i årene som gikk ... » (link nedenfor).

Aftenposten legger i artikkelen ikke stor vekt på folkeopprøret, at det er mangel på alt fra mat til toalettpapir, at kriminaliteten har skutt i været etc., etc.

Det som rammet Venezuela er en typisk sosialistisk politikk: politikere som kan mindre enn null om hvordan en økonomi fungerer lover gull og grønne skoger til velgerne: «stem oss inn i maktens korridorer og dere skal få alt dere ønsker dere; dere skal få alt gratis eller svært billig!»

Et folk som mener at de har rett til å leve på andres bekostning og som kan mindre enn null om hvordan en økonomi fungerer stemmer dem inn og får til å begynne med det som de ønsket seg: noen får generøse trygder, noen får enkle og godt betalte jobber, varer i butikken blir billigere.

Men etter kort tid begynner varene å forsvinne fra butikkene – og prisene går opp. Sentralbanken trykker opp mer penger «for å holde tritt med inflasjonen», som det heter, nominelle lønninger øker – men det gjør prisene også, og etter hvert sitter folk med hauger av pengesedler som er null verd (Aftenposten: «[Det lages] vesker litt utenom det vanlige: De er laget av hundrevis av ekte pengesedler – den venezuelanske bolivaren»). Dette er sosialisme i praksis.

La oss se på noen av de konkrete tingene Aftenposten nevner: oljeindustrien ble nasjonalisert, det ble gjennomført statlige priskontroller og staten satte faste priser på en rekke varer, statlige velferdsprogrammer ble satt i gang, antallet offentlige ansettelser gikk i taket, regjeringen ville hindre at det oppsto en klasse med næringslivs-folk som utbyttet sine ansatte og la derfor hindringer i veien for innenlandsk produksjon.

Kort sagt: politikken som ble ført var enhver venstreorienterts ønskedrøm.

Resultatet ble som det måtte (vi siterer fra en tidligere post her på gullstandard): «Food has become so scarce in Venezuela after the economy collapsed that people are getting desperate ... New Video Shows People ... Eating Out Of Trash In Venezuela ... Socialist nightmare: Venezualans now eating dogs, cats and piegons to survive».

Hva er det da som må til for å skape velstående samfunn? Det som må til er produksjon, produksjon í samsvar med folks etterspørsel, og for å få dette til må borgerne ha frihet. Statens oppgave skal da kun være å beskytte denne friheten. Legger staten hindringer i veien for produksjon, slik sosialistregimet i Venezuela gjorde, blir resultatet fattigdom. For å gjøre dette punktet klinkende klart: det som trengs er ikke statlig støtte til produksjon eller statlig beskyttelse av enkelte produsenter mot konkurranse, det som trengs er frihet, det som trengs er full individuell frihet! (Mer om dette kan man finne i boken *Saysiansk økonomi*.) Det som trengs er det stikk motsatte av en sosialistisk politikk! Hva sosialismen fører til fikk vi enda en gang se i Venezuela.

https://www.aftenposten.no/verden/i/A2V76z/sedlene-er-mer-verdt-som-vesker-enn-til-bruk-som-betaling-etter-venez

https://www.reuters.com/article/us-venezuela-economy/for-economy-czar-of-crisis-hit-venezuela-inflation-does-not-exist-idUSKBN0UL27820160107

http://jeanbaptistesay.no

Har «the loony left» overtatt?

Publisert på Gullstandard 26. mars 2019

I USA har man ofte bruk for uttrykket «the loony left», et uttrykk som treffende beskriver en stadig mer dominerende gruppering på den politiske venstreside. (Det er vanskelig å oversette dette uttrykket til norsk som f.eks. skrulle-venstre, fordi det finnes et norsk parti som heter Venstre, og det er ikke de som sogner til dette partiet som menes. Vi vil derfor bruke det amerikanske uttrykket.)

Etter at den største fløyen på venstresiden fikk ristet av seg sine kommunistiske sympatier utover på 20-tallet så den ut til å være en seriøs politisk bevegelse med prisverdige hensikter: den ville bedre forholdene for arbeidsfolk, den ville heve deres lønninger, bedre deres arbeidsforhold, den ville at folk flest skulle ha tilgang til syke-forsikringer og pensjoner, den kjempet for likestilling mellom mann og kvinne, de hevdet at de var for ytringsfrihet, de var kritiske til religion, etc.

Problemet var at venstresiden ikke forsto hvordan disse gode hensiktene kunne gjennomføres slik at disse forbedringene skal kunne bli varige, samtidig som samfunnet allikevel kunne fungere slik at velstanden fortsatt økte. Venstresiden valgte å innføre disse tingene ved å benytte statlig tvang, noe som etter hvert gjorde fortsatt velstands-økning umulig. (Dette er ikke stedet for å gå grundig inn på dette, men vi vil bare kort si at de nevnte tingene er resultater av økning av velstand, og det eneste som kan øke velstanden stabilt over tid er akkumulering av kapital. Dette kan igjen kun skje i samfunn som har full respekt for eiendomsretten, dvs. i samfunn som har en fri økonomi. Dersom man forsøker å øke velstanden ved statlige tvangstiltak vil man etter hvert fjerne de incentiver som fører til økt velstand, og det er derfor samfunn som fører en venstreorientert politikk etter hvert forfaller og går til grunne.)

Venstresidens ideologi fikk stadig større oppslutning etter 1945, og personer med et venstreorientert politisk syn var snart å finne overalt i alle viktige fora. De var i pressen, i akademia, i forlagene, som lærere i skolen, i forskningsmiljøene, i miljøbevegelsen, i alle større partier (også i de parter som kalles konservative), og etter hvert også til og med i næringslivet – og alle støttet opp om denne venstreorienterte politikken. Svært mange av de som var i lederposisjoner i næringslivet sa at de betalte sin skatt med glede og at de ville ha flere reguleringer!

Men de som var mest ideologisk orientert forsto hva de måtte gjøre. Venstresiden bygger på en grunnidé om at det finnes svake grupper, og at de som tilhører disse må støttes, hjelpes og beskyttes. Opprinnelig var dette vanlige arbeidsfolk, men etter hver som den fortsatt noenlunde frie økonomien fikk råde, steg disses velstand (noe som altså ikke skjedde pga. fagforeningenes trusler eller statlige pålegg, dette skjedde som et helt naturlig resultat av økende velstand som igjen fulgte av at mengden akkumulert kapital ble større). Så de ideologisk sterke, og det var disse som ledet bevegelsen, måtte finne nye grupper de påsto trengte støtte og beskyttelse – å finne «svake grupper» man kan gjøre seg til talsmann for er veien til makt og posisjon i samfunn hvor altruismen er den dominerende etikken. De måtte også få det til å se ut som om vanlige handlinger og uttalelser egentlig er truende overfor et vell av nydefinerte svake grupper – hvorfor skulle disse gruppene ellers trenge beskyttelse i samfunn som ble mer og mer velstående?

Disse ideologisk førende fant da en rekke grupper som de kunne hevde trengte beskyttelse, og de som hadde noe negativt å si om dem måtte da pent holde kjeft.

Her kunne vi nevnt et stort antall grupper som de mer ideologisk orienterte på venstresiden mener er svake, og som må beskyttes på alle vis, men vi nevner kun noe få.

Èn gruppe er muslimer. Det er mer enn en milliard muslimer i verden, de har makten i et stort antall land, det er ca 30 millioner av dem i Europa. Svært mange av dem ønsker at deres religiøse lovverk – sharia, et lovverk som innebærer et religiøst diktatur som ikke har noen respekt for individuell frihet – skal innføres i landene i Europa. Men de venstreorienterte mener at muslimer er en svak gruppe, at de må beskyttes på alle vis, og at nærmest all kritikk av islam er uttrykk for en sykdom: «islamofobi». I dag er det blitt slik i Vesten at dersom man uttaler seg krenkende om muslimer, kan man bli satt i fengsel eller straffet på annen måte. Personer som skriver bøker kan oppleve at vanlige bokhandler nekter å selge disse bøkene etter press fra muslimske organisasjoner. Har man kritisert islam kan man bli nektet

386

innreise til land som England, dette selv om muslimske imamer som preker hat mot Vesten og hyller jihad sjelden har problemer med å få innreise.

Ofte er dette – trangen til å beskytte diverse grupper – forkledt som anti-rasisme. De venstreorienterte ser rasisme overalt, og sier f.eks. at kritikk av islam egentlig er et uttrykk for rasisme, dette selv om islam er en ideologi, og at enhver kan slutte seg til den uavhengig av rase/ hudfarve. I lovverket er det innført omvendt bevisbyrde i saker som har med rasisme å gjøre, og det er forbudt å komme med «hatefulle ytringer», og det har forekommet at noen er blitt idømt fengsel for å ha kommet med slike ytringer. Selv om disse bestemmelsene er formulert som om de har som formål å begrense rasisme, er det reelle målet å beskytte islam.

Et annet eksempel: en ny gruppe som venstresiden krever må beskyttes er trans-personer, dvs. personer som mener at de er kvinner selv om de er født som menn, eller vice versa. De venstreorienterte (dvs. noen av dem) mener at kjønn ikke er medfødt, at det er en tillært sosial konstruksjon, og at barn burde kunne velge fritt hvilket kjønn de vil være. De ideologisk sterke på venstresiden går da inn for at man ikke skal omtale barn som «han» eller «hun», de vil at man skal bruke det kjønnsnøytrale «hen».

Nedenfor gir vi noen eksempler på dette, men før vi kommer dit vil vi bare kort nevne at det i dominerende miljøer ikke finnes noen reell opposisjon mot dette. Det er som sagt de med ideologisk tyngde på venstresiden (ja, det kan se ut som en selvmotsigelse å si dette) som går inn for dette, og det ser ut til at stadig flere følger det opp. Og det er som sagt ingen tung opposisjon, noe man tydelig kan se av den politikken som føres i f.eks. Norge, Tyskland og Storbrittania, som alle har konservative regjeringer. Í Norge får sterkt venstreorienterte grupper som pusher den agendaen vi har omtalt store beløp i statsstøtte av den konservative regjeringen.

Vi kunne tatt med enda flere grupper som de fleste på venstresiden betrakter som svake, men vi never kun en: de kriminelle. Venstresidens syns på disse har ført til at kriminelle ikke skal straffes, de skal få omsorg – den etat som tar seg av dem heter da også Kriminalomsorgen.

Vi sier ikke mer om akkurat dette tema annet enn å anbefale de som har sterke nerver å se dokumentarfilmen «Seattle is dying», linket til nedenfor, en film som viser hva en slik politikk i sin ytterste konsekvens fører til, en politikk som har bred oppslutning av byens politikere. Til slutt, før eksemplene, noen få ord om hvorfor det er blitt slik. Hvordan kunne en bevegelse som i utgangspunktet kunne se ut til å ha beundringsverdige motiver, ende som det vi nå ser?

Hovedgrunnen er at de venstreorienterte ikke så hvorfor problemene var der, og de så heller ikke hva som var den reelle løsningen. De gikk da inn for en politikk som innebar at (og vi setter dette her noe på spissen) ingen skal ha ansvar for seg selv, men alle skal han ansvar for alle andre. Videre, de mener at statlig tvang og reguleringer er løsningen på alle problemer, at det finnes en rekke svake grupper som man må etablere statlige tiltak for å beskytte og hjelpe. Som basis for alt dette ligger et verdenssyn som innebærer at man hverken er spesielt opptatt av eller dyktige til å ha intim kontakt mellom sin tenkning og virkeligheten.

Hvis vi antar at målet er et samfunn preget av fred, harmoni og velstand, så er det mulig å oppnå dette. Men et slikt samfunn bygger på individuell frihet, noe som innebærer fravær av tvang. Men venstresiden bygger på tvang, og da må resultatet bli et annet. I et fritt samfunn vil de lykkes best de som er best i stand til å produsere det som andre etterspør, mens i et samfunn bygget på tvang vil de lykkes best de som er flinkest til å begrunne og benytte tvang. Skal man oppnå gode samfunn må man altså legge en riktig kurs.

En kurs som er feil kan til å begynne med ligge nær en riktig kurs, men etter hvert som avstanden fra utgangspunktet øker vil avviket fra den kursen som gir gode samfunn bli større og større. Den kursen alle land i Vesten følgere er venstresidens kurs; også konservative partier følger denne kursen. Det vi ser nå, og som vi kommer til å se mer av i fremtiden, blir derfor bare mer og mer absurd. Men det er slik det må gå når utgangspunktet er de verdier og de tenkemetoder de venstreorienterte bygger på.

Her er noen eksempler. Eksemplene er hentet fra hele Vesten fordi det er samme trend overalt, og vi kunne lett has funnet mange flere eksempler. Kildene er å finne på lenker nedenfor:

*«[Islamkritikeren] Geert Wilders pågrepet og sendt hjem. Den nederlandske parlamentarikeren Geert Wilders ble nektet adgang til Storbritannia i dag» (Aftenposten).

*«Pamela Geller and Robert Spencer [who are critics of islam] have been denied entry to Britain. According to the Home Office if you are a non-Muslim and you make the following statement your presence will be deemed 'not conducive to the public good' and you will be barred from entering the United Kingdom: «'It [Islam] is a religion and a belief system that mandates warfare against unbelievers for the purpose for establishing a societal model that is absolutely incompatible with Western society. Because of media and general government unwillingness to face the sources of Islamic terrorism these things remain largely unknown.'» If, on the other hand, you are a Muslim and you say the following then the UK government has no problem with you, and you can come in to the UK to do a speaking tour: «'Devotion to Jihad for the sake of Allah, and the desire to shed blood, to smash skulls and to sever limbs for the sake of Allah and in defense of His religion, is, undoubtedly, an honor for the believer.'» (fra document.no)

*«Jordan Peterson nektes å gjesteforelese på Cambridge University».
Jordan Person er en karismatisk psykologiprofessor fra Toronto som først ble verdensberømt etter at han nektet å følge statlige pålegg om å bruke «hen» i stedet for «han» og «hun» (denne fremstillingen er noe forenklet.) Han er også en kraftfull motstander av venstresidens mest absurde standpunkter mht. kjønn.

*«Jordan B. Petersons [bestselgende bok] *12 Rules for Life* trekkes fra bokhandlere på New Zealand»

Siden Peterson er oppfattet som en motstander av venstresiden, og dermed opplagt er betraktet som en rasist, ble denne millionselgende boken forbudt etter et terrorangrepet som rammet bedende muslimer i en moske på New Zealand.

*«Byrådet i Oslo vil innføre «hen». Det rødgrønne byrådet i Oslo ønsker å bruke pronomenet «hen» i det kommunale språket og sender

nå spørsmålet ut på kommunal høring, skriver VG». (document.no).
Byrådet i Oslo består av SV, Ap og MDG.

*«… Black Box-regissør … påstår at de med makt i Norge er rasister».

Dette var overskriften. Her er sitatet: («– Det som er blitt veldig tydelig
er at for å oppnå makt i Norge i dag så må du enten være rasist, eller du
må akseptere rasistisk retorikk på ett eller annet vis. Det gjelder ikke
bare høyresiden, det gjelder også venstresiden, sa [regissør Pia Maria]
Roll.»

*VG fabrikkerte nylig et sitat for å støtte én side i en intern maktkamp i
Ap, og redaktøren i VG, som nylig ble utpekt som Årets redaktør, ser ut
til å ha visst om dette uten å reagere før det ble allment kjent gjennom
uavhengige kilder som Resett. Flere krever nå at redaktøren må gå av.
(Se artikkel fra Nettavisen linket til nedenfor.)

*Dagbladets helt ukritiske beskrivelse av den amerikanske politikeren
Alexandria Ocasio-Cortez inneholder formuleringer som at hun «har
tatt amerikansk politikk med storm …», at hun er «Demokratenes nye
stjerneskudd», og forteller at hun «på kort tid har blitt umåtelig
populær», og inneholder praktisk talt ikke et eneste kritisk ord, dette til
tross for at Ocasio-Cortez har et kunnskapsnivå som en syvåring, noe
selv de som jobber i Dagbladet burde være i stand til å forstå.

*Etter at konservative Brett Kavananugh ble godkjent som høyeste-
rettsdommer i USA til tross for den løgnkampanjen som ble satt i gang
mot ham av aktører på venstresiden for å forhindre at han ble utnevnt
som høyesterettsdommer, sendte Dagbladets Marie Simonsen ut
følgende twittermelding: «USA er styrt av hvite gamle menn som hater
kvinner. I dag ble det slått fast».

*«Den britiske regjeringsadvokaten har besluttet å gå til ny sak mot
Tommy Robinson, som igjen anklages for forakt mot retten etter at han
filmet utenfor Leeds Crown Court i forbindelse med en rettssak mot
voldtektsforbrytere i mai 2018. Robinson, som egentlig heter Stephen
Yaxley-Lennon, ble i den forbindelse fengslet mens han filmet på gaten,

men siden løslatt etter å ha fått medhold i en anke i august, hvor det ble påvist saksbehandlingsfeil i prosessen mot ham» (Fra document.no).

*En sak til om Robinson: «Amazon bans book on the Koran co-authored by Tommy Robinson after the EDL founder was taken off Facebook, Twitter and Instagram. Tommy Robinson's book 'Mohammed's Koran' has been removed from sale. Removal comes weeks after Robinson kicked off of Facebook and YouTube. Furious co-author Peter McLoughlin said even 'Mein Kampf is for sale on Amazon' but that their £14 book has been banned. Amazon said content was deemed 'inappropriate' despite claims of high sales» (fra dailymail).

Vi vil tro at den gamle venstresiden ikke ville ha støttet disse merkverdige synspunktene.

https://www.youtube.com/watch?v=bpAi70WWBlw&feature=emb_logo

https://www.aftenposten.no/verden/i/lABKk/geert-wilders-paagrepet-og-sendt-hjem

Jordan Peterson nektes å gjesteforelese på Cambridge University

https://resett.no/2019/03/23/jordan-peterson-nektes-a-gjesteforelese-pa-cambridge-university/

Jordan B. Petersons *12 Rules for Life* trekkes fra bokhandlere på New Zealand

https://www.document.no/2019/03/23/jordan-b-petersons-12-rules-for-life-trekkes-fra-bokhandlere-pa-new-zealand/

Byrådet i Oslo vil innføre «hen»

https://vartoslo.no/hele-oslo-ntb-sylfest-lomheim/oslo-byradet-vil-innfore-hen-i-det-kommunale-spraket/194594

https://resett.no/2019/03/22/nrk-seere-er-flau-pa-vegne-av-black-box-regissor-som-pastar-at-de-med-makt-i-norge-er-rasister/

https://www.nettavisen.no/nyheter/gard-steiro-hadde-nesten-17-minutter-lang-samtale-med-sofie-%2827%29-samme-dag-som-vg-publiserte-giske-videoen/3423628970.html

https://www.aftenposten.no/meninger/leder/i/GG39lm/Aftenposten-mener-Steiro-ma-ta-ansvar-selv

https://www.document.no/2013/06/28/noe-er-alvorlig-galt/

Feilsitering fra Koranen

Publisert på DLFs nettside 22. november 2015

I kjølvannet etter hvert eneste terrorangrep utført av militante muslimer med begrunnelser de har hentet fra islam, dukker det opp kommentarer og innlegg fra muslimer og islamapologeter som hevder at slike handlinger er i strid med islam. De begrunner ofte dette ved å henvise til Koranen. En av de som nylig har gjort dette er Trond Ali Lindstad, som i Aftenposten 19/11-15 bla. skriver følgende under tittelen «Terror og galskap i Paris»:

> «I islam er menneskeliv hellig. Koranen lærer oss dette, at om du dreper et uskyldig menneske, er det som å drepe hele menneskeheten. (Koranen 5:32)».

Alle som følger med debatten om sammenhengen mellom islam og terror har sett henvisningen til dette Koran-verset utallige ganger. Det Lindstad påstår her er blitt sagt utallige ganger av en rekke ulike personer, og dette forekommer så ofte at det ikke er nødvendig å belegge dette med kilder.

Men hva er det som virkelig står i Koranen 5:32? Her er mer fra 5:32 slik det er gjengitt på et engelsk nettsted:

> «For this reason did We prescribe to the children of Israel that whoever slays a soul, unless it be for manslaughter or for mischief in the land, it is as though he slew all men ....».

Her er en annen oversettelse:

> «On that account: We ordained for the Children of Israel that if any one slew a person - unless it be for murder or for spreading mischief in the land - it would be as if he slew the whole people ...».

Koranen, som ifølge Islam er guds egne ord diktert til Muhammed, sier ikke det Lindstad hevder at den sier; det Koranen her sier er at dersom man dreper noen, og det ikke er som straff for drap eller for å ta de som sprer ugagn, så er det som å drepe hele menneskeheten.

Koranen inneholder i 5:32 altså ikke noe forbud mot å drepe de som sprer ugagn. Og hvem er de som sprer ugagn? Det kan vel være alle som oppfører seg i strid med sharia, dvs. de som drikker alkohol, de som er homofile, de kvinner som går med korte skjørt, de som fester og har det moro, etc. Og det er jo slike mennesker som blir drept i utallige terroraksjoner utført av muslimer de siste årene.

Hvorvidt Lindstad og de andre som gjengir dette sitatet feil, ikke kjenner til hva Koranen sier, om de lyver, eller om de mener at forbeholdet – at drapsforbudet ikke gjelder de som begår ugagn – er uvesentlig, skal jeg ikke spekulere om.

(Innlegget over ble i en noe kortere form sendt til Aftenposten som et svar på Lindstads innlegg. Det ble raskt refusert. Aftenposten valgte altså å la Lindstads feilaktige gjengivelse stå ukorrigert.)

http://quod.lib.umich.edu/cgi/k/koran/koran-idx?
type=DIV0&byte=158021

http://quranindex.ga/English-Quran-with-commentaries-(Yusuf-Ali).pdf

Snik-islamisering?

Publisert på Gullstandard 7. september 2020

For noen år siden (i 2009) hevdet FrPs leder Siv Jensen at det pågikk en «snik-islamisering» av Norge, dvs. at enkelte trekk ved norsk samfunnsliv, trekk som tidligere hadde vært allment aksepterte, måtte endres fordi de var i strid med pålegg fra islam. Blant de eksemplene som var aktuelle da var krav om bruk av hijab til politi-uniform, egne bønnerom for muslimske drosjesjåfører, egne gamlehjem for muslimer, redusert bruk av håndhilsing (enkelte muslimer hevder at det er forbudt for muslimske kvinner å håndhilse på fremmede menn). Hun fikk svært mye kritikk for denne påstanden, og vi er nok enige i at det som skjer ikke er en snikislamisering, Men kritikken mot Jensen gikk på at det ikke var noen innflydelse fra islam på utviklingen i Norge.

Etter vårt syn burde mange av de tingene som var fremme i debatten da være nokså ukontroversielle, men vi tar sterk avstand fra bruk av hijab til politiuniform (og det samme gjelder uniformer for militære og for dommere): det er helt uakseptabelt at en person i en slik posisjon gir uttrykk for sterk støtte til en bestemt politisk ideologi, som islam jo (også) er, og bruk av hijab viser slik støtte.

Islam

Men det er andre elementer ved islam som burde vekke sterk uro. Islam inneholder jo som kjent pålegg om at frafall fra islam skal straffes med døden, og det samme gjelder blasfemi og homofili. Islam inneholder pålegg om at dens tilhengere ikke skal ha venner blant de vantro, og man finner også pålegg som sier «drep de vantro hvor dere enn måtte finne dem», og man finner slik ting som «Vi vil kaste redsel i de vantros hjerter fordi de har stilt guder ved siden av Allah; noe Han ikke har åpenbart noen fullmakt for. Deres bolig er Ilden! Og ondt er de urettferdiges hjemsted!». Muslimer pålegges å underkaste seg dette – ordet «islam» betyr da også «underkastelse». Et betydelig antall muslimer tar dette bokstavelig, og muslimer har utført et kolossalt antall terrorangrep med henvisninger til islam som begrunnelse. Selvsagt er det ikke slik at alle muslimer støtter dette, men noen gjør det, og disse kan da forårsake mye uro, bråk, kriminalitet og terror. Men det viktigste punktet for mange muslimer i Vesten i dag er å stanse all åpen kritikk av islam, det er å hindre at kritikk av islam skjer i mainstreamfora.

Naturlig nok er det da de siste årene dukket opp grupper som er imot at islam skal få innflytelse i Norge. En av disse het FOMI (Forum mot islamisering), som senere skiftet navn til SIAN (Stopp islamiseringen av Norge). Blant andre grupper som er motstandere av islam finner man også Human Rights Service, og nettaviser som resett.no og document.no. Men det er SIAN som er mest aktivistisk; SIAN arrangerer markeringer og demonstrasjoner; de andres aktiviteter er mer akademiske, og stort sett kun verbale. Ja, pennen er mektigere enn sverdet, men noen ganger er man utsatt for angrep som er slik at kun sverdet er nyttig.

SIANs aktivisme
SIAN arrangerer demonstrasjoner og brenner et eksemplar av Koranen for å vise avsky mot dens innhold (å brenne en bok er noe som er og bør være lov så lenge forhold relatert til brannsikkerhet, etc. er ivaretatt). Men mange muslimer kan ikke akseptere at Koranen skjendes på denne måten, og går til fysisk angrep på SIAN-folkene, og SIANs leder ble nylig slått til blods under en markering.

I det siste har SIAN arrangert markeringer flere steder i landet, og lørdag 29/8-20 var det en stor markering foran Stortinget. Nettavisen rapporterte:

> «Anti-islamske SIAN ble møtt av et stort antall motdemonstranter i Oslo lørdag. Flere personer ble pågrepet under og etter markeringen. … Ingen ble alvorlig skadd, men politiet så seg like før klokka 15 lørdag nødt til å avbryte markeringen til SIAN … på grunn av fare for liv og helse. Da hadde SIAN holdt det gående i nesten to timer med harde utfall mot muslimer og islam. – Det er elementer blant motdemonstrantene som ødelegger for den lovlige ytringen på begge sider. Skadeverk og forsøk på vold er ikke en ytring, og det ønsker vi å slå ned på, uttalte innsatsleder Torgeir Brenden til Nettavisen ved 15-tiden. – Samtidig må vi berømme alle disse voksne som var på utsiden av sperringene og forsøkte å roe gemyttene og som klarte å ta dette ned, sier Brenden.»

Men det skjedde også noe – eller ganske mye! – i etterkant som ikke er i orden, det skjedde mye som er fullstendig uakseptabelt.

Umiddelbart etter SIANs markering:

« … hva var det som skjedde på slutten? … Det ble … kastet jernstenger mot politiet. I stedet for at vi skulle bruke mer maktmidler enn nødvendig, valgte vi [politiet] å avbryte markeringen og håpe at det skulle roe situasjonen, noe det også gjorde, sier [politiet]. 29 personer fra motdemonstrantene ble kjørt i arresten, opplyste Oslo-politiet senere på kvelden. …» (alle linker nedenfor).

Ifølge Dagbladet skal demonstranter også ha angrepet politibiler i etterkant av demonstrasjonen. De skriver at «da en rekke politibiler kjørte vekk fra Karl Johan ved 15.30-tiden, ble bilene angrepet av en rekke motdemonstranter. Video viser flere som slår, sparker og hopper opp på bilen … Etter at demonstrasjonen var over, angrep en rekke motdemonstranter politiets biler.»

Her er noen flere sitater fra et utvalg avisartikler:

«Islamsk Råd: Koran-brenning skal ikke dekkes av ytringsfriheten».

«SIAN politianmeldt av Antirasistisk Senter».

«Erna Solberg om SIAN: – Jeg tar sterkt avstand fra alt det de står for». En kommentator skriver om dette: «Flere dager etter at ungdomspøbelen [som består av sosialister og islamister] har angrepet SIAN og politiet i Bergen og Oslo, kommer statsminister Erna Solberg på banen. Men hun har ikke noe å si om pøbelens herjinger – det eneste hun formidler er at hun «tar sterk avstand fra alt som SIAN står for»».

«Politiet trakk seg vekk etter sammenstøt med demonstranter».

«Den omstridte islamfiendtlige gruppen SIAN holder lørdag en markering på Festplassen i Bergen, hvor det oppstod sammenstøt. VG har sett bilder og video fra stedet som viser at SIAN-leder Lars Thorsen blir slått ned, etter at personer tok seg forbi gjerdene som politiet hadde satt opp.»

«Satte fyr på Koranen – da grep politiet inn og avsluttet SIANs demonstrasjon».

Et vitne observerte dette:

«Den voldelige mobben, godt dokumentert i diverse filmklipp og bilder som yngre menn med innvandrerbakgrunn – beveget seg helt ned mot Kirkeristen der de kastet stein mot politiets hester. En yngre kvinne i 30-årene blir naturlig opprørt og ber de slutte. Hva skjer? Jo, hun blir overfalt og hatefylle ytringer – der "hore" er hyppig brukt – renner over henne.»

Og:

«Bibliotek gir etter for press: Nekter SIAN å holde møte».

En akademiker kaster seg inn
Aftenposten har, åpenbart med stor tilfredshet, tatt inn en artikkel fra en forsker ved navn Jørgen Lorentzen, og den har overskriften «Er det politiets oppgave å sørge for at Koranen kan bli skjendet». Med begge bena trygt plantet i bakvendtland skriver Lorentzen at SIANs aktiviteter er en «Trussel mot demokratiet», og at «Å kaste stein på politiet er vold. Å rive i stykker Koranen er også vold: vold mot litteraturen…». De som vold forsøker å begrense ytringsfriheten ser ikke ut til å være et like stort problem for Lorentzen. Lorentzen bruker også begrepet «vold» feil. Begrepet «vold» brukes bare når personer bruker fysisk makt mot andre mennesker, det er ikke vold når når man bruket fysisk makt mot ikke-levende objekter. Å sammenligne det å slå noen til blods eller kaste stein mot en person – som er vold – med det å rive i stykker en bok, er bare helt meningsløst. Er det vold å hugge ned et tre? Er det

vold å rive en forfallen bygning? Lorentzen mener åpenbart at slike ting er vold.

Ja, det er spesielt å brenne en bok, men dette er en bok som har et sterkt menneskefiendtlig budskap (og som vi kort refererte innledningsvis). Å brenne den for å markere avstandtagen til det den står for burde være – og er – tillatt.

Før vi kommer med våre hovedpoenger tar vi med dette fra Nettavisen 4/9-20 (i en omtale av en debatt på NRK dagen før hvor SIANs leder var invitert):

> «En av de som deltok i debatten var SIANs leder Lars Thorsen. Ifølge programleder Fredrik Solvang var det ingen som ønsket å debattere direkte med ham.» At NRK inviterte hovedpersonen i saken ble ikke mottatt med forståelse: «Hard kritikk mot Solvang for å invitere SIAN til Debatten» (Kilde: Resett).

Det som er kritiske er venstreorienterte, og disse har akkurat som man kan forvente enkel tilgang til mainstreammedia.

Men man finner også følgende overskrifter, som noe nyanserer det bildet vi har tegnet over: «Antirasistisk Senter vil samle organisasjoner og partier på venstresida til fredelige demonstrasjoner», og Aftenposten publisert en kommentar med tittelen «Jo, det er politiets oppgave å sørge for at Koranen kan skjendes».

Vårt syn

Så til våre kommentarer om dette: Vi nevnte over at det finnes andre aktører som er kritiske til islam enn SIAN, og det som kommer fra disse har i det store og hele en akademisk form. SIANs uttalelser er ikke alltid, slik; de bruker ofte er mer folkelige og mindre nyanserte formuleringer. Og vi må si at SIAN ofte bruker en retorikk som vi vil ta sterk avstand fra. Men allikevel er SIAN beskyttet av ytringsfriheten.

Ytringsfrihet tillater at alle skal ha rett til å gi uttrykk for sine meninger (ytringsfriheten beskytter dog ikke reelle trusler). Så vidt vi kjenner til er i hovedsak alt SIAN sier innenfor de rammer som beskyttes av ytringsfriheten, og de har da rett til å arrangere møter hvor de gir uttrykk for sitt budskap. (At noen av SIAN-folkene i kampens hele – og her dette uttrykket bokstavelig ment! – kan komme med

399

utsagt som er reelle trusler endrer ikke på det poeng at i all hovedsak er SIANs aktiviteter slik at de er beskyttet av ytringsfriheten.)

Enkelte beskylder SIAN for å ha et rasistisk budskap. Lorentzen, f.eks. i innlegget vi henviste til over, innleder sitt innlegg med å si at SIANs aksjon er «Åpenbart rasistisk». Men det å si at islamkritikk er et utslag av rasisme, er en enorm feilslutning. Rasisme er en primitiv ideologi som sier at et individs moralske egenskaper er påvirket av vedkommendes rase, og som regel mener en rasist at mennesker som har en annen hudfarve enn den vedkommende selv har er mindreverdige. (Nå er det tvilsomt om man virkelig kan snakke om raser når det gjelder mennesker, men vi lar dette poenget ligge og går ut i fra at mennesker med forskjellig hudfarve tilhører forskjellige raser. Rase er således en biologisk kategori.)

Å påstå at den som kritiserer islam er rasist er feil; det som kritiseres er en ideologi, og det burde være fritt frem å kritisere alle ideologier. En ideologi er et mer eller mindre integrert sett med ideer, og dette er ikke en biologisk kategori. Kanskje grunnen til at enkelte som er pro-islam forsøker å gi inntrykk av at all kritikk av islam er rasisme gjør dette for automatisk å stemple den som irrelevant, og dette er kanskje noe de gjør fordi islam er svært vanskelig å forsvare. De punktene fra islam vi siterte innledningsvis er bare noen få av mange lignende poenger som Koranen og hadith flommer over av. Så, kanskje påstandene om at kritikk av islam er et uttrykk for rasisme er et forsøk på å beskytte islam fra saklig kritikk. (Antagelig vil mange si at saklig kritikk er velkommen, men rasismebeskyldningene sitter allikevel løst når kritikken kommer; både HRS, Document.no og Resett er ofte beskyldt for å være rasistiske, og det av norske journalister og akademikere, folk som burde vite bedre …– og som antagelig vet bedre, som som lyver pga. den politiske agenda de har). Enda verre er det at enkelte forsøker å fremstille islam-kritikk som en sykdom; islamofobi. Ja, mye av kritikken av islam er på et lavt saklighetsnivå, men dette gjelder jo på alle saksområder som diskuteres, så hvorfor skal islam stå i en særstilling her?

Det er da sant at SIANs innlegg og artikler ikke alltid har en akademisk form, men det kan ikke være slik at ytringsfriheten skal være forbeholdt de med doktorgrad eller tilsvarende.

Vi avslutter dette poenget med følgende eksempel, som burde være oppklarende: Dersom NN sier til en person at «du er en dårlig person fordi du har mørk hud/kommer fra et annet land» så er dette et uttrykk for rasisme. Men å si til en person at «at den ideologien du forfekter vil gjøre stor skade» er ikke rasisme, det er samme type kritikk som tilhengere av alle andre ideologier til alle tider er blitt utsatt for. Også personer som har tilbrakt lang tid i utdannelsesapparatet og som derved har fått svekket sin evne til å tenke rasjonelt og faktabasert, burde kunne se forskjellen.

Det som har skjedd ifbm. SIANs aksjoner er at det har møtt frem store grupper av voldelige motdemonstranter, disse har forsøke å sabotere SIAN møter, de har kastet stein på SIAN-folkene, og SIANs leder er blitt slått til blods.

Politiet har til en viss grad forsøkt å beskytte SIAN, men har også i visse tilfeller gitt opp. Når politiet trakk seg tilbake etter aksjonen i Oslo førte det til at enkelte motdemonstranter gikk til angrep på politibiler og politihester, enkelte kvinner ble utsatt for overgrep (men neppe mer enn utskjelling og ubehagelig tafsing). Dekning av disse hendelsene i mainstreammedia – NRK, TV2, Aftenposten, Dagbladet, mfl. – var skjev, og tilslørte i all hovedsak det som SIANs motstandere bedrev. Man kan si at det de gjorde bekreftet SIANs budskap.

For å hindre at slike ting gjentar seg for ofte har SIAN fått fra politiet forbud mot å arrangere møter i visse områder – men det politiet burde ha gjort var å sørge for at SIANs markeringer forløp uten at de ble angrepet med vold.

Det som skjer er altså at de som med vold og trusler forsøker å hindre SIAN å komme med sitt budskap i betydelig grad lykkes, og de lykkes på en måte som innebærer at politet trekker seg tilbake og overlater håndhevingen av lov og orden til islamister, og at mainstreammedia gir en feilaktig fremstilling av det som da skjer.

Det som skjer er at kritikk av islam blir fremstilt som noe ufint som bare primitive mennesker, dvs. rasister, bedriver, og disse må man ikke ha noe som helst kontakt eller omgang med – noe man tydelig så da lederen av SIAN ble invitert til debatt på NRK, da var det som nevnt ingen som ville debattere med ham. (Dette er fra vår side intet forsvar for SIANs retorikk og språkbruk, fra vår side er dette kun et forsvar for ytringsfriheten; den skal som nevnt også gjelde folk som ikke alltid har

401

en akademisk måte å formulere seg på.) Kritikk av islam blir skjøvet mer og mer bort fra mainstreammedia. Kritikk av islam blir bekjempet med vold, og en rekke aktører som oppfattes som tunge, legger skylden for dette på de som kritiserer islam, og forsvarer da reellt sett voldsbrukerne.

Det som skjer er ingen snik-islamisering. Det som skjer er at all kritikk av islam skal skyves bort fra sentrale arenaer. Det som skjer er en helt åpen islamisering, og så og si alle tunge aktører – akademikere, presse, partier – slutter opp om dette.

Hvorfor skjer dette? Det skjer fordi islam og dagens nærmest enerådende politiske ideologi, sosialismen, er to ideologier som står meget nær hverandre. Vi henviser til noen tidligere artikler hvor vi har gått inn på dette (linker nedenfor), «Islam: den ellevte landeplage», «Islam, rasisme, islamofobi» og «Islamofobi vs. Islamofili».

https://www.nettavisen.no/nyheter/flere-personer-pagrepet-under-sian-markering-i-oslo-politiet-matte-avbryte/s/12-95-3424011969

https://www.document.no/2020/09/04/islamsk-rad-koran-brenning-av-skal-ikke-dekkes-av-ytringsfriheten/

https://resett.no/2020/09/03/hard-kritikk-mot-solvang-for-a-invitere-sian-til-debatten/

https://www.nettavisen.no/okonomi/kraftige-reaksjoner-mot-fredrik-solvang-etter-sian-debatt/s/12-95-3424014282

https://www.document.no/2020/09/02/sian-politianmeldt-av-antirasistisk-senter/

https://resett.no/2020/09/03/antirasistisk-senter-vil-samle-organisasjoner-og-partier-pa-venstresida-til-fredelige-demonstrasjoner/

https://resett.no/2020/08/29/kaos-etter-sian-demonstrasjon-pobel-angrep-politiet/

https://direkte.vg.no/nyhetsdognet/news/bt-sian-leder-slaatt-ned.pdHhdiHHJ

https://www.document.no/2019/11/16/koran-brenning-i-kristiansand-forte-til-brak/

https://www.document.no/2020/03/04/bibliotek-gir-etter-for-press-nekter-sian-a-holde-mote/

https://www.nettavisen.no/nyheter/innenriks/erna-solberg-om-sian-jeg-tar-sterkt-avstand-fra-alt-det-de-star-for/s/12-95-3424012662

https://www.tk.no/meninger/erna-solberg-og-sian/o/5-51-851715

https://www.dagbladet.no/nyheter/demonstranter-angrep-politiet/72791852

https://www.aftenposten.no/meninger/debatt/i/EWd9Ql/er-det-politiets-oppgave-aa-soerge-for-at-koranen-kan-bli-skjendet

«Islam: den ellevte landeplage». En noe utvidet versjon av et foredrag holdt 2. oktober 2003: http://vegardmartinsen.com/islamdenellevtelandeplage.htm

«Islamofobi vs. Islamofili»: https://vegmar.wordpress.com/2017/05/27/islamofobi-vs-islamofili/

«Islam, rasisme, islamofobi»: http://www.stemdlf.no/node/4926/

Å forby islam – umoralsk, umulig og kontraproduktivt
Publisert på Gullstandard 20. desember 2018

La oss aller først si at det er ille at et slikt tema i det hele tatt diskuteres; det er et vanvittig forslag som viser et betydelig kulturelt forfall. Men til temaet: Forbud mot islam – hva betyr dette? Ingen av de vi har sett som nevner dette – å forby islam – har sagt noe vesentlig om hva et slikt forbud skal gå ut på. Så la oss presisere hva et slikt eventuelt forbud kan innebære:

*Alle muslimer skal arresteres og settes i fengsel/leir (eller utvises hvis de er statsborgere i et annet land)
*Alle som konverterer til islam skal også arresteres
*Ingen muslimer som vil besøke landet skal få visum/innreisetillatelse
*Alle moskeer skal stenges
*Misjonering for islam skal forbys
*Koranen og all annen litteratur om islam (inkludert magasiner, tidsskrifter, videoer, etc.) skal fjernes fra bokhandler og biblioteker (og muligens kun være tilgjengelige for forskere)
*Alt materiale om islam som finnes på TV/radio/Internett skal bli utilgjengelig i landet.

Det er mulig at et forbud mot islam vil inneholde flere elementer enn dette, men allerede etter å ha sett disse få punktene burde enhver forstå at et slikt forbud er umulig både å innføre og håndheve.

Å forby ideer
Det er ikke mulig å forby et sett med ideer, enten det er rasisme, nazisme, fascisme, sosialisme, kristendom eller islam. Et forbud vil også presse tilhengerne under jorden, og det vil skape sympati for tilhengere av den forbudte ideologien. De som tilhører ideologien vil også føle seg viktige: «Vi er så viktige og farlige for makthaverne at de må undertrykke oss!»

Det er også umoralsk å forby ideer. Enhver bør ha rett til å danne seg sine egne meninger om hvordan verden er, hvordan mennesker er og hvordan man bør leve best mulig; enhver bør kunne velge mellom alle de idéretninger som finnes (og evt. lage en ny idéretning selv!), og enhver bør kunne leve slik vedkommende selv finner riktig. Det eneste som bør være forbudt er initiering av tvang overfor andre mennesker. Hvis man oppfyller dette prinsippet bør man ha all rett til å leve akkurat slik man ønsker; man bør ha all rett til å leve i fred uforstyrret av myndigheter, politikere og kriminelle. Lever man under slike forhold er man fri. Man skal ha rett til å leve akkurat slik man ønsker, dette selv om andre måtte finnes ens levesett skadelig (for vedkommende selv) eller umoralsk eller primitivt. Statens oppgave er å sikre dette, dvs. statens eneste legitime oppgave er å sikre friheten til alle som oppholder seg i landet.

Men tilbake til forslaget om et eventuelt forbud mot islam. Dagbladet påstår i sin leder 13/12-18 at «Hege Storhaug angriper trosfriheten[, hun er] positiv til å forby islam». Dagbladets troverdighet og etterrettelighet generelt sett er ikke spesielt høy, men vi siterer allikevel videre fra lederen:

> «I en artikkel på organisasjonens hjemmesider [HRS, hvor Storhaug er frontfigur] skriver hun begeistret om at Tsjekkias parlament snart kan komme til å forby islam. ... Allerede i februar 2016 sa hun til Aftenposten at det norske demokratiet ville gå til grunne uten drastiske tiltak. Storhaug ville redigere Koranen, stenge enkelte moskeer og vokte grensene med gjerder og soldater. Siden har hun foretatt reiser i bl.a. Polen og hyllet den nye nasjonalismen og nedbyggingen av rettsstaten. Nå har hun tatt skrittet helt ut og er positiv til å forby islam» (lederen er å finne på en link nedenfor).

Ut i fra intervjuet med Storhaug i Aftenposten ser det ut som om hun virkelig har gått inn for å redigere Koranen, men det er som vi antydet ovenfor en ekstremt lite klok idé. Koranen, og alle andre bøker, er i vår tid lett tilgjengelig overalt i Vesten, og en redigert versjon av Koranen er ikke engang en dårlig vits – er det noen som kan tro at en redigert versjon av Koranen vil ha den samme autoritet som den uredigerte versjonen av Koranen har for muslimer i dag?

Ifølge Aftenposten sa Storhaug følgende: «Storhaug mener de såkalte sverdversene i Koranen må strykes ... [og] bare den redigerte

406

versjonen skal kunne brukes i norske moskeer...». Dette er som vi sa over et fullstendig meningsløst forslag.

Hatefulle ytringer?
Vi vil nevne her at enkelte har misforstått utsagn av følgende type, utsagn som er kommet i forbindelse med forslag fra enkelte aktører på venstresiden om å forby såkalte «hatefulle ytringer»: «Dersom tekster som inneholder hatefulle ytringer skal forbys, bør Koranen være den første bok som forbys – Koranen inneholder et enormt antall hatefulle ytringer rettet mot ikke-muslimer» Kreftene på venstresiden, krefter som aldri legger vekt på å omtale eller gjengi de med annerledes eller avvikende meninger på en fair og redelig måte, har da vridd slike utsagn til å fremstå som krav om forbud mot Koranen.

Man kan dog forstå ønsker om å svekke islams innflydelse. Islam er en barbarisk, primitiv ideologi som oppsto i et ørkensamfunn for ca 1300 år siden, den gir seg ut for å være skapt av en gud og er et totalt livssyn som omfatter alt, inkludert hvordan samfunn bør organiseres, dvs. den inkluderer politikk. Islam er altså også en politisk ideologi, og den inneholder elementer som langt fra er siviliserte: den krever dødsstraff for blasfemi, dødsstraff for frafall fra islam, dødsstraff for homofil praksis, den sier at kvinner er mindre verd enn menn (deres vitnemål teller mindre enn menns i retten, de skal arve halvparten av hva menn arver, etc.).Videre inneholder Koranen, som skal være skrevet av guden selv, en rekke pålegg av typen «Drep de vantro hvor dere enn måtte finne dem», etc. Det er også en del av islam å akseptere at Koranen er skrevet av gud selv (og diktert til Muhammed av erkeengelen Gabriel), og den skal forstås bokstavelig der det er mulig.

Terror
Vesten er de siste år blitt rammet av en rekke terrorangrep utført av militante muslimer; det foreløpig siste angrepet skjedde kun for noen få dager siden, på et julemarked i Strasbourg i Frankrike, hvor fem mennesker ble drept og tolv alvorlig såret. Islamsk Stat har tatt på seg ansvaret for aksjonen.

For noen få dager siden ble to unge skandinaviske kvinner drept mens de var på fjellvandring i Marokko. VG skriver følgende om fire menn som er mistenkt for drapene:

«Ifølge VGs kilde med innsikt i den marokkanske etterforskningen, skal alle de fire mennene ha sverget troskap til terrororganisasjonen IS. Marokkansk påtalemyndighet sier at dobbeltdrapet var en terrorhandling.» (VG unnlater å nevne at IS er Islamsk Stat.)

At mange da vil svekke eller helst eliminere islams innflydelse er da bare helt forståelig. Men et forbud er absolutt ikke veien å gå. (Forøvrig er ønske om forbud de siste tiår blitt en typisk reaksjon på visse typer problemer: dersom narkotika eller prostitusjon eller gambling eller bruk av skytevåpen får et visst omfang, og en slik utvikling er virkelig problematisk, så svarer de som er preget av dagens dominerende grunnideer med et krav om forbud. Slike forbud har alltid hatt som resultat at problemene er blitt enda større enn de opprinnelig var.)

Ideer må møtes med ideer
Islam må møtes med sanne ideer, dvs. ideer som forfekter individualisme, rasjonalitet, individuell frihet, rasjonell egoisme, sekularitet, rettsstat, frihandel – dette er ideer som gir en oppskrift på hvordan man kan organisere samfunn som gjør det mulig å leve gode liv i denne verden (som er den eneste som eksisterer, det finnes ikke noe liv etter døden, det finnes ikke noen verden vi kommer til etter at vi dør). Dessverre er venstresiden ikke villig til å være med på å bekjempe islam; venstresidens ideologi har ikke som mål å hjelpe de svake, slik enkelte fortsatt tror, venstresidens ideologi er en ideologi som legitimerer å gi makt til en elite ved å bruke hjelp til de svake som påskudd. At venstresiden da allierer seg med islam er helt naturlig, og at dette skjer ser vi overalt; alle venstresidens organer driver en kontinu-erlig propaganda om hvor høyverdig islam er – noe enhver lett kan konstatere ved å ta en kikk på Aftenposten eller NRK, for bare å nevne to av de største nyhetsaktørene i Norge. Et sted pågår en nærmet kontinuerlig krig mellom islamske grupper og Vesten, og mht. denne krigen støtter alle venstreorienterte aktører den islamske siden og fordømmer det vestlig orienterte landet som forsvarer seg: Israel.

De samme kilder – Aftenposten, NRK, og alle andre store presseorganer – gjør også alt de kan for å svekke koblingen mellom

408

islam og terror ved å enten ignorere eller kun i forbifarten nevne slike ting om at «terroristen ropte Allu Akbar mens han skjøt, men ingen forstår årsaken til at den fredelige, unge og tilsynelatende velintegrerte muslimske mannen plutselig ble terrorist; han må ha hatt psykiske problemer». Videre hevder de at de som er blitt terrorister er blitt «radikalisert» uten å nevne hvilken ideologi terroristene er blitt radikale tilhengere av, etc.

Som nevnt må ideer møtes med ideer, men fysiske angrep – inkludert planlegging av terrorangrep – må møtes med så stor styrke fra politi og/eller det militære at angriperne og deres meningsfeller mister enhver motivasjon til å utføre flere angrep.

Islam styrkes

Islam får stadig større innflydelse i Vesten: ytringsfriheten er blitt redusert, selvsensuren er så omfattende at forfattere og tegnere ikke lenger våger å behandle islam på samme måte som de behandler alle andre idé-retninger. (For et par år siden ble 16 mennesker drept av militante muslimer i forbindelse med et terrorangrep på redaksjonen i det franske satire-magasinet Charlie Hedbo – fordi de hadde latterliggjort Muhammed i karikaturtegninger o.l.). Mengden plagsomme sikkerhetskontroller når man skal reise med fly eller gå inn i en offentlig bygning blir mer og mer omfattende, men de må være der for å hindre terrorister å bruke kjøretøyer eller skytevåpen eller kniver for å drepe tilfeldige mennesker som holder på med sine vanlige gjøremål. Til tross for disse tiltakene forekommer allikevel slike terrorangrep nesten ukentlig. I flere storbyer i Vest-Europa er det kommet såkalte «no-go»-soner, områder hvor politiet ikke våger å gå inn, og som i praksis i betydelig grad kontrolleres av militante muslimer i samsvar med sharia. Myndighetene lar dette skje uten å gjøre noe.

Redusere islams innflydelse

Så hva gjør man da for å redusere islams innflydelse i Vesten? Dette har vi gitt oppskriften på tidligere, og vi gjør det gjerne igjen, spesielt siden ingen andre har samme oppskrift som vi har, og siden ingen andre oppskrifter vil være i stand til å løse problemet. Men før vi kommer dit vil vi si noen få ord om det eneste forslag til å løse problemet som omtales i mainstreammedia, og det er å begrense innvandringen fra muslimske land, et forslag som er lite annet enn et slag i luften. Det er mange grunner til at et slik forslag er av liten verdi, og her er noen: en slik begrensning vil være urettferdig overfor de mange muslimer som er fredelige; mange kommer hit som flyktninger eller som resultat av avtaler om familiegjenforening og disse vil ikke rammes av et forbud; dersom noen absolutt vil inn i et land i Vesten for å begå terrorhandlinger vil det være meget vanskelig å stanse dem selv med en innvandringsstopp, og en rekke terrorangrep utføres av personer som har vokst opp i Frankrike eller i Tyskland eller i England eller i Sverige. Den viktigste grunnen er dog at dette forslaget ikke angriper problemet ved roten.

Så å begrense innvandring er et slag i luften? Hvordan kan man da redusere og etter hvert eliminere terrorangrepene?

Det som reellt sett skjer er at Vesten er under angrep. Vestens ledere later som om dette ikke er en del av en krig, og mener at vi bare skal ignorere angrepene og ikke yte den type motstand som er nødvendig for å få slutt på angrepene. Hva bør da Vestens ledere gjøre? Når det forekommer angrep på politiet (og sykebiler, brannbiler, etc.) må de la politiet få bruke de midler som er nødvendige for å stanse angrepene, og dette inkluderer bruk av skarpe skudd. Personer som dømmes for vold må ilegges lange fengselsstraffer.

Mht. terror må alle miljøer hvor planlegging av terror kan forekomme, overvåkes. Dersom reelle planer om terror og angrep oppdages må de som står bak dem dømmes til lange fengselsstraffer. Videre må grupper som står bak terrorangrep (IS, alQaida, Boko Haram, Hamas, Hezbolla, mfl.) nedkjempes militært. De regimer som på en rekke ulike vis – ideologisk, økonomisk, militært – støtter terror mot Vesten, f.eks. Iran og Saudi-Arabia, må også fjernes. De vestlige land burde hatt en militær-allianse som hadde som oppgave å forsvare Vesten og som kunne tatt på seg et slikt oppdrag. Dessverre har ikke de vestlige land noen slik militær-allianse i dag (NATO er en vits – det sier endel at NATOs nåværende generalsekretær er en tidligere NATO-motstander). Grunnen til at den politikk vi nettopp har skissert ikke gjennomføres er at Vesten ikke har den moralske styrke som man må ha for å forsvare seg – og å forsvare seg betyr å eliminere de som angriper (slik Vesten gjorde overfor regimene i Tyskland og Japan i WW2). En klar politimessig/militær seier over islamistiske krefter av den typen vi

410

nettopp nevnte er den eneste vei til å eliminere problemene med terror utført av islamister.

Men vil dette føre til at antall angrep utført av uorganiserte enkeltterrorister (som bare tar en bil eller en øks og angriper tilfeldige sivile) opphører?

Vårt svar på dette er Ja. Slike angrep vil neppe opphøre umiddelbart, men antallet vil synke og til slutt vil problemet nærmest opphøre. Hvorfor? Hovedgrunnen er at de som blir terrorister støtter en bokstavtro versjon av islam, men et annet element er at de vil alliere seg med «the winning side»: Vesten er under angrep, Vesten svarer ikke, Vesten går fra skanse til skanse, Vesten nedkjempes, Vesten taper – islamistene er «the winning side». Men dersom islamistiske regimer og grupper elimineres ved at de nedkjempes militært, vil islamistene være «the losing side» – og det er ikke attraktivt å slutte seg til den siden som taper. En historisk parallell: det var nok endel nazister igjen i Tyskland sommeren 1945, men de var ikke høye i hatten og de hadde nok problemer med å rekruttere nye folk. Hvorfor? Fordi de hadde tapt den krigen de hadde satt i gang, og de hadde tapt den så grundig og klinkende klart at det var ingen tvil om at de hadde tapt. Skal man eliminere trusselen fra islamister må islamistiske grupperinger bringes i samme situasjon som nazistiske grupper var sommeren 1945: de var knust, nazismen var død, og det er det den bør være. Vesten bør sørge for at islamismen kommer i en tilsvarende tilstand, og dette kan kun skje ved at islamistiske regimer og grupper påføres et knusende militært nederlag.

Men våre politikere vil ikke gå denne veien, de vil bare at vi skal finne oss i de angrep som kommer, og at vi ikke skal gjøre noe som helst for å bringe dem til opphør. De tiltak de foreslår – dialog, u-hjelp, kommunale fritidsklubber, etc., har ingen effekt, snarere tvert imot. Noen politikere sier også kun at «vi må fortsette som før, vi må ikke la oss skremme», men dette er å la terrorister operere fritt. Nå er det allikevel sikkert slik at etterretningstjenestene i en rekke land klarer å stanse et stort antall planlagte angrep, men det er allikevel uakseptabelt at angrep fortsatt forekommer så ofte som de gjør.

Hvis dagens politikk fortsetter vil vi bare oppleve at antall angrep øker og øker og øker, og at vi alle i stadig større grad vil leve under sharia – det er dette som er islamistenes mål.

Vi tar med et par avsluttende poenger: det er egentlig feil å bare klandre politikerne for det som skjer. Politikerne gjør det folk flest vil at de skal gjøre – det er sant som det heter at «et folk får de politikerne det fortjener». Med andre ord: folk flest støtter den ettergivende holdningen politikerne har fordi de selv har akkurat de samme holdningene.

Dessverre er det lite i kulturen som tyder på at det med det første vil komme en endring fra dagens ettergivende holdning og over til en holdning hvor Vesten slår tilbake mot de barbarer som angriper oss og som vil tvinge oss inn under deres barbariske ideologi.

https://www.dagbladet.no/kultur/hege-storhaug-angriper-trosfriheten/70559366

https://www.aftenposten.no/norge/i/qAVg/Hege-Storhaug-mener-ekstrem-islam-truer-Norge-Her-er-hennes-forslag-for-a-stoppe-det

https://www.nrk.no/nyheter/is_-_-vi-stod-bak-strasbourg-terror-1.14340550

https://www.vg.no/nyheter/utenriks/i/ka9Xr6/de-fant-maren-og-louisa-drept-det-var-forferdelig?utm_content=row-1&utm_source=vgfront

Som katten rundt den varme grøten … om terrorisme
Publisert på Gullstandard 26. oktober 2020

Det føles sterkt upassende å bruke dette ordtaket i overskriften. Det høres noe lettvint og humoristisk ut, og passer da ikke å benytte om et tragisk og grusomt tema. Denne kommentaren handler om reaksjonene på drapet på den franske læreren Samuel Paty. I en undervisningstime om ytringsfrihet hadde han vist frem de kjente Muhammed-karikaturene, noe som noen dager senere førte til at han ble drept på åpen gate på en grusom måte. Drapet, som var en ren henrettelse, ble utført av en islamist (som forøvrig kort tid etter ble skutt under en konfrontasjon med politiet). Som kjent er blasfemi, som det å publisere slike tegninger er, forbudt innen islam, og straffen er døden. (Også frafall fra islam, og homofili, skal innen islam straffes med døden.)

Reaksjoner fra politikere, etc.
Dette er ikke første gang en borger i Vesten som har satt seg ut over det som islam krever, er blitt drept; vi kan nevne filmskaperen Theo van Gogh og politikeren Pim Fortyn. Andre er blitt forsøkt henrettet, f.eks. forleggeren William Nygaard, og kunstnerne Kurt Westergaard og Lars Vilks.

Alle disse praktiserer intellektuelle yrker, de har benyttet det som burde være deres soleklare rett til ytringsfrihet for å gi uttrykk for sine meninger, og er av militante muslimer blitt møtt med drap eller blitt utsatt for drapsforsøk (selv om dette vel ikke er endelig avklart ifbm. drapsforsøket på Nygaard). Men det vi skal konsentrere oss om her er hvordan politikere i Vesten reagerer på terrorangrep utført av militante muslimer.

Statsminister Solberg reagerte slik på Twitter: «Alvorlige og grusomme nyheter om terrorhandlingen i #Frankrike. Vi må stå sammen mot angrep på tankefrihet og opplysning. Mine tanker går til offerets nærmeste, kolleger og elever».

Statsminister Solberg oppfordrer oss altså til «å stå sammen» – hva i alle dager betyr det? Hvordan kan dette hindre fremtidige angrep? Er hun tre år gammel? Hun nevner heller ikke ideologien som motiverte denne terroristen. Hun brukte det noe uvanlige ordet «tankefrihet» –

hun burde ha brukt «ytringsfrihet», et kjent ord som til og med er å finne i den norske grunnloven. I ettertid har Solberg riktignok forsøkt å bortforklare bruken av ordet «tankefrihet» og sagt at hun støtter ytringsfrihet, men dette er i strid med hennes støtte til et forbud mot ytringer som enkelte favoriserte grupper kan oppfatte som krenkende, såkalte «hat-ytringer». Solberg så heller ikke ut til å være en ivrig tilhenger av SIANs rett til ytringsfrihet da de ble utsatt for angrep under sine markeringer for noen uker siden. Det ser ut til at det Solberg sier til og med er mindre verd enn de årlige ønskene om god jul og godt nytt år. Det Solberg sier er fullstendig intetsigende, men på den annen side ser det ut til at slikt intetsigende fjas går rett hjem hos velgerne.

En SV-politiker twitret følgende etter det grusomme drapet: «Å bruke ytringsfrihet for å trykke karikaturer av Muhammed er på nivå med å bruke ytringsfrihet for å mobbe. Å så bli sur når mobbeofferet tar igjen. Nei, jeg støtter ikke terror på noen som helst måte, men det er et latterlig forsvar av ytringsfriheten å dele karikaturene» (kilde på link nedenfor).

Så, denne SV-politikeren mener at det å vise frem en tegning er mobbing, og når en som føler seg krenket av tegningen dekapiterer den som viste frem tegningen så var dette «et mobbeoffer som tok igjen». Dette er bare vanvittig. Politikeren ba senere om unnskyldning og slettet så sin twitter-konto.

Her en tilsvarende vurdering fra et amerikansk kongressmedlem i forbindelse med et annet terrorangrep: «CAIR was founded after 9/11, because they recognized that some people did something and that all of us were starting to lose access to our civil liberties.»

Dette – «some people did something» – var altså formuleringen det muslimske kongressmedlem Ilhan Omar brukte da hun beskrev terrorangrepene utført av militante islamister på USA 11. september 2001. Så når muslimske terrorister i islams navn kaprer fire fly, styrter dem inn i tre bygninger og dreper ca 3000 tilfeldige mennesker og forårsaker enorme materielle ødeleggelser, så beskriver hun dette som at «some people did something». (Det var også feil det hun sa om at CAIR; The Council on American-Islamic Relations ble dannet i 1994.)

Det som i en årrekke var USAs ledende avis, New York Times, kom med følgende uttalelse I forbindelse med en års-markering av angrepene i 2001: «18 years have passed since airplanes took aim and
414

brought down the World Trade Center. Today families will once again gather and grieve at the site where more than 2000 people died».

«Airplanes took aim» ?????? Som om disse flyene ikke ble styrt av personer som med fullt overlegg og viten og vilje styrtet dem inn i prestisjefylte bygninger for å drepe flest mulig mennesker og å forårsake mest mulig skade og å påføre USA et kolossalt prestisjenederlag – alt dette helt eksplisitt utført i islam navn.

I november 2019 ble flere mennesker angrepet av en militant muslim på London Bridge, og minst to ble drept. Londons borgermester, Sadiq Khan, skrev i en artikkel i The Guardian (link nedenfor) at «The London Bridge attack brought sorrow, bravery – and grave questions». Han nevner ikke islam, men fokuserer på at

> «This incident is yet another warning that we must do far more to root out the poison of extremism. We simply must act to strengthen our communities and insulate ourselves against this perverse ideology, and take the fight to those disgusting individuals who seek to recruit and radicalize vulnerable people for terrorist causes…».

Han sier ikke hvilken «perverse ideology» som ligger bak slike angrep. Han sier også at politiet må tilføres større ressurser, og at

> «Judges need to have the right tools to play their part in keeping us safe; prison and probation services need to be properly resourced to rehabilitate offenders; the Ministry of Justice needs to be able properly to supervise potentially dangerous people after their release. These issues all need addressing urgently».

Ja jo. Det siste er på et vis delvis riktig, men hvorfor skal slike terrorister løslates? Khan, som er muslim, nevner dog ikke islam, som er årsak til terroren.

Hva ligger bak?

Hva er det som ligger bak denne type uttalelser, uttalelser som enten fjerner koblingen mellom islam og terror, eller som sier at terroren er legitim.

Sosialismen, som er dagens så og si enerådende politiske ideologi, og islam, er ideologier som med all rett kan betraktes som åndelige tvillinger. I det store og hele går de inn for det samme; forskjellen er bare at islam er formulert på en uttrykksmåte som var preget av den mentalitet, teknologi og kunnskapskontekst som man hadde i et ørkensamfunn i Arabia ca år 700, mens sosialismen er formulert på en uttrykksmåte som var preget av den mentalitet, teknologi og kunnskapskontekst som man hadde i Vest-Europa på slutten av 1800-tallet.

Ja, sosialismen er dagens enerådende politiske ideologi, noe man lett kan se av det faktum at alle politiske partier (dvs. de partier som er representert i nasjonalforsamlinger) i Vesten, også konservative partier, er sterke tilhengere av velferdsstaten, og velferdsstaten er – i hvert fall i sin tidlige fase – en slags mild form for sosialisme. (Etter hvert som velferdsstaten utvikler seg over tid vil den gradvis nærme seg ren sosialisme.) Den harde varianten av sosialismen ble innført i et stort antall land, først i Russland i 1917, sist i Venezuela ca år 2000, og skapte fattigdom, nød og kaos og undertrykkelse i alle land den ble innført. Grunnen til at alle store aktører slutter opp om sosialismen er at den er den politiske manifestasjon av kollektivisme, selvoppofrelse/ altruisme som etisk ideal, det syn at statlig styring av samfunnet er et gode, og det syn at individuell frihet er ødeleggende. Det er her, på disse grunnleggende verdiene, ingen forskjell på islam og sosialismen.

Et annet essensielt element i oppslutningen om sosialismen og de grunnideer den bygger på er irrasjonalitet. Rasjonalitet innebærer at enhver i sine vurderinger skal ta hensyn til alle relevante fakta, og at individer skal tenke selv og i sitt liv følge sin egen tenkning. Irrasjonalitet innebærer da at man ignorerer relevante fakta, og/eller at man betrakter fantasi og oppspinn som fakta, og at man mer eller mindre ukritisk skal følge andres ledelse. At de religiøse er irrasjonelle er da opplagt, og at også fremtredende politiske aktører, som vi har sitert over, ignorerer viktige og relevante fakta, går tydelig frem av de sitatene vi gjenga over.

416

Dagens dominerende etikk er altruismen, en etikk som som kjent oppfordrer oss til å elske våre fiender, til å vende det andre kinnet til, til å gjengjelde ondt med godt, om å tilgi de som angriper oss, om å ikke samle oss skatter på jorden, til å mene at det å være rik ikke er bra, at man bør gi det man eier til de fattige, osv.

Dette er intet annet enn oppskrift på en katastrofe; følger man en slik oppskrift går det til helvete. Og det som skjer i Vesten nå mht. angrep fra militante muslimer, og som har skjedd i betydelig omfang i de siste 20 år, vil komme til å skje stadig oftere i tiden fremover. Dvs. antallet slike angrep vil fortsette å øke dersom vi ikke tar skjeen i en annen hånd, dvs. dersom de grunnideer som dominerer i dag byttes ut med rasjonelle ideer. En rasjonell grunnholdning innebærer at man ikke på noe område ignorerer fakta (slik de som vi siterte over gjør), men tar hensyn til alle relevante fakta og i handling tar konsekvensen av dem. Den innebærer at man har rett til å skape gode liv for seg og sine ved produktivt arbeid og frivillig handel med andre, og at man har et samfunnssystem som innebærer at man har rett til å forsvare seg mot de som med trusler, tvang eller vold forsøker å hindre all fredelig verdiskapning og handel. Etikken som innebærer dette er rasjonell egoisme.

Hva må gjøres?

Men hva innebærer dette rent konkret overfor det angrepet Vesten nå er utsatt for fra militante muslimer? Hvordan skal Vesten sørge for at slike angrep reduseres i antall og så bringes til opphør i så stor grad som mulig. Dette har vi beskrevet tidligere, og vi siterer fra ting vi tidligere har skrevet.

«I Europa i dag er det anslagsvis mer enn 30 millioner muslimer. De har dels kommet til Europa for å få del i den velstand som er mulig i land som ikke er dominert av noen religion, og vi ønsker alle som er kommet til Vesten for å arbeide, velkommen. Men noen av disse muslimene er islamister (islamister er muslimer som ønsker å spre islam, og å angripe islams motstandere, med vold og terror). Islamister har i de siste 25 år utført et meget stort antall terrorangrep mot Vesten, og Vesten må derfor forsvare seg mot dette. Derfor bør alle miljøer hvor det kan finnes islamister, overvåkes. Islamisme må betraktes som en kriminell konspirasjon, og mistenkte islamister kan derfor stilles for retten» (fra DLFs program).

Fra en tidligere kommentar her på Gullstandard, publisert etter et terrorangrep utført av en «ensom ulv» i Oslo:

«... det er kun én måte få brakt slike angrep til opphør: de grupper som står bak slike angrep [over store deler av verden] – IS, alQaida. AlShabab, BokoHaram, Hamas, etc., må nedkjempes militært, og de regimer som støtter terror – primært de i Iran og Saudi-Arabia – må også uskadeliggjøres med de midler som er nødvendige. Når disse aktørene er knust militært eller uskadeliggjort på annen måte, vil antall ensomme ulver av den type som begikk drapsforsøket i Oslo i går fredag 18/1-19 bli færre og færre. Grunnen til dette er at når disse gruppene er nedkjempet vil det være åpenbart at denne ideologien ikke er på vei mot seier, det vil være åpenbart at den er en ideologi for tapere. Da vil antallet som vil vise at de tilhører denne ideologien også bli mindre. Rekrutteringen til denne ideologien vil da også svikte. I tillegg [til nedkjempelse av disse gruppene] må alle miljøer hvor det kan dukke opp slike terrorister overvåkes, og PST og tilsvarende organer må stanse alle planer om terroraksjoner som de oppdager (noe de antagelig også gjør i dag i stort omfang). Men man må også være obs på at ensomme ulver utstyrt med en kniv eller øks eller bil kan være umulige å stoppe i forkant. For det annet må vi igjen konstatere at eliten i etablerte miljøer nærmest konsekvent nekter å se sammenhengen mellom terror og islam. Som nevnt ble det ikke lagt vekt på at gjerningsmannen var muslim i reportasjen i TV2, og mannens forsvarer ser heller ikke sammenhengen; han sier eksplisitt at mannen må være psykisk syk.

Man må være svært tungnem eller en aktiv løgner for ikke å se denne sammenhengen: terroristene følger oppfordringer i Koranen, de sier selv at de handler på vegne av islam – men eliten i Vesten sier at angrepene skyldes fattigdom eller psykisk sykdom hos gjerningsmannen. Elitens fornektelse av opplagte fakta er det som er mest farlig og illevarslende i denne situasjonen. Denne virkelighetsfornektelsen er ikke annet enn livsfarlig, bokstavelig talt – og det har Maren og Louisa [som ble drept av islamister under en telttur i Marokko i 2018] og mange andre fått merke, men pga. denne virkelighetsfornektelsen blir de fort glemt, og nye ofre kommer til hver dag» (link nedenfor).

Å ikke innse hva som ligger bak de angrepene som stadig forekommer i en rekke byer i Vesten er som å gå som katten rundt den varme grøten, et ordtak som betyr at man ser et problem, men at man av en eller annen grunn velger å ikke ta tak i det.

https://twitter.com/erna_solberg/status/1317387648349200385?ref_src=twsrc%5Etfw%7Ctwcamp%5Etweetembed%7Ctwterm%5E1317387648349200385%7Ctwgr%5E%7Ctwcon%5Es1_&ref_url=https%3A%2F%2Fwww.gullstandard.no%2F2020%2F10%2F26%2Fsom-katten-rundt-den-varme-groten-om-terrorisme%2F

https://www.document.no/2020/10/19/neha-naveen-sv-etter-halshuggingen-bruker-ytringsfriheten-til-a-mobbe-og-blir-sur-nar-mobbeofferet-tar-igjen/

https://nypost.com/2019/09/11/new-york-times-deletes-tweet-saying-airplanes-took-aim-at-towers-on-9-11/

https://www.washingtonpost.com/politics/2019/04/11/some-people-did-something-rep-omars-remarks-context/

https://www.gullstandard.no/2019/01/19/terrorangrep-i-norge/

Terror og psykiatri i Norge
Planlagt publisert på Gullstandard juli 2021

Det er ikke bare verdensmetropoler som New York, London, Paris og Madrid som de siste årene er blitt rammet av terrorangrep, også Norge og Oslo har vært rammet av til dels grusomme terrorangrep. De fleste norske angrepene har vært små (få gjerningspersoner, få ofre), men et av dem, det som rammet Oslo i 2011, var blant de største og mest grusomme terrorangrep verden har sett.

På ettermiddagen fredag 22. juli 2011 gjennomførte Anders Behring Breivik to angrep; først forsøkte han å sprenge regjerings-kvartalet i Oslo, og deretter angrep han ungdommer på AUFs sommer-leir på Utøya. Sprengningen av regjeringskvartalet lykkedes ikke, men åtte personer mistet livet i dette angrepet. På Utøya drepte han kaldt og metodisk cirka 70 ungdommer. Breiviks mål var å ødelegge en kommende generasjon av arbeiderpartipolitikere, og motivasjonen for terroren var Arbeiderpartiets ettergivenhet overfor islam.

Med fullt overlegg drepte Breivik forsvarsløse ungdommer som befant seg på en liten øy de ikke kunne rømme fra. Dette er uttrykk for en kynisme og en råskap som man sjelden ser maken til, og dersom norsk lovgivning hadde åpnet for dødsstraff ville vi gått inn for dødsstraff for Breivik.

Andre terrorangrep i Norge

Men Breivik er ikke den eneste som har utført terrorangrep i Norge. Hans angrep var det klart største, mens en rekke andre angrep har hatt langt færre ofre. Det som bestemmer hvorvidt noe er et terrorangrep er dog ikke antall ofre.

Hva er terror? Terror er angrep med formål å drepe eller skade mennesker eller ødelegge store materielle verdier utført av små grupper mot mer eller mindre tilfeldige mål med formål å spre frykt for å oppnå et politisk mål. Terrorangrep er altså ideologisk motivert. Det store antall angrep vi har sett i Vesten de siste årene er da klart å klassifisere som terrorangrep. Den motiverende ideologien i de aller fleste tilfeller er islam; Breiviks motivasjon var dog motstand mot islam. Vi skal kort omtale noen slike angrep som har skjedd i Norge.

18/1-19 ble en ung kvinne stukket med en kniv i ryggen mens hun besøkte en Kiwi-butikk i Oslo (hun overlevde). PST klassifiserte dette raskt som et terrorangrep. Gjerningsmannen ble arrestert, og document.no forteller:

«Russeren som er terrorsiktet etter knivstikking i en Kiwi-butikk i Oslo, sa i avhør at han ville drepe flest mulig. Forsvareren hans mener han er syk. Russeren (20) kommer fra den islam-dominerte delrepublikken Basjkortostan, vest for Uralfjellene. Han har selv sagt i avhør at han har utført terror. Ola Lunde, som er russerens oppnevnte forsvarer, tror ikke på klientens terror-erklæring. Han mener 20-åringen var strafferettslig utilregnelig da han stakk kvinnen (25) i ryggen. I så fall havner han i helsevesenet og ikke i fengsel. Advokaten har ikke møtt klienten ennå, og heller ikke lest forklaringen hans».

VG skrev dette om saken noen dager etter angrepet:

«[PST] vil ha rettpsykiatrisk undersøkelse … Hva mener PST om siktedes helsesituasjon? -Vi har ingen forutsetninger for å vurdere hans helse på et faglig grunnlag, men vi kommer til å be om en prejudisiell observasjon, svarer [politiadvokat] Bakken Staff. Det betyr at sakkyndige skal gjennomføre en rettspsykiatrisk undersøkelse av 20-åringen. …
-Etter fengslingsmøtet opplyser politiadvokat Anne Karoline Bakken Staff i PST at den formelle siktelsen mot 20-åringen er etter straffelovens terrorparagraf 131. PST mener han har begått en terrorhandling med mål om å skape alvorlig frykt i befolkningen …
Han har ikke sagt noe om hvorfor han kom hit, bortsett fra at han er muslim og at han er sint på europeere, fordi vi har det så godt. Det går litt på religion, å være en kristen er synd, mener han, sier [mannens forsvarer Ola] Lunde. Forsvareren mener 20-åringen trenger hjelp. – Han er en forvirret ung mann som har disse tankene, og han har behov for behandling. Foreløpig er han der at han sier han vil fortsette med disse aksjonene om han løslates. …» (link nedenfor).

422

«[Bussjåfør drept av passasjer i februar 2003.] Det kunne endt med katastrofe. Bussen kunne med letthet kjørt utfor stupet like ved. Men til tross for knivstikket, klarte sjåføren å stanse bussen, … sjåførene er svært opprørt over det som skjedde og vil hedre sin drepte kollega med å bære sørgebind. …Drapsmannen var asylsøker fra Etiopia. Dømt til tvungent psykisk helsevern» (NRK).

«Tre drept etter busskapring i Sogn og Fjordane … Bevæpnet med kniv gikk passasjeren til angrep på medpassasjerene på Valdresekspressen. … Gjerningsmannen er 30 år gammel, og asylsøker fra Sør-Sudan.» (VG 4/11-13)

«Kjent skyldig i flykapring og drap. Den tiltalte i Kato Air-saken … er kjent skyldig i flykapring og drapsforsøk. Lagretten brukte mindre enn tre kvarter på å komme fram til kjennelsen torsdag formiddag. Den 34 år gamle asylsøkeren fra Algerie angrep de to pilotene med øks mens de satt i cockpiten. Flyet var under innflyvning til Bodø» (NRK 23/6-05).

«3. august 2004:. En norsk-somalier går amok på trikk 17 utenfor Bislett stadion i Oslo.   … [En 23 år gammel mann] blir drept. Fem andre blir forsøkt drept med en såkalt Rambo-kniv. Gjerningsmannen stikker av fra stedet i en bil, men blir tatt dagen etter. Han får diagnosen paranoid schizofreni, og blir dømt til tvunget psykisk helsevern.» (TV2).

«En 20 år gammel pakistaner knivstakk [NN] … til døde. [Mannen] ble drept mens han var på jobb på Coop Byggmax i Vadsø 14. juli i fjor [2018]. En 20 år gammel mann er dømt til overføring til tvungent psykisk helsevern etter knivdrapet… i Vadsø i sommer. Dommen falt i Øst-Finnmark tingrett mandag, melder NRK. Dommen er i tråd med aktors påstand. Den dømte, en 20 år gammel pakistaner med midlertidig opphold i Norge, var psykotisk da drapet ble begått» (kilde document).

Psykiatrien
Som man ser fra sitatene over ser det ut til at psykiatrien er blitt involvert i de aller fleste av disse sakene.

Dette skjedde også med Breivik Før han ble stilt for retten gjennomgikk han en psykiatrisk undersøkelse. Den konkluderte med at han var gal. Dette uttrykket brukes ikke i psykiatrien så vi gjengir følgende fra Wikipedia hvor navnet på den formelle diagnosen er å finne:

«Rettspsykiaterne Synne Sørheim og Torgeir Husby ble oppnevnt av Oslo tingrett som sakkyndige. Deres rapport på 243 sider ble overlevert retten 29. november 2011. Den gav Breivik diagnosen paranoid schizofreni og hevdet at Breivik var psykotisk på gjernings- og observasjonstidspunktet og dermed strafferettslig utilregnelig...»

Men enkelte fant at dette ikke var tilfredsstillende, og «den 8. desember 2011 fremmet to bistandsadvokater krav om en ny psykiatrisk utredning». Hva ble så resultatet av denne? Wikipedia forteller:

«Oslo tingrett valgte den 13. januar 2012 å oppnevne psykiaterne Agnar Aspaas og Terje Tørrissen som sakkyndige. ... Den nye sakkyndigrapporten på 310 sider ble overlevert til Oslo tingrett den 10. april 2012 ... Rapporten konkluderte med at Breivik ikke led av paranoid schizofreni, og at observanden ikke var "psykotisk, bevisstløs eller psykisk utviklingshemmet i høy grad på tiden for de påklagede handlinger". Den erklærer at "observanden har ikke alvorlig psykisk lidelse med betydelig svekket evne til realistisk vurdering av sitt forhold til omverdenen, og han handlet ikke under en sterk bevissthetsforstyrrelse på tiden for de påklagede handlinger. Observanden er ikke lettere psykisk utviklingshemmet", og at "observanden var ikke psykotisk på tiden for undersøkelsene". Den konkluderte med at Breivik er strafferettslig tilregnelig ...».

Den andre konklusjonen er stikk motsatt den første.

Vi tar en avstikker innom en gammel, men viktig sak. Som kjent var den store norske forfatteren Knut Hamsun sympatisk innstilt til nasjonalsosialismen og til Hitler. Under krigen var han nokså klart på okkupasjonsmaktens side. Da Hitler døde skrev han endog en kort hyllest til Hitler: «Jeg er ikke verdig til at tale høirøstet om Adolf Hitler, og til nogen sentimental Rørelse indbyder hans Liv og Gjerning ikke. Han var en Kriger, en Kriger for Menneskeheden og en Forkynder av Evangeliet om Ret for alle Nasjoner. Han var en reformatorisk Skikkelse av høieste Rang…».

Hamsuns politiske sympatier var da åpenbart meget pinlige for norske myndigheter: Norges støtte forfatter var landsforræder. Etter krigen ble han stilt for retten, men rettssaken, og det den egentlig handlet om, var meget komplisert og vi vil ikke gå inn på dette her (Den som ønsker å vite mer om saken kan lese Torkild Hansens meget interessante bok *Prosessen mot Hamsun.*) Men det som er blitt stående er en konklusjon etter rettssaken om at Hamsun led av «varig svekkede sjelsevner» og derfor ikke var strafferettslig tilregnelig. Det som er blitt stående som budskapet fra rettsprosessen mot Hamsun er altså at han sympatiserte med nasjonalsosialistene fordi han ikke helt var ved sine fulle fem. At han ikke var svekket kan man lese ut av hans bok *Paa Gjengrodde Stier* (1949) hvor han tar et oppgjør med prosessen.

Det som skjedde her var at ledende personer innen statsapparatet satte noe som så ut som en psykiatrisk diagnose på en person som de ikke våget eller ønsket å dømme for en alvorlig forbrytelse: landssvik. (Vi nevner også at uttrykket «varig svekkede sjelsevner» ikke er en medisinsk/psykiatrisk diagnose, det er en «rettspsykiatrisk betegnelse»). Med andre ord: Hamsun ble ikke dømt for landssvik; en slik dom ville vært pinlig for Norge. Hans sympati for nasjonalsosialismen ble forklart med at han var noe redusert i sin mentale kapasitet. Myndighetene brukte altså psykiatrien for å slippe å gjøre noe som det ville vært politisk vanskelig å gjennomføre.

Men hvis vi ser på de terrorangrepene som er utført av muslimer i Norge de siste årene, ser vi at de aller fleste gjerningsmennene i de sakene vi har sitert om over er blitt klassifisert som psykotiske eller blitt dømt til psykiatrisk behandling.

Det ser altså ut som om myndighetene av politiske grunner bruker psykiatriske diagnoser for å unngå at en rettssak kommer opp, for å unngå en uønsket dom, eller for å få et ønsket resultatet av en rettssak.

Man ville ikke ha noen landssviksak mot Hamsun og han ble erklært å lide av varig svekkede sjelsevner. Man ville ha en vanlig rettssak mot Breivik og når psykiaterne kom til at han var gal så ble det oppnevnt nye psykiatere som kom til en annen og politisk sett passende konklusjon. Når det gjelder terrorangrep utført av muslimer vil man ikke ta den politiske belastning det er å stille dem for en vanlig rettssak så de blir da også klassifisert som gale. («Gal» er et folkelig uttrykk som ikke hører hjemme hverken i psykiatrien eller i rettsapparatet; der brukes uttrykk som «varig svekkede sjelsevner» eller «paranoid schizofren» eller «psykotisk».)

Er dette en rettsstat verdig? Nei. Dette er politisk manipulasjon av rettsprosesser, de utføres med en politisk agenda, og denne agendaen i dag er å forsøke å ignorere eller bagatellisere den faren som militant islam utgjør. Ja, ved at terroristene blir erklært som sinnsyke blir den ideologiske begrunnelsen terroristene selv som regel benytter erklært totalt irrelevant og uviktig. Man kan si at de norske myndighetene her gjør en innsats for å redusere eller eliminere betydningen islam har som begrunnelse for terrorisme, en begrunnelse som terroristene altså som regel selv sier at de har.

Vårt syn er at psykiatri ikke hører hjemmet i en rettssak i det hele tatt. En gjerningsmann bør dømmes for den forbrytelsen har han begått, og så får hans eventuelle psykiske lidelser behandles mens han soner sin straff.

La oss helt til slutt si at vi ikke påstår at dagens praksis er resultat av en konspirasjon av et skjult maktapparat som egentlig styrer rettsapparatet. Det er ikke slik at noen personer snakker sammen og blir enige om hva som skal skje. Det som skjer er bare et uttrykk for de holdninger og meninger og standpunkter og politiske synspunkter som dominerer blant de personer som har høye posisjoner i det politiske maktapparat, et maktapparat som inkluderer rettsapparatet, byråkratiet, og psykiatrien.

Hansen, Thorkild: *Prosessen mot Hamsun,* Gyldendal 1996

https://www.vg.no/nyheter/innenriks/i/xRozyG/pst-ingen-holdepunkter-for-at-knivangriper-20-samarbeidet-med-noen

https://www.vg.no/nyheter/innenriks/i/5VavVz/knivofferets-bror-stakk-henne-med-to-hender-rundt-kniven?
utm_content=row-15&utm_source=vgfront

https://www.document.no/2019/01/19/kiwi-terroristens-forsvarer-min-magefolelse-sier-meg-at-han-er-syk/

https://www.vg.no/nyheter/innenriks/i/pzb8G/tre-drept-etter-busskapring-i-sogn-og-fjordane

https://www.nrk.no/nordland/kjent-skyldig-i-flykapring-og-drapsforsok-1.97298

https://www.tv2.no/a/9843379/

https://www.document.no/2019/01/07/tvungent-psykisk-helsevern-for-20-ar-gammel-pakistaner-som-knivstakk-havard-pedersen-til-dode/

https://www.nrk.no/ho/sjaforene-hedrer-drept-kollega-1.33091

http://www.sakkyndig.com/psykologi/artvit/boland2006.pdf

https://www.nettavisen.no/nyheter/fengsel-far-internasjonal-oppmerksomhet/2899152.html

Halvor Foslis bok om masseinnvandringen til Norge
Publisert på Gullstandard 6. januar 2020

Sosiolog Halvor Foslis nyutkomne bok har undertittelen *Norge i masse-innvandringens tid*, og den er en stor og viktig bok. I den finner leseren praktisk talt alle fakta og argumenter som kan og bør tillegges vekt i den pågående debatt om innvandringen og dens konsekvenser (med et par viktige unntak som jeg kommer til).

Fosli tar opp et enormt antall problemer som i den vanlige debatt tilskrives innvandringen, men han er såpass innsiktsfull og fair at han også 1) konstaterer at den egentlige utfordringen er islam, og 2) han nevner, men kun såvidt, det som er den eneste reelle løsningen på problemene.

Bokens hovedtittel er *Mot nasjonalt sammenbrudd*, og det er bokens tema: slik Norge (og alle andre vestlige land) er organisert, vil dagens, og de siste tiårs, innvandring føre til et samfunnsmessig sammenbrudd. Fosli sier rett ut at velferdsstaten ikke er bærekraftig med den innvandringspolitikken som er blitt ført de siste tiår, og at denne politikken fortsatt føres. Som sagt, boken er stappfull av fakta og argumenter som viser dette i en overbevisende grad.

Jeg skal her dog ikke anmelde boken, jeg skal kun kommentere noen meget få av de mange viktige poengene som Fosli diskuterer.

Islam
Fosli forstår selvsagt at det er islam som er det store problemet. Muslimer som kommer til Vesten vil i langt mindre grad enn andre innvandrere integreres i de sekulære samfunn de kommer til; de vil beholde sin religion, en religion som i detalj foreskriver hvordan dens tilhengere skal leve inkludert hvem de skal omgås, hvilke jobber de kan ta, hvilke meninger de skal ha om viktige spørsmål, etc. Men siden det er svært mye som er tillatt i Norge og i Vesten som muslimer finner uakseptabelt, vil dette føre til gnisninger. Fosli siterer en informant som beskriver dette slik: «Det er alltid muslimene som skaper misnøye, frykt, trøbbel, splittelse» (s. 95).

Et annet sitat: «En psykolog i femtiårene sa det slik: "Hvis det er noe som bekymrer meg, er det at muslimer ikke vil være venner med ikke-muslimer"» (s. 338).

Ja, det finnes reformvennlige muslimer, men de vil ikke kunne få betydelig innflydelse. Fosli sier dette om reformvennlige muslimer som åpenbart tror at de kan reformere islam:

> «Konvertitter [til islam] som Lena Larsen og Linda Noor er både som norske og som kvinner lettvektere, og har selvsagt ingen mulighet til å definere islam globalt. Når de allikevel fronter en humanistisk islam må vi andre skjønne at dette er et lite lokalt revynummer, ikke en oppsetning på hovedscenen» (s. 223).

Fosli siterer en fiktiv samtale om bakgrunnen for islams styrke: «Jo mer jeg lærer om islam, jo mindre synes jeg om den. Uflaks med den oljen. Hvis ikke hadde de sittet på kamelene sine...» (s. 211). Foslis poeng her er at araberne er rike pga. oljen som ble funnet i områder som i dag utgjør land som Iran, Irak, Saudi-Arabia, Kuwait, etc. Inntektene fra oljen benyttes av regimene i disse landene til å finansiere et overdådig luksusliv for eliten, og for å spre islam over hele verden. Hvis disse landene ikke hadde hatt denne enorme kapitalen ville denne spredningen ikke ha kunnet skje. Fosli nevner dog ikke det viktigste poenget: denne oljen ble funnet og utvunnet av vestlige oljeselskaper, og oljen var derfor disse selskapenes eiendom. Dessverre lot disse selskapene, og regjeringene i de landene som disse selskapene hørte hjemme i, arabiske sjeiker ekspropriere denne oljen. Grunnen til at disse arabiske landene er blitt rike på olje er altså at de stjal den, og at de som ble frastjålet den, fant seg i det. De som lot set bestjele lyttet til bla. Jesus, som som kjent sa følgende: «Vil noen ta skjorten din, la ham få kappen også», og til andre tenkere som forfektet den samme altruistiske etikken. Hadde de vestlige regjeringene beskyttet oljeselskapenes eiendomsrett ville denne kapitalen bli brukt til å heve velstanden i alle land som respekterte eiendomsretten, og ikke, som i dag, til å spre en før-middelaldersk ideologi som vil ødelegge all sivilisasjon og all velstand.

Fosli konstaterer som et uomtvistelig faktum at islams stilling i Norge er blitt sterkere de siste årene, og det er unødvendig å gjengi eksempler som bekrefter dette; de er overalt. Men jeg vil her benytte anledningen til å fortelle om et eksempel som hører med her, men som jeg aldri har sett omtalt noe sted i den heldigvis stadig voksende litteraturen som omtaler islams økende innflydelse i Norge og i Vesten.

I årene omkring 1990 arrangerte en gruppe diskusjonsglade og beleste unge menn hver lørdag formiddag en standsaksjon på Egertorget i Oslo. Gruppen gikk under navnet Hedningesamfunnet, og de så det som sin oppgave å kritisere kristendommen. De delte ut brosjyrer og andre trykksaker med titler som «Kristendummen», de solgte tegneserier som gjorde narr av Jesus, og de diskuterte med alle som hadde lyst. De morsomste diskusjonene foregikk mellom hedningene og de mer bokstavtro kristne; da ble det alltid temperatur i diskusjonene, og hedningene ble lovet at de ville komme til å tilbringe evigheten på et svært varmt sted. Diskusjonene var alltid fredelige og egentlig ganske godmodige, og ingen ble virkelige uvenner. Dette var lite annet enn et hyggelig og berikende innslag i bybildet. Men så begynte det å komme muslimer til Norge, og det ble flere og flere av dem. De godmodige norske hedningene tenkte da, naturlig nok, at de burde utvide sin målgruppe fra bare kristne til også å inkludere muslimer.

Så de satte seg inn i Koranen og Hadith, de laget noe materiale med kritikk av islam, og så frem til å diskutere med muslimer lørdagene fremover. (Senere ble det fra dette miljøet utgitt en bok med tittelen *Allahs lille brune*, en samling groteske sitater fra Koranen og Hadith.) Men dette varte ikke lenge, praktisk talt med en gang etter at de begynte å kritisere islam kom det så mange trusler om vold mot hedningene fra tilhengerne av fredens religion at Hedningsamfunnet måtte gi opp sine forsøk på å diskutere med dem. Dette hyggelige innslaget i bybildet i Oslo ble altså avsluttet pga. trusler om vold fra muslimer. Dette er enda et eksempel på at der islam blir sterkere blir friheten mindre. (En av mine bekjente var involvert i Hedningesamfunnet, og det var han som fortalte meg om denne utviklingen.)

Et av kapitlene i Foslis bok heter «Sammenstøtet mellom islam og Europa» og det er ikke overraskende bokens lengste kapittel.

Generelt

Fosli diskuterer så og si alle problemer som gjerne knyttes til dagens innvandring. Noen sitater:

> «Et rikt land som mer eller mindre går over fra industrisamfunn til kunnskapssamfunn, kan ikke invitere inn hundretusenvis av ordinære eller funksjonelle analfabeter. Det ender med at disse slåss mot de som faller igjennom i kunnskapssamfunnet. Det ender, for å si det stygt, i at alle opptrer som kjøtere. Som krangler om de beina som samfunnet slenger til dem» (s. 245).

Det er satt i verk en rekke offentlige tiltak for å integrere innvandrerne:

> «[Erfaringer fra] Malmö viser at 40 år med milliardsatsing på mangfold og inkludering bare har utvidet de sosiale problemene og inkluderingen» (s. 256).

> «Migrasjonen til Europa fra Asia og Afrika fører til et voldsomt press på mottakslandene, på mange nivå: på alle de vanlige lønnsmottakerne …. som er tynget ned av skatter og avgifter, pensjonister som lever under fattigdomsgrensen, [samtidig som mange innvandrere lever godt på offentlige trygder og en betydelig andel av den opprinnelige befolkningen ender opp som ofre for kriminalitet, f.eks.] britiske skolejenter i ressursfattige familier som ender som offer for organisert neddoping og voldtekter. Innvandringen har i sine verste konsekvenser ganske riktig karakter av omvendt kolonisering» (s. 278).

Men også ressurssterke mennesker kommer til Europa:

> «Det er et *brain drain* fra fattige, mislykkede land til rike land, satt i system. De som bør lede an i utviklingen av egne land, flyttes [av hjelpeorganisasjoner] til nye liv i Vesten … De virkelig heltene er [ikke de som flytter til Vesten, men] unge menn og kvinner som har råd til å søke lykken i Vesten, men som velger å bli … for å bygge landet» (s. 283).

432

Innvandringen til Norge koster enorme beløp.

> «Perspektivmeldingen legger til grunn at hver flyktning over
> livsløpet koster minst seks millioner. Siden 2012 har Norge tatt
> imot 114 000 flyktninger og familiegjenforente og pådratt oss
> statsfinansielle forpliktelser på rundt tusen milliarder kroner ...»
> (s. 364).

Beregninger viser at av statsbudsjettet brukes ca 250 mrd kr hvert år på
innvandrere (inkludert flyktninger og asylsøkere); noe som er mer enn
1/6 av statsbudsjettet, som i år er på ca 1400 mrd kr. Pga. inntektene fra
oljevirksomheten (som er en indirekte beskatning av de som bruker
oljen, dvs. på de som bruker olje og bensin til transport, til oppvarming,
etc.), kan staten bare hente inn disse pengene fra oljeinntektene. Dette
gjelder oljelandet Norge; andre land som ikke har olje tar opp lån og
blir mer og mer forgjeldet. Men også kommunene får store utgifter pga.
innvandringen (det er kommunene som etter statlige pålegg må tilby
mange av de goder som staten har bestemt at innvandrerne skal ha
tilgang til), og kommunene kan ikke bare hente inn oljepenger;
kommunene må ta opp lån. Mange kommuner har da etter hvert fått
kolossal gjeld.

Jon Hustad skrev dette om kommunenes gjeld i Dag og Tid
16/8-19:

> «Ved utgangen av år 2000 hadde norske kommunar ei skuld på
> vel 150 milliardar kroner, i 2017 var den same gjelda på 600
> milliardar. Kommunane har hatt ein særs stor inntektsvekst etter
> at staten fekk Oljefondet [fordi kommunene fikk ytterligere
> overføringer fra staten] .... I 2000 hadde kommunane totale
> inntekter på 224 milliardar. I 2017 var det same talet 531
> milliardar. Då skulle ein tru at kommunane valde å gå med store
> overskot på drifta for slik å spara opp pengar til investeringar i
> staden for å betale renter. Men nei. I 2000 var den samla
> kommunale gjelda på 67 prosent av inntektene, i 2017 heile 113
> prosent. Norske kommunar har altså skuld som langt overgår
> inntektene. Korkje eldrebylgja eller fødselstal kan forklara

utviklinga. Nordmenn får stadig færre born, og det har vore ein samla nedgang av personar på over 80 år i denne perioden, sidan nordmenn fekk få born i den vanskelege mellomkrigstida. No byrjar derimot talet på eldre å stiga kraftig, sidan den store etterkrigsgenerasjonen vert eldre. Gruppa med nordmenn på over 80 år kjem til å vekse fram til omlag 2050. Kommunane skal gjennom 30 uår, men i staden for å nytta dei særs gode åra frå 2000 av, har dei altså auka både konsumet og gjelda til dels dramatisk. Og det sjølv om demografi er ein nokså eksakt vitskap».

Hustad sier at hverken eldrebølgen eller fødselstallene forklarer den økede gjelden. Hva kan da være årsaken? Fosli kommer inn på dette, med utgangspunkt i Oslo:

«Gjelden til Oslo kommune gikk fra sju milliarder i 2004 ... og er beregnet til 67,7 milliarder i 2021. Innvandret befolkningsvekst er den store driveren generelt for kommunal gjeldsvekst» (s. 112).

Til sammenligning: Oslo kommunes budsjett er på ca 77 mrd kr.

Videre fra Fosli:

«Norsk asylpolitikk kan oppfattes som en stående invitasjon til verdens fattige og undertrykte om gratis bolig og livslang økonomisk trygghet, ikke bare for asylsøkeren selv, men også for familien, og på sikt for en større del av slekten gjennom henteekteskap. Det er et tilbud som mange er interessert i» (s. 222).

Dette vil naturlig nok koste penger – og disse hentes fra norske skattebetalere.

Det er ikke bare offentlige aktører som bidrar med ulke tiltak. «Røde Kors har 380 lokale foreninger, 50 000 frivillige, 150 000 medlemmer. Integrering [av innvandrere] er blitt den største aktiviteten i Røde Kors...» (s. 230).

Men svært få av de som er involvert i å legge forholdene til rette for innvandrerne er opptatt av økonomien og bærekraften i denne innvandringen: Fosli deltok på en dialogkonferanse om innvandring i Trondheim i april 2019, og av de mange foredragsholderne var det «ingen som snakket om bærekraft for norsk økonomi, absorpsjonsevnen i lokalsamfunnene eller tåleevnen til norsk kultur» (s. 232).

Fosli er tilhenger av velferdsstaten

Fosli nevner et alternativ som kan benyttes for å innskjerpe prosessen med innvilgelse av statsborgerskap. «En kreativ idé formulert av Høyremannen Simen Sandelien er at man innvilges statsborgerskap av en slags jury». Denne juryen på ca 20 personer skal intervjue den som søker om statsborgerskap, og «hvis mer enn to av disse tyve etter hemmelig avstemning vurderer [søkeren] som unorsk, blir han ikke innvilget statsborgerskap» (s. 299-300). Fosli synes åpenbart at en slik jury-ordning for innvilgelse av statsborgerskap er en god idé: «Sandelien er blant dem som tenker nytt i Høyre på dette politikkområdet».

Ja, vi kan være enige i at dette er en ny idé. Men er det en god idé? Bare for å ta et par poenger: Hvem skal sitte i en slik jury? Hvem skal velge ut de som skal sitte i en slik jury? Hvilke meninger har disse om de siste tiårs innvandringspolitikk? Er de som blir valgt ut villige til å bruke sin tid på dette? Hvor mye tid skal de bruke på hvert intervju? Hvor mange slike søkere skal de intervjue i hver økt? Som kjent, jury-ordingen ble fjernet fra det norske rettsapparatet, hvor den virkelig hører hjemme, fra 2018. Og dessuten: Vil man kunne bli valgt – eller vil man bli valgt? – til å sitte i en slik jury hvis man er medlem av FrP eller av Demokratene eller har gitt pengebidrag til Resett? Dessuten, et slikt apparat vil kreve både store kostnader og et stort byråkrati. Vårt syn er at forslaget er meget uklokt. At et slik forslag kommer fra Høyre er bare som man kunne forvente.

Hvordan bør da statsborgerskap oppnås? Vi er tilhengere av noe som ligner den amerikanske modellen, som innebærer at søkeren først må bestå en prøve – på norsk – i norsk samfunnsliv og historie, og så må gjennomføre en edsavleggelse hvor han sier at han vil følge Norges lover. Alvorlige lovbrudd vil da innebære at statsborgerskapet blir trukket tilbake.

Fosli er tilhenger av velferdsstaten, og mener at den kan være bærekraftig: «En omfordelende velferds- og nasjonalstat er nødt til å være ekskluderende om den skal overleve» (s. 306). Vårt syn, som vi har har redegjort for en rekke ganger, er at en velferdsstat ikke kan overleve, uansett. Kort oppsummert: Velferdstaten innebærer at man skal betale litt skatt til det offentlige, og så skal man til gjengjeld få mer eller mindre gratis alt som er viktig: skole, helsetilbud, infrastruktur, kultur, pensjoner og trygder, etc. Videre, gjennom et progressivt skattesystem skal det skje en utjamning. Men det som vil måtte skje i dette systemet er at skattene vil øke, statsgjelden vil øke, byråkratiet vil øke, kvaliteten på de offentlige tilbud vil synke, kriminaliteten vil øke, driftige folk vil flykte til land eller bransjer med lavere skatter og mindre byråkrati, etc. Dette må ende med sammenbrudd – også hvis innvandringen er liten.

Stor innvandring av personer som nærmest er helt uproduktive, og som derved lever på trygder og pensjoner finansiert av skattebetalerne, vil bare fremskynde sammenbruddet; dvs. det vil ikke forårsake sammenbruddet.

Eliten
Fosli nevner en rekke eksempler som viser at et betydelig antall innvandrere som er blitt assimilert og i betydelig grad har tatt til seg den norsk kulturen, ofte med betydelig fare for dem selv. Men det finnes også andre som ikke vil assimileres, og som ser ned på det norske og hyller sin opprinnelige ideologi. Fosli ser ut til å være overrasket over at den norske eliten nærmest forakter de som velger å ta til seg norske verdier, men hyller de som ikke vil assimileres. Eliten ser ned på den assimilerte somalieren Shurika Hansen som skriver i Resett, men beundrer den fortsatt hijabrukende somalieren Sumaya Jirde Ali. Ali har til og med blitt tildelt flere priser, bla. «Årets Bodøværing», «Zola-prisen», «Årets Stemme», og Den norske Forfatterforenings

Ytringsfrihetspris for 2018. Hun er altså en hijabbrukende muslim, og har aldri vist spesielt mye respekt for personer som har andre meninger enn de hun selv har. (Hun er også blitt utsatt for omfattende hetsing, noe vi selvsagt tar sterk avstand fra, men hun har jo selv også hetset meningsmotstandere, f.eks. Sylvi Listhaug.) Shurika Hansen har så vidt vi vet aldri blitt tildelt noen priser.

Fosli:

> «Der Shurika Hansen knytter seg til ordinær, vestlig politisk
> diskurs, basert på universelle verdier og økonomisk
> interessekamp slik den utspiller seg i en nasjonal, norsk
> kontekst, knytter Sumaya seg tett til identitetspolitikk, der
> hennes kjønn, religion, etnisitet blir det mest definerende for
> hvordan hun skal oppfattes, hvorfor hun og andre som ser ut
> som henne, diskrimineres, og hvorfor hun skal respekteres.
> Mørk hudfarge er i seg selv noe bra, det er en moralsk
> egenskap» (s. 316).

Et annet eksempel i samme gate er det som skjedde med den pakistansk-norske artisten Deepika, som brøt med sitt islamistiske opphav og skapte kunstneriske uttrykk som ikke var i samsvar med kravene i sharia. Hun fikk da liten støtte i Norge og måtte rømme til England pga. trusler mot henne fra familien og fra andre i Norge. Også hun ble altså sviktet av den norske eliten.

> Hun «forlot Oslo og Norge etter grove voldstrusler fra det
> norsk-pakistanske miljøet. Samfunnet klarte ikke å beskytte en
> ung jente med muslimsk bakgrunn som gjennom selvstendige,
> personlige valg viste at hun hørte til i landet» (s. 282).

Men eliten ignorerer slike ting og sier allikevel at Norge er verdens beste land. Deepika fikk heller ikke noen priser i Norge så vidt vi vet.

Fosli kommer ikke inn på årsaken til at eliten tar avstand fra det norske (egentlig er det i hovedsak Vestens ideer som menes når det snakkes om Norges verdier) og støtter de mer primitive krefter blant innvandrerne, dvs. eliten støtter heller de mer bokstavtro muslimer enn de mer sekulære muslimer. Grunnen er at de grunnleggende ideer som dominerer hos eliten i Norge (og i alle andre land Vesten) er i strid med de ideer som ligger til grunn for Vestens sivilisasjon. De ideer som dominerer hos eliten ligger faktisk nært opptil de ideer som islam bygger på. Kort oppsummert: Vesten bygger på individualisme, rasjonalitet, rasjonell egoisme, respekt for eiendomsretten, individuell frihet, sekularitet, skille kirke/religion/stat, markedsøkonomi, frihandel, rettsstat – dvs. rasjonelle ideer. Det som skapte Vesten og den velstand som der etter hvert ble mer og mer utbredt var først en bred oppslutning om disse ideene, og deretter en implikasjon av disse ideene i organiseringen av samfunnene. De ideer som dominerer hos eliten i dag er de stikk motsatte av disse rasjonelle ideene; eliten er tilhenger av kollektivisme, selvoppofrelse, statlig styring, en statskontrollert økonomi, etc. (Disse ideene kommer fra Platon, Rousseau, Kant, Hegel og Marx, og enkelte andre mindre figurer som Auguste Comte og Saint-Simon). Eliten er da naturlig nok sterkt venstreorientert, og sosialismen og islam er to alen av samme stykke. Det er derfor eliten forakter folk som Shurika Hansen og hyller folk som Sumaya Jirde Ali.

Hvem utgjør i dag denne eliten? Fosli har en liste på side 357: «NRK-folk, skuespillere, redaktører, kommentatorer og journalister i de store avisene, NGO-ansatte, forfattere og forlagsfolk». Hvorfor han ikke også tar med politikerne i de store partiene, akademikere, byråkrater og lærere på denne versting-listen er noe overraskende.

Fosli siterer, og ser ut til å dele, en svært overraskende påstand som finner man i en note på side 422. Her siteres en mainstream-økonom (Knut Røed), som i det Fosli gjengir sier noe som er opplagt feil.

> «Ingenting i økonomisk teori eller empiri tilsier at høyere innbyggertall i seg selv øker det generelle velstandsnivået …. Arbeidsinnvandringen øker produksjonen, men samtidig øker også etterspørselen [dvs. forbruket]».

Det som påstås her er som sagt opplagt feil. Det er feil fordi en økning av arbeidsstyrken også øker spesialiseringen/arbeidsdelingen, og når spesialiseringen øker så øker også produktiviteten og derved øker produksjonen ….. Nå kan vi ikke kun ut i fra dette si at Røed tar feil her. Jeg har lett etter originalkilden uten å finne den (død lenke), så det

438

er mulig at Røeds kontekst er slik at det han sier er riktig, men slik det er gjengitt av Fosli er det faktisk helt feil: i en noenlunde fri økonomi vil en økning av befolkningen øke produksjonen mer enn befolknings-økningen. For å tydeliggjøre dette med et enkelt talleksempel: dersom befolkningen øker med 50 % kan produksjonen pga. styrket spesiali-sering øke med 70 %.

Og for å ta med et annet nærliggende poeng her: enkelte hevder at Vest-Europa trenger arbeidsinnvandring pga. en aldrende befolkning. Dette poenget er feil fordi de yngre arbeiderne som kommer til Europa blir jo også eldre etter hvert ..... Problemet med en aldrende befolkning skyldes helt andre ting, f.eks. at de statlige pensjonssystemene i disse landene er laget slik at de ikke er bærekraftige og ikke kan endres i takt med utvikling i befolkningsstørrelse og levealder (se f.eks. de nylige omfattende protestene i Frankrike etter forsiktige forslag om å heve landets svært lave pensjonsalder), at færre får barn fordi de ser at fremtiden ikke er spesielt lys, og kanskje også fordi enkelte feminister har pushet en kvinnerolle som innbærer en nedvurdering av morsrollen.

Etikken
Fosli sier korrekt om det som knuste nasjonalsosialismen og fascismen i Europa i 1945: at «Den fascistiske ideologien trengte et ødeleggende militært og moralsk nederlag, slik at enhver [videre kamp og erobringslyst fra nasjonalsosialister og fascister] ble meningsløs». (s. 152).

Fosli trekker dog ikke den opplagte konklusjon av dette: for å stanse islamismens videre innflydelse må islamismens fyrtårn – først og fremst regimene i Iran og Saudi-Arabia, men også grupper som Boko Haram, Taliban, alQaida, Hezbolla, IS, mfl. – påføres ødeleggende militære og moralske nederlag. Den innflydelse islamismen har i Vesten vil opphøre når at disse fyrtårnene slukkes for alltid, og dette kan kun skje ved at disse blir påført et fullstendig knusende militært nederlag. Alle ser problemene som et stort innslag av islam i Vesten fører til, så hvorfor gjør vi, dvs. hvorfor gjør Vestens ledere, ingenting? De gjør ingenting dels fordi de ikke vil innse at islam er årsaken til problemene, dels fordi de i stor grad deler de grunnverdier som islam står for, og dels fordi de ikke har den moralske styrke som må til for å eliminere regimene i Iran og Saudi-Arabia. (At Vesten fortsatt har den militære og økonomiske styrke til å knuse disse regimene er opplagt.)

Fosli kommer inn på et teoretisk poeng som er svært viktig. Fosli sier korrekt at kirken hele tiden har sagt at den altruistiske etikken som Jesus forfekter i Bergpreken ikke er en oppskrift som kan benyttes i praktisk politikk. (Det som det siktes til er det Jesus sier i Bergpreken: «Sett dere ikke imot den som gjør ondt mot dere. Om noen slår deg på høyre kinn, så vend også det andre til. Vil noen saksøke deg og ta skjorten din, la ham få kappen også. Tvinger noen deg til å følge med en mil, så gå to med ham.»)

Men hvordan henger dette sammen med vårt syn, et syn som sier at det nettopp er denne etikken som ligger til grunn både for sosialismen og for sosialismens noe mildere variant, velferdsstaten? Her er Foslis formulering: «At oppofrende personlig etikk, radikal kristen etikk, omtrent umulig i alle sine ekstreme krav selv på individnivå, ikke kan legges til grunn for sosialetikken eller politiske valg, har vært velkjent teologi i lang tid». «[Når kristne har stått i fremste linje for en liberal innvandringspolitikk] forsøker de å realisere himmelen her på jord, en fristelse som ansvarlige teologer og kirker alltid har advart mot» (s. 287).

To ting til dette: Fosli sier at «ansvarlige teologer og kirker» alltid har ment at den kristne etikken ikke kan praktiseres, noe som er verd å merke seg. Men det andre poenget er viktigst. Hvordan kan en etikk som praktisk talt alle forstår ikke kan praktiseres, og som sterke krefter advarer mot, få så sterk innvirkning på politikken?

De fleste kjenner til oppfordringen «gjør som jeg sier, ikke som jeg gjør!». Poenget er at det et lettere å være altruist i ord enn i handling; dvs. det et lett å oppfordre til altruistiske handlinger selv om det er vanskelig eller nær umulig å utføre altruistiske handlinger, i hvert fall på en noenlunde konsekvent måte over tid. Få er altruister i sine egne daglige liv, selv om de holder altruismen som et ideal. (La meg også ha nevnt at en slik holdning direkte oppfordrer til umoralsk oppførsel fordi det å holde høyt et moralsk ideal som er umulig å følge, egentlig er en direkte oppfordring til umoral). Men i en gruppe eller i et demokrati, hvor ordet, dvs. det man sier eller det man stemmer for i valg, ligger til grunn for det som skal bli gjort, vil altså det som blir vedtatt politikk være langt mer altruistisk enn noen praktiserer i sine egne liv – hvis altså altruismen som ideal står sterkt i kulturen.

For å rekapitulere dette viktige punktet: sosialismen og velferdstaten har stor oppslutning og er blitt innført i en rekke samfunn fordi den etikken de byger på, altruismen, har stor oppslutning i disse landene. Enhver vet at altruisme i eget liv vil føre til fattigdom og det som enda verre er, men når han skal avgi stemme ved valg ser han ikke like klart de negative konsekvensene av en altruistisk politikk, og derfor stemmer han for en altruistisk politikk: alle sier jo at altruismen er et etisk ideal og alle vil jo – i hvert fall i ord – være moralske mennesker.

Det burde være tydelig at problemene som tillegges innvandringen skyldes velferdsstaten (et system hvor man har rett til å bli forsørget på skattebetalernes bekostning). Men som sagt, Fosli nevner noen steder det som er den reelle løsningen. Første gang på side 120:

> «Men det er klart, dersom man ønsker en liberalistisk stat med redusert [statlig] velferd og større sosiale forskjeller kan migrasjonen øke.»

Jeg har skutt inn ordet «statlig», det var ikke med hos Fosli. Men han burde ha tatt det med; Fosli vet at i et liberalistisk system vil det finnes private, frivillig finansierte velferdsordninger.

Andre gang på side 127:

> «Et mulig alternativ er en tilbakevending til nattvekterstaten, altså en avvikling av kollektiv, offentlig velferd, og at alle må passe på seg selv og sin familie – og sin klan».

Igjen, i et slikt system finnes det privat veldedighet.

Tredje gang på side 339:

> «Stor innvandring til en liberalistisk nattvekterstat trenger ikke være et problem, men tvert imot en fordel».

Det ser altså ut som om Fosli ser hva som er den reelle løsningen på det mange beskriver som problemer forbundet med innvandring, men av en eller annen grunn går hans konklusjoner ikke i den retningen. Løsningen er å ha et fritt samfunn, dvs. et samfunn hvor staten kun beskytter borgernes frihet og ikke gjør noe annet. I et slikt samfunn er det ingen statlige støtteordninger man kan utnytte, og det er ingen statlige reguleringer man må følge; det som gjelder er eiendomsretten. I et slikt samfunn er det opp til den enkelte bedrift å ansette hvem den vil – om de ansatte da vil bruke hijab eller må i be i retning Mekka fem ganger om dagen er da noe som staten ikke blander seg opp i. Det viktige element her er frihet, individuell frihet, som er retten for ethvert individ til å disponere seg og sitt (sin kropp, sin eiendom og sin inntekt) slik det ønsker. Dette innbærer at staten ikke praktiserer den ettergivenhet overfor kriminelle slik dagens stat gjør, dagens kriminalpolitikk er forøvrig en implikasjon av den samme etikken som ligger til grunn for sosialismen og for velferdsstaten: altruismen.

De problemene Fosli beskriver skyldes velferdsstaten, og ettergivenhet overfor kriminalitet. I et fritt samfunn, hvor staten kun beskytter borgernes frihet og ikke deler ut hverken støtteordninger eller løyver eller konsesjoner, og straffer strengt de som begår reell kriminalitet, vil de problemene som Fosli beskriver ikke lenger finnes. Men et fritt system bygger på andre grunnideer enn de som dominerer i dag. I dag dominerer det syn at kollektivisme, selvoppofrelse, statlig styring, en statskontrollert økonomi, er moralske goder – og resultatet av disse ideene ser vi omkring oss. Det som må til for at vi skal komme på rett kurs er at dagens dominerende ideer byttes ut med individualisme, rasjonalitet, rasjonell egoisme, respekt for eiendomsretten, individuell frihet, sekularitet, skille kirke/religion/stat, rettsstat, markedsøkonomi, frihandel. Ja, det er langt dit, men dette er den eneste vei som ikke fører til det som er tittelen på Foslis bok: et nasjonalt sammenbrudd.

Halvor Fosli: *Mot nasjonalt sammenbrudd. Norge i masseinnvandringens tid*, Document forlag 2020

Tre goder – og en ideologisk implikasjon
Publisert på Gullstandard 20. april 2020

Det er mange goder i livet, ting som gjør livet bedre, ting som gjør at man gleder seg til hver eneste dag. Det kan være ting man gjør, ting man opplever, ting man eier – eller ting man bruker. Vi kunne gitt en svært lang liste over slike goder, men vi skal si litt om kun tre ting, ting som svært mange har stor glede av. Men alle mennesker er forskjellige, og det kan være enkelte som ikke har noen glede av de tingene vi skal snakke om, og det er ikke noe galt i det; folk er som sagt forskjellige og liker forskjellige ting. Men de aller fleste liker de tingene vi skal ta for oss, ja, for mange er de ikke bare en viktig del av et godt liv, de er uunnværlige, livet ville bli fattig uten dem.

Hunder

Det første vi skal si noe om er hunder. Svært mange mennesker elsker hunder, og det er ikke uten grunn. Dette er også velkjent; hunden er ofte omtalt som menneskets beste venn. Men hvorfor er vi så glade i hunder? Det er mange grunner til det. For det første: de liker mennesker. De betrakter som regel sin eier som en gud, og som regel plasserer de alle andre mennesker på omtrent samme nivå. De elsker å være sammen med mennesker, og de trives like godt sammen med mennesker som sammen med andre hunder (ser det ut til). Hunder og mennesker ser også ut til å kunne kommunisere med hverandre selv om hunder ikke kan snakke – men en stor del av all kommunikasjon, også mellom mennesker, er som kjent ikke-verbal.

Hunden fungerer også både som personlig trener og som terapeut: hunden krever at man går tur med den flere timer hver dag, og den trøster sin eier dersom den merker at det er behov for det, noe den er flink til å merke. Hunder elsker å kose, og stiller alltid villig opp dersom et behov eller et ønske om noe slikt skulle melde seg.

En hund vil også beskytte sin eier; dersom eieren blir truet eller angrepet vil selv den minste hund slåss til døden for å beskytte sin eier.

Hunder er som de er, de kan ikke forestille seg, de kan ikke gi et falsk bilde av hvem de er: hunder er gjennomført ærlige. De vil også tilgi sin eier dersom han gjør noe galt mot den: gjør man noe galt mot en hund vil den tilgi og glemme etter meget kort tid. Man kan miste en venn dersom man behandler ham eller henne dårlig, men man mister aldri sin hund nesten uansett hvor dårlig man behandler den. (Dette er ikke alltid bra for hunden, men den har bokstavelig talt intet valg.) En hund kan bli sint, men den kan ikke være langsint.

Ja, de kan spise opp – eller i hvert fall gnage i stykker – eierens tøfler, og de kan spise opp ungenes hjemmelekser, og kanskje ligger det en mening bak dette siste? Forfatteren John Steinbeck forteller:

> «I've always tried out my material on my dogs first. Years ago, when my red setter chewed up the manuscript of *Of Mice and Men*, I said at the time that the dog must have been an excellent literary critic».

Etter at hunden har gjort noe som eieren ikke liker kan det se ut som om den har dårlig samvittighet, og da er hunden lett å tilgi. Som sagt, hunden er menneskets beste venn og vil alltid forbli en venn, den vil aldri svikte sin eier, og som det er sagt mer enn en gang: «jo mer jeg blir kjent med mennesker, jo bedre liker jeg hunder».

Hunder blir sjelden mer enn 15 år gamle, og å miste sin hund er en vond opplevelse. Den mest rørende fortelling om en hund er vel den som er å finne i *Odysseen*. Da Odyssevs reiste hjemmefra for å krige i Troya var hans hund Argos en liten valp, men hva skjer når Odyssevs kommer tilbake tyve år senere? Hunden kjenner ham igjen – etter tyve år! – gir uttrykk for det ved å hilse sin eier, og dør. (Et noe mer utførlig og detaljert sammendrag av denne episoden er å finne etter artikkelens avslutning.)

De fleste som må forlater sin hund blir bare borte noen timer eller dager, men da eieren kommer tilbake etter et kort fravær gir hunden ham en velkomst som ser ut som om hunden mener at dette er det største og mest gledelige øyeblikk i dens liv. Det er ikke det minste overraskende at hunder er beskrevet som som følelsesmennesker på fire ben.

Hunder kan også arbeide, f.eks. som vakthund, som gjeterhund, som trekkdyr, som førerhund eller som sporhund, men vi snakker her om hunder som venner, som det som kalles kjæledyr. Eieren er (bør være) en god venn av sin hund, men hunden bare dyrker sin eier

444

uansett. Hovedgrunnen til at mennesker og hunder passer så godt sammen er at en hund er et flokkdyr som innser at den har en bestemt plass i et hierarki, og den er fullstendig lojal mot alle som er over den i hierarkiet; er den sammen med mennesker i en gruppe (eller familie) fungerer alle i gruppen som hundens overordnede. Hunder finner dette helt som det skal være, den godtar denne rangordningen som noe helt naturlig.

Musikk

Et annet gode er musikk. Musikk finnes i et utall varianter, alt fra reklamejingler til symfonier via popsanger, mongolsk strupesang og gregoriansk kirkemusikk, alt fra «Respekt for Grandiosa» og «Carmina Burana» og «Nibelungen ring». Det er noe for enhver smak. Musikk er også svært populært; rockekonserter kan ha publikum bestående av titusener syngende og dansende mennesker, mens konserter med kammermusikk kan ha et publikum på et dusin intenst lyttende personer. Inntil for noen år siden var platesalget enormt, men nå er det strømming som gjelder, og et nytt verk kan få millioner av avspillinger på bare noen få dager.

Musikk taler direkte til lytteren, et verk kan ta lytteren med på en reise gjennom alle de stemninger som man kan oppleve: glede, entusiasme, sorg, fortvilelse, håp, spenning, ro, uro, mm. Ved å lytte til et stykke musikk kan man enten få bekreftet og styrket den følelse man har, og dette kan fungere som en trøst, eller man kan bruke det som en oppmuntring dersom man trenger det. Eller man kan bare bli tatt med inn i en annen verden.

Nick Hornby er inne på noe av dette i boken *High Fidelity,* hvor hovedpersonen er en ivrig platesamler som mange vil påstå bruker for mye tid sammen med platene sine. Men er dette galt?

> «Is it wrong, wanting to be at home with your record collection? … collecting records is not like collecting stamps, or beermats, or antique thimbles. There's a whole world in here, a nicer, dirtier, more violent, more peaceful, more colorful, sleazier, more dangerous, more loving world than the world I live in; there is history, and geography, and poetry, and countless other things I should have studied at school, including music».

445

Men man må ikke alltid lytte intenst til musikk, det kan være ok å ha musikk i bakgrunnen mens man gjør noe annet; det ikke noe galt med det.

Musikk har eksistert nærmest til alle tider, arkeologer har funnet instrumenter som kan være om lag 40 000 år gamle. Det er grunn til å tro at musikk er den kunstform som har flest aktive brukere, det er den kunstform som flest mennesker oppsøker. Ikke alle leser skjønnlitteratur, ikke alle besøker ballett-forstillinger, ikke alle besøker gallerier for å se på malerier og skulpturer. Ja, alle benytter seg av produkter som arkitekter har skapt nærmest hele tiden – vi er nesten alltid i én eller mellom flere bygninger, men det er antagelig få som tenker igjennom ideene som ligger i de bygninger man omgås. (De som har dette forholdet til arkitektur har samme forhold til arkitektur som de har til musikk de som kun bruker musikk som bakgrunnsmusikk. Som sagt, ikke noe galt i det, men det er så mye mer å hente for den som vil.)

Praktisk talt alle mennesker, i alle kulturer til alle tider, har lyttet til – eller endog selv fremført – musikk på en eller annen måte; fremføringene mange har deltatt i kan bestå av allsang rundt et bål, fremføring av julesanger i julen, eller salmesang i kirken. Musikk er antagelig den mest universelle kunstform. Dette har å gjøre med at musikk taler direkte til bevisstheten på en helt annen måte enn de andre kunstformene.

Alkohol

Det tredje gode vi skal si noe om er alkohol. Alkohol finnes som kjent i flere forskjellige typer drikker: i øl, i vin, og i brennevin. De fleste vil være enige i at disse drikkene kan smake godt. Mange vil si at det er få ting som er bedre enn en iskald øl en varm sommerkveld. Det finnes et utall forskjellige ølsorter som smaker helt forskjellig, og noen liker å variere mens andre har en favoritt som de sjelden går bort ifra. Det finnes lyst øl og det finnes mørkt øl, det finnes sterkt øl og det finnes svakt øl, og alle varianter har sin sjarm og sine tilhengere. Vin finnes også i utallige varianter, og som Ibsens Hjalmar Ekdal ble fortalt, det er til og med forskjell på årgangene! Vin kan være søt eller tørr, den kan være sterk eller svak, ulike typer passer til ulike matretter, og den kan drikkes til mat, sammen med venner, eller alene. De utallige varianter

446

som finnes utgjør et univers av forskjellige smaker, og mange liker å utforske dette universet. Også brennevin finns i utallige varianter: konjakk, whisky, likør, vodka, akevitt, brandy spessial, mm.

Alkoholen gjør visstnok at disse drikkene får en bedre smak, men alkoholen har også en annen effekt: den gjør at man får en rus: jo mer man drikker, jo sterkere blir rusen. Mange synes det er meget behagelig å få en mild rus på denne måten.

Rus-effekten av alkoholen fører til at hemninger blir svekket, og at man i større grad viser eller avslører sin virkelige personlighet. Det er ikke uvanlig at grupper av mennesker, som regel en blanding av noen som kjenner hverandre fra før og noen som ikke kjenner hverandre så godt fra før, samles til en aktivitet som går under navnet «fest». En av de viktigste tingene som skjer under slike samlinger er å drikke alkoholholdige drikker, i form av øl eller vin eller brennevin. Når de fremmøtte har fått i seg noe alkohol blir de ofte i bedre humør, de blir gladere, de blir mer omgjengelige, de mister sin sjenerthet, de avslører til en viss grad seg selv og viser hvem de egentlig er. Ja, noen blir kranglete og vanskelige å ha med å gjøre, men de fleste blir bare en noe mer åpen og selvavslørende versjon av den de til vanlig fremstår som.

Å omgås andre på en fest vil derfor føre til at man blir bedre kjent med hverandre, og på et bedre grunnlag kan velge hvem man vil ha med å gjøre i sitt vanlige liv; når en person har inntatt alkohol viser han seg i større grad slik han virkelig er. Alkohol og fest hører sammen: det er sagt at «en fest uten alkohol er ikke en fest, det er et møte», og det er mye sannhet i dette.

Et av de tidligste litterære eksempler på alkoholens positive effekter når mennesker er samlet å finne i Platons *Symposium*, eller vi bør kanskje her bruke dette verkets andre tittel: *Drikkegildet i Athen.* Der står Alkibiades frem – «mektig beruset og svært høyrøstet» (i Egil Wyllers norske oversettelse) – og sier ting han aldri ville ha sagt dersom han var edru; det er sant som det heter at av barn og fulle folk får man høre sannheten!

Inntak av alkohol forekommer i en rekke forskjellige varianter i andre sammenhenger enn på fest: man kan ta et glass vin til maten, en konjakk til kaffen, et glass øl på puben med venner, en drink for å markere inngåelsen av en avtale eller avslutningen av et prosjekt, mm.

Ja, det finnes avholdsfolk, og det er Ok å ikke drikke alkohol. Men på en fest vil en avholdsmann sjelden passe inn. Når de fleste på en fest har drukket noe alkohol og er blitt litt pussa, og det er en eller flere som er edru, vil dette ofte kunne legge en demper på stemningen. De som har drukket noe alkohol vil kanskje føle seg vel bare hvis alle andre har drukket noe, men når de vet at det er noen som ikke drikker tilstede kan de føle seg utilpass. Også i en rekke andre sammenhenger hvor de fleste synes det passer å ta en drink eller en øl eller et glass vin vil en som ikke rører alkohol ikke passe inn.

Ja, man kan drikke for mye og man kan drikke for ofte, og dette kan føre til store problemer. Men slik er det med det meste; man bør følge Aristoteles´dictum om at dersom to ytterligheter begge er gale bør man velge en gylden middelvei. Og om hvorvidt alkohol egentlig er giftig – i visse sammenhenger er alkohol omtalt som en rusgift – sier Paracelsus´ lov at hvorvidt noe er giftig kommer an på mengden. Derfor: litt alkohol er helt ufarlig.

Som sagt innledningsvis finnes det mange gleder i livet, og mange ser ut til å mene at omgang med hunder, det å lyttet til musikk, og det å ta et glass øl eller vin eller brennevin, er store goder i livet. Og vi slutter oss til dette; disse tre tingene er vesentlige goder.

Forbudte goder?

Men hva skal man da si om en ideologi som sier at alkohol er forbudt, at musikk er forbudt, og at det er forbudt å eie hunder som kjæledyr fordi de er urene. Som kjent er dette holdningen som kommer til uttrykk hos enkelte sterke autoriteter i islam. (Dokumentasjon på dette er å finne nedenfor.)

Islam er en ideologi som sier at det finnes en gud, og at han krever full lydighet og underkastelse – selve ordet «islam» betyr «underkastelse». Islam legger avgjørende vekt på at tilhengerne skal adlyde islams pålegg, at de skal forsvare islam, og at de skal spre islam. Islam legger ikke så stor vekt på at tilhengerne skal leve gode, lykkelige og produktive liv. Et sitat, her fritt oversatt til norsk, illustrerer dette tydelig: «Vestens folk vil leve lykkelige liv, muslimer vil dø for Allah». (Dette sitatet var velkjent og ofte sitert for noen år siden, men kilden for sitatet er nå av en eller annen grunn ikke å oppdrive via Google.)

Nå er det bare en liten andel av de som kaller seg muslimer som følger disse forbudene fullt ut; en betydelig andel muslimer liker hunder, drikker alkohol, og liker musikk. Og dersom man går inn på kildene i islam så blir bildet noe mer nyansert enn man kan få inntrykk av fra de som hevder at hunder er urene og at musikk er forbudt. Dette viser at enkelte muslimske autoriteter myker opp ideologien for å gi større rom for muligheten til å leve gode liv, noe som er en god ting.

Islams holdning til disse godene
Vi begynner med alkohol. Hva sier islam om alkohol?

> «Islam's holistic approach to health and well-being means that anything that is harmful or mostly harmful, is forbidden. Therefore, Islam takes an uncompromising stand towards alcohol and forbids its consumption in either small or large quantities. Alcohol is undoubtedly harmful and adversely affects the mind and the body. It clouds the mind, causes disease, wastes money, and destroys individuals, families, and communities. Researchers have proven that there is a strong link between alcohol and gambling. Drinking impairs judgement, lowers inhibition, and encourages the type of risk taking involved in gambling and dangerous activities. God tells us in the Quran that intoxicants and gambling are abominations from Satan and orders us to avoid them. (Quran 5: 90)» (kilde islamreligion).

Koranen.no svarer slik på et spørsmål om hvorvidt alkohol er forbudt:

> «Koranen sier alkohol (og andre rusmidler) er "fra satan" og at vi skal unngå det. Koranen sier ingen ting om straff for å drikke det. … Hvis man har drukket alkohol og angrer oppriktig på det, og ikke drikker igjen, tror jeg sikkert at Allah vil godta det, og det hele er glemt.»

Her er ingen avvik tillatt: alkohol er forbudt. Muslimer kan da aldri være helt med i de mange viktige sammenhenger hvor øl, vin og brennevin inngår som naturlige bestanddeler.

Hav med musikk? En katolikk fra Venezuela som konverterte til islam forteller følgende:

> «For several years before converting to islam, I was an aspiring musician who had participated in several concerts, playing the guitar ands singing my heart out. However, once I accepted islam, I abandoned music and singing altogether and dedicated my time to learning how to recite the Quran in Arabic […] some Muslims not only listen to music but also consider doing so lawful despite the fact that it is stricty forbidden».

Sitatet er hentet fra Simon Carabello: *My Great Love for Jesus Led me to Islam*, s. 121, 127.

Dette sitatet fra en ukjent person er selvsagt ikke tilstrekkelig dokumentasjon, men man har også følgende: I en video forteller Dr Zakir Naik følgende som svar på et spørsmål om hvorfor musikk er forbudt i Islam: «[Music] takes a person away from the rememberance of almighty God». Autoriteten for forbudet er en hadith som gjengir Muhammed slik:

> «From among my followers there will be some people who will consider … the use of musical instruments, as lawful. And there will be some people who will stay near the side of a mountain and in the evening their shepherd will come to them with their sheep and ask them for something, but they will say to him, 'Return to us tomorrow.' Allah will destroy them during the night and will let the mountain fall on them, and He will transform the rest of them into monkeys and pigs and they will remain so till the Day of Resurrection.»

Ikke alle er enige i at dette er et tydelig forbud mot musikk, og man kan derfor finne tolkninger som innebærer at visse typer musikk er tillatt:

450

«Islam permits singing under the condition that it not be in any way obscene or harmful to Islamic morals. There is no harm in its being accompanied by music which is not exciting.»

På koranen.no finner man følgende: «Gled deg over god musikk, som ikke har negativt innhold! Det er med musikk som med mye annet, at det kan være godt og halal, eller dårlig og haram. Mye er også et sted imellom. God musikk kan være vakkert og fint, til glede, hygge og berikelse! Og Koranen sier at Gud ikke har "forbudt dere de gode ting". Musikk kan være blant "gode ting"! Gled deg over det.»

Hva med hunder? Her et sitat fra Hadith (Bukhari Sharif):

«The Prophet, peace be upon him, said: 'Whoever keeps a dog, his good deeds will decrease every day by one qeeraat [a unit of measurement], unless it is a dog for farming or herding.' In another report, it is said: ' ...unless it is a dog for herding sheep, farming or hunting.'»

«The Prophet, peace be upon him, said: 'Angels do not enter a house wherein there is a dog or an animate picture.'»

«Islam forbids Muslims to keep dogs, and the punishment for that is that the one who does that loses one or two qiraats from his hasanaat (good deeds) each day»

Men i Koranen er det intet å finne om at hunder er urene, tvert imot nevnes en hund i 18:18:

«And you would think them awake, while they were asleep. And We turned them to the right and to the left, while their dog stretched his forelegs at the entrance. If you had looked at them, you would have turned from them in flight and been filled by them with terror.»

Men dette er en vakthund, og det er akseptabelt; det er som kjæledyr enkelte mener at at hunder er forbudt.

På koranen.no finner man følgende om hunder som urene:

«Hunder er OK dyr! Samtidig bringer de jo med seg urenslighet. I hvert fall hvis du har dem inne. Noen liker kanskje ikke den urensligheten. Og synes det ikke passer der hvor man ber. Det kan man forstå. Noen legger kanskje mer i det også, og ser hunder som "urenslige" dyr, i videre forstand. Jeg tror det er lite belegg for det. Hunder er hyggelige dyr (i hvert fall mange av dem). De er greie som vakthunder, og nyttige å ha med på jakt. De er utmerket som ledsagere for blinde. Alt dette erkjenner muslimer også. Men på steder der man ber, kan de vel holdes borte? Liksom på andre steder der det bør være rent og pent.»

«Traditionally, dogs have been seen as impure, and the Islamic legal tradition has developed several injunctions that warn Muslims against most contact with dogs.»

Forbudet mot alkohol er utvetydig, de to andre forbudene er det delte meninger om, men musikk som trekker oppmerksomhet bort fra Allah er forbudt, og man bør helst ikke ha alminnelig omgang med hunder.

https://www.youtube.com/watch?v=FFMDT41BHmg

http://www.koranen.no/alkohol-og-homofili/

https://www.islamreligion.com/articles/2229/alcohol-in-islam/

https://www.islamicity.org/3018/singing-and-music-in-islam/

https://islamqa.info/en/answers/69840/keeping-a-dog-touching-it-and-kissing-it

https://www.koranen.no/hunder-i-islam-er-de-urene-dyr/

https://www.animalsinislam.com/islam-animal-rights/dogs/

https://www.koranen.no/musikk/

Hele historien om Odyssevs og hans hund Argo i et sammendrag fra Wikipedia:

> «After ten years fighting in Troy, followed by ten more years struggling to get home to Ithaca, Odysseus finally arrives at his homeland. In his absence, reckless suitors have taken over his house in hopes of marrying his wife Penelope. In order to secretly re-enter his house to ultimately spring a surprise attack on the suitors, Odysseus disguises himself as a beggar … As Odysseus approaches his home, he finds Argos lying neglected on a pile of cow manure, infested with ticks, old and very tired. This is a sharp contrast to the dog Odysseus left behind; Argos used to be known for his speed and strength and his superior tracking skills. Unlike everyone else … Argos recognizes Odysseus at once and he has just enough strength to drop his ears and wag his tail but cannot get up to greet his master. Unable to greet his beloved dog, as this would betray who he really was, Odysseus passes by (but not without shedding a tear) and enters his hall, and Argos dies.»

Ny bok sier det som må sies om konflikten i Midt-Østen
Publisert på Gullstandard 19. juli 2018

«Konflikten i Midt-Østen» er en av vår tids aller største saker, og det har den vært siden ca 1980. Man bruker ordet «konflikt», men det er egentlig en krig, krigen mellom Israel på den ene siden og en rekke naboland og ikke-statlige grupper som Hamas, Hezbollah, PLO, på den andre.

Få andre temaer har vært gjenstand for så mye omtale i avisene og i nyhets- og kommentarsendinger på radio og TV, og få andre saker har vært gjenstand for så mange debatter og resolusjonsvedtak i FN. Hva er det så dette handler om? I 1948 ble det opprettet en jødisk stat i et område som heter Palestina, et område som tidligere hadde ligget under det Osmanske rike og som fra tidlig på 1900-tallet lå under Storbrittania. Jøder hadde holdt til i dette området tidligere, men det var svært lenge siden: jøder ble fordrevet derfra av romerne i det annet århundre, og var siden spredt over hele verden. Hele tiden drømte jøder flest om å komme tilbake til Israel – ved festlige anledninger uttrykte de ønsket «Neste år i Jerusalem!». Under fremveksten av nasjonalismen i Europa på 1800-tallet oppstod sionist-bevegelsen, en bevegelse som hadde som mål å etablere en jødisk stat i Palestina.

Jøder begynte da å reise tilbake til og etablere seg i området; de kjøpte land fra tidligere eiere, eller de etablerte seg på områder som var ueid. Etter det som skjedde under annen verdenskrig var det mange jøder som oppga håpet om å kunne leve i fred i ikke-jødiske stater, og mange reiste til dette området.

Det er mye man kunne si om det som skjedde fra ca 1917 (året for Balfourerklæringen) og frem til 1948 (da staten Israel ble etablert), men vi utelater dette her. Vi spoler frem til det som skjedde da Israel ble opprettet: det nyetablerte landet ble angrepet av styrker fra alle land omkring. Det nye landet forsvarte seg godt, og etter hver ble det inngått fredsavtaler mellom Israel og noen av disse landene (Egypt, Jordan).

Men krigen forsetter mellom Israel og andre grupper. Ledere i land som Iran, som har vært en islamsk republikk siden 1979, omtaler Israel som en kreftsvulst som må skjæres bort. Iran støtter en rekke grupper som stadig angriper Israel – med raketter og ved å sende terrorister på selvmordsoppdrag inn i landet hvor de angriper tilfeldige israelere med alt fra kniver og slagvåpen til bomber.

Hva bunner konflikten i?

Hva er det så dette handler om? Det er flere ting: Da krigen begynte i 1948 flyktet et stor antall mennesker (arabere) fra området hvor krigshandlingene pågikk, og disse er fortsatt flyktinger, 70 år etter.

Også disses barn, barnebarn og oldebarn beskrives som flyktninger. De bor i områder som i vanlige nyhetsmedier omtales som flyktningeleire, men disse leirene består ikke av midlertidige telt hvor matlagingsmulighetene er begrenset til å koke på en primus, de bor i den type boliger og boligblokker som er vanlige i dette området. Enkelte krever at alle disse, både de opprinnelig 700 000 som flyktet i 1948 og alle deres etterkommere, i dag i alt ca 5 000 000 mennesker, skal få retten til å vende tilbake til de eiendommer som deres oldeforeldre forlot eller ble fratatt for 70 år siden – dvs. det kreves at skal få rett til å vende tilbake til det området Israel nå ligger. Videre hevdes det at dette er en krig om land – er det slik at landet tilhører jødene eller tilhører det arabere/palestinere? Bør det opprettes en palestinsk stat slik at også de araberne som bodde i Palestina i 1948 også får en egen stat? Og hvordan bør landene i Vesten forholde seg til de ulike sider – bør de som nå bistår i forhandlinger og gir store gaver i form av penger og våpen til begge sider, eller bør de følge en annen linje? Det har pågått fredsforhandlinger mellom partene i flere tiår; i 1994 mottok PLOs Yassir Arafat og Israels Yitzhak Rabin og Shimon Peres Nobels fredspris for sin innsats under forhandlingene, men det er fortsatt langt fra fred i området.

Elan Journos nye bok *What Justice Demands: America and the Israeli-Palestinian Conflict* (Post Hill Press 2018) går grundig igjennom alle problemstillingene som hører denne striden til. Boken er fylt med dokumentasjon på alle viktige ting som er skjedd, og forfatteren kommer med et råd om hvordan Vesten og USA bør forholde seg til konflikten. Han kritiserer også sterkt den politikken som er blitt ført overfor partene.

Boken er som sagt meget innholdsrik, og den inneholder materiale som man sjelden ser når dette tema omtales. Vi skal ikke gi et sammendrag av alt leseren vil finne i boken, vi skal kort oppsummere noen av de poengene som man ikke finner andre steder, og som de som kun leser MSM aldri har sett nevnt eller diskutert.

Journo nevner, som mange skribenter, at striden opprinnelig sto (og fortsatt står) mellom demokratiet Israel og diktaturer som Jordan, Syria, Egypt, Saudi-Arabia, Irak, Iran (etter hvert ble det inngått fredsavtaler med noen av disse, og forholdene i flere av landene har endret seg sterkt siden 1948).

Israel er en sivilisert rettsstat med høy velstand, rettssikkerhet, ytringsfrihet, frie valg. Ingen av landene omkring har dette. I de andre landene kan en bli idømt lange fengselsstraffer for å ha gjort noe som regimet ikke liker, f.eks. å ha kritisert regimet i et blogginnlegg, eller for å ha lagt ut en dansevideo på youtube. Det er ingen politisk opposisjon i disse landene, det er ingen reelle valg, ingen kritikk av myndighetene er tillatt, osv. Krigen står altså mellom på den ene siden et sivilisert og på mange viktige områder fritt samfunn, og på den andre siden en rekke barbariske diktaturer. Bare ut i fra dette burde det være opplagt at det er Israel som fortjener støtte.

Men Journo ser det vesentlige poenget her: Hva slags stat skal man ha? Skal man ha en stat som gir borgerne frihet til å leve gode liv, eller skal man ha en stat som undertrykker sine borgere med et eller annet «høyere formål» som begrunnelse? Israel har betydelig frihet og gir borgerne mulighet til å blomstre (som er den klassiske filosofiske betegnelsen på et godt, aktivt og produktivt liv); Israel har høy levestandard og er et av de landene i verden som har mest innovasjon innen teknologi. Landene omkring er enten religiøse diktaturer eller militærdiktaturer. Levestandarden i nabolandene er lav for befolkningen, men ikke for den lille eliten som sitter i maktposisjoner, eller for medlemmene i de «kongelige» familiene som lever på oljepenger, inntekter som de får fordi de nasjonaliserte eller eksproprierte, dvs. stjal, vestlige oljeselskapers eiendommer i landet.

Men så kan man si at poenget ikke er dette, poenget er at flyktingene ikke har en egen stat, og at striden nå ikke er mellom Israel og Egypt, Jordan og Syra, krigen nå står mellom Israel og det palestinske folket, og de grupper som kjemper på vegne av palestinerne: Hamas, Hezbollah, PLO, mfl.

Det er ikke uvanlig å si at dersom palestinerne får et nytt land med selvstyre så vil dette landet bli et sivilisert land med velstand og frihet. Journo refererer hovedpunktene fra PLO-leder Yassir Arafats tale i FN i 1974: «… The Palestinian movement seeks a secular, "democratic" state, one that would embody progressive values. This … is the political end for the sake of which all of the romanticized "revolutionary" "armed struggle" was the means» (s. 147).

Arafat, som opprinnelig var agent for kommunistdiktaturet Sovjetunionens KGB, ble PLOs første leder i 1964. PLO utførte alt fra starten et stort antall terroraksjoner: «hostage-takings, hijackings, bombings and mass murder» (s. 146). Journo observerer at Arafats tale i FN til tross for dette ble møtt med «thunderous applause» (s. 147).

Men hvordan vil en palestinsk stat se ut? Er det mulig å si noe om dette? Må man bare spekulere? Journo: «No need to speculate: there have been four Palestinian quasi-states that furnish ample data». De fire tilfellene Journo tenker på er områder hvor palestinske såkalte frigjøringsgrupper over tid hadde full kontroll: et område i Jordan 1968-70, et område i Libanon 1970-82, PA (the Palestinian Authority) på Vestbredden fra 1994, og Gaza fra 2007. Det er all grunn til å regne med at det som er skjedd i disse områdene, hvor altså palestinske bevegelser har hatt nærmest full kontroll, er en forsmak på hvordan en palestinsk stat vil se ut.

Og hva er erfaringene fra disse nesten-statene? Det er tyranniske, korrupte, det er ingen sivilisert rettspraksis, det er ingen ytringsfrihet. Journo oppsummerer om det som skjedde i det området PLO kontrollerte i Jordan:

«The Palestinian factions ran their own "police" forces and courts of law. They arrested people and punished them at will. They imposed taxes, erected their own roadblocks, and swaggered through Jordan´s capital city Amman, flounting the regime´s authority. Some guerrillas began extorting "donations" at gunpoint …… [But after a while,] the Jordanian regime ordered its military to liquidate the nascent Palestinian mini-state: Full warfare ensued: using heavy armor, artillery, and air attacks, the Jordanians inflicted a shattering defeat. By the end, three thousand Palestinians had been killed» (s. 148-49).

Forholdene i denne PLO-styrte mini-staten ligner svært på forholdene i de andre områdene kontrollert av PLO eller Hamas. Detaljer er å finne i Journos bok.

Journo oppsummerer hva den palestinske bevegelsen egentlig er: «The Palestinian movement is a roving dictatorship in search of territory to dominate» (s. 148). Den som hevder å tro at en palestinsk stat vil bli vesentlig annerledes enn statene som nå ligger omkring Israel, eller vesentlig annerledes enn de fire nesten-statene som er blitt ledet av palestinske grupper, og som tror at en nyopprettet palestinsk stat vil bli noenlunde sivilisert og demokratisk med rettssikkerhet, ytringsfrihet, og med et politisk mangfold, har enten ingen virkelighetskontakt overhode, eller er løgnere.

Retten til å vende tilbake

Hva så med retten til å vende tilbake? Det er slik at dersom noen i en krig må flykte fra sine eiendommer for å ikke bli bombet eller å komme i skuddlinjen, så bør de ha rett til å vende tilbake til sine eiendommer etter at krigen er avsluttet. Det er er to ting å si til dette. For det første: dette forutsetter at de som vil komme tilbake vil leve lovlydig i det land som nå har kontrollen over det område hvor deres eiendommer nå ligger. Er det rimelig å tro at et lands myndigheter vil slippe inn i sitt land et stort antall personer som har sin lojalitet til et annet lands regime, et regime som landet nettopp har beseiret i en krig? Er det grunn til å tro at arabere som måtte oppgi sine eiendommer vil leve lovlydig i Israel etter en tilbakevending? Vel, dette er et spørsmål som handler om motivasjonen for krigen, og det kommer vi tilbake til.

For det annet må man være klar over at eiendomsforholdene, i det område Israel nå ligger, i visse tilfeller var uklare før 1948. Mange eiendommer ble fra ca 1880 til 1948 kjøpt av jøder og sionister, men mange eiendommer var også i 1948 på en eller annen måte fortsatt disponert av arabere. Mange i denne gruppen disponere områdene midlertidlig, f.eks. som leietagere. Selv om en arabisk familie hadde brukt et område i generasjoner, er det allikevel mulig at familien ikke eide området (hvis vi tar utgangspunkt i det lovverket som gjaldt da). Hvis eieren da selger eiendommen, så mister den arabiske familien et område de har brukt i generasjoner, men som ifølge loven ikke var deres. Kan man da si at de har en rett til å vende tilbake til en eiendom som var deres? Det er mer om denne type problemstillinger i boken.

Hovedpoenget er allikevel dette: hva kan man gjøre med dette nå? Dersom en familie måtte forlate en eiendom de hadde brukt i generasjoner, men som ikke var deres og som eieren solgte – kan man da, 70-100 år etter, kreve å få den tilbake? Nei, det kan man ikke. Man må også huske på at det ikke er tilfeldig at lovverket i alle siviliserte land har bestemmelser om foreldelse: dersom et krav ikke er tatt opp innen et bestemt antall år, så faller kravet. Disse kravene gjaldt eventuelt fra før 1948, og da er de mer enn 70 år gamle. Til dette kan man innvende at krigen førte til at kravet ikke kunne tas opp. Svaret på dette er noe vi nevnte tidligere: dersom noen virkelig hadde blitt fratatt eiendommer, så burde Israel ha latt dem vende tilbake dersom de ønsket å leve som lojale borgere i Israel. Men situasjonen er slik at få av dem vil si at ønsker dette, alt tyder på at mange vil fortsette krigen. Det disse palestinerne vil er både å vende tilbake samtidig som de der de kommer vil ønske å fortsette krigen. Hvorfor? Dette har å gjøre med hva som er motivet for krigen.

Hvis man ønsker å leve i fred og velstand vil man leve i et fritt samfunn med ytringsfrihet og rettssikkerhet. De som ønsker dette vil foretrekke å leve i Israel heller enn i Egypt, Jordan, Syria. Saudi-Arabia, Iran, eller Libanon – eller under Hamas på Gaza. Men hva hvis målet ikke er å leve i fred og velstand, hva hvis målet er å spre islam?

Alt tyder på at målet for de ulike pro-palestinske bevegelser ikke er å etablere områder hvor palestinere (og andre) kan skape seg gode liv i fred og frihet, alt tyder på at målet er å spre islam, og å bekjempe de som ikke vil at islamsk lov (sharia, som har dødsstraff for blasfemi, dødsstraff for homofili, dødsstraff for frafall fra islam, sterk kvinne-undertrykkelse, etc.) skal være siste ord i alle mellommenneskelige forhold. De sier dette til og med selv, helt eksplisitt. Hamas´ Charter, Hamas´ grunnleggende dokument, sier følgende:

«The day that enemies usurp part of Moslem land, Jihad becomes the individual duty of every Moslem. In face of the Jews´usurpation of Palestine, it is compulsory that the banner of Jihad be raised» (sitert på s. 162).

Da Hamas tok over Gaza etter at Israel trakk seg ut, uttalte de at dette markerte «the end of secularism and heresy on the Gaza strip» (s. 168). Forøvrig er det verd å merke seg at den gruppen som nå kjemper mest intenst mot Israel i hovedsak er finansiert av den islamske republikken Iran.

Enkelte vil hevde at det er galt at et land etableres etter en krig. Men dette har vært vanlig i historien: et ferskt eksempel er de landene som oppsto da Jugoslavia sprakk på 80-tallet; da kom det en rekke grusomme kriger, og det ble etablert flere nye land. Et annet er USA – det erklærte seg uavhengig av kolonimakten England i 1776, noe som førte til flere år med krig. Landet fikk sin første president i 1789. Vietnam ble samlet til ett land etter en krig. Tyskland, derimot, ble samlet på fredelig vis, og Tsjekkia og Slovakia oppsto på fredelig vis etter en deling av Tsjekkoslovakia. Poenget er at land kan etableres etter kriger, og hvis man ikke er fornøyd må man ta opp krigen igjen. De som tapte krigen som ble utløst da Israel ble dannet må enten finne seg i resultatet – at Israel eksisterer, eller de må fortsette krigen. Som nevnt har Jordan og Egypt sluttet fred med Israel, mens grupper som Hezbollah og Hamas fortsetter krigen.

Hvordan får man da en slutt på dette? Hvordan kan man få fred? Journo skriver: «History teaches us, as [Islam scholar Daniel] Pipes observes, that you make peace with *«enemies that have been defeated»*» (s. 232).

Den eneste vei til fred er en militær seier:

«...the goal is to reach the day when followers of the Palestinian movement give up on their desire to liquidate Israel, when they feel defeated, when they put down their knives and suicide belts and rocket launchers, when they accommodate themselves to Israel's continued existence» (s. 232).

Veien til fred er en militær seier for Israel som er slik at den palestinske siden mister enhver motivasjon til å kjempe videre – slik som de tyske nazistene mistet enhver lyst til å fortsett krigen i 1945.

At dette er vanskelig, er klinkende klart. Den palestinske siden er motivert av islam, tilhengerne har ingen ønsker om å leve gode liv i denne verden, det de ønsker er dø i kampen for Allah og for islam. Det

461

Israel og dets allierte da bør – må – gjøre, er å oppfylle dette ønsket. De som har som eneste ønske å dø for Allah i kamp for islam, bør få dette ønsket oppfylt. Dette er da en vinn-vinn-situasjon!

Man kan si at krigen mellom Israel og andre aktører i området begynte i 1948, og man kan si at krigen ennå ikke er avsluttet, mer enn 70 år etter. Krigen fortsetter til tross for at det har vært svært mange «fredsprosesser», dvs. forhandlinger om fredsavtaler. Ingen av disse har gitt fred. Enhver normalt oppgående og ærlig person burde da forstå at dette ikke er veien til fred. Dessverre ser det ut som om det ikke finnes noen ledere, hverken i Israel eller Vesten, som oppfyller begge disse kravene – krigen fortsetter, og personer blir drept eller får ødelagt sine liv hver eneste dag. De som lider mest er de palestinere som ønsker fred og som ikke har som eneste mål å dø for Allah, og disse våger vel ikke engang si hva de virkelig ønsker.

Hva bør Vesten gjøre?
Vesten bør støtte Israel fullt og helt, og vi bør hjelpe dem med å få til en militær sier. Vi bør slutte å gi midler til grupper som Hamas og Hezbollah og PLO, og vi bør betrakte dem som det de er og som de selv sier at de er: de er terroristorganisasjoner. Vi bør med andre ord ikke ha noe samarbeid med dem – de må kastes ut av alle organisasjoner hvor Vestlige land også er medlemmer. De må heller ikke få noen økonomisk støtte (selv om de påstår at den kun går til humanitære formål). Dette er eneste vei til fred. Dessverre er dette en vei som få er villige til å gå.

Folkene i området har levd i krig (med varierende intensitet) i mer enn 70 år. Det er umulig å leve gode liv under slike forhold. Også dette område bør få fred, men fred kan kun komme som resultat av en militær sier til en av sidene. En militær sier til den palestinske siden vil føre til at Israel opphører å eksistere, og at områdets befolkning blir underlagt et sharia-regime. En militær seier til Israel vil føre til at Israel vil fortsette som i dag, uten at borgene blir rammet av terroraksjoner (knivstikking av tilfeldige personer, selvmordsbombere, angrep utført av små grupper med økser eller skytevåpen, etc.) eller rakettild.

Hva så med de såkalte flyktningene? La oss ha nevnt enda en gang at de aller fleste som omtales som flyktinger er ikke flyktinger, de har bodd på samme sted så lenge de har levd. Hvis de enorme midlene som Vesten gir som støtte, opphører, må de i større grad slutte å leve på trygd, finansiert av skattebetalere i Vesten, og begynne å leve av produktiv virksomhet.

Videre, de arabiske landene burde ha sluppet disse menneskene inn i sine land etter 1948. Men det var i hovedsak to grunner til at de ikke gjorde det: for de første ønsket de at flyktningene skulle utgjøre et press mot Israel, og for det annet håpet de at tilstedeværelsen av flyktningene ville føre til at Vesten ville få sympati for den palestinske siden og vende seg imot Israel. At dette har vært en vellykket strategi fra diktaturene som omringer Israel er opplagt. Ønsket om at disse menneskene skulle få gode liv i fred og frihet var aldri noe som muslimske ledere eller sekulære diktatorer noen gang la noen vekt på.

For å oppsummere, hva er det denne konflikten handler om? Hovedpoenget er at Palestina en gang var muslimsk, og fundamentalistiske muslimer kan ikke akseptere at området nå ikke er underlagt islam. Dette går tydelig frem av Hamas´Charter, som vi siterte fra tidligere:

> «The day that enemies usurp part of Moslem land, Jihad
> becomes the individual duty of every Moslem. In face of the
> Jews´ usurpation of Palestine, it is compulsory that the banner of
> Jihad be raised».

Siden det er fundamentalistiske muslimer som har makten i praktisk talt alle muslimske organisasjonen, også de som finnes i land i Vest-Europa og USA, er det dette som blir politikken: Israel må opphøre å eksistere. Det er dette konflikten i Midt-Østen handler om – selv om ledere som presidentene Bush, Obama og Trump, og alle ledende politikere i Vest-Europa, benekter dette.

Journos bok gir et vell av data som man bør kjenne til dersom man skal kunne ha en velbegrunnet mening om det som skjer. Det som er gjengitt i denne korte omtalen er bare noen få punkter fra boken, og alle disse, og en rekke andre, er grundig omtalt i boken. Boken anbefales på det varmeste, den er uunnværlig for den som vil være orientert om dette viktige tema.

Etter at boken kom ut har Journo besvart enkelte spørsmål om den:

http://newideal.aynrand.org/tackling-top-5-objections-to-what-justice-demands/

Journo, Elan: *What Justice Demands: America and the Israeli-Palestinian Conflict* Post Hill Press 2018

Krigen i Midt-Østen: i dag og i fremtiden
Publisert på Gullstandard 16. mai 2018

Det som mainstream-pressen som regel kaller konflikten i Midt-Østen, dvs. krigen mellom Israel og en del land og grupper i områdene omkring, har nå vart i 70 år. Den har altså pågått med varierende intensitet siden Israel ble opprettet 14. mai 1948.

Det er inngått fredsavtaler mellom Israel og enkelte av de landene som var i krig med Israel, bla. Egypt og Jordan, men det er fortsatt noen grupper som kriger mot Israel. Fremst av disse er terroristgruppen Hamas, som på demokratisk vis etter valg fikk makten på Gaza, et område som inntil 2005 var under kontroll av Israel. (Forøvrig, Hamas´ viktigste støttespiller og sponsor er det islamistiske diktaturet Iran.)

I de siste ukene har det på grensen mellom Gaza og Israel vært det som mainstream-pressen omtaler som demonstrasjoner; et stort antall Gaza-beboere har beveget seg inntil grensen for å markere sine synspunkter.

Dagsrevyen omtalte 14/5-18 demonstrasjonene slik:

«Blodigste dag på Gaza på mange år … Minst 52 drept og 2400 skadet [etter at ubevæpnede demonstranter er blitt beskutt] av israelske soldater … Flere tusen palestinere har demonstrert, bla. mot åpningen av USAs ambassade i Jerusalem … ».

Noen dager tidligere var Dagsrevyen noe mindre uklar på årsaken til demonstrasjonen. 30/4-18 kunne Dagsrevyens seere høre følgende: «Flere enn 30 000 palestinere startet i dag en demonstrasjon mot israelsk okkupasjon». Det ble ikke nevnt hvilken okkupasjon det var snakk om, men uttrykket «al-Nakba» er blitt nevnt. Dette arabiske uttrykket betyr «den store katastrofen», men Dagsrevyen forklarte ikke hva de såkalte demonstrantene mener med dette uttrykket.

Det finnes dog kilder hvor man kan finne relevante opplysninger om det som skjer, opplysninger som enhver seriøs journalist ville ha tatt med hvis han skulle informere om det som er bakgrunnen for aksjonene. Dette er opplysninger vi ikke har sett i norske mainstreammedier. Vi siterer fra frontpagemag.com om de såkalte demonstrantenes handlinger:

> «[They used] hand grenades, pipe bombs, cleavers and guns …
> explosive devices … There were … gunfire and over a dozen
> kites carrying firebombs were sent into Israel where they started
> 23 … fires.»

Dette er krigshandlinger. Demonstranter roper slagord og holder opp plakater – å omtale de som står bak denne type handlinger som beskrevet over som «demonstranter», er feil, de er krigere. Når Dagsrevyen kaller disse for demonstranter så er det en løgn. Hamas' statsminister på Gaza, Yahya Sinwa, har uttalt følgende om formålet med aksjonene: «We will tear down the border [between Gaza and Israel] …». Dette er så vidt vi har sett ikke nevnt i mainstream-media.

Videre, Hamas betaler $100 til hver «demonstrant», og tidligere har Det Muslimske Brorskap tilbudt $ 200 til de som blir truffet av israelske kuler, $ 500 til de som får alvorlige skader, og familiene til de som blir drept skulle få $ 3 000. (Hamas har mye penger; pengene kommer fra Iran og fra en rekke vestlige land som gir penger til det de later som de tror er humanitære formål).

Hva er så det egentlig målet for de såkalte demonstrantene? Hva er al-Nakba? Hva er det de mener med «Israels okkupasjon»?

Kort sagt, med uttrykket al-Nakba mener demonstrantene opprettelsen av Israel. De mener at Israel okkuperer hele det området det besitter, og det Hamas ønsker er å fjerne Israel, det de ønsker er at Israel skal opphøre å eksistere.

Det som foregår på Gazas side er intet annet enn et angrep på Israel, det er et forsøk på å trenge igjennom grensen og rett og slett invadere Israel. Nå er det sannsynlig at Hamas' ledelse har liten tro på at de vil lykkes med dette, Israel kontrollerer all import til Gaza for å sørge for at våpen ikke kommer inn i områder (all annen import slipper inn).

Vi vil tro at hovedpoenget med angrepene er å skape sympati for Hamas og å fremstille Israel som om landets soldater skyter og dreper «ubevæpnede demonstranter». Og vi ser at Dagsrevyen og andre i mainstreammedia reellt sett fungerer som et propagandaapparat for

466

Hamas ved å vise film og bilder av sårede «demonstranter», og ikke vise noen bilder som viser angrepene på Israel.

Vi ser også at politiske ledere i Vesten ønsker at volden skal opphøre og at partene skal finne en diplomatisk løsning, en forhandlingsløsning. Bla. uttalte utenriksminister Ine Marie Eriksen Søreide dette i Dagsrevyen. De ønsker altså at det skal finnes en fredelig forhandlingsløsning mellom det siviliserte, vestlig orienterte demokratiet Israel, og Hamas, en gruppe som ønsker at Israel skal opphøre å eksistere og at det på det område hvor velferdsstaten Israel nå ligger skal innføres et shariadiktatur.

Vi ha svært vanskelig for å se at en forhandlingsløsning mellom to slike parter er mulig.

Det man må se på i denne type kriger er ideologiene som de krigende parter representerer. På den ene siden har vi Hamas, en militant islamistisk terroristgruppe, og på den andre siden har vi velferdsstatstilhengerne i Israel. Det burde være enkelt å velge mellom de to sidene, og som alle vet, alle på den politiske venstreside velger å støtte Hamas. (Det er demonstrasjoner til støtte for Hamas i en rekke byer i Vesten, også i Oslo). Det burde ikke overraske noen at den politiske venstresiden føler seg ideologisk sett nærmere Hamas enn det siviliserte Israel.

Hvordan vil dette ende? Hvordan kan det ende? Vårt syn er at kriger av denne typen – en krig som altså har pågått med varierende intensitet i 70 år – må ende med en militær sier til en av partene. Uten en slik militær seier vil krigen bare fortsette og fortsette.

Våpenhvileavtaler vil kunne redusere intensiteten i perioder, men det som får slutt på kriger er praktisk talt alltid en militær seier til en av partene, en seier som er så klar og tydelig at den tapende part innser at den har tapt og at den således mister ethvert ønske om å kjempe videre. Det var slike resultater man fikk i annen verdenskrig; da var nederlagene til Tyskland og Japan så klare at det var tydelig for enhver at de ideologiene de representerte – nazismen i Tyskland og den underkastende og selvutslettende keiserdyrkingen som var den enerådende ideologien i Japan – ikke lenger hadde noen mulighet til å få noe som helst gjennomslag og mulighet til å prege landet. Både Tyskland og Japan var okkupert i flere år etter 1945, dette for å sikre at disse grusomme ideologiene ikke igjen skulle få mulighet til å vokse frem.

Det finnes en rekke eksempler fra historien som viser det samme – at den sikreste og oftest den eneste veien til fred er en militær seier. Den som vil vite mer om dette henvises til John David Lewis´ glimrende bok *Nothing Less Than Victory: Decisive Wars and the Lessons of History*.

Vårt syn er alt at den eneste veien til fred i Midt-Østen er en militær seier til Israel, en militær seier som er så klar at de som ønsker at Israel skal opphøre å eksistere, og at sharia skal innføres i dette området, innser at dette ønsket aldri kommer til å bli oppfylt. Å oppnå en slik seier er enkelt å få til for Israel, militært sett, men for å få dette igjennom må man ha en moralsk stryke som setter en i stand til å forsvare seg slik at truslene og angrepene opphører. I dag har Israel ikke (og heller ikke noe annet land i Vesten) denne moralske styrken.

Å tro at man kan få fred gjennom forhandlinger mellom Hamas, som altså ønsker at Israel skal elimineres, og Israel, tyder bare på en ekstrem mangel på virkelighetskontakt. Men folk flest, og derved politikere flest, lar seg dessverre i liten grad styre av fakta og logikk og fornuft og erfaring, de lar seg styre av ønsketenkning. Og ønsketenking fører da til at i dette tilfellet har man en krig som pågått i tiår etter tiår etter tiår, og som antagelig dessverre vil fortsette i noen tiår til.

https://tv.nrk.no/serie/dagsrevyen/NNFA19051418/14-05-2018

https://www.frontpagemag.com/fpm/270186/thousands-gaza-hamas-thugs-attack-israel-100-day-daniel-greenfield

https://resett.no/2018/05/15/flere-hundre-deltok-i-palestina-demonstrasjon-i-oslo-drep-alle-joder/

Lewis, John David: *Nothing Less than Victory: Decisive Wars and the Lessons of History*, Princeton University Press 2010

Hva er det som skjer i USA?
Publisert på Gullstandard 29. juni 2020

Hva i alle dager er det som skjer i USA, verdens mest velstående land, det landet alle drømmer om og som alle vil komme til (selv om mange sier at de hater dette landet og alt det står for). Vel, alle som følger med i nyhetene vet en god del om hva som skjer, men det viktige spørsmålet er følgende: hvorfor skjer dette og hvorfor skjer det nå? Vi som følger nyhetene har sett mye om det som skjer, men vi har ikke sett noen forklaring på hvorfor det skjer. Vi skal gi et svar på dette om litt, men først gjengir vi kort noen punkter om noe av det som har skjedd den siste tiden.

Motstand mot Trump
Donald Trump vant til alles overraskelse presidentvalget i 2016. Han ble umiddelbart møtt med stor motstand, en motstand som faktisk begynte flere måneder før han ble valgt i november 2016, den begynte da han som kandidat begynte å gjøre det godt i nominasjonsprosessen for det republikanske partiet.

Vi skyter inn her at det er mye man på et reelt grunnlag kan kritisere Trump for, og vårt poeng er ikke å gi noe generelt forsvar for ham; han er ikke vår mann, for å si det slik. Han er det som i vanlig amerikansk språkbruk kalles en Rockefeller-konservativ, han er ikke en Goldwater-konservativ; Rockefeller-konservative er mer nasjonalistisk orientert, de er motstandere av frihandel, de vil ha en stor stat som tar på seg mange oppgaver, mens Goldwater-konservative er tilhengere av frihandel, skattelettelser, deregulering, privatisering og en begrenset stat.

Trump er en mann som ikke alltid har et nært forhold til sannheten, han kommer med ufine personkarakteristikker, og han skifter nære medarbeidere som andre skifter skjorter. Men det er allikevel ingen saklig grunn til mesteparten av den motstanden han blir møtt med av sine politiske motstandere, av pressen og av folk i akademia. Han blir fremstilt som en rasist, til tross for at han i hans mange tiår som toppkjendis aldri viste at det kunne være noen grunn til slike beskyldninger. Han blir beskyldt for å være mentalt ustabil,

469

inkompetent, og som en som har som mål å bli diktator. Han ble beskyldt for å være agent for Russland og i lomma på Putin, han blir beskyldt for å være imot innvandring når det han virkelig er imot er ulovlig innvandring. Hans fortid er blitt undersøkt og etterforsket som ingen annens; og det ble til og med reist riksrettstiltale mot ham. Men til tross for meget omfattende etterforskning ble det ikke funnet noe som var vesentlig kritikkverdig, det som ble funnet var at hele prosessen var basert på usannheter som var plantet av politiske motstandere i et forsøk på å skade Trump.

I tidligere år var Trump en støttespiller for det Demokratiske partiet, og han ga store beløp til saker som lå Demokratene varmt om hjertet. Trump var en mann Demokratene tidligere hadde et godt forhold til, og den politikken han la opp til som president lå ikke langt fra det han tidligere hadde stått for – men allikevel ble han møtt med en motstand som ingen andre toppolitikere er blitt utsatt for. Han er til og med blitt beskyldt for å ville «reverse the outcome of the Civil War» (som som kjent hadde som formål å oppheve slaveriet i USA), og det var ingen tilfeldig blogger som påstod dette, den som sa dette var Laurence Tribe, professor i juss ved Harvard. En Pulitzer-Prize-vinner hevdet til og med at Trump «wants to see black failure and misery» (sitatet er fra boken *What the Hell Do You Have to Lose?: Trump's War on Civil Rights* av Juan Williams).

Enkelte ganger, når Trump av en avis fikk en saklig behandling, måtte den trekke tilbake det den skrev. New York Times brukte en gang denne overskriften som en oppsummering etter en av Trumps taler: «Trump urges Unity vs. Racism». Denne overskriften ble møtt med en storm av kritikk fra bla. ledende Demokrater, avisens ledelse var ikke villig til å stå imot dette presset og endret overskriften til «Assailing Hate But Not Guns», en overskrift som sier at Trump er imot hat, men ikke imot våpen. (Kilde: David Horowitz: *Blitz: Trump Will Smash The Left And Win*, loc 800).

Og, et eksempel fra New York Times som ikke direkte går på Trump, men som vil belyse vårt poeng: Blant lederskribentene der har det vært noen som ønsket et mangfold av meninger i avisen, mens de mange yngre ansatte heller vil ha ensretting. Ensrettings-tilhengerne har nå vunnet: «James Bennet resigned as editorial page editor of *The New York Times* on Sunday, following a successful campaign by irate staffers to oust the person who published an inflammatory op-ed by Sen. Tom Cotton (R–Ark.) that suggested the government deploy federal troops to "restore order in our streets"» (kilde reason): Bennett ble fjernet fordi han hadde publisert en artikkel skrevet av senator Cotton, en artikkel som skulle være «inflammatory».

Vi kunne ha gitt langt flere eksempler, men alle som leser aviser vet at det bildet vi kort har skissert er korrekt: Trump er utsatt for en overflod av urettferdig kritikk (noe som ikke betyr at det ikke finnes reell kritikk).

Hvorfor ble Trump møtt med en slik motstand? Svaret kommer om litt.

Antirasisme

I etterkant av (de helt legitime) protestene etter drapet på George Floyd dukket det i en rekke store byer opp bølger av aksjoner som hadde hærverk og plyndring som eneste formål. Kafeer, restauranter og super-markeder ble plyndret, bygninger ble påført «anti-rasistisk» grafitti, statuer av historiske skikkelser ble revet ned eller forsøkt revet ned. Områder i store byer ble erklært som «autonome soner», og flere politiske ledere fra det Demokratiske partiet gikk inn for å kutte bevilgningene til politiet fordi de mener at det er gjennomført rasistisk (noen av disse politikerne vil bygge opp nye politistyrker, mens andre bare vil avvikle politiet).

Spor av det som ble oppfattet som rasistiske elementer i samfunnet ble fjernet, f.eks. hadde pakker med ris av merket «Uncle Ben´s Rice» et portrett av en svart mann på pakningen; det skal nå lages nye pakninger hvor dette bildet er fjernet. Noe tilsvarende skjedde med «Aunt Jemima´s Syrup».

Skolestyret i Duluth, Minnesota, har bestemt at bøker som *To Kill a Mockingbird* og *The Adventures of Huckleberry Finn* skal fjernes fra pensum fordi enkelte elever kan føle seg «humiliated or marginalized» pga. innholdet – dette selv om disse bøkene er litterære klassikere med et sterkt anti-rasistisk innhold.

Kjønnspolitikk

Vi tar også med et annet eksempel som illustrerer det poenget vi kommer til. Det er nå blitt et anerkjent faktum at ikke alle som er født

471

med mannlige kjønnsorganer har en typisk mannlig personlighet, og at ikke alle som er født med kvinnelige kjønnsorganer har en typisk kvinnelig personlighet. (Hvorfor det er slik kan man diskutere, men at det er slik er et faktum.) De individer som derfor ikke føler seg hjemme i sin egen kropp kan ha det vanskelig, og man bør respektere de som på denne måten kan føle seg annerledes enn de fleste andre, og man bør respektere de valg de føler at de må gjøre når de er blitt myndige (slike valg som kan innebære kirurgisk inngrep og hormonbehandling).

Dette prinsippet er nedfelt i de såkalte Yogyakarta-prinsippene, og det er offisiell politikk i en rekke land å støtte disse prinsippene, også i Norge. Norsk UD erklærer bla. følgende: «Norge støtter også de såkalte Yogyakarta-prinsippene som tar for seg en rekke menneskerettigheter og hvordan disse bør gjennomføres overfor seksuelle minoriteter». Samme sted erklærer UD at «kjønnsidentitet viser til personers dyptfølte indre opplevelse av eget kjønn», dvs. den kjønnsidentitet en person har er den som vedkommende føler at hen har (kilde regjeringen.no)

Nå burde dette i det store og hele ikke føre til problemer – bortsett fra på områder hvor det er kvotering eller klassifisering etter kjønn. USA er som man kunne forvente det land som er kommet lengst i å skape problemer på dette området: et betydelig antall amerikanske idrettsmenn som ikke lykkes som idretts*menn* har valgt å skifte kjønn for å kunne konkurrere i kvinneklassene. En kommentator skriver:

«… The International Olympic Committee`s … rules presently allow men to participate as women, provided their testosterone levels are below 10 nanomoles per liter for at least 12 consecutive months. … These standards completely fail to consider the host of other advantages inherent in the male body: increased O2 capacity, overall musculature, bone size and density, increased joint stability, and lower body fat, to name a few. These advantages don't magically disappear with the wave of a synthetic estrogen wand. …

Fallon Fox is a male, American mixed martial arts fighter who competes in the women's division. Fox ended the career of his opponent, Tamikka Brents, within the first three minutes of their

472

fight when he shattered her eye socket, an injury requiring seven staples in her head …

Rachel McKinnon is a man and two-time women's world cycling champion, who also uses his status as a professor of philosophy at College of Charleston in South Carolina to bully those who disagree with him, …».

Flere eksempler er å finne i denne artikkelen, som vi har hentet sitatet fra: «Transjacking: The Left´s New War on Women» (kilde tothepoint-news).

Det ser ut som om alle ledere i idrettsorganisasjonene i USA godtar dette fullt ut, og vårt viktige poeng her er at alle kvinnelige idrettsutøvere (de som er født som kvinner) finner seg i dette; de tillater at menn kan ta en hormonbehandling og konkurrere i deres klasser sammen med dem. Det er ingen som med styrke protesterer og taler kvinnenes sak i mainstreammedia.

Alle de tingene vi har nevnt – usaklig kritikk av Trump, hærverk, plyndring, nedriving av statuer, at menn får konkurrere i kvinneklasser – er i det store og hele møtt med aksept og støtte fra de aller fleste mainstream-kommentatorer, og også naturligvis blant en stort antall brukere av sosiale medier.

(Ja, i Norge har enkelte lederskribenter i store aviser kommet til at statuene bør få stå, men denne støtten er meget halvhjertet; en norsk professor kommenterte opptøyene i USA ved å likestille de som utøver «fredelige protester» med de som begår plyndring og hærverk; og den eneste prominente person vi har sett som har protestert mot det syn at menn som tar hormonbehandling er kvinner er forfatteren J. K Rowling, men hun har møtt sterk motbør etter at hun hevdet at kjønn er biologisk bestemt; Dagbladet oppsummerer: «en artikkel i Vanity Fair slår fast at Rowlings [synspunkter] var "transfobiske", og skuespiller Daniel Radcliffe, som spilte Harry Potter i filmene basert på Rowlings bøker, har gått ut og tatt avstand fra henne og sagt at "transkvinner er kvinner" – dette til tross for at Rowling sa at hun "respekterer enhver persons rett til å leve på enhver måte som føles autentisk og komfortabel for dem" og at hun "vil marsjere sammen med deg hvis du ble diskriminert fordi du var trans"». (kilde Dagbladet).

Så, vi har eksempler som opptøyer, hærverk, plyndring nedriving av statuer og fjerning av kjente varemerker; en intens og langt fra saklig begrunnet motstand mot president Trump; og vi har menn som konkurrerer i klasser som burde være forbeholdt kvinnelige idrettsutøvere. Videre, disse aktivitetene har stor støtte spesielt i det som vel fortsatt må kalles intellektuelle miljøer (pressen, akademia, organisasjoner, byråkratiet).

Hva er felles for disse eksemplene?

Kapitalisme vs sosialisme

Det finnes to dominerende politiske ideologier: sosialisme og kapitalisme. Disse begrepene beskriver samfunnssystemer, men de kan også benyttes om de ideologier som legitimerer, begrunner og forklarer disse samfunnssystemene.

Kapitalismen er en ideologi som går inn for at all omgang mellom mennesker skal være frivillig, den muliggjør verdiskapning, frihandel, rettsstat, velstand. For å sikre dette sier kapitalismen at eiendomsretten må gjelde. Statens oppgave skal kun være å beskytte borgernes frihet.

I motsetning til denne ideologien står sosialismen, og den legger vekt på likhet uavhengig av innsats, og står for det syn at all ulikhet er urettferdig – for sosialister er «rettferdighet» og «likhet» i de fleste sammenhenger synonyme. Dette ser man i uttrykk som «rettferdig fordeling», en formulering som innebærer at de mener det er moralsk riktig å ta fra de som jobber/produserer og gi til de som ikke jobber. Tilhengere av sosialismen vil derfor kjempe imot alt de oppfatter som urettferdig. For dem trumfer dette alt; sosialismen er ikke for velstand, den er ikke for frivillighet – og derfor er denne ideologiens tilhengere villige til å støtte eller utøve tvang og vold og ødeleggelse og hærverk dersom målet er å oppfylle det de oppfatter som likhet/rettferdighet. Det samme gjelder handlinger som har som mål å påføre de ansvarlige for den påståtte urettferdigheten et nederlag.

Sosialismens historiske utgangspunkt var at arbeidere ble urettferdig behandlet av bedriftseieren, han som hadde skaffet dem den jobben de frivillig tok. De tidlige sosialist-teoretikere påstod at arbeiderne ble utbyttet av kapitalisten, men sannheten er at det er meningsløst å snakke om utbytting om noe som skjer frivillig mellom

474

informerte aktører. I sosialismens senere fase, da påstandene om økonomisk utbytting over tid viste seg stadig mer absurde, ble en rekke andre forhold tatt inn som eksempler på urettferdighet. Alle former for (det sosialister oppfatter som) urettferdighet gir grunn til motstand, og denne motstanden inkluderer også alle former for sabotasje og voldelig kamp.

Tilhengere av sosialismen betrakter sine motstandere som tilhengere av urettferdighet, som fiender, som personer som ikke fortjener respekt, som personer som ikke fortjener å bli hørt, som personer som ikke fortjener å kunne ha en plattform hvor de kan ytre sine meninger. (Eksempler på dette siste er det mengdevis av i dag, alt fra å bli fjernet fra youtube til å bli nektet å leie lokaler og til å bli utsatt for oppfordringer om annonseboikott.) Som kontrast, det som er urettferdig og som skal ha politiske konsekvenser under kapitalismen er kun initiering av tvang og alt som følger av dette.

I de siste tiår er sosialismen blitt stadig sterkere. Alle som har tilbrakt lang tid i utdannelsessystemet (barnehager, grunnskole, universiteter, høyskoler) er blitt foret med sosialistisk propaganda, og derfor er nå praktisk talt alle stillinger som krever lang utdannelse besatt av sosialister. Det er derfor alle som slipper til i mainstream-organer støtter sosialismen; de som gir adgang til mediene slipper til sine meningsfeller og slipper ikke til de som de mener er tilhengere av urettferdighet. Disse preker da et budskap til folk flest om at de er urettferdig behandlet: svarte er urettferdig behandlet av hvite, muslimer er urettferdig behandlet av kristne, homofile er urettferdig behandlet av heterofile, arabere er urettferdig behandlet av jøder, kunder er urettferdig behandlet av eierne av de butikkene de handler i (slagordet er «Super´n lurer deg»), kvinner er urettferdig behandlet av menn, kriminelle er urettferdig behandlet av samfunnet, osv. – alt dette kommer i tillegg til det klassiske standpunktet: arbeidere er urettferdig behandlet av bedriftseierne som har skaffet dem jobb. At stadig nye grupper hevdes å ha blitt urettferdig behandlet gir også grunnlag for rekruttering.

Fravær av rasjonalitet
Nå lever vi i en tid hvor rasjonaliteten står svakt, og dette innebærer at mange i liten grad tenker igjennom hva de mener, hvorfor de mener det,

og hvorfor noen kan mene noe annet enn det de selv mener. Rasjonalitet innbærer også at man tenker grundig igjennom årsak, virkning, kontekst og hierarki i begrunnelsen for alt man mener og gjør. Rasjonalitet innebærer samtale og diskusjon, mens fravær av rasjonalitet innebærer at man kun baserer seg på sine følelser, og at man ikke tenker langsiktig: «We want it and we want it now!» er et typisk uttrykk for de som utviser liten grad av rasjonalitet. Mangel på rasjonalitet innebærer også f.eks. at man ikke tenker igjennom hva som skjer med en plyndret butikk – vil de som eier den bygge den opp igjen eller vil de bare legge den med fordi nabolaget ikke er trygt? Det er ikke et gode at butikker blir borte fra ens nabolag, det er jo i butikken man kan kjøpe det man trenger og/eller vil ha.

De som har plyndret og ødelagt og revet ned statuer har gjort dette fordi de er blitt fortalt at disse tingene – butikker, kafeer, statuer – representerer personer og institusjoner som har behandlet dem urettferdig. Ja, noen er med på ødeleggelsene fordi de synes det er uskyldig moro, men hvorfor synes de at slike ting er moro, og hvorfor er det «uskyldig», dvs. hvorfor er det liten risiko for å bli straffet for noe slikt? Det er fordi en rekke mainstreamaktører mener at det bør være slik, dvs. de mener at det er urettferdig at kriminelle blir idømt strenge straffer.

Et viktig poeng er også følgende: sosialister betrakter også (det de oppfatter som) rettferdighet som langt viktigere enn velstand, og at de derfor ødelegger velstand (og det som gjør velstand mulig) for å markere sitt syn om hva som er rettferdig burde ikke overraske noen.

Og hvorfor møter disse vandalene liten eller ingen motstand? Hva er dagens dominerende etikk? «Sett dere ikke imot den som gjør ondt mot dere. Om noen slår deg på høyre kinn, så vend også det andre til. Vil noen saksøke deg og ta skjorten din, la ham få kappen også. Tvinger noen deg til å følge med en mil, så gå to med ham. .. Elsk dine fiender … Den som er syndfri kan kaste den første sten… » Når et slik moralsk ideal – altruisme – dominerer i kulturen er det ikke mulig å kjempe imot kriminelle og vandaler. Det er også pga. dette idealet at kvinner (som er født som kvinner) ikke utøver noen motstand mot at menn som sier at de er kvinner kjemper i kvinneklasser innen idretten.

Vi tar også med at de som tilhører den langtidsutdannede eliten ser ned på folk flest, de som ikke har en lang utdannelse. I USA er disse

476

vanlige folkene ofte omtalt som «rednecks»; de bor i områder som eliten ikke vil finne på å besøke, de bor i «flyover country» – eliten holder seg til områdene på øst- eller vestkysten, og ikke i midt i USA, områdene midt i landet er områder eliten bare flyr over fra østkysten til vestkysten og tilbake. Disse folkene, som altså ikke deler de sosialistiske idealer i like stor grad som eliten, er omtalt som «deplorables» som har synspunkter som er «racist, sexist, homophobic, xenophobic, Islamaphobic», og som «get bitter, ... cling to guns or religion or antipathy to people who aren't like them or anti-immigrant sentiment or anti-trade sentiment as a way to explain their frustrations». Det var ikke noen tilfeldige bloggere som påstod dette, det var langtidsutdannede folk som Hillary Clinton og Barack Obama.

Og hva forklarer motstanden mot Trump (og vi snakker her om den delen av kritikken mot ham som er totalt usaklig, ikke om den reelle kritikken)?

Det er velkjent at man misliker kjettere langt mer enn man misliker hedninger: hedninger har ikke hørt det glade budskap og er derved på en måte unnskyldt for sin villfarelse, mens kjettere har hørt det glade budskap og vendt bort fra det. Trump er slik sosialister ser det en kjetter, mens andre konservative er hedninger. I mange år var Trump en støttespiller for det Demokratiske partiet, og når han valgte å støtte Republikanske kandidater gikk han for Demokratene fra å være «en av oss» til å bli «en av dem». Trump skiftet side, og fikk derved langt kraftigere kritikk enn han ville ha fått dersom han hele tiden hadde vært Republikaner.

Men det andre punktet er viktigere. I de siste tiår har sosialistiske ideer blitt stående stadig sterkere i amerikansk kultur (og dette gjelder også ellers i Vesten), og alle fremtredende Republikanske politikere har nærmest bedt om unnskyldning for at de ikke har vært sosialister; de har derfor alle vært ettergivende overfor sosialistiske ideer og verdier. Dette gjelder også alle Republikanske presidenter og presidentkandidater etter Reagan: det gjelder Bush sr., Bush jr, MacCain, Romney.

Men dette gjelder ikke Trump. Han har ikke på noe vis i sin retorikk vært ettergivende overfor sine motstandere i det Demokratiske partiet. Han har ikke på noe vis, slik hans forgjengere gjorde, gitt inntrykk av å be om unnskylding for å ha andre meninger enn de som

477

politikerne fra det Demokratiske partiet har. Trump har på alle vis, inkludert på ufine måter, gått i strupen på sine meningsmotstandere – og ikke bare dem; han gikk også rett i strupen på de av sine partifeller som han konkurrerte med for å bli nominert som presidentkandidat.

I Trump møtte Demokratene for første gang en motstander som ikke på noe vis var ettergivende og mild overfor sine politiske motstandere. Og dette tålte de ikke. For første gang møtte de ikke en motstander som nærmest la seg flat, de møtte en slugger som (selvsagt kun verbalt) slo både dem midt i trynet og i solar plexus med betydelig styrke. Og det var ikke bare politiske motstandere som ble utsatt for dette, også journalister fikk merke at dette var en annen type politiker, dette var ingen tusseladd av den type de har vært vant til etter Reagan.

Trump, som den første Republikanske politikeren etter Reagan, ga ikke «the moral high ground» til sosialistene, han ikke bare forsvarte seg på en måte som mange vanlige amerikanere likte, men han gikk også til kraftige motangrep mot de som angrep ham – det er derfor at pressen og akademia og ledende Demokratiske politikere hater ham.

Kort oppsummert: Det som har skjedd i USA er et resultat av at sosialistiske ideer er blitt stadig sterkere i kulturen de siste tiårene. Hva disse ideene går ut på skisserte vi tidligere i artikkelen, og det vi ser i USA nå er bare implikasjonen av disse ideene.

Det er en kolossal avstand mellom de ideer som dominerer i USA i dag og de kapitalistiske ideer som dominerte i USA for 250 år siden, da USA ble dannet. De kapitalistiske ideene førte til at USA ble verdens rikeste og beste land, mens dagens sterke sosialistiske ideer vil føre til kaos og fattigdom slik de alltid gjør. Og de ideene som nå kan føre USA mot avgrunnen står også stadig sterkere i andre land Vesten, så det vi ser i USA i dag kan vi se i Vest-Europa om ikke lenge.

https://reason.com/2020/06/08/james-bennet-new-york-times-opinion-woke-tom-cotton/

https://www.aftenposten.no/meninger/debatt/i/K3oEa5/menn-kvinner-og-alt-imellom-kaveh-rashidi

https://www.regjeringen.no/contentassets/
b7384abb48db487885e216bf53d30a3c/lhbt_veileder.pdf

https://www.tothepointnews.com/2019/12/transjacking-the-lefts-latest-
war-on-women/

https://www.dagbladet.no/kultur/raseriet-mot-rowling-er-skremmende/
72554366

Den fundamentale årsaken til det som skjer i USA
Publisert på Gullstandard 20. juli 2020

For et par uker siden skrev vi om det som skjer i USA, og vi skisserte årsaken til at det går så galt. Til vår store glede og overraskelse publiserte Nettavisen for noen dager siden en lang artikkel om samme tema, en artikkel som i store trekk sier det samme som vi sa, men som dekker de siste tiårenes utvikling på de relevante områder i større detalj enn vi gjorde. Artikkelen har den treffende tittelen «– USA begår kollektivt selvmord», men det er ikke bare tittelen som er en innertier, artikkelen er så god og grundig som en mainstream-artikkel kan være. Men vi vil også ha sagt at den ikke går så grunnleggende og fundamentalt til verks som vår artikkel gjorde.

Vi anbefaler artikkelen på det varmeste (link nedenfor) , og det vi skal gjøre her er først å gjengi noen få sitater fra artikkelen, og deretter vil vi skissere *hvorfor* det er blitt slik det er blitt – og hvorfor det er blitt slik det er blitt er ikke dekket hverken i vår tidligere artikkel eller i Nettavisens artikkel.

Det det handler om er ideer som er kommet inn i kulturen fra universitetene. Her er noen sitater fra artikkelen:

> «Hvis denne revolusjonen lykkes, så kan vi se på det som at USA begår kollektivt selvmord, sier Dr. James Lindsay til Nettavisen» [Lindsay er en ekspert Nettavisen har intervjuet].

> «Individualismen og frihetstanken som skapte USA er byttet ut med noe som kalles "kritisk teori" ... i korte trekk handler kritisk teori om å se systemene bak [det som skjer i dagliglivet], og legge ansvaret over på et system eller en kultur [og altså ikke på de individene som begår handlingene]».

> [Ett eksempel på dette:] «Hvis det er flere svarte enn hvite i fengsel er det automatisk kulturen eller systemets feil. Dermed må det skyldes rasisme. Dette skiller seg kraftig fra tradisjonell teori, som handler om å finne årsakene og deretter finne løsningene.»

481

«I hans [Lindseys] studie etter røttene og utviklingen mener han det hele startet på Frankfurt School of Critical Theory. – Målet er å frigjøre folk fra alle former for systematisk undertrykkelse. Dem som definerer det ender alltid opp med en slags nymarxisme. Men denne gangen handler det ikke om klasse og økonomi, men kultur, forklarer Lindsay.»

«Teorien har vært under utvikling i flere tiår. Og har blitt langt spissere og enklere å sette til verks det siste tiåret. Dette har en sammenheng med at det har blitt en prioritet i skolesystemet, forklarer Lindsay.»

«– Sannhet har ingen betydning for denne bevegelsen, fordi de har tatt til seg det postmoderne tankegodset. Michael Foucault (kongen av postmodernisme red. anm.) mente at sannhet ikke er noen absolutt verdi. Verden er global, og medvirkning til et eller annet undertrykkende system i verden er definert ut fra rase, kjønn, seksualitet og så videre, sier Lindsay.»

« … sentrale verdier som objektivitet og individualisme [er] bare et eksempel på … rasisme [fordi disse ideene står sterkt i Vestens kultur, og siden de som oppdaget og utviklet disse verdiene var hvite så må de være uttrykk for deres «hvithet» ….]». (kilde Nettavisen).

Postmoderne ideer

Det er implisitt i artikkelen at disse postmoderne ideene er blitt standard vare ved universitetene de siste tiårene, og at brorparten av de som er «utdannet» ved universitetene de siste årene er blitt flasket opp på disse ideene. Når disse studentene deretter kommer ut i viktige stillinger i akademia, i tenketankene, i byråkratiet, i media, i politikken, vil deres meninger, beslutninger og handlinger være basert på og begrunnet i disse ideene.

Det artikkelen – som er skrevet av Espen Teigen – sier er at ideer som rasjonalitet og individualisme, og oppslutning om individuell frihet og markedsøkonomi, er nærmest fullstendig fraværende fra det

482

akademiske liv, og at venstreorienterte ideer som kollektivisme og altruisme er enerådende.

At rasjonalitet står svakt ser man direkte av artikkelen, hvor man finner dette sitatet (som vi også gjenga over): Postmodernismen sier at «sannhet ikke er noen absolutt verdi».

At kollektivisme dominerer ser man av at det som betraktes som viktig ved en person er ikke vedkommendes egenskaper eller karakter, det som er viktig er hvilken gruppe vedkommende tilhører: om vedkommende er kvinne eller mann eller noe annet, om vedkommendes hudfarve er svart eller hvit eller noe annet, om vedkommendes legning er homofili eller heterofili eller noe annet, etc. (Denne vektleggingen kalles «identitetspolitikk».)

At altruismen dominerer ser man av det faktum at ethvert individ forventes å bare underordne seg det som kollektivet (ved dets selvutnevnte ledere) måtte bestemme. At markedsøkonomien står svakt ser man av det faktum at alle disse aktørene krever støtteordninger til alle mulige «svake» grupper, og at de krever stadig større beskatning av alle store firmaer, og at de krever stadig flere reguleringer av næringslivet. Og frihandel er det ingen som støtter i dag, selv ikke blant dagens konservative.

Det som skjer ved universitetene vil noen år senere prege kulturen; de ideer som kommer inn i kulturen kommer inn via de som i sine unge år studerte ved universitetene. Og det er dette syn som styrer politikken: «politikk er nedstrøms fra kultur», eller: «det er ideer, fundamentale filosofiske ideer, som styrer kulturen og derved historien, og disse ideene kommer fra universitetene».

Men hvorfor ble det som det ble? Hvorfor var det i USA, og ikke i Europa, at denne utviklingen vi ser resultatene av i dag, skjedde, hvorfor er det USA som har gått så kolossalt av sporet? Artikkelen i Nettavisen hevder at dette startet med Frankfurter-skolens ankomst i USA omkring 1940. Men det startet tidligere enn det; det startet om lag 75 år tidligere.

Hvordan startet dette?

USA hadde en sterk økonomisk vekst på 1800-tallet, og spesielt etter borgerkrigen (som varte til 1865). Den økende velstanden førte til at det fantes penger til annet enn mat og klær og hus, og et av de områdene som fikk stadig mere penger var utdannelsessystemet; både statlige og private penger (ofte gjennom arv) havnet i universitetssystemet. De få universitetene som fantes ble større, og det ble opprettet nye universiteter. Det ble derfor opprettet flere stillinger ved universitetene, og disse stillingene måtte besettes. Det hadde allerede da vært populært blant de rike å sende (noen av) sine sønner til Europa slik at de kunne studere der, og universitetene i Tyskland var spesielt populære som studiesteder.

> «Perhaps as many as 10,000 Americans went to Germany to study in the nineteenth century ... When these scholars returned to America and took up positions in the new research universities financed with America's new industrial wealth (e.g., the University of Chicago, Cornell University, Johns Hopkins, Stanford University), they became part of a revolutionary change in the way some Americans thought about their society and political life». (Kilde: Philosophy in the United States, lenke nedenfor.)

Og i Tyskland var tidligere filosofer som Kant (1724-1804) og Hegel (1779-1831) i vinden, og når de amerikanske studentene var ferdig utdannet reiste de tilbake til USA sterkt infisert av Kants og Hegels ideer, og disse ideene sto for – som det het i sitatet vi gjenga over – en «revolutionary change in the way some Americans thought about their society and political life». Denne forandringen innebar at ideene til rasjonelle frihetstilhengere som Locke og Jefferson, som var dominerende da USA ble dannet, ble byttet ut med ideene til irrasjonelle frihetsmotstandere som Kant og Hegel. (Man kan lese mer om Kants innflydelse i min artikkel «Immanuel Kants innflydelse», link nedenfor.)

De amerikanske universitetene ble altså fylt opp av akademikere som var kantianere og hegelianere. Etter noen år viste det seg at alt intellektuelt liv i USA i avgjørende grad ble dominert av personer som var sterkt influert av tysk filosofi. I Europa skjedde dette i mindre grad; der var kantianismen og hegelianismen bare den siste motebølgen, og andre retninger fantes fortsatt, men i USA ble universitetene i denne vekstperioden altså fylt opp med svært mange hegelianere og kantianere

484

– og det var få som representerte andre tankeretninger. (Også i Europa ble de kantianske ideene etter hvert mer dominerende.)

Man ser dette tydelig på de mest kjente amerikanske filosofene som kom på scenen i denne tiden: Charles Peirce (1839-1914), John Dewey (1859-1952) og William James (1842-1910) – disse var alle sterkt influert av Hegel (litt mer om disse kan man finne på www.filosofi.no)

Progressivismen

Den politiske implikasjon av dette ser man i progressivismen, og blant ledende politikere som sluttet seg til denne retningen finner man Teddy Roosevelt, William Taft, Woodrow Wilson, Herbert Hoover og Franklin Roosevelt, som alle var presidenter i perioden 1901-1944. I denne perioden var det kun presidentene Harding og Coolidge, presidenter i perioden 1921-1929, som ikke var progressive, dvs. som ikke var sterkt venstreorienterte. (På 20-tallet, da de ikke-progressive satt ved makten, hadde USA en enorm økonomisk vekst, og krisen fra 1929 var forårsaket av begynnende reguleringer forårsaket av progressive ideer.)

Hva var kjennetegnet ved denne progressivismen? Den innebar en innskrenkning av individuell frihet, stadig mer statlig styring av økonomien, samt offentlige tilbud på flere og flere områder. Progressivismens implikasjoner ser man naturlig nok i den politikken som ble ført av de progressive, og i ting de sa. Teddy Roosevelt mente at ulikheter i velstand var like ille for USA som borgerkrigen, og han mente at individer ikke burde få tjene penger dersom det ikke var til fordel for samfunnet: «We should permit it [money] to be gained only so long as the gaining represents benefit to the community» (fra hans tale om «The New Nationalism», 1910). Slike synspunkter ligger ikke langt fra Marx (1818-1883), og Marx´ ideer var bare en vri på Hegel.

De progressive ideene lå langt fra ideene som var nedfelt i den amerikanske konstitusjonen, men Teddy Roosevelt uttalte allikevel følgende: «To hell with the constitution when the people want coal». Woodrow Wilson var president ved Columbia-universitet før han ble president i USA, og også han var sterkt påvirket av Hegel: «Men as communities are supreme over men as individuals», mente han. Dette ligger nært opp til Hegels maksime om at «frihet er retten til å adlyde staten».

485

Franklin Roosevelt oppsummerte sitt syn på folket og på lederens oppgave slik:

> «If we are to go forward, we must move as a trained and loyal army willing to sacrifice for the good of a common discipline. We are, I know, ready and willing to submit our lives and property to such discipline, because it makes possible a leadership which aims at a larger good. I assume unhesitatingly the leadership of this great army.... ».

Progressivismens fundamentale syn på politikk og samfunn kan ikke formuleres tydeligere enn det Roosevelt gjør her. Så, progressivismen sto altså svært sterkt i den politiske elite. Grunnen til at det gjorde det var at den var blitt preket fra professorene ved universitetene i flere tiår.

Men så skjedde det noe som gjorde ting enda verre. På 30-tallet ble jødene jaget ut av Tyskland, og mange av dem havnet i USA. Blant disse var det mange akademikere som hadde tatt Kants og Hegels ideer videre; postmodernismen er en naturlig videreføring av Kant og Hegel. I Tyskland utgjorde disse det som ble kalt Frankfurter-skolen, en skole som Wikipedia beskriver slik:

> «Frankfurterskolen vokste frem rundt Institut für Sozialforschung i Frankfurt am Main. Instituttet ble grunnlagt i 1924 av marxisten Felix Weil, men det er etter etableringen av tidsskriftet Zeitschrift für Sozialforschung i 1932, under ledelse av Max Horkheimer, at man begynte å snakke om en egen «skole». De viktigste personene, den indre kjerne, besto ... av Horkheimer, Adorno, Pollock, Marcuse, Löwenthal og (til 1939) også Fromm. Horkheimer, Adorno og Marcuse bidro særlig til utbredelsen av instituttets teoretiske ståsted. Den kritiske teori som var sentral for Frankfurterskolen tar utgangspunkt i den unge Marx' tanker og dennes hegelianske røtter, særlig slik disse ble lest av Georg Lukács. ... Da Hitler kom til makten i 1933 måtte alle med tilknytning til Frankfurterskolen forlate landet av politiske grunner. De dro via Paris og Genève til New York der instituttet gjenoppsto med

tilknytning til Columbia University som International Institute of Social Research. I 1940 ble instituttet splittet opp da Horkheimer, Adorno og Pollock flyttet til California.»

At disse folkene ble tatt godt imot i USA burde ikke overraske noen; USA har sitt opphav i folk som flyktet fra tyrannier i Europa. At en gruppe akademikere flyktet fra nasjonalsosialismens tyranni var da bare «business as usual», og at de kantianere og hegelianere som satt i alle viktige stillinger ved universitetene i USA tok imot sine våpenbrødre fra Europa var bare som man kunne forvente. (Fundamentalt sett var også nasjonalsosialismen forårsaket av Kants og Hegels ideer; noe som er dokumentert i Leonard Peikoffs *The Omnious Parallells*.) Man må også huske dette viktige punktet: de som ansetter folk ansetter folk som i det store og hele har de samme synspunkter som de de selv har. Så hvis det er mange kantianere og hegelianere ved et universitet vil de nyansatte ved dette universitetet i hovedsak være .... nei, ikke aristotelikere eller Objektivister, de vil også være hegelianere og kantianere. (Blant de som som flyktet til USA fra Europa var det også noen akademikere med klassisk liberale synspunkter, men disse fikk ingen viktige stilinger ved de amerikanske universitetene.)

Disse intellektuelle, og deres etter hver mange elever, fikk da en enorm innflydelse på det som foregikk ved universitetene i USA, og etter noen tiår ble ideene fra disse sterkt dominerende i alt akademisk liv i USA, og derved også i hele kulturen i USA.

Utviklingen styres av dominerende ideer
Det er derfor det er gått så galt i USA. Stabile, fredelige, harmoniske og velstående samfunn er kun mulig dersom de bygger på grunnleggende ideer som rasjonalitet, individualisme, rasjonell egoisme, dvs. gode samfunn forutsetter at disse ideene dominerer i befolkningen. Dersom de motsatte ideer – irrasjonalitet, kollektivisme, altruisme – dominerer, vil samfunnet ende opp i forfall, økende fattigdom, strid mellom grupper, uro, bråk, kriminalitet. Og det er akkurat dette vi ser i USA i dag.

Helt til slutt: Nettavisens artikkel hevder at USA begår kollektivt selvmord. Den etikken som de nevnte tenkerne (Kant, Hegel, Marx, Foucault) står for er altså altruisme, en etikk som sier at det som

487

er moralsk høyverdig er å gi avkall på egne verdier til fordel for andre. Den som mest grundig og fundamentalt har analysert altruismen er Ayn Rand, og hun oppsummerer sin analyse slik, med sin vanlige teft for klinkende klare spissformuleringer: «Altruism holds death as its ultimate goal and standard of value». Sagt på en annen måte: et samfunn hvor altruismen dominerer kan ikke overleve – det vil dø. På individ-nivå: jo mer konsekvent man følger altruismen, jo større skade påfører man seg selv og sitt eget liv.

Vi tar også med at de i USA som de siste tiår politisk sett har vært motstandere av de venstreorienterte ofte har vært konservative kristne, og den kristne etikken er også ren altruisme: «Sett dere ikke imot den som gjør ondt mot dere. Om noen slår deg på høyre kinn, så vend også det andre til. Vil noen saksøke deg og ta skjorten din, la ham få kappen også. Tvinger noen deg til å følge med en mil, så gå to med ham … elsk dine fiender … .»

Det som skjer i USA er da akkurat som man kan forvente ut i fra de ideene som dominerer i amerikansk kultur. Dersom altruismen og dens nært beslektede ideer kollektivisme og irrasjonalitet/følelsesdyrking, står sterkt i et samfunn, vil dette samfunnet dø som følge av disse ideene; det vil ikke bli ødelagt av krefter utenfra, det vil ble ødelagt av krefter innenfra – det vil altså begå selvmord.

https://education.stateuniversity.com/pages/2044/Higher-Education-in-United-States.html

https://www.nettavisen.no/okonomi/-usa-begar-kollektivt-selvmord/3423992398.html

https://nces.ed.gov/pubs93/93442.pdf

Peikoff, Leonard: *The Ominous Parallells: The End of Freedom in America*, New American Library, New York 1983

«A house divided ….»
Publisert på Gullstandard 18. januar 2021

Iblant skjer det store forandringer i styret av et land, og vi tenker ikke på det som skjer når borgerne i et valg kaster den sittende regjering og velger inn opposisjonen; dette er noe som i dag skjer praktisk talt ved annethvert valg i Vestens demokratier (de som sitter i posisjon får som regel fornyet tillit én gang, men som regel ikke to, til det har de som regel brutt for mange valgløfter). Nei, vi tenker på mer alvorlige og dyptgående endringer som følge av kupp, revolusjon eller borgerkrig.

Slike hendelser har ikke forekommet i Vesten på lang tid, men hvis vi går litt tilbake i historien, og også inkluderer Vestens nærområder, finner vi flere eksempler. (Vi ser her altså bort fra erfaringer fra Afrika, Asia og den arabiske verden; disse områdene er for kaotiske og irrasjonelle, kulturelt sett, til at man ut fra dem kan trekke prinsipper som også kan gjelde for Vesten.)

Borgerkriger og kupp

Vi har hatt borgerkriger i Vesten: I England var det en borgerkrig på 1600-tallet; årsaken til striden var en konflikt om maktfordelingen mellom folket/parlamentet og kongen. Den endte med at i en kort periode var England republikk, men det gikk ikke lang tid før kongen var tilbake på tronen.

Også i USA var det en borgerkrig, fra 1861 til 1865: striden gjaldt i hovedsak slaveriet, og krigen endte med at Nordstatene vant og at slaveriet ble opphevet. (Afroamerikanere ble dog i stor grad diskriminert i store deler av USA i innpå 100 år etter krigens avslutning, både av private og som følge av de såkalte Jim Crow-lovene, som gjaldt i store deler av Sørstatene fra 1876 til 1965.)

Revolusjoner har det også vært; mest omtalt er de i Frankrike og Russland. I begge disse revolusjonene var storparten av folket undertrykt av en elite, en adel som i betydelig grad betraktet resten av befolkningen som deres slaver. Størstedelen av befolkningen levde i stor fattigdom, mens eliten levde et luksusliv man aldri hadde sett maken til.

Revolusjonen i Frankrike tidfestes ofte til 14. juli 1789, og revolusjonen i Russland skjedde i februar 1917, men revolusjoner er prosesser som skjer over et ikke ubetydelig tidsrom, og de fører ofte til kaos, terror, anarki, krig og diktatur.

I Frankrike ble revolusjonen etterfulgt av en anarkistisk periode med omfattende terror: ca 17 000 mennesker ble henrettet etter en offisiell dom; mange ble drept uten lov og dom, mange andre sultet ihjel i fengslene. Det totale antall døde skal være ca 40 000. En slik periode kan ikke vare lenge, og også denne revolusjonen førte til noe som må omtales som et kupp: den seierrike generalen Napoleon Bonaparte tok makten i november 1799 – Frankrike ble reellt sett et militærdiktatur. Senere kom det kriger, både mellom Frankrike og andre land (England, Russland), og borgerkrig i Frankrike. Denne perioden endte med Napoleons endelige nederlag ved Waterloo i 1815.

Russland gikk igjennom en meget urolig periode etter Februarrevolusjonen, og den endte med et kupp i oktober da kommunister tok makten i strid med de demokratiske prosesser som var forsøkt innført etter Februarrevolusjonen. Etter dette kuppet var det en periode med borgerkrig («de røde» mot «de hvite», kommunistene var de røde, mens de hvite besto av sosialdemokrater og av folk som var lojale mot tsaren), en krig som varte til 1922 med seier til kommunistene. Kommunistene innførte et terrorvelde under først Lenin og deretter Stalin, men regimet ble noe mykere etter at Nikita Khrustsjov kom til makten i 1954.

Kommuniststaten, som hadde fått navnet Sovjetunionen, kollapset omkring 1990, og Russland er i dag reellt sett et gjennomkorrupt demokrati med liten frihet, og landet opplever betydelig forfall på en rekke områder: mye alkoholisme, synkende levealder, befolkningsnedgang («I Norge har menn en forventet levealder på over 79 år. I Russland er tallet 64. Hver fjerde russiske mann dør før 55-årsdagen», kilde forskning.no.) De bedriver til og med omfattende juks når de deltar i internasjonale sportsarrangementer! Dett er en tilstand og et forfall som er resultat av de verdier som dominerer i befolkningen: kollektivisme, irrasjonalitet, fatalisme, ingen respekt for individuell frihet. Opplysningstiden, som førte til oppblomstringen i Vesten med ideer som individualisme, frihet, rasjonell egoisme, sekularitet, begrenset stat, kapitalisme, frihandel, etc., slo aldri igjennom i Russland.

En valgseier til venstreorientertere krefter i Spania i 1936 kastet landet ut i kaos. Wikipedia: «Etter at venstrekoalisjonen Frente Popular kom til makten under ledelse av Manuel Azaña i 1936 ble en periode med stor ustabilitet og konflikt i Spania innledet. Vold mellom militante grupper kom ut av kontroll etter drapet på den konservative parlamentariske lederen José Calvo Sotelo». Dette førte til en borgerkrig som endte med sier til de som sto imot den valgte regjeringen, og landet ble et militærdiktatur under Franco, et diktatur som varte fra 1939 til Francos død i 1975, da landet igjen ble demokratisk.

En valgseier til venstreorientertere krefter med Salvador Allende som leder i Chile i 1970 kastet landet ut i kaos. Wikipedia: Allendes «regjeringstid var preget av sosiale reformer, nasjonalisering av industrien, og forsøk på omfordeling av rikdom, streiker, uroligheter og konfrontasjoner og økonomisk krise…». Et vedtak i nasjonal-forsamlingens underhus (81 mot 47 stemmer) anmodet militæret om å gripe inn for å gjenopprette orden med begrunnelse at Allendes regjering gjentatte ganger hadde brutt konstitusjonen. Frem til 1990 var Chile et militærdiktatur under general Pinochet, og i denne perioden ble opposisjonelle internert og mange ble torturert. Landet ble igjen demokratisk etter 1990.

En annen type kupp opplevde vi i Romania i 1990. På 80-tallet førte høyrebølgen til at frihetlige ideer ble sterkere også i de kommu-nistiske landene i Øst-Europa. I noen land forsvant kommunistregimene nokså fredelig (f.eks i Øst-Tyskland, i Polen), men i Romania ble kommunistdiktatoren Ceausescu arrestert, stilt for en militærdomstol og henrettet. Jugoslavia var etter annen verdenskrig et lappeteppe av ulike folkeslag og ulike religioner (både kristendom og islam hadde stor oppslutning), men lederen, Tito, var en sterk mann som hadde klart å holde de ulike gruppene sammen. Men etter at han gikk bort kom motsetningene til overflaten, og de ulike gruppene kunne ikke lenger leve sammen i ett land. På 90-tallet brøt det ut en grusom borgerkrig mellom de ulike gruppene, og resultatet ble at det som var Jugoslavia i dag er oppdelt i en rekke land: Slovenia, Kroatia, Bosnia og Herzegovina, Makedonia, Serbia, Montenegro og Kosovo.

USA

Men det viktigste landet i dag er USA. Landet er i ferd med å gå opp i limingen. Dette ble tindrende klart i valgkampen foran presidentvalget i 2020. Vanligvis er kandidatene (vi holder oss kun til kandidatene fra de to store partiene) vennlige mot hverandre både før, under og etter valget, og den som taper innrømmer som regel raskt nederlaget på en gentleman-aktig måte.

Valgkampen i 2016, mellom Donald Trump og Hillary Clinton var ikke vennlig; Trump ble av Demokrater beskyldt for å være rasist, fascist og en diktatorspire, og hans tilhengere ble av Clinton omtalt som «deplorables», og at de hadde synspunkter som var «racist, sexist, homophobic, xenophobic, Islamaphobic». (Clinton ba senere om unnskylding for denne uttalelsen). President Obama beskrev Trumps tilhengere slik: «they get bitter, they cling to guns or religion or antipathy to people who aren't like them or anti-immigrant sentiment or anti-trade sentiment as a way to explain their frustrations». Clinton ble av Trump og flere andre beskyldt for å være gjennomkorrupt; Trump omtalte henne som «Crooked Hillary», og under en debatt sa til og med til henne at «you belong in jail».

Men det som skjedde i forbindelse med valget i 2020 var enda verre. Trump ble fortsatt beskyldt for å være rasist, fascist, løgner og en diktatorspire, men nå kom det også beskyldinger om at han var nazist i tillegg til å være rasist: «Democratic presidential nominee Joe Biden compared President Donald Trump to a notorious figure in the Nazi Party» (Daily Wire 27/9-20), «Joe Biden said that President Donald Trump was the country's "first racist president"» (kilde snopes). Mainstreampressen, også den utenfor USA, fungerte som et talerør for en enda mer primitiv og vulgær versjon av denne type propaganda mot Trump – det finnes tusenvis av eksempler på dette, men vi nevner bare dentte: VG utstyrte et foto av Trump på sin forside med en Hitler-bart.

Til gjengjeld ble Joe Biden beskyldt for å være gjennomkorrupt, i lomma på Kina, og for ikke å være helt oppegående. Trump omtalte ham som «Slow Joe». Andre Demokrater ble gjenstand for tilsvarende beskyldninger.

Vi kunne gitt mange flere eksempler på slike beskyldinger fra begge leire, men dette holder. Vårt poeng er å vise at det er et sterkt skille mellom de som sogner til Trumps nasjonalkonservative linje og

492

de som sogner til Demokratens reellt sett sosialistiske linje. Ja, de fleste av velgerne vil ikke føle seg hjemme i noen av disse leirene, mange stemte på Biden ikke fordi de støttet Bidens synspunkter, men ene og alene for å bli kvitt Trump, og mange stemte på Trump for å hindre at det nå sterkt venstreorientert Demokratiske partiet skulle komme til å overta makten også i statsapparatet; alle andre etablert miljøer – akademia, byråkrati, kulturliv, presse, forlag, Big Tech – er pr idag sterkt venstreorienterte. Men det er ikke de lunkne som driver historien. Poenget er at det er betydelige grupper med sterke meninger på begge sider, og disse gruppene har liten respekt for hverandre; de betrakter de andre som svært skadelige for å oppnå det de betrakter som gode samfunn.

Ved valget i 2020 var det ca 74 millioner som stemte på Trump, og offisielle sertifiserte tall forteller at det var ca 81 millioner som stemte på Biden. Det fremkom omfattende beskyldninger om valgfusk i Bidens favør, men rettsapparatet konkluderte etter å ha tatt en kikk på en rekke enkeltsaker med at det ikke fantes juridisk holdbare beviser for slik juks. Allikevel fortsatte Trump å hevde at valget var stjålet fra ham, og han har mange med seg i overbevisningen om at omfattende juks fant sted: «Forty-seven percent (47%) say it's likely that Democrats stole votes or destroyed pro-Trump ballots in several states to ensure that Biden would win, but 50% disagree». (Rasmussen 19/11-20).

Valgjuks har forekommet ofte i USA, men hvor ofte og i hvilket omfang er umulig si. (Heritage forteller at siden 1982 er 1129 personer dømt for valgjuks: vi går ikke inn på detaljer her. Link til mer info nedenfor.)

Som nevnt over har det Demokratiske partiet lagt sin kurs sterkt om til venstre i de siste årene. Biden var opprinnelig en sentrums-politiker, men han er nå en svak og svekket person. Hans visepresident Kamala Harris er sterkt venstreorientert: «While Harris was dubbed as the most liberal senator in 2019, a holistic view of her career suggests that other senators were more liberal at times.» (Dette er fra en nøytral kilde, Logically. Vi never også at den korrekte oversettelsen av det amerikanske «liberal» til norsk er «venstreorientert».)

Det Demokratiske partiets nye, unge stjerne, kongressmedlem Alexandria Ocasio-Cortez, er også sterkt venstreorientert. Wikipedia: «Ocasio-Cortez is among the first female members of the Democratic

Socialists of America elected to serve in Congress. She advocates a progressive platform that includes Medicare for All, a federal   jobs guarantee, the Green New Deal and   abolishing the U.S. Immigration and Customs Enforcement (ICE)»

Beskyldninger om at de som sogner til det Republikanske partiet er rasister florerer. I en kronikk i Washington Post publisert 18/1-21 skriver Hillary Clinton, som altså var Trumps motkandidat i 2016, bla. følgende:

> «Trump ran for president on a vision of America where whiteness is valued at the expense of everything else. In the White House, he gave white supremacists, members of the extreme right and conspiracy theorists their most powerful platforms yet, even claiming that there were "very fine people" among the torch-wielding militia members who converged on Charlottesville in 2017.» (Kilde breitbart, se note nedenfor om Trumps påståtte omtale av nazister som «very fine people»).

Opptøyer, sabotasje, hærverk

I april 2020 ble den småkriminelle afroamerikaneren George Floyd så hardhendt behandlet under en arrestasjon at han mistet livet. Dette førte til omfattende demonstrasjoner en rekke steder i USA, og utgangspunktet var legitime markeringer mot politivold. Men det utartet seg raskt til omfattende plyndring, hærverk og angrep på offentlige bygninger. Et av de krav som ble fremsatt var «defund the police», dvs. de som sto bak mente at politet bare ved sin tilstedeværelse forårsaket kriminalitet og at kriminaliteten ville gå ned dersom politet ble mindre synlige (Ett eksempel: «...city council... push to defund police...», kilde Fox).

Sterkt venstreorienterte grupper som Black Lives Matter og Antifia sto bak opptøyene, og i løpet av sommeren ble det gjennomført hærverk og ødeleggelser for enorme verdier. Wikipedia forteller om kostnadene: «The protests that took place in 140 American cities this spring were mostly peaceful, but the arson, vandalism and looting that did occur will result in at least $1 billion to $2 billion of paid insurance claims». Antall drepte var omkring 25 (kilde The Guardian).

Demokratiske politikere og kjendiser så ut til å være lite villige til å ta avstand fra disse opptøyene, og blant velgerne var det 11 % som var sterke tilhengere av slike voldelige protester, og 18 % som var noe svakere tilhengere av slik vold (kilde Reuters). Videre:

«Kamala Harris pushed bail fund that helped murder and rape suspects get out of jail while awaiting trial. A charitable bail organization talked up by Kamala Harris is drawing scrutiny amid increased rioting and violence in Kenosha, Wisconsin, and Portland, Oregon. In addition to Harris, Joe Biden's running mate on the Democratic ticket and a California senator, Minnesota Freedom Fund has attracted celebrity donors such as Steve Carell, Seth Rogen, Rob Delaney, Cynthia Nixon, and Don Cheadle» (kilde Washington Examiner).

Det finnes mange flere eksempler som viser at ledende Demokrater nærmest støttet opptøyene. Under høringene i Kongressen da konservative Brett Kavanaugh skulle godkjennes som ny dommer i Høyesterett i 2018, ble Kongressen stormet av venstreorienterte aktivister. Også da var Demokratiske politikere på demonstrantenes side.

President Trump har som nevnt ment at det forekom fusk i presidentvalget 2020, dette også etter at han ikke fikk medhold om dette i rettsapparatet. Han oppfordret derfor sine tilhengere til å demonstrere foran Kongressbygningen da den endelige godkjennelsen av presidentvalget skulle finne sted 6/1-21. Trump brukte uttrykk som «stand back and stand by» og «Be there, [the protests] will be wild!». Vi tror ikke at Trump med dette oppfordret til vold, men han burde forstått at slike utsagn meget lett kan tolkes som oppfordringer til vold og hærverk. Og som man kunne vente, en meget liten andel av de fremmøtte demonstrantene – om lag 50 personer – stormet inn i Kongressbygningen, og begikk noe mindre hærverk. Fire personer omkom i stormingen (én ble skutt av politet, tre døde under «medical emergencies»). De som stormet så ut til å være meget useriøse personer (frontfiguren var utkledd som en geitebukk), men pressen fremstilte dem allikevel som representative for Trumps tilhengere. (Det er grunn til å tro at noen av disse demonstrantene var sabotører som iverksatte aksjonen for å skade Trump.) Og Demokratene, som tidligere hadde støttet demonstasjoner, sabotasje, hærverk, og stormingen av Kongressen under Kavanaugh-høringen, tok denne gangen sterk avstand fra stormingen; de hevdet at den var et angrep på demokratiet!

Biden

Det ser ut til at Joe Biden vil bli innsatt som president 20. januar. Det er all grunn til å tro at Bidens politikk vil bli sterkt venstreorientert – dvs. vil bestå av skatteøkninger, flere reguleringer, sterkt økt offentlig pengebruk, flere gratisgoder utdelt fra det offentlige, og sterkt voksende gjeld. Han vil antagelig gi alle gratis «health care», han vil ettergi studiegjeld, han vil gå inn for utjamning, han vil gi amnesti til ca 11 millioner ulovlige innvandrer og vil åpne grensene for flere innvandrere som vil få adgang til offentlige tilbud innen skole og helse. Muligens vil han avskaffe valgmannsystemet (som sikrer at en presidentkandidat må ha oppslutning over store deler av landet for å bli valgt), muligens vil han utnevne flere dommere til høyesterett for lettere å kunne innføre lover som er i strid med konstitusjonen. Han vil antagelig også forsøke å gjøre DC og Puerto Rico om til delstater, noe som vil føre til at det vil komme fire nye senatorer – som etter alt å dømme vil komme fra Demokratene – inn i Senatet. Han vil neppe klare å gjennomføre alt dette, men det er all grunn til å tro at han vil satse mye på å få det til.

Videre vil arenaer for intellektuell aktivitet – akademia, presse, underholdningsbransjen – i større grad ensrettes i samsvar med venstresidens verdier, og de som gir uttrykk for andre holdninger, i hovedsak konservative og nasjonalister, vil bli stengt ute med begrunnelse om at det er rasister, sexister, klimafornektere, islamofobe, etc. Omkring årsskiftet 2020-21 så det ut til at konservative skulle bli utsatt for omfattende «scenenekt» («deplatforming»): de blir fjernet fra Twitter, deres videoer blir fjernet fra youtube, internettleverandører vil ikke tilby deres apper, forlag vil ikke utgi deres bøker, deres nettsider blir prioritert ned av google, banker sier opp deres bankkonti, etc.

Konservative skal til og med svartelistes – «Alexandira Ocasio-Cortez [and] others [are] pushing for apparent blacklist of people who worked with Trump» – kanskje for at det skal være enkelt for en arbeidsgiver å finne ut om en jobbsøker er ansettbar eller ikke; hvis et

496

firma ansetter en Trump-tilhenger eller en Republikaner vil firmaet kunne bli utsatt for boikott og/eller hærverk. Fra Nettavisen16/1-21: «-La dette bli kjent overfor næringslivet: Ansetter dere noen av Trumps fabulister ... så vil Forbes [et tidligere respektert næringslivsmagasin] anta at alt ditt selskap eller firma snakker om, er en løgn, skrev [journalist Randall] Lane i Forbes-artikkelen som ble publisert på torsdag i forrige uke».

Kongressmedlem Maxine Walters har kommet med følgende oppfordring: «medlemmer av Trumps administrasjon bør trakasseres overalt»: «Rep. Waters calls for harassing admin officials in public ... The California Democrat's comments come after several presidential aides have faced problems when they've gone out to restaurants recently.» (Kilde nbcnews). Dette er lite annet enn en oppfordring om å trakassere de som ikke danser etter Demokratenes venstreorienterte pipe.

Twitter stengte president Trumps konto, og Hillary Clinton reagerte slik: «on Friday [Hillary Clinton] celebrated Twitter's permanent ban of President Donald Trump's personal account» (kilde Breitbart).

Disse siste eksemplene kommer dog ikke som resultat av en venstreorientert politikk fra statens side, dette skjer fordi disse store miljøer, miljøer hvor intellektuell aktivitet (for å kalle det det) forekommer, er dominert av personer med venstreorienterte ideer. Og de tenker naturlig nok slik: hvorfor skal de bistå sine motstandere, som er rasister og islamofobe og «deplorables», hvorfor skal de bistå slike onde mennesker i å komme til orde og bli hørt?

Hvor leder dette hen?

Så, USA vil følge en politisk kurs som vil fortsette å bevege seg mot venstre. Men en slik politikk fører til problemer på alle områder. Vi siterte noen beskrivelser fra det som skjedde i andre land som valgte en slik kurs: det kom en periode med stor ustabilitet og konflikt ... vold mellom militante grupper kom ut av kontroll etter drap på en konservative politikere ... tiden var preget av sosiale reformer, nasjonalisering av industrien, omfordeling av rikdom, streiker, uroligheter og konfrontasjoner og økonomisk krise ...

I USA er det et sterkt skille mellom de som har en lang utdannelse og som sitter i alle stillinger som handler om formidling av ideer og administrasjon av det offentlige apparatet, og de som jobber på gølvet med stort sett svært nyttige jobber (de som jobber i landbruk, innen transport, innen industriproduksjon, innen varesalg, med utvikling av nyttige produkter, mm.). De med lang utdannelse er blitt foret med venstreorienterte ideer gjennom hele sin utdannelsesperiode, og er derfor blitt venstreorienterte, (vi har begrunnet dette i tidligere artikler her på Gullstandard). De venstreorienterte ser ned på alle religioner unntatt islam, mens de på gølvet i betydelig grad er kristne. President Obama ga uttrykk for venstresidens holdning til islam da han uttalte følgende i en tale til FN 25/9-2012, rett etter at muslimske terrorister 11. september 2012 hadde drept en ambassadør og tre andre ved det amerikanske konsulatet i Benghazi: «The future must not belong to those who slander the prophet of Islam».

De områder hvor konservative og religiøse har størst oppslutning omtales av de venstreorienterte med det nedsettende uttrykket «flyover country». Den venstreorienterte elite holder seg på vestkysten og østkysten og vil ikke sette sine ben i områder hvor det er mange «rednecks»; den venstreorienterte eliten oppfører seg som en vaskeekte adel.

De som er langtidsutdannet er altså i meget stor grad venstreorientertere og støtter den venstreorienterte politikken som Demokratene står for, mens de på gølvet i betydelig grad støtter en nasjonalistisk og konservativ linje som Trump står for. (Jeg maler med bred pensel her.)

Politikken som vil bli ført under Biden (og Harris, når hun overtar), er venstreorientert, en linje som mange vil være sterkt uenig i, og som vil få negative konsekvenser. De som vil rammes først er de på gølvet (det er de som får redusert kjøpekraft og vil stå i fare for å miste jobben), og så etter hvert for alle. De vil også føle at de som styrer samfunnet ikke lytter til dem og at deres mann – Trump – ble latterliggjort av media, utsatt for omfattende motstand basert på rene løgner, ydmyket med to riksrettstiltaler, og endog frastjålet en valgseier. Hvordan vil de nasjonalkonservative reagere på dette når den venstreorienterte politikken skaper stadig større problemer?

En delt befolkning

Befolkningen ser ut til å være delt, og det er store motsetninger mellom de to gruppene. Disse gruppene har liten respekt for hverandre, den gruppen som sogner til Demokratene betrakter de andre som rasister og islamofobe «deplorables», mens de som sogner til Republikanerne betrakter de andre som en virkelighetsfjern og korrupt adel som kommer til å ødelegge landet med sin sosialistiske politikk. (Minner igjen om at jeg maler med bred pensel her.)

Hva kan dette føre til i de kommende årene? Senere president Abraham Lincoln holdt i 1858 en tale hvor temaet var hvorvidt slaveriet kunne fortsette i noen delstater, men være forbudt i andre, og den begynte slik:

> «A house divided against itself, cannot stand. I believe this government cannot endure permanently half slave and half free. I do not expect the Union to be dissolved — I do not expect the house to fall — but I do expect it will cease to be divided. It will become all one thing or all the other. Either the opponents of slavery will arrest the further spread of it, and place it where the public mind shall rest in the belief that it is in the course of ultimate extinction; or its advocates will push it forward, till it shall become lawful in all the States, old as well as new — North as well as South.»

Nå ser det ut til at USAs befolkning er delt mellom sosialister og konservative, og mellom disse er enighet og kompromisser umulig.

Når det nå kommer mer venstreorientert politikk vil dette altså skape enda større problemer; arbeidsløshet, inflasjon, kriminalitet, forfall, politiske myndigheter vil miste sin autoritet. Vi har sett eksempler ovenfor på at slike forhold kan føre til borgerkrig, noe en slik deling gjorde i USA i 1861. Dette kan skje igjen. «A house divided against itself, cannot stand».

Det kan da komme en borgerkrig, og slike kriger vil ofte ende med innføringen av et diktatur dersom den ikke ender med en klar seier til en av sidene (slik Nordstatene oppnådde i 1865). Så USA, landet som ble bygget på rasjonelle prinsipper om individuell frihet, gikk først igjennom en borgerkrig for å få slutt på slaveriet, kan gå igjennom enda

499

en borgerkrig – dette fordi de venstreorienterte ideene som dominerer hos dagens adel ikke er kompatible med de nasjonalkonservative holdningene som dominerer utenfor eliten.

De ideene som virkelig kan skape gode samfunn preget av fred, harmoni og velstand er de ideene som USAs grunnleggende dokumenter var basert på – individualisme, rasjonalitet, sekularitet, rasjonell egoisme, individuell frihet, rettsstat, næringsfrihet, frihandel – har i dag svært liten oppslutning, og de har ingen tilhengere som slippes til i den offentlige debatt. Derfor er det liten grunn til å være optimist på USAs – og da også på Vestens – vegne: dit USA går følger Vesten etter.

En bok som grundig analyserer årsaken til denne utviklingen er Leonard Peikoffs *The DIM Hypothesis: Why the Lights of the West Are Going Out.*

https://www.dailywire.com/news/biden-claims-he-got-to-the-senate-180-years-ago-compares-trump-to-nazi-leader-appears-to-need-help-remembering-what-hes-talking-about-appears-to-call-female-host

https://www.rasmussenreports.com/public_content/politics/elections/election_2020/61_think_trump_should_concede_to_biden
https://www.heritage.org/voterfraud#choose-a-state

https://www.logically.ai/factchecks/library/ac70b6c5

https://www.breitbart.com/politics/2021/01/11/hillary-clinton-impeaching-trump-not-enough-to-remove-white-supremacy-from-america/

https://www.snopes.com/ap/2020/07/22/joe-biden-calls-trump-the-countrys-first-racist-president/

https://en.wikipedia.org/wiki/2020–21_United_States_racial_unrest#Analysis

https://www.theguardian.com/world/2020/oct/31/americans-killed-protests-political-unrest-acled

https://graphics.reuters.com/USA-ELECTION/qmypmorxgpr/Topline%20Reuters%20George%20Floyd%20Protests%20%20Police%20Reform%2006%2010%202020.pdf

https://www.foxnews.com/politics/minneapolis-mayor-jacob-frey-rejects-city-council-push-to-defund-police

Her er en faktasjekk av påstanden om at Trump omtalte nynazister som «very fine people»:

«Our ruling: Partly false. The claims in the post have been rated PARTLY FALSE. Following the 2017 white nationalist rally in Charlottesville, Trump did say that there were «very fine people on both sides,» when speaking about those who attended the rally in support, and those who demonstrated against it. But the meme misrepresents Trump's statements, because he did not say directly, «There were very fine people on both sides, & I'm not talking about the Neo-nazis and white supremacists because they should be condemned totally.» The two statements were separate, the second part coming later, after further questioning from reporters. During the first presidential debate, both Wallace and Biden referenced Trump's «very fine people» comment but did not say he applied it to neo-Nazis.»

https://eu.usatoday.com/story/news/factcheck/2020/10/17/fact-check-trump-quote-very-fine-people-charlottesville/5943239002/

Presidentenes synderegister

Publisert på Gullstandard 27. januar 2020

Vi snakker selvfølgelig om amerikanske presidenter, og det vi kort skal se på her er alvorlige feil de begikk mens de satt i Det Hvite Hus, feil som fikk alvorlige følger ikke bare for USA, men for verden. Feilene er ikke tabber, de er begått etter at presidenten og hans rådgivere hadde tenkt grundig igjennom problemstillingene. Disse feilene er solid forankret i og bygget på verdier som er stikk motsatt av de verdier USA ble grunnlagt på. Disse feilene har derfor i stor grad skadet USA og Vesten. Vårt syn er at dersom disse feilene ikke hadde blitt begått hadde USA og verden i dag vært et langt bedre sted, et sted hvor mange av de problemer vi nå har, og vil få i enda større grad i fremtiden, ikke ville ha eksistert.

(Vi tilføyer at det vi gir her ikke er en komplett liste, og at vi har lagt hovedvekten på hendelser og beslutninger som som regel ikke er blitt tillagt stor vekt av mainstream-skribenter som f.eks. Lahlum og Moen i deres bøker om amerikanske presidenter.)

Vi legger hovedvekten på det som skjedde i det tyvende århundre, og vil gå helt frem til i dag. Vi vil dog minne om at en stat alltid fører en politikk hvor hovedtrekkene har bred oppslutning i befolkningen, og at skylden for det som vedtas ikke ligger på presidenten/regjeringen/administrasjonen alene.

Før vi går videre minner vi om at USA er verdenshistoriens sterkeste makt; den har en kolossal styrke innen videnskap, kultur og økonomi, og også mht. militær makt. Under annen verdenskrig knuste USA (sammen med noen allierte, men USA var klart den sterkeste makt i denne alliansen) de tyranniske regimene i Tyskland og Japan, og holdt disse landene okkupert i flere år, noe som var nødvendig for å utradere de ideologiene som de krigshissige regimene i disse landene var bygget på. Etter at okkupasjonene var over fikk begge disse landene konstitusjoner og regimer som i ikke ubetydelig grad bygget på Vestens verder, og begge ble store industrimakter med stigende velstand for befolkningene.

Velstandsvekst etter borgerkrigen

USA ble eksplisitt bygget på ideen om full individuell frihet, men dessverre satt slaveriet så fast i 1776 at det ikke var mulig å avvikle det umiddelbart; det forsvant først etter ca 90 år og en borgerkrig. Denne borgerkrigen, som endte i 1865, tok ca 750 000 liv, og slaveriet ble da opphevet. (Selvsagt ble svarte i stor grad utsatt for alvorlig diskriminering i lang tid etter dette, men den ble gradvis redusert, og ble kraftig redusert etter store demonstasjoner på 60-tallet). Perioden mellom 1865 og ca 1913 var den frieste i USAs historie, og det finnes utallige beskrivelser av det som skjedde i denne perioden. Vi henter en fra Bill Bryson:

> «Between 1850 og 1900 every measure of wealth, productivity and well being skyrocketed in America. The country´s population in the period tripled, but its wealth increased by a factor of thirteen. … The number of millionaires, fewer than twenty in 1850, rose to forty thousand by the century´s end»
> (Bill Bryson: *At Home*, s. 313. I denne boken er det også mye mer å finne om denne enorme velstandsveksten.)

Velstandsveksten førte til at det ble flere og større universiteter, og langt flere som tok en høyere utdannelse. Det ble da opprettet mange nye stillinger ved de nye og de gamle universitetene, og i betydelig grad hentet man da inn folk som hadde universitetsutdannelse. Siden det i forkant var små muligheter til å få slik utdannelse i USA hadde de skaffet seg den i Europa, i hovedsak i Tyskland. Det som var høyeste mote i universitetene der på slutten av 1800-tallet var ideene til Kant og Hegel (og implisitt ideer fra deres inspirator Rousseau). USAs universitetsutdannede elite ble da opplært av folk som var infisert av de kollektivistiske og frihetsfiendtlige ideene fra disse tenkerne.

Tidlig i USA sto frihetsideene, ideer som stammet fra i hovedsak John Locke og grunnlovsfedre som Thomas Jefferson, høyt, og politikken og undervisningen ved universitetene var i stor grad basert på disse ideene. Men så kom det altså en forandring mot slutten av 1800-tallet – eliten hadde fått andre ideer, såkalt «progressive» ideer fra Europa og spesielt Tyskland.

Teddy Roosevelt

Teddy Roosevelt (president fra 1901 til 1909) var en av disse progressive. I en tale i 1910 sa han at individers rettigheter (dvs. de som sikrer individuell frihet, og som uavhengighetserklæringen bygget på) må settes til side hvis formålet er å fremme fellesnytten. Han mente også at problemene som ulikhet i velstand fører med seg er sammenlignbare med de problemer som borgerkrigen førte med seg.

Fra Wikipedia om talen hvor han sa dette:

> «Roosevelt made the case for what he called "the New Nationalism" ... The central issue he argued was government protection of human welfare and property rights, but he also argued that human welfare was more important than property rights. He insisted that only a powerful federal government could regulate the economy and guarantee justice, and that a President can succeed in making his economic agenda successful only if he makes the protection of human welfare his highest priority. Roosevelt believed that the concentration in industry was a natural part of the economy. He wanted executive agencies (not the courts) to regulate business. ... In terms of policy, Roosevelt's platform included a broad range of social and political reforms advocated by progressives.»

Vi nevner at alle reguleringer av økonomien er krenkelser av eiendomsretten.

Wilson

Woodrow Wilson (1913-21) var en typisk akademiker; han var tidligere professor og president for Johns Hopkins University. Han var også progressiv, og sa slike ting som at «Freedom to-day is something more than being left alone». Han fikk USA med i første verdenskrig, men sa at USA ikke hadde noen «selfish ends to serve» ved å gå inn i krigen. Innpå 5 000 000 amerikanere tjenestegjorde i denne krigen; av disse mistet ca 115 000 livet og 320 000 ble såret.

Etter krigen ønsket Wilson at konflikter mellom land skulle løses uten krig, og han var en ivrig forkjemper for opprettelsen av Folkeforbundet (USA ble dog ikke med). Et av prinsippene Wilson la stor vekt på var at ingen land hadde noen rett til å blande seg inn i et annet lands «indre anliggender»; så hvis et land innførte et kommunistisk eller islamistisk eller nazistisk diktatur så var dette noe som ikke angikk andre land, og de hadde ingen rett til å gjøre noe med det. Dette prinsippet fikk stor oppslutning, og førte bla. til at man respektere Hitlers og Stalins diktaturer, og senere til at diktaturer og demokratier er likeverdige medlemmer av Folkeforbundets arvtager FN.

Vi avslutter med å gjengi følgende fra artikkelen om Wilson på Wikipedia: «Det var under Wilson at raseskille ble innført iWashington, D.C»; Wilsons parti – Demokratene – var det parti som sto sterkest i de områder som før borgerkrigen hadde slaveri.

Harding

Wilson ble etterfulgt av Warren G. Harding (1921-23). Harding er ofte klassifisert som den aller verste av USA mange dårlige presidenter (Wikipedia sier: «Harding is often rated as one of the worst presidents in historical rankings.»), en vurdering som etter vårt syn er feil. Hans politikk, som bla. innebar kraftige skattelettelser, ga USA en sterk vekstperiode. Han var dog ingen frihandelstilhenger, og noen tollsatser ble økt. Da han tok over i 1921 var de økonomiske problemene betydelige, i stor grad pga. utgiftene forbundet med USAs deltagelse i første verdenskrig – rett etter krigens avslutning var f.eks. arbeidsløsheten innpå 12 %. På tre år ble statsbudsjettet redusert fra 6,4 mrd dollar til 3,2 mrd dollar, og skattesatser ble redusert, den høyeste fra 73 % til 56 %. (Etter at Harding døde i 1923 ble hans visepresident Calvin Coolidge president, og han fortsatte Hardings politiske linje.) I 1923 var arbeidsløsheten redusert til 2,4 %. Den økonomiske veksten, som startet under Harding, var betydelig: «1920s are a period of vigorous, vital economic growth» (kilde: Economic History Net).

Man kan si at Harding ikke valgte gode medarbeidere til sin administrasjon, og til å holde dem under oppsyn; noen av dem viste seg å være korrupte. Korrupsjonssakene gjaldt nye reformer som ble innført, en om et helsetilbud til veteraner fra første verdenskrig, og en som innebar at statlige landområder ikke lenger skulle selges, nå skulle de leies ut.

Staten kunne ha gitt helsetilbud til veteranene ved å benytte det allerede eksisterende private helsetilbudet, men valgte i stedet å bygge opp et eget statlig system. Harding utnevnte en venn, Charles Forbes, til å lede oppbyggingen av dette nye tilbudet. Forbes utnyttet det faktum at når det offentlige står for regningen er kontrollen av kvalitet og pris på det som leveres ofte mangelfull, og han og hans kumpaner gjorde seg rike ved å fete opp regningene til det offentlige for oppbyggingen av det nye systemet (dette gjaldt kjøp av land, bygging av sykehus, levering av materialer, etc.). Harding oppdaget at Forbes drev svindel til fordel for seg og sine forbindelser, fjernet ham fra sin post og det endte med at han tilbrakte to år i fengsel. Den andre skandalen gjaldt land til oljeleting (skandalen fikk navn etter et av de involverte områdene, Teapot Dome): tidligere ble slike områder solgt til oljeselskaper, men reformen innebar at nå skulle de leies ut. Det viste seg at at Hardings innenriksminister Albert Fell mottok bestikkelser for å leie ut områder til visse selskaper. Fell tilbrakte ett år i fengsel.

Hvorfor er Harding vurdert som så dårlig? Dels fordi han i stor grad var en ekte pro-kapitalist, og dels fordi han ikke innførte nye, store offentlige programmer (slik alle venstreorienterte ønsker og bruker som et kriterium på suksess), og dels fordi det under hans vakt, men uten hans vitende, skjedde enkelte ikke helt ubetydelige korrupsjons-skandaler.

Coolidge

Hardings visepresident Calvin Coolidge (1923-29) overtok da Harding uventet døde i 1923. Coolidges motto var «America´s business is business». Han var sterk tilhenger av fritt næringsliv, og lot alt klare seg selv; han gjorde nærmest ingen ting som president, og fikk tilnavnet «Silent Cal» fordi han sa og gjorde så lite. At politikere ikke gjør noe, dvs. at de ikke innfører nye lover og reguleringer, er en god ting, siden det er blitt slik at praktisk talt 100 % av alle nye lover er skadelige for velstand og vekst. Denne laissez-faire-politikken innebar stabile rammebetingelser, og USA opplevde en enorm velstandsvekst: «the roaring twenties». Dessverre var alkohol forbudt (fra 1920-33), noe som førte til at kriminelle syndikater kunne vokse frem (mafiaen).

Hoover

Coolidge ble gjenvalgt i 1924, men stilte ikke i 1928. Den som stilte da var Colidgens partifelle Herbert Hoover (1929-33), som fikk stor medvind pga. Coolidges suksess og popularitet. Hoover var imidlertid i motsetning til Coolidge progressiv, og avviste laissez-faire i favør av en «progressive middle way» mellom frihet og styring. Hans politikk gikk inn for en rekke støtteordninger og reguleringer, og statlig kontroll av flytrafikk og radiosendinger begynte under ham. I visse tilfeller støttet han tvungen organisering av arbeidere i fagforeninger: «We are passing from a period of extremely indvidualistic action into a period of associational activities». Det ble innført store begrensninger på frihandel med Smoot-Hawley-loven, som ble endelig vedtatt i 1930. Denne loven var varslet lang før den ble vedtatt, og førte til omfattende problemer for næringslivet, problemer som var en sterkt medvirkende årsak til krakket som kom i 1929.

Etter at krisen inntraff i 1929 gikk Hoover inn for en rekke offentlige programmer – offentlige byggeprosjekter, subsidier for visse varer, etc. – som var ment å hjelpe, men alle slike inngrep er slik at de hindrer de tilpasninger som ville ha skjedd automatisk i et fritt marked. Hoover ble naturlig nok ikke gjenvalgt i 1932, men hans etterfølger Franklin D. Roosevelt fortsatte den samme politikken, og krisen varte derfor helt til andre verdenskrig begynte.

Forklaringen på hvorfor krisen inntraff er å finne en rekke steder, og den består av mange elementer og vi har skrevet om det mange ganger tidligere. Denne gangen henter vi bare ett kort poeng fra mainstreamforfatteren Bill Bryson: Han hevder at The Fed (The Federal Reserve, USAs Sentralbank, som formelt er uavhengig av politikerne) i 1927 tvang igjennom en rentenedsettelse, til tross for store protester fra en rekke bankfolk.

> «The cut in interest rates had an explosive effect. – `the spark that lit the forest fire`, in the words of economist Liaquat Ahmed. … Over the next year, stocks would more than double … and the volume of … loans to investors would rise by more than $ 1 billion …. » (Bryson: *One Summer*, s. 289).

Dette kom til en brå slutt i oktober 1929.

The Fed ble etablert i 1913, og skulle regulere bankene, pengeverdi og rentenivå. Etter hvert fikk de også monopol på å utstede penger. I et fritt marked finnes det ikke noen slik institusjon, der har man «free banking», noe som vil resultere i at penger forankres i en gullstandard, at pengeverdien er stabil, og at rentene fastsettes av markedet, og altså ikke som under The Fed av politikere og byråkrater. Etableringen av The Fed var den første skritt som ble tatt for å innskrenke den næringsfrihet som inntil da i stor grad hadde preget USA og gjort USA svært velstående.

Franklin D. Roosevelt

Den økonomiske krisen som startet i 1929 er velkjent: arbeidsløsheten steg til 25 %, gjennomsnittsinntekten sank med 33 %, produksjonen falt med 50 %, aksjemarkedet sank med 90 %, og 11 000 banker gikk konkurs – alt dette var en følge av at lover og regler hindret de tilpasninger som ville ha skjedd i et fritt marked.

Franklin D. Roosevelt (1933-1945) tok et avgjørende skritt for å gjøre USA om til en velferdsstat med sin «New Deal». Han arvet krisen som kom i 1929, men hans politikk førte til at den varte gjennom hele 30-tallet: «De harde tredveåra». Han innførte et forbud for private å eie monetært gull (barrer og mynter; å eie smykker o.l. var fortsatt tillatt); alt slikt privat gull ble ekspropriert til underpris. Han luftet tanken om å øke antallet dommere i høyesterett, dette for å få gjennomført vedtak som var i strid med forfatningen; en av den amerikanske høyesterettens oppgaver er å kjenne ugyldig vedtatte lover som er i strid med for-fatningen. Ved å utnevne flere dommere som var sympatisk innstilt til presidentens politiske syn kunne han derved oppnå flertall i høyesterett.

Roosevelt ga uttrykk for sitt progressive syn allerede i sin tiltredelsestale i 1933:

«If we are to go forward, we must move as a trained and loyal army willing to sacrifice for the good of a common discipline. We are, I know, ready and willing to submit our lives and property to such discipline, because it makes possible a leadership which aims at a larger good. I assume unhesitatingly the leadership of this great army. ... I shall ask the Congress for

509

the one remaining instrument to meet the crisis — broad executive power to wage a war against the emergency, as great as the power that would be given to me if we were in fact invaded by a foreign foe.»

Det var altså ikke bare i Tyskland og Sovjet at kollektivistiske ideer sto sterkt.

På tredvetallet fikk nasjonalsosialismen større og større utbredelse i Europa under ledelse av Hitlers Tyskland. Hitler ville fjerne alle jøder fra Europa, og et stort antall jøder flyktet mens de hadde livet i behold. Blant disse var det et stort antall sterkt venstreorienterte akademikere og intellektuelle – blant dem var folk som Horkheimer, Fromm, Adorno, Marcuse, Einstein, Bertolt Brecht – og mange av disse ble ansatt ved universiteter i USA, hvor de raskt fikk en svært stor innflydelse på USAs intellektuelle liv. (En som hadde en annen grunninnstilling enn disse venstreorienterte var økonomen Ludwig von Mises; han flyktet fra okkupasjonen av Østerrike via Sveits til USA, men fikk aldri noen akademisk stilling i USA).

Roosevelt var også ansvarlig for at cirka 120 000 amerikanere av japansk avstamning ble satt i konsentrasjonsleir i USA under annen verdenskrig. Begrunnelsen var en frykt for at disse menneskene skulle kunne fungere som en femtekolonne for Japan i den pågående krigen mellom USA og Japan.

Kennedy, Johnson

Etter annen verdenskrig spredte kommunismen seg raskt flere steder i verden. Landene i Øst-Europa ble nærmest okkupert av Sovjet, og USA lovet Vest-Europa beskyttelse gjennom opprettelsen av NATO. Det kommunistiske Nord-Korea invaderte Sør-Korea i 1950, og etter tre år med hard krig hadde USA og FN slått angrepet tilbake. Sør-Korea er i dag et blomstrende land, mens Nord-Korea fortsatt er et ekstremt fattig og svært ufritt kommunistdiktatur. Da det kommunistiske Nord-Vietnam invaderte Sør-Vietnam valgte USA å hjelpe Sør-Vietnam: ideen var at det er bedre å bekjempe kommunismen langt borte enn å vente på at den kommer til USA. Dette begynte forsiktig under president Kennedy (1961-63), men eskalerte kraftig under hans etterfølger Lyndon B. Johnson (1963-69). Denne krigen var imidlertid umulig å vinne, spesielt fordi den kommunistiske siden mobiliserte en femtekolonne som med voksende intensitet utover 60-tallet iverksatte store demonstrasjoner i storbyer i USA og Europa mot USAs innblanding i krigen. Motstanden ble så stor at Johnson valgte å ikke stille til gjenvalg i 1968. Om lag 3 000 000 amerikanere tjenestegjorde i Vietnam, og på det meste var det 500 000 der samtidig. Ca 58 000 av disse mistet livet. Krigen påførte også Vietnam store skader, og kanskje så mange som en million vietnamesere mistet livet. Krigen sluttet med kommunistisk seier i 1975, og hele landet ble et diktatur med stor undertrykkelse, stor fattigdom og et rekordstort antall flyktninger som forsøkte å komme seg vekk. Etter noen tiår gikk dog landet bort fra den harde kommunismen, og er i dag et langt bedre land enn det var i årene etter at krigen sluttet.

Johnson fullførte oppbygningen av velferdsstaten med sin plan for «The Great Society» og sin «War on Poverty»; en politikk hvor statlige støtteordningene var ment å løse fattigdomsproblemet. Men disse ordningene førte bare til at problemene økte; incentivene i slike ordninger er slik at de skaper eller forsterker de problemene de er ment å løse.

Nixon

I 1971 hadde USA en inflasjon på noe under 6 % og en arbeidsløshet på noe over 6 %. For å prøve å hjelpe på disse problemene innførte president Nixon (1969-74) i august 1971 lønns- og priskontroll. Han opphevet også det som var igjen av koblingen mellom gull og dollar. Dette var en sterkt medvirkende årsak til den stagflasjonen som kom i årene etter, en periode med store økonomiske problemer. Tiltaket ble kjent som «the Nixon shock». Nixon påstod også at «Nå er vi alle Keynesianere». Nixon åpnet forholdet mellom USA og kommunist-diktaturet i Kina og tyrannen Mao Zedong, noe som førte til at Kinas diktatur på en rekke områder og av en rekke nasjoner ble akseptert som et legitimt regime.

Det var også Nixon som startet «The War on Drugs», en «krig» som førte til at alle problemer forbundet med narkotika ble enda større, og at også utenforstående begynte å bli rammet av den reelle kriminalitet som forbudet førte med seg.

Ford, Carter

Gerald Ford (1974-77) overtok som president etter at Nixon gikk av pga. Watergate-skandalen. Det er ikke så mye å si om ham, annet enn at han trodde at man kunne bekjempe den voksende inflasjonen med oppfordringen «Whip Inflation Now!», og det ble laget buttons med dette slagordet. Wikipedia:

> «Whip Inflation Now (WIN) was a 1974 attempt to spur a grassroots movement to combat inflation in the US, by encouraging personal savings and disciplined spending habits in combination with public measures, urged by U.S. President Gerald Ford.»

(Årsaken til inflasjon og deflasjon er at den som utsteder penger velger å ikke holde pengeverdien fast i forhold til gull; de gjør dette fordi de feilaktig tror at en slik varierende pengeverdi er nyttig for økonomien.)

Under Jimmy Carter (1977-81) fortsatte alt å bli verre og verre: inflasjonen steg, arbeidsløsheten ble større, et fenomen som ifølge keynesiansk teori ikke skulle kunne eksistere, og som fikk navnet stagflasjon. Carter laget i valgkampen 1976 en «misery index» som besto av summen av disse to (prosentene for inflasjon og arbeidsløshet) og fikk muligens styrket oppslutning pga. løfter om å løse disse problemene. Men under Carter ble disse problemene bare enda større.

Carter er spesielt kjent for en tale han holdt juli 1979 hvor han beskrev hvor elendig det sto til, og den ble nylig omtalt slik: «Forty years ago … Jimmy Carter gave one of the worst speeches in American presidential history. Reading it again, I am surprised to see that the notorious "malaise" speech is even worse than I remember.»

Denne begredelige tilstanden i amerikansk (og verdens) økonomi oppsto altså rett etter at den siste koblingen mellom gull og dollar ble opphevet.

Under Carter avviklet USA sin støtte til sjahens regime i Iran. Sjahen var vest-orientert, men hans regime var allikevel et tyranni hvor ingen form for opposisjon var tillatt. Alternativet var dog enda verre: sjahen ble avsatt i en revolusjon og Iran ble en islamistisk republikk, og etter hvert et senter for støtte til islamistisk terror over mesteparten av

512

verden. Kort tid etter revolusjon ble USAs ambassade i Teheran invadert og okkupert av iranske «studenter», og 52 av de ansatte ble tatt som gisler. Carter gjorde ingen ting for å slå tilbake det som reellt sett var en invasjon av amerikansk territorium. (Han sendte riktignok en styrke spesialsoldater som skulle hente ut gislene, men aksjonen ble rammet av en ulykke på turen til ambassaden, og oppdraget ble avblåst.) Hadde Carter svart på denne invasjonen av ambassaden på en riktig måte (dvs. med et tilstrekkelig sterkt militært svar), er det meget sannsynlig at perioden fra 1979 ikke ville ha vært preget av et stort antall islamistiske terrorangrep utført av islamister. Carter forsøkte å bli gjenvalgt i 1980, men led et enormt nederlag. Carter var USAs desidert verste president – før Obama. Vi nevner også at det var Carter som begynte å trekke religion inn i amerikansk politikk; før ham var det i USA et vanntett skott mellom religion og politikk.

Reagan
Ronald Reagan (1981-89) hadde rykte på seg for å være en hardere leder enn sveklingen Carter, og gislene i Teheran ble sluppet fri den dagen Reagan tiltrådte som president. Reagan var en god konservativ, og han fortsatte med en ikke ubetydelig styrke de dereguleringer og skattelettelser som ble begynt under Carter (han gjennomførte dog dette i langt mindre grad enn han lovet i valgkampen), og de startet en oppgangstid som kun med mindre avbrudd varte til 2008. Hans hovedagenda var allikevel kampen mot kommunismen, og hans opprustningspolitikk og støtte til opposisjonelle i Sovjet fremskyndet sterkt Sovjets sammenbrudd. Hans plan for å vinne den kalde krigen mot den kommunistiske blokken – «We win, they loose» – viste seg å være den rette.

Men i sin kamp mot kommunismen støttet Reagan de som kjempet mot Sovjets invasjon av Afghanistan (Mujahedin), og disse folkene var ikke på lag med USA, tvert imot, de var islamister. De gruppene som der på 80-tallet fikk støtte (penger, våpen, opplæring) fra USA utviklet seg senere til å bli Taliban og al-Qaida. På denne tiden var Vestens kjennskap til islam svært dårlig, men folk i Reagans administrasjon burde ha visst hva de gjorde da de ga støtte til Mujahedin. Folkene i Mujahedin trodde at de hadde nedkjempet en anti-islamsk supermakt (det kommunistiske Sovjet); de fikk blod på

513

tann og bestemte seg for å nedkjempe den gjenværende supermakten: USA.

Forholdet mellom Iran og USA var dårlig etter ambassade-okkupasjonen, og samtidig var Iran i krig med Irak (fra 1980 til 1988), og i denne perioden var det derfor et nokså nært samarbeid mellom USA og Irak, som var ledet av diktatoren Saddam Hussein.

I oktober 1983 ble en militærbase i Beirut rammet av to kraftige bilbomber, og blant de drepte var 241 amerikanske soldater og 58 franske soldater. Det svaret Reagan ga på dette terrorangrepet, som var utført av islamister, var å trekke de amerikanske styrkene ut av Libanon: det kom intet reellt militær svar. Også dette styrket islamistene syn om at de lett kunne overvinne USA.

Bush sr., Clinton

Den på alle vis relativt anonyme George Bush sr. ble valgt til president i 1988 fordi han var visepresident for den meget populære Reagan, men han ble ikke gjenvalgt i 1992. Den nye mann i Det Hvite Hus ble den ekstremt karismatiske, men fullstendig prinsippløse levemannen Bill Clinton.

Mens Bush sr. var president invaderte Irak Kuwait, som var alliert med USA. USA samlet i allianse med FN en enorm militær styrke og kastet raskt Saddams tropper ut av Irak. Men de gikk ikke inn i Irak og avsatte Saddam, slik de burde ha gjort: Saddams diktatur fikk fortsette. Det ble inngått en våpenhvile, en våpenhvile som bla. innebar at Saddam skulle dokumentere at han hadde destruert sine masseødeleggelsesvåpen (MØV). Alle burde ha forstått at Saddam aldri hadde tenkt å følge denne avtalen, han oppfylte praktisk talt ingen av kravene i den, og derfor truet FN utover 90-tallet gjentatte ganger med å ta opp igjen krigen. Saddam visste at ingen vestlige ledere ville starte en ny krig, og han ga blaffen i truslene fra FN. Saddam la også planer om å drepe USAs tidligere president George Bush sr., og dette var en av grunnene til at USAs kongress i 1998 vedtok en lov som sa at USA skulle forsøke å gjennomføre et regime-skifte i Irak («The Iraq Liberation Act»).

I det store og hele fortsatte Clinton den politikk som var ført siden 1980. Han forsøkte dog å få til en slags statlig overtagelse av helsevesenet, men lykkedes ikke (noen år senere klarte president

Obama å gjennomføre noe som lignet). Han gjennomførte noen innstramninger i enkelte statlige støtteordninger, med det resultat at flere kom inn i arbeidslivet. Han uttalte også en gang at «the era of big government is over». Her tok han dessverre grundig feil.

I 1993 ble World Trade Center i New York utsatt for et omfattende terrorangrep utført av muslimske terrorister. Målet var å få et av tårnene til å tippe over (en kraftig bombe ble utløst i garasjen under et av tårnene), men aksjonen var mislykket selv om seks mennesker ble drept og flere enn 1000 skadet. Clintons administrasjon forholdt seg til dette som om det var en helt vanlig kriminalsak.

Bush jr.
Etter Clinton ble lettvekteren George Bush jr. valgt til president (2001-09), og han sto for noe som ble kalt «compassionate conservatism», dvs. en sterkt venstreorientert konservatisme. Han oppsummerer et utslag av denne tankeretningen her:

> «It means we use the mighty muscle of the federal government in combination with state and local governments to encourage owning your own home. That's what that means. And it means — it means that each of us, each of us, have a responsibility in the great country to put something greater than ourselves — to promote something greater than ourselves.»

Det er stor avstand mellom dette og uavhengighetserklæringens prinsipp om individers rett til «life, liberty and the pursuit of happiness».

Bush var på vakt da islamistiske terrorister angrep flere mål i USA 11. september 2001. Terroristene var organisert i nettverket al-Qaida, og hadde hovedbase i Afghanistan. USA krevde al-Qaida-lederen Osama bin Laden og hans folk utlevert. Taliban, som hadde makten i Afghanistan, nektet å utlevere terroristene, og med FNs og NATOs støtte gikk USA til krig i oktober 2001. Etter kort tid var Taliban nedkjempet, og det ble innsatt et mer sivilisert regime i landet. Men å drive nasjonsbygging i et land som Afghanistan er nærmest umulig, og fortsatt pr idag er det utenlandske styrker i Afghanistan og det pågår fortsatt kamper mellom disse og ulike muslimske og nasjonalistiske grupper. Regjeringen i Kabul har liten kontroll over landet.

Bush bestemte seg også for å invadere Irak: dels fordi Saddam ikke hadde fulgt våpenhvileavtalen etter at USA og FN hadde kastet Irak ut av Kuwait (Saddam skulle dokumentere at han hadde destruert sine masseødeleggelsesvåpen (MØV), noe han aldri gjorde), dels fordi USA noen år tidligere hadde vedtatt en lov som innebar at USA skulle arbeide for regimeskifte i Irak, dels fordi Saddam var en grusom tyrann, dels fordi Saddams regime støttet terroristgrupper som angrep USAs allierte Israel, og, viktigst: frykten for at Irak skulle la terroristgrupper få MØV som de kunne bruke i angrep mot Vesten. Alle (FN, flere vestlige lands etterretningstjenester, avhoppere fra Saddams regime) mente at Irak fortsatt var i besittelse av MØV (som de hadde brukt i krigen mot Iran), men etter at første fase i krigen var avsluttet med en enkel seier til USA og de ca 30 land som var alliert med USA i denne krigen, fant man ingen slike våpen. Det er opplagt at han hadde hatt slike våpen, men hvor ble de av? Muligens ble de flyttet til Syria og overlatt til sympatiserende grupper der før USAs angrep, men mest sannsynlig er at de bare forfalt og ble ubrukelige; Saddam lot antagelig være å dokumentere overfor FN at våpnene ikke fantes lenger fordi han ikke ville miste ansikt.

Bush jr. brukte om lag ett år på å forsøke å få FN med på en invasjon av Irak, men til ingen nytte. Sterke land som Kina, Tyskland, Russland og Frankrike ville ikke støtte USA pga. utenforliggende politiske motsetninger, og USA gikk til krig sammen med ca 30 andre land, blant dem Storritannia, Japan, Australia, Danmark (noe norsk presse beskrev som «USAs alenegang»). Det er etter vårt syn meget kritikkverdig at en amerikansk president føler at han nærmest må be FNs om tillatelse for å gå til krig på USAs vegne.

Som nevnt, første fase av krigen mellom USA og Irak var over på noen få uker, med en total seier til USA. Men som man husker fra seirene over Tyskland og Japan: disse landene ble lagt under en sterk okkupasjon i flere år, dette for å knuse de menneskefiendtlige ideologiene som var grunnlaget for tyranniene i disse landene. Men Bush trodde at alle vil ha frihet, at alle vil ha fred, så hans mål var å innføre demokrati i Irak; det var der ingen forsøk på å innføre en konstitusjon og et styresett som virkelig ga betydelig frihet, slik det

516

skjedde i Tyskland og Japan. Okkupasjonen ble svak, og da vokste det opp en rekke grupper som ville at Irak skulle bli et islamistisk diktatur, eller i hvert fall ikke skulle innføre et regime etter vestlig modell. Krigen blusset opp igjen, og USA sendte flere soldater og klarte på et vis å holde disse gruppene i sjakk. Men når Obama overtok etter Bush i 2009, trakk han ut de amerikanske soldatene og krigen blusset kraftig opp igjen – og den pågår fortsatt pr idag med varierende intensitet. Det vakuum som oppsto etter at de amerikanske soldatene forsvant førte til oppblomstring av blant annet terroristgruppen Islamsk Stat. Irak i dag er meget langt i fra å være et stabilt land.

Vi nevner kort også årsaken til finanskrisen 2008. Den ble skapt av The Fed ved dens leder Ben Bernanke. Økonomen Richard Salsman forklarer:

«How did Bernanke create this horrible morass? First, in 2006-2007 he deliberately inverted the Treasury yield curve [se fotnote om dette], even while knowing it would cause a recession and credit-financial crisis. Second, he imposed on the reeling economy a $1.7 trillion flood of "quantitative easing" (QE), euphemistic for the hazardous policy of money-printing. His first policy caused economic stagnation, his second policy caused monetary inflation, and combined, his policies have generated "stagflation" — the corrosive mix last seen in the 1970s. It's the direct opposite of the supply-side polices (pro-growth, sound-money) that made the 1980s and 1990s so prosperous» (kilde forbes).

Obama

Barack Obama ble valgt i 2008 og satt til 2017. Han var egentlig sterkt venstreorientert, men klarte til en viss grad å fremstå som en sentrums-politiker. Hans kanskje viktigste sak var å innføre et system med billige helsetjenester til alle, noe som ble kalt Obamacare. Dette var egentlig et forsøk på en statlig overtagelse av hele den private helseforsikrings-industrien. Til en viss grad klarte han dette – Republikanernes motstand mot «reformen» ble svakere og svakere, og til slutt stemte de for reformen. Resultatet ble, som man kunne forvente, at de fleste fikk dyrere og dårligere helseforsikringer. (USAs helseforsikringssystem er

517

slik organisert og administrert at helseforsikringer som regel følger en ansettelse, og har man en jobb så har man en god helseforsikring. Utenom dette er de meget kostbare for forsikringstageren, og det som må til for å gjøre det godt til en overkommelig pris er en fullstendig deregulering, men her er ikke stedet å gå inn på dette.)

Obama var ofte svært ettergivende overfor islamistiske grupper og regimer. En gang uttalte han at «The future must not belong to those who slander the prophet of Islam». Nå kan man diskutere hva dette egentlig betyr, men at Obama har en «soft spot» for islam er opplagt.

I 2009 brøt det ut store demonstrasjoner i Teheran mot regimet i Iran, men demonstrantene fikk ingen støtte fra Obama. Obama inngikk også en avtale med Iran om at de ikke skulle utvikle atomvåpen, en avtale som ingen kan tro at de vil holde. Til gjengjeld sørget Obama for at Iran fikk overført enorme midler i kontanter. Og Ja, også under Obama sponset Iran terrorangrep over store deler av verden uten at det fikk noen konsekvenser for regimet.

11. september 2012 ble den amerikanske ambassaden i Benghazi, Libya, angrepet av muslimske terrorister. En av de som ble drept var ambassadøren. Obamas administrasjon hevdet at angrepet var en hevn mot USA fordi en helt ukjent amatørfilmskaper hadde laget en film om Muhammed og publisert den på youtube. Å avbilde Muhammed er forbudt i islam. Filmskaperen ble arrestert, Obama ga inntrykk av at han ikke så poenget med datoen, og Obama satte åpenbart heller ikke ytringsfriheten spesielt høyt.

Obamas USA fremsto som svakt og ettergivende, noe som bla. førte til at Putins Russland kunne ture frem; i 2014 annekterte Russland Krim, og samme år intensiverte Russland sin innblanding i Ukraina. Også Georgia opplevde mer russisk innblanding fra 2008. Den tidligere KGB-agenten Putin var ikke spesielt fornøyd med at det kommunistiske Sovjet gikk i oppløsning og ble delt opp i en rekke mindre stater.

Obama hadde også liten respekt for folk flest, og for de som var uenige med hans politiske syn; en gang uttalte han seg svært lite pent om de som støttet hans motstander i valget i 2008: The Guardian skrev om dette:

«Referring to working-class voters in old industrial towns decimated by job losses, the presidential hopeful said: "They get
518

bitter, they cling to guns or religion or antipathy to people who aren't like them or anti-immigrant sentiment or anti-trade sentiment as a way to explain their frustrations"» (kilde The Guardian).

Han hadde også et grunnleggende kollektivistisk syn:

« ... if you've been successful, you didn't get there on your own. You didn't get there on your own. ... If you were successful, somebody along the line gave you some help. There was a great teacher somewhere in your life. Somebody helped to create this unbelievable American system that we have that allowed you to thrive. Somebody invested in roads and bridges– if you've got a business, you didn't build that [uthevet her]. Somebody else made that happen. The Internet didn't get invented on its own. Government research created the Internet so that all the companies could make money off the Internet. The point is, is that when we succeed, we succeed because of our individual initiative, but also because we do things together. There are some things, just like fighting fires, we don't do on our own. I mean, imagine if everybody had their own fire service. That would be a hard way to organize fighting fires» (fra en tale holdt 13/7-2012).

(Dette sitatet kan dog tolkes noe mer velvillig overfor Obama enn enkelte gjorde i valgkampen.)

Obama var også sterkt medansvarlig for NATOs bombing av Libya i 2011. Libyas diktator Gadaffi var ingen snill gutt, men under ham var landet noenlunde stabilt. En rekke vestlige ledere bestemte seg for å ville støtte innføringen av demokrati i landet, og når en opprørsgruppe så ut til å bli påført et kraftig nederlag av Gadaffis styrker, blandet NATO seg inn og bombet Gadaffis styrker. Borgerkrigen endte med nederlag for Gadaffi, Gadaffi selv ble lynsjet, og landet har siden da vært et anarki med store lidelser for de fleste i landet. (Også norske styrker deltok i bombingen av Libya.)

Men det verste som skjedde under Obama har vi allerede nevnt: han trakk de amerikanske soldatene ut av Irak. Det oppsto et vakuum som førte til oppblomstring av blant annet terroristgruppen Islamsk Stat.

Trump

Til alles overraskelse vant Donald Trump presidentvalget i 2016. Han hadde ingen politisk erfaring, men det ser allikevel ut som om han klarer det politiske spillet godt. Han representerer en prinsippløs, populistisk konservatisme: elitene (i media, i akademia, i byråkratiet) hater ham intenst, og dette er gjensidig. Eliten brukte og bruker alle midler for å stoppe ham; nå har de også satt i gang en riksrettsprossess for å få ham avsatt, og grunnlaget for denne er så spinkelt som det kan få blitt. Trump har hele tiden gått til frontalangrep på alle venstresidens kjepphester, og han er blitt svært populær hos vanlige folk. Politikken han fører er akkurat som man kan forvente av denne type konservative: noen skattelettelser og dereguleringer, utvalgte bedrifter tilgodeses med store subsidier, men det innføres begrensninger på frihandel og innvandring. Videre er det ingen reduksjon av velferdsstaten, og låneopptakene fortsetter i samme store tempo som tidligere. Flere indikatorer (økonomisk vekst, arbeidsledighet, etc.) sier at økonomien går godt under Trump.

Heldigvis har Trump mht. Iran snudd 180 grader fra den kurs USA hadde under Obama: Trump har uttrykt støtte til de som demonstrerte mot det islamistiske diktaturet, og med et rakettangrep avlivet han Irans terrorgeneral Suleimani. Trump intensiverte også innsatsen mot IS i krigen i Irak/Syria, men han sendte også signaler som tydet på at han ville avvikle USAs støtte til kurderne, som hadde vært en viktig alliert under krigen mot IS. (Hva som egentlig skjedde her er noe uklart.) Trumps tilbakeholdne linje i denne pågående konflikten/ krigen har åpnet for at Russland kan engasjere seg mer aktivt.

Dessverre ser det ut til at Trump har sans for diktatorer og «sterke menn»: han har som sine forgjengere et godt forhold til Saudi-Arabia, hvilket er helt forkastelig; han har snakket positivt om Russlands Putin, om Tyrkias Erdogan og om Nord Koreas Kim Jong-un. Trump har inngått en avtale med Nord-Korea om at de ikke skal utvikle atomvåpen, men det er ikke å forvente at Nord-Korea vil holde en slik avtale. Bare det å inngå en avtale med et slik gangster-regime er forkastelig.

Det ser ut til at Trump er langt mer prinsippløs enn sine forgjengere, noe som på et vis er en imponerende bragd, men den er ikke spesielt beundringsverdig – det aller siste pr 26/1-20 er at han plutselig er blitt motstander av kvinners rett til selvbestemt abort.

I dag

Hvordan står det til i dag? På viktige universiteter opplever man følgende: konservative talere nektes å holde taler («de-platforming»), det kommer krav om «safe spaces» og «trigger warnings» når venstresidens kjepphester utfordres, alle som ikke adlyder venstresidens agenda beskyldes for å være rasister.

Videre, det finnes visstnok langt flere kjønnsidentiteter enn mann og kvinne, og en professor kan miste jobben dersom han benytter feil pronomen om en student (dvs. hvis han omtaler en kvinne som føler seg som mann som «hun» eller «henne» kan han miste jobben). «Diversitet» er det nye faneordet; men det er aldri snakk om diversitet mht. ideer, det er kun snakk om diversitet mht. egentlig irrelevante kriterier som kjønn, hudfarve, legning, etc. Hvis noe viktig har sin opprinnelse fra «dead white males» så er det dermed ofte automatisk diskvalifisert fra å være relevant. Det forekommer skoleskytinger hvor som oftest én gjerningsmann med en kjent trøblete fortid dreper et stort antall medelever, og det er en utbredt ettergivenhet for reell kriminalitet. Mange storbyer har et stort antall hjemløse som fyller parker og friområder med teltleirer og avfall. Hvor utbredte disse problemene egentlig er er det vanskelig å si, men at de er store og voksende, det er opplagt.

Den etablerte pressen er svært lite pålitelig; det ser ut som om mange journalister ikke er opptatt av å rapportere objektivt om det som skjer, men fungerer som pressetalsmenn for en venstreorientert agenda. Klimahysteriet når nye høyder nesten hver eneste dag, og alle offentlige budsjetter øker og øker, og det gjør da også den offentlige gjelden. Det er utbredt ettergivenhet for islam, det er motstand mot Israel, sosialismen står sterkt blant unge, og gammelsosialisten Bernie Sanders er den mest populære politikeren blant unge.

Alt dette skyldes manglende virkelighetskontakt, og dette skyldes igjen at tenkere og filosofer som Hegel og William James og John Dewey og Marcuse og Horkheimer og mange flere har fått dominere universitetene i mange tiår uten at motforestillinger har fått komme til orde i betydelig grad. Og bak Hegel & co finner vi Rousseau og Kant.

Det som skjer er at friheten stadig innskrenkes, noe som er i samsvar med det Hegel og Rousseau sto for: Rousseau menet at folket skal styres etter «allmenviljen», som er det folket egentlig vil, og Hegel mente at frihet er retten til å adlyde staten. Mye tyder på at USA er på vei dit.

Hovedlinjen

I det store og hele er det en trend her. Med tre avbrekk går den nærmest rettlinjet fra Teddy Roosevelt og frem til idag. Presidentene handler ikke i et vakuum, de gjør i det store og hele det folket vil at de skal gjøre – så presidentene er ikke de eneste skyldige, problemet er den kulturelle trenden og de verdier som dominerer i kulturen. Avbrekkene fra denne trenden er Coolidge, Reagan og Trump. Den første av disse var meget god, den andre var god på noen områder, mens den siste er dårlig på de fleste områder. Mitt syn er at den negative trenden kommer til å fortsette med den presidenten som etterfølge Trump, uansett hvilket parti han eller hun representerer.

I dag ser vi begynnende tegn til kaos, og det kommer etter mitt syn til å bli et voksende problem i årene fremover. Det eneste som etter mitt syn, dagnes kulturelle landskap tatt i betraktning, kan snu dette er at en religion kommer til makten, dette fordi de ideer som lå til grunn for uavhengighetserklæringen og som grunnlovsfedrene sto for, og som preget USAs kultur og politikk i årene fra ca 1865 til 1900, ikke er å finne i mainstreamkulturen i dag. En utvikling hvor religion vi stå sterkere er også ille.

Det som burde finnes var en ide om at hvert menneske kan bli et godt menneske ved å ta rette, fornuftsbaserte valg, at man har rett til å jobbe produktivt for å skape et godt liv for seg og sine uten tvangsmessig innblanding fra andre, og at man må basere seg på fakta og logikk og ikke på virkelighetsfjern ønsketenkning slik alle religioner og alle former for sosialisme er bygget på. Men i mainstream er det ingen oppslutning om et slikt livssyn, hverken i eller utenfor USA.

Pga. sin styrke på alle viktige områder er det USA som styrer verden. Dit USA går følger Vesten etter, der hvor USA sier stopp til kreftene utenfor Vesten vil disse kreftene stoppe opp. Men USA har i mange tiår ledet i feil retning og sagt stopp på gale steder og tidspunkter. Vi kan ikke se noe som tyder på at denne trenden vil snu.

Det er derfor liten grunn til optimisme mht. den utviklingen som vil komme i årene fremover.

$ $ $

Tillegg om invertert yield-kurve:

«Yield curve becomes inverted when short-term rates exceed long-term rates. … An inverted yield curve occurs when long-term yields fall below short-term yields. … Under unusual circumstances, investors will settle for lower yields associated with low-risk long term debt if they think the economy will enter a recession in the near future. … Economist Campbell Harvey's 1986 dissertation showed that an inverted yield curve accurately forecasts U.S. recessions. An inverted curve has indicated a worsening economic situation in the future 7 times since 1970».

https://en.m.wikipedia.org/wiki/Yield_curve#Inverted_yield_curve

Teddy Roosevelts tale

https://en.wikipedia.org/wiki/New_Nationalism_(Theodore_Roosevelt)

Hele talen: https://teachingamericanhistory.org/library/document/new-nationalism-speech/

Jimmy Carters tale

https://www.washingtonexaminer.com/opinion/columnists/forty-years-ago-jimmy-carters-malignant-malaise-speech

Hele talen: https://www.youtube.com/watch?v=kakFDUeoJKM

https://www.forbes.com/sites/richardsalsman/2011/07/17/how-bernankes-fed-triggered-the-great-recession/#1f4de3e761d9

https://www.theguardian.com/world/2008/apr/14/barackobama.uselections2008

Bryson, Bill: *At Home,* Black Swan 2009

Bryson, Bill: *One Summer: America 1927*, Black Swan 2013

Lahlum, Hans Olav: *Presidentene fra George Washington til Barack Obama,* Cappelen Damm 2009

Moen, Ole O.: *USAs presidenter fra George Washington til Donald J. Trump*, Historie & Kultur AS 2017

Obama går av

Publisert på DLFs nettside 20. januar 2017

I dag går Barack Obama av som president i USA. Endelig. Han har vært den desidert verste og mest skadelige presidenten USA noen gang har hatt; han har vært nye verre enn både Franklin Roosevelt, Lyndon Johnson, Richard Nixon og Jimmy Carter. Med «skadelig» mener vi at han har ført en politikk som motvirker viktige verdier som fred, harmoni og velstand; hans politikk har ført til økt antall terrorangrep og oppblomstrende kriger bla. i Midtøsten og i Libya, den har ført til skjerpede rasemotsetninger i USA, og den har ført til større økonomiske problemer for en stor andel av USAs befolkning i dag, og vil gjøre skattebyrden for USAs borgere enda tyngre i fremtiden. Vi kommer tilbake til konkrete eksempler på dette, men først vil vi si at vi har vært sterkt kritiske til Obama siden før han ble valgt, noe som er enkelt å konstatere ut i fra tidligere nyhetskommentarer publisert her på stemDLF.no.

Disse kommentarene var så negative at en journalist i VG beskyldte oss for å være «antiamerikanske». Men å være «anti-amerikansk» kan ikke betyr at man er imot en politikk som føres av USAs president, å være «antiamerikansk» er å være imot de grunnleggende ideer og verdier som USA ble grunnlagt på – og da er vi sterkt proamerikanske, mens det er Obama som er anti-amerikansk! Obama er eksplisitt imot de grunnleggende individualistiske og frihetlige ideene som kommer til uttrykk i USAs uavhengighets-erklæring og konstitusjon.

De grunnleggende amerikanske verdiene kommer til uttrykk i uavhengighetserklæringen, som bla. sier: «Vi anser følgende sannheter for å være selvinnlysende: Alle mennesker er skapt like, de er av sin Skaper utstyrt med visse ukrenkelige rettigheter, blant disse er retten til liv, frihet, og retten til å søke etter lykken. For å sikre disse rettighetene er statsmakten opprettet . . .». Obama er uenig i denne individualistiske tilnærmingen; hans credo er det kollektivistiske «You didn't build that», dvs. han mener at man ikke ved egen innsats gjør seg fortjent til fruktene av ting de selv har gjort selv, alle er avhengige av andre, og vi må alle underordne oss våre herrer og mestre, dvs., vi må underordne oss politikerne.

For mer omfattende kritikk av konkrete saker vil vi henvise til våre mange tidligere kommentarer om hans politikk (noen linker er å finne nedenfor), men her vil vi kun gi en kort oppsummering av noen av de aller verste av hans beslutninger og føringer.

Han var den første afro-amerikanske president, og mange trodde at valget av Obama kunne bety en slutt på de elementene av rasisme som fortsatt fantes i USA. Men Obama har opptrådt på en slik måte at han har forsterket motsetningene mellom afro-amerikanere og resten av befolkningen. Måten han har gjort dette er bla. ved å kommentere saker som pågår i rettsapparatet hvor de mistenkte gjerningsmennene har vært mørkhudede og nærmest eksplisitt sagt at den mistenkte er uskyldig og at politifolkene som har grepet inn mot vedkommende er rasister. Han har støttet den rasistiske organisasjonen Black Lives Matter, til tross for at medlemmer av denne gruppen har drept politifolk i tjeneste ene og alene fordi de var politifolk.

Hans helsereform, upopulært kalt Obamacare, har ført til at helsetilbudet for svært mange amerikanere er blitt dyrere og dårligere. Gang på gang før den ble innført sa han at de som var tilfreds med den ordningen de tidligere (før Obamacare) kunne beholde den, noe som ikke var sant.

Den amerikanske statsgjelden er blitt fordoblet under Obama åtte år som president. Mens han var senator kritiserte han sin forgjenger George Bush for å øke gjelden sterkt, en kritikk som var velbegrunnet. Men Obama har altså økt gjelden like mye som alle hans forgjengere tilsammen. At hans administrasjon har tatt opp så mye gjeld er en del av forklaringen på at det ser ut som om den amerikanske økonomien går relativt godt (det er relativt lav arbeidsløshet, det er en viss økonomisk vekst). Men egentlig har det store gjeldsopptaket gjort økonomien svakere enn den ellers ville ha vært fordi kapital er blitt fjernet fra den private økonomien og blitt konsumert av staten. Lave renter diktert av The Fed (The Federal Reserve Board) i samarbeid med regjeringen holder lånekostnadene nede for staten og deprimerer også økonomien ved at fri prisdannelse for kreditt ikke finner sted (dvs. lånetilbudet faller).

Obama har også brukt kolossale beløp på «bailouts» til store banker og andre virksomheter, penger som er totalt bortkastet, og som det selvfølgelig er skattebetalerne som må betale etter hvert.

I de siste åtte årene er USA (og Europa) blitt utsatt for en rekke terrorangrep utført av militante muslimer, og terroristene har hentet sin begrunnelse for disse angrepene i islam. Allikevel har Obama gang på gang hevdet at slike angrep overhode ikke har noe med islam å gjøre: han hevdet at den såkalte «Christmas Day Bomber» var en «isolated extremist», han sa mennene bak angrepet på et jødisk marked i Paris var «violent, vicious zealots», hendelsen hvor en amerikansk offiser (som var muslim) drepte 13 mennesker på Fort Hood ble omtalt som «workplace violence», han hevdet at angrepet på USAs ambassade i Benghazi 11. september 2012 var forårsaket av at en amerikaner hadde laget en video som krenket Muhammed (og mannen bak videoen ble til og med arrestert), etc. og at det var tilfeldig at det skjedde akkurat 11. september.

Når vi nå beveger oss over til utenrikspolitikken er det mange temaer som konkurrerer om å bli den av hans beslutninger som var aller mest skadelig. Blant de verste var hans beslutning om å trekke amerikanske soldater ut av Irak etter at krigen i hovedsak var avsluttet, i den tro at landet nå var stabilt og ville bli fredelig; visepresident Biden uttalte til og med at «Irak ville bli en av Obama-administrasjonens store suksesser» (kilde weeklystandard). De fleste husker at etter annen verdenskrig var Japan og Tyskland okkupert i mange år før administrasjonen av disse landene ble overlatt til landenes egne borgere. Dette var den eneste riktige politikken; dersom disse landene ikke hadde blitt okkupert i en årrekke etter krigsavslutningen hadde de ideologiene som førte til at disse landene startet krigene, blusset opp igjen. Men Obama tok ikke lærdom av historien, han trakk soldatene ut, og resultatet er et Irak i kaos og en oppblomstring av ISIS og en rekke andre terroristgrupper som opererer i Irak. I lang tid benektet Obama at dette var i ferd med å bli et problem, bla. omtalte han ISIS som et JV-team (dvs. som relativt harmløse, se appendiks til denne artikkelen), og at ISIS var «contained» (kilde politifact).

USA ved Obama og utenriksminister Hillary Clinton var også pådriver for å bedrive «humanitær bombing» i Libya, aksjoner hvor også Norge deltok, for å hjelpe opprørere som kjempet imot Gaddafis styrker. Dette endte med at opprørerne vant frem, Gaddafi ble lynsjet, og at Libya havnet i kaos. Også her trives islamistiske terroristgrupper. Libya under Gaddafi var et diktatur, men det var noenlunde stabilt, og ikke spesielt farlig for andre land.

Også overfor Putin har USA ført gal politikk. Forholdet mellom USA og Russland ble gradvis verre under Obamas forgjenger, men Obama ville starte forholdet på nytt, og som han (Obama) pleier å gjøre viste han ettergivenhet, bla. ved å kansellere enkelte forsvarsplaner for land i Øst-Europa som var forhandlet frem under president Bush. Putin ante svakhet, og begynte å brøyte seg frem; han har i Obamas periode annektert Krim, og invadert eller støttet pro-russiske opprørere i Georgia og Ukraina.

Overfor sosialisttyranniet Cuba har Obama vist hvem han virkelig er. Han besøkte Cuba, han hyllet landets revolusjonshelter, de som står bak tyranniet, og han har gjort det vanskeligere for cubanere å flykte til USA.

Han unnlot å gi noen som helst støtte til de pro-frihetlige opprørerne i Iran, han ga ikke engang verbal støtte, og han er den av USAs presidenter som har vært mest negativt innstilt overfor Midtøstens eneste demokrati, Israel. Han har heller ikke reagert overfor terrorisering av og drap på et stort antall kristne i en rekke land i Midtøsten.

Terrorisme er blitt en voksende bransje under Obama; til sammen ca 60 000 mennesker er blitt drept i aksjoner utført av ulike terroristgrupper i 2014 og 2015; og disse tallene er voksende (kilde statist). De fleste aksjoner er utført av ISIS, Boko Haram, Taliban, og al-Qaeda. Når da president Obama i en slik kontekst sier at «[he is] succeeding against ... violent extremism», er det bare absurd (kilde theamericaninterest).

Det er en utfordring å finne det verste han har gjort, men nedrustningsavtalen med Iran er en sterk kandidat til topp-plasseringen. USA fikk en verdiløs avtale om at Iran skulle stanse utviklingen av atomvåpen, til gjengjeld fikk Iran 100 milliarder dollar i «sanction relief». Iran vil antagelig bruke disse pengene til å styrke Hamas, Hizbollah og lignede organisasjoner.

Vi skulle gjerne ha sagt at når en ny mann (Trump) nå overtar så må det gå bedre. Det kan vi ikke si. Den nye mannen er en bajas, en

528

mann uten ideologi, uten prinsipper og uten politisk erfaring. Han har kommet med en rekke merkelige utspill, han har gått bort fra en rekke løfter han ga i valgkampen, men hva han kommer til å gjøre som president er det meget vanskelig å spå noe om – men det er enkelte ting som tyder på at han vil kunne foreta noen riktige valg. En av de aller første U-svingene var dog følgende: før valget sa han til sin motkandidat Hillary Clinton «You belong in jail», etter valget takket han henne for hennes mangeårige «service to her country».

Trump er dog ikke en mann som går rundt den varme grøten, han sier iblant ting som er riktige, ting som må og bør sies, men som ingen i maktposisjon tidligere har sagt. To eksempler: han har nylig sagt slike ting som at «NATO er foreldet» og at «EU vil bryte sammen».
Men det vi kan være sikre på er at mainstream presse (MSM) vil være like vinklet negativt mot Trump som den var vinklet positivt for Obama, og dersom man leser kun MSM vil man ikke være spesielt velorientert. Som Mark Twain sa det: «if you don't read newspapers, you are uniformed; if you read newspapers, you are misinformed».

I motsetning til det man kan lese i MSM vil man her på stemDLF.no kunne lese kommentarer som er helt upartiske; vi har som nevnt kritisert Obama, vi har kritisert Trump, og det vil vi fortsette å gjøre. Vi holder oss til fakta, vi har ingen ting å forsvare annet enn det som er faktabasert og sant og rett og riktig, sett med et individualistisk og frihetlig utgangspunkt.

Appendiks: Obama ... "The analogy we use around here sometimes, and I think is accurate, is if a jayvee team puts on Lakers uniforms that doesn't make them Kobe Bryant." (For the nonsports fan, JV stands for junior varsity, and it usually means a high school or college's secondary team.)

http://www.weeklystandard.com/biden-once-called-iraq-one-of-obamas-great-achievements/article/794909

https://www.politifact.com/factchecks/2014/sep/07/barack-obama/what-obama-said-about-islamic-state-jv-team/

https://www.statista.com/statistics/202871/number-of-fatalities-by-terrorist-attacks-worldwide/

http://edition.cnn.com/2015/11/14/politics/paris-terror-attacks-obama-isis-contained/

https://www.the-american-interest.com/2016/11/21/donald-trumps-new-world-order/#_ftn9

Mer materiale er å finne blant annet her:

https://www.breitbart.com/politics/2017/01/02/18-major-scandals-obama-presidency/

http://www.breitbart.com/california/2016/12/21/legacy-10-ways-barack-obama-broke-american-system/

Noen av våre tidligere kommentarer om Obama:

http://stemdlf.no/node/5546

http://stemdlf.no/node/3188

http://stemdlf.no/node/4599

http://stemdlf.no/node/5706

http://stemdlf.no/node/5311

http://stemdlf.no/node/3314

http://stemdlf.no/node/3337

http://stemdlf.no/node/4541

http://stemdlf.no/node/4575

http://stemdlf.no/node/4732

http://stemdlf.no/node/5261

http://stemdlf.no/node/4666

http://stemdlf.no/node/5554

Hvem skal man stemme mot – Trump eller Biden?

Publisert på Gullstandard 2. november 2020

Om et par dager er det presidentvalg i USA, og sjelden har kandidatene vært så frastøtende som disse to, Trump og Biden. (Ja, det finnes en rekke andre kandidater, men det er en av disse som vil bli valgt.) Så det viktige spørsmålet er: hvem av disse to er verst? Hvem skal man stemme imot?

Aviser over hele verden har de siste årene brukt utallige spaltekilometer på dette valget, og før vi kommer med vår vurdering skal vi kun gjengi et meget lite utvalg av noen av de fakta og de argumentene som har vært fremmet for og imot kandidatene. Spørsmålet er, som vi antydet i overskriften: hvem bør man stemme imot – det er ingen man med god samvittighet kan stemme for.

Biden

Demokratenes Joe Biden, visepresident under Obama, er 78 år, og sterkt svekket. Politisk sett står han noenlunde i midten; han har en korrupt forhistorie; er kjent for å tafse på meget unge damer (linker til videoer nedenfor), en oppførsel som ville ha ødelagt alle karrieremuligheter for enhver konservativ politiker. Biden er langt fra å være det som omtales som «presidential material», men grunnen til demokratene allikevel nominerte ham var at de andre kandidatene som deltok i nominasjonsprosessen var enda verre. Selv om Biden står nokså nært sentrum, politisk sett, har hans parti beveget seg svært langt til venstre de siste årene, og dette kommer til sterkt å prege den politikk som hans administrasjon vil føre hvis han blir valgt.

Hvis han blir valgt (og holder sine løfter) vil han blant annet bruke 2000 mrd dollar på å bekjempe klimaendringer de neste fire år, og dette vil være penger som er fullstendig bortkastet; det er ingen ting vi kan gjøre for å påvirke de helt naturlige klimaendringene. Han vil fase ut fossil energi, dvs. han vil fase ut den eneste energiformen som gir en pålitelig og stabil energiforsyning over tid (bortsett fra atomkraft). Han vil også muligens forby fracking, hans mange uttalelser om dette motstridene; og han vil doble minimumslønnen, noe som vil kaste millioner av arbeidstagere ut i arbeidsledighet. Han vil også øke skattene og øke offentlige tilbud, noe som også vil være skadelig for økonomien, dvs. for velstanden. Han har ikke villet si hva han mener om «court packing» - «court packing» består i å øke antall dommere i høyesterett slik at presidenten og kongressen kan få flertall der for de grunnlovsstridige lover de ønsker å innføre. Dette er i strid med intensjonen i USAs grunnleggende dokumenter, og det er i strid med maktfordelingsprinsippet. Vi vil tro at Biden er såpass klok at han ikke vil gå inn for dette, men vi tror også at han som president vil være for svak til å kunne hindre at dette blir gjennomført dersom partiet ønsker dette; hans sterkt venstreorienterte partifeller har ingen respekt for hverken konstitusjonen eller maktfordelingsprinsippet – og heller ikke for valgresultater.

Biden vil også gi statsborgerskap til ulovlige innvandrere, som det er anslagsvis 11 millioner av i USA. Dette er å belønne ulovlige handlinger. Også her viser de venstreorienterte manglende respekt for gjeldende lover.

Etter flere tilfeller hvor politifolk har kommet til å drepe svarte arrestanter eller mistenkte brøt det tidligere i år ut store demonstasjoner i mange storbyer i USA (byer som i hovedsak var styrt av det Demokratiske partiet, og det er lokalmyndighetene politiet sorterer under), og noen av disse demonstrasjonene utviklet seg til sabotasje, vandalisme og plyndring. Det så lenge ut som om ledende Demokratiske politikere støttet dette, men Biden kom etter hvert med en forsiktig avstandtagen. Mange ledende Demokrater mente at politiet var problemet, og støttet kampanjer som skulle «defund the police». Slike tiltak førte enkelte steder til en kraftig reduksjon av politiinnsatsen og til at kriminaliteten eksploderte – med store ødeleggelser og mange drepte som resultat.

Demokratene har også allerede planlagt å få vedtatt en lov som gjør det enkelt å skifte ut en sittende president, en lov som åpenbart har som formål å bytte president Biden ut med hans visepresident Kamala Harris, dette fordi Harris politisk sett er langt mer i tråd med den sterkt venstreorienterte kurs som det Demokratiske partiet nå har, men som Biden ikke følger. Biden er så mentalt svekket at dette vil være enkelt å få til.

532

At Harris er sterkt venstreorientert er velkjent: «In 2019, GovTrack, a non-partisan organization that tracks bills in Congress, ranked Harris as the "most liberal compared to All Senators"» (Kilde: CNN, lenke nedenfor.) Vi vil også nevne at den korrekte oversettelse av det amerikanske «liberal» er «venstreorientert». (Enkelte norske skribenter oversetter det amerikanske «liberal» til det norske «liberal», noe som bare viser enten deres inkompetanse eller deres løgnaktighet; de vil ikke plassere skylden for den meningsløse politikken som amerikanske «liberals» fører der hvor den hører hjemme: den hører hjemme på venstresiden.)

Det er også kommet troverdige beskyldninger om omfattende korrupsjon i Bidens nære familie, og mye tyder på at Biden selv på en eller annen måte er involvert. Mainstreampressen ignorerer dette omfattende materialet.

Kort oppsummert: Demokratene har nominert den eneste kandidaten som har en mulighet til å slå Trump, og har planer om enten å styre ham langt til venstre, eller å skifte ham ut kort tid etter han er valgt og å erstatte ham med en som vil føre en sterkt venstreorientert linje, en linje langt til venstre for den som Biden selv ville ha fulgt dersom han hadde vært ved sine fulle fem. Med Demokratene i Det Hvite Hus vil de føre en politikk som vil bringe USA stadig nærmere den foreløpig siste sosialistiske suksessen: Venezuela.

Trump

Den andre kandidaten er på mange områder enda verre – men han har også noen gode sider. Donald Trump var i eiendomsbransjen, og han var TV-stjerne, før han ble politisk kandidat. Han var opprinnelig Demokrat, men støttet de Republikanske kandidatene ved valgene i 2008 og 2012 (McCain og Romney), og siden de tapte bestemte han seg for selv å stille i 2016.

Trump er ingen intellektuell politiker, han er populist på sin hals. Trump er fullstendig prinsippløs og uideologisk, han har ingen faste standpunkter og kan når som helst snu 180 grader på ethvert spørsmål. Han er en folkelig konservativ, han er imot frihandel, men han har gjennomført noen skattelettelser og dereguleringer. Han har også sterkt begrenset innføringen av nye reguleringer, noe som har ført til at næringslivsfolk ikke har måttet bruke mye tid på å sette seg inn i nye bestemmelser som legger restriksjoner på deres virksomhet. Dette har økt produktiviteten. Trumps økonomiske politikk ga derfor økonomien en betydelig økonomisk vekst, og slik vekst er det samme som velstandsøkning. Denne veksten varte frem til tiltakene som ble satt i verk når Corona-epidemien slo til, og disse tiltakene påførte økonomien/velstanden store skader.

Trump er ingen gentleman mht. å omtale andre aktører på den politiske arena, og eksempler på hans som regel ufine men ofte treffende karakteristikker er å finne i mainstreampressen, så vi gjengir her kun et lite utvalg: «Sleepy Joe» (om Biden), «Low-energy Bush» (om den ikke spesielt energiske Jeb Bush), «Crooked Hillary» om Hillary Clinton, «Fat Pig» (om Rosie O'Donnell). Senator Elizabeth Warren, som løy om at hun hadde indiansk avstamning for å bli kvotert inn i stillinger, fikk navnet «Pocahontas» (som konnoterer «bortskjemt indianerjente»), Nancy Pelosi var «High Tax, High Crime Nancy» og Nord-Koreas Kim Jong Un, som truet med å angripe USA med raketter, var «Rocket Man».

Trump har også sagt en rekke ganger at hele mainstreampressen bedriver «fake news» i et kolossalt omfang for å sverte ham og andre konservative, og det er vanskelig å hevde at han tar feil i dette.

En av de mange ting man kan kritisere Trump for er hans positive omtale av og forhold til diktatorer. Her er noen eksempler:

«Trump ... described [Nort Korea´s dicator] Kim as a "character" ... "And he's a real personality and he's very smart. He's sharp as you can be, and he's a real leader, and he's pretty mercurial. I don't say that necessarily in a bad way, but he's a pretty mercurial guy." [Trump] said that, despite the breakdown of the talks, his chemistry with Kim remained strong. "Again, the relationship is very good. He likes me. I like him. Some people say, 'Oh, you shouldn't like him.' I said, 'Why shouldn't I like him?'". "I like him. We get along great. We'll see what happens." Trump has made no secret of his admiration for strongman leaders since taking office, most notoriously Russian President Vladimir Putin, but also Turkey's Recep Tayyip

Erdogan, and Philippines' Rodrigo Duterte.» (Kilde: Businessinsider, link nedenfor)

Trump kan også spøke på måter som ikke er helt passende: «[Kim Jong Un] speaks and his people sit up at attention. I want my people to do the same». (Kilde: CNBC).

Til gjengjeld er Trump blitt utsatt for en hetsing og trakassering som aldri er blitt noen annen politiker til del. Her er det bokstavlig talt tusenvis av eksempler å hente, og de er langt verre enn ting som Trump har sagt – på den annen side bør man med all rett kunne forvente en høyere standard fra presidenten enn fra andre. Vi gjengir bare noen få av disse angrepene på Trump.

Kort tid etter at Trump var innsatt poserte komikeren Katy Griffin for et bilde hvor hun holdt noe som skulle være en modell av Trumps avhuggede hode. Griffin kom etter hvert med en lite troverdig unnskyldning.

I 2017 brukte VG en forside på et bilde hvor Trump var påført en Hitler-bart. Så vidt vi har sett har VGs redaktør ikke bedt om unnskylding, tvert imot har han forsvart det som riktig å trekke en parallell mellom Hitler og Trump, noe som bare er enda et eksempel som bekrefter at VG ikke har noen ambisjoner om å fremstå som en seriøs avis.

Etter Trumps State-of-the-Union-tale til Kongressen i 2020 tok Nancy Pelosi sitt eksemplar av Trumps manus og rev det demonstrativt i stykker. I seg selv er dette uskyldig, men når Pelosi, som sitter rett bak presidenten og er Demokratenes fremste representant i Kongressen (hun er «Speaker»), gjør dette har det en sterk symbolsk betydning: hun viser ingen respekt for hverken Trump eller for presidentembedet.

Høsten 2020 ble Trump smittet av Corona, og svært mange kommentatorer sende en hilsen som direkte sa «Jeg håper at han dør». (Twitter stengte kontoer til de som sendte slike meldinger.) Til manges overraskelse ser det ut til at Trump kom igjennom dette på kort tid og ble helt frisk.

I tillegg kommer de vanlige påstandene, påstander som alle poli-tikere over et visst nivå utsettes for, om at Trump er rasist, idiot, inkompetent, etc. Nå har det som regel vært slik at denne type påstander

535

har kommet fra folk i periferien av de politiske miljøer, men denne gangen er de kommet fra sentrale aktører; de er kommet fra kjente politikere og journalister og akademikere. Under den andre president-kandidatdebatten beskrev Biden Trump til og med som en klovn. Hvorfor? Vi kommer til dette om litt.

Før vi kommer dit må vi også nevne at også det formelle poliske miljøet har trakassert Trump: beskyldinger om «Russia collusion» og «Ukraine collusion», og Trump ble til og med stilt for riksrett! Men de som etterforsket kom ingen vei, det var ingen ting å finne som kunne gi et saklig grunnlag for disse angrepene.

I praktisk politikk har Trump gjort mye av det han har lovet: han trakk USA ut av Paris-avtalen om klima, han har utnevnt klimarealister til organer som EPA, og han vil tillate fracking. Han flyttet USAs ambassade i Israel til Jerusalem, han intensiverte angrepene mot IS og mange hevder at IS etter dette er kraftig svekket, han har åpnet for at en rekke arabiske land er blitt mer vennlig innstilt til Israel (Aftenposten omtalte 29/10 dette som «Donald Trumps store seier»), han har avslørt mainstreampressen som et sosialistisk løgnpropagandaapparat, han har utnevnt konservative dommere til høyesterett (noe som på flere området er et gode, men som dessverre på sikt kan føre til innskrenkinger i kvinners rett til selvbestemt abort). Men med muren mot Mexico er han ikke kommet så langt som han lovet.

Han har også forsøkt å gjøre noe med kriminaliteten, han har tatt oppgjør med det vanstyret som Demokratiske politikere har stått for i en årrekke i flere store byer (Baltimore, Seattle, Chicago, Detroit, mfl. - i alle disse byene er det enorme problemer med forfall og kriminalitet og fraflytting og høye skatter og store underskudd pga. den sosialistiske politikken som Demokratene har ført). Han har også forsøkt å gjøre noe med ulovlig innvandring. Det er svært mye mer vi kunne ha sagt ... .

Det er to viktige spørsmål som står igjen.

Hvorfor så sterkt motstand fra mainstream?
Som nevnt over er Trump blitt møtt mer enorm ikke bare motstand, men også med ren hetsing, trakassering, latterliggjøring, rettsforfølgelse og rene trusler fra alle etablerte miljøer.

Nå er Trump ingen forfinet og klok gentleman; med sin oppførsel og sine uttalelser stiller han seg lagelig til for hugg. Og som vi tidligere har sagt, han har ikke alltid et nært og intimt forhold til sannheten; her er han kanskje noe verre enn andre politikere. Men angrepene på ham er allikevel utenfor all proporsjon.

Før vi går videre minner vi om at Barack Obama og Hillary Clinton ikke var særlig forfinet i sine beskrivelser av Trumps velgere: de omtalte dem som mennesker som «get bitter, ...cling to guns or religion or antipathy to people who aren't like them or anti-immigrant sentiment or anti-trade sentiment as a way to explain their frustrations», og «deplorables» som hadde synspunkter som var «racist, sexist, homophobic, xenophobic, Islamaphobic».

Spørsmålet er: hvordan ville kritikken – for å kalle den det – mot Trump ha vært dersom han hadde vært en forfinet gentleman som ikke hadde utsatt noen for slike angrep og personkarakteristikker som vi gjenga et lite utvalg av ovenfor? Ville kritikken da vært annerledes, ville han ikke bli sammenlignet med Hiter, ville ingen komikere posert med (en modell av) hans avkappede hode, ville ingen ønske ham død når han fikk Corona?

Jeg tror ikke det. Hvis Trump hadde være en gentleman, og stått for den samme politikken formulert på en dannet måte; hvis han hadde sagt at det ikke fines noen klimakrise, hvis han hadde sagt at mainstreampressen fungerer som et organ for sosialistisk løgnpropaganda, hvis han hadde sagt at WHO i stor grad styres av Kina, etc., så ville kritikken mot ham, og måten den var formulert på, ha vært omtrent den samme som den er i dag. Med andre ord, kritikken kommer ikke fordi Trump er vulgær, kritikken kommer fordi han er den eneste politiker som ikke har vært ettergivende overfor sosialistenes kjernesaker. Alle andre konservative politikere de siste 30 år har nærmest bedt om unnskyldning for at de ikke er åpne og tydelig sosialister, og de har i sin politikk bøyd seg for og rettet seg etter alle sosialistenes krav, kanskje i noe redusert omfang. Dette gjelder Bush sr., Bush jr, McCain, Romney, Cameron, Johnson, Merkel, Sarkozy, Solberg og Jensen. Trump har ikke gjort dette. Han har stått imot på en rekke punkter, og ikke veket en millimeter overfor mange av sosialistenes krav.

Grunnen til hetsingen av Trump og den enorme kritikken og motstanden er at han ikke er ettergivende overfor sosialismen. Sosialistene er sjokkert – sjokkert! – over at det finnes en viktig person som ikke er ettergivende overfor dem! Det er derfor de er så intenst imot Trump. Ja, de kan skjule sin motstand ved å henvise til alt det rare Trump sier og gi inntrykk av at det er derfor de er imot ham, man kjernen er allikevel denne: Trump danser ikke etter sosialistens pipe, og sosialister tåler ikke slikt!

(Vi er klar over at vi er litt for positive til Trump standhaftighet her. Han har ikke vært 100 % standhaftig, men han har vært langt langt mer standhaftig enn noen annen konservativ politiker de siste 30 år, og det er derfor hele mainstream hater ham.)

Hva blir minst ille?
Republikanerne burde føre en liberalistisk politikk (en politikk som innebærer reduksjon av offentlige utgifter koblet med skattelettelser, dereguleringer, privatiseringer, frihandel), noe som f.eks. Reagan til en viss grad gjorde (og som Goldwater ville ha gjort hadde han blitt valgt i 1964). Trump er ikke på denne linjen over gode konservative, tvert imot har de offentlige utgifter økt enormt under Trump. Det har også statsgjelden gjort, og dette er svært farlig på sikt – gjelden må øke når skattelettelser ikke følges av kutt i offentlige utgifter.

Dersom Trump vinner vil dette føre til at det Republikanske partiet vil bevege seg i den retning som Trump har fulgt, dvs. det vil ikke bevege seg i en liberalistisk retning, det vil bevege seg i en nasjonalistisk og proteksjonistisk retning. Dette vil være svært ille.

Dersom Trump taper vil partiet muligens innse at Trumps kurs er feil og det vil forhåpentligvis legge over til en linje som ligger nærmere den som Reagan fulgte.

Så, på lang sikt vil det muligens være bedre dersom Trump taper.

Men hvis Biden vinner vil også statsapparatet tas over av sterkt venstreorienterte krefter. Disse sterkt venstreorienterte kreftene, ja de er rene sosialister, og som kjent behersker de alle viktige arenaer i USA: de behersker akademia, de behersker pressen, de behersker underholdningsindustrien, de behersker den offentlige skolen (som de aller fleste elevene går i), de behersker byråkratiet, de behersker miljøorganisasjonene, de behersker alle internasjonale organer som FN og WHO, og de behersker Big Tech (Facebook, Twitter, Google, m.fl.). Alle disse aktørene arbeider for en ytterligere venstredreining av alle felter i samfunnet, dvs. de vil bringe USA enda nærmere Venezuela. Hvis Biden vinner vil altså også statsapparatet tas over av sterkt venstreorienterte krefter.

Jeg er ikke noen fan av Trump (noe jeg tidligere har gitt uttrykk for en rekke ganger her på Gullstandard), men jeg tror alt i alt det blir mindre ille, i hvert fall på kort sikt, hvis Trump vinner. Derfor ville jeg, hvis jeg måtte velge mellom disse to kandidatene, ha stemt ikke for Trump, jeg ville ha stemt mot Biden. Og jeg tror også at Trump blir gjenvalgt.

Biden tafser:
https://www.youtube.com/watch?v=V4PLSPvJ9BY

https://www.youtube.com/watch?v=DAUOurZIVfI

Biden svekket
https://www.youtube.com/watch?v=WqS4m-8B4IQ

https://www.youtube.com/watch?v=tRmSTb0NIJQ

https://www.youtube.com/watch?v=z_wlQZ5N_2k

Kamala Harris på folkemøte
https://www.youtube.com/watch?v=5YGlVWbRtHE

Tulsi Gabbard om Harris
https://www.youtube.com/watch?v=VlFpJKzmEWs&feature=emb_rel_end

https://edition.cnn.com/2020/08/17/politics/kamala-harris-most-liberal-senator-fact-check/index.html

https://www.businessinsider.com/trump-praises-kim-jong-un-vietnam-summit-2019-3?r=US&IR=T

https://www.cnbc.com/2018/06/15/trump-wants-people-to-listen-to-him-like-north-koreans-do-to-kim-jong-un.html

Griffin:
https://ew.com/news/2017/05/30/kathy-griffin-trump-head-photo-tyler-shields/

VG

https://kampanje.com/medier/2017/08/vg-setter-hitler-bart-pa-trump/

«Håper Trump dør»

https://www.wishtv.com/news/local-news/west-lafayette-council-member-tweets-about-president-trump-i-hope-he-dies/

Siste kommentar om president Trump?
Publisert på Gullstandard 9. november 2020

Slik det ser ut nå ligger Joe Biden an til å ha vunnet presidentvalget, men det kan ta tid før den endelige avgjørelsen kommer pga. de mange rettssakene som muligens ligger i løypa fremover. Vi vil helt sikkert få anledning til å kommentere president Biden (eller president Harris) i årene fremover, men her vil vi si noen få ord om valget, og om noen av de største feilene ved president Trump, feil som vi ikke har dekket i noen særlig grad i de mange tidligere negative kommentarene vi har skrevet om ham – han har så mange feil at man hver gang man kritiserer ham må man foreta et sterkt begrenset utvalg.

Først: valget. Oppslutningen var den største på mer enn 100 år. Dette betyr at befolkningen har mobilisert, og at amerikanerne anså dette valget som viktig. Både tilhengere og mostandere av Trump har mobilisert, og dette sier også at befolkningen er splittet, at det er motsetninger mellom de som sogner til den konservative/nasjonalistiske siden og de som sogner til den sosialistiske siden. Dette lover ikke bra på sikt. Dette kommer til å føre til konkret strid i årene fremover, dvs. det kan resultere i at striden kan bli voldelig.

De som er mer konservative er gjerne de som ikke bor i de store byene, de bor i det som de venstreorienterte foraktelig omtaler som «flyover country», det er bønder, industriarbeidere, folk som jobber med bygg og salg og transport; altså folk som i hovedsak har noe kortere skolegang. De som er mer venstreorienterte er de som bor langs vestkysten og langs østkysten, det er disse som har lang utdannelse og som tilbringer sine dager i akademia, i pressen, i media, i underholdningsindustrien, etc. En splittelse mellom disse gruppene vil være farlig på sikt. Splittelsen går mellom langtidsutdannede, som er foret opp med venstreorienterte ideer, og vanlige folk, folk som ikke er influert av folk som Kant og Hegel og Frankfurterskolen og Marcuse og Piketty, men som har langt større virkelighetskontakt enn de langtidsutdannede.

Men tilbake til Trump: han fikk flere stemmer enn noen Republikaner har fått før ham. Dette forteller at han til tross for sine mange feil har betydelig oppslutning og at de som stemmer på ham ikke setter pris på de venstreorienterte som står bak Biden.

Trump fikk også overraskende mange stemmer fra minoriteter: «Donald J. Trump Massively Exceeded Expectations With Minority Voters....» (dailywire).

Ja, Biden fikk enda flere stemmer, ca 7 millioner flere, og det viser at det også er mange som ikke bare støtter Biden, men at det er mange som bare ville bli kvitt Trump. Og at man vil bli kvitt Trump er lett å forstå. I vår forrige kommentar 2/11-20 nevnte vi noen gode argumenter mot Trump: har er svak overfor diktatorer, han er ikke en gentleman, han kommer med ufine personangrep, han har ikke et intimt og nært forhold til sannheten, mm. Men det er mye mer ved ham som er helt feil, og selv om vi har omtalt noen av disse tingene i tidligere artikler her på Gullstandard, vil vi her kort gjenta noen av disse poengene

Han sviktet mht Corona-viruset
Trump sa først at dette viruset ikke var farlig, at det snart ville forsvinne og at få ville dø av det. Antall smittede i USA pr idag er mer enn 10 000 000, og ca 250 000 er døde. Ja, det er mye mer man kan si om dette; mye av ansvaret ligger på delstatsmyndighetene, statistikkene er kanskje ikke å stole på (dør man av Corona eller med Corona?, er de fleste av de som dør i en slik helsetilstand at de ville ha dødd om kort tid uansett?, etc.). På den annen side var han raskt ute med å stanse flyvinger fra Kina, et tiltak som raskt ble sterkt kritisert av ledende Demokrater som rasistisk.

Land som Sør-Korea og Taiwan hadde en respons som raskt begrenset spredning og antall døde, og det er enkelte ting man kan lære fra disse landenes håndtering. (Se link nedenfor.)

Han økte statsgjelden
Før han ble president kritiserte Trump altså den voksende statsgjelden under Obama, men når han selv kom til makten gjorde han akkurat det som som Obama, han økte gjelden. Da Trump tok over var den $19 trillioner (amerikansk tellemåte). Nå er den $27 trillioner (amerikansk tellemåte). Vi nevner også at det samme skjedde med Obama: før han ble president kritiserte Obama den voksende statsgjelden som skjedde

542

under hans forgjenger George Bush, men da Obama ble president økte også han statsgjelden. Dette – økende statsgjeld – er en utvikling som må skje i enhver velferdsstat, og økt statsgjeld er intet annet fremtidige skatter og avgifter, inflasjon og nedskjæringer.

Han erklærte handelskrig

Trump gikk imot økt frihandel, «handelskriger er lette å vinne» sa han, og bekreftet dermed at hans innsikt i korrekt sosialøkonomi er lik null.

Noen firmaer tjente på kort sikt på Trumps «beskyttende» tollbarrierer, mens andre tapte. New York Times: «*U.S. Manufacturing Slumps as Trade War Damage Lingers*». (Link til New York Times nedenfor.)

Et annet eksempel: «In 2017, President Donald Trump and the Wisconsin GOP struck a deal with Foxconn that promised to turn Southeastern Wisconsin into a tech manufacturing powerhouse. In exchange for billions in tax subsidies, Foxconn was supposed to build an enormous LCD factory in the tiny village of Mount Pleasant, creating 13,000 jobs. Three years later, the factory — and the jobs — don't exist, and they probably never will…» (The Verge).

Han forsvarte ikke ytringsfriheten – tvert imot

Trumps kritikk av mainstreammedias vinkling av en rekke nyhetssaker var ofte ganske treffende, men det som ikke er akseptabelt er hans trusler om å trekke tilbake tillatelser og løyver dersom de ikke la om den linjen de førte:

«Trump suggests challenging TV network licenses over 'fake news'» (reuters).

Trump på Twitter: «We have made tremendous progress with the China Virus, but the Fake News refuses to talk about it this close to the Election. COVID, COVID, COVID is being used by them, in total coordination, in order to change our great early election numbers. *Should be an election law violation*!» (Uthevet her).
«The True Danger of the Trump Campaign's Defamation Lawsuits. The president will likely lose his cases against   The

New York Times, The Washington Post, and CNN. But he may inflict extraordinary damage nevertheless.» (The Atlantic).

Han angrep på mainstreampressens omfattende løgnaktighet førte dog til at tilliten til de store nyhetsorganene – CNN, New York Times, m.fl. – sank ytterligere.

Han fremstår ikke som en seriøs aktør

En president bør fremstå som en seriøs, myndig, voksen person som er hevet over vanlig kjekling og krangling. Men Trump var her nesten så ille som det er mulig å bli (selv om mange av hans kritikere var enda verre i sin omtale av ham). Han oppførte seg ikke sjelden som om hans rette miljø ville være Jerry Springers TV-show.

Litt av hvert

Det Republikanske partiet var ansett som tilhenger av et fritt marked og frihandel. Trump har gått imot dette, han er mot frihandel og for reguleringer (selv om han også har deregulert noe). Trump har også vist seg som en motstander av Big Business. Utrolig? Ett eksempel: Tucker Carlson: «Elizabeth Warren's "Economic Patriotism" Plan "Sounds Like Donald Trump At His Best"» (realclearpolitics).

Det Republikanske partiet var ansett som en hauk i utenrikspolitikken. Trump derimot har inngått avtaler med Taliban.

Det ser ut som om det viktigste for Trump er å «make a deal», nesten uansett hva denne «dealen» innebærer og med hvem; for Trump er også terrorister og tyranner greie avtalepartnere.

Det Republikanske partiet skulle oppheve Obamacare, men selv etter at Republikanerne fikk mulighet til å gjøre dette gjorde de det allikevel ikke. (Obamacare fører til at alle får et helsetilbud, men det blir dyrere for de som betaler og det blir mer byråkratisk for alle, og på lang sikt vil det skade hele helsevesenet.)

Det Republikanske partiet har i mange år lagt stor vekt på det de kalte «family values», dvs. en familie-etikk som ligger nær opp til kristendommen. Trumps livsførsel har åpenbar ligget langt borte fra denne etikken. Kan et parti som står for «family values» ha en person som Trump som frontfigur?

Lyspunktet

Lyspunktet er dog dette: det ser ut som om Republikanerne får flertall i Senatet (selv om det gjenstår et suppleringsvalg i Georgia [Oppdatering april 2021: Demokratene gikk seirende ut av dette valget og fikk de to plassene i Senatet som var på valg.]). Republikanerne gikk også frem i antall medlemmer i Representantenes hus. Kanskje er man kommet nærmere en «gridlock»? En slik situasjon – gridlock – er det beste man kan få: gridlock har man når presidenten og flertallet i kongressen kommer fra ulike partier.

Det var dette man hadde i mesteparten av den perioden Bil Clinton var president. Det henvises ofte til at økonomien gikk bra under Clinton, et argument som brukes for å si at de venstreorienterte kan styre økonomien godt. Ja, på et vis gikk det bra mens Clinton var president, men mange av hans reguleringsforslag ble blokkert av det Republikanske flertallet i Kongressen – derfor ble det få endringer, det ble stabilitet og næringslivet kunne innovere og produsere i fred med liten innblanding fra politikere og byråkrater. Dette ga økonomisk vekst, en vekst som altså ikke kom pga. Clinton, den kom til tross for Clinton. (Noe mer om dette: Clinton ble innsatt i 1993 og satt til 2001. Republikanerne ved Newt Gingrich gikk i 1994 til valg på noe de kalte «Contract with America», et dokument som i hovedsak besto av gode konservative standpunkter. Ved kongressvalget i 1994 fikk Republikanerne 54 flere representanter og 9 flere senatorer, noe som ga dem flertall i begge hus. Dette ga gridlock!)

Så, med en Demokratisk president Biden og en Republikansk kongress blir det forhåpentligvis gridlock, og det er det beste valgresultat man kan få.

Vi håper også at dette kan flytte det Republikanske partiet nærmere en frihandels- og frimarkedslinje.

Man bør også huske på at med Biden som president vil alle aktører i pressen, i akademia, i underholdningsindustrien, i Big Tech, i skolen reellt sett fungere som pressetalsmenn for Biden. Udugelighet, feil og korrupsjon vil bli dekket over, og det som måtte være positivt vil bli sterkt overdrevet. Kritikk og opposisjon vil man da bare kunne finne på nettsteder som man ikke snakker om i dannet selskap.

(Vi vil ikke si noe om påstandene om valgfusk, og at valget ble «stjålet», annet enn å konstatere at det ikke er uvanlig at slike påstander

545

blir fremmet etter et valg. Om fusk: president Trump har hatt innpå fire år på seg til å få på plass et system som gjorde valgfusk umulig, noe han åpenbart ikke gjorde. Om at valget ble stjålet: se George Goodings artikkel linket til nedenfor.)

https://www.nytimes.com/2020/01/03/business/manufacturing-trump-trade-war.html

https://www.dailywire.com/news/walsh-trump-massively-exceeded-expectations-with-minority-voters-heres-how-he-did-it%20

https://www.theatlantic.com/ideas/archive/2020/05/whats-south-koreas-secret/611215/

https://www.aier.org/article/the-mystery-of-taiwan/

https://www.theverge.com/21507966/foxconn-empty-factories-wisconsin-jobs-loophole-trump

https://www.theatlantic.com/ideas/archive/2020/03/true-danger-trump-campaigns-libel-lawsuits/607753/

https://www.realclearpolitics.com/video/2019/06/06/tucker_carlson_elizabeth_warrens_economic_patriotism_plan_sounds_like_donald_trump_at_his_best.html

https://www.nettavisen.no/nyheter/trump-hermer-etter-demokratene-med-ubeviste-pastander-om-valgjuks/s/12-95-3424042790

President Biden[*]

Publisert på Gullstandard 4. mars 2021

Joe Biden ble sertifisert som vinner av presidentvalget 2020, og han hadde da vært i politikken svært lenge; helt siden 1972. Først var han senator og deretter, fra 2009, var han Obamas visepresident. Han hadde aldri utmerket seg på noe vis, snarere tvert imot, men han var etter hvert blitt en veteran som kjente alle. Politisk sett var han moderat, og som person var han trivelig og omgjengelig og lett å like. Han forsøkte å bli nominert som presidentkandidat i 1987, men måtte trekke seg etter at det ble avslørt at han hadde plagiert en tale av Neil Kinnock (som på 80-tallet var leder for engelske Labour). Biden var også beryktet for å tafse på unge jenter, og han var ofte en klodrian når han uttalte seg. En gang (22/8-08) uttalte han at «When the stock market crashed, Franklin D. Roosevelt got on the television and didn't just talk about the, you know, the princes of greed ...». Men Roosevelt var ikke president under krakket i 1929, og TV-en var ennå ikke oppfunnet. Biden fortalte også en gang at han ble arrestert i Syd-Afrika under et forsøk på å besøke Nelson Mandela i fengselet, noe som ikke var sant. Det finnes mange flere eksempler av samme type, noe som under normale omstendigheter ville hindret en person i å komme helt til topps.

Joe Biden ble allikevel nominert som Demokratenes president-kandidat foran valget i november 2020, og han vant nominasjons-kampen fordi alle de andre Demokratiske kandidatene var enda mindre egnet til å ta opp kampen mot Donald Trump enn han. Biden var som nevnt betraktet som en moderat sentrumsorientert politiker, og en nokså hyggelig fyr, tross alt – dette i sterk motsetning til alle de andre kandidatene fra det Demokratiske partiet, de var alle sterkt venstreorienterte. En av de første som måtte trekke seg fra Demokratens nominasjonsprosess pga. manglende oppslutning og liten popularitet var den ikke spesielt sympatiske Kamala Harris, som Biden etter sin nominasjon valgte som sin visepresidentkandidat. Hun ble vise-presidentkandidat fordi hun var en farvet kvinne; Biden hadde lovet at dersom han ble nominert ville han utnevne en farvet kvinne til sin

---

[*] Takk til Espen Hagen Hammer for et par innspill til denne artikkelen.

«running mate», et trekk som utvilsomt ville øke antallet som ville stemme på Demokratene.

Under valgkampen fremsto Biden som stadig mer svekket, mentalt sett, han var tross alt 78 år gammel. Det finnes videoklipp hvor han glemmer hvem som intervjuer ham, hvor han sier «My name is Joe Biden and I am a Democratic candidate for the US Senate», «As president I will appoint the first black woman to the Senate», og «We cannot win this reelection... we can only reelect Donald Trump». Det finnes et stort antall klipp som viser den samme mentale svekkelse. Allikevel fikk denne kandidaten ifølge offisielle tall 81 millioner stemmer, 7 millioner flere enn den vitale og slagferdige Donald Trump.

I intervjuer etter at han ble innsatt kommer det tydelig frem at Biden ikke er helt med, og intervjuerne forsøker å overse Bidens manglende virkelighetskontakt. Ingen kommentatorer i mainstream-media som vi har sett nevner dette viktige faktum. I februar tok en gruppe på 30 Demokratiske politikere til orde for at muligheten til å avfyre atomvåpen skulle tas vekk fra presidenten – NYPost: «House Democrats ask Biden to give up sole power to launch nuclear bomb» – men Bidens svekkede mentale helse ble ikke nevnt i begrunnelsen for forslaget. Pr dags dato har president Biden heller ikke avholdt noen pressekonferansene.

Allerede våren 2020 var det klart at Biden var dement. Allikevel ble han nominert, og grunnen til dette nevnte vi over: han var i motsetning til alle de andre kandidatene en likandes fyr, og derfor den eneste som var valgbar.

Men dette betyr at ledere i det Demokratiske partiet – med personer som Barack Obama og Hillary Clinton og Kamala Harris i spissen, og Bidens familie, inkludert hans hustru Jill, som forøvrig har en doktorgrad i pedagogikk – med viten og vilje plasserte en dement mann i verdens viktigste jobb, en jobb han opplagt ikke ville kunne utføre på en ansvarlig måte. Også Biden selv må ha visst at han ikke var helt med. Allikevel gikk han inn for å ta denne jobben. Vi har ikke sett en eneste journalist eller kommentator i mainstream-pressen som har kommentert dette på noe vis.

Dette er et forræderi av verste sort. Det er et forræderi mot Biden, og det er et forræderi mot det amerikanske folk. Og de som står bak er ledende politikere i det Demokratiske partiet, og Bidens nærmeste familie. Dette bare viser hvor hensynsløse og rett ut farlige disse menneskene er – visste man ikke bedre skulle man tro at de var gangstere.

Valget

At Biden vant valget kom for en stor del av at alle venstreorientert krefter mobiliserte i et kolossalt omfang for å få Trump ut av Det Hvite Hus. Dette ble åpent innrømmet i en artikkel i Time Magazine 4/2-2021: «The Secret History of the Shadow Campaign That Saved the 2020 Election» – tittelen innrømmer at det foregikk en «skygge-kampanje» som «reddet» valget, og med «reddet» menes at Trump ikke ble gjenvalgt. I god tid før valget i november iverksette en rekke grupper – fagforeninger, firmaer, politiske grupper, miljøgrupper, studentforeninger – en omfattende kampanje for å få flest mulig til å stemme på Demokratenes kandidat. Enorme ressurser, både økonomiske og menneskelige, ble brukt på dette. Et viktig element var at store Big Tech-aktører på Internett vinklet sine tilbud og sine tjenester slik at de skulle favorisere Biden og sverte Trump – f.eks. ved at søk på politiske temaer vinklet søkeresultatene slik at de favoriserte Demokratene og svertet Trump og Republikanerne.

Artikkelen forteller i stor detalj om mange av disse tiltakene, men alle tiltak som beskrives er lovlige; ingen ulovligheter innrømmes. Trump har hele tiden hevdet at valgresultatet kom som følge av en konspirasjon, at valget var «rigged», at det ble «stjålet» fra ham. Vi siterer kun følgende fra artikkelen:

> «In a way, Trump was right. There was a conspiracy unfolding behind the scenes, one that both curtailed the protests and coordinated the resistance from CEOs. Both surprises were the result of an informal alliance between left-wing activists and business titans. The pact was formalized in a terse, little-noticed joint statement of the U.S. Chamber of Commerce and AFL-CIO published on Election Day. Both sides would come to see it as a sort of implicit bargain–inspired by the summer's massive, sometimes destructive racial-justice protests–in which the forces of labor came together with the forces of capital to keep the peace and oppose Trump's assault on democracy».

Som sagt, alt som artikkelen beskriver er lovlig, og ut i fra det som sies i artikkelen er det ingen ting som viser at valget ble stjålet: man kan si at det var rigget, men ikke at det var stjålet.

Men det er mer: med corona-epidemien som påskudd endret en rekke delstater sommeren 2020 sine regler for stemmegiving; i praksis reduserte de mulighetene for å kontrollere at poststemmer som var avgitt virkelig var avgitt av personer som hadde stemmerett. Disse endringene var i enkelte tilfeller i strid med delstatens gjeldende lover om hvordan slike regler skulle endres. Man kan da være i tvil om disse endringene var lovlige eller ikke. Det ble da altså vanskeligere å kontrollere at poststemmene virkelig kom fra personer som hadde stemmerett. I mange delstater ble stemmer avgitt via spesialkonstruerte datamaskiner, og slike maskiner etterlater intet «paper trail» som kan kontrolleres i etterkant. De som var ansvarlige for stemmemaskinene, både produsenter, politikere og funksjonærer, hevdet at det var umulig å hacke disse maskinene – noe som enhver med selv kun lite datakompetanse vet er feil.

Det skjedde også enkelte ting visse steder under stemme-opptellingen som ga grunnlag for mistanke om at det var foregått ulovligheter. Noen steder ble f.eks. opptellingen stanset i flere timer langt ut på natten: hele USA og hele verden sitter spent og venter på valgresultatet, og så blir stemmetellingen avbrutt – i seks delstater – fordi de som teller stemmer trenger en pause! Merkelig. Uansett, de offisielle tallene viser at Biden i enkelte kretser i noen vippestater fikk kolossalt mange flere stemmer enn det som man kunne forvente ut i fra fordelingen av stemmer ellers i landet.

Det er god grunn til å mistenke at det forekom juks ved opptellingen, og dette burde ført til en grundig etterforskning. Noen slik etterforskning ble ikke satt i gang; alle i mainstreampressen hevdet at påstandene om juks bare var «konspirasjonsteorier» som det ikke finnes bevis for. Ja, noen av disse sakene ble lagt frem for rettsapparatet, men ingen av disse førte til noen omfattende etterforskning; en stor andel av sakene ble bare avvist.

Delstaten Texas henvendte seg til Høyesterett for å få undersøkt de svært mistenkelige resultatene i visse «counties» i Pennsylvania, og en avis refererte resultatet av Høyesteretts behandling slik:

«U.S. Supreme Court throws out Texas lawsuit contesting 2020 election results in four battleground states. The lawsuit challenged election results in Georgia, Pennsylvania, Michigan and Wisconsin. The high court said Texas did not have standing to bring the case» (Texas Tribune 11/12-20).

Saken ble altså avvist fordi Texas manglet «standing».

At en sak avvises pga. «standing» betyr at saken avvises fordi saksøker juridisk sett ikke er involvert i saken. Hvis en sak avvises fordi det ikke er noen grunn til mistanke avslås den pga. «merit». Flere saker om juks ved valget ble avvist av rettsapparatet pga. «merit», også av dommere som var blitt utnevnt av Trump. Men som vi sa over, ingen saker ble grundig etterforsket, og at en dommer ble utnevnt av Trump betyr ikke at dommeren er sympatisk innstilt til Trump; vi vil tro at en stor overvekt av de langtidsutdannede, som inkluderer dommere og alle andre jurister i rettsapparatet, var svært lite sympatisk innstilt til Trump, og at dette også gjelder personer som ble utnevnt av Trump. Antagelig hadde de dommere som avviste søksmål en rimelig god juridisk begrunnelse for det de gjorde, men som vi sa over, ingen av disse sakene om påstått juks ble grundig etterforsket.

Dette endte med at svært mange amerikanere mener at Biden ikke er en legitim president. En slik holdning er farlig, og kan være ødeleggende; den betyr at staten ikke anses som å ha legitim makt. Dette reduserer respekten for staten og gjør det enklere å bryte gjeldende lover. En slik utvikling vil ikke gjøre det lettere å sørge for at det allerede urolige USA blir fredelig og harmonisk.

Sjette januar
Sjette januar skulle presidenten endelig velges i Kongressen (avstemningen i valgmannskollegiet, som hadde gitt Biden valgseieren, skulle da sertifiseres). Med ord som «fight and fight hard» oppfordret president Trump sine tilhengere til å demonstrere utenfor Kongressbygningen mot det valgresultatet han mente var kommet som resultat av juks. Men han sa også at demonstrasjonene måtte skje «peacefully and patriotically». Noen titalls av de om lag 200 000 demonstrantene stormet inn i Kongressbygningen og gjennomførte noe hærverk, ødela noen møbler, og tok noen selfier. Fire personer mistet

551

livet; en av dem var en ubevæpnet demonstrant som ble skutt av politiet; de andre døde som følge av «medical emergencies».

Kongressrepresentantene følte seg truet og noen ble brakt i dekning av politiet. Det gikk klart frem at disse som tok seg inn i Kongressbygningen ikke var typiske Trumptilhengere – selv om mainstreampressen fremstiller dem slik; f.eks. var hovedmannen utkledd som en geitebukk. Det var også bemerkelsesverdig lite politi til stede i og omkring Kongressbygningen denne dagen, dette selv om myndighetene var varslet om at det ville komme en stor demonstrasjon. Det finnes ting som kan tyde på at det var venstreorienterte grupper som til en viss grad sto bak denne stormingen, dette for å skade Trump.

Men pga. Trumps oppfordring om å «fight hard», et uttrykk som ofte brukes av amerikanske politikere uten at det derved oppfordrer til vold, tok flertallet i Kongressen ut en ny riksrettstiltale mot Trump; de påstod at Trump hadde oppfordret til angrepet på Kongressen og at dette var et forsøk på et kupp fra Trumps side. Enkelte jurister hevdet at visepresident Mike Pence, som endelig godkjente stemmene fra valgmannskollegiet, hadde rett til å avvise valgmannsstemmene fra delstater hvor resultatet var omstridt, og noen Trump-tilhengere, og visstnok Trump selv, mente at Pence burde ha gjort dette og dermed utnevnt Trump til valgets vinner. Pence valgte ikke denne løsningen. Utad så det ut til at Trump tok denne beslutningen med fatning.

En av grunnene til at Pence ikke valgte denne løsningen kan være at en slik handling fra hans side – å ikke godta valgmanns-stemmene fra stater hvor resultatet var omstridt – ville ført til omfattende opptøyer. NRKs reporter fortalte følgende fra valgkampen: «Aktivistene ... lover opptøyer dersom Trump blir gjenvalgt» og en BLM-aktivist sier følgende: «Blir han gjenvalgt blir det opptøyer, plyndring, slåssing og bombing i hele USA» (Dagsrevyen 6/9-20, fra 23:30). Det ser ut som om mange av de på venstresiden bare er tilhengere av demokratiske prosesser når de får det resultatet de ønsker seg; blir resultatet et annet kan de ty til vold.

De som sto bak riksrettstiltalen visste at Trump ikke ville bli dømt (for dom kreves det 2/3s flertall i Senatet, og siden kun noen få Republikanske senatorer ville støtte en fellende dom ville Trump bli frikjent også denne gangen). En riksretts formål er å få avsatt en sittende president, men denne gangen ble det anlagt en sak mot en

552

president som allerede hadde gått av, noe som er merkelig. Saken begynte 9/2 og den frifinnende dommen falt fire dager senere; bla. viste Trumps advokater en rekke videoklipp hvor et stort antall Demokratiske politikere også hadde brukt uttrykk som «fight hard» i forkant av voldelige episoder utført av ekstreme venstreorienterte grupper som Antifa og BLM uten at de hadde fått rettslige konsekvenser for disse politikerne; disse politikerne hadde til og med støttet disse voldelige gruppene og deres aksjoner.

Enkelte Demokratiske politikere har satt det som skjedde 6. januar i samme kategori som det som skjedde 11. september 2001 – de sammenligner da en terrorhandling som drepte ca 3 000 mennesker og som førte til kolossale materielle ødeleggelser med en hendelse hvor en gruppe tullinger tok seg inn i Kongressbygningen og knuste noen møbler og hvor en politimann skjøt en ubevæpnet demonstrant: «US House of Representatives Speaker Nancy Pelosi has proposed a 9/11-type independent commission to investigate the storming of the Capitol by supporters of former president Donald Trump on January 6th» (National Herald). Disse Demokratene ønsker å gi inntrykk av at president Trump virkelig forsøkte å gjennomføre et statskupp 6. januar 2021. Vi vil si at den som foretar en slik sammenligning ikke har bakkekontakt.

Denne riksrettssaken var enda en farse som Demokratene hadde satt i gang, og dette var ikke deres første forsøk på å ramme president Trump. Fra den dag Trump ble valgt i november 2016 ble det sagt at han stjal valget, at han ikke var USAs legitime president, og at han burde stilles for riksrett.

Trump og hans støttespillere ble fra før innsettelsen i januar 2017 beskyldt for en rekke kriminelle forhold, og det ble brukt store ressurser på å etterforske dem. Den saken som fikk mest oppmerksomhet var påstandene om at Trump var en nikkedukke for Russland og at han var i lomma på Putin. Undersøkelser om dette varte i flere år og man fant ingen beviser for noe slikt, og den dokumentasjon som ble fremlagt viste seg å være forfalsket. Videre ble en rekke av Trumps medarbeidere utsatt for rettsprosesser som ikke hadde noe grunnlag i relevante fakta, blant dem var Roger Stone og Michal Flynn. Begge disse ble benådet av Trump før han gikk av som president. (Det ble dog oppdaget at noen av Trumps nære allierte hadde forsøkt å unndra skatt på en ulovlig måte, og noen av disse endte opp i fengsel.)

Sterke krefter innen det politiske miljø, og innen FBI – også FBI ble altså brukt politisk for å svekke og helst fjerne en sittende president – hadde opplagt et ønske om å svekke Trump, og brukte store ressurser for å få han fjernet fra presidentembetet og fra politikken.

Etter at den andre riksrettsaken endte med frifinnelse ble det satt i gang en sak om skatteunndragelse mot Trump; formålet med alle disse kampanjene er å hindre at han igjen kan stille til valg: Trump er populær i store deler av folket, men alle sosialister og sosialist-sympatisører, som det er mange av blant de langtidsutdannede, mener at Trump er like ille som Hitler, og noen har til og med sagt det klart og tydelig: «Trump's denial of climate change represents worse threat to humanity than Hitler, says activist Noam Chomsky» (The Independent, 3/11-20), «CNN's 'Mental Health Expert': Trump Worse Than Hitler» (janglo, 3/11-20). «Spike Lee compares Donald Trump to Hitler» (The Guardian), «Jane Fonda Compares Donald Trump to 'Hitler and the Third Reich'». Topp-nivå-politikere har ikke sagt slike ting, men personer som Barack Obama og Hillary Clinton har beskrevet Trump-tilhengere som «deplorables» og som «racist, sexist, homophobic, xenophobic, Islamaphobic». Nancy Pelosi beskrev noen av Trumps Twitter-meldinger som rasistiske, og «Joe Biden calls Donald Trump America's 'first' racist president» (Kilde The Guardian 23/7-20). Også her hjemme så man slike absurde påstander; vi minner bare om at VG publiserte på sin forside et bilde av Trump påført Hitler-bart.

Slike sammenligninger er helt vanvittige. men det er krefter med slike holdninger som brukte enorme ressurser for å få Joe Biden valgt til president, og dette sier noe om hvilke krefter som styrer ham. La oss nå se på den politikken Biden er i ferd med å gjennomføre.

Tyvende januar
Som regel blir en ny president tatt i med 20. januar året etter at han er blitt valgt. Dette er en festlig anledning hvor hele den politiske elite og titusener av publikummere er tilstede for å hylle den nye presidenten. Det var annerledes i år. Avtroppende president var ikke tilstede, han mener som nevnt at valget var stjålet fra ham og ville ikke delta i det han mener er en ulovlig maktovertagelse. En rekke andre toppolitikere

554

fra det Republikanske partiet var allikevel tilstede. Men det var ikke bare president Trump som uteble, også folket manglet, dvs. det vanlige publikum manglet. Som regel er det noen titusener vanlige mennesker som er til stede for å overvære den nye presidentens edsavleggelse, men denne gangen var det ingen publikummere tilstede. Av frykt for en gjentagelse av de demonstrasjonene som skjedde 6/1var det ingen publikummere som fikk komme i nærheten av seremonien, og området rundt Kongressbygningen, hvor edsavleggelsen foregikk, var avsperret med piggtråd og et stort antall soldater.

Noe av det første president Biden gjorde var å stanse byggingen av muren mot Mexico, og å oppheve innreiseforbudet fra et antall muslimske land, tiltak som Trump hadde satt i verk for å beskytte USAs befolkning mot terrorister og kriminelle. Bidens innsettelse ble da preget av en opphevelse av tiltak som skulle beskytte folket mot kriminelle og terrorister, og innføring av et tiltak som skulle beskytte den politiske maktelite mot demonstasjoner fra det amerikanske folk.

Grønt skifte
Biden vil innføre «The Green New Deal» (oppkalt etter Roosevelts «The New Deal», det program som på 30-tallet gjorde USA om til en velferdsstat). «The Green New Deal» har som hovedformål å redde klimaet, og vil koste et enormt antall milliarder dollar – selvsagt uten at dette vil ha noen innvirkning på klimaet; det oppfører seg i all hovedsak i samsvar med naturlige svingninger slik det alltid har gjort. Men de som er i miljøbransjen vil håve inn enorme fortjenester på dette programmet, og det er skattebetalerne som finansierer kalaset for miljøbaronene: de som driver vindmøller og solfarmer, de som driver CO_2-fangst, de som handler med CO_2-kvoter, de forskere som utreder alt dette, de som administrerer subsidieordningene som de grønne prosjektene må ha for å overleve, og de politikere og byråkrater som reiser verden rundt på første klasse eller i privatfly for å vedta disse programmene, og de politikere fra fattige land som mottar erstatninger fra de rike landene fordi klimaendringene visstnok øker fattigdommen i de fattige landene. Trump forsøke å stoppe alt dette, men nå er dette programmet tilbake på full gass og Biden tråkker klampen i bånn.

Umiddelbart etter at Biden inntok Det Hvite Hus stoppet han all «fracking», all oljeleting og all oljeboring på statseid land, Han stanset også arbeidet med «the Keystone Pipeline», et tiltak som umiddelbart førte til at om lag 10 000 arbeidere mistet jobben (og som på sikt vil koste enda flere jobber).

Bidens miljøtiltak vil raskt sterkt redusere den økonomiske vekst, og derved redusere velstanden for alle amerikanere – og de vil ikke påvirke klimaet.

Innvandring

Det er mellom 11 og 30 millioner ulovlige innvandrere i USA, personer som har kommet til USA og som bor der fast uten å ha fulgt gjeldende regler for hvordan man får fast, lovlig opphold og etter hvert statsborgerskap. Mange av disse jobber i all hovedsak i den svarte økonomien. Biden vil at disse ikke skal måtte utstå noen konsekvenser for sine lovbrudd, han vil åpne for at disse raskt skal få statsborgerskap. Når de får statsborgerskap vil de også få full rett til «gratis» tilbud fra det offentlige innen helse, skole, pensjoner, etc. Noen delstater gir allerede pr idag ulovlige innvandrere fulle rettigheter mht. å motta alle offentlige tilbud, endog reellt sett inkludert stemmerett ved president-valg! Mange av disse innvandrerne vil da også antagelig komme i fullt ut lovlig arbeid, og da begynne å betale inntektsskatt, men dette vil alt i alt føre til en enorm økning i offentlige utgifter – med skatteøkninger og økende gjeldsopptak og inflasjon som konsekvens. Vi nevner også at de som får statsborgerskap helt lovlig kan hente til USA alle sine slektninger fra andre land, så antallet som kommer til USA etter denne endringen kan bli langt større enn 30 millioner.

Vi er tilhengere av innvandring av lovlydige borgere, men vi kan ikke si at det er god politikk å belønne de som bryter lover, slik Bidens program innebærer.

Det har vist seg at kriminelle er sterkt overrepresentert blant disse innvandrerne, og det har også vist seg at mange av de som blir tatt og som blir utvist enkelt kommer seg tilbake til USA. Trump forsøkte å stoppe denne ulovlige innvandringen bla. ved bygge en mur mot grensen til Mexico, men Biden har stoppet disse planene.

Utenriks

Noe av det første Biden gjorde etter at han ble innsatt var å oppheve det innreiseforbud fra en rekke muslimske land hans forgjenger hadde innført; Trump hadde innført dette fordi en overvekt av terrorister kom fra disse landene. Nå kan reisende fra disse landene komme til USA på samme betingelser som alle andre. Biden vil også gjenoppta avtalen med Iran, en avtale som Trump sa opp; denne avtalen gjør det mulig for Iran å utvikle atomvåpen.

Trump satte hardt mot hardt mot diktaturer som Kina og Iran, men Biden har omgjort dette. Biden er så vennlig innstilt til Kina at han unnskylder Kinas undertrykking av uigurene (en i hovedsak muslimsk minoritet som holder til i nordvest-Kina). Om lag én million uigurer er plassert i leirer hvor de blir svært dårlig behandlet. Biden unnskyldte dette med kulturelle forskjeller; det han sa var følgende:

> «...the central principle of Xi Jinping is that there must be a united, tightly controlled China. And he uses his rationale for the things he does based on that. I point out to him, no American president can be sustained as a president if he doesn't reflect the values of the United States. And so the idea I'm not going to speak out against what he's doing in Hong Kong, what he's doing with the Uyghurs in western mountains of China, and Taiwan, trying to end the One-China policy by making it forceful, I said -- by the way, he said he gets it. *Culturally, there are different norms that each country and their leaders are expected to follow* [uthevet her]» (Biden på CNN Town Hall Meeting, kilde Newsweek).

Biden forsøker her åpenbart å si at «the idea that I'm not going to speak against it is wrong». Det er allikevel all grunn til å tro at det bare vil være ord, og altså ingen handling fra USAs side som vil få negative konsekvenser for Kina. Dette bekreftes ved at Biden har fjernet en rekke straffetiltak som Trump innførte overfor Kina, f.eks. kineseres mulighet til å eie andeler i teknologibedrifter og energifirmaer i USA (disse restriksjonene var innført med «nasjonens sikkerhet» som begrunnelse). Ingen vi bli overrasket dersom Bidens administrasjon vil gå inn for å fjerne de restriksjoner på handel med Kina som var på plass under Trump. Når man skal vurdere Kina må man ikke glemme at landet er et kommunistdiktatur, og at alt kinesiske firmaer gjør i utlandet er med støtte fra kommunistpartiets ledelse og fungerer som støtte til Kinas utenrikspolitikk. Kinesiske aktører har også investert enorme beløp i en rekke forskjellige virksomheter i andre land: de har store eierandeler i viktige firmaer og de støtter universiteter og aviser i Storbritannia, i Australia, i USA, i Afrika, mfl., noe som kan sette en demper på disse aktørenes kritikk av Kina. Regimet i Beijing er også i ferd med å oppgradere sin militære styrke, noe som uroer naboland som India, Taiwan, Russland, Myanmar.

Vi nevner også at Kina har en omfattende sensur, at politisk opposisjon ikke er tillatt, og at regimet forsøker å slå ned alle pro-frihet-demonstrasjoner i Hongkong. Allikevel har Biden omtalte lederne i Kina som «not bad folks»

Kjønnspolitikk

En av venstresidens aller mest virkelighetsfjerne kjepphester for tiden er deres oppfatning om at kjønn ikke er medfødt. Kjønn er valgt, sier de: menn som føler seg som kvinner (og som har gjennomgått en viss medisinsk behandling) skal da ifølge dem fullt ut betraktes som kvinner, bla. skal de kunne delta i sportsarrangementer som kvinner dersom de føler for det.

Rett etter at Biden var innsatt påla han umiddelbar etterlevelse av en høyesterettsdom som innebærer at menn som føler seg som kvinner skal kunne konkurrere i idrettskonkurranser som kvinner. Menn er større og sterkere enn kvinner, så nå kan menn som ikke lykkes i konkurranse med andre menn si at de føler seg som kvinner og bli vinnere og få medaljer og stipender ved å konkurrere mot kvinner. Ja, de må kanskje passere en hormon-test, men de vil allikevel stort sett ha de samme fysiske forutsetningene som menn har.

Personen som Biden har nominert som assisterende helseminister heter Rachel Levine, men tidligere lød vedkommende navnet Richard Levine. (Levine er lege og har bakgrunn som «Pennsylvania's top health official».) Denne personen ble født som mann, men ønsker nå å bli betraktet som kvinne. Dette er ikke noe problem, det som er problemet er følgende: under utspørringen av vedkommende i Senatet foran godkjenningen kom spørsmålet om hvordan han/hun ville stille seg til det problemet at mange av de svært unge som gjennomgår en slik kjønnskiftebehandling angrer etter operasjonen – mener dr Levine at umyndige er i stand til å ta en beslutning som kjønnsskifte? Spørsmålsstilleren er senator Rand Paul, som forøvrig er lege:

«Genital mutilation has been nearly universally condemned. Genital mutilation has been condemned by the WHO, the United Nations Children's Fund, the United Nations Population Fund. According to the WHO, genital mutilation is recognized internationally as a violation of human rights. Genital mutilation is considered particularly egregious because, as the WHO notes, it is nearly always carried out on minors and is a violation of the rights of children. Most genital mutilation is not typically performed by force, but as WHO notes, that by social convention, social norm, the social pressure to conform, to do what others do and have been doing, as well as the need to be accepted socially and the fear of being rejected by the community. American culture is now normalizing the idea that minors can be given hormones to prevent their biological development of their secondary sexual characteristics. Dr. Levine, you have supported both allowing minors to be given hormone blockers, to prevent them from going through puberty, as well as surgical destruction of a minor's genitalia. Like surgical mutilation, hormonal interruption of puberty can permanently alter and prevent secondary sexual characteristics. The American College of Pediatricians reports that 80 to 95% of prepubertal children with gender dysphoria will experience resolution by late adolescence if not exposed to medical intervention and social affirmation. Dr. Levine, do you believe that minors are capable of making such a life-changing decision as changing one's sex?»

Dr. Levine svarer:

> «Well, Senator thank you for your interest in this question. Transgender medicine is a very complex and nuanced field with robust research and standards of care that have been developed. And if I am fortunate enough to be confirmed as the Assistant Secretary of Health, I will look forward to working with you and your office and coming to your office and discussing the particulars of the standards of care for transgender medicine.»

Paul mente at Levine ikke besvarte spørsmålet og stiller det igjen, og Levine gir nøyaktig samme svar. Paul avslutter slik:

> «Let it go into the record that the witness refused to answer the question. The question is a very specific one, should minors be making these momentous decisions? For most of the history of medicine, we wouldn't let you have a cut sewn up in the ER, but you're willing to let a minor take things that prevent their puberty and you think they get that back? You give a woman testosterone enough that she grows a beard, you think she's going to go back looking like a woman when you stop the testosterone? You have permanently changed them. Infertility is another problem.»

Det hører med til historien at senator Paul ble utsatt for sterk kritikk fra aktører i mainstream for sine spørsmål. Ett eksempel: «Rand Paul's ignorant questioning of Rachel Levine showed why we need her in government» (Monica Hesse i Washington Post, 26/2-21).

Erstatning til etterkommere av slaver

Biden vurdere å gi erstatning til etterkommere av slaver. Dette er en sak som ledere i organisasjoner for afroamerikanere har kjempet for i mange år. Slaveriet er en grusom skamplett på USAs historie, men man må ikke glemme at det ble ført en borgerkrig som hadde som mål å få slutt på slaveriet, en krig som endte med seier til den siden som ville avskaffe slaveriet. Dessverre var det betydelig diskriminering av svarte i innpå 100 år etter at borgerkrigen ble avsluttet. Bla. etter omfattende

560

demonstrasjoner på 60-tallet, og med en betydelig lederskikkelse som Martin Luther King i spissen, ble forholdene bedre utover 70- og 80-tallet. Men det som skjedde deretter var at kollektivistiske ideer, og derved rasistiske ideer, kom til å stå sterkere i USAs kultur, og dette førte til at integreringen – og USAs ideal som en smeltedigel – ble forlatt og at det ble lagt stadig større vekt på forskjeller og dermed motsetninger mellom rasene.

Det som skjer er at lederne i organisasjoner for afroamerikanere krever erstatning for slaveriet, et slaveri som altså opphørte for mer enn 150 år siden. Ingen som var slaver lever i dag, ingen som eide slaver lever i dag. Dette er altså et prosjekt som skal ta penger fra de produktive (det er her de penger som staten deler ut alltid kommer fra) og som skal deles ut til å drive organisasjoner som hevder å arbeide for å bedre afroamerikaneres livsforhold. Hvis dette blir en realitet vil så og si alle pengene gå til lønninger og frynsegoder for ansatte i disse organisasjonene, og deres totalt uproduktive, ja, endog skadelige, virksomhet. Dette vil da øke byrden på de produktive, det vil redusere levestandarden for så og si alle, og det vil styrke rasemotsetningene. President Biden vurderer altså å gå med på noe slikt.

Ny rasisme
Ledende Demokrater påstår at politiet og det militære i stor grad er infiltrert av folk som er tilhengere av «whitre supremacy», dvs. av hvite rasister, og de vil fjerne slike fra sine stillinger. Her fra en nettside (som er kritisk til Demokratene) 4/2:

> «Biden administration looks to root out 'white nationalism' from military over next 60 days. ... Democrats really have convinced themselves that America's real enemies are "within," as House Speaker Nancy Pelosi recently put it. And those enemies appear to be white Republicans» (Kilde bizpac).

Vi minner om Joe Bidens utsagn i et intervju med en afroamerikansk intervjuer i mai 2020: «Biden tells voters 'you ain't black' if you're still deciding between him and Trump». Altså: ingen som virkelig er svarte kan stemme på Trump, dvs. ingen som virkelig er svarte kan ha et annet syn enn det som de venstreorienterte har.

Enda et eksempel: Colin Kahl, nominert av Biden til «Under Secretary of Defense for Policy», har på Twitter beskrevet det Republikanske partiet som «the party of ethnic cleansing» (kilde breitbart). Vi tar også med følgende: John Brennan, CIA-sjef under Obama, sier 2/3 at han stadig blir mer og mer flau over å være en hvit mann («'increasingly embarrassed' to be a white man»).

Demokratene definerer «rasisme» så bredt at så og si alle som er uenige med Demokratenes politikk er rasister. (Vi så over at Joe Biden beskrev Trump som en rasistisk president.) Det dette vil betyr i praksis, hvis det blir gjennomført, er at politiet og det militære og CIA og FBI kun vil bestå av personer som er sympatiske til Demokratenes politiske syn. Dette vil da bli en nærmest fullstendig politisk ensretting av statens maktapparat.

Men denne politikken legger avgjørende vekt på rase, og ser ut til å frikjenne alle ikke-hvite uansett hva de har gjort og hva de mener, og å fordømme alle hvite, uansett hva de har gjort og hva de mener.

De venstreorienterte hevder at de står for antirasisme. Men antirasisme innebærer at rase skal være irrelevant, det som skal være viktig er et individs karakter, dets handlinger og dets personlighet. Som Martin Luther King sa det: «I have a dream that my four little children will one day live in a nation where they will not be judged by the color of their skin but by the content of their character». Det som i dag skjer er det motsatt: hudfarve skal ha alt å si.

En korrupt familie?
StartUp Health, et nydannet firma som ga råd om investeringer i helseforetak, fikk en pangstart i juni 2011 da representanter for selskapet fikk et møte med president Obama og visepresident Biden i Det Ovale Kontor. Dagen etter møtet var det store oppslag i pressen om dette nystartede firmaet, og det vokste seg raskt til å bli et stort og viktig firma: forretningsidéen var at det ga råd om alle typer drift av helseforetak, og til gjengjeld skulle det få en eierandel av firmaet de bisto, oftest mellom 2 og 10 %. StartUp Health har fortsatt gode forbindelse inn i maktsentrene i Washington, og benytter seg av dette i sin profilering og markedsføring. Hvorfor fikk de i oppstarten et møte

med Obama og Biden? Ikke godt å si, man kanskje fordi mannen som var «chief medical officer» i StartUp Health var Joe Bidens svigersønn.

Frank Biden, bror av Joe, var inntil 2009 en ikke spesielt vellykket eiendomsmegler i Florida. I 2009 bestemte han seg for å gå inn i energibransjen. Tidlig i 2009 var visepresident Joe Biden på statsbesøk i Costa Rica, og noen måneder senere var også Frank Biden på besøk i Costa Rica, og der møtte han en rekke høytstående embedsmenn. Frank Bidens firma inngikk deretter en stor avtale med Costa Ricas nasjonale energiselskap om utvikling av grønn energi i landet. Franks firma Sun Funds America ble også involvert i grønne energiprosjekter i Jamaica, og firmaet har for dette prosjektet mottatt skattefinansierte lån fra myndighetene på 47 millioner dollar.

I november 2010 var det et møte på visepresidentens kontor mellom Biden og Kevin Justice, leder for det nystartede entreprenørfirmaet Hillsdale Construction. Tre uker senere utnevnte Justice Jos bror James Biden til ny «executive vice president» i Hillsdale, og et halvt år senere fikk dette firmaet i oppdrag å bygge 100 000 nye leiligheter i Irak, en kontrakt verd 1,5 milliarder dollar. Dette skjedde mens Joe Biden var hovedansvarlig for amerikanske tiltak i Irak.

Joes sønn Hunter Biden har vært involvert i en rekke firmaer i mange land, land som Kina, Russland, Kasakhstan, Ukraina, o.l. – men pussig nok ikke i noen firmaer som hører hjemme i Storbritannia eller Japan, og det er kanskje slik fordi land som de sistnevnte er lite korrupte og hvor firmaers aktiviteter i det store og hele må tåle dagslys, dette i motsetning til de landene Hunter Biden er involvert i. Vi kunne gitt svært mange eksempler på Hunters forretningsførsel, men gir kun følgende: Mens Joe Biden var visepresident ga USA tre milliarder dollar til Ukraina for å bistå landets oljebransje i å utvikle grønne prosjekter. Omtrent samtidig fikk Hunter Biden en lukrativ plass i styret i Burisma, et av Ukrainas viktigste energiselskaper. Hunter hadde ingen bakgrunn fra eller innsikt i energibransjen. Hunter var også involvert i Kina; mens hans far var visepresident var Hunter involvert i to avtaler som hadde rammer på milliarder av dollar.

Vi kan skyte inn her at Hunter Bidens PC («laptop») kom på avveie, og den inneholdt visstnok mengder av kompromitterende materiale. Amerikansk mainstreampresse forsøkte å dekke over dette før valget (en avis som allikevel skrev om dette ble kastet ut fra Twitter); det gikk endog så langt at 50 høytstående embedsmenn kom med en uttalelse som sa at påstandene om at det var materiale på denne laptopen som viste at Biden var korrupt «has all the classic hallmarks of a Russian [des]information operation» Blant underskriverne var Leon Panetta, Jim Clapper og John Brennan (kilde politico). Imidlertid ble det bekreftet at «... the FBI and Justice Department officials concur with an assessment from Director of National Intelligence John Ratcliffe that the laptop is not part of a Russian disinformation campaign targeting Democratic presidential nominee Joe Biden.» (kilde foxnews).

Vi kunne gitt mange flere eksempler av samme type, men avslutter med dette (fra Peter Schweitzers *Profiles i Corruption,* hvor også eksemplene over er hentet fra).

«The Bidens started out in blue-collar Scranton, Pennsylvania, but in the face of financial hardship, moved to Delaware when he [Joe] was still young. After first attending the University of Delaware and then law school at Syracuse University, he jumped almost immediately into politics. By the age of twenty-seven, Joe was running for New Castle County Council in Delaware. From that beginning, Joe´s political career was a family affair. His younger brothers James and Frank "organized a volunteer army of young people who worked the strong Democratic precincts." When he ran for the U.S. Senate just two years later, James, then just twenty-two years old, was his finance chairman. His sister Valerie was his campaign manager. She would go on to lead every one of his political campaigns over the next three decades until his vice presidential run with Barack Obama. From his earliest foray into politics to the present day, Biden's political life has been fused with his family. From the beginning, the Biden family, as one admiring biographer puts it, "formed the nucleus for [Joe Biden's] political operations."The notion of family was deeply embedded in the Biden psyche at an early age. "The single best thing [I learned from my father] is," Joe's son Hunter once said, "family comes first. Over everything."This otherwise admirable character quality crosses the line into corruption when political position and vested power become the locomotive of the family money train. Love of family is not a legitimate excuse for the abuse of power» (s. 48-49).

Vi sier ikke mer om Biden-familiens mulige korrupsjon, men tar med følgende om Bidens visepresident, Kamala Harris:

«Harris paints herself as a gritty lawyer who is climbing the ladder of power by her own strength and determination. She has also positioned herself as "smart on crime," even publishing a book by that same title. The reality of her rise to prominence is far more complicated—and how she has leveraged her power along the way is troubling. Harris's elevation to national politics is closely tied to one of California's most allegedly corrupt political machines and investigations into her tenure as a prosecutor raise disturbing questions about her use of criminal statutes in a highly selective manner, presumably to protect her friends, financial partners, and supporters. Most disturbing, she has covered up information concerning major allegations of criminal conduct, including some involving child molestation.» (Schweitzer, s.14).

Helt til slutt nevner vi at det var Barack Obama som rekrutterte Harris til politikken, og man kan med stor rett betrakte Obama som Harris´ gudfar. Hvis den uerfarne Harris blir president er det all grunn til å spekulere på om Harris´ presidentperiode egentlig blir Obamas tredje periode.

Vi avslutter her, men regner med at det ikke er umulig at vi om kort tid vil komme tilbake med flere kommentarer om president Harris.

Så, Bidens, og evt, Harris´, presidentperiode kommer til å skape enorme problemer for USA og for amerikanere flest: konkurser, arbeidsløshet, synkende velstand/økende fattigdom, økede skatter og avgifter, flere reguleringer, mer kriminalitet, innskrenket ytringsrom (opposisjonelle stemmer vil bli kastet ut av de store plattformene), mer kvotering av mindre kompetente fra favoriserte grupper inn i viktige posisjoner, kjønnskifteoperasjoner på barn, osv. Og det vil bli mer rasisme fra alle hold. Kanskje kommer det et omfattende voldelig svar på den økende undertrykkelsen. Bidens kurs vil kunne gjøre USA om til en blanding av en bananrepublikk, en politistat og et anarki.

Men Bidens – og Harris` – kurs har allikevel støtte fra mer enn 80 millioner amerikanere, og fra så og si alle innen den langtidsutdannede elite. Et folk får de politikere de fortjener.

https://www.newsweek.com/joe-biden-cnn-town-hall-transcript-full-trump-vaccines-1569872

https://www.rev.com/blog/transcripts/rand-paul-questions-health-nominee-rachel-levine-on-gender-reassignment-for-minors-transcript

https://www.washingtonpost.com/lifestyle/style/rachel-levine-assistant-health-secretary-biden/
2021/02/26/26370822-7791-11eb-8115-9ad5e9c02117_story.html

https://www.bizpacreview.com/2021/02/04/biden-administration-looks-to-root-out-white-nationalism-from-military-over-next-60-days-1025580/

https://www.politico.com/f/?id=00000175-4393-d7aa-af77-579f9b330000

https://www.foxnews.com/politics/fbi-purported-hunter-biden-laptop-sources

https://www.breitbart.com/politics/2021/03/04/joe-biden-pentagon-nominee-colin-kahl-republicans-the-party-of-ethnic-cleansing/?
utm_source=newsletter&utm_medium=email&utm_term=daily&utm_c
ampaign=20210304

Schweitzer, Peter: *Profiles i Corruption,* Harper Collins 2020

Hemmeligheten bak Alexandria Ocasio-Cortez´suksess
Publisert på Gullstandard 13. mars 2019

Alexandria Ocasio-Cortez er nyvalgt medlem av Representantenes hus i USA, og allerede før hun ble valgt inn var hun blitt en svært populær politiker. I dag har man en ganske sikker måte å måle dette på: antall følgere man har på Twitter. Her er hun den politiker i USA som har flest følgere (nest etter president Trump, selvfølgelig). Hun blir ofte i pressen kun omtalt som AOC, en ære som som regel kun populære presidenter får nyte godt av: FDR, JFK.

Ocasio-Cortez er sterkt venstreorientert, og omtaler seg som «selverklært demokratisk sosialist». Hun arbeidet for gammelsosialisten Bernie Sanders´ kampanje for å bli Demokratenes kandidat til presidentvalget i 2016.

Dagbladet omtaler henne slik: «Alexandria Ocasio-Cortez har tatt amerikansk politikk med storm …», beskriver henne som «Demokratenes nye stjerneskudd», og forteller at hun «på kort tid har blitt umåtelig populær». Videre: «… i november ble hun en av frontfigurene da en bølge av kvinner og minoriteter veltet inn i Representantenes hus med Demokratenes seier i mellomvalget» (link nedenfor). Det Dagbladet skriver er representativt for hvordan mainstreampressen omtaler henne. Så hun er virkelig populær. I hvert fall hvis man skal tro Dagbladet og andre magasiner og blader som tilhører mainstream.

Men hun har ingen innsikt i og forståelse for noe som helst. Et par eksempler. Nylig lanserte hun «the Green New Deal», åpenbart inspirert av Roosevelts New Deal, en pakke omfattende reguleringer av økonomien som førte USA inn i en av de største økonomiske krisene historien har sett (Norge ble også rammet av krise, og her ble dette tiåret kalt «de harde 30-åra»). Dagbladet skriver om hennes miljøplan: «nylig sjokkerte hun med å foreslå en radikal klimapakke som har fått navnet "Green New Deal", en plan for å bremse global oppvarming …». Dagbladet forteller selvsagt svært lite om hva denne pakken består av, men her er noen av elementene (sitert fra John Perazzos artikkel i frontpagemag, link nedenfor):

«It aims to make the U.S. 100 percent reliant on renewable energy sources (wind, water, solar) by 2035. …».

«It will require the investment of trillions of dollars and the creation of millions of high-wage jobs. [USA] must again invest in the development, manufacturing, deployment, and distribution of energy but this time green energy. …».

«… the energy plan would require wealthy people "to start paying their fair share in taxes". … Cortez suggested that tax rates of "60 or 70 percent" on top earners would be fair and appropriate».

[Cortez siteres på følgende:] «It's going to require a lot of rapid change that we don't even conceive as possible right now. What is the problem with trying to push our technological capacities to the furthest extent possible?»

«The Green New Deal would eliminate all fossil fuels from the U.S. electric grid by 2030, thereby forcing Americans to use much more expensive and much less reliable energy sources such as wind (which costs twice as much as power derived from coal and oil) and solar (which costs three times as much). The plan would also mandate trillions of dollars in spending on a government-approved «upgrade» of all homes and businesses in the United States — to make them more «energy efficient».

Er poeng som ikke nevnes i artikkelen vi har sitert er at planen går inn for å erstatte fly med tog: «Air travel stops becoming necessary» (dette, og en rekke andre poenger, er hentet fra atr.org, link nedenfor).

Før vi går videre vil vi igjen konstatere at det ikke finnes noe klimaproblem; klimaet varierer naturlig, menneskets påvirkning er svært liten, og alle seriøse forskere vet dette. Politikere derimot bruker påstandene om en kommende klimakatastrofe for å tilrane seg enda mer makt. Den politikken Ocasio-Cortez står for er fullstendig vanvittig;

dersom den gjennomføres vil USA bli som dagens Venezuela, som pga. den sosialistiske politikken som er ført der de siste årene under Chavez og Maduro, en politikk som Ocasio-Cortez støtter, har gått fra å være et rikt land til å bli lutfattig.

Alexandria Ocasio-Cortez har et kunnskapsnivå som er omtrent som det en syvåring har, men hun kompenserer elegant for dette ved rett og slett å unnlate å svare på vanskelige spørsmål når denne type spørsmål en sjelden gang i blant dukker opp fra en journalist. Her er et eksempel. I et intervju ble hun spurt om hvordan man skulle finansiere alle de dyre programmene hun foreslår.

> «I think it's that same exact thing. It's that we … they say, "How are you gonna pay for it?" as though they haven't used these same ways to pay for unlimited wars, to pay for trillion-dollar tax cuts and tax cut extensions. They use these mechanisms to pay for these things all the time. They only want to know … it just seems like their pockets are only empty when we're talking about education and investing in human capital in the United States: education, healthcare, housing, and investing in the middle class. All the sudden, there's nothing left. All the sudden, the wealthiest nation in the world, we're just totally scarce. We have complete scarcity when it comes to the things that are most important. And so for me, I think it belies a lack of moral priority and that's unfortunate. I think that a lot of these folks, especially those perhaps on the Democratic side, they don't even see it, you know?… I legitimately think that they start kind of buying into conservative talking points. They get dragged into their court all the time. And I think it is because there is this really myopic and also just misunderstanding of politics as this flat, two-dimensional left-right thing.»

Ja, dette var hennes svar, og den som vil bekrefte at dette er korrekt gjengitt kan selv sjekke videoen fra dailywire nedenfor. Journalisten unnlot å følge opp dette ikke-svaret. Hun har også besvart samme spørsmål fra andre intervjuere på akkurat samme måte.

Så hvorfor er hun da så populær? Det at hun er så populær viser at fakta og logikk ikke betyr mye i politikken. Det som har alt å si er karisma, sjarm, talegaver, selvtillit, og at man gir et inntrykk av at man vet hva man snakker om. Har man dette er man sikret suksess i politikken – forutsatt at en ekstremt viktig forutsetning er til stede: man må i praktisk politikk representere de grunnleggende filosofiske verdier som allerede finnes i befolkningen.

Sagt på en litt annen måte: den som vil inn i politikken og bli valgt og bli kjendis, og som har karisma, sjarm, talegaver og selvtillit, er sikret suksess bare dersom hans eller hennes politikk er en manifestering av grunnleggende ideer som folk flest (eller en stor gruppe) allerede har sluttet opp om.

Det er derfor Cortez er så populær. Hun ser godt ut. Hun er karismatisk og har store talegaver, og det hun sier er uttrykk for ting som mange i befolkningen allerede mener og slutter opp om: vi har problemer og derfor må vi ha flere reguleringer og staten må styre mer, de rike må betale mer slik at vi får hjulpet de svake og de fattige, vi står foran en klimakrise og løsningen er flere reguleringer, høyere skatter og subsidiering av fornybar energi, osv.

For å gjenta: Cortez er populær fordi hun bare sier i klartekst det som svært mange allerede mener. Dette er hemmeligheten som sikrer suksess i politikken (vi gjentar også at dette er veien til suksess dersom formålet med engasjementet i politikken er å bli valgt inn i styre og stell).

Dette betyr at dersom en person engasjerer seg i politikken og forsøker å bli valgt, dersom han eller hun har sjarm og karisma, og har saklige argumenter og alle fakta og all logikk på sin side, vil han eller hun ikke bli valgt uansett hvor mange debatter han eller hun vinner dersom hans eller hennes standpunkter og verdier ikke allerede finnes i betydelig grad i befolkingen.

Tre historiske eksempler: Dersom Adolf Hitler hadde stilt til valg i USA før 1800 ville han ikke fått noen oppslutning i det hele tatt: de verdiene har sto for hadde ingen oppslutning i amerikansk kultur i denne tidsperioden. Hadde Thomas Jefferson stilt til valg i Tyskland på 1930-tallet ville han ikke fått noen oppslutning i det hele tatt: de verdiene han sto for hadde ingen oppslutning i tysk kultur i denne tidsperioden. Men Hitler i Tyskland på 30-tallet fikk stor oppslutning, og Jefferson i USA før 1800 fikk stor oppslutning. Tredje eksempel: Carl I. Hagen gjorde FrP til et stort parti mot slutten av 80-tallet; ved valget i 1989 gikk partiet frem fra 2 til 22 representanter. Dette var høyrebølgens tiår, liberalistiske ideer fikk økende oppslutning, og Carl I. Hagen var en mester i ri på denne bølgen. Hagen hadde da karisma, sjarm, talegaver, og selvtillit. (Dessverre var han fullstendig prinsippløs så han kastet bort suksessen med en gang, og FrP som liberalistisk parti ble ødelagt. Partiet er nå et vanlig sosialdemokratisk parti som til og med er kommet inn i regjering – belønningen det fikk for å kaste sine prinsipper er stor oppslutning og plasser rundt Kongens bord – så lenge det varer.)

Nå kan man arbeide politisk uten å sikte på å bli valgt, og det finnes i hvert fall en norsk suksesshistorie som viser dette: AKP(ml). Partiet blei danna i 1972, og ble lagt ned i 2007. Partiet var et konsekvent kommunistparti, det hyllet diktatorer og massemordere som Lenin, Stalin, Mao og Pol Pot, det arbeidet for å gjøre Norge om til et stalinistisk diktatur, det var for væpna revolusjon.

Partiet besto av studenter, noen av dem nokså intelligente, men disse var helt uten virkelighetskontakt og fornektet opplagte og velkjente fakta innen alle fagområder, spesielt innen filosofi, historie og sosialøkonomi. Partiet stilte til valg, men kom aldri inn på Stortinget – men det var heller aldri dets mål. Partiets mål var å indoktrinere flest mulig mennesker i den kommunistiske ideologien, og her var deres suksess kolossal. Et meget stort antall mennesker lot seg indoktrinere, og mange av disse sitter nå, noen tiår etter partiets storhetstid, i viktige stillinger i akademia, i forlagene, i pressen, i byråkratiet, i NGOer. Fra alle disse maktposisjonene har de en kolossal innflydelse i Norge i dag.

APKs suksess i sin indoktrineringsvirksomhet ser vi altså tydelig omkring oss i dag. AKP er i stor grad videreført i partiet Rødt, og dette partiet har på de siste meningsmålinger en stor oppslutning. En måling publisert 5. mars i år forteller at Rødt har en oppslutning på riksbasis på 7,2 %, (pollofpolls), og en annen måling viser at Rødt har en oppslutning på nesten 12 % i Oslo: «Rødt er en rakett ... Rødt fikk en oppslutning på 11,8 prosent» (Dagbladet).

Bakgrunnen for denne suksessen – eller egentlig tragedien – er at de som tilhørte miljøet omkring AKP ikke bare jobbet politisk, de satset også på en rekke andre arenaer for å spre sin marxistiske propaganda: de startet forlaget Oktober, plateselskapet Mai, teatergruppen Tramteatret, avisen Klassekampen. Også barn var med i

571

målgruppen for denne indoktrineringen: Pelle Parrafins Bøljeband var en regelmessig gjest i barneprogrammer på NRK omkring 1980. Flere av disse aktørene lever fortsatt i beste velgående, men propagandavinklingen er noe mindre åpenbar nå enn den var i startfasen.

Så AKP og miljøet omkring gjorde det riktige for å oppnå makt og innflydelse: det fikk ingen oppslutning fra velgerne mens det var et parti, men folk som sognet til partiets arbeidet på sikt med å indoktrinere de lettlurte og virkelighetsfjerne med sin totalitære ideologi, og noen tiår etter er de på Stortinget og ser i dag frem til et kjempevalg i 2019. (Vi skyter inn at det er relativt enkelt å spre den kommunistiske ideologien; den er bare en sekulær variant av kristendommen, en ideologi som har stått sterkt i innpå 2000 år.)

Vi oppsummerer: veien til suksess i politikken er følgende: på kort sikt vil en karismatisk person få oppslutning dersom han eller hun målbærer holdninger som allerede står sterkt i befolkningen. Fakta og logikk spiller ingen rolle. Det er dette som er årsaken til Ocasio-Cortez` suksess – og det samme prinsipp er også årsaken til Rødts suksess i dag.

Dersom det man står for (dvs. de fundamentale ideene som ligger til grunn for det man mener i praktisk politikk) har liten oppslutning vil man ikke bli valgt. Det man bør gjøre da er å berede grunnen, dvs. man må arbeide for å spre de ideer som må feste seg i betydelig omfang i befolkningen slik at man kan få oppslutning noen tiår frem i tid (slik AKP gjorde).

https://www.dagbladet.no/nyheter/stjerneskuddets-uttalelse-skapte-raseri---respektlos/70856592

https://www.frontpagemag.com/fpm/272773/exactly-what-green-new-deal-john-perazzo

https://www.atr.org/green-new-deal-air-travel-stops-becoming-necessary

https://www.dailywire.com/news/watch-ocasio-cortez-asked-how-shell-pay-everything-ben-shapiro

http://www.pollofpolls.no/?
cmd=Kommentarer&do=vis&kommentarid=2555

http://www.pollofpolls.no/?
cmd=Kommentarer&do=vis&kommentarid=2550

https://www.dagbladet.no/kultur/rodt-er-en-rakett-og-bjornar-moxnes-
en-dyktig-politisk-pyrotekniker/69978177

Kavanaugh-saken
Publisert på Gullstandard 30. september 2018

Kavanaugh-saken reiser et stort antall meget interessante punkter, men vi skal kun kommentere noen få av dem. Men først litt bakgrunn: Brett Kavanaugh er nominert av president Trump til å bli ny høyesterettsdommer. Høyesterett er i USA et svært viktig politisk organ; den avgjør om nye lover er i samsvar med grunnloven; dersom Høyesterett finner at en vedtatt lov er i strid med grunnloven blir den ikke gjeldende. Praksis er blitt slik at det på enkelte punkter er rom for tolkninger av grunnloven, og derfor er det viktig for en president at han nominerer dommere som har samme politiske utgangspunkt som han selv: venstreorienterte (dette er det norske ordet for den politiske holdningen som i USA omtales som «liberal») presidenter nominerer venstreorienterte dommere, konservative presidenter nominerer konservative dommere. Slik har det alltid vært, og dette er noe alle har akseptert.

Presidenten får sjelden mulighet til å nominere en ny dommer; antall dommere er fast og kan vanskelig endres; dommerne sitter på livstid (eller til de selv velger å gå av). Etter at en kandidat er nominert av presidenten skal han godkjennes av Kongressen. Slike godkjennelser skjer etter en utspørring/høring i Kongressen, og det har i tidligere tider som regel vært nærmest en formalitet. Men ikke denne gangen. Nå skal en venstreorientert dommer gå av, og president Trump har mulighet til å nominere en konservativ dommer som erstatning, og den han har nominert er Brett Kavanaugh.

Som antydet er Kavanaugh konservativ, og blir han godkjent av Kongressen vil det bli konservativt flertall i Høyesterett for første gang på mange tiår. Og den saken som dette er viktigst for er kvinners rett til selvbestemt abort; med Kavanaugh som høyesterettsdommer vil det muligens komme innskrenkninger i kvinners rett til abort.

(Vi skyter inn her at vi støtter kvinners rett til selvbestemt abort, men vi tror også at det i praksis vil være umulig å fjerne denne retten som altså nå finnes i USA, selv med et konservativt flertall i Høyesterett. Dette har å gjøre med at delstatene i stor grad selv kan bestemme lovverket som skal gjelde i deres egne stater.)

Det Demokratiske partiet, som de siste årene er blitt stadig mer venstreorientert, ønsker ikke å godkjenne Kavanaugh og har brukt alle muligheter for å hindre at han blir godkjent. De har også brukt svært ufine metoder, og det viktigste poenget vi skal kommentere dukker opp i forbindelse med dette.

Under normale forhold ville Kavanaugh blitt godkjent uten problemer, men rett før avstemningen skulle avholdes trakk den Demokratiske senator Feinstein frem et brev hun hadde mottatt et par uker tidligere fra en kvinne som gikk på samme high-school som Kavanaugh, og i dette brevet forteller hun at Kavanaugh hadde forsøkt å voldta henne på en fest for ca 35 år siden, altså mens de var ca 15-17 år gamle.

Kvinnen, Christine Blasey Ford, som senere tok doktorgrad og arbeider som klinisk psykolog, fikk store traumer etter overfallet, og har ikke fortalt åpent om dette overfallet før nå, 35 år etter.

Ford ble utspurt under en høring i Kongressen, og virket troverdig, selv om det var en rekke inkonsistenser og uklarheter i det hun fortalte, og det var mye hun ikke husket. Kavanaugh benekter at han gjorde dette, og sa at han heller ikke var på denne festen hvor Ford hevder hun ble overfalt.

Vi vil tro at det som er mest sannsynlig er at hun korrekt beskriver det som skjedde, men at hun ikke husker riktig mht. hvem som overfalt henne. Vi vil også nevne følgende poenger, som er viktige, men som ikke er hovedpoenget i vår kommentar: Ford hevdet at hun pga. overfallet hadde fått flyskrekk og ikke reiser med fly, og at dette var grunnen til at hennes opptreden i Kongressen ble utsatt en uke, men hun har fløyet en rekke ganger på ferier; hun forklarte dette med at «det er annerledes når man skal på ferie». Kavanaugh førte dagbok mens han gikk på high-school, og den viser at han ikke var på stedet denne festen ble arrangert. Videre, ingen vitner kan bekrefte det Ford påstår, det finnes (muligens upålitelige) vitner som sier at det ikke var Kavanaugh som overfalt Ford (New York Post: «Two men tell Senate that they, not Kavanaugh, assaulted Ford»). En rekke personer som kjente Kavanaugh på denne tiden sier med full sikkerhet at han ikke gjorde dette. Man kan også diskutere hvorvidt det er riktig å ta opp en sak som, hvis den er reell, burde ha blitt politianmeldt for 35 år siden, men som ikke ble anmeldt. Det politiske spillet er også viktig: grunnen til at Demokratene

576

trakk frem denne saken var at de ville bruke alle midler for å hindre at Kavanaugh blir dommer, og dette inkluderer altså å beskylde ham for å ha forsøkt å begå en alvorlig forbrytelse for 35 år siden, en forbrytelse som altså ikke ble anmeldt til politiet og som ingen har snakket om på omtrent 35 år. (Ford tok visstnok hendelsen opp i noen terapitimer før Kavanaugh ble nominert). Vi er enige med senator Lindsey Graham som sa om denne kampanjen at den var «the most unethical sham [I have seen] since I became involved in politics ... » (link til dette på youtube nedenfor).

Men det som er vårt hovedpoeng er visse argumenter som er brukt i debatten om dette. Dagbladets frontfigur Marie Simonsen skriver om denne sakens utvikling at «#Metoo er glemt i Washington» (hun har et argument som er noe enger, men like usubstansielt som denne korte oppsummeringen, i en ekstremt ekkel artikkel som er linket til nedenfor).

I TV2s nyhetssending fredag 28/9-18 så vi at det Republikanske komitemedlemmet Jeff Flake ble stilt følgende spørsmål fra en noe agitert kvinne i publikum utenfor høringsrommet: «Hva er det du driver med? Jeg ble utsatt for overgrep, men ingen trodde meg. Jeg sa det ikke til noen, og nå forteller du [alle] kvinner at de ikke betyr noe og at de bør holde tett» (TV2s oversettelse) Vi så også klipp fra en protestmarsj hvor kvinner bar plakater med teksten «I believe Christine» (se link til NewYorkTimes nedenfor).Vi tar også med at på et videoklipp så vi en av utspørrerne i komiteen, en Demokratisk senator, si til Ford «du snakker sant». La oss her for å spare plass omtale de som har denne holdingen som «feministene».

Poenget her er at enkelte uten videre tror på kvinnen – uten at de har satt seg inn i fakta i denne konkrete saken. Dette handler ikke om at #MeToo ikke har hatt effekt eller at menn kan gjøre hva de vil uten å bli oppdaget, dette handler om hvorvidt Kavanaugh virkelig gjorde det som Ford beskylder ham for!

Dette er et svært viktig poeng: dette handler om hvorvidt Kavanaugh gjorde det som han er beskyldt for. De sitatene vi gjenga over innebærer at akkurat dette poenget er uviktig, eller helt irrelevant, for feministene.

Feministene mener åpenbart at Kavanaugh gjorde det han er beskyldt for, og at Ford snakker sant – ene og alene fordi #MeeToobevegelsen viser at mange menn i maktposisjoner har oppført seg slik som Kavanaugh er beskyldt for, og at mange kvinner enten ikke har våget å snakke om det eller ikke er blitt trodd når de har snakket om det.

Legg merke til at Marie Simonsen skrev at «#Metoo er glemt i Washington». Hvorfor er #MeeToo-kampanjen – som helt korrekt forteller at mange menn har oppført seg slik – relevant for en undersøkelse om hvorvidt Kavanaugh har oppført seg slik?

Feministene sier reellt sett – og dette er det viktig poenget – at Kavanaugh gjorde det han gjorde uansett om det finnes bevis eller ikke; beskyldninger fra en kvinne er tilstrekkelig; og Kavanaugh fortjener å bli straffet fordi han er mann og mange menn har gjort det som han beskyldes for. Men dette er fullstendig uholdbart; dette er å si at NN er skyldig fordi mange som ligner NN virkelig har begått samme type forbrytelser som NN er beskyldt for.

Det dette viser er følgende to ting: det viser en fullstendig irrasjonell epistemologi, og det viser en fullstendig kollektivisme.

Epistemologien er irrasjonell fordi feministene ikke bryr seg om fakta i denne aktuelle saken, og de viser en kollektivisme fordi siden mange menn har begått slike handlinger så må denne mannen som er anklaget straffes – hvorvidt han han gjort det han beskyldes for er irrelevant; dette handler om å straffe en mann fordi mange menn er forbrytere. (Strengt tatt er det nå ikke snakk om straffe Kavanaugh, det det er snakk om er å ikke godkjenne ham som høyesterettsdommer.)

Slik vi ser dette er Kavanaugh beskyldt for noe han høyst sannsynlig ikke har gjort, beskyldningene er fullstendig uten bevis, beskyldningene er svært krenkende, og Demokratene har brukt dette i politisk øyemed. Vi slutter oss til det som vi siterte fra senator Graham over: dette er det mest skitne spill vi har sett i en politisk prosess noen gang – dette er til og med langt verre enn den heksejakten som den konservative Clarence Thomas ble utsatt for da han ble nominert som høyesterettsdommer i 1991.

Vi vil også nevne at feministene – et ord som vi her altså kun bruker om de som nærmest uten videre tror at kvinner alltid snakker sant og husker korrekt om slike ting og at alle menn er skyldige i slike ting og fortjener å få en smekk selv om de ikke er det – fullstendig mangler medfølelse for de som blir ofre dersom beskyldningene viser seg å ikke være sanne. For de som vil se dette med egne øyne kan vi

578

anbefale Marie Simonsens artikkel som et typisk eksempel. Vi vil ikke gjengi noe fra den her, den er alt for ekkel, men la oss bare ha sagt at Simonsens artikkel passer godt inn i en typisk Dagblad-tradisjon hvor det verste eksempelet er at en mann, som viste seg å være uskyldig, ble omtalt som et «svin» (overskriften var «Hvem er svinet her?», link nedenfor).

Hvordan burde denne saken blitt håndtert? For det første burde Ford ha anmeldt saken da dette skjedde. Det gjorde hun ikke.

For det annet burde hun ikke henvendt seg til ledende Demokrat da Kavanaughs nominasjon kom opp – dette var noe som skjedde for 35 år siden da den påståtte gjerningsmannen var 17 år, og saken er da i alle sammenhenger foreldet. Fords politiske syn er slik at hun har støttet den Demokratiske siden, riktignok i beskjeden grad, men det er all grunn til å tro at hennes motivasjon var politisk. Men dette er ikke den riktige måten å bedrive politikk på, dette er intet annet enn skitne person-angrep.

For det tredje burde de som mottok brevet ha ignorert det. Men dagens lederskap i det Demokratiske partiet har nå sunket så lavt at de skyr ingen midler og ikke har et fnugg av anstendighet mht. å bedrive skittkasting mot hvem som helst for å oppnå politiske mål.

Helt til slutt: det kulturelle forfallet i USA er enormt i og med at en Kongress-høring om godkjennelse av en ny dommer til Høyesterett dreier som om hva som skjedde blant high-school-elever på en fest for 35 år siden, og hvor den ene involverte har et sterkt politisk motiv og en svært dårlig hukommelse, og den andre med bekreftelse fra et antall vitner sier at han ikke var tilstede og ikke kan ha gjort det han blir beskyldt for.

https://nypost.com/2018/09/27/two-men-tell-senate-that-they-not-kavanaugh-assaulted-ford/amp/?__twitter_impression=true

https://resett.no/2018/09/28/to-menn-hevder-det-var-de-og-ikke-brett-kavanaugh-som-forgrep-seg-pa-christine-ford-i-1982/

https://tv.nrk.no/serie/dagsrevyen/
NNFA19092818/28-09-2018#t=15m35s

https://www.youtube.com/watch?v=zKSRUK-l7dM

https://www.frontpagemag.com/fpm/271455/kavanaugh-strikes-back-daniel-greenfield

https://www.dagbladet.no/kultur/brett-kavanaugh-griner-seg-hele-veien-til-hoyesterett/70264770

https://www.nytimes.com/2018/09/24/us/stop-kavanaugh-walkout-sexual-assault.html

https://www.dagbladet.no/nyheter/hvem-er-svinet-her/66367818

Velferdsstaten Canada

Publisert på Gullstandard 9. mars 2020

Canada er kjent som landet hvor ingenting skjer. Dvs. alt går rolig for seg, alle har det visstnok bra, men det skjer ingen store positive ting på noe område. Kan du nevne en stor kunstner fra Canada? En forfatter? En film? En roman? En videnskapsmann? En musiker? Neppe. (Vel, Neil Young, Leonard Cohen og Justin Bieber er fra Canada, men de måtte til USA for å gjøre karriere; dvs. det var intet apparat i Canada som kunne gjøre dem til de verdensstjerner de etter hvert ble.) Dette er det normale i relativt rolige områder som ligger nær dynamiske områder: de med ambisjoner forlater det rolige området og drar til det dynamiske området, et fenomen kjent som «brain drain», og det rolige området blir en bakevje som tappes for talent og hvor ingenting skjer. Den eneste canadiske intellektuelle som er noenlunde kjent i dag er vel Jordan Peterson, og vi kommer om litt til det poeng som gjorde ham kjent, et poeng som sier en god del om tilstanden i Canada i dag.

Å ha det lungt og stille og rolig er ikke bra i det lange løp; har man det slik blir det stagnasjon. Det som gir fremgang er uro, kreativitet og dynamikk. Det ser ut til at disse viktige elementene har vært lite tilstede i Canada i noe nær hele landets historie. Og ikke nok med det; det er kommet en rekke nye elementer inn i kulturen, elementer som har en direkte ødeleggende effekt. Hvis man spør om hvordan tilstanden i Canada er i dag får man i følge en kommentator dette svaret (linker nederst):

> «The economy is at a standstill …» … «…
> legislatures and City Halls have been barricaded [by demonstrators], blockades dot the landscape, roads and bridges have been sabotaged, trains have been derailed (three crude-by-rail spillages in the last two months), goods are rotting in warehouses, heating supplies remain undelivered, violent protests and demonstrations continue to wreak havoc».

Og som resultat:

> «… Industry and manufacturing are abandoning the country in droves and heading south [to the somewhat freer USA]».

Dette er altså resultat dels av at det er vanskelig å drive industri og produksjon pga. reguleringer, og dels av sabotasje av en betydelig del av den industri som finnes. Hvorfor skjer dette:

> «A left-leaning electorate has … empowered a socialist government promoting all the [alleged important causes] of the day: global warming or "climate change," radical feminism, indigenous sovereignty, expansionary government, environmental strangulation of energy production, and the presumed efficiency of totalitarian legislation».

Hva er kjernen? Samme kommentator refererer: «Still, [Prime Minister Justin] Trudeau may have been right about one thing when he told The New York Times that Canada had no core identity … Canada was always two "nations," based on two founding peoples, the French and the English …».

Vi utdyper dette poenget nedenfor. Kommentatoren fortsetter:

> «… it may be closer to the truth to portray Canada as an imaginary nation which comprises three territories and ten provinces, two of which, Quebec and Newfoundland, cherish a near-majoritarian conception of themselves as independent countries in their own right. Newfoundland narrowly joined the Confederation only in 1949 and Quebec held two successive sovereignty referenda that came a hair's breadth from breaking up the country.
>
> The latest entry in the exit sweepstakes is oil-rich but hard-done-by Alberta, a province which suffered under the National Energy Program introduced in 1980 by the current PM's father Pierre Trudeau. Alberta is currently struggling under a concerted left-wing campaign … to prevent the development of its vast oil

582

reserves. Alberta has always resented the indifference to and domination of the Canadian West by the so-called Laurentian Elite comprising "the political, academic, cultural, media and business elites" of central Canada. There is now a Wexit movement gathering momentum. [Wexit Alberta, a movement that wants Alberta to exit from Canada].

It might just as plausibly be argued that Canada is composed of a veritable congeries of competing, self-identified mini-nations—English, French, Islamic, Chinese, Sikh, native tribes … and sundry political constituencies affiliated with the Global Left.»

Kommentatoren sier videre dette om politikken i Canada sammenlignet med med i USA:

«It is often noted that USA is a nation evenly divided between progressivist and conservative populations, a civil dilemma not easily resolved. But Canada is divided approximately 65-35 by these constituencies, and if one considers that the federal Conservative Party in its present manifestation can fairly be described as Liberal Lite [den korrekte norske oversettelsen av det amerikanske ordet "liberal" er "venstreorientert", så "Liberal elite" betyr altså "venstreorientert elite"], the breakdown is more like 95-5. This means there is no chance of reconciliation between our political disparities, such as they are, and Canada is doomed to plummet down the esker of every failed socialist experiment that preceded it and, indeed, that is presently on display in various foundering nations around the globe—North Korea, Cuba, Venezuela, and counting.»

Vi gjentar dette viktige poenget: I USA er fordelingen mellom venstreorienterte og konservative ifølge denne kommentatoren ca 50-50, men i Canada er fordelingen ca 95-5.

Det kommentatoren forteller om Canada kan med stor rett beskrive alle velferdsstater (unntatt USA) i dag. Men det er allikevel noe spesielt med Canada. Velgerne stemmer for en stadig mer venstreorientert politikk, politikken flyttes til venstre (dvs. i retning av flere reguleringer av produksjon, høyere skatter og avgifter, flere tilbud fra det offentlige, flere ansatte i uproduktive stillinger i det offentlige, etc.), og resultatet av dette blir nødvendigvis mindre vekst, stagnasjon, forfall.

Samme kommentator skriver et annet sted:

«To describe Canada as a totalitarian state-in-progress sounds like a gross and indeed absurd exaggeration. Yet many premonitory signs are present. In the words of political philosopher William Gairdner, author of *The Book of Absolutes, The Great Divide, and The Trouble with Canada*, Canada "has just crossed the red line between soft-socialism and soft-totalitarianism".

Gairdner has assembled a virtual mountain of evidence for his claim: Bill C-25 seeking to impose "diversity" on all corporations; financial penalties against organizations that do not comply with government programs; a teeming brigade of government surveillance «inspectors» — that is, spies: wage spies, speech spies, feminist spies, pay equity spies, Human Rights spies; paralegal bodies known as Human Rights Tribunals with the power to levy crippling fines, bankrupt families, and shut down businesses, impose prison time for contempt of court, and compel conformity via "re-education".

The list goes on. Bill C-16 prohibits discrimination on the basis of gender identity and gender expression, which sounds unexceptionable except for the obvious fact that «discrimination» is in the eye of the offended beholder and the government enforcer. The bill effectively mandates that citizens address others by their preferred pronouns and transgender fantasies — or else! It's "zir," "ze," "zem," or "zeir," or you're done for. It's Emily, not Brian, or your job's in peril. The Ontario Human Rights Code stipulates that "refusing to refer to a trans person by their chosen name and a personal pronoun that matches their gender identity ... will likely be discrimination" in social areas like employment, housing, education, and so on».

Vi skyter inn her at det var dette siste som gjorde professor Jordan Peterson verdensberømt: det universitet han var ansatt ved krevde at de ansatte skulle omtale studenter som medlemmer av det kjønn de følte at de tilhørte, ikke det kjønn de virkelig tilhørte. Eksempel: Dersom en mann følte seg som kvinne og betrakter seg som kvinne så skulle de ansatte omtale vedkommende som «kvinne», «hun» eller «henne». Peterson nektet å følge dette pålegget, og hans energiske forsvar for sine synspunkter i debatter med studenter, debatter som raskt ble å finne på youtube, førte til at han raskt ble verdensberømt. Etter dette har den meget karismatiske og taleføre Peterson klart å få et stort publikum og klart å få enorme inntekter ved å preke sitt gammeltestamentlige budskap for et voksende publikum. Men tilbake til kommentatoren:

«As Queen's University law professor Bruce Pardy writes, "human rights have become a weapon to normalize social justice values and delegitimize competing beliefs."There are other laws on the books, bills such as C-59, C-75, and C-76, that reduce and even criminalize freedom of expression, infringe on privacy rights, compromise due process, and render government transparency a thing of the past. The assault against normalcy, common sense, civil rights, and charter freedoms gives no indication of relenting. Bill S-202, an act to amend the Criminal Code now before Parliament, would outlaw what the government misleadingly calls "Conversion Therapy" — that is, by criminalizing parents, lawyers, physicians, and church leaders who object to state-compelled hormone-drugging and genital mutilation procedures, the bill would effectively prevent minor children undergoing forced transgender operations, surgical and hormonal, from receiving the help they need. "This whole agenda to sterilize and mutilate children," write the editors of Action4Canada, "is pure evil and in violation of ... the Charter of Rights and Freedoms, the Universal Declaration of Human Rights, The International Covenant on Civil and

Political Rights, as well as a physician's ethical commitment promising to 'First, do no harm.'"

In an article for the National Post, columnist Rex Murphy, one of that rare breed of truth-telling Canadian journalists, writes: "This government, or the agencies of this government, are establishing a pattern of misusing the authority of the law." Among other instances of official malfeasance, Murphy skewers the Liberal government's fraudulent case against Rebel News founder Ezra Levant for publishing and promoting a book critical of Prime Minister Justin Trudeau, *The Librano$*, during the October 2019 election without "registering" the book with a government agency. "Can anybody name any other book, ever," Murphy asks, "which has been the subject of an investigation by the Commissioner of Canada elections? … Will PEN Canada, defender of authors and journalists, take up the banner for Mr. Levant?". Rhetorical questions, obviously.

As of this writing, new developments have come to the fore. Not satisfied with relying on the misapplication of electoral law or conducting dodgy prosecutorial attacks on individuals whom the party wishes to intimidate, silence, or arrest, Trudeau's Liberals are considering a motion requiring all news content–creators to procure a government license for approved content, thus controlling public access to information. "These are autocrats that Canada has empowered," writes spokesman for Canadians for Language Fairness Gordon Miller (personal communication). "Now we will pay the price."

Not content with such despotic measures, the CRTC (Canadian Radio-Television and Telecommunications Commission) proposes to identify news sites that are "accurate, trusted, and reliable" with the intent to enhance the "diversity of voices." Truth be told, there are precious few "accurate, trusted, and reliable" news sites in Canada. As in the U.S., they are almost all parabellum outfits, taking dead aim at honest reporting. Moreover, we know that emphasizing "diversity of voices" is equivalent to the imposition of the grievance-driven identity-group and social justice model on public broadcasting while constraining factual reporting and bridling the dissemination of genuine news. It is, in effect, tantamount to a government monopoly on information, which, as Conservative shadow minister for industry and economic development Michele Rempel Garner rightly warns, "puts us in league with countries that control the media."

That the warning comes from a Conservative M.P. who, like the majority of her colleagues, has embraced many of the Liberals' woke policies and progressivist attitudes shows how far gone we are. Indeed, the contagion has spread throughout the House. All of Canada's political parties signed on to Bill C-76, which received royal assent in December 2018 and imposes further restrictions on third-party speech during extended election periods. This is to be expected. Every political party steers to the Left, including, as noted, the Conservatives, who are essentially Liberal Lite. Trudeau is simply the most visible embodiment and effective bellwether of the political virus infecting the country.

…

These are developments that should not be dismissed as mere desultory details. They add up. As Garner points out, soft totalitarianism is a considerable way from hard totalitarianism. "But it all starts somewhere, and this week, the road got shorter." There is a sort of political Martini curve at work as Canada races to keep up with the Leftist conformity of the modern international elite. Regrettably, Canada has no Donald Trump or Viktor Orbán or Boris Johnson on the current political horizon. Nor is there a term limit on the office of prime minister, which suggests that a socialist troll and ideological jamoke like Justin Trudeau may be in power for years to come. The one party that promised a return to social, political, and fiscal sanity, Maxime Bernier's The People's Party of Canada, was deep-sixed by the media and wiped out at the polls. That tells us all we need to know.

To say it can't happen here — the title of Sinclair Lewis's 1935 novel, though he targeted the wrong constituency — is an expression of overweening confidence and lack of historical awareness. One does not have to think back to the demise of the Weimar Republic in Germany. A mere glance at the European Union's unelected, bureaucratic authoritarianism, or a recognition of what the Democrat Party is demonstrably planning for the United States, should awaken us to the danger. To be awakened, we might remark, is the opposite of being woke. Canada stands as a vivid illustration of what would be in store for the U.S. under a Democrat administration. It can happen here, and it is happening right now, right here, in Canada.»

Vi skal kort med utgangspunkt i et fugleperspektiv si noe om hvorfor dette skjer i Canada. Hvis vi går noen hundre år tilbake i tid ser vi at (det som ble) USA var en engelsk koloni, mens (det som ble) Canada i hovedsak var en fransk koloni. Ideer som stammet fra England, i hovedsak fra John Locke, fikk stor innflydelse på hvordan USA ble dannet; uavhengighetserklæringen fra 1776 var tydelig basert på Lockes ideer om individuell frihet; USA ble grunnlagt av en intellektuell elite som i meget stor grad var tilhengere av full individuell frihet, og som etablerte et statsapparat som var basert på dette. Som kjent kom det til frigjøringskrig mellom kolonimakten England og koloniene i Amerika, en krig som endte i 1783.

Canada var som nevnt i betydelig grad en fransk koloni, men Frankrike sa fra seg områdene etter tap for England i syv-års-krigen i 1763. Canada var et stort område med (som nevnt over) mange folkegrupper, og staten ble ikke eksplisitt dannet på basis av frihetlige og individualistiske prinsipper, slik det skjedde i USA.

Canada har derfor utviklet seg ganske annerledes enn USA. USA ble en smeltedigel av ulike folkegrupper som ble forent under prinsippet om individuell frihet (med slaveriet som et grusomt unntak inntil slutten av borgerkrigen i 1865), mens Canada, takket være stor fransk innflydelse, ble et land hvor kollektivistiske ideer sto og står sterkt. Igjen, fransk innflydelse innebærer at ideene til Jean-Jacques Rousseau (1712 – 1778) står sterkt. Vi skrev om Rousseaus ideer og

588

innflydelse i et tidligere innlegg her på Gullstandard, og gjengir ikke det her; det er å finne i artikkelen om Sveriges sammenbrudd.

Noe som illustrerer fransk innflydelse er at fransk er et offisielt språk i Canada (likestilt med engelsk), og alle statlige dokumenter publiseres på begge språk. Riktignok bruker mer enn halve befolkningen engelsk som dagligspråk, mens fransk brukes av ca 20 %. Fransk er det offisielle språket i delstaten Quebec, som har et større innslag av borgere av fransk avstamning enn de andre provinsene.

(Som en kuriositet: den franske presidenten Charles de Gaulle tok under et statsbesøk i Canada i 1967 i en tale i Montreal til orde for at Quebec burde løsrive seg fra Canada, en slags Quexit. Dette forårsaket en internasjonal skandale. Mer om dette er å finne i en artikkel på Wikipedia linket til nedenfor).

Poenget her er at Canada er et land hvor kollektivistiske og sosialistiske ideer står sterkt, hvor individualistiske og frihetlige ideer står svakt, og hvor også miljøbevegelsen står sterkt. Man kan diskutere hvorvidt Rousseau er sosialismens far – andre kandidater er Platon og Marx – men det er ingen tvil om at Rousseau er miljøbevegelsens far. Det var han som først påstod at velstand og sivilisasjon ikke er goder, at man burde vende tilbake til naturen (selv om han ikke formulere seg akkurat slik), og at industrialisme har en skadelig effekt på mennesket.

En noe underlig artikkel om dette på SNL inneholder bla. følgende: «"Tilbake til naturen" er et uttrykk som med urette tillegges Jean-Jacques Rousseau, trolig på grunn av en setning i romanen *Émile* (1762): "Alt er godt fra skaperens hender, alt forkvakles under menneskets hender». ... Rousseau betraktet også sivilisasjonens fremvekst som et nødvendig onde.»

Fra en annen artikkel om Rousseau på SNL:

«Hans originalitet beror særlig på at han så negativt på fornuften og vitenskapens fremskritt midt i opplysningstiden. Gjennom sin dyrking av naturen ... er han sterkt assosiert med romantikken. I *Discours sur les sciences et les arts* hevdet Rousseau at mennesket av naturen er godt, men at kulturen har gjort det slett og har ødelagt følelses- og instinktlivets umiddelbare lykke. Dette engasjerende skriftet gjorde ham med ett slag til Frankrikes førende forfatter, og han gjentok suksessen

589

med *Om ulikheten mellom menneskene* – dens opprinnelse og grunnlag i 1755, hvor han hevdet menneskenes likhet og forfektet synspunkter som har spilt stor rolle for utviklingen av det moderne demokratiet...».

Og demokrati og frihet er egentlig uforenlige; demokrati innebærer at flertallet skal bestemme; frihet betyr at hvert enkelt individ skal kunne bestemme over seg og sitt.

Disse ideene, de ideene som tilskrives Rousseau, er sterkt til stede i hele Vesten i dag (dog noe mindre sterkt i USA enn i de andre landene), men de står sterkt i Canada. Det burde være enkelt å se at den miljøpolitikken som føres henger intimt sammen med de fundamentale ideene hos Rousseau: hyllest av uberørt natur, motstand mot industri og sivilisasjon, og hans vektlegging av følelser er en konsekvens av at han så negativt på fornuften og positivt på «instinktlivet». Ett eksempel på dette – å betrakte følelser som viktigere enn fornuft (fornuft innebærer at man legger avgjørende vekt på fakta) – er at man ikke tilhører det kjønn man er født til, man tilhører det kjønn man føler at man tilhører.
(Vi skyter inn i en parentes for å si at det land som ligger nært opptil Canada mht. kjønnspolitikk, for å kalle det det, er Sverige, og Rousseaus innflydelse på Sverige har vi kommentert i en tidligere artikkel her på Gullstandard – «Sveriges sammenbrudd» – en artikkel som er å finne i denne boken.)

Hva kan dette oppsummeres til? Alle land i Vesten er velferdsstater, velferdsstatens grunnlag er ikke fakta og logikk, dvs. velferdsstaten er ikke bygget på analyse av hva som virkelig kan gi gode samfunn over tid, velferdsstaten er basert på ønsker om å sørge for at alle har det bra ved å ta fra de rike og gi til de mindre rike – den er altså bygget på ønsketenkning. Men den politikken som velferdsstaten innebærer vil føre til at produksjonen etter hvert stopper opp siden incentivene til de som produserer stadig svekkes. Og siden produksjon er velstand, vil velstanden bli mindre og mindre – noe man tydelig ser i alle sosialistiske samfunn: sosialistiske land går raskere mot avgrunnen enn velferdsstatene fordi sosialismen ligger enda lenger til venstre enn den ideologien som ligger til grunn for velferdsstaten.

Det som skjer i alle velferdsstater viser tydelig at fremtiden ikke er lys. De har alle store problemer – men iblant på ulike områder. Alle velferdsstater har stor statsgjeld, men noen har større gjeld enn andre; Hellas er blant de land med størst gjeld. Alle har en stagnerende økonomi, med mindre vekst enn de hadde for noen tiår siden. Alle har voksende kriminalitet, men her ligger kanskje Sverige i tet. Men mht. såkalt kjønnspolitikk ligger Canada i tet.

Den utviklingen vi ser i Canada, i Sverige, i Hellas, og i foreløpig noe mindre grad i de andre velferdsstatene, vil vi etter hvert se i alle velferdsstater. Det som skjer er en noe nær opplagt implikasjon av de grunnleggende verdier som velferdsstaten er bygget på: kollektivisme, altruisme, følelsesdyrking, tvang som moralsk høyverdig, etc. Så lenge disse verdiene dominerer i kulturen i alle land i Vesten vil den utvikling vi nå ser bare fortsette i årene fremover.

Solway, David: «Canada is a Dead Country Walking»

https://www.tothepointnews.com/2020/02/canada-is-a-dead-country-walking/

Solway, David: Canada: A Totalitarian State-in-Progress

https://www.americanthinker.com/articles/2020/02/canada_a_totalitarian_stateinprogress.html

https://en.wikipedia.org/wiki/Vive_le_Québec_libre

Folkerepublikken California
Publisert på Gullstandard 19. juni 2019

En venstreorientert politikk innebærer høye skatter og avgifter, reguleringer av næringslivet, og en rekke såkalte gratistilbud til borgerne fra det offentlige (tilbudene må ikke nødvendigvis være gratis, de kan også være sterkt subsidierte): skoler, helsetjenester, trygder, pensjoner, mm. Med i dette bildet hører også en mild kriminalpolitikk, dvs. en kriminalpolitikk som innebærer at en rekke kriminelle handlinger ikke skal straffes, og at de straffer som idømmes skal være milde. Den fundamentale grunnen til at venstresiden ønsker en slik politikk er at den egentlig mener at individer ikke kan holdes fullt ut ansvarlige for sine handlinger: jobber man mye og effektivt og tjener mye penger så er det egentlig ikke vedkommendes egen fortjeneste; begår man kriminalitet er det egentlig ikke gjerningsmannens ansvar, det er samfunnets skyld. Venstresiden vil derfor ha utjamning mht. inntekter, den vil ikke straffe enkeltpersoner for å gjøre ting de egentlig ikke kan noe for, etc. Venstresiden fører også en omfattende såkalt miljøpolitikk: de mener at vanlig menneskelig aktivitet (f.eks. bruk av bil og fly) vil føre til en miljøkatastrofe, og den vil derfor ha restriksjoner på bruk av bil og vil satse på ulike former for kollektivtransport, f.eks. tog, som erstatning for fly.

En venstreorientert politikk går altså ut på at det offentlige skal dele ut en rekke gratistilbud, og dette skal finansieres ved inntektene som kommer fra skatter og avgifter. Dersom skatteinntektene viser seg å være for små for å dekke utgiftene tar disse politikerne gjerne opp lån for å finansiere de godene som staten skal dele ut. Disse lånene må betales tilbake av fremtidige skattebetalere.

I USA har delstatene en betydelig grad av indre selvstyre, og enkelte av dem fører en sterkt venstreorientert poltikk, noe som naturlig nok kommer av at velgerne er sterkt venstreorienterte. En av disse sterkt venstreorienterte delstatene er California.

En tydelig illustrasjon på dette finner man i hvor sterkt det Det Demokratiske partiet står i California: ved siste valg til delstats-forsamlingen (november 2018) fikk Demokratene ca 67 % av stemmene, mens Republikanerne fikk 31 %. Dette resultatet er representativt for det politiske landskap i California (at republikaneren Arnold Schwarzenegger ble valgt til guvernør i perioden 2003-2011 forandrer ikke på dette; han var en superkjendis og var også sterkt venstreorientert).

I California finner man et stort antall eksempler på hva en venstreorientert politikk medfører i praksis. Vi skal kort nevne noen: Inntektsskatten og «sales-tax» er blant de høyeste i hele USA:

> «"Top marginal rates range from North Dakota's 2.9 percent to California's 13.3 percent." (kilde taxfoundation). "California has one of the highest sales tax rates in the country, and had the highest for years until a tax reduction in July 2011. Cities and municipalities can charge an additional local sales tax (known as a «District Tax») on top of the California state sales tax, which means California residents can pay as much as 10 % combined state and local sales tax on their purchases. The California sales tax is as high as it is, relative to the other states, as compensation for reduced property taxes in California (which were introduced by Proposition 13 in 1978)".» (kilde tax-rates),

En rekke firmaer forlater California fordi det totalt sett er enklere å drive i andre delstater:

> «What is … serious is the number of California-based companies that have left or signaled their intention to leave the state. Last year marks the first anniversary of the announcement that Carl's Jr., a California burger icon for more than six decades, was relocating its headquarters to Nashville. It's a symbol for what's become a stream of businesses that have quit California. What was once an almost quiet exodus of companies now looks more like a stampede.
>
> Among the roll call of businesses abandoning California for more hospitable business environments includes Toyota which has left Torrance and will complete the move of its U.S. headquarters to Dallas in the coming month. Also having left for Dallas is Jacobs Engineering Group, $6.3 billion firm formerly

594

based in Pasadena that has more than 230 offices across the world, employs 60,000 and generates $12 billion in annual revenue. Nissan North America (left for Nashville a decade before Carl's Jr. did), Jamba Juice (traded San Francisco for Frisco, Texas), Occidental Petroleum (prefers Houston over Westwood for its headquarters), Numira Biosciences (departed Irvine for Salt Lake City) and Omnitracs, a software firm (waved goodbye to San Diego and said hello to Dallas). Chevron moved 800 jobs from its Bay Area headquarters to Texas, and Waste Connections shifted more than 100 jobs to Texas from Folsom.» (kilde chiefexecutive.net)

California har stor gjeld: «California's state and local debts topped $1.5 trillion as of June 30, 2017». 1,5 trillioner dollar er 1,5 billioner dollar på norsk tellemåte, og i tall: 1 500 000 000 000. Dette utgjør ca 37 500 dollar per innbygger (kilde ocregister).

Et av de mest typiske eksempler på miljøpolitikk er ønsket om å bygge en ny linje for hurtiggående tog fra Bakersfield til Merced. (Dette er to små byer i sentrale California.) Linjen var beregnet til å koste 77 mrd dollar, men nå ser den ut til å koste 98 mrd dollar.

«Although it has been dubbed a "bullet train to nowhere," California Gov. Jerry Brown has pushed forward over the years with the state's high-speed rail project. But now the day of reckoning may come sooner than expected for the state's most expensive infrastructure project. A business plan released Friday by the California High-Speed Rail Authority shows its projected baseline cost is now $77 billion — up 20 percent from two years ago — and it indicated the cost could rise to as high as $98 billion. The opening date for the Los Angeles-to-San Francisco bullet train has also been delayed by at least four years, to 2033. … Political uncertainty and opposition to the project have only increased over time. A decade ago, California voters approved Proposition 1A, authorizing nearly $10 billion in bond money for the construction of the high-speed rail system. Since the 2008 vote, though, the project been plagued by delays and cost overruns, and polls show most California voters want the funds to go for something else other than high-speed rail» (Kilde cnbc 12/3-2018, link nedenfor).

Hvor mye er hittil blitt brukt på dette prosjektet? Et overslag vi har sett sier at det hittil er brukt ca 6 mrd dollar (kilde cnbc). Vi vil ikke bli overrasket dersom denne linjen aldri kommer til å bli ferdigstilt, og at alt som hittil er brukt på prosjektet er bortkastet. Vi synes også den opprinnelige planen er noe merkelig: Bakersfield, som ligger 160 km nord for Los Angeles, har en befolkning på ca 380 000, Merced har ca 80 000. Delstaten har ca 40 mill innbyggere. Det er ca 265 km mellom de to byene. Fra langt sør til langt nord i delstaten er det ca 1400 km. Politikerne har altså ansett det som klokt å bruke innpå ca 100 mrd dollar på en jernbanelinje som går over en strekning på ca 265 km i en delstat som er ca 1400 km fra nord til sør.

Hvordan går det med skolen?

«Education leaders in recent years have lauded achievement gains and progress of California's K-12 students, but an annual national report card has rated the Golden State below mediocre — a solid C-minus, 10th from the bottom among the 50 states and Washington, D.C. Nearly across the board in multiple categories graded by the magazine Education Week, California scored below the national average. California earned 69.9 out of 100 points. As a whole, the nation received a C. Massachusetts ranked at the top, followed by New Jersey, Vermont, New Hampshire, Maryland and Connecticut; all earned a B. The state ranked 41st in conditions that help children succeed, 39th in school finance, and 30th in achievement» (kilde mercurynews).

Californias politiske ledelse gjør ingen ting for å stoppe illegale innvandrere, snarere tvert imot, og California er den delstaten som har flest illegale innvandrere og flest hjemløse. Delstaten bruker ca 30 mrd dollar på ulke tiltak for illegale innvandrere hver år: «Illegal Immigration Costs California $30.3 Billion A Year—17.7 Percent Of State Budget».

Guvernøren bekjentgjorde 10/6-19 at alle illegale innvandrere yngre enn 26 år skal få nyte godt av de statlige helsetjenester via Medicare – uten å måtte betale noe selv: «California to Provide Full Health Benefits to Illegal Immigrants under Age 26», et tilbud som må betales av fremtidige skattebetalere (kilde nationaleconomics).

Det burde ikke overraske noen at dersom en delstat bruker kolossalt med penger på tiltak for hjemløse så vil delstaten virke som en magnet på hjemløse …

Siden delstaten ikke har noen ordninger som hindrer hjemløse i å etablere seg og slå leir i parker, ved innfartsveier, under broer, i andre friområder, etc., områder som alle eies av staten, er et kolossalt antall slike områder nå oversvømt av søppel, skrot, avføring, brukte nåler, etc. Av copyrightgrunner vil vi ikke publisere noen bilder av dette her, men den som vil kan se bilder ved å klikke på linken til google.no nedenfor.

Som et resultat av dette har det nå dukket opp igjen sykdommer som man med god grunn trodde var utryddet – enkelte Los Angeles-beboere har nå fått tyfus!

Blant disse hjemløse er det en del kriminelle, og de av disse som blir arrestert får milde straffer:

«California voters' decision to reduce penalties for drug and property crimes in 2014 contributed to a jump in car burglaries, shoplifting and other theft, researchers reported. Larcenies increased about 9% by 2016, or about 135 more thefts per 100,000 residents than if tougher penalties had remained, according to results of a study by the nonpartisan Public Policy Institute of California released Tuesday. Proposition 47 lowered criminal sentences for drug possession, theft, shoplifting, identity theft, receiving stolen property, writing bad checks and check forgery from felonies that can carry prison terms to misdemeanors that often bring minimal jail sentences.

Though researchers can link the measure to a rise in theft, they found it did not lead to the state's increase in violent crime. Violent crime surged by about 13% after Proposition 47 passed, but researchers said the trend started earlier and was mainly

597

linked to unrelated changes in crime reporting by the FBI and the Los Angeles Police Department. The FBI broadened its definition of sexual crimes in 2014, while the LAPD improved its crime reporting after previously underreporting violent crimes. If it weren't for those changes, researchers found, California's violent crime rate would have increased 4.7% from 2014 to 2016» (kilde latimes).

Men California er en stor stat med områder som er svært forskjellige fra hverandre, og i noen av disse områdene er det svært lite kriminalitet:

«Crime rates vary dramatically by region and category. The lowest rates of both violent and property crime in 2017 were on the South Coast (Imperial, Orange, San Diego, and Ventura Counties), with rates of 288 and 1,894 per 100,000 residents, respectively. The state's highest rate of violent crime was in the relatively low-income San Joaquin Valley, which had 584 violent incidents per 100,000 residents, while the highest rate of property crime occurred in the San Francisco Bay Area, which had 3,049 property incidents per 100,000 residents. The crime category that varies most widely across regions is robbery: in 2017, the robbery rate in Los Angeles County and the Inland Empire (177 per 100,000 residents) was more than five times higher than the rate in the Sierras ...» (kilde pioc).

Dersom man ser hele delstaten under ett kan man si følgende:

«California's violent crime rate rose in 2017—but it remains historically low. California's violent crime rate increased by 1.5% in 2017 to 451 per 100,000 residents. There were also upticks in 2012 and from 2015 to 2017, but the statewide rate is still comparable to levels in the late 1960s.» (kilde ppic).

Som man kan se er California ille ute, men det er lite som tyder på at politikerne – eller befolkningen – vil legge kursen om med det første: som nevnt fikk Demokratene, som er mest ansvarlig for denne politikken, en oppslutning på mer enn 60 % ved det siste valget.

Resultater av valg har konsekvenser. En venstreorientert politikk vil føre til de tilstander som vi kort har beskrevet overfor mht. California, men man kan se tilsvarende resultater overalt hvor venstreorientert politikk føres. Man kan se det i andre områder i USA – f.eks. i byer som Chicago, Baltimore, Seattle, Detroit, Flint, som alle ledes av Demokrater, og man kan se det i land som Venezuela.

Noe som er pussig er at ingen journalister og kommentatorer i mainstreammedia ser ut til å forstå hvorfor denne utviklingen skjer, de forstår altså ikke hvordan en politikk som tar belønningen fra de produktive og deler ut goder til de mindre produktive, en politikk som lar være å straffe kriminelle, en politikk som bruker enorme beløp på meningsløse og reellt sett ubegrunnede miljøtiltak, etc., fører til det forfall og kaos man kan se overalt hvor en venstreorientert politikk blir ført.

Dette er relevant for oss. De som stemmer på partier som Rødt, SV og MDG er med på å skyve Norge i samme retning som California har beveget seg i. Hvis man stemmer på Ap, KrF, Venstre, Sp, Høyre og FrP vil man også være med å på skyve Norge i samme retning, men med litt mindre kraft: alle disse partiene bygger på venstreorienterte verdier som går ut på å øke skattetrykket, ha mer statlig utjamning, bruke tvang for å redusere forskjeller, ha flere reguleringer av næringslivet, ha flere offentlige støtteordninger, og å bruke av kolossale beløp på meningsløse miljøtiltak. Mao: alle disse venstreorienterte partiene vil redusere individuell frihet og individuelt ansvar – men et system basert på disse venstreorienterte verdiene har incentiver som reellt sett straffer gode egenskaper og belønner dårlige egenskaper, og det er derfor samfunn bygget på disse verdiene nødvendigvis må forfalle. Det eneste partiet som vi legge om kursen i retning av mer individuelt ansvar og mindre statsstyring er Liberalistene. Vil du være med på å hindre at Norge går i samme retning som California er det minste du kan gjøre å stemme på dem.

Dessverre er det mye som tyder på at kursen som hittil er ført i Norge (og i alle andre land i Vesten) vil forsette som den har gjort de siste tiårene, og da er endeholdeplassen noe som ligner den tilstand som California befinner seg i i dag.

http://www.tax-rates.org/california/sales-tax

https://taxfoundation.org/state-individual-income-tax-rates-brackets-2019/

https://chiefexecutive.net/business-exodus-california-troubling-sanctuary-policies/

https://www.ocregister.com/2019/01/09/californias-massive-debt-should-caution-against-big-spending/

https://www.cnbc.com/2018/03/12/californias-77-billion-high-speed-rail-project-is-in-trouble.html

https://www.cnbc.com/2019/05/16/trump-administration-pulls-california-high-speed-rail-funding.html

https://www.mercurynews.com/2017/01/05/california-schools-earn-c-in-national-ranking/

https://nationaleconomicseditorial.com/2017/02/21/costs-illegal-immigration-california/

https://news.yahoo.com/california-full-health-benefits-illegal-154717435.html

https://www.google.no/search?q=homeless+camps+in+california+2019&tbm=isch&source=hp&sa=X&ved=2ahUKEwiXuMr3pvLiAhXE4KYKHfG0Cn0Q7Al6BAgAEA0&biw=1489&bih=881

https://www.latimes.com/local/california/la-me-thefts-rise-california-20180613-story.html

https://www.ppic.org/publication/crime-trends-in-california/

New York på kanten av avgrunnen
Publisert på Gullstandard 24. august 2020

Flere artikler i mainstreampressen de siste ukene har beskrevet hvordan problemene i New York – som i mange tiår var verdens viktigste og mest populære by – stadig er blitt mer omfattende og mer alvorlige. Men ingen av dem sier noe om hvorfor denne utviklingen er skjedd. Vi vil derfor her si noe om dette.

Men først: Hvem styrer New York? Eller, hvilke politiske ideer ligger til grunn for de beslutningene som tas i byens styrende organer. Det er liten grunn her til å skille mellom Demokrater og Republikanere; forskjellene mellom dem er som regel små, men New York er blitt styrt av Demokrater i lang tid. Det som er viktig her er at velgerne i New York, og i de andre storbyene i USA, ligger enda lenger til venstre enn folk i mindre urbane områder.

Guvernør siden 2011 er Andrew Cuomo, og han er ifølge en hyllest-artikkel «One of the Most Progressive Governors» i USA, og vi skal innledningsvis sitere noe om ham fra noen utvalgte artikler.

Vi tar med her noe om korrekte oversettelser av et par begreper fra amerikansk til norsk siden dette ofte gjøres feil i norske medier: den korrekte oversettelse av det amerikanske «liberal» i en politisk kontekst er «venstreorientert», og «progressiv» skal oversettes til «radikalt venstreorientert». Mer om «progressiv» kan man finne i Wikipedia-artikkelen «Progressivism in the United States», link nedenfor.

Vi har tidligere skrevet utførlig om hva «venstreorientert» betyr, men vi vil her bare kort si at det innebærer støtte til statlige reguleringer og styring av økonomien, høye skatter og avgifter, favorisering av fagforeninger (spesielt for de som organiserer offentlige ansatte), en mengde offentlige gratistilbud, enkelt tilgjengelige stipend- og trygdeordninger, og milde straffer for kriminelle.

Tilbake til artikkelen om Cuomo, og vi gjengir noen sitater og uthever noen punkter som viser hans støtte til en venstreorientert politikk:

«In January, when Gov. Andrew Cuomo announced his intention to offer New Yorkers *free college tuition* ... [alle uthevelser her].

He became the first governor able to deliver on an idea dear to the hearts of Democrats, *offering a free ride not just for two years but four years of higher education at a public institution* ...

After the shootings in Sandy Hook, Cuomo strengthened New York's already *strict gun control laws*. Last year's budget included a $15 *minimum wage*, ...as well as *paid family leave*.

This year's budget, which was the vehicle for the tuition plan, also reinstituted a *tax on the income of millionaires, raised the age at which juvenile offenders can be tried as adults, created a $10 million legal defense fund for immigrants and provided a tax break for workers who pay union dues.*

Cuomo now pursues more policies that progressives like, such as the *free tuition plan and banning fracking.*

Andrew Cuomo ... has *closed more than a dozen prisons* and delivered on many other favorite ideas of progressives.»

Men man finner også sitater som dette, som gir et litt annet bilde:

«"Cuomo gets little credit on the left. On nearly every issue they care about, activists complain, Cuomo has had to be dragged kicking and screaming, coming around only when he realized it might be politically advantageous to do so" og dette "Cuomo has consistently cut taxes and placed a cap on property tax increases at the local level"».

Sitatene over er fra en artikkel av kommentatoren Alan Greenblatt fra 2017, link nedenfor.

Men Daily Mail forteller også at Cuomo motsetter seg ytterligere skatteøkninger på de rikeste, dette for å hindre at de flytter fra byen:

«What is making matters worse are the increasing calls from other lawmakers to boost taxes on the city's highest earners to try to plug the $30 billion deficit that was left by the pandemic. Cuomo said he is resisting the idea…A single per cent of New York's population pays half of the state's taxes and they're the most mobile people on the globe,' he said».

Cuomo ble utsatt for sterk kritikk ifbm. covid-epidemien. Under overskriften «Does Cuomo Share Blame for 6,200 Virus Deaths in N.Y. Nursing Homes?» skriver New York Times bla. følgende: «[A] directive that Mr. Cuomo's administration delivered in late March, [was] effectively ordering nursing homes to accept coronavirus patients from hospitals.» Siden eldre var spesielt utsatte for smitte var dette ikke noe sjakktrekk.

Etter drapet på George Floyd ble også New York rammet av opptøyer og sterkt økende kriminalitet. Daily Mail forteller 5/8-20 om de siste ukene at «Crime is up in New York City with a shocking 286% in robberies on the Upper East Side alone, shootings have gone up and arrests have halved».

Artikkelen i Daily Mail forteller også følgende:

«So far, there have already been more shootings in 2020 than there were by the end of the year in 2019 and there are still five months until the year's end. Robberies on the Upper East Side have also increased by more than 200 percent. With a gaping deficit in the city and state's budget, essential services like garbage collection, are suffering.The city's sanitation budget was cut by $106 million to try to reduce outgoings. It resulted in trash piling up all over the city.»

Også New York har sluttet opp om forslagene fra ekstremt venstreorienterte grupper om å redusere bevilgningene til politiet, et standpunkt som bygger på en feilaktig oppfatning om at politiet i betydelig omfang trakasserer afro-amerikanere.

«New York City officials on Tuesday agreed to a grim coronavirus-era budget that will sharply curtail municipal services, impose a hiring freeze and, in *a move meant to placate calls to defund the police*, shift roughly $1 billion from the Police Department» (New York Times 30/6-20).

Det er korrekt at enkelte politifolk har trakassert afro-amerikanere, men disse politifolkene har allikevel ofte kunnet fortsette i jobben fordi de er beskyttet av sterke fagforeninger.

Så, New York har i en årrekke ført en venstreorientert politikk – høye skatter, en rekke offentlige tilbud (skoler, søppeltømming, stipendier, mm.), ettergivenhet overfor kriminelle, voksende offentlig gjeld – og når Corona-krisen kom ble også den håndtert svært dårlig.

Resultatet? Folk rømmer fra byen. En artikkel forteller at «New York City is dead forever». Artikkelen begynner slik:

«I love NYC. When I first moved to NYC it was a dream come true. Every corner was like a theater production happening right in front of me. So much personality, so many stories. …».

«Now it's completely dead. "But NYC always always bounces back." No. Not this time. "But NYC is the center of the financial universe. Opportunities will flourish here again." Not this time. "NYC has experienced worse." No, it hasn't. …
Three of the most important reasons to move to NYC: business opportunities, culture and food. Commercial real estate and colleges are also suffering….

Midtown Manhattan, the center of business in NYC, is empty. Even though people can go back to work, famous office buildings like the Time Life skyscraper are still 90% empty. . …The Time Life building can handle 8,000 workers. Now it maybe has 500 workers back. … [En av grunnen til dette er økende bruk av hjemmekontor, videokonferanser, etc., men med en riktig politikk ville kontorlokaler det ikke lenger er bruk for bli brukt til noe annet.]

Now a third wave of people are leaving. But they might be too late. Prices are down 30-50% on both rentals and sales, no matter what real estate people tell you. And rentals soaring in the second- and third-tier cities.

Right now, Broadway is closed "at least until early 2021" and then there are supposed to be a series of "rolling dates" by which it will reopen.

But is that true? We simply don't know. And what does that mean? And will it have to be only 25% capacity? Broadway shows can't survive with that! And will performers, writers, producers, investors, lenders, stagehands, landlords, etc. wait a year?

Same for the museums, Lincoln Center and the thousand other cultural reasons millions come to New York City every year.

My favorite restaurant is closed for good. OK, let's go to my second favorite. Closed for good. Third favorite, closed for good. I thought the Paycheck Protection Program (PPP) was supposed to help. No? What about emergency relief? No. Stimulus checks? Unemployment? No and no. OK, my fourth favorite, or what about that place I always ordered delivery from? No and no.

I lived three blocks from Ground Zero on 9/11. Downtown, where I lived, was destroyed, but it came roaring back within two years. Such sadness and hardship — and then, quickly, that area became the most attractive area in New York.

And in 2008 and 2009, there was much suffering during the Great Recession, and again much hardship, but things came roaring back. But this time it's different. You're never supposed to say that, but this time it's true.»

Der er mer i artikkelen som er verd å sitere, men vi henviser til artikkelen (link nedenfor) som ble publisert i New York Post*.

En kommentator skriver i april 2021 dette om kriminaliteten i New York City:

> «A snapshot of NYPD stats over two years paints an unmistakable picture of a city in serious decline. Murder climbed nearly 45 percent last year and is up an additional 13.5 percent this year. The increases translate into an additional 153 New Yorkers shot, stabbed and strangled. Shootings are up 72 percent in two years, and car thefts are up a staggering 91 percent. The city is in a death spiral, with unprovoked attacks and subway pushings adding more reason for rational fear. Albany's answer [Albany is the capital of New York State]: Put more handcuffs on cops, turn just about every criminal suspect loose, empty the prisons and raise taxes» (kilde to thepointnews).

Corona-epidemien har åpenbart ført til ytterligere problemer. Håndteringen av den har ført til større problemer. Også opptøyene etter drapet på George Floyd førte til problemer. Og den politiske infrastruktur – et uforberedt offentlig helsevesen med styrings-mekanismene for dette og andre viktige institusjoner basert på politiske valg – som lå til grunn for alt som skjedde i forkant var ikke velegnet til å håndtere reelle problemer. Mye reguleringer – mest kjent er kanskje de omfattende og langvarige reguleringsordningene som gjelder for boliger, stadig vedtatt i nye former, sist med navnet «Housing Stability and Tenant Protection Act» (2019) – ettergivenhet overfor kriminalitet, en mengde offentlige tilbud (som derfor ikke legger størst vekt på å tilfredsstille kundene, men på å gjøre fagforeningene tilfredse) har ført til at verdens viktigste og mektigste by kommer til å bli en spøkelsesby.

Vi vil også nevne at statlige støtteordninger passiviserer mange av mottagerne, noe som gjør en betydelig andel av borgerne til lite produktive sosialklienter, og at forbudet mot narkotika driver mange av

---

* Takk til Per Arne Karlsen som gjorde meg oppmerksom på denne artikkelen.

de som ikke er spesielt ressurssterke over i reell kriminalitet. Uttrykk som «dypt tragisk» strekker ikke til.

New Yorks velgere (og det samme gjelder for alle andre byer og land i Vesten) har i mange tiår stemt for et politisk system som innebærer at staten skal føre en venstreorientert politikk, en politikk som altså innebærer høye skatter, statlig styring, og en mengde gratistilbud fra det offentlige.

Denne utviklingen, en utvikling som må ende med forferdelse, ser vi tydelig i alle vestlige land, men noen er kommet nærmere stupet enn andre. Det land som er kommet nærmest stupet er vel Sverige, mens i USA er enkelte byer nærmere stupet enn andre – og det er de byene som er blitt styrt av Demokrater, dvs. de som har ført en kurs lengst til venstre, som har de største problemene.

Ja, Corona-epidemien og opptøyene etter drapet på George Floyd førte til en eskalering av store utfordringer, men de ble håndtert svært dårlig av de politiske myndighetene.

Men hva er den grunnleggende årsaken til at de ble håndtert så dårlig? En forklaring som går ut på at lederne var inkompetente går ikke dypt nok. Man må se dypere enn dette. Og så må man se på hele systemet.

Det er altså slik at politikken har sterkt skadelige effekter, men hvorfor føres denne politikken? Alle ser problemene, men de løsningen som foreslås gjør bare vondt verre.

Politikken innebærer skatter, avgifter, og reguleringer – som alle er negative for de som rammes. Begrunnelsen er at disse statlige inntektene og reguleringene skal brukes for å hjelpe og/eller beskytte visse «svake» grupper.

Men dette bygger på en etikk (en etikk er et sett av prinsipper som gir råd for handling) som sier at det som er moralsk riktig er å gi avkall på egne verdier til fordel for andre. Denne etikken, den som dominerer i dag, heter altruisme. Også ettergivenhet overfor kriminelle er et utslag av altruisme. Også det å finne seg i det politikerne pålegger en av stadig flere skatter og avgifter, og å godta alle innskrenkninger av ens frihet som staten innfører, er implikasjoner av altruisme.

Det som skjer er altså at det føres en politikk som bygger på altruisme. Hovedlinjene i denne politikken har full oppslutning fra nærmest hele befolkningen, dette fordi altruismen av alle regnes som et etisk ideal (som vi nevnte over er det praktisk talt ingen forskjell på Demokrater og Republikanere i USA, og det er heller ingen betydelige forskjeller mellom de store partiene i alle andre vestlige land, og grunnen til dette er at altruismen nærmest har full oppslutning).

Så, alle land i Vesten fører en ødeleggende politikk, og en politikk som allikevel har full oppslutning fra befolkningen. Det er dette altruismen innebærer.

Den filosof som i størst dybde og omfang har analysert altruismen og dens ødeleggende virkninger er Ayn Rand. Vi siterer fra hennes artikkel «Faith and Force: The Destroyers of the Modern World» i *Philosophy: Who Needs I*t

«What is the moral code of altruism? The basic principle of altruism is that man has no right to exist for his own sake, that service to others is the only justification of his existence, and that self-sacrifice is his highest moral duty, virtue and value.

Do not confuse altruism with kindness, good will or respect for the rights of others. These are not primaries, but consequences, which, in fact, altruism makes impossible. The irreducible primary of altruism, the basic absolute, is self-sacrifice—which means; self-immolation, self-abnegation, self-denial, self-destruction—which means: the self as a standard of evil, the selfless as a standard of the good.

Do not hide behind such superficialities as whether you should or should not give a dime to a beggar. That is not the issue. The issue is whether you do or do not have the right to exist without giving him that dime. The issue is whether you must keep buying your life, dime by dime, from any beggar who might choose to approach you. The issue is whether the need of others is the first mortgage on your life and the moral purpose of your existence. The issue is whether man is to be regarded as a sacrificial animal. Any man of self-esteem will answer: "No." Altruism says: "Yes."».

Hvorfor slutter folk flest allikevel opp om denne ødeleggende etikken? Det er fordi alle institusjoner – barnehager, skole, presse, universiteter, etc. – som med én stemme unisont hevder at altruismen er den eneste riktige etikken.

Men denne etikken fører altså til død og fordervelse. Og som nevnt, folk lurer på hvorfor det allikevel går så galt som det gjør, og som vi har sett bekreftet over i artiklene om New York. Det er skrevet utallige bøker og artikler som forsøker å forklare hvorfor det går så galt, og det er stilt spørsmål ved nærmest ethvert relevant faktum, men utviklingen bare fortsetter i den samme negative retningen. Hvorfor? Ayn Rand besvarte i sin roman *Atlas Shrugged* (1957) dette spørsmålet slik: «You have questioned everything except your moral code».

Og det er den – etikken – som er feil, dvs. altruismen kan ikke gi noen oppskrift hverken på gode liv eller gode samfunn, den fører som nevnt til død og fordervelse.

Ayn Rands alternativ vil vi ikke gå in på her, men den som er interessert kan lese kapitlet om henne på www.filosofi.no. Vi vil her bare si at for å komme på rett kurs, en kurs som kan skape gode, harmoniske velstående og fredelige samfunn må man forkaste altruismen; den fører som man lett kan se til død og fordervelse. Den etikken som vil føre til gode liv og gode samfunn er rasjonell egoisme!

https://www.governing.com/topics/politics/gov-cuomo-new-york-governor-progressives.html

https://www.dailymail.co.uk/news/article-8595717/Cuomo-begs-wealthy-New-Yorkers-come-save-city-Ill-buy-drink.html

https://nypost.com/2020/08/17/nyc-is-dead-forever-heres-why-james-altucher/

https://en.wikipedia.org/wiki/
Progressivism_in_the_United_States#Progressive_Era

https://www.tothepointnews.com/2021/04/the-doom-of-new-york-city/

Johnny Rotten: fornuftens stemme?
Publisert på Gullstandard 3. mai 2021

Johnny Rotten var frontfiguren i 70-tallets mest populære punkband Sex Pistols. Mest kjent av deres oevre er antagelig låten «Anarchy in the UK» fra albumet *Never Mind the Bollocks, Here's the Sex Pistols* (1977).

Etter musikkarrieren, som sluttet omkring 1980, har Rotten så vidt vi forstår mer eller mindre hvilt på gamle laurbær og levd av royalty-inntekter fra storhetstiden, og han har vært en av de mange tidligere kjendiser som i blant dukker opp i ulike magasiner under temaer som «Hvor er de nå?» med intervjuer om alt fra tidligere tiders ikke ubetydelige narkotikabruk til dagens kulturscene.

I et intervju i Daily Star nylig kommenterte han ikke bare disse temaene, han kom også med enkelte betraktninger om noen av de viktigste tingene som skjer i dag; «cancel culture» og «woke». Vi gir definisjoner av disse begrepene før vi kommer tilbake til Rottens korte, men pregnante og innsiktsfulle kommentarer.

Wikipedia sier at «Cancel culture is a modern form of ostracism in which someone is thrust out of social or professional circles – whether it be online, on social media, or in person. Those who are subject to this ostracism are said to have been "cancelled"». På norsk brukes uttrykket «kanselleringskultur».

De som rammes av kanselleringkulturen er gjerne konservative og andre som ifølge de venstreorientertes verdensbilde ikke er gode mennesker. Disse som da blir utestengt, de som er kansellert, skal da ikke tillates å få sine meninger trykt i avisene, de skal ikke kunne leie forsamlingslokaler, de skal ikke inviteres til debatter, og så videre.

«Woke is a term that refers to awareness of issues that concern social justice and racial justice» (Wikipedia). «Woke» spiller på «våken»; en som er «woke» har slik de venstreorienterte ser det «våknet opp» og har endelig forstått at det oppstår enorme problemer mht. sosial-, rasemessig- og annen urettferdighet når mennesker samhandler frivillig med hverandre. Disse som da betrakter seg selv som «opp-våknet» støtter da gamle venstreorienterte ideer og vil bruke statlig tvang eller privat trakassering og vold for å tvinge alle til å marsjere i takt til venstresidens ideer og verdier – om de vil eller ikke har for venstresiden ingen betydning. Dersom noen vil diskriminere, det vil si forskjellsbehandle, på basis av for eksempel kjønn eller legning eller religion eller rase, så vil «de våkne» ikke tillate dette. For eksempel: dersom en bedrift eies av kristne og ledelsen ikke vil ansette en homofil som søker jobb hos dem så vil «de våkne» kunne true bedriften med boikott og/eller sabotasje og hærverk slik at ledelsen til slutt gjør det som «de våkne» ønsker, dette altså selv om dette er i strid med hvordan bedriftens ledelse forstår sitt eget livssyn; venstresiden vil tvinge alle til å adlyde deres egen pipe og til å gå i takt uansett hva de selv måtte mene og ønske. Mangfold mht. ideer og verdier er et prinsipp som «de våkne» tar sterk avstand fra; de som ikke følger pålegg fra «de våkne» er onde mennesker som bokstavelig talt fortjener å bli trakassert og å få sine eiendommer og sine virksomheter ødelagt.

Holdninger som innebærer støtte til en slik kanselleringkultur, og personer som kan beskrives som «våkne», finnes praktisk talt kun blant folk som har en lang utdannelse (spesielt innen humaniora), det vil si folk som har tilbrakt en stor del av sin tid i utdannelsesystemet. Slike holdninger forekommer praktisk talt aldri hos personer som har produktive, nyttige jobber og som har en relativt kort eller ingen akademisk skolegang.

Mange av de som har disse holdningene krever også gjerne at de må ha «safe spaces», «trygge områder», det vil si områder hvor de ikke risikerer å møte standpunkter og meninger og holdninger og argumenter som de er uenige i; argumenter fra personer som har andre synspunkter enn de de selv har gjør dem utrygge. De som har slike holdninger er da så lite robuste at de gjerne kalles «snowflakes», eller «snefnugg», og igjen henter vi en definisjon fra Wikipedia: «"Snowflake" is a ... derogatory slang term for a person, implying that they have an inflated sense of uniqueness, an unwarranted sense of entitlement, or are overly-emotional, easily offended, and unable to deal with opposing opinions.»

Men la oss lytte til hva Johnny Rotten har å si. Tittelen på intervjuet i Daily Mails gjengivelse er «Never mind the wokeness!», som er et ordspill på tittelen på Sex Pistols´ mest kjente album *Never Mind the Bollocks*, og ingressen kan oversettes slik til norsk: «John Lydon [som er hans virkelige navn; Johnny Rotten er hans kunstnernavn] slår ut mot bortskjemte, selvopptatte, hensynsløse

612

snefnugg som støtter opp om kanselleringskulturen». Vi siterer fra originalens engelsk:

«Sex Pistols rocker John Lydon has hit out at 'spoilt' snowflakes and declared wokeness a 'load of bullshit'. The singer, 65, also known as Johnny Rotten, slammed cancel culture for tearing down and defacing statues, including Winston Churchill, over racism claims.

In an expletive-laden interview with the Daily Star, John slammed the woke brigade and said universities created 'spoilt' snowflakes with 'shit for brains'. John said passionately: 'These people aren't really genuinely disenfranchised at all, they just view themselves as special. It's selfishness* and in that respect it's divisive and can only lead to trouble.

'Where is this 'moral majority' nonsense coming from when they're basically the ones doing all the wrong for being so bloody judgmental and vicious against anybody who doesn't go along with the current popular opinion?

'It's just horribly, horribly tempestuous spoilt children coming out of colleges and universities with shit for brains.'

Talking about how the Winston Churchill statue was defaced by Extinction Rebellion vandals, who spray-painted the word 'racist' on the base of the moment, John said 'this man saved Britain' and that 'whatever he got up to in South Africa or India beforehand is utterly irrelevant to the major issue in hand'. The rocker went on to thank Winston and said if it wasn't for him, we would be 'walking up and down the high street with jackboots and helmets'.

---

*Rotten bruker her åpenbart dagens vanlige og feilaktige forståelse av «selfishness» som «lack of regard for others».

For en stor del kan vi si at vi er nokså enige med det som Rotten sier her. Vi ville ha brukt en litt annen terminologi hvis vi skulle snakke om dette, men Rotten har en spesiell bakgrunn så at han bruker denne terminologien er forståelig.

Som nevnt har Johnny Rotten en omfattende periode med narkotikabruk bak seg. Men han har neppe vært lenge i universitetssystemet eller i akademia. Dette er da kanskje noe av bakgrunnen for at han her gir uttrykk for standpunkter som ser ut til å være rasjonelle, det vil si at de er uttrykk for virkelighetskontakt og logisk tenkning. Hvis man skal lage en spissformulering av dette her så kan det se ut som om en periode med narkotika er langt mindre skadelig for tenkeevnen enn en lang akademisk utdannelse, spesielt innen humaniora.

Vi skal ikke her si noe om hvorfor de «våkne» er blitt militante sosialister som med hærverk, vold og trusler vil hindre de med andre meninger i å komme til orde; dette har vi skrevet mye om tidligere her på Gullstandard (se f.eks. artiklene om USAs forfall, som er inkludert i denne boken).

Men det sier en god del når en av de mest faktabaserte, innsiktsfulle og frihetsvennlige kommentarene vi har sett i et mainstreammedium på lang tid kommer fra en eksnarkoman pønker med artistnavnet Johnny Rotten.

https://www.dailymail.co.uk/tvshowbiz/article-9515545/Sex-Pistols-John-Lydon-hits-snowflakes-contributing-cancel-culture.html

Litteratur

Ahlmark, Per: *Vänstern och tyranniet: det galna kvartsseklet*, Timbro 1994

Andersen, Kent: *Klima anitklimaks,* Document 2020

Aristotle: *Politics,* Princeton University Press 1984

Brook, Yaron & Watkins, Don: *Equal is Unfair*, St. Martin's Press 2016

Bryson, Bill: *At Home,* Black Swan 2009

Bryson, Bill: *One Summer: America 1927*, Black Swan 2013

Bullough, Oliver: *Moneyland,* Profile Books 2019

Carabello, Simon: *My Great Love for Jesus Led me to Islam,* A Mary A, udatert

Ehrlich, Paul: *The Population Bomb*, Ballentine 1971

Ekern, Simen: *Folket, det er meg*, Spartacus 2017

Epstein, Alex: *The Moral Case for Fossil Fuels*, Penguin 2014

Fosli, Halvor: *Mot nasjonalt sammenbrudd: Norge i masseinnvandringens tid,* Document 2019

Hansen, Thorkild: *Prosessen mot Hamsun*, Gyldendal 1996

Horowitz, David: *BLITZ: Trump Will Smash the Left and Win,* Humanix Books 202

Hornby, Nick: *High Fidelity*, Gollancz 1995

Hustad, Jon: *Farvel Norge: velferdsstatens fremtidige kollaps*, Dreyer 2013

Journo, Elan: *What Justice Demands: America and the Israeli-Palestinian Conflict,* Post Hill Press 2018

Jødal, Morten: *Miljømytene: står vi foran verdens undergang?,* Klimarealistene 2017

Lahlum, Hans Olav: *Presidentene fra George Washington til Barack Obama*, Cappelen Damm 2009

Lahlum, Hans Olav: *Reiulf Steen: historien, triumfene og tragediene,* Cappelen Damm 2019

Larsen Bård: *Idealistene; den norske venstresidens reise i det totalitære,* Civita 2011

Lewis, John David: *Nothing Less than Victory: Decisive Wars and the Lessons of History*, Princeton University Press 2010

Manchester,William: *A World Lit Only by Fire,* Little Brown 1992

Marx, Karl: *Verker i utvalg*, Bind 2, Pax 1970

Moen, Ole O.: *USAs presidenter fra George Washington til Donald J. Trump,* Historie & Kultur AS 2017

Murray, Charles: *Losing Ground: American Social Policy, 1950-1980*, Basic Books 2015

Murray, Douglas: *The Strange Death of Europe,* Bloomsbury 2017

Nixey, Catherine: *The Darkening Age: The Christian Destruction of the Classical World,* Pan Books 2017

Peikoff, Leonard: *The Ominous Parallells: The End of Freedom in America,* Stein and Day 1982

Peikoff, Leonard: *The DIM Hypothesis: Why the Lights of the West Are Going Out*, NAL 2012

Platon: *Drikkegildet i Athen: Symposion*, Dreyer udatert

Rand, Ayn: *Atlas Shrugged*, Random House 1957

Rand, Ayn: *Philosophy: Who Needs It,* Signet 1982

Schweitzer, Peter: *Profiles in Corruption*, Harper Collins 2020

Skagen, Kaj: *Norge vårt Norge: et lands biografi*, Dreyer 2018

Skagestad, Odd Gunnar: *Fra Lenin til Putin: Hundre år som rystet verden*, Frekk forlag 2017.

Titlestad, Torgrim m.fl: *Revolusjonens barn. Politiske utopiers makt i Norge: Venstresiden mellom demokrati og diktatur 1911–2018,* Omnibus 2019

Tvedt, Terje: *Det internasjonale gjennombruddet: fra ettpartistat til flerkulturell stat*, Dreyer 2018

Warraq, Ibn: *The Islam in Islamic Terrorism*, New English Review Press 2017

$ $ $

Vi har gjengitt et antall sitater fra artikler i Store Norske Leksikon, noe som er tillatt såfremt man oppgir referanser i den form som er benyttet nedenfor:

Amundsen, Leiv: *Hypatia* i *Store norske leksikon* på snl.no. Hentet 18. mars 2021 fra https://snl.no/Hypatia

Berg, Ole T.; Thorsen, Dag Einar: *Sosialisme* i *Store norske leksikon* på snl.no. Hentet 19. mars 2021 fra https://snl.no/sosialisme

Brégaint, David: *Vichy-regjeringen* i *Store norske leksikon* på snl.no. Hentet 18. mars 2021 fra https://snl.no/Vichy-regjeringen

Goplen, Ådne: *Kibbutz* i *Store norske leksikon* på snl.no. Hentet 19. mars 2021 fra https://snl.no/kibbutz

Den fjerde statsmakt i *Store norske leksikon* på snl.no. Hentet 21. februar 2021 fra https://snl.no/fjerde_statsmakt

Hovde, Kjell-Olav; Svensson, Palle; Thorsen, Dag Einar: *demokrati* i *Store norske leksikon* på snl.no. Hentet 20. mars 2021 fra https://snl.no/demokrati

Kolderup, Trude: *Tilbake til naturen* i *Store norske leksikon* på snl.no. Hentet 23. februar 2021 fra https://snl.no/tilbake_til_naturen

Leraand, Dag; Hafsaas, Henriette; Tsakos, Alexandros: *Sør-Sudans samtidshistorie* i *Store norske leksikon* på snl.no. Hentet 24. februar 2021 fra https://snl.no/S%C3%B8r-Sudans_samtidshistorie

Verden vil bedras i *Store norske leksikon* på snl.no. Hentet 6. mars 2021 fra https://snl.no/Verden_vil_bedras

Svendsen, Lars Fredrik Händler; Kolderup, Trude: *Jean-Jacques Rousseau* i *Store norske leksikon* på snl.no. Hentet 23. februar 2021 fra https://snl.no/Jean-Jacques_Rousseau

Rune Slagstad i *Store norske leksikon* på snl.no. Hentet 15. mars 2021 fra https://snl.no/Rune_Slagstad

Benestad, Esben Esther Pirelli: *kjønnsinkongruens* i *Store medisinske leksikon* på snl.no. Hentet 15. mars 2021 fra https://sml.snl.no/kj%C3%B8nnsinkongruens

Skorgen, Torgeir; Ikdahl, Ingunn; Berg-Nordlie, Mikkel: *rasisme* i *Store norske leksikon* på snl.no. Hentet 16. mars 2021 fra https://snl.no/rasisme

Ravik Jupskås, Anders: *populisme* i *Store norske leksikon* på snl.no. Hentet 17. mars 2021 fra https://snl.no/populisme

Leraand, Dag; Hafsaas, Henriette; Tsakos, Alexandros: *Sør-Sudans samtidshistorie* i *Store norske leksikon* på snl.no. Hentet 17. mars 2021 fra https://snl.no/S%C3%B8r-Sudans_samtidshistorie